Sigmund
FREUD

Título Original: *The interpretation of dreams*
Copyright © Editora Lafonte Ltda. 2023

Todos os direitos reservados.
Nenhuma parte deste livro pode ser reproduzida por quaisquer meios existentes sem autorização por escrito dos editores e detentores dos direitos.

direção editorial	**Ethel Santaella**
tradução	**Ciro Mioranza**
revisão	**Rita Del Monaco**
capa e diagramação	**Marcos Sousa**
imagem de capa	**Shutterstock**

Dados Internacionais de Catalogação na Publicação (CIP)
(eDOC BRASIL, Belo Horizonte/MG)

F889i   Freud, Sigmund, 1856-1939.
A interpretação dos sonhos / Sigmund Freud; traduzido do alemão para o inglês por Abraham Arden Brill; traduzido do inglês para o português por Ciro Mioranza. – São Paulo, SP: Lafonte, 2024.
576 p. : 13,5 x 20,5 cm

Título original: The interpretation of dreams
ISBN 978-65-5870-581-9 (Capa dura)
ISBN 978-65-5870-338-9 (Capa brochura)

1. Sonhos. 2. Psicanálise. I. Título.

CDD 154.63

Elaborado por Maurício Amormino Júnior – CRB6/2422

Editora Lafonte

Av. Profª Ida Kolb, 551, Casa Verde, CEP 02518-000
São Paulo-SP, Brasil – Tel.: (+55) 11 3855-2100
Atendimento ao leitor (+55) 11 3855-2216 / 11 3855-2213 –
atendimento@editoralafonte.com.br
Venda de livros avulsos (+55) 11 3855-2216 – vendas@editoralafonte.com.br
Venda de livros no atacado (+55) 11 3855-2275 – atacado@escala.com.br

Sigmund FREUD

a interpretação dos sonhos

Flectere si nequeo superos,
Acheronta movebo.*

Tradução: **Ciro Mioranza**

2024 - Brasil

Lafonte

---

* Frase latina que, literalmente, significa: "Se não posso dobrar os (deuses) supremos, moverei o Aqueronte." Na mitologia grega, Aqueronte era o nome do rio que corria no submundo do inferno. A frase poderia, pois, ter a seguinte tradução: "Se não posso mover os céus, moverei os infernos". (N.T.)

ÍNDICE

Observações introdutórias	7
Prefácio da segunda edição	9
Prefácio da terceira edição	11
Prefácio do tradutor da edição inglesa	13

CAP. I
A literatura científica sobre os problemas do sonho — 19

CAP. II
Método de interpretação dos sonhos:
A análise de um sonho. — 110

CAP. III
O sonho é a realização de um desejo — 135

CAP. IV
A distorção nos sonhos — 145

CAP. V
O material e as fontes dos sonhos — 171

CAP. VI
O trabalho dos sonhos — 293

CAP. VII
A psicologia das atividades oníricas — 443

Notas — 544

Índice bibliográfico* — 570

---

*Assim denominado pelo próprio Freud, os autores citados em ordem alfabética nesse índice não são contemplados por notas de rodapé no decorrer do texto, por decisão do próprio autor; caso o fossem, as notas ao pé da página chegariam a várias centenas, inviabilizando uma leitura mais fluente do livro. Sempre que um escritor é citado, o leitor que se interessar por saber a que obra Freud se refere, poderá facilmente consultar esse índice bibliográfico. (N.T.)

OBSERVAÇÕES INTRODUTÓRIAS

Ao tentar discutir a *Interpretação dos Sonhos*, não acredito ter ultrapassado os limites de interesse abrangidos pela neuropatologia, pois, na pesquisa psicológica, o sonho se revela como o primeiro elo de uma cadeia de estruturas psíquicas anormais, em que outros elos, como a fobia histérica, a obsessão e o delírio devem, por razões práticas, constituir tema de interesse do médico. O sonho (como se poderá ver) não pode reivindicar um significado prático correspondente; seu valor teórico como paradigma é, no entanto, ainda maior; quem não pode explicar a origem das imagens oníricas dificilmente vai esperar compreender as fobias, as ideias obsessivas e delirantes e, de igual modo, compreender a importância terapêutica delas.

Mas essa relação, à qual nosso assunto deve sua importância, é responsável também pelas deficiências do trabalho que temos diante de nós. As áreas de fratura, que serão encontradas com tanta frequência nessa discussão, correspondem a tantos pontos de contato em que o problema da formação do sonho toca problemas mais abrangentes de psicopatologia, que não podem ser discutidos aqui, e que serão submetidos a futura elaboração, se houver tempo e energia suficientes e se houver material à disposição.

As peculiaridades do material que utilizei para ilustrar a interpretação dos sonhos tornaram essa publicação difícil. No decorrer da própria obra, poder-se-á constatar que todos os sonhos relatados na literatura ou coletados por outros se mostraram de quase nenhuma serventia para meu propósito; como exemplos, tive de escolher entre meus sonhos e os de meus pacientes, que estavam em tratamento psicanalítico. Fui impedido de utilizar esse último material pelo fato de que, nele, os processos oníricos estavam sujeitos a uma complicação indesejável, em razão da mescla de características neuróticas. Por outro lado, inseparavelmente ligada aos meus sonhos, estava a circunstância de que fui obrigado a expor mais intimidades de minha vida psíquica do que gostaria e do que geralmente é necessário para um escritor que seja homem de ciência e não poeta. Isso foi penoso, mas inevitável; tive de suportar o inevitável para não ser obrigado a renunciar por completo à demonstração da veracidade de minhas descobertas psicológicas. Certamente, não pude resistir à tentação de disfarçar algumas de minhas indiscrições por meio de omissões e substituições; e toda vez que isso aconteceu, o valor dos exemplos que utilizei foi essencialmente reduzido. Posso apenas expressar a esperança de que o leitor desta obra, colocando-se em minha difícil posição, me trate com clemência, e também que todas as pessoas que estão inclinadas a se ofender com qualquer um dos sonhos relatados concedam pelo menos liberdade de pensamento à vida onírica.

PREFÁCIO DA SEGUNDA EDIÇÃO

Se houve uma demanda por uma segunda edição deste livro, bastante difícil, antes de se escoar a primeira década, não devo gratidão ao interesse dos círculos profissionais, a quem me referi no texto anterior. Meus colegas de psiquiatria, ao que parece, não fizeram nenhum esforço para afastar a primeira surpresa que minha nova concepção do sonho evocou, e os filósofos profissionais, acostumados a tratar o problema da vida onírica como parte dos estados de consciência, dedicando-lhe algumas poucas frases – em sua maioria, idênticas – não observaram, assim me parece, que nesse campo se poderia encontrar todo tipo de coisas que levariam, inevitavelmente, a uma profunda transformação de nossas teorias na área da psicologia.

O comportamento dos críticos só podia justificar a expectativa de que esse meu trabalho estava fadado a cair no esquecimento; e o pequeno grupo de bravos alunos que segue minha orientação na aplicação médica da psicanálise e que segue também meu exemplo na análise de sonhos, a fim de utilizar essas análises no tratamento de neuróticos, não teria esgotado a primeira edição do livro. Sinto-me, portanto, devedor para com aquele círculo mais amplo, que se empenha de modo inteligente em buscar a verdade, e cuja colaboração me estimulou a retomar, depois de nove anos, esse trabalho difícil e, em muitos aspectos, fundamental.

Fico feliz em poder dizer que encontrei pouco a mudar. Aqui e acolá, inseri novo material, acrescentei novas ideias, decorrentes de minha experiência mais ampla, e tentei revisar alguns pontos; mas tudo o que é essencial com relação ao sonho e a sua interpretação, bem como as proposições psicológicas dele derivadas, tudo permaneceu imutável: pelo menos, subjetivamente, resistiu ao teste do tempo. Aqueles que estão familiarizados com meus outros trabalhos sobre a etiologia e o mecanismo das psiconeuroses sabem que nunca ofereci nada inacabado como se fosse acabado e que sempre me esforcei em mudar minhas afirmações de acordo com meus novos pontos de vista; mas, no campo da vida onírica, consegui manter minhas primeiras declarações.

Durante os longos anos de meu trabalho sobre os problemas das neuroses, fui repetidamente confrontado com dúvidas e, muitas vezes, cometi erros; mas era sempre na "interpretação dos sonhos" que encontrava meu esteio. Meus numerosos oponentes mostram, portanto, um instinto mais que seguro quando se recusam a me seguir nesse território de investigação dos sonhos.

Da mesma forma, o material usado neste livro para ilustrar as regras de interpretação dos sonhos, extraído principalmente de meus próprios sonhos, que foram depreciados e superados pelos eventos, mostrou na revisão uma persistência que resistiu a mudanças substanciais. Para mim, na verdade, o livro tem ainda outro significado subjetivo que só pude compreender depois de concluído. Provou, para mim, que é parte de minha autoanálise, uma reação à morte de meu pai – isto é, ao evento mais significativo, a perda mais profunda, na vida de um homem. Depois que reconheci isso, me senti impotente para apagar os vestígios dessa influência. Para o leitor, no entanto, não faz diferença alguma de qual fonte ou de que material ele aprende a valorizar e a interpretar os sonhos.

Berchtesgaden, verão de 1908.

PREFÁCIO DA TERCEIRA EDIÇÃO

Transcorrido um período de nove anos entre a primeira e a segunda edição deste livro, a necessidade de uma terceira edição surgiu após pouco mais de um ano. Tenho motivos para estar satisfeito com essa mudança; mas, assim como não considerei o desinteresse anterior do leitor por esta obra como prova de demérito dela, não consigo encontrar no interesse manifestado atualmente uma prova de excelência da mesma.

O progresso do conhecimento científico mostrou sua influência na *Interpretação dos Sonhos*. Quando a escrevi, em 1899, as "teorias sexuais" não existiam ainda, e a análise de formas complicadas de psiconeuroses estava ainda em sua infância. A interpretação dos sonhos estava destinada a auxiliar na análise psicológica das neuroses, mas, desde então, a compreensão mais profunda das neuroses reagiu à nossa concepção do sonho. O estudo de interpretação dos sonhos em si continuou a se desenvolver numa direção, sobre a qual não foi dada suficiente ênfase na primeira edição deste livro. A partir de minha experiência, bem como dos trabalhos de W. Stekel e de outros, aprendi a atribuir maior valor à extensão e ao significado do simbolismo nos sonhos (ou melhor, no pensamento inconsciente). Assim, no decorrer desse ano, tem se acumulado muita coisa que requer consideração. Envidei esforços para fazer justiça a esse novo material por meio de numerosas inserções no texto e pela adição de notas de rodapé.

Se esses suplementos ameaçam, ocasionalmente, distorcer a discussão original, ou se, mesmo com a ajuda deles, não conseguimos elevar o texto original ao nível de nossos pontos de vista atuais, devo pedir complacência pelas lacunas do livro, pois são consequências e indicações do rápido desenvolvimento atual de nosso conhecimento.

Arrisco-me também a prever em quais outras direções as edições posteriores da *Interpretação dos Sonhos* – caso outras venham a ser exigidas – irão diferir da atual. Por um lado, deverão incluir excertos selecionados do rico material de poesia, de mito, de uso da linguagem e de folclore e, por outro, tratar com mais profundidade as relações do sonho com as neuroses e com as doenças mentais.

O sr. Otto Rank me prestou valioso serviço na seleção dos adendos e na leitura das provas tipográficas. Meus agradecimentos a ele e também a muitos outros por suas contribuições e correções.

Viena, primavera de 1911.

PREFÁCIO DO TRADUTOR DO ORIGINAL ALEMÃO PARA O INGLÊS*

Desde o aparecimento de *Artigos selecionados sobre histeria e outras psiconeuroses* e *Três contribuições para a teoria sexual*[1] do autor, muito foi dito e escrito sobre as obras de Freud. Alguns de nossos leitores se empenharam com louvável esforço no intuito de testar e utilizar as teorias do autor, mas foram prejudicados por sua incapacidade de ler fluentemente um alemão muito difícil, pois apenas duas das obras de Freud estiveram acessíveis até agora aos leitores de língua inglesa. Para eles, esse trabalho será de inestimável ajuda. Com certeza, numerosos artigos sobre a psicologia freudiana têm aparecido ultimamente em nossa literatura[2]; mas esses artigos dispersos, lidos por aqueles que desconhecem o texto original, muitas vezes servem para confundir em vez de elucidar. Na verdade, não se pode ter o domínio das teorias de Freud pela simples leitura de alguns panfletos ou mesmo de uma ou duas de suas obras originais. Tomo a liberdade de repetir o que já disse tantas vezes:

Ninguém está realmente qualificado a usar ou a julgar o método psicanalítico de Freud, se não possui um total domínio da teoria das neuroses desse autor – *A Interpretação dos Sonhos, Três Contribuições para a Teoria Sexual, A Psicopatologia da Vida Cotidiana* e *A Inteligência e sua Relação com o Inconsciente* – e se não teve considerável experiência em analisar os sonhos e as ações psicopatológicas de si próprio e de outros. Não é preciso dizer que se requer também um treinamento completo em psicologia normal e anormal.

A Interpretação dos Sonhos é a maior e mais importante obra do autor; é nela que desenvolve sua técnica psicanalítica, cujo conhecimento aprofundado é absolutamente indispensável para quem quer que trabalhe nessa área. A difícil tarefa de traduzir essa obra foi, portanto, empreendida principalmente com o objetivo de auxiliar aqueles que estão ativamente engajados no tratamento de pacientes e que, para tanto, se valem do método psicanalítico de Freud. À parte seu objetivo prático, o livro apresenta muitas coisas que são de interesse do psicólogo e também do leitor em geral. Na verdade, embora os sonhos tenham sido objeto de investigação nos últimos anos por muitos observadores competentes, poucos contribuíram com algo tangível para sua solução. Freud foi o estudioso que despojou o sonho de seu mistério e desvendou seus enigmas. Não mostrou somente que o sonho tem um significado, mas demonstrou amplamente que está intimamente ligado à vida mental normal e anormal. É no tratamento dos estados mentais anormais que devemos reconhecer o valor mais importante da interpretação dos sonhos. O sonho não nos revela somente os mecanismos enigmáticos de alucinações, delírios, fobias, obsessões e de outras condições psicopatológicas, mas é também o instrumento mais poderoso para a remoção delas[3].

Aproveito esta oportunidade para expressar minha gratidão ao professor F. C. Prescott pela leitura do manuscrito e por ter me ajudado a superar as dificuldades quase intransponíveis na tradução.

A. A. BRILL
Cidade de Nova Iorque

---

* Trata-se de Abraham Arden Brill (1874-1948), psicanalista austríaco, radicado nos Estados Unidos, que traduziu essa obra de Freud do original alemão para o inglês, tradução que foi publicada em 1913. (N.T.)

a interpretação dos sonhos

CAPÍTULO I

A LITERATURA CIENTÍFICA SOBRE OS PROBLEMAS DO SONHO[4]

Nas páginas que vão se seguir, vou apresentar provas de que existe uma técnica psicológica pela qual os sonhos podem ser interpretados e que, mediante a aplicação desse método, todo sonho se mostrará como uma estrutura psicológica que tem um sentido e que pode ser introduzida em determinado lugar na atividade psíquica do estado de vigília. Além disso, tentarei explicar os processos que dão origem à estranheza e à obscuridade do sonho e descobrir, por meio deles, a natureza das forças psíquicas que operam, em concomitância ou em oposição, para produzir o sonho. Feito isso, minha investigação terminará, pois terá chegado ao ponto em que o problema do sonho se mescla com problemas mais amplos, cuja solução deve ser tentada por meio de material de outra natureza.

Parto do pressuposto que o leitor está familiarizado com o trabalho realizado por autores anteriores, bem como com a posição atual do problema dos sonhos na ciência, uma vez que, no decorrer deste tratado, não terei muitas ocasiões de retornar a esses tópicos. Pois, apesar do esforço de vários milhares de anos, pouco progresso tem sido feito na compreensão científica dos sonhos. Isso foi tão universalmente reconhecido pelos autores que parece desnecessário citar opiniões de um ou de outro para comprová-lo. Nos escritos apresentados no final deste livro, pode-se encontrar muitas observações estimulantes e muito material interessante relacionados com nosso tema, mas pouco ou nada que diga respeito à verdadeira natureza do sonho ou que resolva em definitivo qualquer um de seus enigmas. Ainda menos, é claro, foi transmitido para conhecimento dos estudiosos leigos.

O primeiro livro em que o sonho é tratado como objeto da psicologia parece ser o de Aristóteles (*Sobre os sonhos e sua interpretação*). Aristóteles afirma que o sonho é de natureza demoníaca, embora não de natureza divina; o que, na verdade, contém um significado profundo, se for corretamente interpretado. Ele tinha conhecimento também de algumas das características da vida onírica; sabia, por exemplo, que o sonho transforma, em grandes, pequenas ou leves, sensações percebidas durante o sono ("a pessoa imagina que caminha sobre o fogo e sente calor, se essa ou aquela parte do corpo se torna ligeiramente mais aquecida"), o que o levou a concluir que os sonhos podem facilmente revelar ao médico os primeiros indícios de uma incipiente mudança no corpo, que passa despercebida durante o dia. Não pude me aprofundar mais no tratado aristotélico por insuficiente preparo e por falta de assistência qualificada.

Antes de Aristóteles, como todos sabem, os antigos não consideravam o sonho como um produto da mente que sonhava, mas uma inspiração divina; e, nesses tempos antigos, já se faziam sentir as duas correntes antagônicas que encontramos ao longo de toda a história ao emitir opiniões sobre a vida onírica. Eles distinguiam entre sonhos verdadeiros e válidos, enviados ao indivíduo adormecido para adverti-lo ou predizer-lhe o futuro, e sonhos vãos, fraudulentos e sem qualquer valor, cuja finalidade era desorientá-lo ou levá-lo à destruição[5]. Essa concepção pré-científica do sonho entre os antigos estava certamente em perfeita sintonia com sua visão geral da vida, que costumava projetar como realidade no mundo exterior aquilo que possuía realidade apenas dentro da mente. Essa concepção, além disso, levava em conta a principal impressão produzida na vida desperta pela lembrança do sonho pela manhã, pois, nessa lembrança, o sonho, comparado com o restante do conteúdo psíquico, parece algo estranho, vindo, como se fosse, de outro mundo. Da mesma forma, seria um erro supor que a teoria da origem sobrenatural dos sonhos carece de seguidores em nossos dias; deixando de lado todos os autores carolas e místicos – que estão perfeitamente justificados em permanecer fiéis ao que resta do outrora amplo domínio do sobrenatural até que sejam varridos pela explicação científica – encontramos homens bem esclarecidos, avessos a qualquer ideia extravagante, que chegam a basear sua crença religiosa na existência e na cooperação de forças sobre-humanas com relação à natureza inexplicável das manifestações oníricas (Haffner). A alta estima em que é tida a vida onírica por algumas escolas de filosofia (por exemplo, a escola de Schelling), é um claro eco da indiscutível natureza divina que era conferida aos sonhos na antiguidade; tampouco se encerraram ainda os debates a respeito do caráter premonitório ou profético dos sonhos. Isso se deve ao fato de que as tentativas de dar explicações psicológicas têm sido insuficientes para responder adequadamente a todo o material coletado, por mais que todos aqueles que são dotados de verdadeiro espírito científico pressintam que semelhantes afirmações devem ser repudiadas.

É muito difícil escrever uma história de nosso conhecimento científico dos problemas dos sonhos porque, por mais valioso que possa ter sido esse conhecimento em alguns pontos, não tem sido possível discernir nenhum progresso em qualquer direção bem definida. Não se produziu nenhum embasamento de resultados seguros sobre o qual futuros pesquisadores pudessem continuar a construir, mas cada novo autor levanta os mesmos problemas novamente e reparte desde o início. Se eu tentasse relacionar, em ordem cronológica, aqueles que escreveram sobre o tema e fizesse uma súmula das opiniões de cada um sobre os problemas do sonho, não conseguiria traçar um quadro claro e completo do estado atual do conhecimento sobre o assunto. Preferi, portanto, basear minha teoria em tópicos e não em autores; por essa razão, para cada problema levantado com relação ao sonho, citarei o material encontrado na literatura científica, para sua solução.

Mas como não consegui consultar toda a literatura sobre o tema, que é amplamente dispersa e entremeada com outros campos do conhecimento, sinto-me na obrigação de pedir a meus leitores que se deem por satisfeitos, desde que nenhum fato fundamental ou ponto de vista importante seja excluído em minha descrição.

Até pouco tempo atrás, a maioria dos autores era levada a tratar os assuntos relativos ao sono e ao sonho como um tema inseparável, e nesse tema único abordavam também regularmente estados análogos de psicopatologia e outros estados oníricos como alucinações, visões etc. Por outro lado, nos trabalhos mais recentes, verificou-se a tendência de se ater mais ao tema do sonho em si e a tomar como assunto uma única questão da vida onírica. Essa mudança, acredito, é uma expressão da convicção de que o esclarecimento e o acordo em assuntos tão obscuros só podem ser alcançados por uma série de investigações detalhadas. É essa investigação detalhada e de natureza psicológica especial que pretendo oferecer neste livro. Tive poucas oportunidades de estudar o problema do sono, pois é essencialmente um problema fisiológico, embora uma das características funcionais do sono seja a de propiciar mudanças no funcionamento do aparelho mental. A literatura sobre o sono não será, portanto, levada em consideração neste escrito.

Um interesse científico nos fenômenos dos sonhos como tais leva às seguintes indagações, em parte interdependentes:

(a) A RELAÇÃO DO SONHO COM O ESTADO DE VIGÍLIA

O ingênuo julgamento de uma pessoa ao despertar pressupõe que o sonho – se de fato não se origina em outro mundo – de qualquer forma transportou o sonhador para outro mundo. O velho fisiólogo Burdach, a quem devemos uma descrição cuidadosa e criteriosa dos fenômenos dos sonhos, expressou essa convicção numa passagem frequentemente citada:

"A vida de vigília nunca se repete com suas provações e alegrias, seus prazeres e dores, mas, ao contrário, o sonho visa nos libertar delas. Mesmo quando toda a nossa mente está completamente tomada por algo, quando uma profunda tristeza dilacerou nossos corações ou quando uma tarefa exigiu todo o poder de nosso intelecto, o sonho nos dá algo inteiramente estranho ou toma apenas alguns elementos da realidade para suas combinações ou só entra em sintonia com nosso espírito e apresenta a realidade em símbolos." (p. 474)

L. Strümpell se expressa no mesmo sentido, em sua obra *Natureza e Origem dos Sonhos* (p. 16, 17 e 19), um estudo muito respeitado por todos: "Aquele que sonha vira as costas para o mundo da consciência em estado de vigília"; "No sonho, a memória do conteúdo ordenado da consciência em estado de vigília e seu comportamento normal é praticamente perdido"; "O isolamento é quase completo da mente, no sonho, praticamente sem memória do conteúdo regular e dos assuntos corriqueiros do estado de vigília...".

Mas grande parte dos autores assumiu uma visão contrária da relação do sonho com a vida de vigília. Assim, escreve Haffner (p. 19): "Em primeiro lugar, o sonho é a continuação do estado de vigília. Nossos sonhos sempre se associam com aquelas ideias que pouco antes estiveram em nossa consciência. Um exame cuidadoso quase sempre encontrará um fio pelo qual o sonho se conectou com a experiência do dia anterior". Weygandt (p. 6), contradiz categoricamente a declaração de Burdach, citada há pouco: "Pois, muitas vezes, aparentemente na maioria dos sonhos, pode-se observar que eles nos levam diretamente de volta à vida cotidiana, em vez de nos libertar dela." Maury (p. 56) diz, numa fórmula concisa: *"Nous rêvons de ce que nous avons vu, dit, désiré ou fait."* (Nós sonhamos com o que vimos, dissemos, desejamos ou fizemos.) Jessen, em sua obra *Psicologia*, publicada em 1855 (p. 530), é um pouco mais explícito: "O conteúdo dos sonhos é mais ou menos determinado pela personalidade individual daquele que sonha, por sua idade, seu sexo, sua posição social, sua educação, seus hábitos e por fatos e experiências de toda a sua vida passada".

Os antigos tinham a mesma ideia sobre a dependência do conteúdo do sonho em relação à vida de vigília. Cito Radestock (p. 139): "Quando Xerxes, antes de sua expedição contra a Grécia, foi persuadido por prudentes conselhos a não levá-la a termo, embora ele sempre se sentisse impelido por seus sonhos a empreendê-la, um dos velhos e sensatos intérpretes persas dos sonhos, chamado Artabano, disse-lhe muito apropriadamente que as imagens dos sonhos contêm principalmente aquilo em que se está pensando enquanto se está acordado".

No poema didático de Lucrécio, *De Rerum Natura* (IV, v. 959), ocorre essa passagem:

"Et quo quisque fere studio devinctus adhaeret,
aut quibus in rebus multum sumus ante morati
atque in ea ratione fuit contenta magis mens,
in somnis eadem plerumque videmur obire;
causidici causas agere et componere leges,
induperatores pugnare ac proelia obire..."*

Cícero (*De Divinatione*, II) diz, de maneira bastante semelhante, assim como Maury muito mais tarde:

---

* *"E pelo que quase todos se apegam ao zelo, ou nas coisas em que passamos muito tempo antes e dessa forma a mente esteve mais contente; e nos sonhos, muitas vezes parecemos estar fazendo as mesmas coisas; os advogados se põem a discutir e redigir leis, os comandantes se põem a lutar e a se envolver em batalhas..."* (N.T.)

"*Maximeque reliquiae earum rerum moventur in animis et agitantur, de quibus vigilantes aut cogitavimus aut egimus.*"*

A contradição expressa nesses dois pontos de vista, quanto à relação entre a vida onírica e a vida de vigília, parece realmente insolúvel. Não será, portanto, fora de propósito mencionar a descrição de F. W. Hildebrandt (1875, p. 8 e seguintes), que acredita que as características do sonho podem geralmente ser descritas chamando-as de uma "série de contrastes que aparentemente se transformam em contradições". "O primeiro desses contrastes é proporcionado, por um lado, pelo estrito isolamento ou separação do sonho da vida verdadeira e real e, por outro, pela contínua superposição de um sobre outro e pela constante dependência de um em relação ao outro. O sonho é algo totalmente separado da realidade vivida durante o estado de vigília; pode-se chamar isso de uma existência hermeticamente fechada e separada da vida real por um abismo intransponível. Ele nos liberta da realidade, extingue a lembrança normal da realidade e nos coloca em outro mundo e numa vida totalmente diversa, que, no fundo, não tem nada em comum com a realidade..." Hildebrandt afirma, então, que, ao adormecer, todo o nosso ser, com todas as suas formas de existência, desaparece "como que por um alçapão invisível". No sonho, alguém talvez empreenda uma viagem até a ilha de Santa Helena para oferecer ao prisioneiro Napoleão algo requintado, como um vinho da região de Mosela. É recebido com grande amabilidade pelo ex-imperador e chega quase a lamentar quando a bela ilusão é destruída, ao despertar. Mas comparemos agora a situação do sonho com a realidade. O sonhador nunca foi mercador de vinhos e não deseja sê-lo. Nunca fez uma viagem marítima e Santa Helena seria o último lugar que escolheria como destino dessa possível viagem. O sonhador não nutre nenhum sentimento de

---

* Frase em latim, no original, que significa: "E, acima de tudo, movem-se e se agitam no espírito os restos daquelas coisas que, em estado de vigília, pensávamos ou fazíamos". (N.T.)

simpatia por Napoleão, mas, ao contrário, um forte ódio patriótico. E, finalmente, o sonhador ainda não era nascido quando Napoleão morreu na ilha, de modo que estava fora de toda possibilidade ter qualquer relação pessoal com Napoleão. Assim, a experiência do sonho aparece como algo estranho, inserido entre dois períodos perfeitamente harmonizados e sucessivos.

"E, no entanto", continua Hildebrandt, "o oposto é aparentemente verdadeiro e correto. Acredito que, de mãos dadas com essa separação e isolamento, ainda pode subsistir a mais íntima relação e conexão. Podemos dizer, com razão, que não importa o que o sonho oferece, ele encontra seu material na realidade e na vida psíquica que gira em torno dessa realidade. Por mais estranho que o sonho possa parecer, ele nunca pode se desprender da realidade, e suas estruturas mais sublimes, bem como as mais grotescas, devem sempre tomar emprestado seu material elementar do que vimos com os próprios olhos no mundo exterior ou do que previamente encontrou guarida em algum lugar em nossos pensamentos de vigília; em outras palavras, deve ser tomado do que já experimentamos objetiva ou subjetivamente."

(b) O MATERIAL DOS SONHOS - A MEMÓRIA NOS SONHOS

Todo o material que compõe o conteúdo do sonho se origina, de alguma forma, na experiência, ou seja, é reproduzido ou lembrado no sonho – pelo menos isso pode ser tomado como uma verdade indiscutível. Mas seria um erro supor que essa ligação entre o conteúdo do sonho e a realidade seja prontamente revelada como resultado inconteste da comparação entre ambos. Pelo contrário, essa ligação deve ser cuidadosamente procurada e, em muitos casos, permanece oculta por muito tempo. A razão disso pode ser encontrada em diversas peculiaridades exibidas pela faculdade da memória nos sonhos que, embora universalmente conhecidas, até hoje não encontraram cabal explicação. Valeria a pena examinar de modo mais exaustivo essas características.

Muitas vezes acontece que, no conteúdo do sonho, aparece um

material que, mais tarde, no estado de vigília, não conseguimos reconhecer como parte de nosso conhecimento e de nossa experiência. Lembramo-nos muito bem de ter sonhado com o assunto em questão, mas não nos lembramos do fato ou do tempo da experiência. Aquele que sonha fica, portanto, sem saber de que fonte o sonho se valeu e se sente até mesmo tentado a crer que os sonhos gozam de uma capacidade de produção independente. Mas muitas vezes e muito depois, um novo episódio traz de volta à lembrança uma experiência anterior dada como perdida e, assim, revela a fonte do sonho. Somos então forçados a admitir que, no sonho, sabíamos e nos lembrávamos de algo que já estava ausente de nossa memória durante o estado de vigília.

Delbœuf narra um exemplo particularmente impressionante desse tipo, extraído da própria experiência. Em sonho, viu o pátio de sua casa coberto de neve e encontrou duas pequenas lagartixas semicongeladas e soterradas na neve. Sendo um amante dos animais, ele as recolheu, aqueceu-as e as colocou de volta numa fenda na parede da casa. Deu-lhes também algumas pequenas folhas de samambaia que cresciam na parede, sabendo que as apreciavam. No sonho, ele conhecia o nome da planta: *Asplenium ruta muralis*. O sonho continuou e, depois de uma digressão, voltou às lagartixas e, para seu espanto, Delbœuf viu duas outras lagartixas sobre os restos da samambaia. Ao dirigir o olhar em volta, viu uma quinta e uma sexta lagartixa correndo para a fenda na parede e, finalmente, a estrada estava coberta por uma procissão de lagartixas, todas andando na mesma direção etc.

Em seu estado de vigília, Delbœuf conhecia apenas alguns nomes latinos de plantas, e *Asplenium* não figurava entre eles. Para sua grande surpresa, acabou confirmando que existia realmente uma samambaia com esse nome e que a denominação latina correta era *Asplenium ruta muraria*, que o sonho havia desfigurado levemente. Isso não poderia ser uma simples coincidência, mas, para Delbœuf, continuou sendo um mistério o modo como, no sonho, chegara a ter conhecimento do nome *Asplenium*.

O sonho ocorreu em 1862. Dezesseis anos depois, na casa de um amigo, o filósofo notou um pequeno álbum contendo plantas secas, parecido com os álbuns que são vendidos como souvenir aos visitantes em muitas partes da Suíça. Uma lembrança repentina lhe ocorreu; abriu o herbário e nele descobriu o *Asplenium* de seu sonho, e reconheceu sua própria caligrafia no nome latino escrito embaixo da folha dessa samambaia. A conexão podia agora ser estabelecida. Durante sua viagem de casamento, uma irmã desse amigo visitou Delbœuf; era o ano de 1860, dois anos antes do sonho das lagartixas. Nessa data, ela levava consigo esse álbum, que se destinava a seu irmão, e Delbœuf deu-se ao trabalho de escrever sob cada uma das plantas secas o nome latino, ditado pelo botânico.

O feliz acaso que possibilitou o relato desse valioso exemplo também permitiu a Delbœuf rastrear outra parte desse sonho até sua fonte esquecida. Um dia, em 1877, ele encontrou um velho volume de um periódico ilustrado, no qual encontrou retratada toda a procissão de lagartixas exatamente como havia sonhado em 1862. O volume trazia a data de 1861, e Delbœuf se lembrava de que havia sido assinante dessa revista desde seu primeiro número.

Que o sonho tenha à sua disposição lembranças inacessíveis ao estado de vigília é um fato tão notável e tão importante do ponto de vista teórico, que gostaria de chamar mais atenção a respeito, relatando vários outros "sonhos hipermnésicos". Maury conta que, por algum tempo, a palavra *Mussidan* costumava aflorar repetidas vezes em sua mente durante o dia. Ele sabia que era o nome de uma cidade francesa, mas nada mais. Certa noite, sonhou que conversava com uma pessoa que lhe disse que era de *Mussidan* e, em resposta à sua pergunta sobre onde ficava a cidade, ela respondeu: "Mussidan é a principal cidade do interior do Departamento de La Dordogne". Ao acordar, Maury não acreditou nas informações recebidas em seu sonho; o dicionário geográfico, no entanto, mostrou que a informação era perfeitamente correta. Nesse caso, o conhecimento superior do sonho é confirmado, mas não foi rastreada a fonte esquecida desse conhecimento.

Jessen (p. 55) fala de uma ocorrência bastante semelhante em sonhos de época mais remota. Entre outros, podemos mencionar aqui o sonho do velho Scaliger (Hennings, p. 300), que escreveu um poema em louvor de célebres homens de Verona; um homem, chamado Brugnolus, lhe apareceu em sonho, queixando-se de que tinha sido esquecido. Embora Scaliger não conseguisse se lembrar de ter ouvido falar dele, escreveu alguns versos em sua homenagem. Seu filho descobriu mais tarde, em Verona, que certo Brugnolus havia sido famoso crítico nessa cidade.

Dizem que Myers publicou uma coleção inteira desses sonhos hipermnésicos em *Proceedings of the Society for Psychical Research*, (Atas da Sociedade de Pesquisas Psíquicas) que, infelizmente, não tenho acesso a elas. Acredito que todo aquele que se ocupa de sonhos reconhecerá como fenômeno muito comum o fato de que o sonho dá provas de conhecer e recordar coisas que parecem de todo desconhecidas para a pessoa em estado de vigília. Em minhas investigações psicanalíticas com pacientes nervosos, das quais falarei mais adiante, tenho condições, várias vezes por semana, de convencer meus pacientes, com base em seus sonhos, de que eles estão bem familiarizados com citações, expressões obscenas, etc., e que fazem uso delas em seus sonhos, embora as tenham esquecido em seu estado de vigília. Permito-me citar aqui um caso simples de hipermnésia onírica, porque foi muito fácil rastrear a fonte que tornou o conhecimento acessível ao sonho.

Um paciente me contou que teve um longo sonho e, enquanto sonhava, pediu um *"Kontuszówka"* num café. Depois de me relatar isso, perguntou o que poderia significar essa palavra, pois nunca a tinha ouvido. Pude lhe responder que *"Kontuszówka"* era um licor polonês, cujo nome ele não poderia ter inventado no sonho, pois o mesmo me era familiar há muito tempo pelos anúncios que via em locais públicos. De início, o paciente não acreditou em mim, mas alguns dias mais tarde, depois de concretizar seu sonho ao provar o licor num café, notou o nome num cartaz na esquina da rua, pela qual deveria ter passado pelo menos duas vezes ao dia durante meses.

Aprendi com os meus sonhos o quanto a descoberta da origem de alguns dos elementos do sonho depende do acaso. Assim, durante anos, antes de escrever este livro, fui assombrado pela imagem de uma torre de igreja de forma muito simples, que eu não conseguia me lembrar de ter visto. De repente, reconheci-a com absoluta certeza numa pequena estação da ferrovia entre Salzburg e Reichenhall. Isso ocorreu no final da década de 1890, e eu havia viajado por essa ferrovia pela primeira vez no ano de 1886. Em anos posteriores, quando já estava ocupado no estudo dos sonhos, fiquei bastante incomodado com a frequente repetição, nos sonhos, da imagem de determinado local bem peculiar. Eu a via, com relação ao local em que eu estava, à minha esquerda, como um espaço escuro onde se destacavam muitas figuras grotescas de arenito. Uma vaga lembrança, a que não dei muita atenção, me dizia que se tratava da entrada de uma cervejaria, mas não consegui explicar o significado nem a origem dessa imagem onírica. Em 1907, eu estava na cidade de Pádua, que, infelizmente, não pudera mais visitar desde 1895. Minha primeira visita a essa bela cidade universitária não foi de meu total agrado, pois não consegui ver os afrescos de Giotto na igreja da Madonna dell'Arena. Tive de voltar a meio caminho da pequena igreja, ao ser informado de que estava fechada naquele dia. Em minha segunda visita, doze anos depois, pensei compensar essa falta de sorte e a primeira coisa que fiz foi me dirigir para a igrejinha da Madonna dell'Arena. Na rua que leva a ela, à minha esquerda, provavelmente no local de onde havia voltado em 1895, descobri o lugar que tantas vezes tinha visto em sonho, com suas figuras de arenito. Na verdade, era a entrada do jardim de um restaurante.

Uma das fontes de onde os sonhos extraem material para reprodução – material que, em parte, não é lembrado nem empregado nos pensamentos que temos em estado de vigília – é a infância. Vou citar apenas alguns dos autores que observaram e enfatizaram esse fato.

Hildebrandt (p. 23): "Já foi expressamente admitido que o

sonho às vezes traz de volta à mente, com maravilhosa capacidade de reprodução, experiências remotas e até esquecidas dos primeiros anos de vida".

Strümpell (p. 40): "O assunto se torna mais interessante quando lembramos como o sonho às vezes traz à tona, por assim dizer, dos estratos mais profundos e recônditos que os anos posteriores foram empilhando sobre as primeiras experiências da infância, as imagens de certos lugares, coisas e pessoas, inteiramente intactas e com seu frescor original. Isso não se limita apenas às experiências que causaram viva impressão na consciência quando ocorreram ou que ficaram impressas com forte impacto psíquico e que depois retornaram no sonho como reminiscências reais, com as quais a consciência desperta se compraz. Ao contrário, as profundezas da memória onírica abrangem também as imagens de pessoas, coisas, lugares e experiências anteriores que causaram pouco impacto na consciência e que tiveram pouca importância psíquica ou que perderam ambas há muito tempo e que, portanto, parecem totalmente estranhas e desconhecidas tanto no sonho quanto no estado de vigília, até que sua origem mais remota seja revelada".

Volkelt (p. 119): "É essencialmente notável a facilidade com que reminiscências infantis e juvenis entram no sonho. O que há muito deixamos de pensar, o que há muito perdeu toda a importância para nós, é constantemente relembrado pelo sonho".

A influência do sonho sobre o material infantil que, como se sabe, ocupa principalmente as lacunas da memória consciente, dá origem a interessantes sonhos hipermnésicos, alguns dos quais merecem ser citados.

Maury (p. 92) relata como ia com frequência, quando criança, de sua cidade natal, Meaux, para a vizinha Trilport, onde seu pai supervisionava a construção de uma ponte. Certa noite, um sonho o transportou para Trilport e, mais uma vez, estava brincando nas ruas da cidade. Um homem, vestindo uma espécie de uniforme, se aproximou dele. Maury perguntou-lhe o nome e ele se apresentou, dizendo que se chamava C... e que era guarda da ponte. Ao acordar, Maury, que ainda duvidava da exatidão da lembrança, perguntou à sua velha criada, que estivera com ele na infância, se ela se lembrava de um homem com esse nome. "Certamente", foi a resposta; "ele era vigia da ponte que seu pai estava construindo naquela época."

Maury relata outro exemplo que demonstra igualmente a confiabilidade das lembranças dos tempos de infância que aparecem nos sonhos. O sr. F..., que vivera, quando criança, em Montbrison, decidiu visitar sua casa e velhos amigos de sua família após uma ausência de 25 anos. Na noite anterior à sua partida, sonhou que havia chegado a seu destino e que havia encontrado, perto de Montbrison, um homem, que não conhecia de vista, mas que lhe disse que era o sr. T..., amigo de seu pai. O sr. F. recordou que conhecera, quando criança, um cavalheiro com esse nome, mas ao acordar não conseguia mais se lembrar das feições dele. Vários dias depois, chegando a Montbrison, ele encontrou a localidade supostamente desconhecida de seu sonho e ali encontrou um homem que imediatamente reconheceu como o sr. T... de seu sonho. A pessoa real era apenas mais velha do que a da imagem do sonho.

Permito-me relatar um de meus sonhos em que a impressão lembrada é substituída por uma associação. Em meu sonho, vi uma pessoa que reconheci, enquanto sonhava, como o médico de minha cidade natal. As feições eram indistintas e se confundiam com a imagem de um de meus colegas professores, que ainda vejo de vez em quando. Ao acordar, não consegui descobrir que ligação poderia haver entre as duas pessoas. Mas ao perguntar à minha mãe a respeito do médico de minha primeira infância, fiquei sabendo que ele era caolho. O professor, cuja fisionomia ocultava a do médico no sonho, também era caolho. Fazia 38 anos que não via mais o médico e, que eu saiba, não pensei nele em meu estado de vigília, embora uma cicatriz em meu queixo pudesse ter me lembrado dos cuidados que ele teve para comigo.

Como que para contrabalançar o imenso papel atribuído às impressões da infância no sonho, muitos autores afirmam que a maioria dos sonhos apresenta elementos de época mais recente. Assim, Robert (p. 46) declara que os sonhos normais, de modo geral, refletem apenas as impressões dos últimos dias. Constatamos, de fato, que a teoria dos sonhos apresentada por Robert exige imperativamente que as antigas impressões sejam afastadas e que as mais recentes sejam trazidas à tona. Apesar de tudo, o fato alegado por Robert não deixa de ser correto e posso confirmar isso com minhas pesquisas. Nelson, autor americano, pensa que as impressões mais frequentemente encontradas no sonho datam de dois ou três dias antes que o sonho ocorra, como se as impressões do dia imediatamente anterior ao sonho não fossem suficientemente enfraquecidas e remotas.

Muitos autores, convencidos da íntima relação entre o conteúdo dos sonhos e o estado de vigília, ficam impressionados com o fato de que as impressões que ocuparam intensamente a mente desperta só aparecem nos sonhos depois de terem sido, até certo ponto, postas de lado na elaboração do pensamento durante o estado de vigília. Assim, de modo geral, não sonhamos com um ente querido que veio a falecer, enquanto ainda estamos imersos na tristeza por sua morte. Mesmo assim, a srta. Hallam, uma das mais recentes observadoras, coletou exemplos que mostram o comportamento oposto e chega a invocar, nesse aspecto, o direito de cada um de reagir em conformidade com sua estrutura psicológica.

A terceira e mais notável e incompreensível peculiaridade da memória nos sonhos é demonstrada na escolha do material reproduzido, pois a ênfase é colocada não apenas nas lembranças mais significativas, mas também nas mais insignificantes e mesmo irrelevantes. Sobre esse ponto, passo a citar os autores que manifestaram sua surpresa da forma mais enfática.

Hildebrandt (p. 11): "Pois é um fato notável que os sonhos, via de regra, não extraem seus elementos de grandes e impactantes fatos ou dos imperiosos e urgentes interesses do dia anterior, mas de assuntos sem importância, dos fragmentos mais fúteis de recente experiência ou de um passado mais remoto. A morte mais chocante em nossa família, cujas impressões nos mantêm acordados noite adentro, é apagada de nossas memórias até que, em nosso primeiro momento depois do despertar, retorna com toda a força opressiva. Por outro lado, a verruga na testa de um estranho que passa, em quem não pensamos mais depois de passar por ele, desempenha seu papel em nossos sonhos".

Strümpell (p. 39): "... tais casos em que a análise de um sonho traz à luz elementos que, embora derivados de fatos do dia anterior ou de dois dias antes, ainda assim se revelam tão sem importância e inúteis para o estado de vigília, que acabam sendo relegados ao esquecimento pouco depois de virem à luz. Tais ocorrências podem ser declarações de outras pessoas ouvidas acidentalmente ou ações observadas superficialmente ou percepções fugazes de coisas ou pessoas ou frases isoladas de livros etc."

Havelock Ellis (p. 77): "As emoções profundas da vida desperta, as questões e os problemas sobre os quais despendemos nossa principal energia mental voluntária, não são aquelas que geralmente se apresentam imediatamente à consciência onírica. São aquelas que dizem respeito ao passado imediato, principalmente as impressões insignificantes, incidentais, 'esquecidas' da vida cotidiana, que reaparecem em nossos sonhos. As atividades psíquicas mais intensamente despertas são aquelas que dormem mais profundamente".

Binz (p. 45) parte das características acima mencionadas da memória nos sonhos para expressar sua insatisfação com as explicações dos sonhos que ele mesmo defendera: "E o sonho normal levanta questões semelhantes. Por que nem sempre sonhamos com as impressões da memória dos dias imediatamente anteriores, mas, em vez disso e sem qualquer motivo aparente, voltamos ao passado remoto e quase inteiramente esquecido? Por que, nos sonhos, a consciência revive com tanta frequência a impressão de imagens de memória indiferentes, enquanto as células cerebrais, que carregam os registros mais sensíveis da experiência, permanecem em sua maior parte inertes e entorpecidas, a menos que tenham sido impelidas a um ressurgimento ativo pouco antes, durante o estado de vigília?"

Podemos compreender prontamente como a estranha preferência da memória onírica pelo indiferente e, portanto, como os detalhes despercebidos da experiência cotidiana devem geralmente nos levar a desconsiderar por completo a dependência que os sonhos têm do estado de vigília, ou pelo menos dificultar a comprovação dessa dependência em qualquer caso específico. Assim, a srta. Whiton Calkins pôde constatar, num levantamento estatístico dos próprios sonhos e dos sonhos de sua amiga, que 11% do total não mostrava nenhuma relação com o estado de vigília. Hildebrandt estava certamente correto em sua afirmação de que todas as nossas imagens oníricas poderiam ser geneticamente explicadas, se dedicássemos tempo e material suficientes para rastrear sua origem. Com certeza, ele chama isso de "um trabalho extremamente tedioso e ingrato", pois no máximo nos levaria a descobrir todo tipo de material psíquico inútil dos compartimentos mais recônditos da câmara da memória e a trazer à luz alguns momentos mais que indiferentes do passado remoto, que talvez tenham sido enterrados na primeira hora depois de sua ocorrência. Devo, no entanto, lamentar que esse autor perspicaz tenha deixado de seguir o caminho, cujo início parecia tão pouco promissor; caso o tivesse seguido, teria chegado diretamente ao centro do problema dos sonhos.

O comportamento da memória nos sonhos é certamente da maior importância para qualquer teoria da memória em geral. Ele nos ensina que "nada do que possuímos psiquicamente pode algum dia se perder inteiramente" (Scholz); ou, como diz Delbœuf, *"que toute impression, même la plus insignifiante, laisse une trace inaltérable, indéfiniment susceptible de reparaître au jour"**, conclusão a que somos impelidos por tantas outras manifestações patológicas da vida psíquica. Convém ter em mente essa extraordinária capacidade da memória nos sonhos, para perceber claramente as contradições em que incidem certas teorias sobre os sonhos, que serão

---

* Em francês, no original: "... que toda impressão, mesmo a mais insignificante, deixa um vestígio inalterável, indefinidamente suscetível de reaparecer à luz do dia". (N.T.)

mencionadas mais adiante, quando tentam explicar os absurdos e a incoerência dos sonhos por meio de um esquecimento parcial do que chegamos a saber durante o dia.

Pode-se até pensar em reduzir o fenômeno do sonho ao da memória, e considerar o sonho como a manifestação de uma atividade reprodutiva que não descansa nem à noite, e que é um fim em si mesma. Isso se conformaria com as opiniões expressas por Pilcz, segundo as quais, relações íntimas devem subsistir entre o momento do sonho e o conteúdo desse sonho, pelo fato de que as impressões reproduzidas pelo sonho em sono profundo pertencem ao passado mais remoto, ao passo que as reproduzidas ao amanhecer são de origem mais recente. Mas essa ideia é intrinsecamente improvável, tendo em vista como os sonhos lidam com o material a ser lembrado. Strümpell ressalta, com razão, que repetições de experiências vividas não ocorrem nos sonhos. É certo que o sonho faz um esforço nessa direção, mas falta o elo seguinte ou aparece de forma alterada, ou é substituído por algo inteiramente novo. Os sonhos mostram apenas fragmentos de reproduções; e essa é uma regra tão geral que possibilita tirar conclusões teóricas. Ainda assim, há exceções em que o sonho repete um episódio de modo tão integral quanto nossa memória o faria em seu estado de vigília. Delbœuf conta a história de um de seus colegas de universidade que, em seu sonho, repetiu, com todos os detalhes, um perigoso passeio de carruagem em que escapou de um acidente como que por milagre. A srta. Calkins menciona dois sonhos, cujo conteúdo reproduzia exatamente os incidentes do dia anterior. Mais adiante, terei a oportunidade de relatar um exemplo que chegou a meu conhecimento, mostrando uma experiência infantil que reapareceu inalterada num sonho[6].

(c) ESTÍMULOS E FONTES DOS SONHOS

O que se entende por estímulos e fontes dos sonhos pode ser explicado recorrendo ao ditado popular que diz: "Os sonhos vêm do estômago". Esse conceito oculta uma teoria, segundo a qual os sonhos são o resultado de uma perturbação do sono. Não teríamos sonhado, se não tivesse surgido, durante o sono, algum elemento perturbador, e o sonho é uma reação a essa perturbação.

A discussão sobre as causas estimuladoras dos sonhos ocupa um espaço muito amplo nas descrições dos autores que tratam do assunto. É evidente que esse problema só poderia aparecer depois que o sonho se tornou objeto de pesquisas biológicas. Os antigos, que acreditavam que o sonho era inspirado pelos deuses, não precisavam procurar sua fonte estimuladora; para eles, o sonho resultava da vontade dos poderes divinos ou demoníacos, e seu conteúdo era produto do conhecimento ou da intenção desses poderes. A ciência, no entanto, logo levantou a questão de saber se o estímulo ao sonho é sempre o mesmo, ou se poderia ser múltiplo, e disso decorria outra questão, ou seja, se a explicação das causas dos sonhos é de competência da psicologia ou, antes, da fisiologia. A maioria dos autores parece concordar na suposição de que as causas da perturbação do sono e, portanto, as fontes do sonho, podem ser de variadas espécies, e que tanto as excitações físicas quanto as mentais podem assumir o papel de instigadoras de sonhos. As opiniões diferem sensivelmente, no entanto, na preferência por esta ou aquela fonte onírica, em sua classificação e na importância atribuída a elas no tocante à origem dos sonhos.

Qualquer enumeração completa das fontes dos sonhos leva à conclusão de que há quatro tipos de fontes, tipos que são utilizados também na classificação dos sonhos:

I. Estímulos sensoriais externos (objetivos).
II. Estímulos sensoriais internos (subjetivos).
III. Estímulos físicos internos (orgânicos).
IV. Fontes estimuladoras puramente psíquicas.

I. Os estímulos sensoriais externos

O jovem Strümpell, filho do filósofo cujos escritos sobre o assunto já nos serviram mais de uma vez como guia no problema dos sonhos, relatou, como se sabe, suas observações sobre um paciente que sofria de anestesia geral da pele e de paralisia de vários órgãos sensoriais superiores. Esse homem mergulhava no sono quando eram fechados seus poucos canais sensoriais que ainda o mantinham ligado ao mundo exterior. Quando desejamos dormir, tentamos produzir uma situação semelhante à do experimento de Strümpell. Fechamos as vias sensoriais mais importantes, os olhos, e nos esforçamos para afastar dos outros sentidos todo estímulo e toda modificação dos estímulos que atuam sobre eles. Então adormecemos, embora nunca sejamos perfeitamente bem-sucedidos em nossos preparativos. Não podemos afastar totalmente os estímulos de nossos órgãos sensoriais, nem podemos extinguir totalmente a excitabilidade de nossos órgãos sensoriais. O fato de podermos ser despertados a qualquer momento por estímulos mais fortes é prova de "que a mente permaneceu em constante comunicação com o mundo material mesmo durante o sono". Os estímulos sensoriais que nos atingem durante o sono podem facilmente se tornar fonte dos sonhos.

Há muitos estímulos dessa natureza, desde os inevitáveis, provocados pelo estado de sono ou pelo menos ocasionalmente induzidos por ele, até os acidentais, que levam a despertar e que são próprios ou calculados para pôr um fim ao sono. Assim, uma luz forte pode incidir sobre os olhos, um ruído pode se tornar perceptível ou alguma substância odorífera pode irritar a membrana mucosa do nariz. Nos movimentos espontâneos do sono, podemos desnudar partes do corpo e assim expô-las a uma sensação de frio ou, pela mudança de posição, podemos produzir sensações de pressão e toque. Um mosquito pode nos picar ou um pequeno incidente noturno pode afetar simultaneamente mais de um de nossos sentidos. Alguns observadores chamaram a atenção para toda uma série de sonhos em que se detectava uma correspondência tão grande entre o estímulo constatado ao acordar e uma parte do conteúdo do sonho que era possível reconhecer o estímulo como a fonte do sonho.

Permito-me citar aqui vários desses sonhos coletados por Jessen (p. 527), que podem ser conectados a estímulos sensoriais objetivos, mais ou menos acidentais.

"Todo ruído percebido indistintamente dá origem a imagens oníricas correspondentes; o estrondo do trovão nos leva para o meio de uma batalha, o canto de um galo pode se transformar em gritos humanos de terror e o ranger de uma porta pode evocar sonhos de ladrões invadindo a casa. Quando um de nossos cobertores escorrega à noite, podemos sonhar que estamos andando nus ou caindo na água. Se nos deitarmos diagonalmente na cama, com os pés estendidos para fora da beirada, podemos sonhar que estamos à beira de um precipício assustador ou que estamos caindo de um penhasco. Se nossa cabeça ficar acidentalmente embaixo do travesseiro, podemos sonhar que estamos sob uma grande pedra pairando sobre nós e prestes a nos esmagar com seu peso. O acúmulo de sêmen provoca sonhos voluptuosos e dores locais produzem a ideia de maus tratos, de ataques hostis ou de ferimentos corporais."

"Meier (*Versuch einer Erklärung des Nachtwandelns*, Halle, 1758, p. 33) sonhou, certa vez, que estava sendo agredido por várias pessoas que o mantinham preso ao chão e enfiavam uma estaca entre o dedão e o segundo dedo do pé. Enquanto imaginava isso no sonho, acordou de repente e sentiu uma lâmina de palha enfiada entre os dedos dos pés. O mesmo autor, segundo Hemmings (*Von den Traumen und Nachtwandeln*, Weimar, 1784, p. 258), sonhou, em outra ocasião, que estava sendo enforcado quando, ao acordar, percebeu que sua camisa estava apertada demais no pescoço. Hauffbauer sonhou, quando jovem, que caiu de um muro alto e descobriu, ao despertar, que o estrado da cama se desmontara e que ele havia realmente caído no chão... Gregory conta que, uma vez, colocou uma bolsa de água quente sob seus pés e sonhou que subiu até o cume do Monte Etna, onde o calor do chão era quase insuportável. Depois de ter aplicado um emplastro na cabeça, um homem sonhou que estava sendo escalpelado por índios; outro, que vestia uma camisa úmida, sonhou que estava sendo arrastado por uma correnteza. Um ataque de gota fez com que um paciente acreditasse que estava nas mãos da Inquisição e sendo torturado (Macnish)."

O argumento baseado na semelhança entre estímulo e conteúdo do sonho é reforçado se, por meio de uma indução sistemática de estímulos, conseguirmos produzir sonhos correspondentes aos estímulos. Segundo Macnish, experiências desse tipo já foram feitas por Giron de Buzareinges. "Ele deixou o joelho descoberto e sonhou que estava viajando de noite numa carruagem. A esse respeito, ele observou que os viajantes sabem muito bem como os joelhos ficam frios, à noite, numa carruagem. Outra vez deixou a nuca descoberta e sonhou que estava participando de uma cerimônia religiosa ao ar livre. Na região onde morava, era costume manter a cabeça sempre coberta, exceto nessas ocasiões."

Maury apresenta novas observações sobre sonhos produzidos nele mesmo. (Várias outras tentativas não deram resultado.)

1. Alguém fez cócegas com uma pena em seus lábios e na ponta do nariz. Ele sonhou com uma tortura horrível, ou seja, que uma máscara de piche estava colada em seu rosto e depois foi retirada à força, arrancando-lhe a pele.

2. Alguém afiou uma tesoura em pinças. Ele ouviu sinos badalando e depois toques de alarme que o levaram de volta aos dias de junho de 1848.

3. Puseram água de colônia sob seu nariz. Ele se viu no Cairo, na loja de John Maria Farina. Seguiram-se aventuras tresloucadas que não conseguiu reproduzir.

4. Comprimiram-lhe levemente o pescoço. Ele sonhou que lhe colocavam um emplastro e pensou no médico que o tratou na infância.

5. Aproximaram um ferro quente de seu rosto. Ele sonhou que saqueadores ("*chaffeurs*")[7] invadiram a casa e forçavam seus moradores a lhes dar dinheiro, enfiando-lhes os pés em brasas. Entrou então a duquesa de Abrantes, de quem, no sonho, ele era secretário.

6. Pingaram uma gota de água em sua testa. Imaginou-se na Itália, transpirando muito e bebendo vinho branco de Orvieto.

7. Quando, através de uma folha de papel vermelha, uma vela acesa foi repetidamente focalizada nele, sonhou com o tempo, com o calor e com uma tempestade no mar, que uma vez havia enfrentado no Canal da Mancha.

D'Hervey, Weygandt e outros fizeram variadas tentativas de produzir sonhos experimentalmente.

Muitos observaram a notável habilidade do sonho em entrelaçar em sua estrutura impressões repentinas vindas do mundo exterior, de modo que essa estrutura se apresenta sob a aparência de uma catástrofe gradualmente preparada e iniciada (Hildebrandt). "Antigamente", relata esse autor, "eu usava, de vez em quando, um despertador para acordar regularmente em determinada hora da manhã. Provavelmente aconteceu centenas de vezes que o som desse instrumento se encaixasse num sonho aparentemente muito longo e conectado, como se todo o sonho tivesse sido especialmente projetado para ele, como se encontrasse nesse som seu ponto apropriado e logicamente indispensável, seu desfecho inevitável."

Citarei três desses sonhos com despertador para outro propósito.

Volkelt (p. 68) relata: "Certa vez, um compositor sonhou que estava ensinando na escola e estava explicando algo para seus alunos. Estava quase terminando quando se voltou para um dos meninos com a pergunta: 'Você me entendeu?' O menino gritou como se estivesse possesso: '*Ja!*' (Sim!) Irritado, o compositor repreendeu-o por ter gritado. Mas então todos os alunos passaram a gritar '*Or ja*', depois '*Eur jo*' e, finalmente, '*Feuer jo!*' (Fogo!). Nesse ponto, foi despertado por um alarme real de incêndio na rua."

Garnier (*Traité des Facultés de l' Âme*, 1865), relatado por Radestock, conta que Napoleão I, enquanto dormia numa carruagem, foi despertado de um sonho por uma explosão que lhe trouxe de volta a travessia do rio Tagliamento e o bombardeio dos austríacos, de modo que começou a gritar: "Estamos perdidos!"

Esse sonho de Maury ficou famoso. Ele estava doente e acamado; sua mãe estava sentada ao lado dele. E então sonhou com o reinado de terror na época da Revolução. Presenciou horrendas cenas de assassinato e, finalmente, ele próprio foi levado perante o Tribunal. Viu ali Robespierre, Marat, Fouquier-Tinville e todos os tristes heróis daquela época cruel; teve de prestar contas de seus atos e, depois de uma série de incidentes que não se fixaram em sua memória, foi condenado à morte. Acompanhado por uma multidão, foi conduzido ao local da execução. Subiu ao cadafalso, o carrasco o amarrou na prancha, que tombou, e a lâmina da guilhotina desceu. Sentiu a cabeça sendo separada do tronco e acordou com uma terrível ansiedade, só para descobrir que a cabeceira da cama havia caído e havia realmente atingido sua vértebra cervical da mesma maneira que o teria feito a lâmina de uma guilhotina.

Esse sonho deu origem a um interessante debate entre Le Lorrain e Egger na *Revue Philosophique*. A questão levantada foi se e como era possível ao sonhador reunir uma quantidade de conteúdo onírico aparentemente tão grande no curto espaço de tempo decorrido entre a percepção do estímulo e o despertar.

Exemplos dessa natureza dão a impressão de que, de todas as fontes oníricas, as mais firmemente confirmadas são os estímulos objetivos durante o sono; na verdade, esses estímulos são os únicos que são realmente considerados como fontes na visão dos leigos. Se perguntarmos a uma pessoa instruída, mas não familiarizada com a literatura dos sonhos, como esses se originam, ela certamente responderá com uma referência a um caso que lhe é familiar, em que um sonho foi explicado por um estímulo objetivo, descoberto depois de acordar. A investigação científica não pode, contudo, parar por aí, mas é instigada a pesquisas adicionais pela observação de que o estímulo que influencia os sentidos durante o sono não aparece no sonho em sua forma real, mas é substituído por alguma outra imagem que, de algum modo, está relacionada com ele. Mas a relação existente entre o estímulo e o resultado do sonho é, segundo Maury, *"une affinité quelconque mais qui n'est pas unique et exclusive"** (p. 72). Se lermos, por exemplo, três dos "Sonhos com o despertador" de Hildebrandt, teremos de perguntar por que o mesmo estímulo evocou tantos resultados diferentes e por que apenas esses resultados e não outros.

"(Sonhei que) numa bela manhã de primavera, estava passeando pelos verdes campos até uma aldeia próxima, onde vi os moradores do lugar indo à igreja em grande número, vestindo seus trajes de festa e levando seus livros de cantos sacros debaixo do braço. Lembrei-me de que era domingo e que o culto da manhã começaria logo a seguir. Decidi assistir ao culto, mas como estava com muito calor, resolvi ir até o cemitério, que cercava a igreja, para me refrescar. Enquanto lia alguns epitáfios, ouvi o sacristão subindo no campanário e vi o pequeno sino da aldeia no alto, que logo daria o sinal para o início das devoções. Por mais algum tempo ficou imóvel, depois começou a balançar e, de repente, suas notas ressoaram de forma tão clara e penetrante que meu sono chegou ao fim. Mas o som do sino vinha do despertador" (p.37).

"Uma segunda combinação. Era um dia claro, as ruas estavam cobertas de espessa camada de neve. Eu havia prometido participar de um passeio de trenó, mas tive de esperar algum tempo antes de ser informado de que o trenó estava na frente de minha casa. Os preparativos para entrar no trenó tinham terminado; forrei o assento com as peles, ajustei a proteção dos pés e, finalmente, tomei meu lugar. Mas a partida foi retardada até que um puxão das rédeas deu aos impacientes cavalos o sinal que aguardavam. Eles partiram, e os sininhos do trenó, balançando com o solavanco, começaram o costumeiro tilintar com uma força que rasgou instantaneamente a delgada teia de meu sonho. Mais uma vez, era apenas o som estridente de meu despertador."

Mais um terceiro exemplo. "Eu olhava para uma ajudante de cozinha caminhar pelo corredor até a sala de jantar, carregando

---

* Em francês, no original: "... uma afinidade qualquer, mas que não é única e exclusiva."

várias dúzias de pratos empilhados. A pilha de louça em seus braços me parecia estar perdendo o equilíbrio. 'Cuidado', exclamei, 'você vai deixar cair a pilha inteira.' Enquanto isso continuei a segui-la com meu olhar preocupado e, de fato, na soleira da porta, os frágeis pratos caíram e se espatifaram no chão em centenas de cacos. Mas logo percebi que o barulho, que continuava sem parar, não era realmente um rumor de louça quebrando, mas um som de campainha, e, ao despertar, percebi que essa campainha era o despertador que cumpria seu dever."

A pergunta de por que a mente sonhadora julga mal a natureza do estímulo sensorial objetivo foi respondida por Strümpell e quase de forma idêntica por Wundt, no sentido de que a reação da mente aos estímulos que recebe no sono é determinada pela formação de ilusões. Uma impressão sensorial é reconhecida por nós e interpretada corretamente, ou seja, é colocada no grupo de lembranças ao qual, de acordo com todas as experiências anteriores, ela pertence, desde que a impressão seja suficientemente forte, clara e prolongada e desde que tenhamos tempo suficiente à nossa disposição para refletir a respeito. Se essas condições não forem preenchidas, confundimos os objetos que dão origem à impressão e, com base nisso, formamos uma ilusão. "Se alguém caminha por um campo aberto e percebe indistintamente um objeto distante, pode acontecer que, de início, o tome por um cavalo." À medida que vai se aproximando, pode pensar que se trata de uma vaca descansando, e a imagem pode finalmente revelar-se com toda a clareza de que se trata de um grupo de pessoas sentadas no chão. As impressões que a mente recebe durante o sono por meio de estímulos externos são igualmente de natureza indistinta; elas dão origem a ilusões, porque a impressão evoca um número maior ou menor de imagens mnêmicas e é por meio dessas que a impressão alcança seu valor psíquico. Em qual das muitas esferas da memória a serem levadas em consideração as imagens correspondentes são despertadas e quais das possíveis conexões associativas entram em ação, isso, mesmo de acordo com Strümpell, permanece indeterminável, e é deixado, por assim dizer, aos caprichos da vida psíquica.

Nesse ponto, podemos fazer nossa escolha. Podemos admitir que as leis da formação do sonho não podem realmente ser rastreadas e, portanto, podemos deixar de questionar se a interpretação da ilusão evocada pela impressão sensorial depende ou não de outras condições; ou podemos supor que o estímulo sensorial objetivo que invade o sono desempenha apenas um papel modesto como fonte do sonho e que outros fatores determinam a escolha da imagem mnêmica a ser evocada. De fato, ao examinar cuidadosamente os sonhos produzidos de modo experimental por Maury, que relatei em detalhes propositadamente, é possível pensar que o experimento realmente explica a origem de apenas um dos elementos do sonho, e que o resto do conteúdo parece, de fato, independente demais e extremamente definido em seus detalhes, para ser explicado por uma exigência, ou seja, que deve concordar com o elemento introduzido de forma experimental. Com efeito, começa-se até a duvidar da teoria da ilusão e do poder da impressão objetiva para dar forma aos sonhos, quando se descobre que essa impressão, por vezes, está sujeita às mais peculiares e artificiais interpretações durante o estado de sono. Assim, B. M. Simon fala de um sonho em que viu pessoas de estatura gigantesca[8], sentadas a uma mesa, e ouviu distintamente o horrendo rumor produzido pelo impacto de suas mandíbulas enquanto mastigavam. Ao despertar, ouviu o estalar dos cascos de um cavalo que passava galopando diante de sua janela. Se o ruído dos cascos do cavalo evocou ideias resultantes de lembranças de *As Viagens de Gulliver*, da estada com os gigantes de Brobdingnag e com as virtuosas criaturas-cavalo – como eu talvez pudesse interpretar sem qualquer ajuda da parte do autor – não deveria a escolha de uma série tão incomum de lembranças para o estímulo objetivo ter sido possível graças a outros motivos?

II. Estímulos sensoriais internos (subjetivos)

Apesar de todas as objeções em contrário, devemos admitir que o papel desempenhado pelos estímulos sensoriais objetivos como produtores de sonhos é indiscutível; e se esses estímulos, por sua natureza e frequência, parecem talvez insuficientes para explicar todas as imagens oníricas, somos obrigados a procurar outras fontes oníricas que atuem de maneira análoga. Não sei de onde se originou a ideia de que, juntamente com os estímulos sensoriais externos, os estímulos internos (subjetivos) também devem ser considerados, mas na verdade isso é feito de forma mais ou menos completa em todas as descrições mais recentes da etiologia dos sonhos. "Um papel importante é desempenhado nas ilusões oníricas", diz Wundt (p. 363), "por aquelas sensações subjetivas visuais e auditivas que nos são familiares no estado de vigília, como um caos luminoso no campo obscurecido da visão, como um tinido ou zumbido ou algo similar nos ouvidos; especialmente importante é, contudo, a irritação da retina. Isso explica a notável tendência do sonho de criar ilusões diante dos olhos com muitos objetos semelhantes ou idênticos. Assim, vemos diante de nossos olhos inúmeros pássaros, borboletas, peixes, contas coloridas, flores etc. Aqui, a poeira luminosa no campo de visão obscurecido assume formas fantásticas e os numerosos pontos luminosos de que se compõe são incorporados pelo sonho em tantas imagens únicas, que são vistas como objetos em movimento, em razão da mobilidade do caos luminoso. Essa é também a raiz da grande predileção dos sonhos pelas mais complexas figuras de animais, porquanto a multiplicidade de formas pode se ajustar prontamente à forma peculiar das imagens luminosas subjetivas."

Os estímulos sensoriais subjetivos, como fonte dos sonhos, têm a vantagem óbvia de que, ao contrário dos estímulos objetivos, não dependem de acidentes externos. Eles estão, por assim dizer, à disposição sempre que deles se precisar como explicação. São, no entanto, tão inferiores aos estímulos sensoriais objetivos que o papel de instigadores de sonhos dificilmente pode ser comprovado pela observação e pela experiência ou é até impossível de fazê-lo. A principal prova do poder instigador de sonhos das excitações sensoriais subjetivas é fornecida pelas chamadas alucinações hipnagógicas, que foram descritas por John Müller como "manifestações visuais fantásticas". São aquelas imagens muito vívidas e mutáveis que ocorrem regularmente em muitas pessoas durante o período do adormecimento e que podem permanecer por algum tempo, mesmo depois de abrir os olhos. Maury, que ficou consideravelmente perturbado por elas, submeteu-as a um exame minucioso e sustenta, como já havia feito Müller, que estão ligadas a imagens oníricas ou até mesmo idênticas a elas. Maury afirma que certa passividade psíquica é necessária para produzi-las; requer um relaxamento da tensão de atenção (p. 59). Mas, desde que haja predisposição, uma alucinação hipnagógica pode ser produzida pela imersão por apenas um segundo em estado de letargia; depois disso, a pessoa pode acordar, e esse processo pode se repetir várias vezes até que venha a cair realmente no sono. De acordo com Maury, se alguém acordar pouco depois, é possível que consiga detectar no sonho as mesmas imagens que percebera como alucinações hipnagógicas antes de adormecer (p. 134). Foi o que aconteceu a Maury, certa vez, com diversas imagens de figuras grotescas, de feições distorcidas e de estranhos penteados, que o importunavam com incrível persistência nos momentos em que estava para adormecer, e com as quais se lembrava de ter sonhado ao acordar. Em outra ocasião, quando sentia fome, por estar seguindo uma dieta bastante rígida, teve uma visão hipnagógica de um prato e de uma mão segurando um garfo, com o qual tirava comida desse prato. No sonho, viu-se sentado a uma mesa farta e ouvia o barulho dos garfos de seus comensais. Em outra ocasião, depois de adormecer com os olhos irritados e doloridos, teve a alucinação hipnagógica de ver caracteres microscopicamente pequenos, que só conseguiu decifrar um a um com grande esforço; ao despertar, uma hora depois, lembrou-se de um sonho em que havia um livro aberto, impresso com letras muito pequenas, que ele só conseguia ler com muita dificuldade.

Exatamente como no caso dessas imagens visuais, alucinações auditivas de palavras, nomes, etc., também podem aparecer hipnagogicamente e depois se repetir num sonho, como ocorre numa *ouverture* que anuncia o *leit-motiv* da ópera que se segue.

Um observador mais recente de alucinações hipnagógicas, G. Trumbull Ladd, segue a mesma linha de John Müller e Maury. Depois de tentar repetidas vezes, conseguiu adquirir o hábito de despertar subitamente, sem abrir os olhos, dois a cinco minutos depois de ter adormecido gradualmente. Desse modo, teve oportunidade de comparar as sensações da retina que acabavam de desaparecer com as imagens oníricas que permaneciam em sua memória. Ele assegura que sempre é possível reconhecer uma relação íntima entre as duas, pois os pontos e as linhas luminosos da luz espontânea da retina produziam, por assim dizer, o contorno ou esboço das figuras oníricas percebidas psiquicamente. Um sonho, por exemplo, em que via diante de si linhas claramente impressas, que lia e estudava, correspondiam a um arranjo de pontos e linhas luminosas na retina em linhas paralelas, ou, para empregar suas palavras: "A página claramente impressa, que estava lendo no sonho, transformou-se num objeto que parecia, para sua percepção em estado de vigília, como parte de uma folha impressa real, vista através de um pequeno orifício num pedaço de papel, a uma distância grande demais para se distinguir perfeitamente". Sem subestimar de forma alguma a parte central do fenômeno, Ladd acredita que dificilmente ocorre em nossa mente qualquer sonho visual que não esteja baseado em material fornecido por essa condição interna de estimulação na retina. Isso é particularmente verdadeiro para os sonhos que ocorrem logo após adormecer num quarto escuro, ao passo que os sonhos que ocorrem de manhã, pouco antes do despertar, recebem seu estímulo da luz objetiva que penetra nos olhos num quarto que vai aos poucos se iluminando. O caráter mutável e perenemente variável da excitação luminosa espontânea da retina corresponde exatamente à sucessão intermitente de imagens que nos são apresentadas em nossos sonhos. Se atribuirmos alguma importância às observações de Ladd, não podemos subestimar o papel desempenhado nos sonhos por essa fonte subjetiva de estímulo, pois as imagens visuais formam aparentemente o principal componente de nossos sonhos. A parte fornecida pelas esferas dos outros sentidos, excetuando-se a audição, é insignificante e inconstante.

III. Estímulos físicos internos (orgânicos)

Se estamos empenhados em buscar fontes dos sonhos dentro do organismo, e não fora dele, devemos ter presente que quase todos os nossos órgãos internos, que em seu estado saudável dificilmente nos lembram de sua existência; mas, quando se encontram no que chamamos de estado de excitação ou de doença, tornam-se para nós uma fonte de sensações penosas, sensações que devem ser equiparadas às excitações externas da dor e aos estímulos sensoriais externos. É com base em experiências muito antigas que, por exemplo, Strümpell declara: "Durante o sono, a mente se torna muito mais profunda e amplamente consciente de sua conexão com o corpo do que no estado de vigília, e é compelida a receber e a ser influenciada por impressões estimulantes provenientes de partes do corpo e de modificações do corpo, das quais não tem consciência no estado de vigília". Até Aristóteles afirma que é bem possível que o sonho chame nossa atenção para indícios de uma doença que se desenvolve em nosso corpo, sem que nos demos conta quando despertos, graças ao efeito exagerado que os sonhos conferem às impressões. Alguns autores médicos, que certamente estavam longe de acreditar em qualquer poder profético dos sonhos, admitiram esse significado pelo menos como uma espécie de predição de doença. (Confira em M. Simon [p. 31] e em muitos outros autores mais antigos.)

Até mesmo em nossos dias, não faltam exemplos que parecem conferir um poder diagnosticador aos sonhos. Assim, Tissié cita um exemplo extraído da obra de Artigues (*Essai sur la valeur séméiologique des rêves*), em que narra a história de uma mulher de 43 anos que, gozando aparentemente de perfeita saúde, foi atormentada durante anos por sonhos de ansiedade e angústia; submetendo-se, finalmente, a um exame médico, foi constatado que sofria de uma deficiência cardíaca, da qual veio a falecer pouco depois.

Distúrbios graves dos órgãos internos atuam, ao que parece, como instigadores de sonhos em não poucas pessoas. A atenção é geralmente chamada para a frequência de sonhos de angústia nas doenças do coração e dos pulmões; de fato, essa relação da vida onírica é colocada em primeiro plano por tantos autores que me contentarei aqui com uma mera referência à literatura (Radestock, Spitta, Maury, M. Simon, Tissié). Tissié chega a supor que os órgãos doentes imprimem traços característicos no conteúdo do sonho. Os sonhos de pessoas que sofrem de doenças cardíacas são geralmente muito breves e terminam num despertar aterrorizante; o conteúdo desses sonhos quase sempre inclui uma situação de morte em circunstâncias terríveis. Aqueles que sofrem de doenças pulmonares sonham com sufocação, com atropelo em grandes aglomerações, com fugas, e muitos deles estão sujeitos ao conhecido pesadelo. Cabe aqui ressaltar que Boerner conseguiu produzir experimentalmente este último, deitando-se de bruços e tapando as aberturas das vias respiratórias. Nos distúrbios digestivos, os sonhos contêm ideias relacionadas com prazer e desgosto. Finalmente, a influência da excitação sexual sobre o conteúdo dos sonhos pode ser percebida pela própria experiência de cada um e fornece indiscutível apoio à teoria de que a excitação onírica está intimamente ligada a sensações ou estímulos orgânicos.

Além disso, à medida que percorremos a literatura sobre os sonhos, torna-se bastante óbvio que alguns autores, como é o caso de Maury e Weygandt, foram levados ao estudo dos problemas oníricos por influência do próprio estado patológico sobre o conteúdo de seus sonhos.

A adição desses fatos indubitavelmente constatados às fontes oníricas não é, contudo, tão importante quanto se poderia supor, pois o sonho é um fenômeno que ocorre em pessoas saudáveis – talvez em todas as pessoas e talvez todas as noites – e um estado patológico dos órgãos não é, aparentemente, uma de suas condições indispensáveis. Para nós, a questão não é saber a origem dos sonhos especiais, mas qual pode ser a fonte que provoca os sonhos comuns de pessoas normais.

Mas basta dar mais um passo à frente para encontrar uma fonte de sonhos que seja mais prolífica do que qualquer uma das mencionadas até o momento, fonte que, de fato, promete ser inesgotável em todos os casos. Se for constatado que os órgãos do corpo se tornam, na doença, uma fonte estimuladora de sonhos e, se admitirmos que a mente, segregada do mundo exterior durante o sono, pode dedicar mais atenção ao interior do corpo, podemos prontamente supor que os órgãos internos não precisam necessariamente adoecer para permitir que estímulos, que de uma forma ou de outra se transformam em imagens oníricas, cheguem à mente adormecida. O que no estado de vigília percebemos amplamente como sensação geral, distinguível apenas por sua qualidade, para a qual, na opinião dos médicos, todos os sistemas orgânicos contribuem com sua parcela – essa sensação geral alcança poderosa eficiência à noite e se torna ativa com seus vários componentes – transformando-se naturalmente na fonte mais poderosa e mais comum para a produção de imagens oníricas. Resta ainda examinar, no entanto, a regra segundo a qual as sensações orgânicas se transformam em imagens oníricas.

A teoria da origem dos sonhos que acabamos de expor tem sido a favorita de todos os autores médicos. A obscuridade que oculta a essência de nosso ser – o *"moi splanchnique"* (eu esplâncnico), como Tissié o denomina – de nosso conhecimento e a obscuridade da origem dos sonhos coincidem demais para não serem relacionadas uma com a outra. A linha de pensamento, que faz da sensação orgânica a provocadora dos sonhos, tem, além disso, outro atrativo para o médico, na medida em que favorece a união etiológica dos sonhos e das doenças mentais, cujas manifestações têm muito em comum, pois alterações nas sensações orgânicas e excitações que emanam dos órgãos internos são ambas de grande importância na origem das psicoses. Não é, portanto, de surpreender que a teoria da sensação corporal possa ser atribuída a mais de uma fonte independente.

Vários autores foram influenciados pela linha de pensamento desenvolvida pelo filósofo Schopenhauer, em 1851. Nossa concepção do universo se origina no fato de que nosso intelecto reformula as impressões que lhe chegam de fora nos moldes de tempo, espaço e causalidade. As sensações provenientes do interior do organismo, do sistema nervoso simpático, exercem durante o dia uma influência mormente inconsciente sobre nosso estado de espírito. À noite, porém, quando a prevalente influência das impressões do dia não é mais sentida, as impressões que pressionam e emergem do interior são capazes de atrair a atenção – precisamente como à noite podemos ouvir o sussurro de um riacho que é inaudível diante dos ruídos do dia. De que outra maneira, então, o intelecto poderia reagir a esses estímulos senão desempenhando sua função característica? Vai transformar, portanto, os estímulos em formas que preenchem espaço e tempo e que se movem segundo os princípios da causalidade; é assim que surgem os sonhos. Scherner e, depois dele, Volkelt, tentaram penetrar nas relações mais próximas entre sensações físicas e imagens oníricas; mas reservaremos o exame dessas tentativas para o capítulo que trata da teoria dos sonhos.

Num estudo particularmente lógico em seu desenvolvimento, o psiquiatra Krauss encontrou a origem dos sonhos bem como dos delírios e das ilusões no mesmo elemento, a saber, a sensação organicamente determinada. Segundo esse autor, dificilmente há um lugar no organismo que não se torne o ponto de partida de um sonho ou de um delírio. Já as sensações organicamente determinadas "podem ser divididas em duas classes: (1) as da percepção total (sensações gerais), (2) as sensações específicas que são inerentes aos principais sistemas do organismo vegetativo; estas últimas podem ser divididas em cinco grupos: (a) o muscular, (b) o pneumático, (c) o gástrico, (d) o sexual, (e) as sensações periféricas" (p. 33 do segundo artigo).

A origem da imagem onírica com base nas sensações físicas é concebida por Krauss da seguinte forma: a sensação despertada evoca uma imagem relacionada a ela, de conformidade com alguma lei de associação, e se combina com ela, formando assim uma estrutura orgânica, à qual, no entanto, a consciência reage de modo anormal, pois não presta atenção à sensação em si, mas se preocupa inteiramente com a imagem que a acompanha. Essa é também a razão pela qual o estado de coisas em questão deve ter sido mal interpretado por tanto tempo (p. 11, etc.). Krauss encontra para esse processo a expressão específica de "transubstanciação da percepção em imagens oníricas" (p. 24).

Que as sensações orgânicas corporais exercem alguma influência na formação dos sonhos é hoje quase universalmente aceito, mas a questão da lei que rege a relação entre os dois é respondida de várias maneiras e muitas vezes em termos obscuros. Com base na teoria da estimulação corporal, a tarefa especial da interpretação dos sonhos é rastrear o conteúdo de um sonho até o estímulo orgânico causador e, se não forem aceitas as regras de interpretação formuladas por Scherner, com frequência nos vemos confrontados com o estranho fato de que a fonte orgânica estimuladora se revela somente no conteúdo do sonho.

Há certa concordância, no entanto, na interpretação das várias formas de sonhos que foram designados como "típicos", porque se repetem em grande número de pessoas com um conteúdo muito similar. Entre eles estão os conhecidos sonhos de estar caindo de grande altura, de sentir a queda de dentes, de estar voando e de se sentir constrangido por estar nu ou mal vestido. Costuma-se atribuir este último sonho simplesmente ao fato de perceber, durante o sono, que os cobertores caíram da cama, deixando a pessoa descoberta. O sonho da queda dos dentes é explicado pela "irritação dentária", que não implica necessariamente um estado patológico na excitação dos dentes. De acordo com Strümpell, o sonho de estar voando é a imagem adequada usada pela mente para interpretar o estímulo que emana da elevação e do abaixamento dos lobos pulmonares, após a sensação cutânea do tórax ter sido reduzida à insensibilidade. É esta última circunstância que causa uma sensação relacionada à ideia de voar. Diz-se que a queda de uma altura num sonho tem sua causa no fato de que, no momento em que se perde a consciência da sensação de pressão cutânea, um braço passa a pender do corpo ou um joelho flexionado se estende subitamente, causando a sensação de que a pressão cutânea retorna à consciência, e essa transição para a consciência é representada psiquicamente pelo sonho como uma queda. (Strümpell, p. 118). O ponto fraco dessas plausíveis tentativas de explicação reside evidentemente no fato de que, sem maiores esclarecimentos, elas permitem que este ou aquele grupo de sensações orgânicas desapareça da percepção psíquica ou se intrometa nela até que se obtenha uma configuração favorável à explicação do sonho. Mais adiante, porém, terei ocasião de tratar dos sonhos típicos e de sua origem.

A partir da comparação de uma série de sonhos semelhantes, M. Simon tentou formular certas regras para a influência dos estímulos orgânicos na determinação dos sonhos resultantes. Ele diz (p. 34): "Se algum aparelho orgânico que, durante o sono, participa normalmente da expressão de uma emoção, se fundir por qualquer razão no estado de excitação, que usualmente desponta pela emoção, o sonho assim produzido vai conter imagens adequadas a essa emoção".

Outra regra diz o seguinte (p. 35): "Se um aparelho orgânico estiver em estado de atividade, excitação ou perturbação durante o sono, o sonho haverá de trazer ideias relacionadas ao desempenho da função orgânica que é própria desse aparelho".

Mourly Vold dispôs-se a provar de forma experimental, num setor específico, a influência preconizada pela teoria da sensação corporal. Ele fez experimentos alterando as posições dos membros do adormecido e comparou os sonhos resultantes com essas alterações. Como resultado, propõe as seguintes teorias:

1. A posição de um membro num sonho corresponde aproximadamente à da realidade, ou seja, sonhamos com uma posição estática do membro que corresponde à condição real.

2. Quando se sonha com um membro em movimento, sempre acontece que uma das posições que ocorrem na execução desse movimento corresponde à posição real.

3. A posição do próprio membro pode ser atribuída no sonho a outra pessoa.

4. Pode-se sonhar ainda que o movimento em questão está sendo impedido.

5. O membro, em qualquer posição específica, pode aparecer no sonho como um animal ou monstro, caso em que se estabelece certa analogia entre os dois.

6. A posição de um membro pode suscitar, no sonho, ideias que têm alguma relação com esse membro. Assim, por exemplo, se estamos ocupados com os dedos, sonhamos com números.

Esses resultados me levariam a concluir que nem mesmo a teoria da estimulação corporal pode extinguir totalmente a aparente liberdade na determinação da imagem onírica a ser produzida[9].

IV. Fontes estimuladoras psíquicas

Ao tratar das relações do sonho com a vida desperta e a origem do material onírico, constatamos que os mais antigos e os mais recentes estudiosos acreditam que os homens sonham com aquilo que fazem durante o dia e com o que lhes interessa durante o estado de vigília. Esse interesse, transferido da vida de vigília para o sono, além de ser um elo psíquico que une o sonho à vida, também nos fornece uma fonte onírica que não deve ser subestimada; esta, tomada com aqueles estímulos que se tornam interessantes e ativos durante o sono, é suficiente para explicar a origem de todas as imagens oníricas. Mas também ouvimos a afirmação oposta, ou seja, a de que o sonho afasta o adormecido dos interesses do dia e que, na maioria dos casos, não sonhamos com as coisas que ocuparam nossa atenção durante o dia, a não ser depois de terem perdido, para a vida desperta, a sensação de realidade. Assim, na análise da vida onírica, somos lembrados a cada passo de que é inadmissível formular regras gerais sem recorrermos a qualificações expressas por ressalvas como "com frequência", "em geral", "na maioria dos casos", e sem nos predispormos a admitir a validade das exceções.

Se o interesse consciente, juntamente com os estímulos internos e externos do sono, bastasse para cobrir a etiologia dos sonhos, deveríamos estar em condições de dar uma explicação satisfatória da origem de todos os elementos de um sonho; o enigma das fontes oníricas estaria assim resolvido, restando apenas a tarefa de separar o papel desempenhado pelos estímulos oníricos psíquicos e somáticos em sonhos específicos. Mas, na verdade, semelhante solução completa de um sonho jamais foi obtida em nenhum caso e, além disso, todo aquele que tenha tentado tal solução descobriu que, na maioria dos casos, restaram muitos componentes do sonho, cuja fonte não pôde explicar. Os interesses que nos envolvem durante o dia não são, com toda a evidência, fontes psíquicas suficientemente abrangentes para justificar as afirmações categóricas de que todos nós transpomos nossos assuntos, que nos assoberbam em nosso estado de vigília, para os sonhos.

Outras fontes psíquicas de sonhos são desconhecidas. Assim, com exceção talvez da explicação dos sonhos dada por Scherner, que será abordada mais adiante, todas as explicações encontradas na literatura deixam uma grande lacuna quando se trata de apontar que material origina as imagens de representação; e esse material é, sem dúvida, a parte mais característica dos sonhos. Nesse dilema, a maioria dos autores tende a depreciar tanto quanto possível o fator psíquico na estimulação dos sonhos, uma vez que é um fator extremamente difícil de tratar com precisão. A bem da verdade, eles dividem os sonhos em duas categorias principais: os sonhos causados por estimulação nervosa e os sonhos causados por associação. Afirmam que a segunda categoria tem sua fonte exclusivamente na reprodução (Wundt, p. 365), mas não conseguem furtar-se a uma dúvida, ou seja, "se os sonhos não podem ocorrer sem ser impelidos pelo estímulo psíquico" (Volkelt, p. 127).

Não é nada fácil, porém, descrever a qualidade característica do sonho puramente associativo. Permito-me citar Volkelt (p. 118): "Nos sonhos associativos propriamente ditos, não podemos mais falar de um núcleo tão sólido. Nesse caso, a fraca coesão se faz presente até no próprio centro do sonho. O desenrolar do sonho, que já se livrou do comando da razão e do intelecto, não se mantém mais coeso pelos estímulos psíquicos e mentais de real importância, mas fica entregue às próprias mudanças sem objetivo e a completa confusão". Wundt também tenta depreciar o fator psíquico na estimulação dos sonhos, declarando que os "fantasmas dos sonhos são, com toda a certeza, injustamente considerados como puras alucinações e afirmando que, provavelmente, a maioria das representações oníricas são realmente ilusões, visto que emanam de leves impressões sensoriais, que nunca se extinguem durante o sono" (p. 338, etc.). Weygandt concorda com esse ponto de vista, mas acabou por generalizá-lo. Afirma que "a primeira fonte de todas as representações oníricas é um estímulo sensorial, ao qual se unem depois as associações reprodutivas" (p. 17). Tissié vai ainda mais longe ao pôr limites às fontes psíquicas de estimulação (p. 183): *"Les rêves d'origine absolument psychique n'existent pas"*; e (p. 6): *"Les pensées de nos rêves nous vienent de dehors..."**

Aqueles autores que, como o influente filósofo Wundt, adotam uma posição intermediária, não deixam de observar que, na maioria dos sonhos, há uma cooperação dos estímulos somáticos com os instigadores psíquicos do sonho, sejam estes últimos desconhecidos ou reconhecidos como interesses diurnos.

Veremos mais tarde que o enigma da formação dos sonhos pode ser resolvido pela revelação de uma insuspeitada fonte psíquica

---

* Em francês, no original: "Os sonhos de origem inteiramente psíquica não existem" e "Os pensamentos de nossos sonhos vêm de fora...". (N.T.)

de estimulação. Por ora, não nos surpreenderemos com a superestimação daqueles estímulos para a formação do sonho que não se originam da vida psíquica. Não é apenas porque só eles podem ser facilmente averiguados e até confirmados por experimentos, mas a visão somática da origem dos sonhos corresponde perfeitamente ao modo de pensar em voga hoje na psiquiatria. De fato, o predomínio do cérebro sobre o organismo é particularmente enfatizado; mas tudo o que possa provar uma independência da vida psíquica das mudanças orgânicas demonstráveis, ou uma espontaneidade em suas manifestações, é alarmante para o psiquiatra moderno, como se o reconhecimento dessas coisas estivesse destinado a trazer de volta os tempos da filosofia natural e da visão metafísica da essência psíquica. A desconfiança do psiquiatra colocou, por assim dizer, a psique sob guarda, e agora afirma que nenhum de seus impulsos pode revelar qualquer uma de suas faculdades; mas essa atitude mostra diminuta confiança na estabilidade da concatenação causal entre o material e o psíquico. Mesmo quando, numa pesquisa, o psíquico pode ser reconhecido como a causa primeira de um fenômeno, um aprofundamento investigativo haverá de encontrar algum dia o caminho que leve a descobrir uma base orgânica do psíquico. Mas se, por ora, o psíquico deve ser tomado como o limite último para nosso conhecimento atual, nem por isso se deve regar-lhe a existência.

(d) POR QUE NOS ESQUECEMOS DOS SONHOS APÓS O DESPERTAR

É fato proverbial que o sonho "se dissipa" pela manhã. Com toda a certeza, pode ser lembrado, pois só conhecemos os sonhos porque nos lembramos deles após o despertar. Muitas vezes, porém, constatamos que nos lembramos deles apenas de modo incompleto e que, durante a noite, havia algo mais que não podemos reconstituir. Podemos observar como a lembrança de um sonho ainda nítido pela manhã vai se dissipando ao longo do dia, deixando apenas alguns pequenos fragmentos. Não poucas vezes, sabemos que estivemos sonhando, mas não sabemos o quê. Estamos tão acostumados ao fato de que o sonho pode ser esquecido que não rejeitamos como absurda a possibilidade de que alguém tenha sonhado durante a noite e, pela manhã, não saiba o que sonhou nem tenha lembrança do fato de ter sonhado. Por outro lado, ocorre também que os sonhos mostram extraordinária persistência na memória. Tive a oportunidade de analisar, com meus pacientes, sonhos que lhes haviam ocorrido 25 anos antes, ou até mais, e eu mesmo me lembro de um sonho que tive há 37 anos, pelo menos, e ainda assim não perdeu nada de seu frescor em minha memória. Tudo isso é realmente notável e, por ora, incompreensível.

O esquecimento dos sonhos é tratado de maneira bem detalhada por Strümpell. Esse esquecimento é, evidentemente, um fenômeno complexo, pois Strümpell não o atribui a uma única causa, mas a um considerável número delas.

Em primeiro lugar, todos aqueles fatores que produzem o esquecimento no estado de vigília são também determinantes para o esquecimento dos sonhos. Quando acordados, costumamos esquecer um grande número de sensações e percepções porque são muito fracas e porque estão ligadas a reduzida carga emocional. Esse também é o caso de muitas imagens oníricas; elas são esquecidas porque são muito fracas, enquanto imagens mais fortes e próximas a elas são lembradas. Além disso, o fator de intensidade em si não é o único determinante para a preservação das imagens oníricas. Strümpell, assim como outros autores (Calkins), admite que as imagens dos sonhos são frequentemente esquecidas com muita rapidez, embora se saiba que tinham sido muito nítidas, ao passo que bom número das que são obscuras e nebulosas são retidas na memória. E ainda, no estado de vigília, costuma-se esquecer facilmente o que aconteceu apenas uma vez e notar mais facilmente coisas que ocorrem repetidas vezes. Mas a maioria das imagens oníricas são experiências únicas[10] e essa peculiaridade contribui igualmente para o esquecimento de todos os sonhos. De importância bem maior é um terceiro motivo para o esquecimento. Para que sensações, representações, pensamentos e afins atinjam certo grau para serem lembrados, é importante que eles não permaneçam isolados, mas que se conectem e se associem de forma adequada. Se as palavras de um verso curto forem tomadas e embaralhadas, será muito difícil lembrá-las. "Quando bem disposta na sequência adequada, uma palavra ajuda a outra, e o todo permanece com seu sentido lógico e é fácil e firmemente gravado na memória por muito tempo. Em geral, é difícil e infrequente reter coisas contraditórias assim como é difícil guardar na memória coisas confusas e desordenadas." Ora, os sonhos, na maioria dos casos, carecem de sentido e ordem. As composições dos sonhos são, por sua própria natureza, difíceis de serem lembradas com precisão e são esquecidas porque, normalmente, se desfazem no momento seguinte. Com toda a certeza, essas conclusões não estão de acordo com a observação de Radestock (p. 168), porquanto afirma que retemos melhor apenas aqueles sonhos que são mais peculiares.

De acordo com Strümpell, existem ainda outros fatores eficazes que interferem no esquecimento dos sonhos e que derivariam da relação entre o próprio sonho e o estado de vigília. O fato de a consciência desperta ser levada ao esquecimento dos sonhos é evidentemente apenas a contrapartida de outro fato, já mencionado, de que o sonho (quase) nunca retoma lembranças sequenciais do estado de vigília, mas apenas certos detalhes dessas lembranças, que ele retira das conexões psíquicas habituais, nas quais esses detalhes são lembrados enquanto estamos acordados. A composição do sonho, portanto, não encontra lugar na companhia das sequências psíquicas que enchem a mente. Falta-lhe toda a ajuda da memória. "Dessa maneira, a estrutura do sonho se ergue, por assim dizer, do solo de nossa vida psíquica e flutua no espaço psíquico como uma nuvem no céu, que o próximo sopro de vento logo dissipa" (p. 87). Isso também é auxiliado pelo fato de que, ao acordar, a atenção é imediatamente capturada pelo mundo sensorial, que se aproxima, e apenas poucas imagens oníricas podem resistir a essa força. Desaparecem diante das impressões do novo dia como o brilho das estrelas se eclipsa diante da luz do sol.

Como último fator que favorece o esquecimento dos sonhos, podemos citar o fato de que a maioria das pessoas geralmente mostra pouco interesse por seus sonhos. Aquele que pesquisa os sonhos por um tempo e tem especial interesse neles, geralmente tem mais sonhos durante esse período do que em qualquer outro e, em decorrência, se lembra de seus sonhos com mais facilidade e frequência.

Dois outros motivos para o esquecimento dos sonhos apontados por Bonatelli (dados por Benini) e acrescidos aos de Strümpell já foram incluídos nesses últimos. São eles: (1) que a mudança da sensação geral entre os estados de sono e de vigília é desfavorável às reproduções mútuas, e (2) que a disposição diferente do material de representação no sonho torna o sonho intraduzível, por assim dizer, para a consciência desperta.

É ainda mais notável, como observa Strümpell, que, apesar de todas essas razões para esquecer os sonhos, tantos deles sejam retidos na memória. Os contínuos esforços dos autores para formular leis que regem a lembrança dos sonhos equivalem a admitir que também aqui há algo de intrigante e não solucionado. Certas peculiaridades relacionadas à lembrança dos sonhos têm sido particularmente ressaltadas nesses últimos tempos; exemplificando, um sonho que parece ter sido esquecido pela manhã pode ser lembrado, no decorrer do dia, por meio de uma percepção casual que evoca o conteúdo esquecido do sonho (Radestock, Tissié). Toda lembrança dos sonhos está sujeita a uma objeção concreta que leva a reduzir acentuadamente o valor, atribuído a esses sonhos, na visão dos críticos. Podemos muito bem duvidar se nossa memória, que omite tantos detalhes de um sonho, não falsifica os que reteve.

Essas dúvidas relativas à exatidão da reprodução dos sonhos são expressas por Strümpell quando diz: "Por isso pode acontecer facilmente que a consciência ativa insira involuntariamente muita coisa na lembrança do sonho; imaginamos ter sonhado todo tipo de coisas que o sonho real não continha".

Jessen (p. 547) se expressa de modo bem enfático: "Além disso, não devemos perder de vista o fato, até então pouco observado, de que, na investigação e interpretação de sonhos ordenados e lógicos, quase sempre jogamos com a verdade quando trazemos de volta à memória um sonho. Inconsciente e inadvertidamente, preenchemos as lacunas e complementamos as imagens oníricas. Raramente, e talvez nunca, um sonho coerente foi tão coerente como nos parece na lembrança. Mesmo o maior amante da verdade dificilmente consegue relatar um sonho sem exagerá-lo e embelezá-lo. A tendência da mente humana de ver tudo bem concatenado é tão grande que, involuntariamente, supre as deficiências de coerência, se o sonho for lembrado de modo um tanto incoerente".

As observações de V. Eggers, embora certamente concebidas de forma independente, soam quase como uma tradução das palavras de Jessen: "...*L'observation des rêves a ses difficultés spéciales et le seul moyen d'éviter toute erreur en pareille matière est de confier au papier sans le moindre retard ce que l'on vient d'éprouver et de remarquer; sinon, l'oubli vient vite ou total ou partiel; l'oubli total est sans gravité; mais l'oubli partiel est perfide; car si l'on se met ensuite à raconter ce que l'on n'a pas oublié, on est exposé à compléter par imagination les fragments incohérents et disjoints fourni par la mémoire ...; on devient artiste à son insu, et le récit, périodiquement répété s'impose à la créance de son auteur, qui, de bonne foi, le présente comme un fait authentique, dûment établi selon les bonnes méthodes...*".*

---

*Em francês, no original: "... A observação dos sonhos tem suas dificuldades e o único meio de evitar qualquer erro em tal assunto é confiar ao papel, sem o menor adiamento, o que acabamos de experimentar e de notar, caso contrário, o esquecimento é imediato, seja ele total ou parcial. O esquecimento total não é grave, mas o esquecimento parcial é pérfido, pois se nos pusermos a contar em seguida o que não esquecemos, nos expomos a completar, por meio da imaginação, os fragmentos incoerentes e desconjuntados fornecidos pela memória... tornamo-nos artistas sem saber e o relato, periodicamente repetido, se impõe à mente de seu autor que, de boa-fé, o apresenta como fato verídico, devidamente comprovado segundo os melhores métodos...". (N.T.)

Da mesma forma se expressa Spitta, que parece pensar que é apenas em nossa tentativa de reproduzir o sonho que colocamos em ordem os elementos oníricos frouxamente associados: "Para fazer conexão a partir da desconexão, isto é, adicionar o processo de conexão lógica que está ausente no sonho".

Como não possuímos no momento nenhum outro controle objetivo para a confiabilidade de nossa memória e como, de fato, tal controle é impossível ao examinar o sonho, que é uma experiência pessoal e do qual nossa memória é a única fonte, a questão que se apresenta é que valor podemos atribuir às nossas lembranças dos sonhos.

(e) AS CARACTERÍSTICAS PSICOLÓGICAS DOS SONHOS

Na investigação científica dos sonhos, começamos com o pressuposto de que o sonho é produto de nossa atividade psíquica; o sonho acabado, contudo, nos deixa a impressão de algo estranho, e nos sentimos tão pouco obrigados a reconhecer a autoria deles, que podemos dizer com a mesma facilidade "tive um sonho" e "sonhei". De onde vem essa "estranheza psíquica" do sonho? De acordo com nossa discussão sobre as fontes dos sonhos, podemos supor que não depende do material que penetra no conteúdo dos sonhos, porque esse material é, em sua maior parte, comum à vida onírica e à vida desperta. Podemos nos perguntar se, no sonho, não são modificações nos processos psíquicos que provocam essa impressão e por isso podemos tentar levantar as características psicológicas dos sonhos.

Ninguém ressaltou de modo mais incisivo a diferença essencial entre o sonho e a vida de vigília e utilizou essa diferença para conclusões mais abrangentes do que G. T. Fechner, em algumas observações contidas em sua obra *Elementos de Psicofísica* (p. 520, parte 11). Ele acredita que "nem a simples diminuição da vida psíquica consciente abaixo do limiar principal", nem a distração da atenção das influências do mundo exterior, são suficientes para explicar as peculiaridades da vida onírica em comparação com a vida desperta. Ele acredita que a cena dos sonhos é colocada em outro lugar que não na vida de representação da vida de vigília. "Se a cena da atividade psicofísica fosse a mesma durante os estados de sono e de vigília, o sonho, em minha opinião, só poderia ser uma continuação da representação da vida de vigília, em menor grau de intensidade, devendo, além disso, compartilhar com a última seu material e forma. Mas a situação é bem diferente."

O que Fechner realmente quis dizer nunca ficou claro, nem ninguém, que eu saiba, seguiu o caminho, a pista que ele indicou nessa observação. Uma interpretação anatômica, no sentido de localizações cerebrais fisiológicas, ou mesmo em referência a camadas histológicas do córtex cerebral, certamente terá de ser excluída. A ideia pode, no entanto, revelar-se engenhosa e frutífera, se puder ser aplicada a um aparelho psíquico que é construído a partir de muitas instâncias dispostas uma após outra.

Outros autores se contentaram em tornar proeminente uma ou outra das peculiaridades psicológicas tangíveis da vida onírica, e talvez tomá-las como ponto de partida para tentativas de explicação mais abrangentes.

Foi justificadamente observado que uma das principais peculiaridades da vida onírica aparece até no processo de adormecimento e deve ser designada como o fenômeno indutor do sono. De acordo com Schleiermacher (p. 351), a parte característica do estado de vigília é o fato de que a atividade psíquica ocorre em ideias e não em imagens. Mas o sonho pensa em imagens, e pode-se observar que, com a aproximação do sono, as atividades voluntárias se tornam difíceis na mesma medida em que aparecem as involuntárias; estas últimas se enquadram inteiramente na categoria de imagens. A incapacidade para o trabalho de representação que percebemos ser intencionalmente desejado e o aparecimento de imagens, que está regularmente ligado a essa distração, são duas qualidades constantes no sonho e que, em sua análise psicológica, devemos reconhecer como características essenciais da vida onírica.

No que diz respeito às imagens – as alucinações hipnagógicas – descobrimos que, mesmo em seu conteúdo, são idênticas às imagens oníricas.

O sonho, portanto, pensa preponderantemente, mas não de forma exclusiva, em imagens visuais. Também faz uso de imagens auditivas e, em menor grau, das impressões dos outros sentidos. Muitas coisas ocorrem nos sonhos, assim como no estado de vigília, simplesmente como pensamentos ou imaginações (provavelmente sob a forma de restos de representações verbais). Mas, ainda assim, o que é característico para o sonho são apenas aqueles elementos do conteúdo que atuam como imagens, isto é, que se assemelham mais às percepções do que às representações da memória. Desconsiderando todas as discussões sobre a natureza das alucinações, tão familiares a todo psiquiatra, podemos dizer, com todos os autores versados, que o sonho alucina, ou seja, substitui pensamentos por alucinações. A esse respeito, não há diferença entre representações visuais e acústicas; notou-se que a lembrança de uma sucessão de sons, com os quais se adormece, se transforma, ao adormecer, numa alucinação da mesma melodia, de modo a dar lugar novamente ao despertar (que pode se alternar repetidamente com o adormecer) às representações de memória mais suaves, que são formadas com teor qualitativo bem diferente.

A transformação de uma ideia em alucinação não é o único desvio do sonho de um pensamento de vigília que talvez lhe corresponda. A partir dessas imagens, o sonho forma uma situação, apresenta algo no presente, dramatiza uma ideia, como diz Spitta (p. 145)[11]. Mas a característica desse lado da vida onírica se torna completa somente quando reconhecemos que, enquanto sonhamos não imaginamos – via de regra; as exceções exigem uma explicação especial – que estamos pensando, mas que estamos vivendo uma experiência, ou seja, aceitamos a alucinação com plena convicção. A crítica de que não tivemos experiência disso, mas apenas pensamos de maneira peculiar – sonhada – surge apenas ao despertar. Essa característica é que distingue o genuíno sonho durante o sono do devaneio durante o dia, que nunca se confunde com a realidade.

As características da vida onírica até agora consideradas foram resumidas por Burdach (p. 476) nas seguintes frases: "Como características do sonho, podemos acrescentar (a) que a atividade subjetiva de nossa mente aparece como objetiva, na medida em que nossa faculdade de percepção visualiza os produtos da fantasia como se fossem atividades sensoriais... (b) o sono anula o autocontrole, portanto, adormecer requer certa passividade... As imagens do sono são condicionadas pelo relaxamento do autocontrole."

Trata-se agora de tentar explicar a credulidade da mente em relação às alucinações oníricas, que só podem aparecer após a suspensão de certa atividade arbitrária. Strümpell afirma que a mente se comporta a esse respeito corretamente e em conformidade com seu mecanismo. Os elementos do sonho não são de forma alguma meras representações, mas experiências verdadeiras e reais da mente, semelhantes àquelas que surgem no estado de vigília, procedentes dos sentidos (p. 34). Enquanto no estado de vigília a mente representa e pensa em imagens verbais e de fala, no sonho ela representa e pensa em verdadeiras imagens tangíveis (p. 35). Além disso, o sonho manifesta uma consciência do espaço ao transferir as sensações e imagens, assim como no estado de vigília, para um espaço externo (p. 36). Deve-se, portanto, admitir que a mente no sonho está na mesma relação com suas imagens e percepções que no estado de vigília (p. 43). Se, no entanto, ela comete um erro ao agir assim, é porque lhe falta no sono a crítica, que é a única que pode distinguir entre as percepções sensoriais que emanam de dentro ou de fora. Ela não pode submeter suas imagens aos testes que, só eles, podem provar sua realidade objetiva. Além disso, despreza a diferenciação entre imagens que são arbitrariamente trocadas e outras em que não há livre escolha. Erra porque não pode aplicar a seu conteúdo a lei da causalidade (p. 58). Em suma, sua alienação do mundo exterior é também a razão de sua crença no mundo subjetivo dos sonhos.

Delbœuf chega à mesma conclusão por meio de uma linha de

argumentação um pouco diferente. Damos às imagens oníricas a credibilidade da realidade, porque no sono não temos outras impressões com que compará-las, porque estamos isolados do mundo exterior. Mas talvez não seja por não podermos fazer testes durante o sono que acreditamos na veracidade de nossas alucinações. O sonho pode nos iludir com todos esses testes, pode nos fazer acreditar que podemos tocar a rosa que vemos no sonho, e ainda assim estamos apenas sonhando. De acordo com Delbœuf, não há critério válido para mostrar se algo é um sonho ou uma realidade consciente, exceto – e isso apenas como constatação prática – o fato de acordar. "Concluo que é delirante tudo o que se experimenta entre o período de adormecer e acordar, se perceber, ao despertar, que estou deitado na cama sem roupa" (p. 84). "Considerei as imagens oníricas reais durante o sono graças a meu hábito mental, que não pode ser adormecido, de perceber um mundo exterior com o qual posso estabelecer um contraste com meu ego."[12]

Como o desligamento do mundo exterior é considerado fator determinante das características mais marcantes do sonho, vale a pena mencionar algumas perspicazes observações de Burdach que haverão de lançar luz sobre a relação da mente adormecida com o mundo exterior e que, ao mesmo tempo, servem para nos impedir de superestimar as deduções feitas há pouco. "O sono ocorre", diz ele, "somente sob a condição de que a mente não seja excitada por estímulos sensoriais... mas não é a falta de estímulos sensoriais que condiciona o sono, mas sim a falta de interesse pelos mesmos; algumas impressões sensoriais são até necessárias na medida em que servem para acalmar a mente; assim, o moleiro só consegue adormecer quando ouve o rumor de seu moinho, e aquele que acha necessário acender uma luz à noite, por precaução, não consegue adormecer no escuro." (p. 457)

"A psique se isola, durante o sono, do mundo exterior e se retira da periferia... Entretanto, a conexão não é totalmente interrompida; se alguém não pudesse ouvir nem sentir durante o sono, mas somente depois de acordar, certamente nunca despertaria. A persistência da sensação é demonstrada com maior clareza ainda pelo fato de que nem sempre somos despertados pela mera força sensorial da impressão, mas pela relação psíquica da mesma; uma palavra indiferente não desperta o adormecido, mas, se chamado pelo nome, ele desperta...: assim, a psique diferencia as sensações durante o sono. É por essa razão que podemos ser despertados pela falta de um estímulo sensorial, se estiver relacionado com a representação de uma coisa importante; assim se desperta quando a luz se apaga e o moleiro quando o moinho para; isto é, o despertar é devido à cessação de uma atividade sensorial, que pressupõe que era percebida e que não perturbava a mente, uma vez que era indiferente, ou melhor, gratificante." (p. 460 etc.)

Se estivermos inclinados a menosprezar essas objeções, que não devem ser vistas como insignificantes, ainda assim devemos admitir que as qualidades da vida onírica levadas em consideração até agora e que se originam do desligamento do mundo exterior não podem explicar inteiramente a estranheza do sonho. Caso contrário, seria possível transformar as alucinações do sonho em representações e as situações do sonho em pensamentos, e assim resolver o problema da interpretação dos sonhos. Ora, isso é o que fazemos quando reproduzimos de memória o sonho após o despertar, e quer sejamos total ou apenas parcialmente bem-sucedidos nessa tradução reversa, o sonho vai continuar mantendo seu mistério intacto.

Além disso, todos os autores assumem, sem hesitação, que outras e mais profundas alterações ainda ocorrem no material de representação da vida de vigília. Um deles, Strümpell, se expressa da seguinte forma (p. 17): "Com a cessação da perspectiva objetivamente ativa e da percepção da consciência em estado normal, a psique perde o solo em que estavam enraizados os sentimentos, os desejos, os interesses e as ações. Esses estados psíquicos, sentimentos, interesses, estimativas que se agarram em estado de vigília às imagens da memória também sucumbem a uma obscura pressão, em decorrência da qual sua conexão com as imagens se rompe; as imagens de percepção de coisas, pessoas, localidades, eventos e ações do estado de vigília são reproduzidas isoladamente em grande número, mas nenhuma delas traz consigo seu valor psíquico. Esse valor é desligado delas e, portanto, elas flutuam na mente, dependendo dos próprios recursos..."

Esse despojamento que a imagem sofre de seu valor psíquico, que uma vez mais remonta ao desligamento do mundo exterior, é, segundo Strümpell, a principal responsável pela impressão de estranheza com que o sonho se distingue em nossa memória.

Já vimos que o adormecimento traz consigo o abandono de uma das atividades psíquicas, a saber, a condução voluntária da sequência das representações. Assim, se impõe a suposição, sugerida também por outros fundamentos, de que o estado de sono pode estender sua influência também sobre as funções psíquicas. Uma ou outra dessas funções talvez esteja totalmente suspensa; surge, então, a questão de saber se as restantes continuam a trabalhar sem ser perturbadas, se podem funcionar normalmente nessas condições. Ocorre-nos a ideia de que as peculiaridades do sonho podem ser explicadas pela redução da atividade psíquica durante o estado de sono, mas surge então a impressão causada pelo sonho sobre nosso julgamento de vigília, que é contrária a essa ideia. O sonho é desconexo, une sem hesitação as piores contradições, permite impossibilidades, desrespeita nosso conhecimento de suma importância na vida diurna e evidencia o embotamento ético e moral. Aquele que se comportasse no estado de vigília como o faz nas situações do sonho seria considerado insano. Aquele que, no estado de vigília, falasse de tal maneira ou relatasse as coisas que ocorrem no conteúdo do sonho, nos impressionaria como confuso e de espírito fraco. Assim, acreditamos que só estamos encontrando palavras para o fato quando damos pouco valor à atividade psíquica no sonho, e especialmente quando declaramos que as atividades intelectuais superiores estão suspensas ou, pelo menos, gravemente prejudicadas no sonho.

Com inusitada unanimidade – as exceções serão tratadas em outro lugar –, os autores proferiram seus julgamentos sobre o sonho, e esses julgamentos levam imediatamente a uma teoria ou explicação definitiva da vida onírica. É o momento de eu complementar o resumo, que acabei de apresentar, com uma série de declarações de diferentes autores – filósofos e médicos – sobre as características psicológicas do sonho.

De acordo com Lemoine, a incoerência da imagem onírica é a única característica essencial do sonho.

Maury (p. 163) concorda com ele: *"Il n'y a pas des rêves absolument raisonnables et qui ne contiennent quelque incohérence, quelque anachronisme, quelque absurdité".* *

De acordo com Hegel, citado por Spitta, o sonho carece de toda conexão objetiva e compreensível.

Dugas diz: *"Le rêve, c'est l'anarchie psychique, affective et mentale, c'est le jeu des fonctions livrées à elles-mêmes et s'exerçant sans contrôle et sans but; dans le rêve l'esprit est un automate spirituel."* **

Até mesmo Volkelt (p. 14), cuja teoria não permite considerar, de forma alguma, a atividade psíquica durante o sono desprovida de objetivo, fala do "relaxamento, da descontinuidade e da confusão da vida de representação que, no estado de vigília, se mantém unida por meio da força lógica do ego central".

O absurdo das conexões de representação que aparecem no sonho dificilmente pode ser mais incisivamente condenado do que o foi por Cícero (*De Divinatione*, II.): *"Nihil tam praepostere, tam incondite, tam monstruose cogitari potest, quod non possimus somniare."* ***

Fechner (p. 522) assim se expressa: "É como se a atividade psicológica fosse transferida do cérebro de um ser razoável para o cérebro de um tolo".

---

* Em francês, no original: "Não há sonhos inteiramente razoáveis e que não contenham alguma incoerência, algum anacronismo, algum absurdo". (N.T.)
** Em francês, no original: "O sonho é a anarquia psíquica, afetiva e mental, é o jogo das funções deixadas entregues a si mesmas e exercendo-se sem controle e sem objetivo; no sonho, o espírito é um autômato espiritual". (N.T.)
*** Em latim, no original: "Não há nada que se possa conceber de tão desordenado, de tão confuso, de tão monstruoso que não possamos sonhar". (N.T.)

Radestock (p. 145) escreve: "Parece realmente impossível descobrir nessa ação absurda qualquer lei fixa. Tendo-se esquivado do estrito policiamento da vontade racional e da atenção, que guiam a vida de representações no estado de vigília, o sonho fica girando em torno de tudo, num rodopio tresloucado como num caleidoscópio".

Hildebrandt (p. 45) diz: "Que saltos maravilhosos o sonhador se permite, por exemplo, em sua cadeia de raciocínio! Com que despreocupação ele vê as leis mais familiares da experiência viradas de cabeça para baixo! Que contradições ridículas ele se dispõe a tolerar nas leis da natureza e da sociedade, antes que as coisas vão longe demais, como dizemos, e a excessiva pressão do absurdo o leve a despertar! Muitas vezes multiplicamos sem preocupação: três vezes três são vinte; não ficamos surpresos quando um cachorro declama uma poesia, quando um morto caminha para o túmulo e quando uma pedra nada na água; vamos com toda a seriedade, obedecendo ordens superiores, ao ducado de Bernburg ou ao principado de Lichtenstein para observar a marinha do país, ou nos deixamos recrutar como voluntários por Carlos XII, pouco antes da batalha de Poltawa".

Binz (p. 33) aponta para uma teoria dos sonhos resultante das impressões. "Entre dez sonhos, pelo menos nove têm um conteúdo absurdo. Nós reunimos neles pessoas ou coisas que não têm a menor relação umas com as outras. No momento seguinte, como num caleidoscópio, o agrupamento muda, se possível para um mais absurdo e irracional que o anterior; assim, o mutável jogo do cérebro, imperfeitamente adormecido, continua até que acordamos; levamos a mão à cabeça e nos perguntamos se realmente ainda possuímos a faculdade da imaginação e do pensamento racionais."

Maury (p. 50) encontra uma comparação para a relação entre as imagens oníricas e os pensamentos de vigília, comparação mais que significativa para os médicos: *"La production de ces images que chez l'homme éveillé fait le plus souvent naître la volonté, correspond,* *pour l'intelligence, à ce que cont pour la motilité certains mouvements que nous offrent la chorée et les affections paralytiques...*" De resto, considera o sonho "*toute une série de dégradation de la faculté pensant et raisonant*"* (p. 27).

Quase não chega a ser necessário mencionar os enunciados dos autores que repetem a afirmação de Maury com relação às várias atividades psíquicas superiores.

De acordo com Strümpell, algumas operações mentais lógicas baseadas em relações e conexões desaparecem no sonho – naturalmente também em pontos onde o absurdo não é óbvio (p. 26). De acordo com Spitta (p. 148), as representações no sonho são inteiramente afastadas das leis da causalidade. Radestock e outros enfatizam a fraqueza do julgamento e decisão no sonho. De acordo com Jodl (p. 123), não há crítica no sonho e nenhuma correção de uma série de percepções mediante referência ao conteúdo geral da consciência. O mesmo autor afirma que "todas as formas de atividade consciente ocorrem no sonho, mas são imperfeitas, inibidas e isoladas umas das outras". As contradições manifestadas no sonho em relação a nosso conhecimento consciente são explicadas por Stricker (e muitos outros), como provocadas por fatos que são esquecidos no sonho e pelo desaparecimento das relações lógicas entre as representações (p. 98), etc., etc.

Os autores que em geral falam tão desfavoravelmente sobre as capacidades psíquicas no sonho, admitem, no entanto, que o sonho retém certo resquício de atividade psíquica. Wundt, cujos ensinamentos influenciaram tantos outros pesquisadores interessados nos problemas dos sonhos, admite isso de modo inequívoco. Pode-se indagar sobre o tipo e o comportamento dos resquícios da vida psíquica que se manifestam no sonho. Hoje é universal-

---

* Em francês, no original: "A produção dessas imagens que, no homem acordado, no mais das vezes, é a vontade que faz surgir, corresponde, para a inteligência, ao que conta para a motilidade certos movimentos que a coreia e as afecções paralíticas nos oferecem..." (De resto, considera o sonho) "toda uma sequência de degradação da faculdade de pensar e de raciocinar". (N.T.)

mente reconhecido que a faculdade reprodutiva, a memória no sonho, parece ter sido menos afetada; na verdade, pode mostrar certa superioridade a essa mesma função na vida de vigília (vide item B), embora parte dos absurdos do sonho deva ser explicada justamente por esse esquecimento da vida onírica. De acordo com Spitta, é a vida emocional da psique que não é afetada pelo sono e é essa que dirige o sonho. "Por emoção, ânimo ["*Gemüt*"], entendemos a constante compreensão dos sentimentos como a essência subjetiva mais íntima do homem" (p. 84).

Scholz (p. 37) vê uma atividade psíquica que atua no sonho na propensão a submeter o material onírico a uma "interpretação alegórica". Siebeck verifica também no sonho a "atividade interpretativa suplementar" (p. 11), que a mente exerce sobre tudo o que é percebido e visto. O julgamento da função psíquica evidentemente mais elevada, a consciência, apresenta para o sonho uma dificuldade especial. Como podemos conhecer qualquer coisa apenas pela consciência, não pode haver dúvida quanto à sua presença no sonho; Spitta, no entanto, acredita que apenas a consciência persiste no sonho, e não a autoconsciência. Delbœuf se confessa incapaz de perceber essa diferenciação.

As leis de associação que regem a conexão de representações valem também para as imagens oníricas; de fato, sua predominância se manifesta numa expressão mais pura e mais incisiva no sonho do que em qualquer outro lugar. Strümpell (p. 70) afirma: "O sonho segue, ao que parece exclusivamente, quer as leis das representações simples, quer as leis dos estímulos orgânicos que acompanham essas representações, isto é, sem ser influenciado pela reflexão e pela razão, pelo senso estético e pelo julgamento moral". Os autores, cujos pontos de vista reproduzo agora, concebem a formação do sonho mais ou menos da seguinte maneira: A soma dos estímulos sensoriais que afeta o sono a partir das várias fontes comentadas em outro local despertam na mente, em primeiro lugar, uma soma de representações que aparecem como alucinações (segundo Wundt, é mais correto dizer como ilusões, por causa de sua origem em estímulos externos e internos). Essas representações se unem de acordo com as conhecidas leis de associação e, seguindo as mesmas leis, evocam por sua vez uma nova série de representações (imagens). Todo esse material é então elaborado da melhor forma possível pelo remanescente ainda ativo das faculdades mentais de organização e pensamento (cf. Wundt e Weygandt). Mas até agora ninguém conseguiu encontrar o motivo que haveria de decidir se a aglutinação de imagens provenientes de fontes não objetivas segue esta ou aquela lei de associação.

Mas tem sido repetidamente observado que as associações que conectam as representações oníricas entre si são de um tipo especial e diferente daquelas encontradas na atividade mental de vigília. Assim Volkelt diz: "No sonho, as ideias perseguem e caçam umas às outras com base em semelhanças acidentais e conexões fortuitas quase imperceptíveis. Todos os sonhos são permeados por essas associações soltas e livres". Maury atribui grande valor a essa característica de conexão entre representações, o que lhe permite deduzir uma analogia muito estreita entre a vida onírica e certos distúrbios mentais. Ele estabelece duas características principais do delírio: "(1) *une action spontanée et comme automatique de l'esprit;* (2) *une association vicieuse et irregulière des idées*" (p. 126).* Maury nos dá dois excelentes exemplos dos próprios sonhos, nos quais a mera semelhança de som forma a conexão das representações oníricas. Sonhou uma vez que empreendeu uma peregrinação (*pélerinage*) a Jerusalém ou a Meca. Depois de muitas aventuras, estava com o químico Pelletier ; este, depois de um pouco de conversa, deu-lhe uma pá de zinco (*pelle*), que, no fragmento seguinte do sonho, se transformou em sua longa espada de batalha (p. 137). Em outra ocasião, sonhou que estava caminhando pela estrada e lia os quilômetros gravados nos marcos; logo depois, estava

---

* Em francês, no original: "(1) uma ação espontânea e como que automática do espírito; (2) uma associação viciada e irregular de ideias". (N.T.)

com um comerciante de especiarias que tinha grandes balanças com que pretendia pesar Maury; o mercador de especiarias lhe disse, então: "O senhor não está em Paris; mas na ilha de Gilolo". Seguiram-se muitas outras cenas, nas quais ele viu a flor lobélia, depois o general Lopez, sobre cuja morte havia lido pouco antes. Finalmente, acordou enquanto apostava num jogo de loteria.

Estamos, no entanto, bastante preparados para ouvir, por outro lado, que essa depreciação das atividades psíquicas do sonho não subsiste sem contradição. Por certo, a contradição nesse ponto não parece nada fácil. Tampouco é muito significativo que um dos depreciadores da vida onírica, Spitta (p. 118), nos assegure que as mesmas leis psicológicas que regem o estado de vigília também regem o sonho; ou que outro (Dugas) afirme: "*Le rêve n'est pas déraison ni même irraison pure*"*, desde que nenhum deles tenha feito qualquer esforço para harmonizar essa estimativa com a anarquia psíquica e a dissolução de todas as funções no sonho, por eles descritas. Para outros, no entanto, parece ter surgido a possibilidade de que a loucura do sonho talvez não seja desprovida de método – que talvez seja apenas uma farsa, como a do príncipe dinamarquês, sobre cuja loucura se proferiu o perspicaz julgamento já citado. Esses autores devem ter evitado julgar pelas aparências ou a aparência que o sonho lhes mostrou era bem diferente.

Sem querer se deter em seu aparente absurdo, Havelock Ellis considera o sonho como "um mundo arcaico de vastas emoções e pensamentos imperfeitos", cujo estudo pode nos familiarizar com estágios primitivos de desenvolvimento da vida psíquica. Um pensador como Delbœuf afirma – com certeza, sem apresentar provas contra o material contraditório e, portanto, injustamente: "*Dans le sommeil, hormis la perception, toutes les facultés de l'esprit, intelligence, imagination, mémoire, volonté, moralité, restant intactes dans leur essence; seulement, elles s'appliquent à des objets imaginaires*

---

* Em francês, no original: "O sonho não é contrassenso nem mesmo irracionalidade pura". (N.T.)

et mobiles. Le songeur est un acteur qui joue à volonté les fous et les sages, les bourreaux et les victimes, les nains et les géants, les démons et les anges" (p. 222).*

O marquês de Hervey, que é incisivamente contestado por Maury e cujo trabalho não consegui obter apesar de todos os esforços, parece combater mais energicamente a subestimação da capacidade psíquica no sonho. Maury fala dele da seguinte forma (p. 19): *"M. le Marquis d'Hervey prête à l'intelligence, durant le sommeil toute sa liberté d'action et d'attention et il ne semble faire consister le sommeil que dans l'occlusion des sens, dans leur fermeture au monde extérieur; en sorte que l'homme qui dort ne se distingué guère, selon sa manière de voir, de l'homme qui laisse vaguer sa pensée en se bouchant les sens; toute la différence qui séparé alors la pensée ordinaire du celle du dormeur c'est que, chez celui-ci, l'idée prend une forme visible, objective et ressemble, à s'y méprendre, à la sensation déterminée par les objets extérieurs; le souvenir revêt l'apparence du fait présent."***

Maury acrescenta, no entanto: *"Qu'il y a une différence de plus et capitale à savoir que les facultés intellectuelles de l'homme endormi n'offrent pas l'équilibre qu'elles gardent chez l'homme l'éveillé."****

A escala da valorização do sonho como produto psíquico se estende em considerável amplitude na literatura; vai desde a mais baixa subestimação, cuja expressão conhecemos, mediante a ideia de um valor ainda não revelado, até a superestimação, que coloca o

---

* Em francês, no original: "No sono, além da percepção, todas as faculdades do espírito, inteligência, imaginação, memória, vontade, moralidade, permanecendo intactas em sua essência, somente elas se aplicam a objetos imaginários e móveis. O sonhador é um ator que desempenha, à vontade, o papel dos loucos e dos sábios, dos carrascos e das vítimas, dos anões e dos gigantes, dos demônios e dos anjos". (N.T.)

** Em francês, no original: "O marquês d'Hervey confere à inteligência, durante o sono, toda a sua liberdade de ação e de atenção e parece que faz o sono consistir somente na oclusão dos sentidos, em seu fechamento ao mundo exterior, de modo que o homem que dorme dificilmente se distingue, a seu ver, do homem que deixa vagar seus pensamentos, bloqueando seus sentidos; toda a diferença que então separa o pensamento ordinário daquele do adormecido é que, neste último, a ideia assume uma forma visível, objetiva e se assemelha, a ponto de se enganar, à sensação determinada pelos objetos externos; a memória assume a aparência do fato presente". (N.T.)

*** Em francês, no original: "Que há uma diferença a mais e capital, a saber, que as faculdades intelectuais do homem adormecido não oferecem o equilíbrio que mantêm no homem acordado". (N.T.)

sonho muito acima das capacidades da vida de vigília. Hildebrandt que, como sabemos, esboça as características psicológicas em três antinomias, resume na terceira dessas contradições os pontos extremos dessa série da seguinte forma (p. 19): "Situa-se entre um clímax, muitas vezes uma involução que se eleva ao virtuosismo e, do outro lado, uma decidida diminuição e enfraquecimento da vida psíquica, muitas vezes abaixo do nível humano. Quanto à primeira, quem não poderia confirmar por experiência própria que, nas criações e tramas do gênio do sonho, às vezes vem à tona uma profundidade e sinceridade de emoção, uma ternura de sentimento, uma clareza de visão, uma sutileza de observação e uma prontidão do espírito, tudo o que modestamente teríamos de negar que possuímos como uma característica constante durante a vida de vigília? O sonho tem uma poesia maravilhosa, uma alegoria excelente, um humor incomparável e uma ironia encantadora. Ele vê o mundo sob o disfarce de uma idealização peculiar e, muitas vezes, eleva o efeito de suas manifestações à compreensão mais engenhosa da essência que está em sua base. Representa para nós a beleza terrena em verdadeiro esplendor celestial, o sublime na mais alta majestade, o realmente assustador na figura mais horrível, e o ridículo no cômico indescritivelmente drástico; e às vezes estamos tão embebidos de uma dessas impressões após o despertar, que imaginamos que tal coisa nunca nos foi oferecida pelo mundo real."

Pode-se perguntar: essas observações depreciativas e esses entusiásticos elogios se destinam realmente ao mesmo objeto? Será que os últimos autores ignoraram os sonhos tresloucados e os primeiros, os sonhos profundos e engenhosos? E se os dois tipos ocorrem – isto é, sonhos que merecem ser julgados dessa ou daquela maneira – não parece inútil buscar a característica psicológica do sonho? Não bastaria afirmar que tudo é possível no sonho, desde a mais baixa depreciação da vida psíquica até uma elevação da mesma, que é inusitada no estado de vigília? Por mais conveniente que seja essa solução, tem contra ela que, por trás dos esforços de todos os pesquisadores de sonhos, parece pressupor que existe uma característica tão definível do sonho, que é universalmente válida em seus aspectos essenciais e que deveria eliminar essas contradições.

É inquestionável que as capacidades psíquicas do sonho encontraram um reconhecimento mais rápido e mais caloroso naquele período intelectual, que agora ficou para trás, quando a filosofia, e não a ciência natural exata, dominava as mentes inteligentes. Declarações como as de Schubert, que o sonho liberta a mente do poder da natureza externa, que liberta a alma das cadeias dos sentidos, e opiniões semelhantes expressas pelo jovem Fichte[13] e outros, que retratam o sonho como uma elevação da vida psíquica a um estágio superior, dificilmente nos parece concebível hoje; eles são repetidos atualmente somente por místicos e carolas. Com o avanço do modo científico de pensar, ocorreu uma reação na apreciação do sonho. Na verdade, os autores médicos são os mais propensos a subestimar a atividade psíquica no sonho, como insignificante e sem valor, enquanto filósofos e observadores não profissionais – psicólogos amadores – cujas contribuições nesse domínio certamente não podem ser menosprezadas, têm mostrado melhor concordância com as ideias populares, defendendo por isso mormente o valor psíquico do sonho. Quem está inclinado a subestimar a capacidade psíquica no sonho prefere, naturalmente, as fontes somáticas estimuladoras na etiologia do sonho; quem deixa à mente sonhadora a maior parte de suas capacidades de vigília, naturalmente não tem razão para não admitir também estímulos independentes para sonhar.

Entre as atividades superiores que, mesmo numa comparação sóbria, somos tentados a atribuir à vida onírica, a memória é a mais marcante; discutimos exaustivamente as experiências frequentes que comprovam esse fato. Outra superioridade da vida onírica, frequentemente exaltada pelos antigos autores, isto é, que ela possa se considerar suprema em relação à distância de tempo e espaço, pode ser facilmente reconhecida como uma ilusão. Essa superioridade, conforme observado por Hildebrandt é apenas ilusória; o sonho dá tanta atenção ao tempo e ao espaço quanto o pensamento de vigília, e isso porque é apenas uma forma de pensar. O sonho deve desfrutar ainda de outra vantagem em relação ao tempo; isto é, é independente da passagem do tempo também em outro sentido. Sonhos como o da guilhotina de Maury, relatado anteriormente, parecem mostrar que o sonho pode reunir mais conteúdo de percepção num espaço de tempo muito curto do que pode ser controlado por nossa atividade psíquica na mente em estado de vigília. Essas conclusões foram contestadas, no entanto, por muitos argumentos; os ensaios de Le Lorrain e Egger "Sobre a duração aparente dos sonhos" deram origem a uma longa e interessante discussão que provavelmente não deu a última palavra sobre essa questão delicada e complexa.

Que o sonho tem a capacidade de assumir o trabalho intelectual diurno e levar a cabo o que não foi resolvido durante o dia, que pode resolver dúvidas e problemas e que pode se tornar fonte de nova inspiração para poetas e compositores, parece ser indiscutível, como é demonstrado por muitos relatos e pela série de exemplos compilada por Chabaneix. Mas mesmo que os fatos pareçam indiscutíveis, sua interpretação está aberta, em princípio, a muitas dúvidas.

Finalmente, o poder divinatório do sonho é objeto de discórdia, em que uma rígida e insuperável reflexão se defronta com uma constante e obstinada crença. Na verdade, é justo que nos abstenhamos de negar tudo o que é baseado em fatos nesse assunto, pois existe a possibilidade de que vários desses casos possam ser explicados no contexto da psicologia natural.

(f) OS ASPECTOS MORAIS NOS SONHOS

Por razões que só serão compreendidas depois do conhecimento de minhas investigações sobre o sonho, isolei da psicologia dos sonhos o problema parcial de determinar se e em que medida as disposições e os sentimentos morais da vida de vigília se estendem aos sonhos. As mesmas contradições que nos surpreenderam, ao observá-las nas descrições dos autores no tocante a todas as outras capacidades psíquicas, nos surpreendem novamente nesse ponto. Alguns afirmam de modo incisivo que o sonho desconhece qualquer obrigação moral; outros defendem de modo categórico que a natureza moral do homem persiste mesmo em sua vida onírica.

Uma referência à nossa experiência onírica de todas as noites parece confirmar, sem dúvida alguma, a exatidão da primeira afirmação. Jessen (p. 553) escreve: "Nem nos tornamos melhores nem mais virtuosos no sonho; ao contrário, parece que a consciência se cala no sonho, pois não sentimos compaixão e podemos cometer os piores crimes, como roubo, violência e assassinato, com perfeita indiferença e sem qualquer remorso posterior".

Radestock (p. 146) diz: "Deve-se notar que no sonho as associações terminam e as representações se unem sem ser influenciadas pela reflexão e pela razão, pelo gosto estético e pelo julgamento moral; o julgamento é extremamente fraco e a indiferença ética reina suprema".

Volkelt (p. 23) se expressa da seguinte forma: "Como todos sabem, a relação sexual no sonho é especialmente desenfreada. Assim como o próprio sonhador fica extremamente despudorado e totalmente desprovido de sentimento e julgamento moral, também vê outros, mesmo as pessoas mais honradas, engajadas em atos que, mesmo em pensamento em seu estado de vigília, se envergonharia de atribuir a elas".

Enunciados como os de Schopenhauer, de que no sonho cada pessoa age e fala de acordo com seu caráter, formam o contraste mais nítido com os mencionados há pouco. R. P. Fischer[14] sustenta que os sentimentos e desejos subjetivos ou afetos e paixões se manifestam na obstinação da vida onírica e que as características morais de uma pessoa são espelhadas em seu sonho.

Haffner (p. 25): "Com raras exceções... uma pessoa virtuosa será virtuosa também em seus sonhos; resistirá à tentação e não mostrará simpatia pelo ódio, pela inveja, pela raiva e por todos os outros vícios; ao passo que a pessoa pecadora, via de regra, também encontrará em seus sonhos as imagens que tem diante de si quando acordada."

Scholz (p. 36): "No sonho, há verdade; apesar de todos os disfarces de orgulho ou humildade, ainda nos reconhecemos a nós mesmos... O homem honesto não comete nenhuma ofensa desonrosa nem mesmo no sonho, ou, se isso ocorre, fica tão aterrorizado como se fosse algo estranho à sua natureza. O imperador romano que ordenou a execução de um de seus súditos, porque sonhou que decepava a cabeça do imperador, não estava errado ao justificar sua ação com base em que aquele que tem tais sonhos deve ter pensamentos semelhantes quando acordado. Sobre uma coisa, portanto, que não pode ter lugar em nossa mente, dizemos de modo bem significativo: 'Eu nunca sonharia com uma coisa dessas'."

Pfaff[15], alterando um provérbio familiar, diz: "Diga-me por um tempo seus sonhos, e lhe direi quem você é por dentro."

A breve obra de Hildebrandt, da qual já tirei tantas citações, uma contribuição ao problema do sonho tão completa e tão rica em ideias que encontrei na literatura, coloca o problema da moralidade no sonho como ponto central de interesse. Também para Hildebrandt, é uma regra estrita que quanto mais pura a vida, mais puro o sonho; quanto mais impura a primeira, mais impuro o último.

Segundo ele, a natureza moral do homem persiste até mesmo no sonho: "Mas enquanto não nos ofendemos nem suspeitamos por um erro aritmético por mais óbvio que seja, por uma inversão da ciência por mais romântica que seja, ou por um anacronismo por mais espirituoso que possa parecer, nós, no entanto, nunca perdemos de vista a diferença entre o bem e o mal, o certo e o errado, a virtude e o vício. Não importa quanto do que nos acompanha durante o dia pode desaparecer em nossas horas de sono – o imperativo categórico de Kant cola em nossos calcanhares como um companheiro inseparável, de quem não podemos nos livrar nem mesmo no sono... Isso só pode ser explicado, no entanto, pelo fato de que o fundamental na natureza humana, a essência moral, está fixada com extrema firmeza para participar da atividade da mescla caleidoscópica à qual a fantasia, a razão, a memória e outras faculdades da mesma categoria sucumbem no sonho. (p. 45 etc.)

Na medida em que a discussão sobre o assunto avança, nos deparamos com notável distorção e inconsequência em ambos os grupos de autores. Estritamente falando, o interesse por sonhos imorais cessaria para todos aqueles que afirmam que a personalidade moral do homem desmorona no sonho. Eles poderiam calmamente rejeitar a tentativa de responsabilizar o sonhador por seus sonhos e deduzir, da maldade de seus sonhos, que poderia haver uma tendência maligna em seu caráter, como rejeitaram a tentativa aparentemente semelhante de demonstrar, a partir do absurdo de seus sonhos, a insignificância de sua vida intelectual. Os outros, para quem o "imperativo categórico" se estende também ao sonho, teriam de aceitar plena responsabilidade pelos sonhos imorais; seria de desejar somente, pelo bem deles, que seus sonhos censuráveis não os levassem a abandonar a sólida estima que têm por sua moralidade.

Ainda assim, parece que ninguém sabe exatamente a respeito de si mesmo até que ponto é bom ou mau, e que ninguém pode negar a lembrança dos próprios sonhos imorais. Pois, além da oposição já mencionada na crítica à moralidade do sonho, ambos os grupos de autores se esforçam para explicar a origem dos sonhos imorais e surge uma nova oposição, conforme se busca a origem deles nas funções da vida psíquica ou nos efeitos lesivos a essa vida psíquica, determinados por causas somáticas. A força urgente dos fatos permite então que os defensores da responsabilidade, bem como da irresponsabilidade da vida onírica, concordem no reconhecimento de uma fonte psíquica específica para a imoralidade dos sonhos.

Todos aqueles que julgam que a moralidade se estende aos sonhos evitam, contudo, aceitar a total responsabilidade por seus sonhos. Haffner (p. 24) escreve: "Não somos responsáveis pelos sonhos, porque a única base sobre a qual nossa vida tem verdade e realidade é removida de nossos pensamentos... Portanto, não pode haver desejo onírico e ação onírica, não pode haver virtude ou pecado." Ainda assim, a pessoa é responsável pelo sonho pecaminoso na medida em que indiretamente o provoca. Assim como no estado de vigília, é seu dever limpar sua mente moral, especialmente antes de dormir.

A análise dessa mistura de rejeição e aceitação da responsabilidade pelo conteúdo moral do sonho é aprofundada bem mais por Hildebrandt. Depois de especificar que a forma dramática de representação no sonho, a aglomeração dos mais complicados processos de deliberação no mais breve período de tempo, e a depreciação e a confusão dos elementos de representação no sonho, admitidos por ele, devem ser reconhecidos como desfavoráveis ao aspecto imoral dos sonhos; confessa, no entanto, que, cedendo à mais séria reflexão, está inclinado simplesmente a negar toda a responsabilidade por faltas e pecados sonhados.

(P. 49) "Se quisermos rejeitar com real firmeza qualquer acusação injusta, especialmente aquela que se refere às nossas intenções e convicções, naturalmente fazemos uso da expressão 'eu nunca deveria ter sonhado tal coisa'. Com isso queremos dizer, obviamente, que consideramos o reino do sonho o último e mais remoto lugar em que devemos ser responsabilizados por nossos pensamentos, porque ali esses pensamentos estão apenas frouxa e incoerentemente conectados com nosso ser real, de modo que dificilmente devemos considerá-los ainda como nossos; mas como nos sentimos expressamente impelidos a negar a existência desses pensamentos, mesmo nesse reino, admitimos indiretamente, ao mesmo tempo, que nossa justificação não será completa se não se estender até esse ponto. E creio que, embora inconscientemente, aqui falamos a linguagem da verdade."

(P. 52) "Nenhum pensamento onírico pode ser imaginado, cuja primeira motivação já não tenha passado pela mente desperta como um desejo, um anseio ou um impulso." A respeito desse impulso original, devemos dizer que o sonho não o descobriu – apenas o imitou e ampliou, apenas elaborou de forma dramática um pouco de material histórico que encontrou em nós; reflete as palavras do apóstolo: "Aquele que odeia seu irmão é assassino" (1 João, 3, 15). E embora, depois de despertarmos e nos tornarmos conscientes de nossa força moral, possamos sorrir ante a estrutura ousadamente elaborada do sonho depravado, o material original que propiciou essa estruturação não tem, contudo, um aspecto ridículo. Sentimo-nos responsáveis pelas transgressões do sonhador, não pela totalidade, mas por certa porcentagem. "Nesse sentido, difícil de impugnar, entendemos as palavras de Cristo: 'Do coração procedem os maus pensamentos' (Mateus, 15, 19) – pois dificilmente podemos nos furtar da convicção de que todo pecado cometido no sonho traz consigo, pelo menos, um mínimo indeterminado de culpa."

Hildebrandt encontra assim a fonte da imoralidade dos sonhos nos germes e indícios de impulsos malignos que passam por nossas mentes, durante o dia, como pensamentos tentadores, e acha adequado adicionar esses elementos imorais à avaliação moral da personalidade. São os mesmos pensamentos e a mesma avaliação desses pensamentos que, como sabemos, têm levado os homens devotos e santos de todos os tempos a lamentar que não passam de míseros pecadores.

Certamente, não há razão para duvidar da ocorrência geral dessas representações contrastantes – na maioria das pessoas e até mesmo em outras esferas que não as da ética. O julgamento dessas não tem sido, às vezes, muito sério. Na obra de Spitta, encontramos a seguinte expressão relevante de A. Zeller (Artigo "*Irre*" (alienado), de Ersch e Grüber, em *Allgemeinen Encyklopädie der Wissenschaften*, p. 144): "É muito raro que a mente seja tão bem organizada a ponto de possuir em todos os momentos poder suficiente para não ser perturbada, não só por ideias desnecessárias, mas também por ideias perfeitamente ridículas que vão contra a corrente clara do pensamento usual; de fato, os maiores pensadores tiveram motivos para se queixar dessa confusão, parecida com um sonho, de ideias perturbadoras e dolorosas, pois destrói suas reflexões mais profundas e seu mais sagrado e sério trabalho mental."

Uma luz mais clara é lançada sobre a posição psicológica dessa ideia de contraste por outra observação de Hildebrandt, no sentido de que o sonho às vezes nos permite olhar para os profundos e íntimos recessos de nosso ser, a que geralmente não temos acesso em nosso estado de vigília (p. 55). A mesma ideia é expressa por Kant, em sua *Antropologia*, quando afirma que o sonho existe para desnudar nossas disposições ocultas e nos revelar não o que somos, mas o que poderíamos ter sido se tivéssemos tido uma educação diferente. Radestock (p. 84) diz que o sonho, com muita frequência, só nos revela o que não desejamos admitir para nós mesmos e que, portanto, o condenamos injustamente como mentiroso e enganador. Que o surgimento de impulsos estranhos à nossa consciência é meramente análogo à disposição já familiar que o sonho faz de outro material da representação, que está ausente ou que desempenha apenas um papel insignificante no estado de vigília, esse fato foi ressaltado por observações como as de Benini, que diz: "*Certe nostre inclinazioni che si credevano soffocate e spente da un pezzo, si ridestano; passioni vecchie e sepolte rivivono; cose e persone a cui non pensiamo mai, ci vengono dinanzi*" (p. 149).*
Volkelt se expressa de maneira semelhante: "Mesmo as representações que entraram em nossa consciência quase despercebidas, e que talvez nunca tenham sido retiradas do esquecimento, muitas vezes anunciam, por meio do sonho, sua presença na mente" (p. 105). Finalmente, não é descabido mencionar nesse ponto que, segundo Schleiermacher, o ato de adormecer é acompanhado pelo aparecimento de representações indesejáveis (imagens).

---

* Em italiano, no original: "Algumas de nossas inclinações, que julgávamos sufocadas e apagadas havia tempo, despertam novamente; velhas e sepultadas paixões revivem; coisas e pessoas em que nunca pensamos, aparecem diante de nós". (N.T.)

Podemos incluir em "representações indesejáveis" todo esse material de representações, cuja ocorrência causa nossa admiração tanto em sonhos imorais quanto em sonhos absurdos. A única diferença importante consiste no fato de que nossas representações indesejáveis na esfera moral se opõem a nossos sentimentos usuais, ao passo que as demais representações indesejáveis nos causam simplesmente estranheza. Nada foi feito até agora para nos permitir remover essa diferença por meio de um conhecimento mais aprofundado.

Mas qual é o significado do aparecimento de representações indesejáveis no sonho? Que inferências podem ser tiradas para a psicologia da mente desperta e sonhadora dessas manifestações noturnas de impulsos éticos contrastantes? Podemos notar aqui uma nova diversidade de opiniões e, mais uma vez, um agrupamento diferente dos autores. A corrente de pensamento seguida por Hildebrandt e por outros, que compartilham de sua posição fundamental, leva inquestionavelmente a atribuir aos impulsos imorais certa força mesmo no estado de vigília, que, com certeza, é uma força inibida, incapaz de se impor à ação; ademais, algo se desativa durante o sono, que, atuando como uma inibição, nos impediu de perceber a existência desses impulsos. Assim, o sonho mostra a verdadeira, se não toda a natureza do homem, e é um meio de tornar a vida psíquica oculta acessível à nossa compreensão. É somente com essa suposição que Hildebrandt pode atribuir ao sonho o papel de monitor que nos chama a atenção para os estragos morais na alma, assim como, na opinião dos médicos, o sonho pode preanunciar uma doença física até então não observada. De igual modo, parece que Spitta segue o mesmo ponto de vista quando se refere ao fluxo de excitação que, por exemplo, afeta a psique durante a puberdade e consola o sonhador, dizendo que fez tudo o que está a seu alcance quando levou uma vida estritamente virtuosa durante seu estado de vigília, quando se esforçou em suprimir os pensamentos pecaminosos sempre que surgiam e os impediu de amadurecer e se transformar em atos.

De acordo com essa visão, poderíamos designar as representações "indesejáveis" como aquelas que são "suprimidas" durante o dia e que deveríamos considerar seu surgimento como um fenômeno psíquico autêntico.

Se seguíssemos outros autores, não deveríamos acatar essa última conclusão. Para Jessen, as representações indesejáveis no sonho como no estado de vigília, na febre e em outras situações de delírio, têm apenas "caráter de uma atividade voluntária posta em repouso e um processo um tanto mecânico de imagens e de representações produzidas por impulsos internos" (p. 360). Um sonho imoral não prova nada para a vida psíquica do sonhador, exceto que ele, de alguma forma, tomou conhecimento das representações em questão; certamente não é um impulso psíquico próprio do sonhador.

Outro autor, Maury, nos leva a questionar se ele também não atribui ao estado onírico a capacidade de dividir a atividade psíquica em seus componentes, em vez de destruí-la de modo arbitrário. Fala da seguinte forma sobre os sonhos em que são ultrapassados os limites da moralidade: *"Ce sont nos penchants qui parlent et qui nous font agir, sans que la conscience nous retienne, bien que parfois elle nous avertisse. J'ai mes défauts et mes penchants vicieux; à l'état de veille, je tache de lutter contre eux, et il m'arrive assez souvent de n'y pas succomber. Mais dans mes songes j'y succombe toujours ou pour mieux dire j'agis, par leur impulsion, sans crainte et sans remords... Évidemment les visions qui se déroulent devant ma pensée et qui constituent le rêve, me sont suggérées par les incitations que je ressens et que ma volonté absente ne cherche pas à refouler"* (p. 113).*

Se alguém acredita na capacidade do sonho de revelar uma disposição imoral realmente existente, mas reprimida ou oculta do

---

* Em francês, no original: "São nossas inclinações que falam e nos levam a agir, sem que a consciência nos detenha, embora às vezes nos advirta. Tenho meus defeitos e minhas inclinações viciosas; no estado de vigília, tento lutar contra eles, e muitas vezes consigo não sucumbir. Mas em meus sonhos sempre sucumbi ou, melhor dizendo, ajo por impulso, sem temor e sem remorso... Evidentemente, as visões que se desenrolam diante de meu pensamento, e que dão continuidade ao sonho, são sugeridas pelas incitações que sinto e que minha vontade ausente não procura reprimir". (N.T.)

sonhador, não poderia salientar sua opinião mais incisivamente do que com as palavras de Maury (p. 115): *"En rêve l'homme se révèle donc tout entier à soi-même dans sa nudité et sa misère natives. Dès qu'il suspend l'exercice de sa volonté, il dévient le jouet de toutes les passions contre lesquelles, à l'état de veille, la conscience, le sentiment d'honneur, la crainte nous défendent."**

Em outro local, encontra as seguintes palavras marcantes (p. 462): *"Dans le rêve, c'est surtout l'homme instinctif que se révèle.... L'homme revient pour ainsi dire à l'état de nature quand il rêve; mais moins les idées acquises ont pénétré dans son esprit, plus les penchants en désaccord avec elles conservent encore sur lui d'influence dans le rêve."***
Ele cita, então, como exemplo, que seus sonhos o mostram, muitas vezes, como vítima justamente daquelas superstições que combate com mais veemência em seus escritos.

O valor de todas essas observações engenhosas de Maury para um conhecimento psicológico da vida onírica é prejudicado, no entanto, pelo fato de que ele se recusa a reconhecer, nos fenômenos tão corretamente observados por ele, qualquer prova do *"automatisme psychologique"* (automatismo psicológico) que, em sua opinião, domina a vida onírica. Ele concebe esse automatismo como um oposto perfeito da atividade psíquica.

Uma passagem nos estudos sobre consciência de Stricker diz: "O sonho não consiste unicamente em ilusões; se, por exemplo, alguém tem medo de ladrões no sonho, os ladrões são, é claro, imaginários, mas o medo é real. Isso nos chama a atenção para o fato de que o efetivo desenvolvimento no sonho não admite o julgamento que se concede ao restante do conteúdo do sonho; e

---
* Em francês, no original: "No sonho, portanto, o homem se revela inteiramente a si mesmo em sua nudez e miséria nativas. Assim que suspende o exercício de sua vontade, ele se torna o joguete de todas as paixões contra as quais, no estado de vigília, a consciência, o sentimento de honra, o medo nos defendem". (N.T.)
** Em francês, no original: "No sonho, é sobretudo o homem instintivo que se revela... O homem volta, por assim dizer, ao estado de natureza quando sonha; mas quanto menos as ideias adquiridas penetraram em sua mente, mais as inclinações em desacordo com elas ainda detêm influência sobre ele no sonho". (N.T.)

surge, então, o problema de qual parte dos processos psíquicos no sonho pode ser real, isto é, que parte deles pode exigir ser inscrita entre os processos psíquicos do estado de vigília."

(g) TEORIAS E FUNÇÕES DO ATO DE SONHAR

Uma investigação sobre os sonhos que, na medida do possível, tenta explicar, de um ponto de vista, muitas de suas características observadas e que, ao mesmo tempo, determina a relação dos sonhos com uma esfera mais abrangente de manifestações, pode ser chamada de Teoria dos Sonhos. As várias teorias do sonho diferem entre si pelo fato de destacar esta ou aquela característica do sonho e, a partir dela, inferir explicações e correlações. Não será absolutamente necessário derivar da teoria uma função, ou seja, um uso ou qualquer atividade do ato de sonhar, mas nossa expectativa, que geralmente é ajustada à teleologia, acolherá as teorias que prometem uma compreensão da função do sonho.

Já nos familiarizamos com muitas concepções do sonho que, mais ou menos, merecem a denominação de teorias do sonho, nesse sentido do termo. A crença dos antigos de que o sonho era enviado pelos deuses para guiar as ações do homem constituía uma teoria completa do sonho, fornecendo informações sobre tudo o que valesse a pena saber a respeito dele. Desde que o sonho se tornou objeto de investigação biológica, temos um número maior de teorias, algumas das quais, no entanto, são extremamente incompletas.

Se renunciarmos a uma enumeração completa, podemos tentar agrupar, de modo genérico e com base nas ideias fundamentais quanto à intensidade e à modalidade da atividade psíquica nos sonhos, as seguintes teorias dos sonhos:

1. Teorias, como a de Delbœuf, que defendem que a atividade psíquica completa do estado de vigília continua no sonho. A mente não dorme; seu aparelho permanece intacto e, estando em condições diferentes daquelas do estado de vigília, deve, em sua

atividade normal, dar resultados diferentes daqueles do estado de vigília. Nessas teorias, surge a questão de saber se elas estão em condições de estabelecer todas as distinções entre sonho e pensamento de vigília das determinações do estado de sono. Além disso, carecem de um possível acesso a uma função do sonho; não se pode entender por que se sonha, por que o complicado mecanismo do aparelho psíquico continua a funcionar mesmo quando é colocado em condições para as quais não está, aparentemente, adaptado. Restam apenas duas reações convenientes – dormir sem sonhos ou acordar quando provocado por estímulos perturbadores – em vez da terceira, a de sonhar.

2. Teorias que, ao contrário, pressupõem para o sonho uma diminuição da atividade psíquica, um afrouxamento das conexões e um empobrecimento do material disponível. De acordo com essas teorias, deve-se atribuir ao sono características psicológicas inteiramente diferentes daquelas sugeridas por Delbœuf. O sono se estende muito além da mente – não consiste meramente em desligar a mente do mundo exterior; ao contrário, penetra em seu mecanismo, tornando-a às vezes inútil. Se posso fazer uma comparação a partir de material psiquiátrico, diria que as primeiras teorias constroem o sonho como uma paranoia, ao passo que as segundas fazem com que o sonho se pareça com demência ou com amência.

A teoria segundo a qual apenas um fragmento da atividade psíquica paralisada pelo sono se expressa é de longe a favorita entre os escritores médicos e no mundo científico em geral. Na medida em que se possa pressupor um interesse mais geral pela interpretação dos sonhos, ela pode ser designada como a teoria dominante do sonho. Deve-se salientar a facilidade com que essa teoria específica evita o pior obstáculo que ameaça toda interpretação dos sonhos, isto é, naufragar no meio das contradições incorporadas nos sonhos. Como essa teoria considera o sonho o resultado de uma vigília parcial (ou, como diz a psicologia do sonho de Herbart, "uma vigília gradual, parcial e ao mesmo tempo muito anômala"), ela consegue cobrir toda a série de atividades inferiores no sonho, que se revela em seus absurdos, até a plena concentração da atividade mental, seguindo uma série de condições que se tornam cada vez mais despertas até atingir o pleno despertar.

Quem julga indispensável o modo de expressão psicológico, ou que pensa mais em termos científicos, encontrará essa teoria do sonho definida na explicação de Binz (p. 43):

"Esse estado [de torpor], no entanto, chega gradualmente ao fim nas primeiras horas da manhã. O material acumulado de fadiga na albumina do cérebro diminui gradativamente. Ela é paulatinamente decomposta ou levada pelo fluxo incessante da circulação sanguínea. Aqui e acolá, alguns grupos de células passam a se distinguir como despertas, enquanto tudo em torno delas ainda permanece em estado de torpor. O trabalho isolado desses grupos separados surge então diante de nossa consciência obscurecida, que não tem controle sobre outras partes do cérebro que regem as associações. Assim, as imagens criadas, que correspondem em sua maioria às impressões objetivas do passado recente, se encaixam de maneira tumultuada e irregular. O número de células cerebrais liberadas se torna cada vez maior e a irracionalidade do sonho, cada vez menor."

Essa ideia do ato de sonhar como um estado de vigília parcial e incompleto, ou vestígios de sua influência, certamente pode ser encontrada nos escritos de todos os fisiologistas e filósofos modernos. A exposição mais completa dessa teoria é apresentada por Maury. Muitas vezes, parece que esse autor imaginava para si mesmo o estado de estar acordado ou dormindo em determinadas regiões anatômicas; de qualquer forma, parece-lhe que cada região anatômica está ligada a uma função psíquica definida. Nesse ponto, posso apenas dizer que, se a teoria da vigília parcial pudesse ser confirmada, restaria muita coisa ainda a fazer para sua completa elaboração.

Naturalmente, uma função do sonho não pode ser encontrada nesse tipo de visão da vida onírica. Pelo contrário, a crítica a essa teoria, quanto ao status e à importância do sonho, é salientada de modo consistente nessa afirmação de Binz (p. 357): "Todos os fatos, como vemos, nos impelem a caracterizar o sonho como um processo *físico* que, na totalidade dos casos, é inútil e, em muitos casos, até mórbido."

O termo "físico", referido ao sonho, utilizado em destaque por esse autor, tem mais de um sentido. Em primeiro lugar, refere-se à etiologia do sonho, que ficou especialmente clara para Binz, ao estudar a produção experimental de sonhos mediante administração de produtos tóxicos. Certamente está de acordo com esse tipo de teoria dos sonhos atribuir, sempre que possível, a incitação do sonho exclusivamente à origem somática. Apresentada na forma mais extrema, diz o seguinte: Depois de adormecermos, eliminando os estímulos, não haveria necessidade nem ocasião para sonhar até de manhã, quando o despertar gradual mediante estímulos recebidos se refletiria no fenômeno do sonho. Mas, na verdade, não é possível manter o sono livre de estímulos; assim como Mefistófeles se queixa dos germes da vida, os estímulos chegam ao adormecido, vindos de todos os lados – de fora, de dentro e até de certas regiões do corpo que nunca nos preocupam durante o estado de vigília. Assim, o sono é perturbado; a mente é despertada, ora por essa, ora por aquela coisinha, e funciona por um tempo com a parte desperta apenas para ficar feliz em adormecer de novo. O sonho é uma reação ao estímulo que causa uma perturbação do sono – com certeza, uma reação puramente supérflua.

Designar o ato de sonhar como um processo físico, que apesar de tudo continua sendo uma atividade do órgão mental, tem ainda outro sentido. Destina-se a contestar a classificação do sonho como um processo psíquico. A aplicação ao ato de sonhar da antiquíssima comparação dos "dez dedos de um indivíduo que nada sabe de música movendo-se ao acaso sobre o teclado de um instrumento" talvez ilustre melhor qual a estima de que goza a atividade onírica entre os representantes das ciências exatas. Nesse sentido, torna-se algo totalmente impossível de interpretar, pois como os dez dedos de alguém que nada sabe de música poderiam produzir um genuíno trecho musical?

A teoria da vigília parcial não conseguiu se furtar a objeções, mesmo nos tempos antigos. Assim Burdach, em 1830, escreve: "Se dissermos que o sonho é uma vigília parcial, em primeiro lugar, não explicamos, desse modo, nem o estado de vigília nem o estado de sono; em segundo lugar, isso afirma apenas que certas forças da mente estão ativas no sonho enquanto outras estão em repouso. Mas essas irregularidades ocorrem ao longo da vida..." (p. 483).

Entre as teorias oníricas existentes, que consideram o sonho um processo "físico", há uma hipótese muito interessante do sonho, proposta pela primeira vez por Robert em 1866. É deveras atraente, porque atribui ao ato de sonhar uma função ou uma finalidade útil. Como base para essa teoria, Robert extrai da observação dois fatos, que já discutimos em nosso exame do material do sonho. Esses fatos são: que muitas vezes sonhamos com as impressões diurnas insignificantes e que raramente transportamos para o sonho os interesses que nos absorvem durante o dia. Robert afirma, como exclusivamente correto, que as coisas que foram plenamente elaboradas pelo pensamento nunca se tornam incitadoras de sonhos, mas apenas aquelas que estão incompletas na mente ou que a tocam de modo fugaz (p. 11). "Geralmente, não podemos explicar nossos sonhos porque suas causas são encontradas *em impressões sensoriais do dia anterior, que não obtiveram suficiente reconhecimento por parte do sonhador*." As condições que permitem que uma impressão chegue ao sonho são, portanto, ou que essa impressão tenha sido perturbada em sua elaboração, ou que, por ser muito insignificante, não tem direito a essa elaboração.

Robert, portanto, concebe o sonho "como um processo físico de eliminação que chegou à cognição na manifestação psíquica de reação a ele". Os sonhos são eliminações de pensamentos sufocados na origem. "Um homem privado da capacidade de sonhar certamente se tornaria, com o tempo, mentalmente desequilibrado, porque um imenso número de pensamentos inacabados e não elaborados e de impressões superficiais se acumularia em seu cérebro, sob cuja pressão seria aniquilado tudo o que deveria ser incorporado como um todo acabado na memória." O sonho funciona como uma válvula de segurança para o cérebro sobrecarregado. *Os sonhos possuem propriedades de cura e de alívio* (p. 32).

Seria um erro perguntar a Robert como a representação no sonho pode trazer um alívio para a mente. O autor, obviamente, concluiu dessas duas características do material onírico que, durante o sono, essa ejeção de impressões inúteis se efetua como um processo somático, e que sonhar não é um processo psíquico especial, mas apenas a informação que recebemos dessa eliminação. Com toda a certeza, uma eliminação não é a única coisa que ocorre na mente durante o sono. O próprio Robert acrescenta que os estímulos do dia também são elaborados e "o que não pode ser eliminado do material de pensamento não digerido, que se encontra na mente, é reunido *por fios de pensamento, tomados de empréstimo à imaginação, num todo acabado* e, assim, registrado na memória como um inofensivo quadro da imaginação" (p. 23).

Mas é em sua crítica às fontes dos sonhos que Robert se opõe mais abertamente à teoria dominante. De acordo com esta última, não haveria sonho se os estímulos sensoriais externos e internos não despertassem repetidamente a mente; de acordo com Robert, porém, o impulso para sonhar reside na própria mente. Está na sobrecarga que exige a descarga, e Robert julga com perfeita consistência quando sustenta que as causas determinantes do sonho, que dependem do estado físico, assumem um papel secundário, e não poderiam provocar sonhos numa mente que não contém material oriundo da consciência de vigília para a elaboração do sonho. Admite, no entanto, que as imagens fantasiosas, vindas das profundezas da mente, podem ser influenciadas pelos estímulos nervosos (p. 48). Assim, segundo Robert, o sonho não é tão dependente do elemento somático. Certamente, não é um processo psíquico e não tem lugar entre os processos psíquicos do estado de vigília; é um processo somático noturno no aparelho dedicado à atividade mental e tem uma função a desempenhar, a saber, proteger esse aparelho da tensão excessiva, ou, alterando a comparação, limpar a mente.

Outro autor, Yves Delage, baseia sua teoria nas mesmas características do sonho, que ficam claras na seleção do material onírico, e é instrutivo observar como uma ligeira mudança na concepção das mesmas coisas dá um resultado final de sentido bastante diferente.

Delage, depois que a morte levou um de seus entes queridos, descobriu por experiência própria que não sonhamos com o que nos ocupa intensamente durante o dia, ou que começamos a sonhar somente depois que isso é ofuscado por outros interesses do dia. Suas investigações entre outras pessoas confirmaram a universalidade desse estado de coisas. Delage faz uma bela observação desse tipo, se provasse ter validade geral, sobre o sonho de pessoas recém-casadas: *"S'ils ont été fortement épris, presque jamais ils n'ont rêvé l'un de l'autre avant le mariage ou pendant la lune de miel; et s'ils ont rêvé d'amour c'est pour être infidèles avec quelque personne indifférente ou odieuse."**

Mas como é então que se sonha? Delage reconhece que o material que ocorre em nossos sonhos consiste de fragmentos e resquícios de impressões dos dias precedentes e de épocas anteriores. Tudo o que aparece em nossos sonhos, o que a princípio podemos estar inclinados a considerar como criações da vida onírica, revela-se, numa investigação mais completa, como reproduções não reconhecidas, "lembrança inconsciente". Mas esse material de representação mostra uma característica comum; origina-se de impressões que provavelmente afetaram nossos sentidos com mais força do que nossa mente, ou das quais a atenção foi desviada logo após seu surgimento. Quanto menos consciente e, ao mesmo tempo, mais poderosa for a impressão, mais perspectiva tem de desempenhar um papel no sonho seguinte.

---

* Em francês, no original: "Se estiveram profundamente apaixonados, quase nunca sonharam com o outro antes do casamento ou durante a lua de mel; e se sonharam sobre amor, foi para se tornarem infiéis com alguma pessoa indiferente ou odiosa". (N.T.)

Essas são essencialmente as mesmas duas categorias de impressões, as insignificantes e as não ajustadas, que foram enfatizadas por Robert. Delage, no entanto, muda a conexão ao supor que essas impressões se tornam objeto de sonhos, não porque sejam indiferentes, mas porque são desajustadas. As impressões insignificantes também, de certa forma, não são totalmente ajustadas; elas também são, por natureza, como novas impressões *"autant de ressorts tendus"* (outras tantas molas retesadas), que serão relaxadas durante o sono. Ainda mais digna de um papel no sonho do que a impressão fraca e quase despercebida é uma impressão poderosa que foi acidentalmente retida em sua elaboração ou intencionalmente reprimida. A energia psíquica acumulada durante o dia por inibição ou supressão torna-se a mola mestra do sonho noturno.

Infelizmente, Delage interrompe nesse ponto sua linha de pensamento; só consegue atribuir a mínima parte a qualquer atividade psíquica independente no sonho e assim, em sua teoria dos sonhos, se alinha com a doutrina dominante de um sono parcial do cérebro: *"En somme le rêve est le produit de la pensée errante, sans but et sans direction, se fixant successivement sur les souvenirs, qui ont gardé assez d'intensité pour se placer sur sa route et l'arrêter au passage, établissant entre eux un lien tantôt faible et indécis, tantôt plus fort et plus serré, selon que l'activité actuelle du cerveau est plus ou moins abolie par le sommeil."* *

3. Num terceiro grupo, podemos incluir as teorias oníricas que atribuem à mente, no sonho, a capacidade e a propensão para uma atividade psíquica especial, que no estado de vigília não pode realizar de forma alguma ou apenas de maneira imperfeita. Da atividade dessas capacidades resulta geralmente uma função útil do sonho. A maioria dos autores antigos, que tratam do sonho no âmbito da psicologia, se enquadra principalmente nessa cate-

---

* Em francês, no original: "Em suma, o sonho é o produto do pensamento errante, sem objetivo e sem direção, fixando-se sucessivamente nas lembranças, que conservaram suficiente intensidade para se colocar em seu caminho e detê-lo na passagem, estabelecendo entre eles um vínculo ora fraco e indeciso, ora mais forte e cerrado, conforme a atividade cerebral do momento for mais ou menos abolida pelo sono". (N.T.)

goria. Vou me contentar, no entanto, em citar apenas afirmações de Burdach. Segundo ele, o ato de sonhar "é a atividade natural da mente, que não é limitada pela força da individualidade, nem perturbada pela autoconsciência e não é dirigida pela autodeterminação, mas é a própria vitalidade dos centros sensíveis da mente atuando livremente" (p. 486).

Burdach e outros, evidentemente, consideram esse deleite no livre uso dos próprios poderes como um estado em que a mente se revigora e ganha novas forças para o trabalho diurno, algo parecido com um feriado. Burdach, portanto, cita com aprovação as admiráveis palavras com que o poeta Novalis elogia o domínio do sonho: "O sonho é um escudo contra a regularidade e a monotonia da vida, uma livre recreação da acorrentada fantasia, em que mistura todas as imagens da vida e interrompe a permanente seriedade de homens adultos com uma alegre brincadeira de criança. Sem o sonho, certamente envelheceríamos mais cedo e, assim, o sonho pode ser considerado talvez não um presente vindo diretamente do alto, mas uma tarefa deliciosa, um companheiro amigável em nossa peregrinação para o túmulo."

A função revigorante e curativa do sonho é descrita de modo mais impressionante ainda por Purkinje: "Os sonhos produtivos em particular é que desempenham essas funções. São brincadeiras espontâneas da imaginação, que não têm ligação alguma com os acontecimentos do dia. A mente não deseja prolongar a tensão da vida de vigília, mas liberá-la e recuperar-se dela. Produz, em primeiro lugar, condições opostas às do estado de vigília. Cura a tristeza por meio da alegria, a preocupação por meio da esperança e de imagens de animada distração, o ódio por meio do amor e da amizade, e o medo por meio da coragem e da confiança; mitiga a dúvida por meio da convicção e da sólida crença, e as vãs expectativas por meio da realização. Muitas feridas doloridas na mente, que o dia mantém continuamente abertas, são curadas pelo sono que as recobre e as protege de nova excitação. Sobre isso se baseia parcialmente a ação curativa do tempo." Todos nós sentimos que o sono é benéfico para a vida psíquica, e a vaga suposição da consciência popular não pode, evidentemente, ser defraudada da crença de que o sonho é uma das maneiras pelas quais o sono distribui seus benefícios.

A tentativa mais original e de maior alcance para explicar o sonho como uma atividade especial da mente, que pode se manifestar livremente apenas no estado de sono, foi aquela empreendida por Scherner, em 1861. O livro de Scherner, escrito num estilo pesado e bombástico, inspirado por um entusiasmo quase intoxicado pelo assunto, parece nos repelir se não compartilharmos de seu ardor. Esse livro cria tantas dificuldades para uma análise que, de bom grado, recorro à descrição mais clara e breve com que o filósofo Volkelt apresenta as teorias de Scherner: "Das conglomerações místicas e de todas as ondas deslumbrantes e magníficas realmente emana e irradia uma luz sinistra de sentido, mas que não consegue deixar mais claro o caminho de um filósofo." Essa é a crítica à descrição de Scherner, proferida por um de seus discípulos.

Scherner não é daqueles autores que acreditam que a mente continua com suas capacidades intactas na vida onírica. De fato, ele explica como, no sonho, o núcleo central e a energia espontânea do ego são enfraquecidos, como a cognição, o sentimento, a vontade e a imaginação se modificam por meio dessa descentralização, e como nenhum verdadeiro caráter mental, mas apenas a natureza de um mecanismo, faz parte dos resquícios dessas forças psíquicas. Mas, em vez disso, a atividade da mente designada como fantasia, livre de toda dominação racional e, portanto, completamente descontrolada, eleva-se no sonho à supremacia absoluta. Com certeza, a fantasia toma as últimas pedras de construção das lembranças do estado de vigília, mas ergue com elas construções tão diferentes das estruturas do estado de vigília quanto o dia da noite. Mostra-se no sonho não apenas reprodutiva, mas produtiva. Suas peculiaridades conferem à vida onírica seu caráter estranho. Mostra uma preferência pelo ilimitado, pelo exagerado e pelo prodigioso, mas porque, libertada das categorias de pensamento impeditivas, ganha maior flexibilidade e agilidade e novo prazer; é extremamente sensível aos delicados estímulos emocionais da mente e aos afetos agitados, e rapidamente reconstrói a vida interior na clareza plástica exterior. A fantasia onírica carece da linguagem de ideias; o que deseja dizer, deve retratar claramente; e como a ideia age de forma intensa, ela a retrata com a riqueza, a força e a imensidão de sua intervenção. Sua linguagem, por mais simples que seja, se mostra circunstancial, desajeitada e pesada. A clareza da linguagem torna-se especialmente difícil pelo fato de que ela não gosta de representar um objeto por sua imagem, mas prefere uma imagem estranha, se essa puder expressar apenas aquele momento do objeto que deseja descrever. Essa é a atividade simbolizadora da imaginação... Além disso, é de grande importância que a imaginação onírica reproduza objetos não em detalhes, mas apenas em contornos, e mesmo isso da maneira mais ampla. Suas pinturas, portanto, parecem engenhosamente leves e graciosas. A fantasia onírica, no entanto, não se detém na mera representação do objeto, mas é impelida por uma exigência interna a envolver, em maior ou menor grau, o ego onírico com o objeto, e assim produzir uma ação. O sonho visual, por exemplo, retrata moedas de ouro na rua; o sonhador as recolhe, fica contente e as leva consigo.

Segundo Scherner, o material sobre o qual a imaginação onírica exerce sua atividade artística é preponderantemente o dos estímulos sensoriais orgânicos, que são tão obscuros durante o dia; por isso a fantástica teoria de Scherner e as teorias talvez excessivamente sóbrias de Wundt e de outros fisiologistas, embora diametralmente opostas, concordam perfeitamente em sua suposição sobre as fontes oníricas e os incitadores dos sonhos. Mas enquanto, de acordo com a teoria fisiológica, a reação psíquica aos estímulos físicos internos se esgota com o despertar de certas representações adequadas a esses estímulos, essas representações chamam então outras em seu auxílio por meio de associação e, nesse estágio, a cadeia dos processos psíquicos parece chegar ao fim, segundo Scherner; os estímulos físicos não fazem outra coisa do que fornecer à força psíquica um material que ela pode tornar subserviente às suas intenções imaginativas. Para Scherner, a formação do sonho só começa no ponto em que, para os outros autores, termina.

O tratamento dos estímulos físicos pela imaginação onírica certamente não pode ser considerado como se pudesse servir a alguma finalidade. A imaginação pratica com eles um jogo torturante e representa a fonte orgânica que dá origem aos estímulos do sonho correspondente, numa espécie de simbolismo plástico. De fato, Scherner defende a opinião, não compartilhada por Volkelt e outros, de que a imaginação onírica tem certa forma predileta para representar o organismo como um todo; essa representação seria a *casa*. Felizmente, porém, não parece se limitar a esse material em sua representação; também pode, inversamente, empregar toda uma série de casas para designar um único órgão, por exemplo, fileiras muito longas de casas para representar um estímulo intestinal. Em outras ocasiões, partes específicas da casa realmente representam partes específicas do corpo, por exemplo, num sonho com dor de cabeça, o teto da sala (que o sonho vê coberto de aranhas repugnantes semelhantes a répteis) representa a cabeça.

Independentemente do simbolismo da casa, qualquer outro objeto adequado pode ser empregado para a representação dessas partes do corpo que estimula o sonho. "Assim, os pulmões, no ato de respirar, encontram seu símbolo no fogão flamejante com o crepitar das chamas; o coração será representado por caixas e cestos ocos, a bexiga por objetos redondos em forma de saco ou simplesmente ocos. O sonho de excitação sexual de um homem faz com que o sonhador encontre na rua a parte superior de um clarinete, perto também da parte superior de um cachimbo e, logo ao lado, um pedaço de pele de animal. O clarinete e o cachimbo representam a forma aproximada do órgão sexual masculino, ao passo que a pele representa os pelos pubianos. No caso de um sonho de fundo sexual de uma mulher, a rigidez das coxas muito próximas pode ser simbolizada por um pátio estreito cercado de casas, e a vagina por um caminho muito estreito, escorregadio e macio, que atravessa o pátio, pelo qual a sonhadora terá de passar para, talvez, levar uma carta a um cavalheiro" (Volkelt, p. 39). É particularmente digno de nota que, no final de um sonho tão excitante fisicamente, a imaginação, por assim dizer, tira a máscara, revelando abertamente o órgão em questão ou sua função. Assim, o "sonho com um estímulo dos dentes" geralmente termina com o sonhador tirando um dente da boca.

A imaginação onírica pode, no entanto, não só dirigir sua atenção para a forma do órgão estimulante, mas também pode tornar a substância nele contida no objeto da simbolização. Assim, um sonho de estímulo intestinal, por exemplo, pode levar o sonhador por ruas enlameadas, ao passo que um sonho de excitação da bexiga pode conduzir até uma fonte de água borbulhante. Ou o próprio estímulo, a maneira de sua excitação e o objeto que ele cobiça podem ser representados simbolicamente, ou o ego onírico entra numa combinação concreta com a simbolização do próprio estado, por exemplo, no caso de estímulos dolorosos, o sonhador luta desesperadamente com cães ferozes ou touros furiosos, ou ainda, num sonho de fundo sexual, a sonhadora se vê perseguida por um homem nu. Desconsiderando toda a prolixidade possível de elaboração, a atividade simbolizadora da imaginação permanece como a força central de todo sonho. Volkelt, em seu livro, refinada e fervorosamente escrito, tentou em seguida penetrar mais a fundo na natureza dessa imaginação e atribuir à atividade psíquica assim reconhecida, sua posição num sistema de ideias filosóficas, que, no entanto, permanece extremamente difícil de compreender para quem não tem formação acadêmica suficiente para a compreensão dos modos filosóficos de pensar.

Scherner não relaciona nenhuma função útil com a atividade da imaginação simbolizadora nos sonhos. No sonho, a psique se entretém com os estímulos à sua disposição. Pode-se presumir que se entretém de maneira imprópria. Poderíamos também nos perguntar se nosso estudo aprofundado da teoria dos sonhos de Scherner, cuja arbitrariedade e desvio das regras de toda investigação são óbvios demais, pode levar a algum resultado útil. Seria, então, apropriado para nós evitar a rejeição da teoria de Scherner sem exame, dizendo que isso seria por demais arrogante. Essa teoria se fundamenta na impressão causada pelos sonhos num homem que lhes dedicou grande atenção e que parece estar pessoalmente muito bem preparado para pesquisar ocorrências psíquicas obscuras. Além disso, essa teoria trata de um assunto que, por milhares de anos, pareceu misterioso para a humanidade, embora rico em seus conteúdos e relações; e para cuja elucidação, a ciência exata, como ela própria confessa, nada contribuiu além de tentar, em total oposição ao sentimento popular, negar-lhe a substância e o significado. Finalmente, vamos admitir com toda a franqueza que, obviamente, não podemos evitar o fantasioso em nossas tentativas de elucidar o sonho. Existem também células ganglionares fantasiosas; a passagem que citei de um investigador sóbrio e rigoroso como Binz, que descreve como a aurora do despertar penetra na massa de células adormecidas do cérebro, não é inferior em fantasia e improbabilidade às tentativas de interpretação de Scherner. Espero poder demonstrar que há algo de real subjacente a essa última, embora tenha sido observado apenas vagamente e não possua o caráter de universalidade que lhe dê direito à pretensão de uma teoria dos sonhos. Por ora, a teoria dos sonhos de Scherner, em contraste com a teoria médica, talvez nos leve a perceber entre quais extremos a explicação da vida onírica ainda oscila.

(h) RELAÇÕES ENTRE O SONHO E AS DOENÇAS MENTAIS

Ao falarmos da relação do sonho com os distúrbios mentais, podemos pensar em três coisas diferentes: (1) Relações etiológicas e clínicas, como quando um sonho representa ou inicia um estado psicótico ou quando é um remanescente dele; (2) modificações a que está sujeita a vida onírica nas doenças mentais; (3) relações intrínsecas entre o sonho e as psicoses, indicando analogias que revelam íntima proximidade. Essas múltiplas relações entre as duas séries de fenômenos têm sido tema favorito entre autores médicos nos primeiros períodos da ciência médica – e novamente em tempos recentes – como se pode notar com a literatura sobre o assunto coletada por Spitta, Radestock, Maury e Tissié. Sante de Sanctis dirigiu, recentemente, sua atenção para esse relacionamento. Para os propósitos de nossa discussão, bastará apenas tocar de leve nessa importante questão.

No que diz respeito às relações clínicas e etiológicas entre o sonho e as psicoses, relatarei as seguintes observações como paradigmas. Hohnbaum afirma (ver Krauss, p. 39) que o primeiro ataque de insanidade frequentemente se origina num sonho ansioso e aterrorizante e que a ideia dominante está ligada a esse sonho. Sante de Sanctis faz observações semelhantes em paranoicos e declara que o sonho é, em alguns deles, a *"vraie cause déterminante de la folie"*.*

A psicose pode surgir subitamente com o sonho causando e contendo a explicação para os distúrbios mentais, ou pode se desenvolver lentamente através de outros sonhos que ainda precisam lutar contra a dúvida. Num dos casos de De Sanctis, o sonho comovente foi acompanhado por leves ataques histéricos que, por sua vez, foram seguidos por um estado angustiante e melancólico. Féré (citado por Tissié) refere-se a um sonho que causou uma paralisia histérica. Nesses exemplos, os sonhos são apresentados como uma etiologia do distúrbio mental, embora fosse igualmente justo salientar que o distúrbio mental se manifesta pela primeira vez na vida onírica, tendo seu primeiro surto num sonho. Em outros casos, a vida onírica continha os sintomas patológicos ou a psicose se limitava à vida onírica. Assim Thomayer chama a atenção para os sonhos de ansiedade que devem ser considerados como equivalentes a ataques epilépticos. Allison descreveu uma insanidade noturna (citada por Radestock), na qual o paciente parece perfeitamente sadio durante o dia, mas, à noite, aparecem

---

* Em francês, no original: "verdadeira causa determinante da loucura". (N.T.)

regularmente alucinações, acessos de fúria e coisas parecidas. De Sanctis e Tissié relatam observações semelhantes (equivalentes a sonhos paranoicos num alcoólatra, vozes acusando a esposa de infidelidade). Tissié fornece abundantes observações de tempos recentes em que atos de natureza patológica (baseados em delírios, impulsos obsessivos) tiveram sua origem nos sonhos. Guislain descreve um caso em que o sono foi substituído por uma insanidade intermitente.

Não há dúvida alguma de que, juntamente com a psicologia do sonho, o médico, algum dia, terá de dar especial atenção à psicopatologia do sonho.

Em casos de recuperação de doenças mentais, muitas vezes se evidencia com toda a clareza que, embora as funções apresentem um aspecto normal durante o dia, a vida onírica segue ainda sob influência da psicose. Dizem que Gregory (citado por Krauss) foi o primeiro a chamar a atenção para esses casos. Macario (mencionado por Tissié) relata como um paciente maníaco que, uma semana depois de sua completa recuperação, voltou a experimentar em sonhos a fuga de ideias e veementes impulsos de sua doença.

Pesquisas deveras reduzidas foram feitas até agora sobre as modificações que ocorrem na vida onírica em pessoas acometidas de psicoses crônicas. Por outro lado, em tempo oportuno foi chamada a atenção para a íntima relação entre o sonho e o distúrbio mental, relação que se mostra em ampla concordância nas manifestações que ocorrem em ambos. De acordo com Maury, Cubanis, em seu livro *Rapports du physique et du moral,* foi o primeiro a chamar a atenção para isso; depois dele vieram Lelut, J. Moreau e, de modo particular, o filósofo Maine de Biran. Certamente, a comparação remonta a épocas ainda mais antigas. Radestock começa o capítulo que trata dessa comparação, apresentando uma série de citações que mostram a analogia entre o sonho e a loucura. Kant, em algum lugar, diz o seguinte: "O louco é um sonhador em estado de vigília". De acordo com Krauss, "Insanidade é um sonho com os sentidos despertos". Schopenhauer chama o sonho de breve loucura, e a loucura de longo sonho. Hagen descreve o delírio como uma vida onírica que não foi causada pelo sono, mas pela doença. Wundt, em *Physiological Psychology*, escreve: "Na verdade, podemos experimentar no sonho quase todos os sintomas que encontramos nos manicômios."

Spitta enumera as concordâncias específicas que são a base para a compreensão dessa identificação. E, na verdade, de forma muito similar, por Maury nos seguintes pontos: "(1) Suspensão ou pelo menos retardamento da autoconsciência, com a consequente falta de compreensão da condição como tal e, portanto, incapacidade de sentir surpresa e falta de consciência moral. (2) Percepção modificada dos órgãos sensoriais; isto é, a percepção é reduzida no sonho e geralmente aumentada na loucura. (3) Combinação de representações entre si, exclusivamente de acordo com as leis de associação e de reprodução, decorrendo disso a formação automática de grupos, resultando desproporção nas relações entre as representações (exageros, ilusões). E como resultado de tudo isso: (4) Alteração ou transformação da personalidade e, às vezes, das peculiaridades do caráter (perversidades)."

Radestock acrescenta mais algumas características ou analogias no material: "Grande parte das alucinações e ilusões são encontradas na esfera dos sentidos da visão e da audição e das sensações em geral. Como nos sonhos, o menor número de elementos é fornecido pelos sentidos do olfato e do paladar. O doente febril, como o sonhador, é assaltado por reminiscências do passado remoto; o que o homem desperto e saudável parece ter esquecido é lembrado no sono e na doença." A analogia entre o sonho e a psicose só é plenamente avaliada quando, como uma semelhança de família, se estende à mímica mais sutil e às características individuais da expressão facial.

"O indivíduo que é atormentado por sofrimentos físicos e mentais, o sonho lhe concede o que lhe foi negado pela realidade, a saber, o bem-estar físico e a felicidade; assim também os doentes mentais veem imagens brilhantes de felicidade, de grandeza, de sublimidade e de riqueza. A suposta posse de propriedades e a realização imaginária de desejos, cuja negação ou destruição acaba de servir de causa psíquica da loucura, muitas vezes constituem o conteúdo principal do delírio. A mulher que perdeu um filho amado, em seu delírio experimenta alegrias maternais; o homem que sofreu reveses da fortuna se considera imensamente rico; e a menina rejeitada se imagina na beatitude de terno amor."

Essa passagem de Radestock é um resumo de uma aguçada observação de Griesinger (p. 111) e revela com a maior clareza a realização do desejo como uma característica da imaginação, comum ao sonho e à psicose. (Minhas investigações me ensinaram que aqui está a chave para uma teoria psicológica do sonho e da psicose.)

"Combinações absurdas de ideias e fraqueza de julgamento são as principais características do sonho e da loucura." A supervalorização da própria capacidade mental, que parece absurda ao julgamento sóbrio, encontra-se tanto num como no outro, e a rápida sequência das representações no sonho corresponde à fuga das ideias na psicose. Ambos são desprovidos de qualquer medida de tempo. A dissociação da personalidade no sonho que, por exemplo, distribui o próprio conhecimento entre duas pessoas, uma das quais, a estranha, corrige no sonho o próprio ego, corresponde plenamente à conhecida cisão da personalidade na paranoia alucinatória; também o sonhador ouve os próprios pensamentos proferidos por vozes estranhas. Mesmo os delírios constantes encontram sua analogia nos sonhos patológicos estereotipados recorrentes (*rêve obsédant* – sonho obsessivo). Depois da recuperação de um delírio, os pacientes não raramente declaram que a doença lhes parecia um sonho incômodo; na verdade, eles nos informam que ocasionalmente, mesmo durante a doença, sentiram que estavam apenas sonhando, assim como acontece com frequência nos sonhos que ocorrem durante o sono.

Considerando tudo isso, não é de surpreender que Radestock (p. 228) condense sua própria opinião e a de muitos outros no seguinte: "A loucura, um fenômeno anormal de doença, deve ser encarada como uma intensificação do estado normal, periodicamente recorrente, do ato de sonhar."

Krauss tentou basear a relação entre o sonho e a loucura na etiologia (ou melhor, nas fontes de excitação), talvez tornando a relação ainda mais íntima do que era possível pela analogia dos fenômenos que manifestam. Segundo ele, o elemento fundamental comum a ambos é, como já vimos, a sensação organicamente determinada, a sensação derivada dos estímulos físicos, a sensação geral produzida pelas contribuições de todos os órgãos. Cf. Peise, citado por Maury (p. 60).

A incontestável concordância entre o sonho e a perturbação mental, que se estende a detalhes característicos, constitui um dos mais poderosos suportes da teoria médica da vida onírica, segundo a qual o sonho é representado como um processo inútil e perturbador e como expressão de uma reduzida atividade psíquica. Não se pode esperar, no entanto, derivar a explicação final do sonho dos distúrbios mentais, uma vez que geralmente se reconhece o estado insatisfatório de nossos conhecimentos sobre a origem desses últimos. É muito provável, contudo, que uma modificação da ideia que fazemos do sonho deva também influenciar nossas pontos de vista com respeito ao mecanismo interno dos distúrbios mentais e, portanto, podemos dizer que estamos empenhados na elucidação da psicose quando nos esforçamos em esclarecer o mistério do sonho.

Terei de me justificar por não estender meu resumo da literatura que trata dos problemas do sonho, no período entre a primeira e a segunda edição deste livro. Se essa justificativa pode não parecer muito satisfatória para o leitor, fui, no entanto, influenciado por ela. Os motivos que me induziram, de modo particular, a resumir o tratamento dado ao sonho na literatura esgotaram-se com o que foi apresentado até aqui; ter continuado com esse trabalho teria me custado um esforço extraordinário e teria proporcionado pouca vantagem ou conhecimento, pois o período de nove anos, que separa a primeira da segunda edição, não produziu nada de novo ou valioso, seja em material real que enriquecesse a concepção do sonho, seja em diferentes pontos de vista a respeito. Na maioria das publicações que surgiram desde então, meu trabalho não mereceu menção nem consideração; naturalmente, menos atenção tem sido dada a ele pelos chamados "pesquisadores de sonhos", que assim forneceram um esplêndido exemplo da aversão característica dos cientistas a aprender algo novo. *"Les savants ne sont pas curieux"* *, disse o zombeteiro Anatole France. Se houvesse algo na ciência como o direito à vingança, eu, por minha vez, deveria estar justificado em ignorar a literatura publicada desde o lançamento deste livro. Os poucos relatos que apareceram em revistas científicas estão tão cheios de tolices e equívocos que minha única resposta possível a meus críticos seria pedir-lhes que lessem este livro novamente. Talvez também o pedido de que o leiam como um todo.

Nas obras dos médicos que fazem uso do método psicanalítico de tratamento (Jung, Abraham, Riklin, Muthmann, Stekel, Rank e outros), uma abundância de sonhos foi relatada e interpretada de acordo com minhas instruções. Na medida em que esses trabalhos vão além da confirmação de minhas afirmações, anotei seus resultados no contexto de minha discussão. Um suplemento ao índice literário no final deste livro reúne as mais importantes dessas novas publicações. O volumoso livro sobre os sonhos de Sante de Sanctis, do qual uma tradução alemã apareceu logo depois de sua publicação, cruzou-se, por assim dizer, com o meu, de modo que não pude tecer consistentes comentários a respeito da obra dele como tampouco ele o pôde fazer com relação à minha. Infelizmente, cumpre-me ressaltar somente que o laborioso trabalho dele é, à primeira vista, excessivamente pobre em ideias, tão pobre que nunca se poderia adivinhar a existência dos problemas por mim tratados.

Finalmente, devo mencionar duas publicações que mostram uma relação bastante próxima com minha abordagem dos

---
* Em francês, no original: "Os sábios não são curiosos". (N.T.)

problemas dos sonhos. Um jovem filósofo, H. Swoboda, que empreendeu a tarefa de estender a descoberta da periodicidade biológica de W. Fliesse (em períodos de 23 e de 28 dias) ao campo psíquico, produziu um trabalho imaginativo[16], no qual, entre outras coisas, ele usou essa chave para resolver o enigma do sonho. Ao que parece, ele não dá a devida relevância à interpretação dos sonhos. O material contido nos sonhos seria explicado pela coincidência de todas aquelas lembranças que, durante a noite, completam pela primeira ou pela enésima vez um dos períodos biológicos. Uma declaração pessoal do autor me levou a supor que ele mesmo não desejava mais defender essa teoria com seriedade. Mas parece que me enganei a respeito; vou relatar em outro local algumas observações relativas à afirmação de Swoboda, mas que não me levaram, contudo, a conclusões que me convencessem. Deu-me um prazer muito maior encontrar acidentalmente, num lugar inesperado, uma concepção do sonho que, em essência, concorda plenamente com a minha. As circunstâncias do tempo excluem a possibilidade de que essa concepção tenha sido influenciada pela leitura de meu livro; devo, portanto, saudá-la como a única coincidência demonstrável na literatura com a essência de minha teoria dos sonhos. O livro que contém o trecho, que tenho em mente, sobre o sonho foi publicado, em segunda edição em 1900, por Lynkus, com o título *Phantasien eines Realisten*.

CAPÍTULO II

MÉTODO DE INTERPRETAÇÃO DOS SONHOS
– A ANÁLISE DE UM SONHO DE AMOSTRA

O título que dei a meu tratado indica que tipo de abordagem tradicional estou propenso a seguir na discussão da problemática dos sonhos. A meta que estabeleci para mim mesmo é demonstrar que os sonhos são passíveis de interpretação e que as contribuições para a solução dos problemas oníricos que acabamos de tratar só podem ser tomadas como possíveis subprodutos da solução que me proponho apresentar. Com a hipótese de que os sonhos são interpretáveis, entro imediatamente em contradição com a teoria predominante sobre os sonhos; na verdade, com todas as teorias dos sonhos, exceto a de Scherner, pois "interpretar um sonho" significa conferir-lhe um significado, substituí-lo por algo que ocupa seu lugar na concatenação de nossas atividades psíquicas como um elo de plena importância e valor. Mas, como vimos, as teorias científicas dos sonhos não deixam margem a nenhum problema com a interpretação dos mesmos, pois, em primeiro lugar, de acordo com essas teorias, o sonho não é um ato psíquico, mas um processo somático que se dá a conhecer ao aparelho psíquico por meio de sinais. A opinião das pessoas em geral tem sido bem diferente. Defende seu privilégio de proceder de modo ilógico e, embora admita que o sonho é incompreensível e absurdo, não consegue se resolver a negar a ele qualquer significado que seja. Levada por uma intuição obscura, parece assumir, pelo contrário, que o sonho tem realmente um significado, embora oculto, que o sonho se destina a substituir algum outro processo de pensamento e que basta somente desvendar esse elemento substitutivo corretamente para chegar ao significado oculto do sonho.

Os leigos, portanto, sempre se empenharam em "interpretar" os sonhos e, ao fazê-lo, tentaram dois métodos essencialmente diferentes. O primeiro desses procedimentos considera o conteúdo do sonho como um todo e procura substituí-lo por outro conteúdo que seja inteligível e, em certos aspectos, análogo. Essa é a interpretação simbólica dos sonhos; naturalmente, cai por terra de imediato quando se trata daqueles sonhos que parecem não apenas ininteligíveis, mas confusos. A explicação que José do Egito dá para o sonho do Faraó é um exemplo típico desse método de interpretação. As sete vacas gordas, seguidas das sete vacas magras, que devoram as primeiras, fornecem um substituto simbólico para a previsão de sete anos de fome na terra do Egito, que haveria de consumir todo o excesso dos sete anos de fartura. A maioria dos sonhos artificiais elaborados pelos poetas se destina a essa interpretação simbólica, pois reproduzem o pensamento do poeta sob um disfarce que parece se harmonizar com as características de nossos sonhos, como as conhecemos por experiência[17]. A ideia de que os sonhos se relacionam principalmente com eventos futuros, cujo curso supõem prevê-lo – um resquício do significado profético que antigamente era creditado aos sonhos –, agora se torna o motivo para transpor o significado do sonho, encontrado por meio de interpretação simbólica, para tempos futuros. É claro que não é possível dar indicações sobre o meio pelo qual se pode chegar a semelhante interpretação simbólica. O sucesso continua sendo uma questão de conjetura engenhosa, de intuição direta e por essa razão a interpretação dos sonhos foi naturalmente elevada a uma arte, que parece depender de dons extraordinários[18].

O segundo dos dois métodos populares de interpretação dos sonhos abandona totalmente essas reivindicações. Pode ser designado como o "método da decifração", pois trata o sonho como uma espécie de código secreto, em que cada signo é traduzido por outro signo de significado conhecido, de acordo com uma chave estabelecida. Por exemplo, vamos supor que sonhei com uma carta e também com um funeral ou algo parecido. Se consultar um "livro dos sonhos", descubro que "carta" deve ser traduzida por "aflição" e "funeral" por "casamento, noivado". Resta agora estabelecer uma conexão, que mais uma vez devo assumir como pertencente ao futuro, por meio das palavras-chave que decifrei. Uma variação interessante desse procedimento de decifração, variação pela qual seu caráter de transferência puramente mecânica é até certo ponto corrigido, é apresentada no trabalho sobre interpretação dos sonhos de Artemidoro de Daldis. Esse método leva em consideração não apenas o conteúdo do sonho, mas também a personalidade e a situação concreta da vida daquele que sonha, de modo que o mesmo conteúdo do sonho tem um significado para o homem rico, para o homem casado ou para o orador, que é diferente daquele que poderia ter para o homem pobre, para o homem solteiro, ou, digamos, para o comerciante. O essencial, portanto, nesse método é que o trabalho de interpretação não é aplicado ao sonho em sua totalidade, mas a cada parcela independente do conteúdo onírico, como se o sonho fosse um conglomerado, em que cada fragmento exigisse uma análise própria e específica. Sonhos incoerentes e confusos certamente são os responsáveis pela invenção do método de decifração[19].

Não se pode questionar por um momento sequer a inutilidade de ambos os métodos de interpretação popular numa abordagem científica do assunto. O método simbólico é limitado em sua aplicação e não é suscetível de qualquer demonstração, mesmo em linhas gerais. No método de decifração, tudo depende da confiabilidade da chave, do livro dos sonhos, e quanto a isso não há garantia alguma. Poderíamos sentir-nos tentados a aceitar a alegação dos filósofos e psiquiatras e descartar o problema da interpretação dos sonhos como algo simplesmente fantasioso.

Mas eu cheguei, no entanto, a pensar de modo diferente. Fui obrigado a admitir que aqui, mais uma vez, temos um daqueles casos não raros em que uma crença popular antiga e teimosamente mantida parece ter se aproximado mais da verdade do assunto do que o julgamento da ciência que prevalece hoje. Devo insistir que o sonho tem realmente significado e que é possível ter um método científico para sua interpretação. Cheguei ao conhecimento desse método da seguinte maneira:

Há vários anos que tenho me ocupado com a solução de certas estruturas psicopatológicas em fobias histéricas, ideias compulsivas e similares, para fins terapêuticos. Estive empenhado nisso desde que tomei conhecimento de uma importante comunicação de Joseph Breuer no sentido de que nessas estruturas, consideradas como sintomas mórbidos, solução e tratamento andam de mãos dadas[20]. Quando foi possível rastrear semelhante ideia patológica até os elementos da vida psíquica do paciente, dos quais se originou, essa ideia se desintegrou e o paciente ficou livre dela. Em vista do fracasso de nossos outros esforços terapêuticos e diante da natureza misteriosa desses distúrbios, parece-me tentador, apesar de todas as dificuldades, prosseguir no caminho trilhado por Breuer até que o assunto seja totalmente compreendido. Em outro local, terei de elaborar um relatório detalhado sobre a forma que a técnica desse procedimento acabou por assumir e os resultados finais de meus esforços. No decorrer desses estudos psicanalíticos, me deparei com a interpretação de sonhos. Meus pacientes, depois que os obriguei a me informar de todas as ideias e pensamentos que lhes sobreviessem com relação a um tema específico, relatavam seus sonhos e assim me ensinaram que um sonho pode estar ligado à concatenação psíquica que deve ser seguida de modo retrospectivo na memória, tomando como ponto de partida a ideia patológica. O passo seguinte foi o de tratar o sonho como um sintoma e aplicar a ele o método de interpretação que havia sido elaborado para esses sintomas.

Para isso é necessária certa preparação psíquica do paciente. Um duplo esforço é exigido dele, a fim de estimular sua atenção para suas percepções psíquicas e para eliminar a crítica com a qual ele costuma ver os pensamentos que lhe ocorrem. Para fins de auto-observação com atenção concentrada, é conveniente que o paciente se ponha numa posição de repouso e feche os olhos; deve-se insistir, de modo explícito, que renuncie a qualquer crítica dos pensamentos que perceber. Deve-se dizer-lhe ainda que o sucesso da psicanálise depende de ele perceber e contar tudo o que se passa em sua mente e que não deve se permitir suprimir uma ideia porque lhe parece sem importância ou irrelevante, ou porque lhe pareça sem sentido. Deve manter a imparcialidade em relação a suas ideias; pois seria justamente por causa dessa atitude crítica que ele não haveria de conseguir encontrar a solução desejada para o sonho, para a obsessão ou para qualquer coisa similar.

Percebi, no decorrer de meu trabalho psicanalítico, que o estado de espírito de um homem em atitude de reflexão é inteiramente diferente daquele de um homem que observa seus processos psíquicos. Na reflexão, há um envolvimento maior da atividade psíquica do que na auto-observação mais atenta; isso também é demonstrado pela atitude tensa e pela testa enrugada da pessoa em reflexão, em contraste com as feições repousadas daquela que se observa. Em ambos os casos, deve haver atenta concentração, mas, além disso, na reflexão, a pessoa exerce uma crítica, em consequência da qual rejeita algumas das ideias que teve e cerceia outras, de modo que não segue a linha de pensamento que elas lhe abririam; em relação a outros pensamentos, pode agir de tal maneira que não se tornem conscientes, isto é, são suprimidos antes de serem percebidos. Na auto-observação, por outro lado, basta dar-se ao trabalho de suprimir a crítica; se a pessoa conseguir isso, vem à sua consciência um número ilimitado de ideias, que de outra forma lhe seria impossível de captar. Com a ajuda desse material, recém-obtido para fins de auto-observação, pode-se realizar a interpretação de ideias patológicas, bem como de imagens oníricas. Como se pode ver, trata-se de provocar um estado psíquico até certo ponto análogo, no que diz respeito à distribuição de energia psíquica (atenção transferível), ao estado anterior ao adormecimento (e, de fato, também ao estado hipnótico). Ao adormecer, as "ideias indesejadas" ganham proeminência em razão do afrouxamento de certa ação arbitrária (e certamente também crítica), que deixamos influenciar o curso de nossas ideias; estamos acostumados a atribuir esse afrouxamento à "fadiga"; as ideias indesejadas que emergem se transformam em imagens visuais e acústicas. (Cf. as observações de Schleiermacher, p. 40, e de outros) Na condição usada para a análise de sonhos e de ideias patológicas, o paciente dispensa, de forma proposital e arbitrária, essa atividade e utiliza a energia psíquica assim poupada, ou parte dela, para acompanhar atentamente os pensamentos indesejados que então emergem e que conservam sua identidade como ideias (essa é a diferença da situação de estar adormecido). Desse modo, as "ideias indesejadas" são transformadas em "desejadas".

A suspensão assim exigida da crítica com relação a essas ideias que parecem "surgir espontaneamente", suspensão que é necessária e que geralmente atua contra elas, não parece nada fácil para algumas pessoas. As "ideias indesejadas" costumam deflagrar uma resistência extremamente violenta, que procura impedir que venham à tona. Mas se podemos dar crédito a nosso grande poeta e filósofo Friedrich Schiller, uma atitude muito semelhante deve ser a condição da criação poética. Num trecho de sua correspondência com Koerner, cuja nota devemos ao senhor Otto Rank, Schiller responde a um amigo que se queixa de sua falta de criatividade com as seguintes palavras: "O motivo de sua queixa reside, ao que me parece, na restrição que sua inteligência impõe à sua imaginação. Devo aqui fazer uma observação e ilustrá-la com uma alegoria. Não parece benéfico, e é prejudicial para o trabalho criativo da mente, que a inteligência inspecione com muito rigor as ideias que já estão afluindo, por assim dizer, à porta. Considerada em si mesma, uma ideia pode ser muito trivial e absurda, mas talvez se torne importante em razão daqui vem a seguir; e talvez em certa concatenação com outras, que podem parecer igualmente absurdas, passe a formar um conjunto muito útil. A inteligência não pode julgar todas essas coisas se não as retiver firmemente e por tempo suficiente para vê-las em conexão com as outras. No caso de uma mente criativa, no entanto, a inteligência retirou seus vigias da soleira da porta e as ideias entram desordenadamente; só então é que ela inspeciona o grande amontoado e o examina criticamente. Senhores críticos, ou como quer que se chamem, vocês têm vergonha ou medo da loucura momentânea e transitória que se encontra em todas as mentes criativas, e cuja duração mais ou menos longa distingue o artista pensante do sonhador. Daí suas queixas sobre a esterilidade, pois vocês rejeitam cedo demais e discriminam com exagerado rigor" (Carta de 1º de dezembro de 1788).

E, no entanto, "essa retirada dos vigias da porta da inteligência", como Schiller a chama, essa mudança para a condição de auto-observação acrítica não é de modo algum difícil.

A maioria de meus pacientes a realiza após as primeiras instruções. Eu mesmo posso fazê-lo perfeitamente, se ajudar a operação anotando minhas ideias. O volume, em termos de energia psíquica, em que é possível reduzir dessa maneira a atividade crítica e aumentar a intensidade da auto-observação, varia amplamente conforme o assunto sobre o qual se fixar a atenção.

O primeiro passo na aplicação desse procedimento nos ensina que podem ser objeto de nossa atenção não o sonho como um todo, mas apenas as partes de seu conteúdo, em separado. Se eu perguntar a um paciente ainda inexperiente: "O que é que lhe ocorre em relação a esse sonho?", como regra, ele é incapaz de se fixar em qualquer coisa em seu campo de visão psíquico. Devo apresentar-lhe o sonho pedaço por pedaço, então para cada fragmento ele me dá uma série de associações, que podem ser designadas como os "pensamentos de fundo" dessa parte do sonho. Nesse primeiro e importante aspecto, o método de interpretação dos sonhos que utilizo evita o método popular e tradicional de interpretação por meio do simbolismo, famoso nas lendas, e se aproxima do segundo, o "método da decifração". Como este, é uma interpretação em detalhes, não em massa; como este, trata o sonho desde o início como algo montado – como um conglomerado de imagens psíquicas.

No decorrer de minhas psicanálises de neuróticos, acredito ter analisado milhares de sonhos, mas não desejo usar esse material na introdução à técnica e à teoria da interpretação dos sonhos. Independentemente da consideração de que eu deveria me expor à objeção de que se trata de sonhos de neuropatas, cujas conclusões não admitem reaplicação aos sonhos de pessoas saudáveis, outra razão me obriga a rejeitá-los. O tema que naturalmente é sempre a origem desses sonhos é a história da doença, que é responsável pela neurose. Para esse fim, seria necessária uma introdução muito longa e uma investigação sobre a natureza e as condições lógicas das psiconeuroses, coisas que são em si mesmas novas e ainda profundamente desconhecidas, e assim desviariam a atenção do problema dos sonhos. Meu propósito se direciona muito mais no sentido de preparar o terreno para resolver problemas difíceis na psicologia das neuroses, por meio da elucidação dos sonhos. Mas se eu eliminar os sonhos dos neuróticos, não devo tratar o restante com demasiada discriminação. Restam apenas aqueles sonhos que ocasionalmente me foram relatados por pessoas saudáveis e conhecidas ou aqueles citados como exemplos na literatura da vida onírica. Infelizmente, em todos esses sonhos falta a análise, sem a qual não consigo encontrar o significado do sonho. Meu método, é claro, não é tão fácil quanto o método popular de decifração, que traduz o conteúdo do sonho de acordo com uma chave fixa. Estou mais preparado para descobrir que o mesmo sonho pode ter um significado diferente quando ocorre em pessoas diferentes e em contexto diverso. Em decorrência disso, devo recorrer aos meus sonhos, que me oferecem um material abundante e conveniente, proveniente de uma pessoa relativamente normal e que tem, como referência, muitos incidentes da vida cotidiana. Certamente ficarei com dúvidas quanto à confiabilidade dessas "autoanálises". E estas, em princípio, não estão isentas de conclusões arbitrárias. A meu ver, é mais provável que as condições sejam mais favoráveis na auto-observação do que na observação dos outros; em todo caso, é possível verificar até que ponto a autoanálise nos auxilia na interpretação dos sonhos. Devo superar outras dificuldades que surgem dentro de mim mesmo. Existe em todos certa aversão facilmente compreensível a expor tantas coisas íntimas da própria vida psíquica e ninguém se sente a salvo da interpretação errônea por parte de estranhos. Mas é preciso ter coragem para superar esses empecilhos. *"Tout psychologiste,"* escreve Delbœuf, *"est obligé de faire l'aveu même de ses faiblesses s'il croit par là jeter du jour sur quelque problème obscure."** E posso presumir que, no caso do leitor, o interesse imediato pelas indiscrições que devo cometer logo dará lugar a um peculiar mergulho nos problemas psicológicos sobre os quais elas lançam luz.

Vou, portanto, selecionar um de meus sonhos e usá-lo para elucidar meu método de interpretação. Cada sonho necessita de uma proposição preliminar. E agora devo pedir ao leitor que faça de meus interesses os seus por um período bastante longo

---

* Em francês, no original: "Todo psicólogo é obrigado a confessar até mesmo suas fraquezas, se acredita que com isso lança luz sobre algum problema obscuro."

e mergulhe comigo nos detalhes mais insignificantes de minha vida, pois um interesse pelo significado oculto dos sonhos exige obrigatoriamente essa transferência.

Fatos preliminares: No verão de 1895, eu havia tratado, valendo-me da psicanálise, uma jovem muito amiga minha e daqueles que me eram próximos. Não é difícil de compreender que esse tipo de relações pode ser fonte de múltiplos sentimentos para o médico, especialmente para o psicoterapeuta. O interesse pessoal do médico é maior, sua autoridade é menor. Uma falha ameaça minar a amizade com os parentes da paciente. A cura terminou com êxito parcial, a paciente se livrou de seu medo histérico, mas não de todos os seus sintomas somáticos. Naquela época eu ainda não tinha certeza dos critérios indicativos de uma cura total de um caso de histeria e esperava que ela aceitasse uma solução que não parecia propensa a aceitar. Nesse desacordo, abreviamos o tratamento por causa das férias de verão. Um dia, um colega mais jovem, um de meus melhores amigos, que havia visitado a paciente – Irma – e sua família na casa de campo dela, veio me ver. Perguntei-lhe como a encontrou e recebi a resposta: "Está melhor, mas não totalmente bem." Percebi que aquelas palavras de meu amigo Otto ou o tom de voz com que as proferiu, me deixaram irritado. Pensei ter ouvido uma recriminação naquelas palavras, talvez no sentido de que eu havia prometido demais à paciente, e com ou sem razão atribuí o suposto partido que Otto tomara contra mim à influência dos parentes da paciente que, suponho, nunca haviam aprovado o tratamento ministrado por mim. Além disso, minha impressão desagradável não se tornou clara para mim, nem me dispus a externá-la. Na mesma noite, redigi a história do caso de Irma, para entregá-la, como se fosse para me justificar, ao dr. M., um amigo comum, que na época era uma figura de destaque em nosso círculo. Durante a noite seguinte (talvez, mais provavelmente, pela manhã seguinte) tive esse sonho, que anotei imediatamente depois de acordar:

Sonho de 23 a 24 de julho de 1895

Um grande salão – muitos convidados que estamos recebendo – entre eles Irma, que imediatamente a puxo de lado, como se fosse responder sua carta, para repreendê-la por não ter aceitado ainda a "solução". Digo-lhe: "Se você ainda sente dores, é realmente apenas culpa sua." Ela responde: "Se você soubesse que dores sinto agora na garganta, no estômago e no abdômen; estou me sufocando." Fico assustado e olho para ela. Parece pálida e inchada. Acho que, afinal, devo estar deixando de notar algum distúrbio orgânico. Levo-a até a janela e examino sua garganta. Ela mostra alguma resistência a isso, como uma mulher que usa dentadura. Acho que ela não precisa, de forma alguma, de dentadura. Então ela abre a boca sem dificuldade e vejo uma grande mancha branca à direita e, em outro lugar, vejo extensas crostas branco-acinzentadas, presas a curiosas formações onduladas, que obviamente foram formadas como o osso turbinado – chamo rapidamente o dr. M., que repete o exame e o confirma... A aparência do dr. M. é totalmente incomum; está muito pálido, manca e não tem barba no queixo... Meu amigo Otto também está de pé ao lado dela e meu amigo Leopold ausculta o pequeno corpo dela e diz: "Ela tem um pouco de embotamento na parte inferior esquerda", e também chama a atenção para uma porção infiltrada da pele do ombro esquerdo (algo que percebo como ele, apesar do vestido)... M. diz: "Sem dúvida é uma infecção, mas não importa; deverá ter também disenteria e o veneno será excretado... Tomamos também conhecimento imediato da origem da infecção. Meu amigo Otto aplicou nela recentemente uma injeção com uma preparação de propilo quando ela se sentiu doente, propilo... ácido propiônico... trimetilamina (cuja fórmula vejo impressa diante de mim em vistosos caracteres)... Injeções como essas não devem ser aplicadas tão precipitadamente... Provavelmente também a seringa não estava limpa."

Esse sonho tem uma vantagem sobre muitos outros. Fica imediatamente claro com quais eventos do dia anterior está conectado e de que assunto trata. Os fatos preliminares fornecem informações sobre esses pontos. A notícia sobre a saúde de Irma que recebi de Otto, a história da doença sobre a qual escrevi até tarde da noite ocuparam minha atividade psíquica mesmo durante o sono. Apesar de tudo isso, ninguém que tivesse lido os fatos preliminares e tivesse conhecimento do conteúdo do sonho teria sido capaz de adivinhar o que o sonho significava. Nem eu tinha a menor ideia. Fiquei perplexo com os sintomas de que Irma se queixa no sonho, pois não são os mesmos pelos quais eu a tratei. Sorri com a consulta do dr. M. Sorri com a ideia absurda de uma injeção de ácido propiônico e com a tentativa de consolo por parte do dr. M. No final, o sonho parece mais obscuro e mais conciso do que no início. Para descobrir o significado de tudo isso, senti-me compelido a realizar uma análise completa.

ANÁLISE

O salão... muitos convidados que estamos recebendo.

Estávamos passando esse verão em Bellevue, numa casa isolada numa das colinas perto de Kahlenberg. Essa casa já fora projetada como um local de entretenimento e por isso tem quartos incomumente altos, semelhantes a salões. O sonho também ocorreu em Bellevue, poucos dias antes do aniversário de minha esposa. Durante o dia, minha esposa havia manifestado a expectativa de que vários amigos, entre eles Irma, viessem nos visitar no dia do aniversário dela. Meu sonho, portanto, antecipa essa situação: é aniversário de minha esposa e muitas pessoas, entre elas Irma, são recebidas por nós como hóspedes no grande salão de Bellevue.

Eu recrimino Irma por não ter aceitado minha solução e digo: "Se você ainda sente dores, a culpa é sua."

Eu poderia ter dito isso também, ou o tenha realmente dito, enquanto estava acordado. Naquela época, eu tinha a opinião (mais tarde a reconheci como incorreta) que minha tarefa se limitava a informar os pacientes sobre o sentido oculto de seus sintomas. Não me considerava responsável, se eles aceitavam ou não a solução que lhes apresentava e da qual dependia o sucesso. Devo a esse erro, que felizmente já corrigi, ter me facilitado a vida numa época em que, com toda a minha inevitável ignorância, devia produzir curas bem-sucedidas. Mas vejo nas palavras que dirijo a Irma no sonho que, acima de tudo, não quero ser responsabilizado pelas dores que ela ainda sente. Se é culpa de Irma, não pode ser minha. Será que a finalidade do sonho deveria ser encaixada nesse contexto?

As queixas de Irma; dores na garganta, no abdômen e no estômago; ela está se sufocando.

As dores de estômago estavam entre o conjunto de sintomas de minha paciente, mas não eram muito relevantes; queixava-se mais de sensações de náusea e de desgosto. As dores no pescoço e no abdômen e a constrição da garganta não representavam quase nada em seu caso clínico. Eu me pergunto por que me decidi pela escolha desses sintomas no sonho, mas de momento não consigo encontrar uma explicação para isso.

Ela parece pálida e inchada.

Minha paciente sempre fora bem corada. Suspeito que ela estava substituindo outra pessoa.

Fico perplexo com a ideia de que não devo ter percebido alguma afecção orgânica.

Esse, como o leitor pode muito bem acreditar, é um medo constante do especialista, que atende quase exclusivamente a pacientes neuróticos e que tem o hábito de atribuir à histeria muitos sintomas que outros médicos tratam como orgânicos. Por outro lado, sinto-me invadido por uma leve dúvida – vinda não sei de onde – de que meu receio não é totalmente autêntico. Se as dores de Irma são realmente de origem orgânica, não sou obrigado a curá-las. Meu tratamento, é claro, remove apenas dores histéricas. Parece-me, de fato, que desejo encontrar um erro no diagnóstico; nesse caso, a censura de não ter sucesso seria removida.

Levo-a até a janela para lhe examinar a garganta. Ela resiste um pouco, como uma mulher que usa dentadura. Acho que ela não precisa, de forma alguma, dessa dentadura.

Nunca tive oportunidade de examinar a cavidade bucal de

Irma. O incidente do sonho me lembra um exame, feito algum tempo antes, de uma governanta que, a princípio, dava uma impressão de beleza juvenil, mas que, ao abrir a boca, tomou certas medidas para esconder seus dentes. Outras lembranças de exames médicos e de pequenos segredos que são descobertos por eles, desagradavelmente tanto para o examinador quanto para o examinado, se relacionam com esse caso. "Ela não precisa, de forma alguma, da dentadura" é, a princípio, talvez um elogio a Irma; mas suspeito de que pudesse ter um significado diferente. Numa análise cuidadosa, tem-se a sensação de ter ou não esgotado todos os "pensamentos subjacentes", que era de se esperar. A maneira como Irma fica junto da janela me relembra, de repente, outra experiência. Irma tem uma amiga íntima, por quem nutro grande estima. Certa noite, ao visitá-la, encontrei-a junto à janela, na posição reproduzida pelo sonho, e seu médico, o mesmo dr. M., disse que ela tinha uma membrana diftérica. A figura do dr. M. e a membrana retornam no decorrer do sonho. Agora me ocorre que, durante os últimos meses, tive todos os motivos para supor que essa senhora também era histérica. Sim, a própria Irma, sem querer, me deixou a par disso. Mas o que é que eu sei do estado de saúde dela? Apenas uma coisa, que, como Irma, sofre de sufocação histérica nos sonhos. Assim, nesse sonho, substituí minha paciente por sua amiga. Agora me lembro de que muitas vezes passei o tempo na expectativa de que essa senhora também pudesse me pedir para aliviá-la de seus sintomas. Mas mesmo na época eu achava isso improvável, pois ela é de natureza muito reservada. Mostra-se *resistente*, como aparece no sonho. Outra explicação pode ser que *ela não precisava disso*; na verdade, até agora ela se mostrou bastante forte para controlar seu estado sem ajuda externa. Restam ainda apenas algumas características, que não posso atribuir nem a Irma nem à sua amiga: *pálida, inchada, dentadura*. A dentadura me leva à governanta. Sinto-me agora inclinado a me contentar com dentes estragados. Então me recordo de outra pessoa, a quem essas características podem aludir. Ela não é minha paciente e eu não quero que ela o seja, pois notei que não fica à vontade comigo, e não a considero uma paciente dócil. É geralmente pálida e certa vez, quando estava particularmente bem de saúde, estava inchada[21]. Comparei, portanto, minha paciente Irma com duas outras, que também resistiriam ao tratamento. Que significado pode esconder o fato de eu a ter trocado por sua amiga, no sonho? Talvez porque eu desejo trocá-la; ou talvez porque a outra desperta em mim maior simpatia ou porque tenho uma opinião mais elevada de sua inteligência, visto que considero Irma tola por não aceitar minha solução. A outra seria mais sensata e, portanto, mais propensa a ceder. *A boca então se abre realmente sem dificuldade*; ela contaria mais coisas do que Irma[22].

O que vejo na garganta; uma mancha branca e narinas cobertas de crostas.

A mancha branca lembra a difteria e, portanto, a amiga de Irma, mas, além disso, lembra a grave doença de minha filha mais velha, dois anos antes, e toda a ansiedade daquele triste período. A crosta nas narinas me lembra uma preocupação com minha saúde. Naquela época, eu costumava usar cocaína para suprimir inchaços irritantes no nariz, e fiquei sabendo, alguns dias antes, que uma paciente, que fazia o mesmo, havia contraído uma extensa necrose na mucosa nasal. A recomendação do emprego da cocaína, que eu dera em 1885, também provocou sérias recriminações contra mim. Um caro amigo, já falecido em 1895, havia apressado seu fim pelo uso indevido dessa droga.

Chamo rapidamente o dr. M., que repete o exame.

Isso corresponderia simplesmente à posição ocupada por M. em nosso meio. Mas a palavra "rapidamente" é suficientemente marcante para exigir uma explicação especial. Ela me lembra de uma triste experiência médica. Pela repetida prescrição de um remédio (sulfonal) que ainda era considerado inofensivo na época, certa vez causei uma grave intoxicação numa paciente e procurei rapidamente um colega mais velho e mais experiente para que me ajudasse. O fato de eu realmente ter esse caso em mente é confirmado por uma circunstância adicional. A paciente, que sucumbiu à intoxicação, tinha o mesmo nome de minha filha mais velha. Nunca tinha pensado nisso antes; agora me parece quase uma retribuição do destino – como se eu devesse continuar substituindo as pessoas em outro sentido: essa Matilde por aquela Matilde, olho por olho, dente por dente. É como se eu estivesse procurando todas as ocasiões para me recriminar de minha falta de conscienciosidade médica.

O dr. M. está pálido, sem barba no queixo, e manca.

Isso é verdade, pois sua aparência doentia desperta muitas vezes preocupação em seus amigos. As outras duas características devem se referir a outra pessoa. Chego a pensar em meu irmão que mora no exterior, que está sempre bem barbeado e com quem, se bem me recordo, M. do sonho se parece bastante. Alguns dias antes, recebemos a notícia de que estava mancando por causa de uma doença artrítica no quadril. Deve haver uma razão para que eu fundisse essas duas pessoas numa só, em meu sonho. Lembro-me de que, na verdade, eu estava com relações um pouco estremecidas com os dois por razões semelhantes; ambos haviam rejeitado certa proposta que eu lhes havia feito havia pouco tempo.

Meu amigo Otto está agora de pé ao lado da mulher doente, e meu amigo Leopold a examina e chama a atenção para um embotamento abaixo, à esquerda.

Meu amigo Leopold também é médico, parente de Otto. Como os dois se formaram na mesma especialidade, o destino os tornou concorrentes, e com frequência são feitas comparações entre ambos. Os dois foram meus assistentes durante anos, enquanto eu ainda dirigia um estabelecimento público voltado para tratamento de crianças nervosas. Cenas como a reproduzida no sonho ocorreram muitas vezes ali. Enquanto eu discutia com Otto o diagnóstico de um caso, Leopold examinou a criança novamente e deu uma contribuição inesperada para a decisão. Pois havia uma diferença de caráter entre os dois, semelhante à do inspetor Brassig e seu amigo Charles. Um se distinguia por seu brilho, o outro era lento, pensativo, mas meticuloso. Se no sonho eu punha em contraste Otto e o cuidadoso Leopold, fazia-o, aparentemente, para enaltecer Leopold. A comparação é semelhante à que eu fazia entre a paciente desobediente Irma e sua amiga, considerada mais sensata. Estou agora ciente de uma das linhas, ao longo da qual a associação de pensamentos, no sonho, se desenvolvia: da criança doente ao asilo infantil. O embotamento mais abaixo, à esquerda, me relembra certo caso que lhe corresponde em cada detalhe e no qual Leopold me surpreendeu por sua meticulosidade. Além disso, tenho a ideia vaga de algo similar a uma afecção metastática, mas pode ser uma referência àquela paciente que eu gostaria de ter em vez de Irma, pois essa senhora, até onde posso perceber, se parece com uma mulher que sofre de tuberculose.

Uma porção de pele infiltrada no ombro esquerdo.

Percebo imediatamente que esse é o meu reumatismo no ombro, que sempre sinto quando fico acordado até tarde da noite. Aliás, as palavras proferidas no sonho soam como ambíguas; algo que eu sinto... apesar do vestido..., isto é, "sinto-o em meu corpo". Além disso, fico impressionado com a expressão incomum "porção da pele infiltrada". Estamos acostumados a dizer "uma infiltração posterior na parte superior esquerda"; isso se referiria ao pulmão e, portanto, novamente aos pacientes com tuberculose.

Apesar do vestido.

Isso, com certeza, é apenas uma interpolação. É evidente que examinamos as crianças na clínica, despidas; é uma espécie de contraste com a maneira como as pacientes adultas devem ser examinadas. Conta-se a história de um proeminente clínico que sempre examinava seus pacientes fisicamente apenas através das roupas. O resto me é obscuro; francamente, não tenho nenhuma inclinação para aprofundar esse ponto.

O dr. M. diz: "É uma infecção, mas não tem importância. Haverá de sobrevir uma disenteria e o veneno será excretado."

A princípio, isso me parece ridículo; ainda assim, como todo o resto, deve ser analisado com muito cuidado. Observando mais de perto, parece, no entanto, ter algum sentido. O que eu havia encontrado na paciente era difterite local. Lembro-me da discussão sobre difterite e difteria na época da doença de minha filha. Essa última é a infecção geral que decorre da difterite local. Leopold detecta a existência dessa infecção geral por meio do embotamento, o que sugere uma lesão metastática. Acredito, no entanto, que justamente esse tipo de metástase não ocorre no caso de difteria; isso me faz pensar, antes, em piemia.

Não tem importância são palavras de consolo. Creio que se encaixa dessa maneira no contexto: a última parte do sonho produziu um conteúdo no sentido de que as dores da paciente são o resultado de uma grave infecção orgânica. Passo a suspeitar que, com isso, estou apenas tentando tirar a culpa de mim mesmo. O tratamento psicológico não pode ser responsabilizado pela persistência de afecções diftéricas. Mas agora, por outro lado, sinto-me constrangido por ter inventado uma doença tão grave para Irma, com o único propósito de me inocentar. Parece cruel. Preciso (assim) da certeza de que tudo vai terminar bem e não me parece desaconselhável colocar as palavras de consolo na boca do dr. M. Mas nesse ponto, passo a me considerar superior ao sonho, fato que exige uma explicação.

Mas por que esse consolo é tão sem sentido?

Disenteria:

Parece um tipo de ideia teórica artificial de que material patológico pode ser eliminado pelos intestinos. Será que, dessa forma, eu estaria tentando zombar da grande quantidade de explicações rebuscadas do dr. M., de seu hábito de encontrar curiosas ligações patológicas? A disenteria sugere outra coisa. Alguns meses antes, eu tinha como paciente um jovem que sofria de fortes dores durante a evacuação; os colegas médicos o haviam tratado como um caso de "anemia por desnutrição". Percebi que era uma questão de histeria. Eu não estava disposto a usar a psicoterapia como tratamento e o mandei fazer uma viagem marítima. Alguns dias antes, eu havia recebido dele uma carta desesperadora, enviada do Egito, dizendo que, enquanto estava lá, sofrera um novo ataque e que o médico afirmava tratar-se de disenteria. Suspeito, de fato, que o diagnóstico foi apenas um erro de meu colega sem grande experiência, que se deixou enganar pela histeria; mas ainda assim não posso deixar de me recriminar por colocar o enfermo numa situação em que poderia contrair uma afecção orgânica intestinal, além de sua histeria. Além disso, disenteria soa como difteria, uma palavra que não ocorre no sonho.

De fato, deve ser isso, devo estar zombando do dr. M., com seu prognóstico consolador "Sobrevirá a uma disenteria etc.", pois me lembro de que, anos atrás, ele me contou uma história, em tom de brincadeira, muito semelhante de outro colega. Este o havia chamado para opinar sobre o caso de uma mulher gravemente doente e se sentiu na obrigação de ressaltar ao outro médico, que nutria grandes esperanças de melhora da enferma, o fato de encontrar albumina na urina da paciente. O colega, porém, não se abalou com isso, mas respondeu calmamente: "Isso não tem importância, doutor; a albumina será, sem dúvida, eliminada." Não posso mais duvidar, portanto, que essa parte do sonho reflete desprezo para com os colegas que não conhecem a histeria. E, para confirmar isso, surge agora em minha mente a pergunta: "O dr. M. sabe que os sintomas de sua paciente, de nossa amiga Irma, que dão motivo para temer a tuberculose, também têm base na histeria? Será que identificou essa histeria ou será que a ignorou, sem se dar conta?"

Mas qual pode ser o motivo para eu tratar tão mal esse amigo? Isso é muito simples: o dr. M. concorda tão pouco com minha solução quanto a própria Irma. Assim, nesse sonho, já me vinguei de duas pessoas, de Irma, nas palavras "Se você ainda tem dores, a culpa é sua", e do dr. M. no enunciado do consolo absurdo que foi posto em sua boca.

Temos imediata consciência da origem da infecção.

Essa imediata consciência no sonho é realmente notável. Pouco antes, não o sabíamos, visto que a infecção foi demonstrada pela primeira vez por Leopold.

Quando ela se sentiu mal, meu amigo Otto lhe aplicou logo uma injeção.

Otto chegou realmente a contar que, durante sua breve visita à família de Irma, foi chamado a um hotel vizinho para aplicar uma injeção em alguém que adoecera subitamente. As injeções me lembram novamente do infeliz amigo que se envenenou com cocaína. Eu havia recomendado a droga apenas para uso via oral, enquanto a morfina era retirada, mas ele logo passou a se aplicar injeções de cocaína.

Com uma preparação de propilo... propilo... ácido propiônico. Como isso me ocorreu? Na mesma noite em que redigi parte do histórico da doença, antes de ter o sonho, minha esposa abriu uma garrafa de licor, em cujo rótulo estava escrito "Ananás"[23] (presente de nosso amigo Otto, pois ele tinha o hábito de dar presentes em todas as ocasiões possíveis; espero que algum dia ele encontre uma esposa que o cure desse costume)[24]. Esse licor exalava um forte cheiro de álcool amílico e me recusei a prová-lo. Minha esposa disse: "Vamos dar essa garrafa aos criados", e eu, com prudência ainda maior, a proibi, acrescentando essa observação de caráter filantrópico: "Eles tampouco devem ser envenenados." O cheiro de álcool amílico (amil...) aparentemente despertou em minha memória toda a série, propil, metil, etc., que explica o preparado propílico do sonho. Nisso, é verdade, houve uma substituição, pois sonhei com propilo depois de cheirar amilo. Substituições desse tipo, porém, talvez sejam válidas, especialmente em química orgânica.

Trimetilamina. Vejo no sonho a fórmula química dessa substância, fato que provavelmente evidencia um grande esforço por parte de minha memória e, além disso, a fórmula está impressa em letras grossas, como que para dar ênfase especial a uma parte do contexto que era de real importância. A que se deve então o fato de essa trimetilamina ter chamado tão incisivamente minha atenção? A uma conversa com outro amigo que há anos tem conhecimento de todas as minhas atividades desenvolvidas, assim como eu conheço as dele. Naquela época, ele acabava de me informar sobre algumas de suas ideias sobre química sexual e mencionara, entre outras, que julgava reconhecer na trimetilamina um dos produtos do metabolismo sexual. Essa substância me conduz assim à sexualidade, fator a que atribuo a maior importância na origem das afecções nervosas que procuro curar. Minha paciente Irma é uma jovem viúva; se estou ansioso para me desculpar pelo fracasso do tratamento que apliquei em sua cura, acho que faria melhor referindo-me a essa condição de viuvez, que seus admiradores gostariam de modificar. E como é notável também a forma como esse sonho se constrói! A outra mulher, que tomo como paciente no sonho em vez de Irma, é também uma jovem viúva.

Passo a desconfiar por que a fórmula da trimetilamina se tornou tão proeminente no sonho. Tantas coisas importantes estão reunidas nessa única palavra: Trimetilamina não é apenas uma alusão ao fator extremamente poderoso da sexualidade, mas também a uma pessoa de cuja simpatia me lembro com satisfação quando me sinto isolado em minhas opiniões. Não deveria esse amigo, que desempenha um papel tão importante em minha vida, reaparecer na concatenação de pensamentos do sonho? Claro que deve; ele está particularmente familiarizado com as consequências das afecções do nariz e de suas cavidades adjacentes, e revelou à ciência várias relações altamente notáveis entre os ossos turbinados e os órgãos sexuais femininos (as três formações recurvadas na garganta de Irma). Pedi para que ele examinasse Irma, a fim de verificar se as dores que ela sentia no estômago eram de origem nasal. Mas ele próprio sofre de rinite supurativa, que o incomoda, e há talvez uma alusão a isso na piemia, que paira diante de mim nas metástases do sonho.

Essas injeções não devem ser aplicadas tão precipitadamente. Aqui, a recriminação de descuido é dirigida diretamente a meu amigo Otto. Tenho a impressão de que tive algum pensamento desse tipo à tarde, quando ele pareceu posicionar-se contra mim por palavras e olhares. Talvez fosse um pensamento desse tipo: "Com que facilidade ele pode ser influenciado; com que descuido e precipitação ele tira conclusões." Além disso, essa frase relembra novamente meu falecido amigo, que tão levianamente recorreu a injeções de cocaína. Como disse, eu não pretendia de forma alguma insinuar que a droga fosse ministrada por meio de injeção. Vejo que, ao recriminar Otto, toco novamente na história da desafortunada Matilde, que dá motivo para a mesma recriminação contra mim. Obviamente estou aqui coletando exemplos de minha conscienciosidade, mas também do oposto.

Provavelmente a seringa também não estava limpa. Outra recriminação dirigida a Otto, mas com origem em outro lugar. Na véspera encontrei por acaso o filho de uma senhora de 82 anos, em quem eu tinha de aplicar duas injeções diárias de morfina. Agora ela está no campo e fiquei sabendo que está sofrendo de flebite. Imediatamente pensei que era um caso de infecção por contaminação da seringa. Eu me orgulho de que, em dois anos, não tenha causado uma única infecção, pois me preocupo constantemente, é claro, em verificar se a seringa está perfeitamente limpa. Enfim, sempre fui conscencioso. A flebite me fez voltar à minha esposa, que sofreu de embolia durante um período de gravidez, e agora me vêm à memória três situações semelhantes, envolvendo minha esposa, Irma e a falecida Matilde; a identidade dessas situações justifica obviamente o fato de eu colocar, no sonho, qualquer uma dessas três pessoas no lugar de outra.

Acabo de completar, portanto, a interpretação do sonho[25]. No decorrer dessa interpretação, tive bastante dificuldade para abarcar todas as ideias que deveriam surgir pela comparação entre o conteúdo do sonho e os pensamentos oníricos escondidos por trás dele. Nesse meio-tempo, consegui captar o "sentido" do sonho. Tomei consciência de um propósito que se realiza por meio do sonho e que deve ter sido o motivo de sonhar. O sonho realiza vários desejos, ativados em mim pelos acontecimentos da noite anterior (a interferência de Otto e minha redação do histórico da doença). De fato, a conclusão do sonho é que eu não sou culpado pelas dores que Irma ainda sente e que Otto é o responsável por isso. Ora, Otto me aborreceu com seu comentário sobre a cura incompleta de Irma; o sonho propicia minha vingança, devolvendo-lhe a recriminação. O sonho me exime da responsabilidade pelo estado de Irma, relacionando-o a outras causas, que de fato fornecem considerável número de explicações. O sonho representa certa condição específica de fatores, como eu gostaria que fosse. *O conteúdo do sonho é, portanto, a realização de um desejo; seu motivo é um desejo.*

Tudo isso, à primeira vista, parece claro. Mas muitas coisas, nos detalhes do sonho, se tornam inteligíveis quando consideradas do ponto de vista da realização de desejos. Eu me vingo de Otto, não somente por ele ter tomado partido apressadamente contra mim, porque o acuso de uma operação médica descuidada (a injeção), mas também me vingo dele pelo péssimo licor que cheira a álcool amílico. E, no sonho, encontro uma expressão que une as duas recriminações: a injeção com um preparado de propil. Não estou satisfeito ainda e continuo minha vingança comparando-o com seu concorrente mais confiável. Parece que estou dizendo: "Gosto mais dele do que de você." Mas Otto não é o único que deve sentir a força de minha raiva. Eu me vingo da paciente desobediente, trocando-a por uma mais sensata, mais dócil. Tampouco deixo a contradição do dr. M. passar despercebida, mas expresso minha opinião sobre ele com uma alusão óbvia, no sentido de que sua relação com a questão é a de *um ignorante no assunto* ("*Sobrevirá a uma disenteria*", etc.).

Parece-me, de fato, como se o estivesse evitando e recorrendo a alguém mais bem informado (a meu amigo, que me falou da trimetilamina); assim como evitei Irma para me aproximar da amiga dela, e evitei Otto para me achegar a Leopold. "Livrem-me dessas três pessoas, tragam-me outras três de minha escolha, e ficarei igualmente livre das recriminações que julgo não ter merecido!" A própria irracionalidade dessas recriminações me é provada no sonho da maneira mais complexa. Não posso ser responsabilizado pelas dores de Irma, porque ela própria é culpada, uma vez que se recusa a aceitar minha solução. Eu não tenho nada a ver com as dores de Irma, pois são de natureza orgânica, quase impossíveis de curar por meio de um tratamento psiquiátrico. Os sofrimentos de Irma são satisfatoriamente explicados por sua viuvez (trimetilamina!), um fato que, é claro, não posso alterar. A doença de Irma tinha sido causada por uma imprudente injeção com uma substância inadequada, aplicada por Otto – de uma forma que eu nunca teria feito uma injeção. As dores de Irma são o resultado de uma injeção aplicada com uma seringa suja, assim como a flebite da idosa senhora que agora está sob meus cuidados, ao passo que eu nunca causo qualquer dano com minhas injeções. Estou ciente, de fato, de que essas explicações da doença de Irma, que se complementam para me absolver, não são plenamente concordes uma com a outra; chegam até mesmo a se excluir. Toda a apelação – e esse sonho nada mais é do que isso – lembra com toda a clareza o argumento de defesa de um homem que foi acusado pelo vizinho de lhe ter devolvido uma chaleira danificada. Em primeiro lugar, disse ele, havia devolvido a chaleira intacta; em segundo, já tinha furos quando a tomou emprestado; e em terceiro lugar, ele nunca havia pedido emprestado a chaleira ao vizinho. Bem, tanto melhor; se apenas um desses três métodos de defesa for reconhecido como válido, o homem deve ser absolvido.

Outros assuntos ainda se misturam no sonho, cuja relação com minha isenção de responsabilidade pela doença de Irma não é tão transparente: a doença de minha filha e a de uma paciente de mesmo nome, o efeito prejudicial da cocaína, a doença de meu paciente em viagem pelo Egito, a preocupação com a saúde de minha esposa, de meu irmão, do dr. M., os meus problemas físicos e a preocupação com o amigo ausente que sofre de rinite supurativa. Mas se eu considerar todas essas coisas em conjunto, vejo que elas se encaixam numa única linha de pensamento, rotulada talvez: preocupação com minha saúde e com a dos outros – consciência profissional. Lembro-me de uma indefinida sensação desagradável quando Otto me trouxe a notícia do estado de Irma. Gostaria de salientar finalmente a expressão dessa sensação fugaz, que faz parte da linha de pensamento que se mistura no sonho. É como se Otto me dissesse: "Você não leva a sério seus deveres de médico, você não é consciencioso, não cumpre o que prometeu fazer." Por isso essa linha de pensamento se colocou a meu serviço para que eu pudesse comprovar da maneira mais cabal como sou consciencioso e como estou extremamente preocupado com a saúde de meus parentes, amigos e pacientes. Curiosamente, há também nesse material algumas lembranças dolorosas, que se referem mais à culpa atribuída a Otto do que à acusação contra mim. O material tem a aparência de ser imparcial, mas a conexão entre esse material mais amplo, do qual o sonho depende, e o tema mais limitado do sonho, que dá origem ao desejo de ser inocentado pela doença de Irma, é, no entanto, inconfundível.

Não pretendo afirmar que desvendei inteiramente o sentido desse sonho ou que a interpretação é impecável.

Poderia passar muito tempo em sua análise. Poderia extrair dele mais explicações e elencar novos problemas que ele nos convida a considerar. Conheço até os pontos a partir dos quais outras linhas de pensamento podem ser traçadas; mas essas considerações, como estão relacionadas com cada um de meus sonhos, me impedem de seguir no trabalho de interpretação. Quem estiver disposto a condenar tal reserva, pode tentar ser mais franco do que eu. Estou contente com a descoberta que acaba de ser feita. Se o método de interpretação dos sonhos aqui indicado for seguido, descobrir-se-á que o sonho realmente tem significado e não é de forma alguma a expressão da atividade cerebral fragmentária, na qual os autores nos querem fazer acreditar. *Quando o trabalho de interpretação estiver concluído, pode-se perceber que o sonho é a realização de um desejo.*

CAPÍTULO III

O SONHO É A REALIZAÇÃO DE UM DESEJO

Quando, depois de passar por um desfiladeiro, se chega a um terreno elevado, onde os caminhos se dividem e onde se tem ampla vista em diferentes direções, pode-se parar por um momento e decidir para que lado seguir. Algo semelhante acontece conosco depois que dominamos essa primeira interpretação dos sonhos. Encontramo-nos em plena luz de uma nova cognição. O sonho não é comparável aos sons irregulares de um instrumento musical que, em vez de ser tocado pela mão do músico, é atingido por alguma força externa; o sonho não é destituído de sentido, não é absurdo, não pressupõe que uma parte de nosso estoque de ideias esteja adormecida enquanto outra parte começa a despertar. É um fenômeno psíquico de pleno valor e, de fato, a realização de um desejo; ele toma seu lugar na concatenação das ações psíquicas de vigília que são inteligíveis para nós e é produzido por uma atividade intelectual altamente complicada.

Mas no exato momento em que estamos inclinados a nos alegrar com essa descoberta, vemo-nos invadidos por uma multidão de perguntas. Se o sonho, de acordo com a interpretação, representa um desejo realizado, qual é a causa da maneira peculiar e desconhecida como essa realização se expressa? Que mudanças ocorreram nos pensamentos oníricos antes de serem transformados no sonho manifesto que recordamos ao despertar? De que forma ocorreu essa transformação? De onde vem o material que foi trabalhado no sonho? O que faz com que as peculiaridades que observamos nos pensamentos oníricos possam, por exemplo, se contradizer? (A analogia da chaleira). O sonho é capaz de nos ensinar algo novo sobre nossos processos psíquicos internos e seu conteúdo pode corrigir opiniões que defendemos durante o dia? Sugiro que, por ora, todas essas questões sejam deixadas de lado e que seja seguido um único caminho. Descobrimos que o sonho representa um desejo realizado. Será nosso próximo interesse verificar se essa é uma característica universal do sonho, ou apenas o conteúdo acidental do sonho ("o sonho da injeção de Irma"), com o qual começamos nossa análise, pois, mesmo que estejamos propensos a inferir que todo sonho tem um sentido e um valor psíquico, devemos, no entanto, admitir a possibilidade de que esse sentido não seja o mesmo em todos os sonhos. O primeiro sonho que analisamos foi a realização de um desejo; outro sonho pode refletir uma apreensão realizada; um terceiro pode se reduzir a uma reflexão sobre seu conteúdo; um quarto pode simplesmente reproduzir uma lembrança. Existem, então, outros sonhos de desejo? Ou será que, talvez, não há outros tipos a não ser sonhos de desejo?

É fácil provar que a característica de realização de desejos nos sonhos se revela, muitas vezes, sem disfarce e reconhecível, de modo que se pode perguntar por que a linguagem dos sonhos não tem sido compreendida há muito tempo. Há, por exemplo, um sonho que posso provocar quantas vezes eu quiser, experimentalmente, por assim dizer. Se à noite eu comer anchovas, azeitonas ou outros alimentos fortemente salgados, vou ficar com sede noite adentro e por isso acordo. O despertar, porém, é precedido por um sonho, que tem sempre o mesmo conteúdo, a saber, que estou bebendo. Sonho que estou sorvendo água em grandes goles, água com um sabor tão suave quanto apenas uma bebida fresca pode ter quando a garganta está seca. Então acordo e tenho um desejo real de beber. Esse sonho é ocasionado pela sede, que só percebo ao acordar. O desejo de beber se origina dessa sensação, e o sonho me mostra esse desejo realizado. Exerce, assim, uma função, cuja natureza logo adivinho. Durmo bem e não costumo ser acordado por uma necessidade física. Se consigo saciar minha sede sonhando que estou bebendo, não preciso acordar para saciá-la. É, portanto, um sonho de conveniência. O sonho substitui a ação, como em outras situações da vida. Infelizmente, a necessidade de água para matar a sede não pode ser satisfeita com um sonho, como minha sede de vingança contra Otto e contra o dr. M., mas a intenção é a mesma. Esse mesmo sonho apareceu recentemente em forma modificada. Nessa ocasião, fiquei com sede antes de ir para a cama e esvaziei o copo de água que estava na pequena mesa de cabeceira ao lado de minha cama. Algumas horas depois, de madrugada, tive um novo ataque de sede, acompanhado de desconforto. Para conseguir água, teria de me levantar e apanhar o copo que estava na mesinha de cabeceira de minha esposa. Assim, sonhei muito apropriadamente que minha esposa estava me dando de beber de um vaso; esse vaso era uma urna cinerária etrusca, que eu trouxera para casa de uma viagem à Itália, e da qual já me havia desfeito. Mas a água tinha um gosto tão salgado (aparentemente por causa das cinzas), que acordei. Pode-se perceber como o sonho é capaz de organizar as coisas de forma conveniente. Uma vez que seu único propósito é a realização de um desejo, o sonho pode ser perfeitamente egoísta. O amor ao conforto realmente não é compatível com a consideração pelos outros. A introdução da urna cinerária é também, provavelmente, a realização de um desejo. Lamento não estar mais de posse desse vaso; tanto ele, como o copo de água ao lado da cama de minha esposa, está fora de meu alcance. A urna cinerária também é apropriada para a sensação do gosto salgado, que se tornou agora mais acentuado, e que sei que vai me forçar a acordar.[26]

Esses sonhos de conveniência eram muito frequentes comigo nos anos de minha juventude. Acostumado como sempre estive a trabalhar até tarde da noite, acordar cedo sempre foi uma dificuldade para mim. Costumava então sonhar que estava fora da cama e de pé ao lado da pia. Depois de algum tempo, não conseguia admitir que ainda não tinha me levantado, mas nesse breve lapso de tempo tinha dormido um pouco mais. O mesmo sonho de indolência me foi relatado por um jovem colega meu, que parece compartilhar minha propensão ao sono. Ele morava numa pensão nas proximidades do hospital. A dona dessa pensão tinha ordens estritas de acordá-lo em determinada hora todas as manhãs, mas a tarefa se mostrou ingrata quando ela tentou cumprir as ordens dele. Certa manhã, o sono era por demais gostoso. A mulher gritou da porta do quarto: "Sr. Joe, levante! Está na hora de ir para o hospital." Em seguida, o dorminhoco sonhou com um quarto no hospital, uma cama em que estava deitado e um cartaz afixado na parede, acima de sua cabeça, que dizia: "Joe H... estudante de medicina, 22 anos de idade." Enquanto sonhava, disse a si mesmo: "Se já estou no hospital, não preciso ir até lá." Virou-se e continuou dormindo. Desse modo, ele admitiu com toda a franqueza o motivo do sonho.

Aqui está outro sonho, cujo estímulo atua durante o próprio sono. Uma de minhas pacientes teve de se submeter a uma operação no maxilar; como a intervenção cirúrgica não teve pleno êxito, recebeu ordens dos médicos para usar, dia e noite, um aparelho de resfriamento na face afetada. Mas ela costumava retirá-lo quando estava prestes a adormecer. Um dia me pediram para que a repreendesse, pois ela havia jogado, mais uma vez, o aparelho no chão. A paciente se defendeu dizendo: "Dessa vez eu realmente não pude evitar. Foi por causa de um sonho que tive durante a noite. Sonhei que estava num camarote no teatro e que estava me deliciando com a apresentação. Mas o sr. Karl Meyer estava deitado no sanatório e se queixava amargamente de dores no maxilar. Eu disse a mim mesma: 'Como não sinto dor, também não preciso do aparelho. Por isso o joguei fora.'." O sonho dessa pobre sofredora se assemelha à ideia da expressão que nos vem aos lábios quando estamos numa situação desagradável: "Sei de coisas muito mais divertidas." O sonho apresenta a imagem desse algo mais divertido. O sr. Karl Meyer, a quem a sonhadora transferiu suas dores, era o jovem mais bisonho que ela conhecia.

Com a mesma facilidade pode ser constatada a realização de desejos em diversos sonhos que colhi de pessoas saudáveis. Um amigo que conhecia minha teoria dos sonhos e tinha falado dela à esposa, disse-me um dia: "Minha mulher me pediu para lhe dizer que sonhou ontem que estava menstruada. Você deve saber o que isso significa." Claro que sei: se a jovem esposa sonha que está menstruada, significa que a menstruação não ocorreu. Posso entender que ela preferiria desfrutar de sua liberdade por mais tempo antes que começassem os desconfortos da maternidade. Era uma maneira inteligente de noticiar sua primeira gravidez. Outro amigo escreve que sua esposa sonhou recentemente ter notado manchas de leite na altura do peito de seu vestido. Esse também é um indicativo de gravidez, mas, dessa vez, não da primeira gravidez. A jovem mãe deseja ter mais alimento para o segundo filho do que teve para o primeiro.

Uma jovem, que durante semanas ficou afastada da empresa porque estava cuidando de um filho que sofria de uma doença infecciosa, sonha, após a recuperação do menino, com um grupo de pessoas, no qual estão presentes A. Daudet, Bourget, M. Prévost e outros. Todos eles são muito afáveis para com ela e a entretêm de maneira admirável. No sonho, esses diferentes autores aparecem com as feições reproduzidas em seus retratos, menos as do sr. Prévost, cujo retrato ela nunca tinha visto, mas cujas feições se parecem com as do homem que viera desinfetar os quartos dos doentes no dia anterior, tendo sido o primeiro visitante depois de longo período. Aparentemente, o sonho pode ser perfeitamente traduzido dessa forma: "Já está na hora de fazer algo mais divertido do que essa eterna assistência a doentes."

Talvez essa seleção seja suficiente para provar que os sonhos, que só podem ser entendidos como realizações de desejos e que apresentam seu conteúdo sem qualquer disfarce, se encontram muitas vezes sob as mais complexas condições. Na maioria dos casos, são sonhos breves e simples, que revelam um agradável contraste com as composições oníricas confusas e prolíficas, que têm atraído a atenção principalmente dos autores que tratam do assunto. Mas valerá a pena dedicar um pouco mais de tempo a esses sonhos simples. É de esperar que as formas mais simples de sonhos sejam encontradas nas crianças, uma vez que suas atividades psíquicas são certamente menos complicadas do que as dos adultos. A psicologia das crianças, em minha opinião, está destinada a prestar à psicologia dos adultos serviços semelhantes àqueles que o estudo da anatomia e do desenvolvimento dos animais inferiores presta à investigação da estrutura das classes superiores de animais. Até agora, esforços muito tímidos foram feitos para tirar proveito da psicologia das crianças para essa finalidade.

Os sonhos das crianças pequenas são simples realizações de desejos e, em comparação, portanto, com os sonhos dos adultos, não são nada interessantes. Não apresentam nenhum problema a ser resolvido, mas são naturalmente inestimáveis como prova de que o sonho, em sua essência, significa a realização de um desejo. Pude coletar vários exemplos desses sonhos, a partir do material fornecido por meus filhos.

Sinto-me devedor a uma excursão, no verão de 1896, à bela Hallstatt por dois sonhos, um deles de minha filha, na época com 8 anos e meio, e o outro de um menino de 5 anos e 3 meses. Devo explicar que, durante esse verão, estávamos residindo numa colina perto de Aussee, de onde, quando fazia bom tempo, desfrutávamos, do alto de nossa casa, de uma vista esplêndida do Dachstein. A Cabana Simony podia ser vista nitidamente com um telescópio. As crianças tentaram vê-la repetidas vezes, empunhando esse instrumento – mas não sei dizer se tiveram sucesso. Antes da excursão, eu tinha dito às crianças que Hallstatt ficava aos pés do Dachstein. Elas aguardavam o dia com grande alegria. De Hallstatt entramos no vale de Eschern, o que agradou muito às crianças em razão de suas variadas paisagens. Uma das crianças, no entanto, o menino de 5 anos, mostrou-se aos poucos descontente. Toda vez que avistávamos uma montanha, ele perguntava: "Aquele é o Dachstein?" E eu tinha de responder: "Não, é apenas um contraforte." Depois de repetir várias vezes essa pergunta, ele ficou totalmente em silêncio, recusando-se a nos acompanhar na subida do lance de degraus que levam até a cachoeira. Achei que ele estava cansado. Mas, na manhã seguinte, ele se aproximou de mim radiante de alegria e disse: "Ontem à noite sonhei que estávamos na Cabana Simony." Então eu o compreendi; quando eu falava do Dachstein, ele esperava que, na excursão a Hallstatt, subiria a montanha e ficaria diante da cabana, sobre a qual tanto se falara ao manusear o telescópio. Quando soube que haveria de se deparar com contrafortes e com uma cachoeira, ficou desapontado e descontente. O sonho, no entanto, o compensou. Tentei descobrir alguns detalhes desse sonho, mas eram escassos. "Deve-se subir degraus durante seis horas"; isso correspondia ao que lhe fora dito.

Nessa excursão, desejos, destinados a serem satisfeitos somente em sonhos, surgiram também na mente da menina de 8 anos e meio. Tínhamos levado conosco para Hallstatt o menino de 12 anos de nosso vizinho – um cavaleiro talentoso que, me parece, já gozava da total simpatia da menina. Na manhã seguinte, ela contou o seguinte sonho: "Imagine só! Sonhei que Emil era de nossa família, chamava vocês de papai e mamãe e dormia em nossa casa, no quarto grande como nossos meninos. Então mamãe entrou no quarto e jogou um grande punhado de barras de chocolate debaixo de nossas camas." Os irmãos da menina, que evidentemente não haviam herdado certa familiaridade com a interpretação de sonhos, afirmaram, exatamente como dizem os autores que tratam do assunto: "Esse sonho é absurdo." A menina defendeu pelo menos uma parte do sonho, e vale a pena, do ponto de vista da teoria das neuroses, saber qual parte: "Aquela que diz que Emil é da família é realmente absurdo, mas a que se refere às barras de chocolate não o é." Era precisamente essa última parte que permanecia obscura para mim, mas a mãe me deu a explicação. No caminho de volta da estação ferroviária, as crianças tinham parado na frente de uma máquina automática e desejavam comprar, como estavam acostumadas, exatamente aquelas barras de chocolate à mostra na máquina e embrulhadas em brilhante papel metálico. Mas a mãe, com razão, pensou que o dia já lhes havia realizado muitos desejos, e deixou esse para ser satisfeito em sonhos. Eu não havia presenciado essa cena. Compreendi imediatamente a parte do sonho que minha filha havia censurado. Eu mesmo tinha ouvido meu hóspede bem-comportado ordenando às crianças que esperassem até que papai ou mamãe chegassem. Para a menina, o sonho transformou numa adoção permanente a relação temporária do menino conosco. Sua tenra natureza ainda não estava familiarizada com outra forma de companheirismo, a não ser com aquelas mencionadas no sonho e que se baseavam em sua relação com seus irmãos. É claro que não se poderia explicar, sem perguntar à criança, por que as barras de chocolate foram jogadas debaixo da cama.

Um amigo me contou um sonho muito parecido com o de meu filho. Quem teve o sonho foi uma menina de 8 anos. O pai havia saído com os filhos para uma caminhada até Dornbach, com a intenção de visitar Rohrerhütte, mas voltou atrás porque já era tarde demais e prometeu aos filhos compensar a decepção em outra oportunidade. No caminho de volta, passaram por uma placa que indicava o caminho para o Hameau. As crianças pediram então para que as levasse para aquele lugar, mas tiveram de se contentar, pelo mesmo motivo, com um adiamento para outro dia. Na manhã seguinte, a menina de 8 anos, toda feliz, correu para o pai, dizendo: "Papai, ontem à noite sonhei que você estava conosco em Rohrerhütte e no Hameau." Sua impaciência havia antecipado assim, no sonho, o cumprimento da promessa feita pelo pai.

Outro sonho, igualmente simples e direto, foi inspirado pela pitoresca beleza do Aussee em minha filha, na época com 3 anos e pouco. A pequena havia atravessado o lago pela primeira vez e a viagem havia passado rápido demais para ela. Por isso, no desembarque, não queria deixar o barco e chorou amargamente. Na manhã seguinte, ela nos disse: "Ontem à noite eu estava navegando no lago." É de esperar que essa travessia dela no sonho tenha sido mais satisfatória.

Meu filho mais velho, na época com 8 anos, já andava sonhando com a realização de suas fantasias. Sonhou que estava andando de carruagem com Aquiles e que Diomedes era o cocheiro. Simples de explicar, pois, no dia anterior, ele tinha demonstrado vivo interesse pelo livro *Mitos da Grécia*, dado à sua irmã mais velha.

Se for admitido que a fala das crianças durante o sono também pode ser incluída na categoria dos sonhos, posso relatar o seguinte como um dos sonhos mais recentes de minha coleção. Minha filha mais nova, na época com 19 meses, certa manhã vomitou e por isso foi mantida sem outro alimento o dia inteiro. Durante a noite que se seguiu a esse dia de fome, nós a ouvimos gritar exasperada enquanto dormia: "Anna *Feud, molango, mitilo*, omelete, papa!" Ela usou o próprio nome dessa maneira para expressar sua ideia de propriedade; o cardápio devia incluir tudo o que lhe parecesse uma refeição desejável; o fato de as frutas aparecerem duas vezes nele era uma manifestação contra as normas domésticas de saúde e se baseava na circunstância, de forma alguma ignorada por ela, de que a enfermeira atribuía sua indisposição ao consumo excessivo de morangos. Desse modo, ela se manifestou, no sonho, contrária a essa opinião, que não lhe agradava[27].

Se chamamos a infância de idade feliz, porque ela ainda não conhece o desejo sexual, não devemos esquecer que abundante fonte de decepção e de renúncia e, em decorrência de estímulo ao sonho, pode se tornar para ela outro dos grandes impulsos vitais[28]. Aqui está um segundo exemplo mostrando isso. A meu sobrinho de 22 meses foi confiada a tarefa de me felicitar por meu aniversário e de me dar de presente um cestinho de cerejas, que ainda estavam fora de estação nessa altura do ano. Parecia difícil para ele, pois repetia continuamente "Cerejas nele", e ninguém conseguia convencê-lo a largar o cestinho. Mas ele soube encontrar um meio de superar a dificuldade. O menino tinha, até então, o hábito de contar à mãe todas as manhãs que havia sonhado com o "soldado branco", um oficial da guarda de manto branco, que um dia havia ficado observando com admiração na rua. No dia seguinte ao aniversário, ele acordou alegremente com a informação que só poderia ter tido origem num sonho: "O soldado comeu todas as cerejas!"[29]

Com que os animais sonham, realmente não sei. Um provérbio que devo a um de meus leitores afirma que sabe, pois pergunta: "Com que o ganso sonha?" A resposta: "Com milho!" Toda a teoria de que o sonho é a realização de um desejo está contida nessas duas frases.[30]

Percebemos agora que poderíamos ter chegado à nossa teoria do sentido oculto dos sonhos pelo caminho mais curto, se tivéssemos simplesmente observado a linguagem coloquial. A sabedoria dos provérbios, é verdade, às vezes fala com bastante desprezo dos sonhos – aparentemente tenta justificar a ciência ao expressar a opinião de que "os sonhos são meras bolhas". Mas na linguagem coloquial, o sonho é o gracioso realizador de desejos. Aquele que vê suas expectativas superadas pela realidade exclama: "Eu nunca teria imaginado isso no mais louco de meus sonhos."

CAPÍTULO IV

A DISTORÇÃO NOS SONHOS

Se eu afirmar que o sentido de todos os sonhos é a realização de desejos e que, portanto, não pode haver sonhos a não ser sonhos de desejos, estou certo desde já que vou enfrentar a mais enfática contestação. Haverá não poucas objeções a respeito, como:
"O fato de existirem sonhos que devem ser entendidos como realização de desejos não é novo, mas, pelo contrário, há muito é reconhecido pelos autores que tratam do assunto. Cf. Radestock (pp. 137–138), Volkelt (pp. 110–111), Tissié (p. 70), M. Simon (p. 42) sobre os sonhos de fome do Barão Trenck, quando prisioneiro, e o trecho em Griesinger (p. 11). A suposição de que não pode haver nada além de sonhos de realização de desejos, no entanto, é outra daquelas generalizações injustificadas pelas quais o senhor tem se distinguido ultimamente. De fato, ocorrem em abundância sonhos que exibem o conteúdo mais doloroso, mas nenhum vestígio de realização de desejo. O filósofo pessimista, Edward von Hartman, talvez seja aquele que mais se afasta da teoria da realização de desejos. Assim se expressa ele em sua *Filosofia do Inconsciente*, parte II (edição estereotipada, p. 34): 'No

que diz respeito ao sonho, todos os problemas da vida desperta são transferidos por ele para o estado de sono; a única coisa que não é transferida é aquela que pode, em certa medida, reconciliar uma pessoa culta com o prazer da vida científica e artística...' Mas até mesmo observadores menos descontentes enfatizaram o fato de que, nos sonhos, a dor e o desgosto são mais frequentes do que o prazer. Vejam-se Scholz (p. 39), Volkelt (p. 80), e outros. De fato, duas senhoras, Sarah Weed e Florence Hallam chegaram, partindo da análise dos próprios sonhos, a dar uma expressão estatística à preponderância do desprazer nos sonhos. Chegaram a estabelecer que 58% dos sonhos são desagradáveis e apenas 28,6% realmente agradáveis. Além daqueles sonhos que continuam as sensações dolorosas da vida durante o sono, há também sonhos de medo, nos quais a mais terrível de todas as sensações desagradáveis nos tortura até acordarmos, e é exatamente com esses sonhos de medo que as crianças são perseguidas com tanta frequência (Cf. Debacker sobre o *Pavor noturno*). Ainda assim, o senhor encontrou, nesses sonhos de crianças, indisfarçáveis realizações de desejos."

Na verdade, são os sonhos de angústia que parecem impedir a generalização da tese de que o sonho é uma realização de desejo, que estabelecemos por meio dos exemplos no capítulo anterior; parece até que eles rotulam essa tese como um absurdo.

Não é difícil, no entanto, refutar essas objeções aparentemente conclusivas. Por favor, observem que nossa doutrina, pelo processo de interpretação, não se baseia na aceitação do conteúdo manifesto do sonho, mas se refere ao conteúdo do pensamento que se encontra por trás do sonho. Devemos estabelecer um contraste entre o *conteúdo manifesto* e o *conteúdo latente do sonho*. É verdade que há sonhos cujo conteúdo é de natureza mais dolorosa. Mas alguém já tentou interpretar esses sonhos, revelar seu conteúdo de pensamento latente? Se não for assim, as duas objeções são inconsistentes e sempre existe a possibilidade de que mesmo sonhos de aflição e de medo possam se revelar, por meio da interpretação, como realizações de desejos.[31]

No trabalho científico, quando a solução de um problema apresenta dificuldades, muitas vezes é vantajoso assumir um segundo problema, assim como é mais fácil quebrar duas nozes juntas em vez de cada uma em separado. Consequentemente, somos confrontados não apenas com a pergunta "Como podem sonhos de angústia e de medo ser a realização de desejos?", mas também podemos, a partir de nossas reflexões até aqui, fazer a pergunta: "Por que os sonhos de conteúdo irrelevante, que acabam se revelando realizações de desejos, não mostram esse sentido sem disfarce?" Tomem o sonho da injeção de Irma, sonho que analisei por inteiro. Não é, de modo algum, de natureza angustiante e pode ser reconhecido, por meio da interpretação, como exemplo de marcante realização de um desejo. Por que, em primeiro lugar, é necessária uma interpretação? Por que o sonho não revela diretamente o que quer dizer? Na verdade, mesmo o sonho da injeção de Irma não nos dá a impressão, a princípio, de representar um desejo do sonhador como realizado. O leitor não terá tido essa impressão; nem eu a tive antes de ter concluído a análise. Se chamarmos essa peculiaridade do sonho, a de precisar de uma explicação, de *fenômeno da distorção dos sonhos*, surge então uma segunda pergunta: Qual é a origem dessa desfiguração dos sonhos?

Se consultadas as primeiras impressões sobre o assunto, poderiam surgir várias soluções possíveis; por exemplo, que há uma incapacidade durante o sono de encontrar uma expressão adequada para os pensamentos oníricos. A análise de certos sonhos, porém, nos obriga a dar outra explicação para a distorção dos sonhos. Mostrarei isso por meio de outro sonho que tive e que envolve também inúmeras indiscrições, mas a elucidação completa do problema haverá de compensar esse meu sacrifício pessoal.

Fatos preliminares – Na primavera de 1897, soube que dois professores de nossa universidade haviam proposto para que eu fosse nomeado professor extraordinário (professor assistente). Essa notícia me colheu de surpresa e me agradou muito, pois expressava o apreço de dois eminentes homens que não podia ser explicado por puro interesse pessoal. Mas, pensei imediatamente, que não devia atribuir ao fato nenhuma expectativa. Nos últimos anos, a administração da universidade não havia acolhido propostas desse tipo, e vários colegas, mais velhos do que eu e que se igualavam a mim em mérito, vinham esperando em vão e durante longo tempo por sua nomeação. Eu não tinha motivos para supor que deveria me sair melhor. Resolvi então me preocupar muito a respeito. Não sou, pelo que me conheço, ambicioso, e venho exercendo minha profissão como médico com resultados satisfatórios, mesmo sem a recomendação de um título. Além disso, não era uma questão de considerar as uvas doces ou azedas, pois sem dúvida elas pendiam alto demais para mim.

Certa noite, recebi a visita de um amigo, um daqueles colegas cujo destino eu havia tomado como um aviso para mim. Fazia muito tempo que ele era candidato à promoção ao cargo de professor, cargo que, em nossa sociedade, transforma o médico em semideus entre seus pacientes; e como ele era menos resignado do que eu, tinha o hábito de se apresentar, de tempos em tempos, nos departamentos da administração da universidade, com o objetivo de promover seus interesses. Depois de uma visita dessas, veio até minha casa. Contou-me que, dessa vez, havia encurralado o exaltado cavalheiro num canto e lhe havia perguntado diretamente se questões de crença religiosa não eram realmente responsáveis pela demora de sua nomeação. A resposta foi que, com certeza – no estado atual da opinião pública – Sua Excelência não estava em condições, etc. "Agora sei, pelo menos, onde estou", disse meu amigo, ao encerrar seu relato que, na verdade, não me dizia nada de novo, mas que servia para fortalecer minha resignação, pois as mesmas questões de credo se aplicavam ao meu caso.

Na manhã seguinte a essa visita, tive o seguinte sonho, que foi notável por sua forma. Consistiu de dois pensamentos e de duas imagens, de tal modo que a um pensamento se seguia uma imagem. Mas aqui vou expor somente a primeira metade do sonho, porque a outra metade não tem nada a ver com a finalidade para a qual relato o sonho.

I. *O amigo R. é meu tio – tenho grande afeição por ele.*
II. *Vejo diante de mim seu rosto um tanto alterado. Parece ser alongado; uma barba amarela, que o emoldura, se destaca com peculiar nitidez.*

Seguem-se as outras duas partes, mais uma vez um pensamento e uma imagem, que omito.

A interpretação desse sonho foi realizada da seguinte maneira:

Quando o sonho me veio à cabeça pela manhã, ri de bom gosto e disse: "O sonho é absurdo." Mas não consegui tirá-lo de minha mente e ele me perseguiu o dia inteiro, até que, finalmente, à noite, passei a me recriminar com essas palavras: "Se durante a interpretação dos sonhos um de seus pacientes não tivesse nada melhor para dizer do que 'Isso é absurdo', você o reprovaria, e suspeitaria que, por trás do sonho, se escondia alguma história desagradável, que ele preferiria não revelar. Aplique a mesma coisa em seu caso; a opinião de que o sonho é absurdo provavelmente significa apenas uma resistência interna contra sua interpretação. Não se deixe intimidar." Passei então à interpretação.

"R. é meu tio." O que significa isso? Eu tive um só tio, meu tio Joseph.[32] A história dele, com certeza, foi triste. Ele tinha cedido à tentação, mais de trinta anos antes, de se envolver em negócios que a lei pune com extremo rigor e, naquela época, foi realmente punido. Meu pai que, em poucos dias ficou de cabelos brancos de tristeza por causa disso, costumava sempre dizer que o tio Joseph nunca foi um homem mau, mas sim um simplório; assim se expressava ele. Se, então, o amigo R. é meu tio Joseph, isso equivale a dizer: "R. é um simplório." Difícil de acreditar e muito desagradável! Mas há aquele rosto que vejo no sonho, de traços alongados e de barba amarela. Meu tio realmente tinha um rosto comprido e emoldurado por uma bela barba loira. Meu amigo R. era bem moreno, mas quando as pessoas de cabelos escuros começam a ficar grisalhas, pagam tributo pelo esplendor de sua juventude. Sua barba negra sofre uma desagradável mudança de cor, cada fio de cabelo assume, primeiramente, um colorido marrom avermelhado, depois marrom amarelado e, depois, definitivamente grisalho. A barba de meu amigo R. está agora nessa fase, como também a minha, fato que noto com pesar. O rosto que vejo no sonho é ao mesmo tempo o de meu amigo R. e o de meu tio. É como uma fotografia composta de Galton que, para ressaltar as semelhanças familiares, costumava fotografar vários rostos na mesma chapa. Não resta dúvida alguma de que o que realmente quero dizer, no sonho, é que meu amigo R. é um simplório – como meu tio Joseph.

Ainda não faço ideia com que propósito construí essa relação, contra a qual devo me opor incondicionalmente. Mas não é que possa ser levada muito a sério, pois meu tio era um criminoso e meu amigo R. é inocente – salvo, talvez, por uma punição recebida por ter atropelado um rapaz com sua bicicleta. Poderia eu me referir a essa culpa? Isso seria fazer comparações ridículas. Mas agora me lembro de outra conversa que tive com outro colega, N., e, na realidade, sobre o mesmo assunto. Encontrei-me com N. na rua. Ele também foi indicado para uma cátedra e, tendo sabido que eu tinha recebido uma homenagem, me parabenizou por isso. Mas eu recusei enfaticamente seus cumprimentos, dizendo: "Você é a última pessoa que pode fazer uma brincadeira dessas, pois sabe, por experiência própria, quanto vale essa recomendação." Então ele replicou, provavelmente em tom de gracejo: "Não há como ter certeza a respeito. Há contra mim uma objeção bem específica. Não sabe que, certa vez, uma mulher me processou judicialmente? Não preciso lhe dizer que foi feita uma investigação; tratava-se de uma maldosa tentativa de chantagem e tive de fazer de tudo para evitar que a acusadora deixasse de ser punida. Mas talvez eles, no departamento, estejam usando o caso contra mim, a fim de solapar minha nomeação. Você, no entanto, está acima de qualquer suspeita." Isso me mostrou quem era o criminoso e, ao mesmo tempo, qual a interpretação plausível e qual a finalidade do sonho. Meu tio Joseph representa para mim os dois colegas que não foram nomeados para a cátedra, um como simplório, o outro como criminoso. Agora também sei por que são representados sob esse aspecto. Se questões de credo são um fator determinante para o adiamento da nomeação de meus amigos, então minha nomeação passa a ser duvidosa; mas se eu posso atribuir a rejeição dos dois amigos a outras causas, que não se aplicam a mim, minha esperança permanece inalterada. Esse é o método seguido por meu sonho; faz de R. um simplório, e de N. um criminoso. Como, no entanto, não sou nem um nem outro, nossa comunhão de interesses se desfaz e eu já posso me alegrar com a expectativa da nomeação para o cargo de professor catedrático, além de ter escapado da dolorosa aplicação a mim daquilo que o alto funcionário havia dito a R.

Devo me ocupar mais ainda com a interpretação desse sonho. Sinto que não está suficientemente esclarecido. Continuo inquieto com a facilidade com que degrado dois respeitados colegas com o propósito de manter aberto o caminho para a obtenção da cátedra. A insatisfação com minha conduta diminuiu, de fato, desde que aprendi a avaliar declarações feitas em sonhos. Eu poderia argumentar contra qualquer um que insistisse que eu realmente considero R. um simplório e que não credito na história de N. sobre a chantagem. Não acredito tampouco que Irma tenha ficado gravemente doente por causa de uma injeção aplicada por Otto com um preparado de propilo. Nos dois casos, *os sonhos expressam apenas o desejo de que seja assim*. A afirmação na qual meu desejo se realiza soa menos absurda no segundo sonho do que no primeiro; este usa com mais habilidade os fatos em sua concatenação, algo como uma calúnia bem armada que leva outros a pensar que "há qualquer coisa aí". De fato, um professor do departamento tinha, na ocasião, votado contra meu amigo R. e meu amigo N. tinha me fornecido ele próprio, sem se dar conta, o material para calúnias. Repito, no entanto, que o sonho parece requerer maior elucidação.

Lembro-me agora de que o sonho contém ainda outra parte que a interpretação não levou em conta. Depois de me ocorrer que meu amigo R. é meu tio, sinto uma grande afeição por ele no sonho. Para quem se voltava esse sentimento? É claro que por meu tio Joseph eu nunca tive nenhum sentimento de afeição. A grande estima que dedicava a meu amigo R. vinha de longos anos, mas se me dirigisse a ele e expressasse meus sentimentos por ele em termos que correspondessem ao grau de afeto que senti no sonho, sem dúvida alguma ele haveria de ficar surpreso. Minha afeição por ele parece falsa e exagerada, algo como minha opinião sobre suas qualidades intelectuais, que expresso fundindo sua personalidade com a de meu tio; nesse caso, porém, o exagero ocorreu no sentido oposto. Mas agora um novo estado de coisas se torna evidente para mim. A afeição no sonho não diz respeito ao conteúdo oculto, aos pensamentos por trás do sonho; ele se opõe a esse conteúdo; tem a finalidade de esconder a informação que a interpretação pode revelar. E é muito provável que esse seja seu propósito. Lembro-me com que resistência me apliquei ao trabalho de interpretação, por quanto tempo tentei adiá-lo e como declarei que o sonho era pura bobagem. Sei, por meus tratamentos psicanalíticos, como essa repulsa deve ser interpretada. Não tem valor como informação, mas apenas como registro de um afeto. Quando minha filhinha recusa uma maçã que lhe é oferecida, diz que a maçã tem um gosto ruim, mesmo sem tê-la provado. Se meus pacientes se comportam como a menina, sei que se trata de alguma coisa que querem *suprimir*. O mesmo se aplica a meu sonho. Não quero interpretá-lo porque contém algo a que me oponho. Depois que a interpretação do sonho foi concluída, descubro a que eu me opunha; era a afirmação de que R. é um simplório. Posso relacionar a afeição que sinto por R. não aos pensamentos oníricos ocultos, mas a essa minha falta de vontade. Se meu sonho, em relação a seu conteúdo oculto, é distorcido nesse ponto e, além disso, é distorcido em algo oposto, então a aparente afeição no sonho serve ao propósito dessa distorção; ou, em outras palavras, mostra-se aqui que a distorção é intencional e é um meio de dissimulação. Meus pensamentos oníricos contêm uma referência desfavorável com relação a R. e, para que eu não possa ter consciência disso, penetra no sonho seu oposto, um sentimento de afeição por ele.

O fato aqui constatado poderia ser aplicado em todos os casos. Como foi demonstrado nos exemplos do capítulo III, há sonhos que são indisfarçáveis realizações de desejos. Sempre que uma realização de desejo é irreconhecível e oculta, deve haver um sentimento de repulsa em relação a esse desejo e, em decorrência dessa repulsa, o desejo não consegue se expressar, a não ser de forma distorcida. Tentarei encontrar um caso na vida social que seja semelhante a esse ato na vida psíquica interior. Onde pode ser encontrada, na vida social, semelhante desfiguração de um ato psíquico? Somente quando se trata de duas pessoas, uma das quais possui certo poder que a outra deve levar em consideração. Essa segunda pessoa irá distorcer seus atos psíquicos, ou, como podemos dizer, irá dissimular. A polidez que pratico todos os dias é, em grande medida, uma dissimulação desse tipo. Se interpreto meus sonhos em benefício do leitor, sou forçado a fazer semelhantes distorções. O poeta também se queixa dessas distorções:

"Você não pode contar o melhor que sabe para os mais jovens."

O escritor, que trata de política e que tem verdades desagradáveis a dizer ao governo, se encontra na mesma situação. Se as disser sem reserva, o governo reprimirá suas palavras – posteriormente, no caso de um pronunciamento verbal, mas preventivamente, caso pretenda publicá-las em texto impresso. O escritor deve temer a *censura*; por isso modifica e distorce a expressão de sua opinião. Ele se vê compelido, de acordo com a sensibilidade dessa censura, a evitar certas formas peculiares de ataque ou a falar por meio de alusões, em vez de referências diretas. Ou deve desfigurar suas declarações censuráveis sob um disfarce que parece inofensivo. Pode, por exemplo, descrever uma rixa entre dois mandarins do Oriente, quando, na realidade, tem em vista autoridades do próprio país. Quanto mais rigoroso o controle do censor, mais amplo se torna o disfarce e, muitas vezes, mais engraçados os meios empregados para colocar o leitor no rastro do verdadeiro sentido.

A correspondência entre os fenômenos da censura e os da

distorção do sonho, que podem ser rastreados em detalhes, justifica pressupor condições semelhantes para ambos. Podemos, portanto, supor a existência em cada ser humano, como causa primeira da formação do sonho, duas forças psíquicas (ou correntes, sistemas), uma das quais constitui o desejo expresso pelo sonho, enquanto a outra atua como um censor sobre esse desejo onírico e, por meio dessa censura, força uma distorção na expressão desse desejo. A única indagação se relaciona à natureza da autoridade dessa segunda instância[33], em virtude da qual pode exercer sua censura. Se lembrarmos que os pensamentos oníricos ocultos não são conscientes antes da análise, mas que o conteúdo aparente do sonho é lembrado de forma consciente, chegamos facilmente à suposição de que é privilégio da segunda instância permitir que os pensamentos penetrem na consciência. Nada pode atingir a consciência a partir do primeiro sistema, sem que tenha passado primeiramente pela segunda instância, e a segunda instância não deixa passar nada sem exercer seus direitos e fazer as alterações que lhe convêm no pensamento, que procura adentrar na consciência. Estamos aqui formando um conceito bem definido da "essência" da consciência; para nós, o processo de conscientização é um ato psíquico específico, diverso e independente do processo de formação de uma imagem ou de uma ideia, e a consciência nos revela como um órgão sensorial, que percebe um conteúdo vindo de outra fonte. Pode-se demonstrar que a psicopatologia não pode dispensar esses pressupostos fundamentais. Podemos reservar um exame mais minucioso desses para um momento posterior.

Se eu tiver em mente a ideia das duas instâncias psíquicas e suas relações com a consciência, encontro na esfera da política uma precisa analogia para a extraordinária afeição que sinto por meu amigo R., que é vítima de tamanho menosprezo no decorrer da interpretação do sonho. Volto minha atenção para um estado em que um governante, cioso de seus direitos, e uma opinião pública atenta estão em franco conflito. O povo está indignado com um funcionário que detesta e exige sua demissão; para não mostrar que é obrigado a respeitar o desejo do povo, o autocrata, em contrapartida, aproveita desse ensejo para conferir ao funcionário uma alta honraria, não prevista numa situação normal. Assim também, a segunda instância mencionada, que controla o acesso à consciência, homenageia meu amigo R. com uma profusão de extraordinária ternura, porque os impulsos de desejo do primeiro sistema, em conformidade com um interesse específico para o qual estão voltados, se predispõem a configurá-lo como um simplório[34].

Talvez comecemos agora a suspeitar que a interpretação dos sonhos é capaz de nos dar pistas sobre a estrutura de nosso aparelho psíquico, que até agora esperamos em vão da filosofia. Não seguiremos, contudo, essa linha, mas retornaremos ao ponto de partida de nosso problema, assim que tivermos esclarecido o assunto da distorção do sonho. Foi levantada a questão sobre o modo pelo qual os sonhos com conteúdo desagradável podem ser analisados como realizações de desejos. Vemos agora que isso é possível, caso tenha ocorrido a distorção do sonho e caso o conteúdo desagradável sirva apenas como disfarce para o que se deseja. Tendo em mente nosso pressuposto da existência das duas instâncias psíquicas, podemos agora dizer: os sonhos desagradáveis, de fato, contêm algo que é desagradável para a segunda instância, mas que, ao mesmo tempo, responde a um desejo da primeira instância. São sonhos de desejo no sentido de que todo sonho se origina na primeira instância, ao passo que a segunda instância age em relação ao sonho apenas de maneira repulsiva, não criativa. Se nos limitarmos a considerar em que a segunda instância contribui para os sonhos, nunca conseguiríamos compreender qualquer um deles. Se fizermos isso, todos os enigmas que os autores encontraram nos sonhos permaneceriam insolúveis.

O fato de que o sonho tem realmente um significado secreto, que acaba sendo a realização de um desejo, deve ser provado novamente por meio de uma análise para cada caso em particular. Por isso seleciono vários sonhos que têm conteúdo angustiante e vou tentar analisá-los. Alguns são sonhos de pacientes histéricos, que exigem longas explanações preliminares e, de vez em quando, também um exame dos processos psíquicos que ocorrem na histeria. Não posso, no entanto, evitar essa dificuldade adicional na exposição.

Quando procedo ao tratamento analítico de um paciente psiconeurótico, os sonhos são sempre, como já disse, o tema de nossa discussão. É importante, pois, dar ao paciente todas as explicações psicológicas, por meio de cuja ajuda eu mesmo cheguei a compreender seus sintomas. Nesse ponto, sofro uma crítica implacável, que talvez não seja menos severa do que a que deveria esperar de meus colegas. Meus pacientes contradizem sistematicamente a tese de que todos os sonhos são realizações de desejos. Seguem-se, portanto, vários exemplos do material onírico apresentado contra mim para refutar essa minha posição.

"O senhor sempre me diz que o sonho é um desejo realizado", começa uma inteligente paciente. "Agora vou lhe contar um sonho em que o conteúdo é exatamente o oposto, um sonho em que um desejo meu não é realizado. Como o senhor concilia isso com sua teoria? O sonho é este:"

Pretendo oferecer um jantar, mas não tendo nada em mãos a não ser um pouco de salmão defumado, penso em ir ao mercado, mas lembro que é domingo à tarde e que todas as lojas estão fechadas. Em seguida, tento telefonar para alguns fornecedores, mas o telefone não funciona. Assim, tenho de renunciar a meu desejo de oferecer um jantar.

Respondo, naturalmente, que só a análise pode decidir quanto ao significado desse sonho, embora admita que à primeira vista parece sensato e coerente e se configura como o oposto da realização de um desejo. Pergunto, então: "Mas que ocorrência deu origem a esse sonho? Como sabe, o estímulo para um sonho é sempre encontrado entre as experiências do dia anterior."

Análise – O marido da paciente, um açougueiro honesto e consciencioso, lhe dissera no dia anterior que estava engordando demais e que, portanto, deveria começar um regime de emagrecimento. Pretendia levantar cedo, fazer exercícios, seguir uma dieta rigorosa e, sobretudo, não aceitar mais convites para jantares. Rindo, ela prossegue contando como o marido, à mesa de um restaurante, tinha conhecido um artista, que insistiu em pintar seu retrato porque nunca havia se deparado com um rosto tão expressivo. Mas o marido respondeu, à sua maneira rude, que ficava muito agradecido pela honra, mas que estava mais que convencido de que o artista haveria de preferir uma parte do traseiro de uma bela jovem a seu rosto inteiro[35]. Ela confessou que estava muito apaixonada pelo marido na época e que o provocava seguidamente. Disse também que havia pedido ao marido para que não lhe oferecesse caviar. O que significa isso?

Na verdade, há muito tempo ela vinha desejando comer um sanduíche de caviar todas as manhãs, mas relutava contra essa despesa. Claro que o marido haveria de trazer imediatamente o caviar, se ela o pedisse. Mas, pelo contrário, havia implorado para que não o trouxesse, a fim de poder provocá-lo mais tempo por isso.

Essa explicação me parece inconsequente. Motivos inconfessáveis costumam se ocultar atrás dessas explicações insatisfatórias. Lembram-nos pacientes hipnotizados por Bernheim; quando um deles executou uma ordem pós-hipnótica e, perguntado por que agiu dessa forma, em vez de responder "Não sei por que fiz isso", teve de inventar uma razão obviamente inadequada. Algo semelhante é provavelmente o caso do caviar de minha paciente. Vejo que ela é compelida a criar um desejo não realizado na vida. Seu sonho também mostra a reprodução do desejo como realizado. Mas por que ela precisa de um desejo não realizado?

As ideias até agora produzidas são insuficientes para a interpretação do sonho. Peço por outras. Após breve pausa, que corresponde à superação de uma resistência, ela relata que no dia anterior havia visitado uma amiga, de quem tem ciúmes, porque o marido dela está sempre elogiando essa mulher. Felizmente, essa amiga é muito magra e esbelta, e o marido de minha paciente gosta de corpos mais rechonchudos. Ora, sobre que essa amiga magra tinha falado? Naturalmente de seu desejo de se tornar um pouco mais robusta. Ela perguntou também à minha paciente: "Quando é que você vai nos convidar de novo? Você costuma oferecer ótimos jantares."

Agora o sentido do sonho está claro. Posso dizer à paciente: "É como se você tivesse pensado na hora do pedido: 'Claro, vou convidá-la, para que você possa engordar em minha casa e ficar ainda mais atraente para meu marido. Prefiro nunca mais oferecer um jantar.' O sonho então lhe diz que você não pode oferecer jantar nenhum, realizando assim seu desejo de não contribuir em nada para deixar sua amiga mais gordinha. A resolução de seu marido de recusar convites para jantar, com o objetivo de emagrecer, lhe recorda que engordamos com as coisas servidas em festas e comemorações." Só faltava, enfim, um pouco de conversa para confirmar a solução. A presença do salmão defumado, no sonho, ainda não foi explicado. "Como é que lhe ocorreu a ideia o salmão mencionado no sonho?" Ela respondeu: "Salmão defumado é o prato preferido dessa amiga." Acontece que eu mesmo conheço essa senhora e posso afirmar que ela se ressente tanto de não comer salmão quanto minha paciente se ressente de não comer caviar.

O sonho admite ainda outra interpretação, mais precisa, que se torna necessária apenas por uma circunstância secundária. As duas interpretações não se contradizem, mas se entrelaçam no mesmo espaço e fornecem um claro exemplo da ambiguidade usual dos sonhos, como ocorre em todas as estruturas psicopatológicas. Vimos que, ao mesmo tempo em que sonha com a negação do desejo, a paciente está na realidade ocupada em assegurar um desejo não realizado (os sanduíches de caviar). A amiga dela também havia manifestado um desejo, a saber, engordar, e não nos surpreenderia se minha paciente tivesse sonhado que o desejo da amiga não estava sendo realizado, pois o próprio desejo de minha paciente é que um desejo de sua amiga – o de engordar – não seja realizado. Em vez disso, porém, ela sonha que um dos próprios desejos não foi realizado. O sonho se torna passível de nova interpretação, se no sonho ela não se refere a si mesma, mas à sua amiga, se ela se colocou no lugar da amiga ou, como podemos dizer, se identificou com a amiga.

Acho que ela realmente fez isso e, como sinal dessa identificação, ela criou um desejo não realizado em realidade. Mas qual é o sentido dessa identificação histérica? Para esclarecer isso, é necessária uma explicação mais completa. A identificação é um fator muito importante no mecanismo dos sintomas histéricos; por esse meio, os pacientes são capazes, em seus sintomas, de expressar não apenas as próprias experiências, mas as experiências de um grande número de pessoas, e podem sofrer, por assim dizer, por toda uma multidão e desempenhar todos os papéis de um drama, por meio somente de suas variadas personalidades. Poder-se-á objetar que se trata de uma conhecida imitação histérica, a capacidade dos histéricos de copiar todos os sintomas que os impressionam quando ocorrem nos outros, como se sua compaixão fosse estimulada até a reprodução. Mas isso indica apenas a maneira pela qual o processo psíquico se desenrola na imitação histérica. A maneira pela qual um ato psíquico se desenvolve e o ato em si são duas coisas diferentes. Este último é um pouco mais complicado do que se pode imaginar que possa ser a imitação de pacientes histéricos: corresponde a um processo inconsciente concluído, como haverá de mostrar um exemplo. O médico, que tem uma paciente com um tipo específico de espasmos, internada em companhia de outros pacientes no mesmo quarto de hospital, não vai se surpreender se constatar, certa manhã, que esse peculiar ataque histérico encontrou imitações. Dirá simplesmente para si mesmo: "Os outros a viram e fizeram o mesmo; trata-se de contágio psíquico." É verdade, mas o contágio psíquico procede mais ou menos da seguinte maneira: em geral, os pacientes sabem mais sobre uns dos outros do que o médico sabe sobre cada um deles, e ficam preocupados uns com os outros logo que a visita do médico termina. Alguns deles têm um ataque naquele dia: logo se sabe entre os outros que a causa disso foi uma carta de casa, o reavivamento de uma paixão ou algo semelhante. A simpatia deles é despertada e tiram essa espécie de dedução, sem que penetre fundo na consciência: "Se é possível ter esse tipo de ataque por essas causas, eu também posso ter o mesmo tipo de ataque, pois tenho as mesmas razões para isso." Se essa dedução fosse capaz de se instalar na consciência, talvez se manifestasse em medo de sofrer o mesmo ataque; mas essa dedução ocorre em outra esfera psíquica e, portanto, termina na concretização real do temido sintoma. A identificação não é, portanto, uma simples imitação, mas uma simpatia baseada na mesma alegação etiológica; ela expressa um "como se" e se refere a alguma qualidade comum que permaneceu no inconsciente.

A identificação é usada com mais frequência na histeria para expressar um aspecto sexual comum. Uma mulher histérica identifica-se mais prontamente – embora não exclusivamente – com pessoas com quem teve relações sexuais ou que tenham tido relações sexuais com as mesmas pessoas que ela. A linguagem leva em consideração esse conceito: dois apaixonados são "um só". Na fantasia histérica, assim como no sonho, é suficiente, para fins de identificação, pensar em relações sexuais, tenham elas ocorrido ou não. A paciente, então, só segue as regras do pensamento histérico quando expressa ciúmes da amiga (que, aliás, ela mesma admite ser injustificada, na medida em que se coloca em seu lugar e se identifica com ela ao criar um sintoma – o desejo negado). Eu poderia esclarecer mais especificamente o processo da seguinte forma: ela se coloca no lugar da amiga no sonho, porque a amiga tomou o seu lugar em relação ao marido e porque ela gostaria de ocupar o lugar da amiga na estima do marido dela[36].

A contradição à minha teoria dos sonhos sustentada por outra paciente, a mais arguta de todas as que contam seus sonhos, foi resolvida de maneira mais simples, embora baseada no mesmo esquema, ou seja, que a não realização de um desejo significa a realização de outro. Certo dia expliquei a ela que o sonho é a realização de um desejo. No dia seguinte, ela me relatou um sonho em que estava viajando com a sogra para a casa de campo que mantinham em comum. Ora, eu sabia que ela havia se revoltado violentamente contra a ideia de passar o verão na companhia de sua sogra. Eu também sabia que ela felizmente havia evitado ficar perto de sua sogra, alugando um chalé no interior, num local de veraneio bem distante. E agora o sonho revertia essa solução desejada; não era isso a mais clara contradição à minha teoria que prega a realização de desejos nos sonhos? Certamente, bastava somente seguir a sequência lógica desse sonho para chegar à sua interpretação. De acordo com esse sonho, eu estava errado. *Era, portanto, desejo dela que eu estivesse errado, e o sonho lhe mostrou esse desejo como realizado.* Mas seu desejo de que eu estivesse errado, que se realizou no tema da casa de campo, referia-se a um assunto mais sério. Naquela época, eu tinha inferido, a partir do material fornecido em sua análise, que, em certo momento de sua vida, deveria ter ocorrido algo de significativo para o surgimento de sua doença. Ela negou isso, porque não tinha qualquer lembrança a respeito. Mas logo chegamos à conclusão de que eu estava certo. Seu desejo de que eu estivesse errado, que se transforma no sonho, correspondia assim ao desejo justificável de que essas coisas, que na época mal se suspeitava delas, nunca tivessem ocorrido.

Sem análise, e apenas por suposição, tomei a liberdade de interpretar um pequeno episódio ocorrido com um amigo que havia sido meu colega nas oito séries do curso ginasial. Certa vez, ele assistiu a uma palestra que proferi a um reduzido número de pessoas sobre o tema do sonho como a realização de um desejo. Ele foi para casa, sonhou que *havia perdido todos os seus processos* – ele era advogado – e então questionou minha teoria. Refugiei-me numa evasiva e lhe disse: "Não se pode ganhar todos os casos." Mas pensei comigo mesmo: "Se durante oito anos eu me sentei como primeiro da classe no banco da frente, enquanto ele ficava pelo meio da sala de aula, será que não teve naturalmente um desejo, naqueles tempos de escola, de que eu também viesse, um dia, a fracassar totalmente na vida?"

Da mesma forma, outro sonho de caráter mais sombrio me foi relatado por uma paciente como uma contradição à minha teoria dos sonhos de desejo. A paciente, uma jovem, começou assim: "O senhor deve estar sabendo que minha irmã agora tem apenas um menino, Charles; ela perdeu o filho mais velho, Otto, quando eu ainda morava com ela. Otto era meu predileto; fui eu realmente quem o criou. Gosto também do outro, mas é claro que não tanto quanto gostava daquele que morreu. Ora, ontem à noite *sonhei que via Charles morto diante de mim. Estava deitado em seu pequeno caixão, com as mãos postas; havia velas por toda parte e, em resumo, era exatamente tudo igual como no dia da morte do pequeno Otto, morte que me chocou profundamente.* Agora me diga, o que significa isso? O senhor me conhece. Será que sou tão perversa a ponto de desejar que minha irmã perca o único filho que tem? Ou será que o sonho significa que desejo que Charles estivesse morto em vez de Otto, de quem eu gostava muito mais?"

Assegurei-lhe que essa interpretação não fazia sentido. Depois de alguma reflexão, consegui dar-lhe a interpretação do sonho, que ela, posteriormente, a confirmou.

Tendo ficado órfã em tenra idade, a menina foi criada na casa de uma irmã muito mais velha. Entre os amigos e visitantes que frequentavam a casa, conheceu um homem que deixou uma impressão duradoura em seu coração. Durante algum tempo, parecia que essas relações, embora escassamente expressas, iriam terminar em casamento, mas esse feliz desfecho foi frustrado pela irmã, por motivos que nunca foram inteiramente explicados. Depois do rompimento, o homem, amado por minha paciente, deixou de frequentar a casa. Ela própria se tornou independente e passou a morar sozinha, algum tempo depois da morte do pequeno Otto, a quem havia dedicado toda a sua afeição. Mas não conseguia libertar-se do apaixonado pendor que sentia pelo amigo da irmã. Seu orgulho ordenava que o evitasse, mas era-lhe impossível transferir seu amor para nenhum dos outros pretendentes que se apresentavam sucessivamente. Sempre que o homem que ela amava, que era professor de literatura, anunciava uma palestra em qualquer lugar, ela com certeza seria encontrada na plateia; e aproveitava também todas as oportunidades para vê-lo a distância, sem que ele a notasse. Lembrei-me de que na véspera ela me havia dito que o professor iria a um concerto e que ela também iria, só para ter o prazer de vê-lo. Isso ocorreu no dia do sonho; e o concerto deveria ter lugar no dia em que ela me contou esse sonho. Foi então que consegui elaborar facilmente a interpretação correta e perguntei se ela conseguia pensar em algum fato que tivesse acontecido após a morte do pequeno Otto. Ela respondeu imediatamente: "Certamente; naquela época o professor voltou depois de longa ausência e eu o vi mais uma vez ao lado do caixão do pequeno Otto." Era exatamente o que eu esperava. Interpretei o sonho da seguinte maneira: "Se o outro menino morresse agora, aconteceria a mesma coisa. Você passaria o dia com sua irmã; o professor certamente viria apresentar suas condolências e você o veria novamente nas mesmas circunstâncias da outra vez. O sonho não significa nada além desse seu desejo de vê-lo mais uma vez, desejo contra o qual você vem lutando intimamente. Sei que você tem na bolsa o ingresso para o concerto de hoje. Seu sonho é um sonho de impaciência; antecipou em várias horas o encontro que vai ter hoje."

A fim de disfarçar seu desejo, ela obviamente escolheu uma situação em que desejos desse tipo são geralmente suprimidos – uma situação em que se está tão mergulhado em tristeza que não se pensa no amor. E, no entanto, é muito provável que, mesmo na situação real junto do caixão do menino mais velho e mais intensamente amado, que o sonho reproduziu com toda a fidelidade, ela não tenha sido capaz de suprimir seus sentimentos de afeição pelo visitante que estivera ausente por tanto tempo.

Uma explicação diferente foi dada para um sonho semelhante de outra paciente. Muito jovem ainda, ela se destacava por seu raciocínio rápido e sua disposição alegre, qualidades que ainda mostrava, pelo menos nas ideias que lhe ocorriam no decorrer do tratamento. Num sonho bastante longo, parecia a essa senhora estar vendo diante dela a filha de 15 anos morta, posta dentro de uma caixa. Ela estava fortemente inclinada a converter essa imagem onírica numa objeção à teoria da realização dos desejos, mas ela mesma suspeitava que o detalhe da caixa deveria levar a uma ideia diferente do sonho[37]. Durante a análise, ocorreu-lhe que, numa reunião na noite anterior, a conversa havia girado em torno da palavra inglesa "*box*" e das inúmeras traduções dela para o alemão, como *Schachtel* = *box* (caixa), *Loge* = *box* (camarote de teatro), *Kasten* = *box* (arca, baú), *Ohrfeige* = *box on the ear* (tapa na orelha), etc. De outros componentes do mesmo sonho, agora é possível acrescentar que a senhora adivinhou a relação entre a palavra inglesa "*box*" e a alemã "*Büchse*", e tinha ficado assombrada ao recordar que o termo "*Büchse*" (assim como "*box*") é usado, na fala popular, para designar o órgão genital feminino. Era possível, portanto, fazendo certa concessão a seus limitados conhecimentos de anatomia topográfica, supor que a criança posta na caixa significava um feto no ventre da mãe. Nessa fase da explicação, ela já não negava que a imagem do sonho correspondia realmente a um de seus desejos. Como tantas outras jovens casadas, ela não ficou feliz quando engravidou e mais de uma vez me confessou o desejo de que seu filho morresse antes do nascimento; num acesso de raiva após uma cena violenta com o marido, chegou a bater no abdômen com os punhos para atingir a criança que trazia dentro de si. A criança morta era, portanto, realmente a realização de um desejo, mas de um desejo que havia sido posto de lado por quinze anos. E não é de surpreender que a realização do desejo não fosse mais reconhecida depois de tanto tempo. Muitas mudanças haviam ocorrido nesse intervalo.

O grupo de sonhos ao qual pertencem os dois últimos, relatados há pouco e que têm como conteúdo a morte de parentes muito queridos, será examinado de novo mais adiante, sob o título de "Sonhos Típicos". Poderei então mostrar com novos exemplos que, apesar de seu conteúdo indesejável, todos esses sonhos devem ser interpretados como realizações de desejos.

Devo o sonho seguinte, que mais uma vez me foi contado para me impedir de fazer uma generalização apressada da teoria do desejo nos sonhos, não a um paciente, mas a um inteligente jurista, conhecido meu. "*Sonhei*, diz meu informante, *que estava caminhando, na frente de minha casa, de braço dado com uma senhora. Deparo-me então com uma carruagem fechada, à espera, e um senhor se aproxima de mim, mostra sua credencial de agente da polícia e exige que eu o siga. Só lhe peço um tempo para pôr em ordem meus negócios.* Será que o senhor acha que é um desejo meu de ser preso?" "Claro que não", tive de admitir. "Por acaso, sabe sob que acusação foi preso?" "Sim, creio que por infanticídio." "Infanticídio? Mas não sabe que somente uma mãe pode cometer esse crime contra um filho recém-nascido?" "É verdade."[38] "E em que circunstâncias teve o sonho? O que aconteceu na noite anterior?" "Prefiro não lhe contar; é um assunto delicado." "Mas eu tenho de saber, caso contrário, devemos desistir da interpretação do sonho." "Bem, então, vou lhe contar. Passei a noite, não em casa, mas na casa de uma senhora que significa muito para mim. Quando acordamos pela manhã, algo muito íntimo se passou mais uma vez entre nós. Então adormeci de novo e sonhei o que acabo de lhe contar". "A mulher é casada?" "Sim." "E o senhor não deseja que ela engravide." "Claro que não, pois isso poderia nos denunciar." "Então não tem uma relação sexual normal?" "Tomo a precaução de retirar antes da ejaculação." "Posso presumir que o senhor usou esse expediente várias vezes durante a noite e que, pela manhã, não tinha certeza se o tinha feito como deveria." "Pode ser que seja o caso." "Então seu sonho é a realização de um desejo. Por meio dele, tem toda a certeza de que não gerou uma criança ou, o que dá no mesmo, que matou uma criança. Posso mostrar facilmente os elos dessa situação. Não se recorda de que, alguns dias atrás, estávamos falando sobre as agruras do casamento (*Ehenot*) e sobre a inconsistência de permitir a prática de relações sexuais de modo a evitar a qualquer custo a gravidez, ao passo que toda interferência, depois que o óvulo e o sêmen se uniram e deram origem a um feto, é punida como um crime?" Continuando a discorrer sobre o tema, lembramos também a controvérsia medieval sobre o momento exato em que a alma entra realmente no feto, uma vez que o conceito de assassinato só se torna admissível a partir desse momento. "Sem dúvida, o senhor também conhece o repulsivo poema de Lenau (*Das tote Glück* – A felicidade morta), que coloca o infanticídio e a prevenção da natalidade no mesmo plano." "Estranhamente, pensei em Lenau durante a tarde." "Outro eco de seu sonho. E agora vou lhe demonstrar outra realização de desejo subordinada, em seu sonho. O senhor caminha na frente de sua casa de braços dados com a senhora. Então o senhor a está levando para casa, em vez de passar a noite na casa dela, como faz na realidade. Talvez haja mais de uma razão para que a realização do desejo, que é a essência do sonho, se tenha disfarçado de forma tão desagradável. Em meu ensaio sobre a etiologia das neuroses de angústia, o senhor poderá ver que aponto o ato sexual interrompido como um dos fatores que causam o desenvolvimento do temor neurótico. Seria condizente com isso que, se depois de manter relações sexuais repetidas vezes dessa maneira, o senhor ficasse com um decorrente mal-estar que depois se torna um elemento na composição de seu sonho. O senhor também faz uso desse estado mental desagradável para ocultar a realização do desejo. Além disso, a menção de infanticídio ainda não foi explicada. Por que é que o senhor se atribui esse crime, que é mais especificamente ligado às mulheres?" "Devo confessar que, alguns anos atrás, estive envolvido num caso desse tipo. Por minha culpa, uma garota tentou se proteger das consequências de uma ligação amorosa comigo, praticando um aborto. Eu não tinha nada a ver com a execução do plano, mas naturalmente fiquei muito tempo aborrecido, com medo de que o caso viesse a ser descoberto." "Entendo; essa lembrança forneceu uma segunda razão pela qual a suspeita de não ter levado a bom termo seu expediente no decorrer do ato sexual deve ter sido bem preocupante para o senhor."

Um jovem médico, que me ouvira relatar esse sonho de meu colega numa conferência, deve ter se sentido impressionado com ele, pois se apressou em imitá-lo num sonho seu, aplicando o mesmo modo de pensar a outro tema. No dia anterior, ele havia feito a entrega da declaração de seus rendimentos, que era perfeitamente honesta, pois tinha bem pouco a declarar. Sonhou então que um conhecido seu vinha de uma reunião da comissão de impostos e lhe informava que todas as outras declarações de renda haviam passado sem contestação, mas que a dele havia despertado fundadas suspeitas e que seria punido com pesada multa. O sonho é uma realização mal disfarçada do desejo de ser conhecido como um médico de profícuos rendimentos. Esse sonho leva a lembrar a história da jovem que foi aconselhada a não aceitar seu pretendente, porque era um homem de temperamento explosivo, que certamente iria bater nela depois de casados. A moça respondeu: "Meu desejo é que ele já começasse a me bater!" O desejo de se casar é tão intenso que está disposta a se submeter, de antemão, ao desconforto que terá no casamento, e que lhe é previsto, chegando a transformá-lo num desejo.

Se eu agrupar os sonhos muito frequentes desse tipo, que parecem contradizer minha teoria, na medida em que contêm a negação de um desejo ou de alguma ocorrência claramente indesejada, sob o título de "sonhos opostos ao desejo", observo que todos eles podem se referir a dois princípios, um dos quais ainda não foi mencionado, embora desempenhe um papel importante nos sonhos dos seres humanos. Um dos motivos que inspiram esses sonhos é o desejo de que eu esteja errado. Esses sonhos ocorrem regularmente no decorrer do tratamento do paciente, quando este se retrai numa posição de resistência contra mim e posso contar como praticamente certo que provoco semelhante sonho depois de lhe ter explicado minha teoria de que o sonho é a realização de um desejo[39]. Posso até esperar que isso aconteça num sonho apenas para satisfazer o desejo de que eu possa estar errado.

O último sonho que vou contar, dentre aqueles que ocorreram durante o tratamento, mostra exatamente isso. Uma jovem que lutou muito para continuar o tratamento comigo, contra a vontade de seus parentes e de especialistas que havia consultado, sonhou o seguinte: *Em casa, proibiram-na de voltar a fazer consultas comigo.*

Ela então me lembra da promessa que lhe fiz de tratá-la de graça, se necessário, ao que respondi: "Não costumo fazer concessão alguma em questões financeiras."

Não é nada fácil identificar a realização de um desejo nesse exemplo, mas em todos os casos desse tipo há um segundo problema, cuja solução ajuda também a resolver o primeiro. De onde ela tira as palavras que põe em minha boca? Claro que nunca lhe disse nada disso, mas um de seus irmãos, o que exerce maior influência sobre ela, teve a gentileza de fazer essa observação a meu respeito. Então, o propósito desse sonho é provar que o irmão dela estaria certo. E não é apenas no sonho que ela tenta dar razão a seu irmão, mas é o propósito que rege sua vida e é também o motivo de estar doente.

O segundo motivo para os sonhos opostos ao desejo é tão claro que se corre o risco de não percebê-lo, como aconteceu comigo durante bastante tempo. Na constituição sexual de muitas pessoas, há um componente masoquista, que surgiu por meio de uma conversão do componente agressivo e sádico em seu oposto. Essas pessoas são chamadas de masoquistas "ideais", se buscam prazer não na dor corporal que lhes pode ser infligida, mas na humilhação e no castigo da alma. É óbvio que essas pessoas podem ter sonhos contrários aos desejos e sonhos desagradáveis que, no entanto, para eles nada mais são do que realizações de desejos, pois satisfazem plenamente suas inclinações masoquistas. Aqui está um sonho desse tipo. Um jovem, que em anos anteriores atormentou seu irmão mais velho, por quem tinha uma inclinação homossexual, mas que depois passou por uma mudança completa de caráter, teve esse sonho, que consiste de três partes: *(1) Ele é "insultado" por seu irmão. (2) Dois adultos estão se acariciando com intenções homossexuais. (3) Seu irmão vendeu a empresa que ele (o jovem) pretendia administrar no futuro.* Ele acorda dessa última parte do sonho com os mais aflitivos sentimentos. Mesmo assim, trata-se de um sonho masoquista, que pode ser traduzido desse modo: "Seria bem feito para mim, se meu irmão fizesse essa venda contra meu interesse, como uma punição por todos os tormentos que teve de aguentar em minhas mãos."

Espero que a discussão e os exemplos anteriores sejam suficientes – até que outras objeções possam ser levantadas – para fazer com que pareça plausível que mesmo sonhos com um conteúdo angustiante devem ser analisados como a realização de desejos. Tampouco deverá parecer obra do acaso que, no decorrer da interpretação, sempre nos deparemos com tópicos sobre os quais não gostamos de falar ou de pensar.

A sensação desagradável que tais sonhos despertam é simplesmente idêntica à antipatia que tenta – geralmente com sucesso – nos impedir de tratar ou de discutir esses tópicos e que deve ser superada por todos nós se, apesar de seu desagrado, achamos necessário tomar o assunto em mãos. Mas essa sensação desagradável, que ocorre também nos sonhos, não exclui a existência de um desejo; todo mundo tem desejos que não gostaria de revelar aos outros e que não quer admitir nem para si mesmo. Temos, por outros motivos, justificativa para relacionar o caráter desagradável de todos esses sonhos com o fato da desfiguração onírica e concluir que esses sonhos são distorcidos; e, mais ainda, que a realização de desejos neles é disfarçada a tal ponto que o reconhecimento deles seja impossível por nenhuma outra razão do que uma repugnância, uma vontade de reprimir, que se sente pelo objeto do sonho ou pelo desejo que o sonho cria. A distorção do sonho, então, acaba sendo, na realidade, um ato de censura. Devemos levar em conta tudo o que a análise dos sonhos desagradáveis trouxe à luz, se modificarmos nossa fórmula da seguinte maneira: "O sonho é a realização (disfarçada) de um desejo (suprimido, reprimido)."[40]

Resta ainda examinar, como uma espécie particular, sonhos de conteúdo angustiante, sonhos de ansiedade, cuja inclusão como sonhos de desejo haveria de encontrar menos aceitação entre as pessoas não esclarecidas. Mas posso resolver o problema dos sonhos de ansiedade de uma maneira bem sucinta, pois o que eles podem revelar não é um aspecto novo do problema dos sonhos, mas, nesse caso, é uma questão de compreender a ansiedade neurótica em geral. O medo que sentimos no sonho é explicado apenas aparentemente pelo conteúdo do sonho. Se submetermos o conteúdo do sonho à análise, verificaremos que o medo do sonho não se justifica melhor pelo conteúdo do sonho do que o medo numa fobia se justifica pela ideia da qual depende a fobia. Por exemplo, é verdade que é possível cair de uma janela e que alguns cuidados devem ser tomados quando se está perto de uma janela, mas é inexplicável por que a ansiedade na fobia correspondente é tão grande e por que persegue suas vítimas muito além da real possibilidade de sua ocorrência. A mesma explicação que se aplica à fobia também se aplica, portanto, ao sonho de ansiedade. Em ambos os casos, a angústia está apenas superficialmente ligada à ideia que a acompanha e que tem sua origem em outra fonte.

Por causa da íntima relação entre o medo onírico e o medo neurótico, o exame do primeiro me obriga a referir-me ao último. Num breve ensaio sobre "A neurose da ansiedade"[41], sustentei que o medo neurótico tem sua origem na vida sexual e corresponde a uma libido que se desviou de seu objetivo e não encontrou aplicação. Dessa fórmula, que desde então vem provando sua validade cada vez mais claramente, podemos deduzir a conclusão de que o conteúdo dos sonhos de angústia é de natureza sexual, cuja respectiva libido se transformou em medo. Mais tarde terei oportunidade de defender essa afirmação com a análise de vários sonhos de pacientes neuróticos. Terei ocasião de voltar às determinações dos sonhos de ansiedade e sua compatibilidade com a teoria da realização do desejo quando tentar abordar, de novo, a teoria dos sonhos.

CAPÍTULO V

O MATERIAL E AS FONTES DOS SONHOS

Depois de perceber, pela análise do sonho da injeção de Irma, que o sonho é a realização de um desejo, nosso interesse foi direcionado, a seguir, para a questão de saber se havíamos descoberto uma característica universal do sonho e deixamos de lado, temporariamente, todas as outras questões que pudessem ser levantadas no decorrer dessa interpretação. Agora que alcançamos a meta por um desses caminhos, podemos voltar atrás e escolher um novo ponto de partida para nossas incursões no campo dos problemas do sonho, mesmo que percamos de vista por um tempo o tema da realização de desejos, que ainda está longe de ter sido tratado exaustivamente.

Agora que a aplicação de nosso método de interpretação dos sonhos nos dá a possibilidade de descobrir um conteúdo onírico latente, que é muito mais significativo do que o conteúdo onírico manifesto, somos impelidos a retomar um por um os diversificados problemas dos sonhos, a fim de ver se os enigmas e contradições, que pareciam fora de nosso alcance quando tínhamos apenas o conteúdo manifesto, podem ou não ser resolvidos de modo satisfatório.

As declarações dos autores que tratam do assunto, no tocante à relação do sonho com a vida desperta, bem como sobre a fonte do material onírico, foram apresentadas de forma bastante exaustiva, no capítulo introdutório. Podemos relembrar que há três características peculiares da memória nos sonhos, que foram muitas vezes observadas, mas nunca explicadas:

1. Que o sonho mostra claramente a preferência por impressões dos dias imediatamente anteriores (Cf. Robert, Strümpell, Hildebrandt e também Weed-Hallam).

2. Que o sonho faz sua escolha de acordo com outros princípios que não os de nossa memória de vigília, na medida em que recorda não o que é essencial e importante, mas o que é acessório e despercebido.

3. Que o sonho tem à sua disposição as mais remotas impressões de nossa infância e traz à luz detalhes desse período da vida que novamente nos parecem triviais e que na vida de vigília foram considerados esquecidos há muito tempo.[42]

Essas características na escolha do material onírico foram, é claro, observadas, pelos autores que tratam do assunto, em relação ao conteúdo manifesto do sonho.

(A) IMPRESSÕES RECENTES E IRRELEVANTES NOS SONHOS

Se examinar minha experiência com relação à fonte dos elementos que aparecem nos sonhos, devo afirmar de imediato que alguma referência às experiências do dia que recém-passou pode ser encontrada em todos os sonhos. Qualquer que seja o sonho que eu tome para interpretar, seja meu ou de outro, essa experiência é sempre confirmada. Tendo presente esse fato, posso geralmente começar o trabalho de interpretação procurando compreender a experiência do dia anterior que estimulou o sonho; para muitos casos, de fato, esse é o método mais rápido. No caso dos dois sonhos que submeti a uma análise detalhada anteriormente (o da injeção de Irma e o de meu tio de barba amarela), a referência ao dia anterior é tão óbvia que não precisa de maior elucidação. Mas, para mostrar que essa referência pode ser regularmente demonstrada, examinarei uma parte de minha experiência onírica. Relatarei os sonhos apenas na medida em que for necessário para a descoberta do estímulo onírico em questão.

1. Visito uma casa, onde sou recebido só com dificuldade, etc., e enquanto isso deixo uma mulher *esperando* por mim.

Fonte: Uma conversa à noite com uma parente, em que lhe disse que teria de esperar por uma ajuda que ela exigia até, etc.

2. Escrevi uma *monografia* sobre certa espécie (obscura) de planta.

Fonte: Vi, na vitrine de uma livraria, uma *monografia* sobre o gênero ciclâmen.

3. Vejo duas mulheres na rua, *mãe e filha*, sendo que a segunda é minha paciente.

Fonte: Uma paciente que está em tratamento me contou as dificuldades que sua *mãe* vinha lhe criando para a continuação do tratamento.

4. Na livraria de S. e R., assino um periódico que custa 20 florins por ano.

Fonte: Durante o dia, minha esposa me lembrou de que ainda lhe devo *20 florins* de sua mesada semanal.

5. Recebo uma *comunicação* do Comitê Social Democrata, na qual sou tratado como membro.

Fonte: Recebi simultaneamente *comunicações* do Comitê Liberal de Eleições e do presidente da Sociedade Humanitária, sendo que desta eu sou realmente membro.

6. Um homem *num penhasco no meio do oceano*, à maneira de Boecklin.

Fonte: *Dreyfus na Ilha do Diabo*; ao mesmo tempo, havia recebido notícias de meus parentes na *Inglaterra* etc.

Pode-se levantar a questão se o sonho está invariavelmente ligado aos eventos do dia anterior ou se a referência pode ser estendida a impressões de um espaço de tempo mais longo do passado recente. É pouco provável que essa questão possa representar significativa importância, mas estou propenso a decidir em favor da exclusiva prioridade do dia anterior ao sonho (ao qual me refiro como o dia do sonho). Sempre que pensei ter encontrado um caso em que uma impressão de dois ou três dias antes tivesse sido a fonte do sonho, pude me convencer, após cuidadosa investigação, de que essa impressão havia sido lembrada no dia anterior, que uma reprodução demonstrável havia sido inserida entre o dia do evento e o momento do sonho e, além disso, pude apontar a ocasião recente em que a lembrança da antiga impressão poderia ter ocorrido. Por outro lado, não consegui me convencer de que ocorre um intervalo regular de importância biológica entre a impressão estimulante diurna e sua repetição no sonho (H. Swoboda fala de um intervalo desse tipo, de dezoito horas).[43]

Minha opinião, portanto, é de que o estímulo para todo sonho se encontra entre aquelas experiências "sobre as quais ainda não se dormiu" por uma noite.

Assim, as impressões do passado recente (com exceção do dia anterior à noite do sonho) não têm relação diferente com o conteúdo do sonho daquelas impressões de qualquer período mais remoto do passado. O sonho pode selecionar seu material de todas as épocas da vida, contanto que haja apenas uma linha de pensamento ligada a uma das experiências do dia do sonho (uma das impressões "recentes") com as mais antigas.

Mas por que essa preferência por impressões recentes? Chegaremos a algumas conjeturas a esse respeito, se submetermos um dos sonhos já mencionados a uma análise mais exata. Escolho, para esse fim, o sonho sobre a monografia.

Conteúdo do sonho. – Escrevi uma monografia sobre certa planta. O livro está diante de mim, estou apenas desdobrando uma ilustração colorida. Um espécime seco da planta está encadernado em cada exemplar, como se tivesse sido retirado de um herbário.

Análise – De manhã, vi, na vitrine de uma livraria, um livro intitulado *O Gênero ciclâmen*, aparentemente uma monografia sobre essa planta.

O ciclâmen é a flor predileta de minha esposa. Eu me recrimino por me lembrar tão raramente de lhe levar flores, como ela desejaria. O fato de "levar flores" me recordou uma história que contei recentemente num círculo de amigos para provar minha teoria de que o esquecimento é, muitas vezes, determinado por um propósito do inconsciente e que, em qualquer caso, permite deduzir a intenção secreta da pessoa que esquece. Uma jovem, que está acostumada a receber do marido um buquê de flores no dia de seu aniversário, sente falta desse sinal de afeto em certo ano, e cai em prantos. O marido chega e não fazia ideia do motivo dessas lágrimas até que ela lhe diz: "Hoje é o dia de meu aniversário". Ele bate na testa e exclama: "Ora veja, esqueci completamente!", e está decidido a sair para comprar algumas flores. Mas ela não se consola, pois vê no esquecimento do marido uma prova de que ela não ocupa o mesmo lugar nos pensamentos dele como antes. Essa senhora, L., encontrou minha esposa dois dias antes, disse-lhe que estava se sentindo bem e perguntou por mim. Alguns anos antes, ela fazia tratamento comigo.

Fatos suplementares – Certa vez escrevi algo como uma monografia sobre uma planta, a saber, um breve artigo sobre a planta da coca, que chamou a atenção de K. Koller para as propriedades anestésicas da cocaína. Eu mesmo havia sugerido esse uso do alcaloide nesse escrito, mas não fui suficientemente minucioso para aprofundar o assunto. Isso me lembra que na manhã do dia seguinte ao sonho (para cuja interpretação não encontrei tempo até a noite) tinha pensado em cocaína, numa espécie de devaneio. Caso algum dia eu fosse acometido de glaucoma, iria a Berlim e lá, incógnito, me submeteria a intervenção cirúrgica, na casa de meu amigo berlinense, por um médico recomendado por ele. O cirurgião, que não sabia quem estava operando, se vangloriaria, como sempre, de como essas operações se haviam tornado fáceis desde a introdução da cocaína. Eu não daria nenhum sinal indicativo de que eu mesmo havia participado dessa descoberta. Essa fantasia me levava a pensar de como é difícil para um médico procurar tratamento para si próprio entre seus colegas de profissão. Eu poderia pagar o oftalmologista de Berlim, que não me conhecia, como qualquer outra pessoa paga. Só depois de recordar esse devaneio é que me dou conta de que por trás dele se esconde a lembrança de uma experiência bem peculiar. Pouco depois da descoberta de Koller, meu pai fora, de fato, acometido de glaucoma; ele foi operado por meu amigo oftalmologista, dr. Koenigstein. O dr. Koller cuidou da anestesia de cocaína e, em seguida, comentou que esse caso havia reunido as três pessoas que haviam participado da introdução da cocaína.

Passo agora a pensar no momento em que, pela última vez, fui lembrado dessa questão da cocaína. Foi alguns dias antes, quando recebi um *Folhetim comemorativo*, com o qual acadêmicos agradecidos tinham comemorado o aniversário de seu professor e diretor de laboratório. Entre as honras atribuídas a pessoas ligadas ao laboratório, encontrei uma nota dizendo que a descoberta das propriedades anestésicas da cocaína havia sido feita ali, por K. Koller. Percebo então, subitamente, que o sonho está relacionado com uma experiência da noite anterior. Eu acabara de acompanhar o dr. Koenigstein até sua casa e tinha falado com ele sobre um assunto que desperta meu vivo interesse, sempre que é mencionado. Enquanto conversava com ele no vestíbulo, o professor Gärtner e sua jovem esposa apareceram. Não pude deixar de parabenizá-los por sua aparência saudável. O professor Gärtner é um dos autores do Folhetim de que acabei de falar, e é bem provável que me tenha levado a lembrar-me dele. Da mesma forma, a senhora L., cuja decepção no aniversário relatei anteriormente, havia sido mencionada – mas com referência a outro assunto – na conversa com o dr. Koenigstein.

Tentarei agora explicar os outros determinantes do conteúdo do sonho. Um *espécime seco* da planta acompanha a monografia como se fosse um *herbário*. Uma lembrança do *ginásio* (escola) está ligada ao herbário. O diretor de nosso *ginásio* reuniu, certa vez, os alunos das classes mais adiantadas para que inspecionassem e limpassem o herbário. Haviam sido encontrados pequenos vermes – traças. Parece que o diretor não depositava muita confiança em minha ajuda, pois me entregou apenas algumas folhas. Sei até hoje que ali havia crucíferas. Meu interesse por botânica nunca foi muito grande. Em meu exame preliminar de botânica, recebi a tarefa de identificar uma crucífera, mas não consegui fazê-lo. Eu teria me saído mal, se não tivesse sido socorrido por meus conhecimentos teóricos. As crucíferas sugerem compostas. A alcachofra é realmente uma composta, e poderia até chamá-la de minha flor predileta. Minha esposa, que é mais atenciosa do que eu, muitas vezes me traz do mercado essa minha flor favorita.

Vejo diante de mim a monografia que escrevi. Isso também faz referência a alguma coisa. O amigo que mencionei me escreveu ontem de Berlim: "Penso muito em seu livro dos sonhos. *Eu o vejo diante de mim, concluído, e me vejo virando suas páginas.*" Como invejei esse poder profético! Se eu pudesse vê-lo já terminado diante de mim!

A ilustração colorida e dobrada. – Quando era estudante de medicina, sofri muito com a preferência de só estudar em *monografias*. Apesar de meus limitados recursos, consegui assinar razoável número de periódicos de medicina, cujas ilustrações coloridas me fascinavam. Eu me orgulhava dessa inclinação pela meticulosidade. Depois, quando comecei a publicar meus trabalhos, passei a desenhar as ilustrações de próprio punho e lembro que uma delas era tão ruim que um colega não deixou de zombar de mim por causa disso. Isso traz à memória, não sei exatamente como, uma lembrança de minha infância. Certa vez, meu pai pensou que seria divertido entregar, a mim e à minha irmã mais velha, um livro com ilustrações coloridas (*Descrição de uma viagem à Pérsia*) para destruí-lo. Um tanto difícil de justificar, do ponto de vista educativo. Na época, eu tinha 5 anos e minha irmã, 3, e a imagem de nossa felicidade rasgando esse livro em pedaços (como uma alcachofra, devo acrescentar, folha por folha) é quase a única desse período da vida que guardei muito viva em minha memória.

Quando me tornei estudante, desenvolvi a nobre paixão de colecionar e possuir livros (uma analogia com a inclinação por estudar em monografias, um passatempo que ocorre nos pensamentos oníricos com relação ao ciclâmen e à alcachofra). Tornei-me uma traça de livros (cf. herbário). Sempre liguei essa primeira paixão de minha vida, desde que me entendo por gente, a essa impressão infantil, ou, melhor, reconheci nessa cena infantil uma "lembrança ocultadora" para meu subsequente amor pelos livros.[44] É claro que também aprendi desde cedo que nossas paixões são muitas vezes nossas tristezas. Quando tinha 17 anos, estava com uma conta bastante considerável na livraria e não tinha como saldá-la; e meu pai dificilmente haveria de aceitar a desculpa de que minha inclinação não estava direcionada para algo pior. Mas a menção dessa experiência da juventude me reconduz imediatamente à minha conversa, naquela noite, com meu amigo dr. Koenigstein, pois a conversa na noite do dia do sonho trouxe à tona a mesma velha recriminação de que nutro demasiada paixão por meus passatempos favoritos.

Por razões que não cabe aqui mencionar, não continuarei a interpretação desse sonho, mas indicarei simplesmente o caminho que leva a ele. No decorrer da interpretação, lembrei-me de minha conversa com o dr. Koenigstein e, de fato, de mais de uma parte dela. Se eu levar em conta os assuntos abordados nessa conversa, o significado do sonho se torna claro para mim. Todas as associações de pensamento que se desencadearam, sobre os passatempos de minha esposa e meus, sobre a cocaína, sobre a dificuldade de obter tratamento médico entre colegas de profissão, sobre minha preferência por estudos em monografias e sobre minha negligência em certos temas, como os de botânica... Tudo isso continua e se conecta com algum aspecto dessa conversa deveras abrangente. O sonho assume novamente o caráter de justificativa, de defesa de meus direitos, como o primeiro sonho analisado, relativo à injeção de Irma; continua até mesmo o tema que aquele sonho levantou e o examina junto com o novo material que surgiu no intervalo entre os dois sonhos. Mesmo a forma aparentemente irrelevante, de como o sonho se expressa, ganha nova importância. O significado agora é: "Sou realmente o homem que escreveu aquele valioso e bem-sucedido trabalho (sobre cocaína)", assim como na época afirmei para me justificar: "Sou um estudante meticuloso e diligente". Em ambos os casos, então: "Eu posso me permitir fazer isso". Mas posso dispensar o restante da interpretação do sonho, porque meu único propósito ao relatá-lo foi examinar a relação do conteúdo do sonho com a experiência do dia anterior que o provoca. Enquanto conheço somente o conteúdo manifesto desse sonho, torna-se óbvia uma relação com uma impressão diurna; depois de ter feito a interpretação, uma segunda fonte do sonho se torna evidente, em outra experiência do mesmo dia. A primeira dessas impressões a que o sonho se refere é irrelevante, uma circunstância secundária. Vejo numa vitrine um livro cujo título me prende por um momento e cujo conteúdo dificilmente poderia me interessar. A segunda experiência tem grande valor psíquico; conversei seriamente com meu amigo, o oftalmologista, por cerca de uma hora, fiz alusões nessa conversa que devem ter tocado a nós dois de perto e que despertaram lembranças, revelando os mais diversos sentimentos de meu mais recôndito eu. Além disso, a conversa foi interrompida antes de sua conclusão, porque alguns amigos se juntaram a nós. Qual é, pois, a relação dessas duas impressões do dia entre si e com o sonho da noite subsequente?

No conteúdo manifesto, só se faz alusão à impressão irrelevante, o que pode confirmar que o sonho capta, de preferência, experiências não essenciais para inserir em seu conteúdo. Na interpretação dos sonhos, pelo contrário, tudo converge para um acontecimento importante, que se justifica por exigir atenção. Se julgo o sonho da única maneira correta, de acordo com o conteúdo latente que é trazido à luz na análise, acabo inadvertidamente me deparando com um fato novo e importante. Circula a ideia de que o sonho lida apenas com fragmentos inúteis da experiência diária, durante o período de vigília; sinto-me compelido também a contradizer a afirmação de que nossa vida psíquica de vigília não continua no sonho, e que o sonho desperdiça atividade psíquica num material insignificante. O oposto é verdadeiro; o que ocupou nossas mentes durante o dia também domina nossos pensamentos oníricos e nos damos ao trabalho de sonhar somente com assuntos que nos deram o que pensar durante o dia.

A explicação mais óbvia, talvez, para o fato de eu sonhar com alguma impressão irrelevante do dia, enquanto a impressão que está justificadamente me agitando fornece a ocasião para o sonho, é que isso também é um fenômeno da distorção do sonho, que anteriormente atribuímos a uma força psíquica atuando como censuradora. A lembrança da monografia sobre o gênero ciclâmen é empregada como se fosse uma alusão à conversa com meu amigo, assim como a menção da amiga no sonho do jantar adiado é representada pela alusão ao "salmão defumado". A única questão é, por quais passos intermediários a impressão da monografia passa a assumir a relação de alusão à conversa com o oftalmologista, uma vez que semelhante relação não é de imediato evidente. No exemplo do jantar adiado, a relação é estabelecida desde o início; o "salmão defumado", como prato favorito da amiga, se liga imediatamente à série de associações que a pessoa da amiga haveria de evocar na senhora que está sonhando. Em nosso último exemplo, temos duas impressões separadas que, à primeira vista, parecem não ter nada em comum, a não ser que ocorrem no mesmo dia. A monografia me chama a atenção pela manhã; e eu participo da conversa à noite. A resposta fornecida pela análise é a seguinte: Essas relações entre as duas impressões não existem de início, mas são estabelecidas posteriormente entre o conteúdo de representações de uma impressão e o conteúdo de representações da outra. Recentemente, dei realce especial aos componentes dessa relação, no decorrer do relatório da análise. Com a representação da monografia sobre o ciclâmen, eu provavelmente deveria associar a ideia de que o ciclâmen é a flor favorita de minha esposa, apenas sob alguma influência externa, e essa é talvez a lembrança posterior do buquê de flores de que a senhora L. sentiu falta. Não acredito que esses pensamentos subjacentes teriam sido suficientes para evocar um sonho.

"Não há necessidade de que algum fantasma, meu senhor, deixe a sepultura para nos dizer isso", como lemos em Hamlet.

Mas vejam! Lembraram-me na análise de que o nome do homem que interrompeu nossa conversa era Gärtner (que significa "jardineiro") e que achei que a esposa dele gozava de *florescente* saúde.[45] E até me lembro agora de que uma de minhas pacientes, que tem o belo nome de Flora, foi por algum tempo o assunto principal de nossa conversa. Deve ter acontecido que eu completei a ligação entre os dois acontecimentos do dia, o irrelevante e o estimulante, por meio desses elos da série de associações relacionadas com a botânica. Estabelecem-se então outras ligações, como a da cocaína, que pode, com perfeita exatidão, servir de elo entre a pessoa do dr. Koenigstein e a monografia sobre botânica que escrevi; e essas ligações fortalecem a fusão das duas séries de associações numa só, de modo que uma parte da primeira experiência pode ser usada como alusão à segunda.

Estou preparado para ver essa explicação atacada como arbitrária ou artificial. O que teria acontecido se o professor Gärtner e sua florescente esposa não tivessem aparecido e se a paciente, de quem se falava, se chamasse Anna e não Flora? A resposta é simples. Se essas associações de ideias ocorressem, outras provavelmente teriam surgido. É tão fácil estabelecer associações desse tipo, como facilmente demonstram as adivinhações e as charadas com que nos divertimos quase todos os dias. O âmbito das brincadeiras é ilimitado. Ou, dando um passo a mais: se fosse impossível estabelecer inter-relações suficientemente abundantes entre as duas impressões do dia, o sonho simplesmente teria sido diferente; outra das impressões irrelevantes do dia (pois temos multidões delas que penetram em nosso cérebro e são esquecidas) teria tomado o lugar da monografia no sonho, teria estabelecido uma ligação com o conteúdo da conversa e o teria representado no sonho. Uma vez que foi a impressão da monografia e nenhuma outra que teve esse destino, essa impressão foi provavelmente a mais adequada para o estabelecimento da ligação. Não é preciso se surpreender, como foi o caso de Hänschen Schlau, de Lessing, diante da constatação de que "são as pessoas ricas desse mundo que possuem a maior parte do dinheiro".

Ainda assim, o processo psicológico pelo qual, segundo nossa concepção, a experiência irrelevante é substituída pela psicologicamente importante, parece-nos estranho e passível de questionamento. Num capítulo posterior, nos dedicaremos à tarefa de tornar mais inteligível essa operação aparentemente incorreta. Por ora, estamos preocupados apenas com as consequências desse procedimento, cuja suposição fomos obrigados a fazer pelas experiências regularmente recorrentes na análise de sonhos. Mas o processo parece ser de natureza que, no decorrer desses passos intermediários, ocorreu um deslocamento – digamos, de ênfase psíquica – até que ideias, inicialmente com fraca carga de intensidade, ao receber a carga de ideias que têm uma intensidade inicial mais forte, atingem um grau de potência que lhes permite forçar sua entrada na consciência. Esses deslocamentos não nos surpreendem quando se trata da doação ou transferência de afeto ou das atividades motoras em geral. Que a mulher que decidiu ficar solteira transfira sua afeição a animais, que o solteirão se torne um apaixonado colecionador, que o soldado defenda um pedaço de pano colorido, sua bandeira, com o sangue de suas veias, que entre namorados um aperto momentâneo de mãos traga felicidade ou que, em *Otelo*, um lenço perdido cause uma explosão de ira – todos esses são exemplos de deslocamento psíquico que nos parecem inquestionáveis. Mas se, da mesma maneira e de acordo com os mesmos princípios fundamentais, for tomada uma decisão sobre o que deve atingir nossa consciência e o que deve ser negado a ela, isto é, o que devemos pensar – isso produz uma impressão de morbidez e chamamos isso de erro de pensamento, se ocorrer na vida de vigília. Podemos antecipar aqui o resultado de uma discussão que será abordada mais adiante – a saber, que o processo psíquico, que denominamos como deslocamento do sonho, se mostra não um processo morbidamente perturbado, mas um processo diferente do normal, simplesmente por ser de natureza mais primitiva.

Assim, achamos que o fato do conteúdo onírico recolher restos de experiências triviais deva ser explicado como uma manifestação de distorção onírica (por meio de deslocamento) e podemos lembrar que concluímos que essa distorção onírica é obra de uma censura que controla a passagem entre duas instâncias psíquicas. Esperamos, portanto, que a análise do sonho nos revele regularmente a fonte genuína e significativa do sonho na vida de vigília, cuja lembrança transferiu sua ênfase para uma fonte irrelevante. Essa explicação nos coloca em completa oposição à teoria de Robert que, desse modo, passa a não ter qualquer valor para nós. O fato que Robert estava tentando explicar é um fato que simplesmente não existe; sua suposição é baseada num mal-entendido, na falha em substituir o significado real do sonho por seu conteúdo aparente. Outra objeção pode ser feita à doutrina de Robert: se fosse realmente tarefa do sonho, por meio de uma atividade psíquica especial, livrar nossa memória da "escória" das lembranças do dia, nosso sono seria mais perturbado e mais empenhado num intenso esforço do que podemos supor que fosse em nossa vida de vigília. Isso porque o número de impressões irrelevantes recebidas durante o dia, contra as quais deveríamos proteger nossa memória, é, sem dúvida, infinitamente grande; a noite não seria bastante longa para realizar a tarefa. É muito mais provável que o esquecimento de impressões irrelevantes ocorra sem nenhuma interferência ativa de nossas forças psíquicas.

Ainda assim, algo nos acautela contra a posição de deixar de lado a ideia de Robert sem maiores considerações. Deixamos sem explicação o fato de que uma das impressões irrelevantes do dia – uma do dia anterior, na verdade – fornecia regularmente uma contribuição para o conteúdo do sonho. As ligações entre essa impressão e a verdadeira fonte do sonho nem sempre surgem desde o início; como vimos, elas são estabelecidas apenas posteriormente, no decorrer da elaboração do sonho, como se fosse para servir ao propósito do deslocamento pretendido. Deve haver, portanto, alguma necessidade de estabelecer ligações nessa direção específica com uma impressão recente, embora irrelevante; esta última deve ter uma propriedade especial para torná-la adequada para esse fim. Caso contrário, seria igualmente fácil para os pensamentos oníricos transferir sua ênfase para algum componente não essencial da própria série de associações.

As experiências a seguir nos levarão a uma explicação. Se um dia trouxe duas ou mais experiências que são adequadas para estimular um sonho, então o sonho funde a menção de ambas num único todo; obedece a *um impulso de moldá-las num todo único*. Por exemplo: numa tarde de verão, entrei num vagão de trem, onde encontrei dois amigos meus que não se conheciam. Um deles era um colega influente, o outro era membro de uma distinta família, da qual eu era médico. Fiz com que os dois cavalheiros se conhecessem; mas durante a longa viagem fui uma espécie de intermediário, de modo que me vi discutindo diversificados assuntos ora com um, ora com outro. Pedi a meu colega que usasse de sua influência para recomendar um amigo em comum que acabava de iniciar a prática da medicina. Ele respondeu que estava convencido da capacidade do jovem, mas que sua aparência provinciana haveria de dificultar o acesso a famílias da classe alta. Respondi: "É exatamente por isso que ele precisa de recomendação." Pouco depois, perguntei ao outro companheiro de viagem sobre a saúde de sua tia – mãe de um de meus pacientes – que na época estava acometida de doença grave. Durante a noite, depois dessa viagem, sonhei que o jovem amigo, para quem eu havia pedido recomendação, estava num esplêndido salão, proferindo, para um grupo seleto com o ar de nobre cavalheiro, uma oração fúnebre em homenagem da velha senhora (que, no sonho, já tinha falecido), que era tia do segundo companheiro de viagem. (Confesso francamente que não me dava muito bem com essa senhora.) Meu sonho, portanto, havia encontrado ligações entre as duas impressões do dia e por meio delas compôs uma situação unificada.

Em vista de muitas experiências semelhantes, sou levado a concluir que existe uma espécie de compulsão para a função do sonho, forçando-a a reunir no sonho todas as fontes disponíveis de estimulação do sonho num todo unificado.[46] Num capítulo subsequente (sobre a função do sonho), nos familiarizaremos com esse impulso pelo fato de juntar, como que para condensar, outro processo psíquico primário.

Discutirei agora a questão de saber se a fonte, da qual se origina o sonho e que é revelada pela análise, deve ser invariavelmente um acontecimento recente (e significativo) ou se uma experiência subjetiva, isto é, a lembrança de uma experiência psicologicamente valiosa – uma concatenação de pensamentos – pode fazer parte do estímulo de um sonho. A resposta, baseada em numerosas análises, é quase inequivocamente a seguinte. O estímulo para o sonho pode ser uma ocorrência subjetiva, que se tornou recente, por assim dizer, pela atividade mental durante o dia. Provavelmente não será descabido dar aqui uma sinopse de várias condições que podem ser reconhecidas como fontes de sonhos.

A fonte de um sonho pode ser:

(a) Uma experiência recente e psicologicamente significativa, que está diretamente representada no sonho.[47]

(b) Várias experiências recentes e significativas, que são unidas pelo sonho num todo.[48]

(c) Uma ou mais experiências recentes e significativas, que são representadas no sonho pela menção de uma experiência contemporânea, mas irrelevante.[49]

(d) Uma experiência significativa subjetiva (uma lembrança, uma linha de pensamento), que é regularmente representada no sonho pela menção de uma impressão recente, mas irrelevante.[50]

Como se pode ver, na interpretação dos sonhos, uma condição está sempre presente, ou seja, cada componente do sonho repete uma impressão recente do dia. O elemento destinado à representação no sonho pode pertencer às representações que cercam o próprio e verdadeiro estímulo onírico – e, além disso, como elemento essencial ou não essencial do mesmo – ou pode originar-se na vizinhança de uma impressão irrelevante, que, por meio de associações mais ou menos ricas, foi vinculada aos pensamentos que cercam o estímulo onírico. A aparente multiplicidade das condições é produzida aqui *pela alternativa, de acordo com a qual o deslocamento possa ter ocorrido ou não*; e podemos notar que essa alternativa serve para explicar os contrastes do sonho tão prontamente quanto a série ascendente de células cerebrais, na teoria médica do sonho, vão de parcialmente a totalmente despertas.

Com relação a essa série, cumpre notar que o elemento psicologicamente significativo, mas não recente (uma linha de pensamento, uma lembrança), pode ser substituído, para fins de formação do sonho, por um elemento recente, mas psicologicamente irrelevante, bastando para isso que apenas estas duas condições sejam observadas: 1. Que o sonho deve conter uma referência a algo que foi experimentado recentemente; 2. Que o estímulo do sonho deve permanecer como uma linha de pensamento psicologicamente significativa. Num único caso (o caso [a]), ambas as condições são preenchidas pela mesma impressão. Se se acrescentar que as mesmas impressões irrelevantes, que são utilizadas na elaboração do sonho, desde que recentes, perdem essa disponibilidade assim que se tornam um dia (ou, no máximo, alguns dias) mais velhas, deve-se concluir que o próprio caráter recente de uma impressão lhe confere certo valor psicológico para a elaboração do sonho, que é de certa forma equivalente ao valor de lembranças ou de concatenações de ideias com acentuada carga emocional. Seremos capazes de ver a base desse valor de impressões recentes para a elaboração de sonhos apenas com a ajuda de certas considerações psicológicas que serão descritas mais adiante.[51]

Aliás, convém chamar a atenção para o fato de que mudanças importantes no material composto por nossas ideias e por nossa memória podem ocorrer inconscientemente e à noite. O conselho de que se deveria sempre dormir uma noite, antes de tomar uma decisão final sobre qualquer assunto, é um conselho inteiramente justificado. Mas vemos que nesse ponto passamos da psicologia do sonho para a do sono, um passo que seremos sempre tentados a dá-lo.

Surge, porém, uma objeção que ameaça invalidar as conclusões a que acabamos de chegar. Se impressões irrelevantes só podem entrar no sonho se forem recentes, como é que encontramos também no conteúdo onírico elementos de períodos anteriores de nossa vida, os quais, na época em que eram recentes não possuíam, como afirma Strümpell, nenhum valor psíquico e, portanto, deveriam ter sido esquecidos há muito tempo e que, enfim, não são elementos novos nem psicologicamente significativos?

Essa objeção pode ser plenamente respondida se confiarmos nos resultados fornecidos pela psicanálise dos neuróticos. A solução é a seguinte: o processo de deslocamento que substitui o material irrelevante por aquele que tem significado psíquico (tanto para o sonho quanto para o pensamento) já ocorreu nos primeiros períodos da vida e desde então se fixou na memória. Aqueles elementos que eram originalmente irrelevantes já não o são mais, pois adquiriram o valor de material psicologicamente significativo. Aquilo que realmente permaneceu irrelevante nunca pode ser reproduzido no sonho.

Será correto supor, com base na argumentação anterior, que afirmo que não há estímulos oníricos irrelevantes e que, portanto, não há sonhos inocentes. Acredito que assim seja, no sentido mais estrito e exclusivo, se deixar de lado os sonhos das crianças e talvez breves reações oníricas a sensações noturnas. O que quer que se sonhe é manifestamente reconhecível como psiquicamente significativo ou está distorcido, e só pode ser julgado corretamente após uma interpretação completa do sonho, quando, como antes, pode ser reconhecido como possuidor de significado psíquico. O sonho nunca se interessa por ninharias; não nos deixamos perturbar durante o sono por assuntos de pouca importância. Sonhos aparentemente inocentes se tornam sinistros quando nos damos ao trabalho de interpretá-los; se me permitem a expressão, todos eles têm "a marca da besta". Como esse é outro ponto em que posso esperar que me contradigam e como estou contente com a oportunidade de mostrar a distorção onírica em ação, submeterei à análise alguns sonhos de minha coleção.

I. Uma jovem inteligente e refinada que, no entanto, em sua conduta é reservada e acanhada, relata o seguinte sonho:

O marido dela pergunta: "O piano não deveria estar afinado?" Ela responde: "Não vale a pena; os martelos teriam de ser restaurados também." Isso repete um fato real do dia anterior. O marido havia feito essa pergunta e ela respondeu algo semelhante. Mas qual é a explicação para ela ter sonhado com isso? Ela fala do piano, de fato, e diz que é uma *caixa velha repulsiva* e que produz um som horroroso; é uma das coisas que o marido já possuía antes do casamento[52], etc., mas a chave para a verdadeira solução está nessa frase: *Não vale a pena*. Essas palavras repetiam em parte o que havia dito numa visita feita no dia anterior a uma amiga, quando foi convidada a tirar o casaco; recusando-se, dissera: "*Não vale a pena. Devo ir embora dentro de instantes.*" Nesse momento, lembro-me de que, durante a análise de ontem, ela segurou de repente o casaco, porque um dos botões havia se soltado. É, portanto, como se ela tivesse dito: "Por favor, não olhe nessa direção; não vale a pena." Assim, "*caixa*" é substituída por "*peito*", ou "caixa torácica" ("busto"), e a interpretação do sonho leva diretamente a uma época do desenvolvimento de seu corpo, quando ela estava insatisfeita com sua forma. Também leva a períodos anteriores, se levarmos em consideração os termos "*repulsivo*" e "*som horroroso*", e lembrarmos com que frequência, nas alusões e nos sonhos, os pequenos hemisférios do corpo feminino tomam o lugar – como substitutos e como contrastes – dos grandes.

II. Vou interromper esse sonho para inserir um breve sonho inocente de um jovem. Sonhou que *estava vestindo seu sobretudo de inverno novamente, o que era algo terrível.* A razão para esse sonho é aparentemente o clima frio, que havia retornado recentemente. Num exame mais cuidadoso, notamos que as duas partes curtas do sonho não se encaixam bem, pois o que há de "terrível" em usar um casaco pesado ou grosso no frio? Infelizmente, para a inocuidade desse sonho, a primeira ideia que se extrai da análise é a lembrança de que no dia anterior uma senhora lhe confessara secretamente que seu último filho devia sua existência ao rompimento de um preservativo. Ele agora reconstrói seus pensamentos de acordo com essa sugestão: Um preservativo fino é perigoso, um grosso é ruim. O preservativo é um "sobretudo" (*Überzieher*), pois é colocado sobre alguma coisa; *Überzieher* também é o nome dado, em alemão, a um sobretudo fino. Uma experiência como a relatada pela senhora seria realmente "terrível" para um homem solteiro. – Agora podemos retornar a outra pessoa que teve um sonho inocente.

III. *Ela coloca uma vela num castiçal; mas a vela está quebrada, de modo que não fica em pé. As meninas da escola dizem que ela é desajeitada; a jovem responde que não é culpa dela.* Aqui também a causa do sonho é um fato real. No dia anterior, ela havia realmente colocado uma vela num castiçal, mas essa vela não estava quebrada. Um simbolismo transparente foi utilizado nesse sonho. A vela é um objeto que pode excitar os órgãos genitais femininos. Se estiver quebrada, de modo que não pode ficar em pé, significa que o homem é impotente ("não é culpa dela"). Mas será que essa jovem, cuidadosamente criada e alheia a toda obscenidade, sabe que uma vela poderia ser usada para esse fim? Acontece que acaba contando como obteve essa informação. Certo dia, estava passeando de barco pelo rio Reno quando passa outro barco com alguns estudantes que cantavam, ou melhor gritavam, com grande alegria: "Quando a Rainha da Suécia com persianas fechadas e as velas de Apolo..."

Ela não consegue ouvir ou entender a última palavra. Pede ao marido que lhe dê a explicação necessária. Esses versos são então substituídos no conteúdo do sonho pela lembrança inocente de uma tarefa que ela, certa vez, executou desajeitadamente num internato feminino; e a substituição ocorreu por causa dos elementos comuns *persianas fechadas*. A ligação entre os temas da masturbação e da impotência é bastante clara. "Apolo", no conteúdo latente do sonho, conecta esse sonho com um anterior, no qual aparecia a virgem Palas. Tudo isso, obviamente, não é nada inocente.

IV. Para que não pareça muito fácil tirar conclusões dos sonhos sobre as circunstâncias reais do sonhador, acrescento outro sonho vindo da mesma pessoa, sonho que também parece inocente. *"Eu sonhei que estava fazendo algo"*, conta ela, *"o que realmente fiz durante o dia, ou seja, enchi um baú com tantos livros que tive dificuldade em fechá-lo. Meu sonho repetia exatamente o que aconteceu."* Nesse exemplo, a própria pessoa que relata o sonho atribui importância primordial à correspondência entre o sonho e a realidade. Todas essas críticas e observações sobre o sonho, embora tenham um lugar no pensamento de vigília, são regularmente parte do conteúdo latente do sonho, como exemplos posteriores haverão de demonstrar. O que nos foi dito, portanto, é que aquilo que o sonho relata realmente aconteceu durante o dia. Levaria muito tempo para explicar como tive a ideia de usar a língua inglesa para me ajudar a interpretar esse sonho. Basta dizer que o que está novamente em questão é uma pequena caixa (cf. o sonho da criança morta, na caixa) que está tão cheia que nada mais se pode colocar nela. Pelo menos, nada de sinistro dessa vez.

Em todos esses sonhos "inocentes", o fator sexual como motivo para o exercício da censura recebe marcante destaque. Mas essa é uma questão de primordial importância, que devemos adiar.

(B) EXPERIÊNCIAS INFANTIS COMO FONTE DE SONHOS

Como terceira peculiaridade do conteúdo do sonho, citei, de todos os autores que tratam do assunto (exceto Robert), o fato de que impressões que remontam à infância e que parecem não estar à disposição da memória desperta, podem aparecer no sonho. Naturalmente, é difícil julgar com que frequência ou raridade isso ocorre, porque os respectivos elementos do sonho não são reconhecidos de acordo com sua origem, após o despertar. A prova de que estamos lidando com impressões da infância deve, portanto, ser estabelecida objetivamente e as condições necessárias para que isso aconteça só em raras ocasiões coincidem. A história é contada por A. Maury, como exemplo conclusivo; relata o fato de um homem que decidiu visitar seu local de nascimento após vinte anos de ausência. Durante a noite, antes da partida, sonha que está num lugar totalmente estranho e que encontra ali um homem desconhecido, com quem passa a conversar. Depois de voltar para casa, constatou que esse local estranho realmente existia na vizinhança de sua cidade natal e que o homem desconhecido do sonho era um amigo de seu falecido pai, homem que ainda morava lá. Sem dúvida, essa é uma prova conclusiva de que tinha visto, em sua infância, tanto o homem quanto o local. O sonho, aliás, deve ser interpretado como um sonho de impaciência, como o da moça que leva no bolso o ingresso para o concerto da noite, da criança cujo pai lhe prometera uma excursão até o Hameau, e assim por diante. Os motivos que explicam por que exatamente essa impressão da infância é reproduzida ao que sonha não podem, é claro, ser descobertos sem uma análise.

Alguém que costumava assistir a minhas palestras e que se gabava de que seus sonhos raramente eram distorcidos, me contou que, algum tempo antes, sonhou que viu seu *antigo tutor na cama com sua babá*, que estivera com a família até ele completar 11 anos. O exato local dessa cena não lhe ocorre no sonho. Como se interessou pelo fato sonhado, contou ao irmão mais velho, que, rindo, confirmou que era a pura verdade. O irmão disse que se lembrava muito bem do caso, pois tinha 6 anos na época. Os amantes costumavam embriagar o filho mais velho com cerveja, sempre que as circunstâncias eram favoráveis às relações noturnas. O menino mais novo, na época com 3 anos – nosso sonhador – que dormia no mesmo quarto da babá, não era considerado um empecilho.

Em outro caso ainda se pode verificar de modo incisivo, sem o auxílio da interpretação, que o sonho contém elementos da infância, ou seja, quando o sonho é *recorrente*. Em outras palavras, quando se teve o sonho pela primeira vez na infância e depois se repete na idade adulta. Posso acrescentar alguns exemplos desse tipo aos já conhecidos, embora eu nunca tenha tido um desses sonhos recorrentes. Um médico, na casa dos 30 anos, me contou que um leão amarelo, que o descrevia com minuciosos detalhes, aparecia com frequência em seus sonhos desde o primeiro período de sua infância até os dias atuais. Esse leão, que via em seus sonhos, foi um dia descoberto *in natura* como um objeto de porcelana há muito esquecido. O homem soube, então, de sua mãe, que esse objeto havia sido seu brinquedo predileto na primeira infância, um fato que ele mesmo não lembrava mais.

Se passarmos agora do conteúdo onírico manifesto para os pensamentos oníricos que são revelados apenas após a análise, é possível constatar que as experiências da infância desempenham seu papel mesmo em sonhos cujo conteúdo não nos levaria a suspeitar de algo desse tipo. Devo um exemplo particularmente agradável e instrutivo de um desses sonhos a meu honrado colega do "leão amarelo". Depois de ler o relato de Nansen sobre sua expedição polar, ele sonhou que estava dando ao ousado explorador tratamento elétrico num campo de gelo para uma isquemia, da qual esse explorador se queixava! Na análise desse sonho, ele se lembrou de uma história de sua infância, sem a qual o sonho permaneceria inteiramente ininteligível. Quando criança, de 3 ou 4 anos, estava escutando atentamente uma conversa de pessoas mais velhas sobre viagens de exploração, e logo perguntou ao pai se a exploração era uma doença grave. Ele havia confundido *Reisen* (viagens) com *Reissen* (cólicas), o que provocou o riso de seus irmãos e, por causa disso, não esqueceu mais a humilhante experiência.

O caso é bastante semelhante quando, na análise do sonho da monografia sobre o gênero ciclâmen, me deparo com a lembrança, retida desde a infância, de que meu pai me permitiu destruir, quando eu tinha 5 anos, um livro ilustrado com páginas coloridas. Talvez se possa pôr em dúvida se essa lembrança realmente participou da composição do conteúdo do sonho e se pode insinuar que o processo de análise estabeleceu posteriormente a conexão. Mas a abundância e a complexidade dos elos associativos atestam a veracidade de minha explicação: ciclâmen – flor predileta – prato favorito – alcachofra; desmanchar como uma alcachofra, folha por folha (uma frase que na época soava em nossos ouvidos, a propósito da divisão do Império Chinês) – herbário – traças, cujo prato predileto são os livros. Posso afirmar que o significado final do sonho, que não revelei aqui, tem a mais íntima conexão com o conteúdo de cena infantil.

Em outra série de sonhos, aprendemos com a análise que o próprio desejo que deu origem ao sonho e cuja realização é representada pelo sonho em si, remetem à infância – e chega a ser surpreendente constatar que a criança com todos os seus impulsos continua a viver no sonho.

Continuarei agora a interpretação de um sonho que já se mostrou instrutivo – refiro-me ao sonho em que o amigo R. é meu tio. Avançamos em sua interpretação até o ponto em que o motivo do desejo, o de ser nomeado professor, se afirmasse tangivelmente; e explicamos a afeição que senti no sonho pelo amigo R. como um produto de oposição e de revolta contra a calúnia dos dois colegas, que aparecem nos pensamentos oníricos. Fui eu que tive o sonho. Posso, portanto, continuar a análise afirmando que meus sentimentos não estavam inteiramente satisfeitos com a solução alcançada. Sei que minha opinião sobre esses colegas, que são tão maltratados nos pensamentos oníricos, teria sido expressa em termos bem diferentes na vida de vigília; a força do desejo de não compartilhar seu destino na questão da nomeação me parecia muito pequena para explicar a discrepância entre minha avaliação no sonho e minha avaliação no estado de vigília. Se meu desejo de que se dirigissem a mim por um novo título se mostra tão forte, isso prova uma ambição mórbida, que eu não sabia que existia em mim e que acredito nem passar por minha mente. Não sei como os outros, que pensam me conhecer, me julgariam, pois talvez eu tenha sido realmente ambicioso; mas, se isso for verdade, minha ambição há muito se transferiu para outros objetos que não o título e a categoria de professor-assistente.

De onde vinha, então, a ambição que o sonho me atribuiu? A essa altura, me lembrei de uma história que ouvi muitas vezes em minha infância. Na época de meu nascimento, a esposa de um velho camponês havia profetizado para minha feliz mãe (eu era seu primeiro filho) que ela havia trazido ao mundo um grande homem. Essas profecias devem ocorrer com muita frequência; há tantas mães felizes na expectativa e tantas velhas camponesas, cuja influência na terra andou se esvaindo, que passaram, portanto, a voltar seus olhos para o futuro. Nem a profetisa haveria de sair perdendo com o que dizia. Será que minha fome de grandeza teria se originado dessa fonte? Mas isso me levou a recordar uma impressão dos últimos anos de minha infância, que serviria ainda melhor como explicação. O fato ocorreu numa noite, numa pousada no Prater[53], para onde meus pais costumavam me levar quando eu tinha 11 ou 12 anos. Vimos um homem que ia de mesa em mesa improvisando versos sobre qualquer assunto que lhe fosse sugerido. Mandaram-me trazer o poeta à nossa mesa, e ele se mostrou agradecido pelo convite. Antes de perguntar sobre o tema que desejaríamos sugerir, ele me dedicou algumas rimas, declarando ser provável, se pudesse confiar em sua inspiração, que um dia eu me tornaria um "ministro". Ainda me lembro perfeitamente da impressão que me causou essa segunda profecia. Era na época da eleição para o secretariado municipal; meu pai havia levado para casa, fazia pouco tempo, fotografias dos eleitos para o secretariado – Herbst, Giskra, Unger, Berger e outros – e nós tínhamos iluminado a casa em homenagem a esses cavalheiros. Havia até alguns judeus entre eles; todo estudante judeu aplicado tinha, portanto, as qualidades essenciais de um secretário. Mesmo o fato de que até pouco antes de me matricular na Universidade eu quisesse estudar Direito e só mudei meus planos no último momento, deve estar ligado com as impressões da época. A carreira de um secretário não está, sob hipótese alguma, franqueada a um médico. Voltando a meu sonho, começo a ver que ele me transplanta do presente sombrio para o esperançoso período das eleições municipais e cumpre plenamente meu desejo daquela época. Ao tratar tão mal meus dois estimados e eruditos colegas, porque são judeus, um como um simplório e o outro como um criminoso – ao fazer isso, estou me comportando como se eu fosse o ministro da educação, coloco-me no lugar dele. Que vingança completa a minha contra Sua Excelência! Ele se recusa a me nomear professor extraordinário e, em troca, eu me coloco em seu lugar no sonho.

Outro caso estabelece o fato de que, embora o desejo que aciona o sonho seja um desejo atual, ele recebe grande reforço de lembranças da infância. Refiro-me a uma série de sonhos que se baseiam no anseio de ir a Roma. Suponho que ainda terei de satisfazer esse desejo por meio de sonhos por muito tempo, porque, na época do ano em que tenho tempo disponível para viajar, uma permanência em Roma deve ser evitada por motivos de saúde.[54] Por isso sonhei certa vez que contemplava o rio Tibre e a ponte de Sant'Angelo da janela de um vagão de trem. O trem parte e me ocorre que nunca tinha estado na cidade. O panorama que vi no sonho foi extraído de uma gravura que eu havia notado de passagem no dia anterior, na sala de um de meus pacientes. Em outra ocasião, sonhei que alguém está me levando ao alto de uma colina e me mostra Roma meio envolta em névoa e tão distante que me surpreendo com a nitidez da vista. O conteúdo desse sonho é rico demais para ser relatado aqui. O motivo, "ver de longe a terra prometida", é facilmente reconhecível nele. A cidade é Lübeck, que vi pela primeira vez na neblina; e o tipo da colina é Gleichenberg. Num terceiro sonho, chego finalmente a Roma, como o próprio sonho me diz. Para minha decepção, o cenário que vejo é tudo menos urbano. *Um riacho de água negra, numa das margens há rochas negras e, na outra, grandes flores brancas. Noto a presença de certo sr. Zucker* (que conheço de vista) *e decido lhe pedir que me mostre o caminho para a cidade.* É evidente que estou tentando em vão ver, no sonho, uma cidade que nunca vi na vida desperta. Decompondo a paisagem em seus elementos, as flores brancas indicam Ravena, que me é conhecida e que, pelo menos por algum tempo, privou Roma de seu lugar de destaque como capital da Itália. Nos pântanos ao redor de Ravena tínhamos visto os mais belos nenúfares no meio de poças negras de água; o sonho os faz crescer nos prados, como os narcisos de nosso Aussee, porque em Ravena era trabalhoso demais retirá-los da água. A rocha negra, tão perto da água, lembra nitidamente o vale do Tepl em Karlsbad. "Karlsbad" me permite explicar a peculiar circunstância de perguntar o caminho ao sr. Zucker. No material que compõe o sonho aparecem também duas dessas divertidas anedotas judaicas, que escondem tanta sabedoria mundana, profunda e muitas vezes amarga, e que tanto gostamos de citar em nossas conversas e cartas. Uma é a história da "constituição" e conta como um pobre judeu entra furtivamente no trem expresso para Karlsbad, sem passagem; apanhado em flagrante, é tratado sempre com maior severidade toda vez que o controlador passava para conferir as passagens; numa das estações de parada dessa triste viagem, encontra um amigo e lhe conta a história; este lhe pergunta para onde está viajando: "Para Karlsbad, se minha constituição aguentar." Ligada a essa, guardo na memória outra história de um judeu que não sabe francês e que tem instruções expressas para perguntar, ao chegar em Paris, o caminho para a *Rue Richelieu*. Paris foi por muitos anos o objeto de meu anseio e a grande satisfação com que pisei pela primeira vez nas calçadas de Paris me parecia como que uma garantia de que haveria de realizar também outros desejos. *Perguntar o caminho* é novamente uma alusão direta a Roma, pois é claro que todos os caminhos levam a Roma. Além disso, o nome *Zucker* (que significa açúcar) aponta novamente para Karlsbad, para onde enviamos todas as pessoas afetadas pelo *mal constitucional*, diabetes (*Zuckerkrankheit*, doença do açúcar). A ocasião para esse sonho foi a proposta de meu amigo berlinense de que nos encontrássemos em Praga na Páscoa. Outra alusão ao açúcar e ao diabetes foi encontrada nos assuntos sobre os quais fui levado a conversar com ele.

Um quarto sonho, que ocorreu logo depois do último mencionado, me traz de volta a Roma. Vejo uma esquina à minha frente e fico espantado ao ver tantos cartazes em alemão ali afixados. No dia anterior, eu havia escrito a meu amigo, com uma visão profética, que Praga provavelmente não seria um local agradável para viajantes alemães. O sonho expressava simultaneamente, portanto, o desejo de encontrá-lo em Roma, em vez de na cidade boêmia, e um desejo, que provavelmente remontava a meus dias de estudante, de que a língua alemã pudesse ser mais tolerada em Praga. Além disso, devo ter compreendido a língua tcheca nos três primeiros anos de minha infância, porque nasci numa pequena aldeia da Morávia, habitada por eslavos. Uma canção tcheca de ninar, que ouvi aos 17 anos, ficou, sem esforço de minha parte, tão gravada em minha memória que posso repeti-la até hoje, embora não tenha ideia do que significa. Nesses sonhos também não faltam múltiplas relações com impressões dos primeiros anos de minha vida.

Foi durante minha última viagem à Itália que, entre outros lugares, me fez passar pelo lago Trasimeno, que finalmente descobri o reforço que meu desejo pela Cidade Eterna havia recebido das impressões de minha juventude; isso foi depois de ter visto o rio Tibre e de ter retornado com tristes emoções quando me encontrava a apenas 80 quilômetros de Roma. Eu estava justamente elaborando o plano de viajar para Nápoles via Roma, no ano seguinte, quando essa frase, que devo ter lido num de nossos autores clássicos, me ocorreu: "É uma questão de qual dos dois andava de um lado para outro em sua sala com maior impaciência depois de ter planejado ir a Roma – Winckelman, o assistente do comandante, ou o grande general Aníbal." Eu mesmo tinha seguido os passos de Aníbal. Como ele, eu estava destinado a nunca ver Roma e ele também foi para a Campânia quando todos o esperavam em Roma. Aníbal, com quem cheguei a esse ponto de semelhança, foi meu herói predileto durante meus anos no Ginásio; como tantos rapazes de minha idade, eu simpatizava, na história das Guerras Púnicas, não com os romanos, mas com os cartagineses. Então, quando finalmente compreendi as consequências de pertencer a uma raça alienígena e os sentimentos antissemitas dominantes entre meus colegas de classe me forçaram a assumir uma posição definida, a figura do comandante semita assumiu proporções ainda maiores a meus olhos. Aníbal e Roma simbolizavam para mim, quando jovem, o contraste entre a tenacidade dos judeus e a organização da Igreja Católica. O significado para nossa vida emocional que o movimento antissemita teve desde então ajudou a fixar os pensamentos e as impressões daqueles primeiros anos. Assim, o desejo de chegar a Roma se transformou no disfarce e no símbolo em minha vida onírica para vários desejos calorosamente acalentados, cuja realização poderia ser perseguida com a perseverança e a obstinação do general púnico, embora essa realização pareça às vezes tão pouco favorecida pelo destino, como o foi para o desejo de Aníbal, durante a vida toda, de entrar em Roma.

E, nesse ponto, pela primeira vez, me deparo com a experiência juvenil que, ainda hoje, manifesta sua força em todas essas emoções e sonhos. Eu devia ter 10 ou 12 anos quando meu pai começou a me levar com ele em suas caminhadas e a me revelar, em suas conversas, seus pontos de vista sobre as coisas do mundo. Assim, ele me contou uma vez, para mostrar como eu tinha nascido em tempos melhores do que os dele, o seguinte: "Quando jovem, eu caminhava num sábado por uma rua da aldeia onde você nasceu. Eu estava bem vestido e usava um novo gorro de pele. Um cristão chegou perto de mim, tomou meu gorro e o atirou na lama, gritando: 'Judeu, saia da calçada!'". "E o que o senhor fez?", perguntei. "Fui para o meio da rua e recolhi o gorro", foi a tranquila resposta. Isso não parecia nada heroico da parte do homem grande e forte, que me conduzia a mim, um rapazinho, pela mão. Comparei essa situação, que não me agradou, com outra que se harmonizava mais com meus sentimentos – a cena em que o pai de Aníbal, *Hamilcar*[55] Barca, fez o filho jurar, diante do altar de casa, que se vingaria dos romanos. Desde então, Aníbal passou a ocupar um lugar em minhas fantasias.

Acho que posso levantar a origem de meu entusiasmo pelo general cartaginês recuando ainda mais em minha infância, de modo a detectar possivelmente a transferência de uma relação emocional já formada para um novo objeto. Um dos primeiros livros que caiu em minhas mãos, depois que aprendi a ler, foi o *Konsulat und Kaiserreich* (Consulado e Império), de Thiers. Lembro-me de ter colado nas costas de meus soldados de madeira pequenas etiquetas com os nomes dos marechais e, nessa época, Massena (que me recordava o nome judaico Manassés) já era meu irrestrito predileto. O próprio Napoleão repete o ato de Aníbal ao atravessar os Alpes. E talvez o desenvolvimento desse ideal marcial possa remontar a um período ainda mais remoto de minha infância, ao desejo de que a relação, ora amigável ora hostil, durante meus três primeiros anos com um menino um ano mais velho que eu, deve ter atuado no mais fraco de nós dois.

Quanto mais nos aprofundamos na análise dos sonhos, mais frequentemente somos colocados na trilha de experiências infantis que desempenham o papel de fontes no conteúdo onírico latente.

Já vimos que o sonho muito raramente reproduz experiências de tal maneira que constituam o único conteúdo onírico manifesto, integral e imutável. Ainda assim, foram relatados alguns exemplos autênticos mostrando esse processo e posso acrescentar mais alguns, novamente relacionados com cenas infantis. No caso de um de meus pacientes, um sonho deu-lhe certa vez uma reprodução pouco distorcida de um episódio sexual, que foi imediatamente reconhecida como uma lembrança precisa. Na verdade, a recordação do fato nunca se perdera na vida desperta, mas fora grandemente obscurecida, e sua revivescência foi resultado do trabalho de análise. O sonhador, aos 12 anos, foi visitar um colega de escola acamado, que, por um movimento provavelmente acidental na cama, ficou com o corpo descoberto. Ao ver os órgãos genitais do amigo, o visitante foi tomado por uma espécie de compulsão, descobriu-se também e segurou o membro do outro rapaz; este, no entanto, olhou para ele com surpresa e indignação, ao que ele ficou envergonhado e o largou. Um sonho repetiu essa cena 23 anos depois, com todos os detalhes das emoções que tivera, alterando-a, porém, no sentido de que o sonhador assumiu o papel passivo em vez do ativo, enquanto a pessoa do colega de escola foi substituída por alguém de sua convivência atual.

Na verdade e de modo geral, uma cena da infância é representada no conteúdo manifesto do sonho somente por uma alusão, que só é explicada por meio da interpretação do sonho. A citação de exemplos desse tipo não fornece efetiva convicção, uma vez que faltam todas as garantias de que sejam experiências da infância; quando remetem a uma época muito remota da vida, não são mais reconhecidas por nossa memória. A justificativa para a conclusão de que essas experiências infantis geralmente existem em sonhos se baseia num grande número de fatores que se revelam no trabalho psicanalítico e que parecem bastante confiáveis quando tomados como um todo. Mas quando, para fins de interpretação dos sonhos, essas referências de sonhos a experiências infantis são arrancadas de seu contexto, talvez não causem tanta impressão, especialmente porque nunca apresento todo o material de que depende a interpretação. Isso não me impedirá, contudo, de dar alguns exemplos.

I – O sonho que ora relato é de outra paciente: *Ela está numa grande sala, em que há todos os tipos de aparelhos, talvez fosse, como ela imagina, um instituto ortopédico. Ela ouve que eu não tenho tempo e que deve fazer o tratamento junto com outras cinco pessoas Mas ela se recusa e não quer se deitar na cama – ou seja lá o que for – que se destinava a ela. Fica num canto e espera que eu diga "Não é verdade". Os outros, entretanto, riem, dizendo que é tudo tolice da parte dela. Ao mesmo tempo, é como se ela fosse chamada a fazer muitos quadradinhos.*

A primeira parte do conteúdo desse sonho é uma alusão ao tratamento e uma transferência para mim. A segunda contém uma alusão a uma cena da infância; as duas partes estão ligadas pela menção da cama. O instituto ortopédico se refere a uma de minhas palestras em que comparava o tratamento quanto à sua duração e natureza a um tratamento ortopédico. No início do tratamento, tive de lhe dizer que, *no momento*, dispunha de pouco tempo para ela, mas que mais tarde lhe dedicaria diariamente uma hora inteira. Isso despertou nela a antiga sensibilidade, que é a principal característica das crianças propensas à histeria. Seu desejo de amor é insaciável. Minha paciente era a caçula de seis irmãos e irmãs (portanto, *"com mais cinco"*) e, como tal, a predileta do pai; mas, apesar disso, parece ter descoberto que seu amado pai lhe dedicava muito pouco tempo e atenção. O detalhe de ela ficar esperando que eu dissesse "Não é verdade" tem a seguinte explicação: um aprendiz de alfaiate tinha lhe trazido um vestido e ela lhe havia dado o dinheiro em pagamento. Depois perguntou ao marido se teria de pagar de novo, caso o aprendiz perdesse o dinheiro. Para caçoar dela, o marido respondeu que "sim" (o riso no sonho); ela perguntou repetidas vezes a mesma *coisa, esperando que o marido dissesse "Não é verdade"*. O pensamento do conteúdo onírico latente pode agora ser interpretado da seguinte maneira: Ela terá de me pagar o dobro, se eu dedicar a ela o dobro do tempo? Um pensamento que para ela é mesquinho ou sujo. (A falta de asseio na infância é muitas vezes substituída no sonho pela ganância por dinheiro; a palavra "sujo" é aqui um elo entre as duas.) Se todo o trecho sobre esperar que eu dissesse, etc., serve no sonho como um circunlóquio para a palavra "sujo", o fato de ficar de pé num canto e não deitada na cama combinam perfeitamente, pois esses dois traços são partes componentes de uma cena da infância, em que ela sujou a cama e, como castigo, foi colocada num canto, com a advertência de que o pai não a amaria mais e de que seus irmãos e irmãs ririam dela etc. Os quadradinhos se referem à sua jovem sobrinha, que lhe ensinou o truque aritmético de escrever algarismos em nove quadrados, creio que seja isso mesmo, de tal forma que, somados em qualquer direção, totalizam sempre quinze.

II – Segue-se o sonho de um homem: *Ele vê dois meninos brigando; são filhos de um tanoeiro, conclui ele, por causa das ferramentas que estão por perto. Um dos meninos jogou o outro no chão; o que caiu usa brincos com pedras azuis. Ele levanta e corre atrás do primeiro com um bastão erguido, a fim de castigá-lo. Este busca refúgio junto de uma mulher que está encostada a uma cerca de madeira, como se essa mulher fosse sua mãe. Ela é a esposa de um trabalhador e está de costas para o homem que está sonhando. Por fim, ela se vira e lhe dirige um olhar horrível, de modo que ele foge assustado; nos olhos dela, via-se a carne vermelha das pálpebras inferiores que parecia saltar.*

O sonho fez abundante uso de ocorrências triviais do dia anterior. De fato, ele viu, na véspera, dois meninos na rua, um dos quais jogou o outro no chão. Quando correu até eles para acabar com a briga, ambos fugiram. *Filhos de tanoeiro*: Isso só foi explicado por um sonho posterior, em cuja análise ele usou a expressão: *"Para arrancar o fundo do barril"*. Brincos com pedras azuis, segundo sua observação, são usados principalmente por prostitutas. Além disso, veio-lhe à mente um conhecido verso popular sobre dois meninos: "O outro menino se chamava Marie" (ou seja, era uma menina). A mulher em pé: depois da cena com os dois meninos, ele deu uma caminhada pelas margens do Danúbio e aproveitou a ocasião, por estar sozinho, para urinar *contra uma cerca de madeira*. Um pouco mais tarde, durante sua caminhada, uma senhora idosa decentemente vestida sorriu para ele de maneira muito agradável e quis lhe entregar seu cartão de visitas.

Como no sonho, a mulher estava de pé, exatamente como ele ao urinar; deve tratar-se de uma mulher urinando, e isso explica o "aspecto horrível" e a proeminência da carne vermelha, que só pode se referir aos órgãos genitais que se abrem ao se agachar. Ele tinha visto órgãos genitais em sua infância e eles apareceram em lembranças posteriores como "carne viva" e como "ferida". O sonho une duas ocasiões em que, quando menino, o sonhador teve a oportunidade de ver os órgãos genitais de meninas, ao jogar uma no chão e ao ver outra urinando; e, como mostra outra associação, ele havia guardado na memória uma punição ou ameaça do pai, por causa de sua curiosidade sexual, que o menino demonstrou nessas ocasiões.

III – Há um grande número de lembranças infantis, reunidas às pressas numa única fantasia, por trás do seguinte sonho de uma jovem senhora.

Ela sai apreensiva, a fim de fazer compras. Na rua Graben[56]*, ela cai de joelhos como se estivesse alquebrada. Muitas pessoas se aglomeram ao redor dela, especialmente os condutores de carruagens; mas ninguém a ajuda a levantar-se. Ela faz repetidas tentativas inúteis; finalmente, deve ter conseguido, pois é colocada numa carruagem que deve levá-la para casa. Alguém arremessa, pela janela e para dentro da carruagem, uma grande e pesada cesta (como uma cesta de compras).*

Essa é a mesma mulher que sempre é atormentada em seus sonhos como foi atormentada quando criança. A primeira situação do sonho reflete obviamente o fato de ter visto um cavalo caído e o termo "alquebrado" aponta para uma corrida de cavalos. Ela cavalgava desde muito jovem e quando era ainda mais nova provavelmente se imaginava também num cavalo. O fato de cair está ligado a uma de suas primeiras lembranças infantis, quando o filho de 17 anos do porteiro, caído na rua em decorrência de um ataque epiléptico, foi levado para casa numa carruagem. Naturalmente, ela só ouviu falar disso, mas a ideia de ataques epiléticos e de queda teve grande impacto sobre suas fantasias e, mais tarde, influenciou a forma de seus ataques histéricos. Quando uma mulher sonha em cair ou que caiu, isso quase sempre tem uma conotação sexual; ela se imagina uma "mulher decaída" e, para o propósito do sonho em questão, essa interpretação, em princípio, não deixa margem a dúvidas, pois ela cai na Graben, local de Viena que é conhecido como zona frequentada por prostitutas. A cesta de compras admite mais de uma interpretação; no sentido de recusa (em alemão, *Korb* = cesta, mas também esnobe, recusa), ela se lembra primeiramente das muitas recusas que deu a seus pretendentes e que, mais tarde, ela própria recebeu. Aqui cabe também o detalhe de que *ninguém a ajuda a levantar-se*, o que ela própria interpreta como uma recusa. Além disso, a cesta de compras relembra fantasias que já haviam aparecido no decorrer da análise, nas quais ela imagina que se casou com alguém de posição social muito inferior à sua e agora ela própria é que tem de fazer as compras no mercado. E ainda, a cesta de compras pode ser interpretada como a marca de uma criada. Isso sugere outras lembranças da infância: a de uma cozinheira que foi despedida por ter roubado, que também tinha caído de joelhos, implorando perdão; ela própria tinha 12 anos na época. A segunda lembrança se referia a uma camareira, que foi demitida porque mantinha um relacionamento amoroso com o cocheiro da casa que, aliás, se casou com ela depois. Essa lembrança, portanto, nos dá uma pista para o cocheiro do sonho (que, ao contrário do que realmente acontece, não presta ajuda à mulher caída). Mas falta ainda explicar o arremesso da cesta pela janela. Isso a faz lembrar-se do despacho de bagagens na estação ferroviária, do *Fensterln*[57], na zona rural, e de outros pequenos episódios da vida no campo, como o de um cavalheiro jogando pela janela ameixas azuis para uma senhora e como o de sua irmã menor assustada porque um cretino que passava olhou para dentro pela janela. E então, por trás disso, surge uma lembrança obscura, de seus 10 anos, de uma babá que manteve relações sexuais (que a criança tinha presenciado por instantes) com um criado da casa de campo; a babá foi "demitida" (arremessada para fora – o oposto do sonho, "*arremessada para dentro*"); uma história que já havíamos abordado, partindo de vários outros caminhos. Além disso, a bagagem ou a mala de um criado é depreciativamente designada em Viena como "sete ameixas": "Arrume suas sete ameixas e caia fora!"

Minha coletânea se compõe, naturalmente, de grande número de sonhos de pacientes, cuja análise leva a impressões infantis que são lembradas de modo obscuro ou não e que muitas vezes remontam aos três primeiros anos de vida. Mas é um erro tirar delas conclusões para aplicá-las aos sonhos em geral. Em todos esses casos, trata-se de pessoas neuróticas e, de modo particular, histéricas; e o papel desempenhado pelas cenas infantis nesses sonhos pode ser condicionado pela natureza da neurose e não pela natureza do sonho. Ao interpretar, porém, os meus sonhos (o que não o faço por causa de óbvios sintomas de doença), fico impressionado com a mesma frequência pelo fato de encontrar inesperadamente uma cena da infância no conteúdo latente do sonho e toda uma série de sonhos de repente se alinha com conclusões tiradas de experiências infantis. Já dei exemplos disso e tenho outros a dar mais adiante. Talvez eu não possa encerrar toda essa parte de forma mais apropriada do que citando alguns dos meus sonhos, nos quais acontecimentos recentes e experiências há muito esquecidas da infância se uniram como fontes de sonhos.

I – Depois de ter retornado de uma viagem e de ter ido dormir cansado e faminto, as grandes necessidades da vida passam a revelar suas reivindicações durante o sono, e sonhei o seguinte: *Entro na cozinha para pedir um pastel. Encontro ali três mulheres, uma das quais é a dona do local e está revolvendo algo nas mãos, como se estivesse fazendo bolinhos. Ela responde que devo esperar até que ela termine* (não claramente como se fosse dito com palavras). *Fico impaciente e saio ofendido. Tento vestir um sobretudo; mas o primeiro que provo é muito longo. Eu o tiro e fico um tanto surpreso ao descobrir que é forrado de pele. Um segundo trazia costurada nele uma longa tira de pano com desenhos turcos. Um estranho, de rosto alongado e de barba curta e pontuda, aparece e me impede de vesti-lo, afirmando que é dele. Mostro-lhe então que é todo bordado à moda turca. Ele pergunta:*

"Qual o seu negócio com os turcos?" Mas logo nos mostramos afáveis um com o outro.

Na análise desse sonho, ocorre-me inesperadamente o romance que li, isto é, que comecei no fim do primeiro volume, quando eu tinha talvez 13 anos. Nunca soube o nome do romance ou de seu autor, mas seu final permanece vivo em minha memória. O herói sucumbe à insanidade e chama continuamente os nomes das três mulheres que significavam para a vida dele a maior felicidade e o maior azar. Pélagie é um desses nomes. Ainda não faço ideia para onde poderia me conduzir esse nome, na análise. A propósito das três mulheres, chego a pensar nas três Parcas, que tecem o destino do homem, e sei que uma das três mulheres, a dona do local no sonho, é a mãe que dá a vida e que, além disso, como em meu caso, dá à criatura viva o primeiro alimento. Amor e fome se encontram no seio da mãe. Um jovem – assim diz a anedota – que se tornou grande admirador da beleza feminina, certa vez, conversando sobre uma bela ama de leite que o havia amamentado quando criança, observou que lamentava não ter aproveitado melhor a oportunidade naqueles momentos. Tenho o hábito de usar essa anedota para ilustrar o fator da ação retardada no mecanismo das psiconeuroses... Uma das Parcas, então, está esfregando as palmas das mãos como se estivesse fazendo bolinhos. Uma ocupação estranha para uma das deusas do destino e que exige urgentemente uma explicação! Essa é encontrada em outra lembrança de minha infância. Quando eu tinha 6 anos e recebia minhas primeiras lições de minha mãe, esperava-se que eu acreditasse que somos feitos de barro e que, portanto, devemos retornar ao barro. Mas isso não me agradava e passei a duvidar dos ensinamentos dela. Então minha mãe esfregou as palmas das mãos – exatamente como se faz ao preparar bolinhos, só que não havia massa nas mãos dela – e me mostrou as escamas enegrecidas da epiderme, produzidas pela fricção, como prova de que somos feitos de barro. O espanto diante dessa demonstração sob meu olhar não teve limites e acabei aceitando a ideia, que mais tarde haveria de ouvir expressa nas palavras: "Tu deves uma morte à natureza."[58] Assim, as mulheres que encontro na cozinha são realmente Parcas – como tantas vezes me ocorreu em minha infância quando estava com fome e quando minha mãe me mandava esperar até que o almoço ficasse pronto. E agora, quanto aos bolinhos!... Pelo menos um de meus professores na Universidade, aquele a quem devo meus conhecimentos histológicos (epiderme), poderia se lembrar de uma pessoa de sobrenome Knödl (em alemão, *Knödel* = bolinhos) contra quem teve de mover um processo por plagiar seus escritos. Cometer plágio, apropriar-se de qualquer coisa que se possa obter, ainda que pertença a outro, leva obviamente à segunda parte do sonho, em que sou tratado como ladrão de sobretudos que, por algum tempo, andou exercendo essa atividade nas salas de conferências. Anotei a expressão plágio – sem razão alguma – porque me ocorreu e agora percebo que deve pertencer ao conteúdo onírico latente, pois servirá de ponte entre as diferentes partes do conteúdo onírico manifesto. A associação de ideias "*Pélagie – plágio – plagióstomos*[59] (tubarões) – *bexiga de peixe*" liga o antigo romance com o caso de Knödl e com os sobretudos (em alemão, *Überzieher* = coisa posta sobre – sobretudo ou preservativo), que obviamente se referem a dispositivos utilizados na técnica da vida sexual.[60] Essa, na verdade, é uma associação de ideias muito forçada e irracional, mas é, apesar disso, uma ligação que eu não poderia ter estabelecido na vida de vigília, se já não tivesse sido estabelecida pela atividade do sonho. De fato, como se nada fosse sagrado para esse impulso de forçar ligações, o honrado nome Brücke (ponte de palavras), agora serve para me lembrar da instituição em que passei minhas horas mais felizes como estudante, livre de qualquer preocupação ("Assim sempre haverá de encontrar mais prazer, sem medida, no seio do conhecimento"), no mais completo contraste com os urgentes desejos que ora me atormentam em meu sonho. E finalmente vem à tona a lembrança de outro caro professor, cujo nome Fleschl (em alemão *Fleisch* = carne), assim como Knödl, soa como algo para comer, e de uma cena patética, em que as escamas da epiderme desempenham um papel (mãe – dona do local), bem como a loucura (o romance) e uma droga da despensa que entorpece a sensação de fome, a saber, a cocaína.

Dessa maneira, eu poderia seguir ainda mais as intrincadas linhas de pensamento e explicar completamente a parte do sonho que está faltando na análise; mas devo me abster, porque os sacrifícios pessoais que isso exigiria são muito grandes. Vou me contentar com apenas um dos fios da meada, que servirá para nos levar diretamente aos pensamentos oníricos que estão por trás dessa confusão. O estranho, de rosto alongado e barba pontuda, que quer me impedir de vestir o sobretudo, tem as feições de um comerciante de Spalato, de quem minha mulher compra variados tecidos turcos. Chamava-se Popovic, nome suspeito, que, aliás, deu ao humorista Stettenheim a oportunidade de fazer uma observação significativa: "Ele me disse o nome e apertou minha mão, corando."[61] Além disso, há o mesmo estranho uso de nomes, como anteriormente com Pélagie, Knödl, Brücke, Fleischl. Pode-se afirmar sem medo de contradição que essa brincadeira com nomes é uma tolice infantil; se eu cedo a isso, esse fato pode ser considerado uma espécie de revide, pois meu próprio nome foi inúmeras vezes alvo de pequenas brincadeiras como essas. Goethe observou certa vez como todos se mostram sensíveis em relação ao próprio nome, pois o têm e o consideram como se fosse a própria pele. Disse isso por causa de uns versos que Herder compôs sobre o nome *Goethe*:

"*Tu que nasceste de deuses* (Götte), *de godos* (Gothen) *ou de* Kot (lama),

Tuas imagens divinas também são pó."

Percebo que essa digressão sobre o uso deselegante de nomes foi apenas para preparar essa queixa. Mas vamos parar por aqui... A compra em Spalato me lembra outra em Cattaro, onde fui muito cauteloso e perdi uma oportunidade de fazer algumas aquisições desejáveis. (Perdendo a oportunidade no seio da ama de leite, conforme dito anteriormente.) Outro pensamento onírico, ocasionado no sonhador pela sensação de fome, é o seguinte: *Não se deve deixar escapar nada do que se pode ter, mesmo que seja fruto de pequeno erro; nenhuma oportunidade deve ser perdida, pois a vida é tão curta e a morte, inevitável.* Uma vez que isso também tem uma conotação sexual e visto que o desejo não está disposto a se deter num erro, essa filosofia de *carpe diem* (aproveite o dia) deve temer a censura e deve se esconder atrás de um sonho. Esse fato articula então toda espécie de pensamentos contrários, lembranças de uma época em que apenas o alimento espiritual era suficiente para o sonhador, o que sugere repressões de todo tipo e até ameaças de punições sexuais repugnantes.

II – Um segundo sonho requer uma introdução mais longa:

Fui de carruagem para a Estação Oeste, a fim de tomar o trem para passar minhas férias em Aussee. Cheguei à estação a tempo de ver o trem para Ischl, que sai mais cedo. Encontrei ali o conde Thun, que mais uma vez ia a Ischl para uma audiência com o Imperador. Apesar da chuva, ele veio numa carruagem aberta, passou imediatamente pela entrada de acesso aos trens locais e fez um leve sinal com a mão para o fiscal, que não o reconheceu e queria controlar sua passagem. Depois que o trem para Ischl partiu, me disseram para deixar a plataforma e voltar para a aquecida sala de espera; mas com dificuldade consigo permissão para permanecer na plataforma. Passo o tempo observando as pessoas que fazem uso de suborno para garantir um compartimento; decido insistir em meus direitos, isto é, exigir o mesmo privilégio. Enquanto isso, cantarolo uma melodia, que depois reconheço ser a ária de *As Bodas de Fígaro*:

"Se quiser dançar, meu senhor Conde,

Se quiser dançar, senhor Conde;

A guitarra tocarei para o senhor."

(Possivelmente outra pessoa não teria reconhecido a música.)

Durante toda a tarde estive num estado de espírito insolente e combativo; falei rudemente com o garçom e com o cocheiro, sem, espero, ter ferido seus sentimentos. Agora me vêm à cabeça pensamentos ousados e revolucionários, de um tipo adequado às palavras de *Fígaro* e à comédia de Beaumarchais, que eu tinha visto encenada na *Comédie Française*. Penso na frase sobre grandes homens que se deram ao trabalho de nascer; na prerrogativa aristocrática que o conde Almaviva quer exercer no caso de Susana; nas piadas que nossos maliciosos jornalistas da oposição fazem sobre o nome do conde Thun (em alemão, *thun* = fazendo), chamando-o de conde Faz-Nada. Eu realmente não o invejo; ele agora tem uma missão difícil com o Imperador e eu sou o verdadeiro conde Faz-Nada, pois estou tirando férias. Com isso, arquiteto todos os tipos de prazerosos planos para as férias. Chega então um senhor que o reconheço como representante do Governo na área da Saúde e que ganhou a lisonjeira alcunha de "parceiro de cama do Governo" por suas atividades nessa função. Em razão de seu cargo oficial, exige metade de um compartimento de primeira classe, e ouço um guarda dizer ao outro: "Onde vamos acomodar o cavalheiro com a passagem de meio compartimento de primeira classe?" Um belo privilégio... Eu estou pagando por um compartimento completo de primeira classe. De fato, tenho um compartimento completo a meu dispor, mas não num vagão com corredor, de modo que não há banheiro disponível durante a noite. Minhas queixas ao guarda não dão resultado; Eu me vingo propondo que pelo menos seja feito um buraco no piso desse compartimento para as possíveis necessidades dos viajantes. Eu realmente acordo às 3h15 da manhã com vontade de urinar, depois de ter tido o seguinte sonho:

Uma multidão, reunião de estudantes... Certo conde (Thun ou Taafe) está fazendo um discurso. Ao ser solicitado a dizer algo sobre os alemães, declara com ar de desprezo que a flor predileta deles é a unha-de--cavalo, e então põe uma espécie de folha estragada, na verdade o esqueleto amassado de uma folha, na lapela. Eu reajo, me enfureço então[62]*, mas fico surpreso com essa minha atitude. Depois, de maneira mais indistinta: Parece como se estivesse no vestíbulo (Aula), as saídas estão congestio-nadas, como se fosse o caso de fugir. Passo por um conjunto de salas elegantemente mobiliadas, provavelmente dependências governamentais, com móveis de uma cor entre o marrom e o violeta; finalmente, chego a* *um corredor onde está sentada uma serviçal, mulher idosa e corpulenta. Tento evitar falar com ela, mas ela acha, obviamente, que tenho o direito de passar, porque me pergunta se deve me acompanhar com a lamparina. Com um gesto, lhe peço que deve permanecer de pé na escada, e assim me julgo muito astuto, pois evito ser vigiado, por fim. Chego ao andar térreo e encontro um caminho estreito e íngreme pelo qual sigo adiante.*

Novamente de forma indistinta... *É como se minha segunda tarefa fosse sair da cidade, como a minha primeira era sair da casa. Estou numa carruagem puxada por um só cavalo e digo ao cocheiro para me levar a uma estação ferroviária. "Não posso andar com o senhor ao longo dos trilhos", digo eu, depois que ele objetou que eu o tinha cansado. Parece-me então como se eu já tivesse percorrido com ele o trajeto que normalmente é feito de trem. As estações estão lotadas; fico sem saber se devo ir a Krems ou a Znaim, mas acho que o tribunal deve estar lá e me decido a favor de Graz ou de algum lugar similar. Agora estou sentado no compartimento, que é parecido com um bonde, e trago na lapela um longo objeto trançado, do qual pendem violetas marrom-violeta de material rígido, o que atrai a atenção de muitas pessoas. Nesse ponto, a cena se interrompe.*

Estou novamente na frente da estação ferroviária, mas junto de um senhor idoso. Invento um esquema para não ser reconhecido, mas também vejo esse plano já realizado. Pensar e experimentar são aqui, por assim dizer, uma coisa só. Ele finge ser cego, pelo menos de um olho, e eu seguro um urinol na frente dele (que tivemos de comprar ou compramos na cidade); sou, portanto, um enfermeiro e tenho de lhe alcançar o urinol, porque ele é cego. Se o condutor nos vir nessa posição, deve nos deixar passar sem se importar. Ao mesmo tempo, a atitude do idoso urinando é observada visualmente. Então acordei com vontade de urinar.

Todo o sonho parece uma espécie de fantasia, que leva o sonhador de volta ao ano da Revolução de 1848, cuja lembrança tinha sido renovada pelo aniversário de 1898, bem como por uma pequena excursão a Wachau, onde conheci Emmersdorf, cidade que eu erroneamente supunha ser o local de descanso do líder estudantil Fischof, a quem várias características do conteúdo do sonho poderiam se referir. As associações de ideias me levam então à Inglaterra, à casa de meu irmão, que costumava brincar com a esposa usando a expressão "cinquenta anos atrás", tirada do título de um poema de Lord Tennyson, que seus filhos se apressavam em corrigir pela expressão "quinze anos atrás." Essa fantasia, no entanto, que se liga sutilmente às ideias despertadas pelo fato de ter visto o conde Thun, é somente como a fachada das igrejas italianas que se sobrepõe, sem estar organicamente conectada, com a estrutura atrás dela; ao contrário dessas fachadas, no entanto, a fantasia é cheia de lacunas e confusa e as partes de dentro irrompem em muitos lugares. A primeira situação do sonho é forjada a partir de várias cenas, que consigo isolar. A atitude arrogante do conde no sonho é copiada de uma cena no Ginásio, ocorrida quando eu tinha quinze anos. Tínhamos planejado uma conspiração contra um professor impopular e ignorante; o principal líder da trama era um colega de escola que parecia ter adotado Henrique VIII da Inglaterra como seu modelo. Coube a mim realizar o "golpe de estado" e o levante se deflagraria por ocasião de um debate sobre a importância do Danúbio (*Donau*, em alemão) para a Áustria (Wachau!). Um colega de conspiração era o único aristocrata da turma – era chamado de "Girafa", por causa de sua notável altura – e ele estava de pé, exatamente como o conde no sonho, enquanto era repreendido pelo tirano da escola, o professor de língua alemã. A explicação da flor predileta e a colocação na lapela de algo que também deve ter sido uma flor (que me recorda as orquídeas que eu havia levado no mesmo dia a uma amiga e, além disso, me recorda também a rosa de Jericó) lembra com destaque a cena nas peças históricas de Shakespeare, que representa o início das guerras civis das Rosas Vermelhas e Brancas; a menção de Henrique VIII abriu caminho para essa reminiscência. A partir de rosas, nada mais que um passo para cravos vermelhos e brancos. Entrementes, duas breves frases em verso, uma em alemão e outra em espanhol, se insinuam na análise. A alemã: "*Rosen, Tulipen, Nelken, alle Blumen welken*" (Rosas, tulipas, cravos, todas as flores murcham); e a espanhola: "*Isabelita, no llores que se marchitan las flores*" (Isabelita, não chores, que murcham as flores). Os versos espanhóis são tirados de *Figaro*. Aqui em Viena os cravos brancos tornaram-se o emblema dos antissemitas e os vermelhos, dos socialdemocratas. Por trás disso está a lembrança de um desafio antissemita durante uma viagem de trem na bela Saxônia (anglo-saxão). A terceira cena que contribui para a formação da primeira situação no sonho ocorre no início de minha vida de estudante. Houve um debate no clube de estudantes alemães sobre a relação da filosofia com as ciências gerais. Jovem imaturo, cheio de teorias materialistas, tomei a dianteira e defendi um ponto de vista inteiramente unilateral. Então, um colega de escola, mais velho e sagaz, que desde então mostrou sua capacidade de liderar homens e organizar as massas e que, além disso, tem um nome derivado do reino animal, levantou-se e nos passou uma descompostura; ele também, disse, havia pastoreado porcos em sua juventude e tinha voltado arrependido para a casa de seu pai. Eu me enfureci (como no sonho) e, retruquei rudemente, dizendo-lhe que, como agora sabia que ele havia pastoreado porcos, não ficava surpreso com o tom de seu discurso. (No sonho, fico surpreso com minha atitude nacionalista alemã.) Houve comoção geral e, de todos os lados, veio a exigência de que eu retirasse o que havia dito, mas permaneci firme. O homem que tinha sido insultado era sensato demais para aceitar o conselho, que lhe foi dado, de entrar em desafio, e deixou o assunto morrer.

Os demais elementos dessa cena do sonho são de origem mais remota. Qual é o significado da fala do conde sobre a unha-de-cavalo? Aqui devo recorrer a minhas associações de ideias. Unha-de-cavalo (em alemão: *Huflattich*, literalmente, *alface do casco*) – alface – salada – cão na manjedoura (o cachorro que priva os outros de comer o que ele mesmo não pode comer). Aqui, pode-se discernir vários epítetos infames: *Gir-affe* (em alemão, *Affe* = macaco), porco, porca, cachorro; eu poderia até encontrar meios de chegar a burro, fazendo um desvio por outro nome e, portanto, novamente em sinal de desprezo por um professor acadêmico. Além disso, traduzo unha-de-cavalo (*Huflattich*) – não sei se corretamente – por "*pisse-en-lit*" (dente-de-leão; em francês, seu significado literal é "urina na cama"). Tirei essa ideia do romance *Germinal*, de Zola, em que as crianças são obrigadas a colher essa planta para fazer salada. O cachorro – *chien*, em francês – tem um nome que soa como a função principal (*chier*, defecar, como *pisser* significa a função menor, urinar).

Em breve, pensei, teremos diante de nós o indecente nas três categorias; pois no mesmo *Germinal*, que tem muito a ver com a revolução futura, há a descrição de uma competição muito peculiar, relativa à produção de excreções gasosas, chamadas flatos.[63] Vejo agora como o caminho para esse flato foi preparado com grande antecedência, começando com as flores e prosseguindo para a rima espanhola de Isabelita, para Fernando e Isabel e, por meio de Henrique VIII, para a história inglesa na época da expedição da Armada contra a Inglaterra, após cuja vitória os ingleses cunharam uma medalha com a inscrição: "*Afflavit et dissipati sunt*" (Soprou e foram dissipados), pois a tempestade havia dispersado a frota espanhola. Eu tinha pensado em tomar essa frase como título de um capítulo sobre "Terapêutica" – para parecer um tanto jocoso – se eu tivesse a oportunidade de produzir um relato detalhado de minha teoria e tratamento da histeria.

Não posso dar uma solução tão detalhada da segunda cena do sonho, em consideração à censura. Pois nesse ponto eu me coloco no lugar de certo eminente cavalheiro daquele período revolucionário, que também teve uma aventura com uma águia e que, dizem, ter sofrido de incontinência intestinal e coisas semelhantes. Acredito que *não há justificativa para que eu deva passar pela censura* nesse ponto, embora tenha sido um conselheiro áulico (*aula, consilarius aulicus*) quem me contou a maior parte dessas histórias.

A alusão ao conjunto de salas do sonho se refere à carruagem particular de Sua Excelência, para dentro da qual tive oportunidade de olhar por um momento; mas significa, como tantas vezes nos sonhos, uma mulher (*Frauenzimmer*; em alemão, *Zimmer*, sala, quarto, é anexado a *Frauen*, mulheres, a fim de implicar um pouco de desprezo).[64] Na pessoa da zeladora, demonstro pouco reconhecimento a uma senhora idosa e inteligente, por sua hospitalidade e pelas muitas boas histórias que ouvira na casa dela... O formato da lâmpada remonta a Grillparzer, que observa uma encantadora experiência de natureza semelhante, que depois utilizou em "Hero e Leandro" (*As ondas do mar e do amor – A Armada e a tempestade*).[65]

Devo também renunciar à análise detalhada das duas partes restantes do sonho; selecionarei apenas os elementos que levam a duas cenas de infância; só por causa delas retomei o exame desse sonho. O leitor deve suspeitar de que é o material sexual que me obriga a essa supressão; mas não precisa se contentar com essa explicação. Muitas coisas, que devem ser tratadas como segredo na presença de outros, não são tratadas como tal para si próprio; e aqui não se trata de considerações que me induzem a esconder a solução, mas de motivos de censura interna que ocultam de mim o verdadeiro conteúdo do sonho. Posso dizer, então, que a análise mostra que essas três partes do sonho são uma jactância impertinente, a exuberância de uma ideia absurda e grandiosa que há muito foi suprimida em minha vida de vigília e que, no entanto, ousa se mostrar no conteúdo manifesto do sonho por uma ou duas projeções (me acho astuto), o que torna perfeitamente inteligível o humor arrogante da noite anterior ao sonho. Está se gabando, de fato, em todas as esferas; assim, a menção de Graz se refere à frase "Qual é o preço de Graz?" que gostamos de usar quando estamos muito bem servidos de dinheiro. Quem quer que se lembre da insuperável descrição do grande Rabelais na obra *Gargantua et de Pantagruel* [Vida e feitos de Gargântua e de seu filho Pantagruel], será capaz de entender o conteúdo jactancioso insinuado na primeira parte do sonho. O restante diz respeito às duas cenas de infância que prometi analisar. Eu havia comprado uma mala nova para essa viagem, cuja cor castanho-violeta aparece várias vezes no sonho. (Violetas de cor marrom-violeta feitas de material rígido, ao lado de uma coisa que é chamada de "pega-moças" – e os móveis das salas.) Que algo novo atrai a atenção das pessoas é uma crença bem conhecida das crianças. Ora, contaram-me a seguinte história de minha infância; lembro-me de ouvir a história em vez da ocorrência em si. Dizem que, aos 2 anos, eu ainda urinava, de vez em quando, na cama e era recriminado por isso, mas eu consolava meu pai prometendo comprar-lhe uma linda cama vermelha nova em N. (a cidade grande mais próxima). (Daí o detalhe inserido no sonho de que *compramos o urinol na cidade ou tivemos de comprá-lo*; é preciso cumprir as promessas. Cumpre notar também o possível significado do urinol [masculino] e da mala, caixa [feminino]). Toda a megalomania da criança está contida nessa promessa. O significado do sonho no que diz respeito à dificuldade de urinar, no caso das crianças, já foi descrito na interpretação de um sonho anterior.

Houve outra ocorrência doméstica, quando eu tinha 7 ou 8 anos, da qual me lembro muito bem. Uma noite, antes de ir para a cama, eu havia desrespeitado os ditames da discrição de não atender aos apelos da natureza no quarto de meus pais e na presença deles e, em sua reprimenda por essa delinquência, meu pai fez a seguinte observação: "Esse menino nunca será nada." Isso deve ter mortificado terrivelmente minha ambição, pois alusões a essa cena retornam repetidamente em meus sonhos, e são sempre acompanhadas da enumeração de minhas realizações e sucessos, como se eu quisesse dizer: "Estão vendo, depois de tudo, sou alguma coisa!" Essa cena da infância fornece os elementos para a última imagem do sonho, na qual, é claro, os papéis são trocados por uma questão de vingança. O homem idoso, obviamente meu pai, porque a cegueira num olho significa seu glaucoma[66] de um lado, está agora urinando diante de mim como eu uma vez urinei na frente dele. No glaucoma, refiro-me à cocaína, que foi muito útil para meu pai na cirurgia, como se eu tivesse cumprido minha promessa. Além disso, me divirto à custa dele; como ele é cego, tenho de segurar o urinol na frente dele e me regozijo com as alusões a minhas descobertas relativas à teoria da histeria, das quais tanto me orgulho.[67]

Se as duas cenas infantis de urinar estão, de qualquer modo, intimamente ligadas ao desejo de grandeza; o reavivamento delas na viagem a Aussee foi auxiliado ainda mais pela circunstância acidental de que meu compartimento não tinha banheiro e que eu tinha de passar dificuldade na viagem, como realmente aconteceu pela manhã. Acordei com a sensação de uma necessidade corporal. Suponho que alguém possa estar inclinado a creditar a essas sensações o verdadeiro estímulo do sonho; eu preferiria, no entanto, recorrer a outro fator – a saber, que o desejo de urinar só foi despertado pelos pensamentos do sonho. É bastante incomum que eu seja perturbado durante o sono por qualquer necessidade, sobretudo na hora em que despertei, 4h15 da madrugada. Posso evitar mais objeções comentando que quase nunca senti vontade de urinar depois de acordar cedo em outras viagens, feitas em circunstâncias mais confortáveis. Além disso, posso deixar esse ponto em suspenso, sem prejudicar minha argumentação.

Como fui aprendendo por experiência, na análise de sonhos, que sempre permanecem importantes linhas de pensamento provenientes de sonhos cuja interpretação a princípio parece completa (porque as fontes do sonho e a atuação do desejo são facilmente demonstráveis), linhas de pensamento essas que remontam à primeira infância, fui forçado a me perguntar se essa característica não constitui uma condição essencial do sonho. Se eu generalizasse essa tese, uma ligação com o que foi experimentado recentemente faria parte do conteúdo manifesto de todo sonho e uma ligação com o que foi experimentado mais remotamente faria parte de seu conteúdo latente; e posso realmente mostrar, na análise da histeria, que essas experiências remotas permanecem recentes, no sentido próprio do termo, até o presente. Mas essa conjetura parece ainda muito difícil de comprovar; terei, provavelmente, de retornar ao papel desempenhado pelas primeiras experiências da infância, em outro local (capítulo VII).

Das três peculiaridades da memória onírica consideradas no início, uma – a preferência pelo material sem importância no conteúdo do sonho – foi satisfatoriamente explicada, fazendo-a remontar à distorção do sonho. Conseguimos estabelecer a existência das outras duas – a seleção de material recente e de material infantil – mas julgamos impossível explicá-las com base no motivo que leva a sonhar. Tenhamos em mente essas duas características, que ainda precisam ser explicadas ou avaliadas; um lugar para elas terá de ser encontrado em outro local, seja na psicologia do estado de sono ou no exame da estrutura do aparelho psíquico que empreenderemos mais tarde, depois de ter compreendido que a natureza interna desse aparelho pode ser observada através da interpretação dos sonhos, como se fosse através de uma janela.

Gostaria somente de salientar aqui outro resultado dessas últimas análises de sonhos. O sonho muitas vezes parece ambíguo; não apenas várias realizações de desejo, como os exemplos mostram, podem estar unidas nele, mas um significado ou uma realização de desejo também pode ocultar outra, até que no fundo se encontre a realização de um desejo que remonta ao primeiro período da infância. E aqui também se pode questionar se "frequentemente", nessa frase, não pode ser substituído de modo mais correto por "invariavelmente".

(C) FONTES SOMÁTICAS DOS SONHOS

Se for feita a tentativa de interessar o leigo instruído pelos problemas do sonho e se, com esse propósito em vista, lhe perguntarmos de que fonte os sonhos se originam, de acordo com sua opinião, geralmente se verifica que a pessoa assim interrogada se sente segura de possuir parte da solução. Pensa imediatamente na influência que uma má digestão ou mesmo indigestão ("Os sonhos vêm do estômago"), que uma posição corporal acidental e pequenas ocorrências durante o sono exercem sobre a formação dos sonhos. Nem parece suspeitar que, mesmo depois de levar em consideração todos esses fatores, ainda resta algo inexplicável.

Explicamos detalhadamente, no capítulo introdutório, que

papel, na formação dos sonhos, a literatura científica atribui às fontes somáticas estimulantes, de modo que precisamos aqui apenas relembrar os resultados dessa investigação. Vimos que se distinguem três tipos de fontes somáticas de estimulação: estímulos sensoriais objetivos que procedem de objetos externos, os estados internos de excitação dos órgãos sensoriais com base apenas subjetiva e os estímulos somáticos que se originam no interior do corpo. E notamos a inclinação por parte dos autores, que tratam do assunto, de relegar as fontes psíquicas do sonho a um segundo plano ou a ignorá-las completamente, em favor dessas fontes somáticas de estimulação.

Ao testar as afirmações feitas em nome dessas classes de fontes somáticas de estimulação, descobrimos que o significado dos estímulos objetivos dos órgãos sensoriais – sejam estímulos acidentais durante o sono, sejam aqueles estímulos que não podem ser excluídos de nossa vida psíquica durante o sono – foi definitivamente estabelecido por numerosas observações e confirmado por experimentos; vimos que o papel desempenhado pelos estímulos sensoriais subjetivos parece ser demonstrado pelo retorno das imagens sensoriais hipnagógicas nos sonhos e que, embora a referência dessas imagens e ideias oníricas, no sentido mais amplo, à estimulação corporal interna não seja demonstrável em cada detalhe, pode ser sustentada pela conhecida influência que um estado excitante dos órgãos digestivo, urinário e sexual exerce sobre o conteúdo de nossos sonhos.

"Estímulo nervoso" e "estímulo corporal" seriam, então, as fontes somáticas do sonho – ou seja, as únicas fontes do sonho, segundo vários autores.

Mas já encontramos uma série de dúvidas, que parecem atacar não tanto a correção da teoria somática da estimulação quanto sua adequação.

Por mais certos que todos os representantes dessa teoria possam ter se sentido sobre os fatos reais em que se baseia – especialmente no caso dos estímulos nervosos acidentais e externos, que podem ser reconhecidos no conteúdo do sonho sem nenhum problema –, no entanto, nenhum deles conseguiu evitar a admissão de que o abundante conteúdo de representações dos sonhos não admite explicação apenas por estímulos nervosos externos. A srta. Mary Whiton Calkins examinou os próprios sonhos e os de outra pessoa por um período de seis semanas com essa ideia em mente; verificou que em apenas 13,2%, para 6,7%, respectivamente, foi possível detectar o elemento de percepção sensorial externa; apenas dois casos da coletânea poderiam ser referentes a sensações orgânicas. As estatísticas confirmam aqui o que fui levado a suspeitar após uma rápida recapitulação de minhas experiências.

A decisão foi tomada repetidamente para distinguir o "sonho do estímulo nervoso" das outras formas de sonho, como uma subespécie bem estabelecida. Spitta dividiu os sonhos em sonhos de estímulo nervoso e sonhos de associação. Mas a solução permaneceu claramente insatisfatória, enquanto a ligação entre as fontes somáticas dos sonhos e seu conteúdo de representações não pudesse ser demonstrada.

Além da primeira objeção, da frequência inadequada de fontes externas de estimulação, surge como segunda objeção, a explicação inadequada dos sonhos oferecida pela introdução desses tipos de fontes oníricas. Os representantes da teoria, portanto, devem explicar duas coisas. Em primeiro lugar, por que o estímulo externo no sonho nunca é reconhecido de acordo com sua natureza real, mas é regularmente confundido com outra coisa (cf. os sonhos do despertador); em segundo lugar, por que a reação da mente receptora a esse estímulo mal reconhecido deve resultar de forma tão indeterminada e mutável. Como resposta a essas questões, Strümpell afirma que a mente, como resultado de seu afastamento do mundo exterior durante o sono, não é capaz de dar uma interpretação correta ao estímulo sensorial objetivo, mas é obrigada a construir ilusões com base nas incitações indefinidas provindas de muitas direções. Para citar suas palavras:

"Assim que uma sensação, um complexo de sensações, um

sentimento ou um processo psíquico em geral surge na mente durante o sono, a partir de um estímulo nervoso externo ou interno, e é percebido pela mente, esse processo evoca imagens sensoriais do conjunto de experiências do estado de vigília, deixadas na mente, isto é, percepções anteriores, sem alterações ou acompanhadas dos valores psíquicos apropriados. Parece reunir em torno de si, por assim dizer, um número maior ou menor dessas imagens e, por meio delas, a impressão que se origina do estímulo nervoso adquire seu valor psíquico. Costuma-se dizer aqui, como se costuma dizer quando acordado, que a mente *interpreta* impressões de estímulos nervosos durante o sono. O resultado dessa interpretação é o chamado sonho de estímulo nervoso, isto é, um sonho cuja composição é condicionada pelo fato de um estímulo nervoso produzir seu efeito na vida psíquica de acordo com as leis da reprodução."

A opinião de Wundt concorda em todos os fundamentos com essa teoria. Afirma que as representações no sonho são provavelmente o resultado, em sua maior parte, de estímulos sensoriais, especialmente daqueles de sensação geral e, portanto, são principalmente ilusões imaginativas – com muita probabilidade, representações de memória que são apenas parcialmente puras e que assumiram a forma de alucinações. Strümpell encontrou uma excelente comparação (p. 84). Diz ele que é como "se os dez dedos de alguém que nada sabe de música se perdessem no teclado de um instrumento" – para ilustrar a relação entre o conteúdo do sonho e os estímulos do sonho, que decorre dessa teoria. A implicação é que o sonho não aparece como um fenômeno psíquico, oriundo de motivações psíquicas, mas como resultado de um estímulo fisiológico, que se expressa na sintomatologia psíquica, pois o aparelho afetado pelo estímulo não é capaz de qualquer outra expressão. Numa pressuposição semelhante se baseia, por exemplo, a explicação de ideias compulsivas que Meynert tentou dar por meio da famosa analogia do mostrador de relógio, no qual alguns algarismos se sobressaem porque estão em relevo mais acentuado que os demais.

Por mais popular que essa teoria dos estímulos somáticos do sonho possa ter se tornado e por mais sedutora que possa parecer, é fácil mostrar seu ponto fraco. Todo estímulo onírico somático, que exige que o aparelho psíquico o interprete por meio de elaboração de ilusões, pode dar origem a um número incalculável de tais tentativas de interpretação; pode, assim, ser representado no conteúdo do sonho por meio de um número extraordinário de diferentes representações. Mas a teoria de Strümpell e de Wundt é incapaz de exemplificar qualquer motivo que tenha controle sobre a relação entre o estímulo externo e a representação onírica escolhida para interpretá-lo e, portanto, de explicar a "escolha peculiar" que os estímulos "muitas vezes fazem no curso de sua atividade reprodutiva" (Lipps, *Grundtatsachen des Seelenlebens*, p. 170). Outras objeções podem ser levantadas contra a pressuposição fundamental de toda a teoria das ilusões – a pressuposição de que durante o sono a mente não está em condições de reconhecer a verdadeira natureza dos estímulos sensoriais objetivos. O velho fisiologista Burdach nos prova que a mente é bem capaz, mesmo durante o sono, de interpretar corretamente as impressões sensoriais que a atingem e de reagir de acordo com a interpretação correta. Ele estabelece isso mostrando que é possível isentar certas impressões, que parecem importantes para os indivíduos, da negligência do sono (como no exemplo da babá e da criança sob seus cuidados), e que uma pessoa é mais seguramente despertada pelo som do próprio nome do que por uma impressão auditiva indiferente; tudo isso pressupõe, é claro, que a mente diferencie as sensações, mesmo durante o sono (capítulo I). Dessas observações, Burdach infere que não é uma incapacidade de interpretar estímulos sensoriais no estado de sono que deve ser presumida, mas uma falta de interesse neles. Os mesmos argumentos usados por Burdach em 1830, reaparecem inalterados, mais tarde, nas obras de Lipps, em 1883, onde são empregados com o propósito de atacar a teoria dos estímulos somáticos. De acordo com isso, a mente parece ser como o dorminhoco da anedota que, ao ser perguntado "Você está dormindo?", responde "Não"; mas quando o interlocutor lhe diz "Então me empreste 10 florins", ele se refugia nessa desculpa: "Estou dormindo".

A inadequação da teoria dos estímulos somáticos do sonho também pode ser demonstrada de outra maneira. As observações mostram que não sou impelido a sonhar por estímulos externos, mesmo que esses estímulos logo apareçam no sonho e, nesse caso, eu sonho. Em resposta ao estímulo tátil ou de pressão que recebo durante o sono, tenho várias reações a meu dispor. Posso ignorar o estímulo e constatar apenas ao acordar que minha perna estava descoberta ou que meu braço está sob pressão; a patologia fornece numerosos exemplos em que estímulos sensoriais e motores de diferentes tipos permanecem sem efeito durante o sono. Posso perceber uma sensação durante o sono, por meio do sono, por assim dizer, que geralmente acontece com estímulos dolorosos, mas sem inserir a dor na textura do sonho. Em terceiro lugar, posso despertar por causa do estímulo, a fim de me livrar dele. Somente como uma quarta reação possível, posso ser impelido a sonhar por um estímulo nervoso; mas as outras possibilidades são realizadas pelo menos com a mesma frequência que a formação do sonho. Esse não poderia ser o caso, se *o motivo para sonhar não estivesse fora das fontes somáticas dos sonhos*.

Levando em conta o defeito na explicação dos sonhos por estímulos somáticos que acabamos de mostrar, outros autores – Scherner, ao qual se juntou o filósofo Volkelt – tentaram determinar mais exatamente as atividades psíquicas que fazem com que as variadas imagens oníricas surjam dos estímulos somáticos, transferindo assim a natureza essencial dos sonhos de volta para o domínio da mente e para o da atividade psíquica. Scherner não só deu uma descrição repleta de senso poético, brilhante e expressiva das peculiaridades psíquicas que se desenvolvem no decorrer da formação do sonho, mas também pensou ter descoberto o princípio segundo o qual a mente lida com os estímulos que estão à sua disposição. A atividade onírica, de acordo com

Scherner – depois que a imaginação foi libertada dos grilhões que lhe foram impostos durante o dia, e retomou as rédeas sem empecilhos – procura representar simbolicamente a natureza do órgão do qual procede o estímulo. Assim, temos uma espécie de livro dos sonhos como guia para a interpretação dos sonhos, por meio do qual as sensações corporais, as condições dos órgãos e dos estímulos podem ser inferidas das imagens oníricas. "Assim, a imagem de um gato expressa um estado de ânimo irritadiço e descontente, a imagem de um pedaço de massa macia e de cor clara representa a nudez do corpo. O corpo humano como um todo é retratado como uma casa pela imaginação onírica e cada um dos órgãos do corpo como parte da casa. Nos 'sonhos de dor de dente', um vestíbulo alto e abobadado corresponde à boca e uma escada corresponde à descida da garganta ao esôfago; nos 'sonhos de dor de cabeça', o teto de uma sala coberta de repugnantes aranhas semelhantes a répteis é escolhido para denotar a parte superior da cabeça" (Volkelt, p. 39). "Vários diferentes símbolos são usados pelo sonho para o mesmo órgão. Assim, os pulmões, em sua função de respirar, encontram seu símbolo num forno cheio de chamas e com uma corrente ruidosa; o coração é representado por caixas e cestas vazias e a bexiga por objetos arredondados em forma de saco ou por qualquer outra coisa oca. É especialmente importante que, no final de um sonho, o órgão estimulante ou sua função seja representado sem disfarce e geralmente no próprio corpo do sonhador. Assim, o 'sonho de dor de dente' geralmente termina com o sonhador tirando um dente da própria boca" (p. 35).

Não se pode dizer que essa teoria tenha encontrado eco favorável entre os autores que tratam do assunto. Acima de tudo, parece extravagante; não houve nenhuma inclinação sequer para reconhecer até mesmo a mínima justificação que ela pode, em minha opinião, reivindicar. Como se vê, isso leva a um renascimento da interpretação dos sonhos por meio do simbolismo, que os antigos usavam, com a exceção de que a fonte, de onde se tira a interpretação, fica limitada ao corpo humano. A falta de uma técnica de interpretação, que seja cientificamente compreensível, deve limitar seriamente a aplicabilidade da teoria de Scherner. A arbitrariedade na interpretação dos sonhos não parece de modo algum excluída, especialmente porque um estímulo pode ser expresso por várias representações no conteúdo do sonho. Assim, Volkelt, discípulo de Scherner, já julgou impossível confirmar a representação do corpo como uma casa. Outra objeção é que aqui novamente a atividade onírica é atribuída à mente como uma atividade inútil e sem objetivo, uma vez que, de acordo com a teoria em questão, a mente se contenta em formar fantasias sobre o estímulo que lhe interessa, sem sequer contemplar nem remotamente qualquer coisa que levasse a uma eliminação do estímulo.

Mas a teoria de Scherner da simbolização de estímulos corporais pelo sonho recebe um duro golpe de outra objeção. Esses estímulos corporais estão presentes o tempo todo e, de acordo com a suposição geral, a mente é mais acessível a eles durante o sono do que no estado de vigília. É, portanto, incompreensível por que a mente não sonha continuamente durante toda a noite e por que não sonha todas as noites e com todos os órgãos. Se alguém tenta evitar essa objeção, estabelecendo a condição de que estímulos especiais devem proceder dos olhos, dos ouvidos, dos dentes, dos intestinos para despertar a atividade onírica, depara-se com a dificuldade de provar a natureza objetiva desse aumento de estimulação, o que só é possível num reduzido número de casos. Se o sonho de voar é uma simbolização do movimento ascendente e descendente dos lobos pulmonares, esse tipo de sonho, como já foi observado por Strümpell, deveria ser muito mais frequente ou seria necessário demonstrar um aumento da função respiratória durante o sonho. Outro caso ainda é possível – o mais provável de todos –, ou seja, que, de vez em quando, motivos especiais dirigindo a atenção para sensações viscerais estejam presentes e ativos de modo uniforme. Mas esse caso nos leva além do alcance da teoria de Scherner.

O valor das proposições de Scherner e de Volkelt reside no fato de que elas chamam a atenção para uma série de características do conteúdo do sonho, que precisam de explicação e que parecem prometer novos conhecimentos. É bem verdade que as simbolizações dos órgãos do corpo e de suas funções estão contidas nos sonhos, que a água num sonho muitas vezes significa o desejo de urinar, que o órgão genital masculino muitas vezes pode ser representado por um bastão erguido ou por um pilar etc. Em sonhos que mostram um campo de visão muito animado e cores brilhantes, em contraste com a obscuridade de outros sonhos, dificilmente se pode descartar a interpretação de que são "sonhos de estimulação visual", mais do que se pode contestar que há uma contribuição de formações ilusórias em sonhos que contêm ruído e confusão de vozes. Um sonho, como o relatado por Scherner, de duas fileiras de meninos louros e bonitos, postados um frente ao outro numa ponte, atacando-se e depois retornando a seus lugares, até que, finalmente, o próprio sonhador se vê sentado na ponte e arranca um longo dente de sua boca; ou um sonho semelhante relatado por Volkelt, no qual duas fileiras de gavetas estão dispostas num móvel e que, mais uma vez, termina com a extração de um dente. Formações oníricas desse tipo, relatadas em grande número por esses autores, impedem que descartemos a teoria de Scherner como uma invenção inútil, sem procurar encontrar seu núcleo de verdade. Estamos agora diante do problema de dar uma explicação de outro tipo à suposta simbolização do estímulo dental.

No decorrer dessa breve reflexão sobre a teoria das fontes somáticas dos sonhos, abstive-me de insistir no argumento que é inferido de minhas análises de sonhos. Se consegui provar, por um procedimento, que outros autores não aplicaram em sua investigação dos sonhos, que o sonho tem um valor próprio como ato psíquico, que um desejo é o motivo para sua formação e que as experiências do dia anterior fornecem o material imediato para seu conteúdo, qualquer outra teoria dos sonhos que negligencie um método de investigação tão importante e, consequentemente, faça com que o sonho pareça uma reação psíquica inútil e problemática a estímulos somáticos, é descartável sem qualquer outro comentário específico. Caso contrário, deveria haver – o que é altamente improvável – dois tipos inteiramente diferentes de sonhos, dos quais apenas um foi observado por mim, enquanto o outro só foi observado pelos autores mais antigos que tratavam desse assunto. Resta ainda encontrar, em minha teoria dos sonhos, um lugar para os fatos que são usados para apoiar a teoria predominante dos estímulos somáticos do sonho.

Já demos o primeiro passo nessa direção ao propor a tese de que a atividade onírica está sob a compulsão de combinar todos os estímulos oníricos que estão simultaneamente presentes num todo unificado. Constatamos que, quando do dia anterior sobraram duas ou mais experiências capazes de impressionar, os desejos que delas resultam se unem num sonho; da mesma forma que uma impressão psiquicamente significativa e as experiências irrelevantes do dia anterior estão reunidas no material do sonho, desde que existam ideias de conexão disponíveis entre as duas. Assim, o sonho parece ser uma reação a tudo o que está simultaneamente presente como real na mente adormecida. Pelo que analisamos o material onírico até agora, descobrimos que se trata de uma coleção de resíduos psíquicos e traços de memória, aos quais fomos obrigados a atribuir (pela preferência demonstrada por material recente e infantil) um caráter de atualidade, embora a natureza desse não fosse na época determinável. Por isso não será difícil prever o que vai acontecer quando um novo material, na forma de sensações, for adicionado a essas realidades da memória. Esses estímulos também ganham importância para o sonho porque são reais; eles se unem às outras realidades psíquicas, a fim de compor o material para a formação do sonho. Para expressá-lo em outras palavras, os estímulos que aparecem durante o sono se combinam para a realização de um desejo, e os outros componentes são os restos da experiência diária, com a qual estamos familiarizados. Essa união, porém, não é inevitável; sabemos que mais de um tipo de reação é possível, durante o sono, aos estímulos corporais. Sempre que essa união ocorreu, isso significa que foi possível encontrar para o conteúdo do sonho aquele tipo de material de representações que poderá representar as duas classes de fontes oníricas, tanto as somáticas quanto as psíquicas.

A natureza essencial do sonho não é alterada por essa adição de material somático às fontes psíquicas do sonho; continua sendo a realização de um desejo, sem referência ao modo pelo qual sua expressão é determinada pelo material real.

Disponho-me de bom grado a abrir espaço para uma série de peculiaridades, que servem para emprestar uma feição diferente ao significado dos estímulos externos em relação ao sonho. Imagino que uma cooperação de fatores individuais, fisiológicos e acidentais, condicionados por circunstâncias momentâneas, determine como alguém vai agir em cada caso particular de estimulação objetiva intensiva durante o sono; o grau de profundidade do sono, seja habitual ou acidental, em conexão com a intensidade do estímulo, permitirá, num caso, suprimir o estímulo, para que não perturbe o sono; em outro caso, o obrigará a acordar ou vai reforçar uma tentativa de superar o estímulo, incorporando-o ao sonho. De acordo com a multiplicidade dessas combinações, os estímulos objetivos externos vão encontrar expressão com maior frequência, nos sonhos, numa pessoa do que em outra. Em meu caso, que durmo muito bem e resisto obstinadamente a qualquer tipo de perturbação do sono, essa mistura de causas externas de irritação em meus sonhos é muito rara, ao passo que as motivações psíquicas, evidentemente, me fazem sonhar com muita facilidade. De fato, registrei um único sonho em que uma fonte objetiva e dolorosa de estimulação é reconhecível, e será altamente instrutivo verificar que efeito o estímulo externo teve nesse mesmo sonho.

Estou andando montado num cavalo cinza, de início tímido e desajeitado, como se eu estivesse apenas reclinado sobre alguma coisa. Encontro um colega meu, P., que está montado num cavalo e veste um pesado terno de lã e que me chama a atenção para algo (provavelmente para o fato de que meu modo de cavalgar não é bom). Então me aprumo da melhor maneira sobre o animal, que é muito inteligente; sento-me confortavelmente e percebo que estou bem à vontade na montaria. Minha sela tem uma espécie de acolchoamento que preenche completamente o espaço entre o pescoço e a garupa do cavalo. Dessa maneira, passo a cavalgar com dificuldade entre dois carroções carregados de madeira. Depois de ter subido um pouco a rua, dou meia-volta e quero apear, primeiro diante de uma capelinha aberta, que fica rente à rua. Então apeio de verdade diante de uma capela que fica perto da primeira; meu hotel fica na mesma rua; poderia deixar o cavalo ir até lá sozinho, mas prefiro conduzi-lo pessoalmente. Era como se eu tivesse vergonha de chegar lá a cavalo. Na frente do hotel está um criado que me mostra um cartão meu que havia sido encontrado e ri de mim por causa disso. No cartão está escrito, duplamente sublinhado, "Não coma nada", e depois uma segunda frase (indistinta) algo como "Não trabalhe"; ao mesmo tempo tenho uma vaga ideia de estar numa cidade estranha, na qual não trabalho.

Não se perceberá imediatamente que esse sonho se originou sob a influência, ou melhor, sob a compulsão de um estímulo de dor. No dia anterior eu havido sofrido de furúnculos, que tornavam cada movimento uma tortura e, por fim, um furúnculo do tamanho de uma maçã havia surgido na base do escroto e me causava as mais intoleráveis dores a cada passo que eu dava; uma lassidão febril, falta de apetite e o trabalho árduo a que, no entanto, me submetera durante o dia, conspiraram com a dor para me fazer perder a calma. Eu não estava totalmente em condições de cumprir minhas funções de médico, mas, em vista da natureza e da localização da doença, seria de esperar alguma outra atividade além da equitação, para a qual eu estava completamente impossibilitado. E é precisamente essa atividade, a de cavalgar, que o sonho me reserva; é a negação mais enérgica do sofrimento, que se poderia imaginar. Em primeiro lugar, não sei cavalgar, não costumo sonhar com isso, e só montei a cavalo uma vez – sem sela – e não me senti nada bem. Mas nesse sonho monto a cavalo como se não tivesse um furúnculo no períneo, e por quê? *Só porque não quero ter nenhum.*

De acordo com a descrição, minha sela é o cataplasma que me permitiu dormir. Provavelmente não senti nada de minha dor durante as primeiras horas de sono. Depois as sensações dolorosas se anunciaram e tentaram me acordar; então o sonho veio e disse suavemente: "Continue dormindo, não precisa acordar! Você não tem nenhum furúnculo, pois está montado num cavalo e com um furúnculo nesse local seria impossível cavalgar!" E o sonho foi bem-sucedido; a dor foi sufocada e continuei dormindo.

Mas o sonho não se contentou em "sugerir a inexistência" do furúnculo por meio de obstinada adesão a uma ideia incompatível com a da doença; ao fazê-lo, se comportou como a loucura alucinatória da mãe que perdeu o filho ou como o mercador que foi privado de sua fortuna por falência.[68] Além disso, os detalhes da sensação negada e da imagem utilizada para reprimi-la são empregados pelo sonho como meio de conectar o material ordinariamente ativo na mente com a situação onírica e dar representação a esse material. Estou montando um cavalo *cinzento* – a cor do cavalo corresponde exatamente à cor *cinza* da roupa que vestia meu colega P. quando o encontrei pela última vez no interior. Fui avisado de que alimentos muito condimentados são a causa da furunculose, mas, em qualquer caso, é preferível como explicação etiológica à do açúcar, que normalmente sugere furunculose. Meu amigo P. gostava de "dar-se ares" em relação a mim, desde que tomou meu lugar no tratamento de uma paciente, com quem eu havia conseguido alcançar ótimos resultados (no sonho, primeiro me sento de lado na sela, como um cavaleiro de circo), mas essa paciente me levou realmente para onde queria, como o cavalo na anedota do cavaleiro de domingo. Assim, o cavalo passou a ser uma representação simbólica de uma paciente (no sonho, é muito inteligente). "Eu me sento confortavelmente" refere-se à posição que ocupei na casa da paciente até ser substituído por meu colega P. "Percebo que estou bem à vontade na sela", foi o que um de meus poucos simpatizantes entre os grandes médicos dessa cidade me disse recentemente com relação a essa mesma casa. E era uma façanha praticar psicoterapia dez horas por dia com essas dores, mas sei que não posso continuar meu trabalho particularmente difícil por muito tempo sem saúde física perfeita e o sonho está cheio de alusões sombrias à situação em que, nesse caso, deveria me deparar (o cartão tal como os neurastênicos trazem e apresentam aos médicos): *Sem trabalho e sem comida.* Com uma interpretação mais aprofundada, vejo que a atividade onírica conseguiu encontrar o caminho da situação de desejo de cavalgar para as primeiras cenas infantis de brigas, que devem ter ocorrido entre mim e meu sobrinho, que agora mora na Inglaterra e que, aliás, é um ano mais velho que eu. Além disso, o sonho recolheu elementos de minhas viagens à Itália; a rua no sonho é composta de impressões de Verona e Siena. Uma interpretação ainda mais exaustiva leva a pensamentos oníricos sexuais, e me lembro do significado que as alusões oníricas a esse belo país tiveram no caso de uma paciente que nunca esteve na Itália (em alemão, *gen Italien* = para a Itália; – *Genitalien* = genitais). Ao mesmo tempo, há referências à casa em que fui médico antes de meu amigo P. e ao local onde está localizado meu furúnculo.

Entre os sonhos mencionados no capítulo anterior, há vários que podem servir de exemplo para a elaboração dos chamados estímulos nervosos. O sonho de beber em grandes goles é desse tipo; a estimulação somática parece ser a única fonte do sonho e o desejo resultante da sensação – a sede –, o único motivo para sonhar. Algo semelhante acontece com os outros sonhos simples, se o estímulo somático for capaz, por si só, de formar um desejo. O sonho da mulher doente que retira o aparelho de resfriamento de sua bochecha à noite é um exemplo de uma maneira peculiar de reagir a estímulos dolorosos com uma realização de desejo; parece que a paciente conseguiu ficar temporariamente em estado analgésico, atribuindo suas dores a um estranho.

Meu sonho das três Parcas é obviamente um sonho de fome, mas encontrou meios de remeter a necessidade de comida ao desejo da criança pelo seio da mãe e de fazer do desejo inocente um disfarce para outro mais sério, que não podia se expressar tão abertamente. No sonho sobre o conde Thun, vimos como um desejo corporal acidental pode ser vinculado às mais fortes emoções da vida psíquica e, de igual modo, às mais fortemente reprimidas. E quando o primeiro cônsul incorpora o som de uma bomba explodindo, num sonho de batalha antes que esse som o desperte (caso relatado por Garnier), revela com extraordinária clareza o propósito pelo qual a atividade psíquica geralmente se preocupa com as sensações que ocorrem durante o sono. Um jovem advogado, profundamente preocupado com seu primeiro grande processo de falência e que vai dormir na tarde seguinte, age exatamente como o grande Napoleão. Ele sonha com certo G. Reich em Hussiatyn (em alemão, *husten* = tossir), que conhece durante um processo de falência, mas o nome Hussiatyn continuou prendendo sua atenção com tanta insistência que ele acorda e ouve sua esposa – que sofre de catarro brônquico – tossindo violentamente.

Comparemos o sonho de Napoleão I que, aliás, adorava dormir, com o do estudante sonolento, que foi acordado pela dona da pensão com a admoestação de que já era hora de ir ao hospital; então ele passa a sonhar que está numa cama do hospital e continua dormindo, com o seguinte pretexto: "Se já estou no hospital, não preciso me levantar para ir até lá." Esse último é obviamente um sonho de conveniência; o adormecido admite francamente para si mesmo a motivação de seu sonho; mas com isso revela um dos segredos dos sonhos em geral. Em certo sentido, todos os sonhos são sonhos de conveniência; servem ao propósito de continuar dormindo, em vez de acordar. *O sonho é o guardião do sono, não o perturbador dele.* Justificaremos esse conceito com relação aos fatores psíquicos do despertar em outro lugar; é possível, no entanto, nesse ponto, provar sua aplicabilidade à influência exercida por estímulos externos objetivos. Ou a mente não se preocupa de forma alguma com as causas das sensações, se é capaz de fazê-lo a despeito da intensidade e da importância delas, que sabe muito bem que elas têm; ou se vale do sonho para negar esses estímulos;

ou, em terceiro lugar, se for obrigada a reconhecê-los, procura encontrar aquela interpretação do estímulo que deve representar a sensação real como parte integrante de uma situação desejada e compatível com o sono. A sensação real é incorporada no sonho *para privá-la de sua realidade*. Napoleão pode continuar dormindo; é apenas uma lembrança onírica do estrondo do canhão na cidade de Arcole que está tentando perturbá-lo.[69]

O desejo de dormir, pelo qual o ego consciente foi suspenso e que, juntamente com a censura do sonho, contribui com sua parte para o sonho, deve, portanto, sempre ser levado em conta como um motivo para a formação dos sonhos, e todo sonho bem-sucedido é uma realização desse desejo. A relação desse desejo geral de dormir, regularmente presente e invariável, com os outros desejos, dos quais ora um, ora outro é realizado, será objeto de explicação posterior. No desejo de dormir, descobrimos um fator capaz de suprir a deficiência da teoria de Strümpell e de Wundt e de explicar a maneira perversa e caprichosa que é utilizada na interpretação dos estímulos externos. A interpretação correta, que a mente adormecida é perfeitamente capaz de fazer, implicaria um interesse ativo e exigiria que o sono fosse interrompido; por isso, dentre todas as interpretações que são possíveis, são admitidas somente aquelas que estão de acordo com a censura absoluta do desejo somático. É algo assim: é o rouxinol e não a cotovia; pois se for a cotovia, a noite de amor terminou. Dentre as interpretações do estímulo que são possíveis no momento, seleciona-se então aquela que pode assegurar o melhor vínculo com as possibilidades de desejo que estão à espera na mente. Assim, tudo é definitivamente determinado, e nada é deixado ao capricho. A interpretação errônea não é uma ilusão, mas – se assim se quiser – uma desculpa. Aqui também, no entanto, se admite uma ação que é uma modificação do procedimento psíquico normal, como no caso em que a substituição por meio de deslocamento é efetuada para os propósitos da censura do sonho.

Se os estímulos nervosos externos e os estímulos somáticos internos são suficientemente intensos para forçar a atenção psíquica, eles representam – isto é, caso resultem em sonhar e não em despertar – um ponto definido na formação dos sonhos, um núcleo no material onírico; então se busca uma realização de desejo que corresponda a esse núcleo, de maneira similar (como já foi dito anteriormente) à busca de representações conectivas entre dois estímulos oníricos. Nessa medida, é verdade para vários sonhos que o elemento somático determina qual deve ser o conteúdo onírico.

Nesse caso extremo, um desejo, que não é exatamente real, é despertado para a formação do sonho. Mas o sonho não pode fazer nada além de representar um desejo numa situação de ter sido realizado; é, por assim dizer, confrontado com a tarefa de buscar qual desejo pode ser representado e realizado por meio da situação que agora é real. Mesmo que esse material real seja de caráter doloroso ou desagradável, ainda assim não é inútil para os propósitos da formação do sonho.

A vida psíquica tem controle até mesmo sobre desejos cuja realização produz prazer – uma afirmação que parece contraditória, mas que se torna inteligível se levarmos em conta a presença de duas instâncias psíquicas e a censura existente entre elas.

Há na vida psíquica, como vimos, desejos *reprimidos* que pertencem ao primeiro sistema e a cuja realização o segundo sistema se opõe. Há desejos desse tipo – e não quero dizer isso no sentido histórico de que tais desejos tenham existido e que tenham sido eliminados depois –, mas a teoria da repressão, que é essencial ao estudo das psiconeuroses, afirma que esses desejos recalcados ainda existem, embora haja uma inibição que, simultaneamente, os oprime. A linguagem traduz a verdade quando fala da "supressão" desses impulsos. O artifício psíquico para permitir a realização desses desejos permanece inalterado e em condições de ser utilizado. Acontecendo, porém, que esse desejo reprimido venha a ser realizado, a inibição vencida do segundo sistema (que é capaz de se tornar consciente) é expressa então como um sentimento doloroso. Para encerrar essa discussão, se sensações de caráter desagradável, provenientes de fontes somáticas, se apresentam durante o sono, essa ocorrência é utilizada pela atividade onírica para representar a realização – com maior ou menor retenção da censura – de um desejo reprimido. Esse estado de coisas possibilita certo número de sonhos de ansiedade, enquanto outra série de formações oníricas, desfavoráveis à teoria do desejo, exibe um mecanismo diferente, pois a ansiedade nos sonhos pode ser de natureza psiconeurótica ou pode se originar de excitações psicossexuais, caso em que a ansiedade corresponde a uma *libido* reprimida. Quando isso ocorre, essa ansiedade ou angústia, assim como todo o sonho de ansiedade, tem a significação de um sintoma neurótico, e então nos encontramos na linha divisória onde a tendência dos sonhos de realizar desejos desaparece. Mas em outros sonhos de ansiedade, o sentimento de ansiedade provém de fontes somáticas (por exemplo, no caso de pessoas que sofrem de problemas pulmonares ou cardíacos e que têm ocasionalmente dificuldade de respirar), e então esse sentimento de ansiedade é explorado para ajudar a alcançar a realização, sob a forma de sonho, daqueles desejos energicamente suprimidos que, se fossem sonhados por influência de motivos psíquicos, teriam resultado na liberação de medo. Não é difícil unir esses dois casos aparentemente discrepantes. Essas duas formações psíquicas, uma inclinação emocional e um conteúdo de representações, estão intimamente ligadas; uma, que se apresenta como real, dá suporte à outra no sonho; ora a angústia de origem somática dá suporte ao conteúdo de representações suprimido, ora o conteúdo de representações, que se liberta da supressão, e que procede com o ímpeto dado pela emoção sexual, favorece a liberação da angústia. De um caso, pode-se dizer que uma emoção de origem somática é interpretada psiquicamente; no outro caso, tudo é de origem psíquica, mas o conteúdo suprimido é facilmente substituído por uma interpretação somática apropriada à angústia. As dificuldades que impedem a compreensão de tudo isso têm pouco a ver com os sonhos; elas se devem ao fato de que, ao discutirmos esses pontos, tocamos nos problemas do desenvolvimento da ansiedade e da repressão.

Sem dúvida, o agregado de sensações corporais deve ser incluído entre os estímulos oníricos dominantes que se originam internamente. Não que seja capaz de fornecer o conteúdo onírico, mas força os pensamentos oníricos a fazer uma escolha do material destinado a servir ao propósito de representação no conteúdo onírico; ele faz isso colocando ao alcance da mão aquela parte do material que é adequada ao seu caráter, enquanto retém a outra. Além disso, essa sensação geral está provavelmente relacionada com os resquícios psíquicos que são de suma importância nos sonhos.

Se as fontes somáticas de estimulação que ocorrem durante o sono – isto é, as sensações de sono – não são de intensidade incomum, elas desempenham, na formação dos sonhos, um papel semelhante, em minha opinião, às impressões recentes, mas irrelevantes, deixadas pelo dia anterior. Quero dizer que elas são introduzidas para auxiliar na formação do sonho, se forem apropriadas para se unir ao conteúdo de representações da fonte psíquica do sonho, mas em nenhum outro caso. Elas são tratadas como um material barato e sempre à mão, que é utilizado sempre que necessário, em vez de determinar, como faz um material precioso, a maneira como deve ser utilizado. O caso é semelhante àquele em que um patrono da arte traz a um artista uma pedra rara, um fragmento de ônix, para que crie com ela uma obra de arte. O tamanho da pedra, sua cor e suas marcas ajudam a decidir que busto ou que cena será representada nela; mas no caso de haver uniforme e abundante oferta de mármore ou arenito, o artista segue somente a ideia que toma forma em sua mente. Só assim, ao que me parece, se explica o fato de que o conteúdo onírico resultante de estímulos somáticos de baixa intensidade, não aparece em todos os sonhos e todas as noites.

Talvez um exemplo, que nos leve de volta à interpretação dos sonhos, ilustre melhor o que quero dizer.

Um dia eu estava tentando entender o significado das sensações de ser impedido, de não poder sair do lugar, de não poder terminar alguma coisa, etc., sensações tão sonhadas e tão intimamente ligadas à ansiedade. Naquela noite, tive o seguinte sonho: *Estou muito mal vestido e vou de uma residência no térreo para um andar superior, subindo um lance de escadas. Ao fazer isso, salto três degraus de cada vez e fico feliz em descobrir que posso subir os degraus tão rapidamente. De repente, vejo que uma criada está descendo as escadas, ou seja, em minha direção. Fico com vergonha e tento fugir, e então tenho a sensação de estar sendo impedido; estou colado nos degraus e não consigo sair do lugar.*

Análise – A situação do sonho é extraída da realidade cotidiana. Numa casa em Viena, tenho dois apartamentos, que se ligam apenas por um lance de escadas do lado de fora. Meu consultório e meu escritório ficam numa parte elevada do andar térreo e num andar acima estão meus aposentos residenciais. Quando termino meu trabalho no andar inferior, tarde da noite, subo os degraus para meu quarto. Na noite anterior ao sonho, eu havia percorrido essa curta distância com um traje um tanto desalinhado – ou seja, havia tirado o colarinho, a gravata e os punhos. Mas, no sonho, isso se transformou num aspecto de maior desalinho que, como de costume, é indefinido. Saltar degraus é meu método usual de subir escadas; ademais, isso foi reconhecido no sonho como a realização de um desejo, pois a facilidade com que fazia isso me tranquilizava quanto às boas condições de meu coração. Além disso, a maneira como subo as escadas contrasta efetivamente com a sensação de impedimento que ocorre na segunda metade do sonho. Isso me mostra – algo que não precisava de comprovação – que o sonho não tem dificuldade em representar atos motores realizados plenamente e com destreza. Pense nos sonhos em que está voando!

Mas as escadas que subo não são as de minha casa; a princípio não as reconheço; somente a pessoa que vem em minha direção me revela qual era o local. Essa pessoa é a empregada da velha senhora que visito duas vezes por dia para lhe aplicar injeções hipodérmicas; as escadas também são bastante semelhantes àquelas que devo subir ali, duas vezes por dia.

Como esse lance de escadas e essa mulher entram em meu sonho? Sentir-se envergonhado por não estar completamente vestido é, sem dúvida, de caráter sexual; a criada com quem sonho é mais velha que eu, mal-humorada e nem um pouco atraente. Esses fatos requerem precisamente as seguintes colocações: Quando faço minha visita matinal a essa casa, geralmente sou tomado pelo desejo de limpar a garganta; o produto da expectoração cai sobre os degraus, pois não há escarradeira em nenhum desses andares, e considero que as escadas não devem ser mantidas limpas à minha custa, mas pelo fornecimento de uma escarradeira. A zeladora, também uma pessoa idosa e mal-humorada, com instinto de limpeza, tem outra visão do assunto. Ela fica à espera para ver se eu tomo livremente a escada e, ao constatar que o fiz, ouço-a claramente resmungando. Durante dias, ela se recusa então a me cumprimentar quando nos encontramos. No dia anterior ao sonho, a posição da zeladora havia sido reforçada pela presença da criada. Eu tinha acabado de terminar minha habitual e rápida visita à paciente quando a criada me deteve na antessala e observou: "O senhor poderia muito bem ter limpado os sapatos hoje, doutor, antes de entrar na sala. Seus sapatos sujaram de novo todo o tapete vermelho." Essa é a única razão para o aparecimento do lance de escadas e da criada em meu sonho.

Existe uma íntima conexão entre meus saltos sobre os degraus e meu ato de cuspir nas escadas. A faringite e as doenças do coração são consideradas punições pelo vício de fumar; por causa desse vício, é claro, não gozo, perante minha governanta, de uma reputação de boa limpeza em minha própria casa, quanto mais na outra; por isso o sonho funde as duas numa só imagem.

Devo adiar a continuação da interpretação desse sonho até que possa explicar a origem do sonho típico de estar mal vestido. Assinalo apenas, como resultado preliminar desse sonho, que a sensação onírica de movimento inibido é sempre produzida num ponto em que certa conexão o exige. Uma condição peculiar de minha motilidade durante o sono não pode ser a causa desse conteúdo onírico, pois um momento antes eu me vi correndo com facilidade pelos degraus, como que para confirmar esse fato.

(D) SONHOS TÍPICOS

Em geral, não estamos em condições de interpretar o sonho de outra pessoa, se ela não estiver disposta a nos fornecer os pensamentos inconscientes que estão por trás do conteúdo do sonho; e por essa razão, a aplicabilidade prática de nosso método de interpretação dos sonhos é seriamente limitada.[70] Mas há certo número de sonhos – em contraste com a liberdade usual que o indivíduo mostra ao moldar seu mundo de sonhos com peculiaridades características, tornando-o assim ininteligível – que quase todos sonharam da mesma maneira e com os quais estamos acostumados a supor que esses sonhos têm o mesmo sentido para todos. Há um interesse especial por esses sonhos típicos, porque, provavelmente, todos eles provêm das mesmas fontes em todos os casos, de modo que são particularmente adequados para nos fornecer informações sobre as fontes dos sonhos.

Sonhos típicos merecem a mais exaustiva investigação. Aqui, porém, só vou tecer algumas considerações um pouco detalhadas de exemplos dessa espécie e para isso vou selecionar, primeiro, o chamado sonho embaraçoso da nudez e o sonho da morte de parentes queridos.

O sonho de estar despido ou escassamente vestido na presença de estranhos ocorre com a característica adicional de que aquele que sonha não sente vergonha por isso etc. Mas o sonho de nudez só merece nossa atenção quando nele se sente vergonha e embaraço, quando se deseja fugir ou se esconder e quando se sente a estranha inibição de que é impossível sair do lugar e que se é incapaz de alterar a desagradável situação. É apenas nesse sentido que o sonho é típico; o núcleo de seu conteúdo pode, de outro modo, ser trazido para todos os tipos de relações ou pode ser substituído por ampliações individuais. Trata-se essencialmente de uma sensação desagradável da natureza da vergonha, o desejo de poder esconder a nudez, principalmente por meio da locomoção, sem poder fazê-lo. Acredito que a maioria de meus leitores, em algum momento, se viu nessa situação em sonho.

Normalmente, a natureza e a maneira da experiência não são muito claras. Em geral, aquele que sonha pode dizer "eu estava só de roupa de baixo", mas essa raramente é uma imagem clara; na maioria dos casos a falta de roupa é tão indeterminada que, no relato do sonho, é expressa com alternativas, como "Eu estava vestindo somente roupa íntima". Via de regra, a falta de vestimenta apropriada não é suficientemente grave para justificar o sentimento de vergonha. Para alguém que serviu no exército, a nudez é frequentemente substituída por um modo de ajuste contrário aos regulamentos: "Estou na rua sem meu sabre e vejo oficiais vindo em minha direção", ou "Estou sem gravata", ou "Estou usando calças de civil" etc.

As pessoas, em cuja presença aquele que sonha se envergonha, são quase sempre estranhos, com as feições do rosto indeterminadas. No sonho típico, nunca ocorre que alguém seja repreendido por causa da roupa que veste e que lhe causa constrangimento. Acontece até mesmo que os circunstantes nem percebam isso. Bem pelo contrário, as pessoas mostram um ar de indiferença ou, como tive a oportunidade de observar num sonho particularmente claro, se mostram rigidamente solenes. Vale a pena pensar a respeito.

O embaraço, a vergonha do sonhador e a indiferença dos espectadores mostram uma contradição que ocorre frequentemente nos sonhos. De certo, estaria mais de acordo com os sentimentos do sonhador que os estranhos olhassem para ele com espanto e escárnio ou que ficassem até mesmo indignados com isso. Penso, no entanto, que a última característica desagradável foi removida pela tendência à realização do desejo, enquanto o embaraço, sendo retido por uma ou outra razão, foi deixado de lado, e assim as duas partes do sonho ficam em situação de desarmonia. Temos provas interessantes para mostrar que o sonho, cuja aparência foi parcialmente distorcida pela tendência à realização do desejo, não foi devidamente compreendido. Pois ele se tornou a base de um conto de fadas familiar a todos nós na versão de Andersen[71] e que recentemente foi transposto em versos por L. Fulda em seu poema *Talismã*. O conto de fadas de Andersen narra como dois impostores tecem uma dispendiosa roupagem para o imperador que, no entanto, só será visível para os bons e verdadeiros. O Imperador sai com essa vestimenta invisível e, visto que o tecido serve como uma espécie de pedra de toque, todo o povo tem medo de se aproximar e fingir não notar a nudez do Imperador.

Mas essa é a situação em nosso sonho. Não é preciso muita ousadia para supor que o conteúdo ininteligível do sonho tenha sugerido a invenção de um estado de nudez em que a situação que está sendo lembrada passa a ter sentido. Esta situação foi então despojada de seu significado original e colocada a serviço de outros propósitos. Mas veremos que esse mal-entendido do conteúdo do sonho ocorre frequentemente por causa da atividade consciente do segundo sistema psíquico, e deve ser reconhecido como um fator da forma final do sonho; além disso, veremos que, no desenvolvimento das obsessões e fobias, semelhantes desentendimentos, ocorrendo igualmente dentro da mesma personalidade psíquica, desempenham um papel preponderante. A fonte de onde, em nosso sonho, é retirado o material para essa transformação também pode ser explicada. O impostor é o sonho, o imperador é o próprio sonhador; a tendência moralizante revela um conhecimento vago do fato de que o conteúdo latente do sonho está ocupado com desejos proibidos, que se tornaram vítimas de repressão. O contexto em que esses sonhos aparecem durante minhas análises de neuróticos não deixa margem a dúvidas de que o sonho se baseia numa lembrança da mais tenra infância. Somente em nossa infância houve uma época em que éramos vistos por nossos parentes, bem como por enfermeiras estranhas, criadas e visitantes, com roupas escassas e, naquela idade, não tínhamos vergonha de nossa nudez.[72]

Pode-se observar no caso de crianças um pouco mais velhas que o fato de serem despidas tem uma espécie de efeito excitante sobre elas, em vez de envergonhá-las. Elas riem, pulam e batem em seus corpos; a mãe, ou quem estiver presente, as proíbe de fazer isso e diz: "Olhe, isso é feio! Não deve fazer isso." As crianças muitas vezes manifestam desejo de se exibir; é difícil passar por aldeias de nosso interior sem encontrar uma criança de 2 ou 3 anos que levanta a roupinha diante do viandante, talvez em sua homenagem. Um de meus pacientes guardou em sua memória consciente uma cena de seus 8 anos em que acabava de se despir antes de ir para a cama e estava prestes a ir pular e dançar, de pijaminha, no quarto de sua irmãzinha, mas a babá o impediu de fazer isso. Na história infantil dos neuróticos, o desnudamento na presença de crianças do sexo oposto desempenha um papel importante; na paranoia, o desejo de ser observado ao se vestir e despir pode ser atribuído diretamente a essas experiências; entre os que permanecem no estágio da perversão, há uma classe que acentuou o impulso infantil até a compulsão – são os exibicionistas.

Essa idade da infância em que falta o sentimento de vergonha parece um paraíso para nossas lembranças posteriores; e o próprio paraíso nada mais é do que uma fantasia grupal da infância do indivíduo. É por isso também que, no paraíso, os seres humanos vivem nus e não se envergonham até que chegue o momento em que o sentimento de vergonha e de medo é despertado; segue-se a expulsão e passam a ter início a vida sexual e o desenvolvimento cultural. Esse paraíso, no entanto, pode ser reconquistado todas as noites em nossos sonhos. Já apresentei a suspeita de que as impressões da primeira infância (desde o período mais remoto até o final do quarto ano), por sua natureza e independentemente de qualquer outra coisa, anseiam por reprodução, talvez sem mais referência a seu conteúdo, e que a repetição delas é a realização de um desejo. Sonhos de nudez são, portanto, sonhos de exibição.[73]

A própria pessoa, que é vista não como uma criança, mas como se configura atualmente, e a ideia de roupas escassas, que foi enterrada sob tantas lembranças posteriores de negligência ou por causa da censura, se tornam obscuras – e essas duas coisas constituem o núcleo do sonho expositivo. Em seguida, aparecem as pessoas diante das quais nos envergonhamos. Não conheço nenhum exemplo em que os espectadores reais dessas exibições infantis reapareçam no sonho, pois o sonho dificilmente é uma simples lembrança. Curiosamente, aquelas pessoas que são objeto de nosso interesse sexual durante a infância são omitidas de todas as reproduções do sonho, da histeria e da neurose compulsiva; só a paranoia recoloca os espectadores em seus lugares e se convence fanaticamente de sua presença, embora permaneçam invisíveis. O que o sonho substitui a essas, as "muitas pessoas estranhas", que não prestam atenção ao espetáculo que se apresenta, é exatamente o oposto do desejo daquela pessoa única e íntima a quem a exposição se destinava. "Muitas pessoas estranhas", além disso, são frequentemente encontradas no sonho em qualquer outra conexão favorável; como um desejo oposto; elas sempre significam "um segredo".[74] Pode-se ver como a restauração da velha condição das coisas, como ocorre na paranoia, está sujeita a essa antítese. O indivíduo sente que não está mais sozinho. Tem certeza de estar sendo observado, mas os espectadores são "muitas pessoas estranhas, curiosamente indeterminadas".

Além disso, a repressão desempenha um papel no sonho de exibição, pois a sensação desagradável desse sonho é a reação da segunda instância psíquica ao fato de que a cena de exibição, que foi rejeitada por ela, conseguiu, apesar disso, garantir a representação. A única maneira de evitar essa sensação seria não reviver a cena.

Mais adiante voltaremos a tratar da sensação de estarmos inibidos. Serve excelentemente para representar, nos sonhos, o conflito da vontade, a negação. De acordo com nosso propósito inconsciente, a exibição deve continuar; de acordo com as exigências da censura, deve ser interrompida.

A relação de nossos sonhos típicos com os contos de fadas e outros materiais poéticos não é esporádica nem acidental. Ocasionalmente, a perspicácia de um poeta reconhece analiticamente o processo de transformação – do qual o poeta geralmente é o instrumento – e o segue em sentido inverso, isto é, o rastreia até chegar ao sonho. Um amigo chamou minha atenção para a seguinte passagem em *Der Grüne Heinrich*, de G. Keller: "Não desejo, caro Lee, que você venha a perceber por experiência própria a peculiar e picante verdade contida na situação de Ulisses quando aparece nu e coberto de lama, diante de Nausícaa e de suas companheiras. Gostaria de saber o que isso quer dizer? Consideremos o incidente de perto. Se você estiver longe de seu lar e de tudo o que lhe é caro, perambulando por um país estranho, vendo ou ouvindo muitas coisas, sentindo-se provado por preocupações e tristezas, chegando a sentir-se, talvez, até miserável e desamparado, então, uma noite, inevitavelmente, haverá de sonhar que está se aproximando de sua casa; vai vê-la iluminada e brilhando nas mais belas cores; figuras encantadoras e delicadas virão ao seu encontro; e, de repente, descobrirá que está andando em trapos, nu e coberto de poeira. Um sentimento inominável de vergonha e medo se apodera de você, tenta cobrir-se e se esconder, e acorda banhado em suor. Enquanto os homens existirem, esse será o sonho do viajante angustiado e maltratado pelo destino; e dessa maneira Homero desenhou essa situação, extraindo-a das mais recônditas profundezas do eterno caráter da natureza humana."

Esse caráter profundo e eterno da natureza humana, com cuja descrição o poeta quer geralmente criar um impacto em seus ouvintes, é constituído pelas agitações do espírito que se enraízam na infância, no período que mais tarde se torna pré-histórico. Os desejos reprimidos e proibidos da infância irrompem sob o disfarce daqueles desejos irrepreensíveis do homem exilado e que são capazes de se tornar conscientes; por essa razão o sonho, que assume um aspecto concreto na lenda de Nausícaa, assume regularmente a forma de um sonho de ansiedade.

Meu sonho, mencionado anteriormente, de subir as escadas correndo logo depois de me sentir imóvel e colado aos degraus, é também um sonho de exibição, porque mostra os componentes essenciais desse sonho. Deve, portanto, ser possível conectá-lo com experiências infantis e a posse delas deve nos dizer até que ponto o comportamento da criada em relação a mim – sua recriminação por eu ter sujado o tapete – a ajudou a garantir a posição que ocupa em meu sonho. Posso agora dar a explicação desejada. Aprende-se na psicanálise a interpretar a proximidade temporal pela conexão objetiva; dois pensamentos, aparentemente sem conexão, que se seguem imediatamente, pertencem a uma unidade que pode ser inferida; assim como um *a* e um *b*, que escrevo juntos, devem ser pronunciados como uma sílaba, *ab*. O mesmo vale para a relação dos sonhos entre si. O sonho que acabamos de citar, da escada, foi retirado de uma série de sonhos, sonhos que conheço por tê-los interpretado. O sonho que está incluído nessa série deve, pois, estar conectado com eles. Ora, os outros sonhos da série se baseiam na lembrança de uma babá a quem fui confiado desde alguma data, no período em que eu ainda mamava, até a idade de 2 anos e meio; uma vaga lembrança dela permaneceu em minha memória consciente. Segundo informações que obtive recentemente de minha mãe, ela era velha e feia, mas muito esperta e meticulosa; de acordo com as inferências que posso tirar de meus sonhos, ela nem sempre me dava o tratamento amável e me dizia palavras duras quando eu não me mostrava muito propenso a zelar pela limpeza. Assim, ao tentar dar continuidade a esse trabalho educativo, a criada desenvolve uma pretensão de ser tratada por mim, no sonho, como uma encarnação da velha babá pré-histórica. Deve-se supor que a criança nutria muita afeição por essa senhora, apesar do tratamento inadequado que recebia.[75]

Outra série de sonhos que podem ser chamados de típicos são aqueles que têm em seu conteúdo o fato da morte de um ente querido, seja pai, irmão, irmã, filho ou outro parente próximo. Duas classes desses sonhos devem ser imediatamente distinguidas:

aquelas em que o sonhador não é afetado pela tristeza enquanto sonha, e aquelas em que sente profunda dor por causa dessa morte, a ponto de chegar a verter copiosas lágrimas durante o sono.

Podemos ignorar os sonhos do primeiro grupo, pois não há justificativa para serem considerados típicos. Se forem analisados, verifica-se que têm um sentido diverso do aparente e que se destinam a encobrir algum outro desejo. Assim ocorre com o sonho da tia que vê, diante dela, o filho único de sua irmã deitado num caixão. Isso não significa que ela deseje a morte de seu sobrinho; oculta apenas, como vimos, o desejo de ver mais uma vez, após longa separação, uma pessoa amada – a mesma pessoa que havia visto novamente, após longo intervalo de tempo, no funeral de outro sobrinho. Esse desejo, que é o verdadeiro conteúdo do sonho, não causa dor e, por isso, nenhuma tristeza é sentida no sonho. Pode-se ver, nesse caso, que a emoção contida no sonho não pertence ao conteúdo manifesto do sonho, mas ao latente, e que o conteúdo emocional permaneceu livre da distorção que se abateu sobre o conteúdo da representação.

Bem diferente é a história nos sonhos em que a morte de um ente querido é imaginada e nos quais a dolorosa emoção prevalece. O sentido desses sonhos, como indica seu conteúdo, é o desejo de que a pessoa em questão morra. E como, nesse ponto, posso esperar que os sentimentos de todos os leitores e de todas as pessoas que sonharam algo semelhante se oponham à minha interpretação, devo me entregar por inteiro para apresentar minha comprovação a respeito, na base mais ampla possível.

Já analisamos um exemplo para mostrar que os desejos representados no sonho como realizados nem sempre são desejos reais. Podem ser também desejos mortos, descartados, encobertos ou reprimidos, aos quais devemos, no entanto, atribuir uma espécie de existência contínua em razão de seu reaparecimento no sonho. Eles não estão mortos como pessoas que morreram em nosso sentido dessa palavra, mas se assemelham às sombras da Odisseia que despertam certo tipo de vida assim que bebem sangue. No sonho da criança morta na "caixa", estávamos preocupados com um desejo que havia sido real quinze anos antes e que havia sido francamente admitido a partir daquela época. Talvez não seja importante do ponto de vista da teoria dos sonhos, se eu acrescentar que uma lembrança da mais tenra infância está na base, até mesmo desse sonho. Quando a sonhadora era uma criança pequena – não se pode determinar com certeza em que momento –, ela ouvira que, durante a gravidez, da qual ela era o fruto, sua mãe havia caído em profunda depressão e desejara ardentemente a morte da criança antes de seu nascimento. Tendo crescido e engravidado, ela segue agora o exemplo da mãe.

Quando alguém sonha com expressões de pesar porque o pai ou a mãe, o irmão ou a irmã morreu, eu não usaria esse sonho como prova de que ele deseja a morte dessa pessoa *agora*. A teoria dos sonhos não exige tanto; ela se satisfaz com a conclusão de que o sonhador desejou a morte dessa pessoa em algum momento da infância. Receio, no entanto, que essa limitação não contribua muito para acalmar os opositores; podem contestar tão energicamente a possibilidade de terem tido esses pensamentos quanto estão certos de que não nutrem semelhantes desejos agora. Devo, portanto, reconstruir uma parte da psicologia infantil submersa, com base na evidência que o presente ainda fornece.[76]

Consideremos primeiramente a relação das crianças com seus irmãos e irmãs. Não sei por que pressupomos que essa relação deva ser amorosa, visto que os exemplos de hostilidade entre irmãos adultos se impõem à experiência de todos e, por outro lado, sabemos que muitas vezes essa desunião se originou na distante infância ou sempre existiu. Mas muitos adultos, que hoje são ternamente apegados a seus irmãos e irmãs e os apoiam, viveram com eles durante a infância numa hostilidade quase ininterrupta. A criança mais velha maltratava a mais nova, caluniava-a e privava-a de seus brinquedos; o irmão mais novo se consumia de fúria impotente contra o mais velho, invejava-o e o temia, ou seu primeiro impulso por liberdade e os primeiros clamores de injustiça eram dirigidos contra o opressor. Os pais dizem que os filhos não se dão bem e não conseguem encontrar a razão para isso. Não é difícil ver que o próprio caráter de uma criança bem-comportada não é o que desejamos encontrar numa pessoa adulta. A criança é completamente egoísta; sente suas necessidades de forma aguda e se empenha sem remorsos para satisfazê-las, especialmente contra seus rivais, outras crianças e, em primeiro lugar, contra seus irmãos e irmãs. Nem por isso chamamos a criança de má, mas a chamamos de travessa; não é responsável por suas más ações, nem em nosso julgamento, nem aos olhos da lei penal. E é mais do que justo que seja assim, pois podemos esperar que, nesse mesmo período da vida que chamamos de infância, impulsos altruístas e moralidade despertem no pequeno egoísta e que, nas palavras de Meynert, um ego secundário se sobreponha e refreie o primário. É verdade que a moralidade não se desenvolve simultaneamente em todos os aspectos e, além disso, a extensão do período amoral da infância é de duração diferente para cada indivíduo. Nos casos em que o desenvolvimento dessa moralidade não aparece, gostamos de falar em "degeneração"; na verdade, estamos diante de casos de interrupção do desenvolvimento. Quando o caráter primário já foi encoberto pelo desenvolvimento posterior, pode vir a se expor novamente, pelo menos em parte, em casos de ataques de histeria. A correspondência entre o chamado caráter histérico e o de uma criança travessa é de uma semelhança impressionante. Uma neurose de compulsão, por outro lado, corresponde a uma supermoralidade, imposta ao caráter primário, que volta a se afirmar, como um controle ampliado.

Muitas pessoas, então, que amam seus irmãos e irmãs, e que se sentiriam desoladas por sua morte, têm em seu inconsciente maus desejos contra eles, desejos que remontam a épocas anteriores e que são passíveis de se realizar nos sonhos. É particularmente interessante observar crianças de até 3 anos em suas atitudes para com seus irmãos e irmãs. Uma criança era, até o momento, filha única. Mas um belo dia lhe dizem que a cegonha trouxe um novo bebê. A criança observa o recém-chegado e, em seguida, expressa sua opinião de forma incisiva: "É melhor que a cegonha o leve de volta."[77]

Subscrevo com toda a seriedade a opinião de que a criança sabe avaliar muito bem as desvantagens que haverá de suportar com a chegada do novo rebento. Uma senhora, que conheço há tempo e que se dá muito bem com uma irmã quatro anos mais nova, ao receber a notícia da chegada dessa irmã mais nova, não titubeou em dizer: "Mas não vou lhe dar, de forma alguma, minha boina vermelha." Se a criança chegar a essa percepção somente mais tarde, sua hostilidade será despertada nesse momento. Conheço um caso em que uma menina, com menos de 3 anos de idade, tentou estrangular um bebê no berço, porque sua presença contínua, suspeitava ela, não lhe auspiciava nada de bom. As crianças, nesse momento da vida, são capazes de ciúmes que se distinguem por forte intensidade e nitidez. De igual modo, talvez, se o irmãozinho ou a irmãzinha desaparecer depois de pouco tempo, a criança verá novamente toda a afeição da casa concentrada nela. Se, no entanto, a cegonha trouxer outro bebê, não é natural que a criança favorita deseje que o novo competidor tenha o mesmo destino do anterior, a fim de que ela possa ser tratada tão bem quanto era anteriormente e durante o intervalo? É claro que essa atitude da criança em relação ao bebê mais novo é, em circunstâncias normais, uma simples função da diferença de idade. Depois de certo tempo, os instintos maternos da menina serão despertados com relação ao recém-nascido indefeso.

Sentimentos de hostilidade para com irmãos e irmãs devem ocorrer com muito mais frequência durante a infância do que é percebido pela observação pouco atenta dos adultos.

No caso de meus filhos, que se sucederam rapidamente, perdi a oportunidade de fazer essas observações, mas agora estou compensando essa falha pela observação de meu sobrinho, cujo domínio completo foi perturbado depois de quinze meses com a chegada de uma rival. Ouvi dizer, é verdade, que o menino age com muito cavalheirismo com sua irmãzinha, que lhe beija a mão e a acaricia; mas, apesar disso, me convenci de que, mesmo antes de completar seu segundo ano, ele está usando sua nova faculdade da fala para criticar essa pessoa que lhe parece supérflua. Sempre que a conversa se volta para ela, ele intervém e grita com raiva: "Muito pequena, muito pequena!" Nos últimos meses, desde que a menininha se safou dessa crítica desfavorável, devido a seu esplêndido desenvolvimento, ele encontrou outra maneira de justificar sua insistência de que ela não merece tanta atenção. Em todas as ocasiões propícias, ele nos lembra: "Ela não tem dentes."[78] Todos nós guardamos a lembrança da filha mais velha de outra irmã minha; a menina tinha na época 6 anos e passou uma hora e meia abordando, uma após outra, cada uma das tias presentes para que concordassem com ela e lhes perguntava: "Lucy ainda não consegue entender isso, não é?" Lucy era a rival, dois anos e meio mais nova.

Nunca me deparei com esse sonho de morte de irmãos e de irmãs, em nenhuma de minhas pacientes, que denotasse exagerada hostilidade. Encontrei somente uma exceção, que poderia ser facilmente reinterpretada como uma confirmação da regra. Certa vez, durante uma sessão, enquanto eu explicava essa situação a uma senhora, pois parecia ter relação com os sintomas em questão, ela respondeu, para meu espanto, que nunca tivera um desses sonhos. Ela se lembrou, no entanto, de outro sonho que supostamente não tinha nada a ver com o assunto – um sonho que tivera pela primeira vez aos 4 anos de idade, quando era a filha mais nova, e desde então havia sonhado isso repetidamente. "Um grande número de crianças, todas elas irmãs e irmãos, primas e primos, brincavam numa pradaria. De repente, todos criaram asas, voaram e desapareceram." Ela não tinha ideia do sentido desse sonho; mas não será difícil para nós reconhecê-lo como um sonho de morte de todos os irmãos e irmãs, em sua forma original, e que fora minimamente influenciado pela censura. Atrevo-me a inserir a seguinte interpretação: com a morte de um grande número de crianças – nesse caso, os filhos de dois irmãos foram criados juntos como se fossem de uma só e única família – não é mais que provável que nossa sonhadora, que naquela época ainda não tinha 4 anos, perguntasse a uma pessoa sensata e adulta: "O que acontece com as crianças quando elas morrem?" A resposta deve ter sido: "Elas criam asas e se tornam anjos." De acordo com essa explicação, todos os irmãos e irmãs e primos do sonho agora têm asas como os anjos e – isso é o mais importante – voam para longe. Nossa criadora de anjos fica sozinha, pense bem, única sobrevivente dessa multidão de crianças! O fato de as crianças estarem brincando num prado aponta com toda a probabilidade para borboletas, como se a criança tivesse sido conduzida pela mesma associação de ideias que induziu os antigos a imaginar a psique (alma) com asas de borboleta.

Admitindo-se os impulsos hostis das crianças em relação a seus irmãos e irmãs, alguém haverá, talvez, de objetar: como pode a disposição infantil chegar a esse extremo de maldade a ponto de desejar a morte de um rival ou colega mais forte, como se todas as transgressões só pudessem ser expiadas pela pena de morte? Quem fala assim esquece que a ideia infantil de "estar morto" pouco tem em comum com a nossa. A criança nada sabe dos horrores da decadência, dos tremores na fria sepultura, do terror do infinito nada, que o adulto, como testemunham todos os mitos sobre o Grande Além, acha tão difícil de tolerar. O medo da morte é estranho para a criança; por isso brinca com essa palavra horrível e ameaça outra criança: "Se você fizer isso de novo, vai morrer, como morreu o Chico!" Ao ouvir isso, a pobre mãe estremece, pois talvez não consiga esquecer que a maioria dos mortais não consegue sobreviver aos anos da infância. E é até possível para uma criança de 8 anos, ao voltar de um museu de história natural, dizer à mãe: "Mamãe, eu a amo tanto; se você morrer, vou empalhá-la e colocá-la aqui no quarto para que eu possa vê-la sempre, para sempre!" Como é pequena a semelhança entre a ideia infantil de estar morto e a ideia que nós fazemos da morte![79]

Para a criança, que foi poupada das cenas de sofrimento que precedem a morte, estar morto significa o mesmo que "ter ido", ter deixado de incomodar os sobreviventes. A criança não distingue a maneira e os meios pelos quais essa ausência é provocada; se é causada por viagem, afastamento ou morte. Se, durante a fase pré-histórica de uma criança, uma babá foi dispensada e sua mãe morreu pouco depois, as duas experiências, como revela a análise, se sobrepõem em sua memória. O fato de a criança não sentir muita saudade daqueles que estão ausentes foi percebido por muitas mães que, para sua tristeza, ao voltarem para casa no fim de uma viagem de férias de várias semanas, após indagar pelas crianças, receberam a seguinte resposta: "As crianças não perguntaram uma única vez pela mãe." Mas se ela realmente for para aquele "país desconhecido de onde nenhum viajante regressa", as crianças, de início, parecem tê-la esquecido e só *depois* começam a se lembrar da mãe morta.

Assim, pois, quando a criança tem motivos para desejar a ausência de outra criança, não se verifica qualquer restrição que a impeça de revestir esse desejo sob a forma de que a outra criança venha a morrer; e a reação psíquica ao sonho de desejar a morte prova que, apesar de todas as diferenças de conteúdo, o desejo no caso da criança é, de uma forma ou de outra, o mesmo que é expresso pelos adultos.

Mas se o desejo de morte da criança com relação a seus irmãos e irmãs foi explicado pelo egoísmo infantil, que faz com que a criança considere seus irmãos e irmãs como rivais, como podemos explicar o mesmo desejo com relação aos pais, que concedem amor à criança e satisfazem as necessidades dela, e cuja preservação esses motivos egoístas deveriam levá-la a desejar?

Na solução dessa dificuldade somos auxiliados pela experiência de que os sonhos com a morte dos pais se referem predominantemente àquele membro do casal parental que compartilha o sexo do sonhador, de modo que o homem sonha principalmente com a morte do pai, a mulher com a morte da mãe. Não posso afirmar que isso aconteça regularmente, mas a ocorrência predominante desse sonho da maneira indicada é tão evidente que deve ser explicada por algum fator universalmente operativo. Para expressar a questão com ousadia, é como se uma preferência sexual se tornasse ativa num período precoce, como se o menino considerasse o pai um rival no amor, e como se a menina tivesse a mesma atitude em relação à mãe – rivais cuja eliminação só poderia trazer vantagens para ele, filho, ou para ela, filha.

Antes de rejeitar essa ideia como monstruosa, deixemos o leitor considerar as relações reais entre pais e filhos. Devemos distinguir o que as exigências da cultura e do afeto filial requerem dessa relação daquilo que a observação cotidiana nos mostra como realidade. Mais de uma causa dos sentimentos hostis se esconde nas relações entre pais e filhos; subsistem em maior abundância as condições necessárias para o surgimento de desejos que não podem existir na presença da censura. Vamos nos deter, primeiramente, na relação entre pai e filho. Acredito que a sacralidade, que atribuímos às determinações do decálogo, embota nossa percepção da realidade. Talvez mal ousemos notar que a maior parte da humanidade deixa de obedecer ao quinto mandamento. Tanto nas camadas mais baixas como nas mais altas da sociedade humana, a afeição para com os pais costuma retroceder diante de outros interesses. Os relatos obscuros que chegaram até nós na mitologia e nas lendas dos tempos primitivos da sociedade humana nos dão uma ideia desagradável do poder do pai e da crueldade com que ele o usava. O deus Cronos devora seus filhos, como o javali devora a cria da javalina; Zeus emascula o pai[80] e toma seu lugar como soberano. Quanto mais despoticamente o pai regia a família antiga, tanto mais o filho devia assumir a posição de inimigo e tanto maior devia ser sua impaciência, como sucessor designado, em obter ele próprio a chefia após a morte do pai. Até mesmo em nossa família de classe média, o pai fomenta o desenvolvimento do germe do ódio, que é naturalmente inerente à sua relação paterna, ao recusar ao filho a liberdade de seguir o próprio destino ou os meios necessários para tanto. Um médico pode notar, com muita frequência, que a dor do filho pela perda do pai não pode suprimir sua satisfação por ter conquistado finalmente a liberdade. Todo pai se apega desvairadamente a qualquer *potestas patris* (poder pátrio), tristemente antiquado, que ainda subsiste na sociedade de hoje; e todo poeta que, como Ibsen, destaca o antigo conflito entre pai e filho em primeiro plano, em seus escritos de ficção, tem certeza de estar retratando uma realidade. As causas de conflito entre mãe e filha surgem quando a filha cresce e anseia por liberdade sexual, mas encontra na mãe uma zelosa guardiã; e quando, por outro lado, a mãe é advertida, pelo desabrochar da beleza da filha, que chegou o momento de ela renunciar às pretensões de repressão sexual.

Todas essas condições são notórias e abertas à observação de todos. Mas não servem para explicar os sonhos envolvendo a morte dos pais no caso de pessoas cuja devoção inviolável aos pais foi estabelecida há muito tempo. Além disso, toda a discussão precedente nos preparou a descobrir que o desejo de morte contra os pais deve ser explicado com referências que remontam à primeira infância.

Essa conjetura é reafirmada com uma certeza que impossibilita a dúvida no caso dos psiconeuróticos quando submetidos à análise. Verifica-se neles que os desejos sexuais da criança – na medida em que merecem essa designação em seu estado embrionário – despertam muito cedo e que as primeiras inclinações da menina são dirigidas ao pai e os primeiros desejos do menino são direcionados para a mãe. Em decorrência disso, o pai se torna um rival incômodo para o menino, como a mãe para a menina, e já mostramos, no caso de irmãos e irmãs, com que facilidade esse sentimento pode levar a criança ao desejo de morte. A seleção sexual, via de regra, se torna evidente bem cedo nos pais; é uma tendência natural que o pai seja indulgente para com a filhinha, e que a mãe tome o partido dos filhos homens, embora os dois, quando seu julgamento não é perturbado pela magia do sexo, trabalhem arduamente na educação dos filhos. A criança está perfeitamente ciente dessa parcialidade e resiste àquele de seus pais que a desencoraja. Encontrar amor numa pessoa adulta é para a criança não apenas a satisfação de um desejo especial, mas significa também que a vontade da criança deve ser atendida em outros aspectos. Assim, a criança obedece ao próprio impulso sexual e, ao mesmo tempo, reforça o sentimento que procede dos pais, se escolher entre os pais aquele sentimento que coincide com o deles.

A maioria dos sinais dessas inclinações infantis costuma ser negligenciada; alguns desses sinais podem ser observados mesmo depois dos primeiros anos da infância. Uma menina de 8 anos, que conheço, quando sua mãe é chamada e levanta da mesa, aproveita a oportunidade para se proclamar sua sucessora. "Agora vou ser mamãe. Carlos, você quer mais salada? Vamos, sirva-se, por favor", etc. Uma menina particularmente talentosa e esperta, com menos de 4 anos, em quem esse pouco de psicologia infantil é raramente transparente, diz com toda a franqueza: "Agora a mãe pode ir embora; então o pai vai se casar comigo e eu vou ser a esposa dele." Nem esse desejo exclui, de forma alguma, da vida infantil a possibilidade de a criança continuar amando ternamente sua mãe. Se o menino tem permissão para dormir ao lado da mãe sempre que seu pai viaja e se, depois do regresso do pai, deve voltar para o quarto das crianças e para junto de uma pessoa de quem ele gosta menos, pode facilmente começar a alimentar o desejo de que o pai esteja sempre ausente, a fim de que possa manter seu lugar ao lado da querida e bela mãe; e a morte do pai é obviamente um meio para a realização desse desejo, pois, por experiência, a criança aprendeu que pessoas "mortas", como o vovô, por exemplo, estão sempre ausentes e nunca mais voltam.

Embora as observações sobre crianças pequenas se prestem, sem ser forçadas, à interpretação proposta, elas não transmitem a plena convicção que a psicanálise de neuróticos adultos impõe ao médico. Os sonhos em questão são aqui citados com introduções de tal natureza que sua interpretação como sonhos de desejo se torna inevitável. Um dia encontro uma senhora triste e em prantos.

Diz ela: "Não quero mais ver meus parentes; eles devem ter medo de mim." Então, quase sem transição, conta que se lembra de um sonho, cujo significado, é claro, desconhece. Quatro anos antes, ela sonhou o seguinte: *Uma raposa ou um lince está caminhando pelo telhado; então alguma coisa cai, ou ela cai, e depois sua mãe é levada para fora de casa, morta* – e a sonhadora passa a chorar amargamente. Assim que lhe informei que esse sonho deve significar um desejo de sua infância de ver a mãe morta e que é por causa desse sonho que ela pensa que seus parentes devem ter medo dela. Então ela forneceu um material que possibilitou explicar melhor o sonho. "Olho de lince" foi o termo utilizado uma vez por um menino de rua para xingá-la quando ela era uma criança muito pequena; quando ela tinha 3 anos, uma telha caiu na cabeça de sua mãe, fazendo-a sangrar muito.

Certa vez tive a oportunidade de fazer um estudo aprofundado de uma jovem que passou por vários estados psíquicos. Sua doença começou com um estado de excitação frenética, durante o qual a paciente mostrou uma profunda aversão pela mãe; ela a agredia e a repreendia sempre que se aproximava da cama, ao mesmo tempo em que se mostrava amorosa e dócil para com uma irmã muito mais velha. Seguiu-se então um estado de lucidez, mas um tanto apático, com sono muito agitado. Foi nessa fase que comecei a tratá-la e a analisar seus sonhos. Um grande número deles se referia, de maneira mais ou menos obscura, à morte da mãe; ora assistia ao funeral de uma velha, ora via suas irmãs sentadas à mesa, vestidas de luto. Não pairava nenhuma dúvida quanto ao significado desses sonhos. Durante o processo de melhora na convalescença, apareceram fobias histéricas; a mais torturante delas era a ideia de que algo podia ter acontecido com sua mãe. A moça se via impelida a correr para casa, de onde quer que estivesse, para se convencer de que sua mãe ainda estava viva. Ora, esse caso, em vista de minhas outras experiências, foi muito instrutivo; mostrava traduzidas, por assim dizer, em várias línguas, as diferentes maneiras pelas quais o aparelho psíquico reage à mesma ideia excitante. No estado de excitação que concebo como a dominação da segunda instância psíquica, a inconsciente hostilidade para com a mãe se tornou poderosa como um impulso motor; depois, quando a calma se instalou, uma vez reprimida a rebelião e restaurado o domínio da censura, esse sentimento de hostilidade só teve acesso à região dos sonhos para realizar o desejo de que a mãe morresse. E depois que a condição normal ficou mais fortalecida ainda, criou a excessiva preocupação com a mãe como uma contrarreação histérica e uma manifestação de defesa. À luz dessas considerações, não é mais inexplicável por que as meninas histéricas são frequentemente apegadas a suas mães de forma tão exagerada.

Em outra ocasião, tive a oportunidade de compreender de forma profunda a vida psíquica inconsciente de um jovem para quem uma neurose de compulsão lhe tornou a vida quase insuportável. Não podia sair à rua, porque era assediado pela obsessão de que haveria de matar todas as pessoas que encontrasse. Passava os dias arquitetando um álibi para o caso de ser acusado de qualquer assassinato que pudesse ter ocorrido na cidade. Desnecessário observar que esse homem era de moral íntegra e de instrução de alto nível. A análise – que, aliás, o levou à cura – descobriu impulsos assassinos dirigidos contra o pai, um tanto rígido demais para com o jovem, como a base dessas desagradáveis ideias de compulsão –, impulsos que, para sua grande surpresa, haviam recebido expressão consciente quando ele tinha 7 anos de idade, mas que, é claro, se havia originado em fase muito anterior da infância. Depois da dolorosa doença e morte do pai, quando o jovem tinha 31 anos, aflorou a autorrecriminação obsessiva que foi transferida para estranhos sob a forma de fobia. Não há como confiar em alguém capaz de querer empurrar o próprio pai do alto de uma montanha para o abismo que seja capaz de poupar a vida daqueles que não estão tão intimamente ligados a ele; faz bem, portanto, em se trancar em seu quarto.

De acordo com minha experiência, que já é grande, os pais

desempenham um papel importante na psicologia infantil de todos aqueles que posteriormente se tornam neuróticos. Apaixonar-se por um dos pais e odiar o outro ajuda a compor aquela soma fatídica de material fornecido pelos impulsos psíquicos, que se formaram durante o período da infância e que são de tão grande importância para os sintomas que aparecem na neurose posterior. Mas não acho que os psiconeuróticos se diferenciem nitidamente, nesse aspecto, dos seres humanos normais, na medida em que são capazes de criar algo inteiramente novo e peculiar a eles próprios. É muito mais provável, como também é demonstrado pela observação ocasional em crianças normais, que em seus desejos amorosos ou hostis para com seus pais, os psiconeuróticos mostrem apenas, de forma exagerada, sentimentos que estão presentes de forma menos nítida e menos intensa na mente da maioria das crianças. A antiguidade nos forneceu material lendário para confirmar esse fato e a eficácia profunda e universal dessas lendas só pode ser explicada concedendo uma aplicabilidade universal semelhante à suposição, anteriormente mencionada, na psicologia infantil.

Refiro-me à lenda do rei Édipo e ao drama de mesmo nome de Sófocles. Édipo, filho de Laio, rei de Tebas, e de Jocasta, é enjeitado quando ainda criança de peito, porque um oráculo informou ao pai que seu filho, ainda não nascido, será seu assassino. O recém-nascido é salvo e cresce como filho do rei numa corte estrangeira, até que, incerto sobre sua origem, ele também consulta o oráculo e é aconselhado a evitar sua terra natal, pois está destinado a se tornar o assassino de seu pai e o marido de sua mãe. Na estrada que leva para longe de sua suposta casa, ele encontra o rei Laio e o mata numa súbita briga. Chega depois aos portões de Tebas, onde decifra o enigma da Esfinge que lhe barra o caminho e, em sinal de gratidão, os tebanos o escolhem como rei, sendo presenteado com a mão de Jocasta. Reina em paz e honra por muito tempo, e gera dois filhos e duas filhas com aquela que, sem o saber, é sua mãe. Passado um tempo, irrompe uma peste e os tebanos voltam a consultar o oráculo. Nesse ponto é que começa a tragédia de

Sófocles. Os mensageiros trazem a resposta do oráculo de que a peste haverá de cessar assim que o assassino de Laio for expulso do país. Mas onde está ele escondido? "Onde pode ser encontrado? Como vamos chegar ao autor de um crime tão antigo, se nenhuma conjetura leva à descoberta?"[81]

A ação da peça consiste então apenas numa revelação, que é gradualmente completada e habilmente retardada – assemelhando-se ao trabalho de uma psicanálise – do fato de que o próprio Édipo é o assassino de Laio e filho do homem assassinado e de Jocasta. Édipo, profundamente chocado com as monstruosidades que cometeu sem saber, vaza seus olhos, cegando-se, e abandona sua terra natal. A predição do oráculo se cumpriu.

Édipo Rei é uma suposta tragédia do destino; diz-se que seu efeito trágico reside na oposição entre a poderosa vontade dos deuses e a vã resistência dos seres humanos ameaçados de destruição; a resignação à vontade de Deus e a confissão da própria impotência é a lição que o espectador profundamente comovido deve aprender com a tragédia. Consequentemente, os autores modernos tentaram obter um efeito trágico semelhante ao incorporar a mesma oposição numa história de sua invenção. Mas os espectadores ficaram impassíveis enquanto uma maldição ou uma sentença oracular era cumprida em detrimento de seres humanos inocentes, apesar de todas as lutas deles; tragédias posteriores do destino permaneceram todas sem efeito.

Se *Édipo Rei* é capaz de comover os homens modernos não menos do que comoveu os gregos daquela época, a explicação desse fato não pode estar meramente na suposição de que o efeito da tragédia grega se baseia na oposição entre destino e vontade humana, mas deve ser procurado na natureza específica do material em que essa oposição é mostrada. Deve haver uma voz dentro de nós que esteja preparada para reconhecer a força compulsiva do destino em Édipo, enquanto condenamos com justiça as situações que ocorrem em *Die Ahnfrau* ou em outras tragédias posteriores como invenções arbitrárias. E deve haver um fator correspondente a essa voz interior na história de *Édipo Rei*. O destino dele nos comove apenas pela razão de que poderia ter sido o nosso, pois o oráculo lançou sobre nós, antes de nosso nascimento, a mesma maldição que recaiu sobre ele. Talvez estejamos todos destinados a direcionar nossos primeiros impulsos sexuais para nossa mãe, e nosso primeiro ódio e nossos primeiros desejos violentos para nosso pai; nossos sonhos nos convencem disso. O rei Édipo, que matou seu pai Laio e se casou com sua mãe Jocasta, não é nada além do desejo realizado de nossa infância. Mas, mais afortunados do que ele, conseguimos, a menos que nos tornemos psiconeuróticos, retirar nossos impulsos sexuais de nossa mãe e esquecer nosso ciúme de nosso pai. Recuamos diante da pessoa, em quem esse desejo primitivo foi consumado, com toda a força da repressão com que esses desejos foram contidos dentro de nós. Por sua análise, mostrando-nos a culpa de Édipo, o poeta nos incita a reconhecer nosso eu interior, no qual esses impulsos, mesmo suprimidos, ainda se fazem presentes. Eis a comparação com que o coro da tragédia nos deixa:

"... *Vejam! Esse Édipo, que desvendou o famoso enigma e que era um homem de eminente virtude; um homem que não confiava nem na popularidade nem na fortuna de seus cidadãos; vejam que grande tempestade de adversidades se abateu finalmente sobre ele*" (Ato V, cena 4).

Essa advertência se aplica a nós mesmos e a nosso orgulho; a nós, que nos tornamos tão sábios e poderosos, em nossa opinião, desde nossa infância. Como Édipo, vivemos na ignorância dos desejos que ofendem a moralidade, desejos que a natureza nos impôs e, depois da revelação deles, queremos fechar os olhos às cenas de nossa infância.

No próprio texto da tragédia de Sófocles, há uma referência inequívoca ao fato de que a lenda de Édipo se origina de um material onírico extremamente antigo, que consiste na dolorosa perturbação da relação com os pais, em razão dos primeiros impulsos da sexualidade. Jocasta conforta Édipo – que ainda não sabe da verdade, mas que ficou preocupado por causa do oráculo – mencionando o sonho que muitas pessoas têm, embora ela não lhe atribua nenhum sentido:

"*Pois já tem sido o destino de muitos homens em sonhos pensar que são parceiros de cama da própria mãe. Mas passa mais facilmente pela vida quem pensa que essas circunstâncias são ninharias*" (Ato IV. cena 3).

O sonho de ter relações sexuais com a mãe ocorreu naquela época, como ocorre ainda hoje a muitos homens que o contam com indignação e assombro. Como se pode deduzir, essa é a chave para a tragédia e o complemento para o sonho da morte do pai. A história de Édipo é a reação da imaginação a esses dois sonhos típicos. E assim como o sonho, ao ocorrer a um adulto, é acompanhado por sentimentos de repulsa, também a lenda deve conter terror e autopunição. A aparência que ele assume é o resultado de uma elaboração secundária incompreensível que tenta fazê-lo servir a propósitos teológicos (cf. o material onírico do exibicionismo, descrito anteriormente). A tentativa de reconciliar a onipotência divina com a responsabilidade humana deve, é claro, falhar com esse material como com qualquer outro.[82]

Não devo deixar o sonho típico da morte de entes queridos sem elucidar um pouco mais a questão de sua importância para a teoria do sonho em geral. Esses sonhos nos mostram a realização do caso muito incomum em que o pensamento onírico, que foi criado pelo desejo reprimido, escapa completamente da censura e é transferido para o sonho sem alteração. Deve haver condições especiais presentes que tornem possível esse resultado. Encontro circunstâncias favoráveis a esses sonhos nos dois fatores seguintes: primeiro, não há desejo mais distante de nós do que esse; acreditamos que semelhante desejo "nunca nos ocorreria nem em sonho"; a censura dos sonhos, portanto, não está preparada para essa monstruosidade, assim como a legislação de Sólon foi incapaz de estabelecer uma punição para o parricídio. Em segundo lugar, o desejo reprimido e insuspeitado, precisamente nesse caso, coincide com muita frequência com um resíduo da experiência do dia anterior, sob a forma de uma preocupação com a vida da pessoa amada. Essa preocupação não pode ser incluída no sonho por outro meio que não seja o de valer-se do desejo que tem o mesmo conteúdo; mas é possível que o desejo se disfarce por trás da preocupação despertada durante o dia. Se alguém está inclinado a pensar que tudo isso é um processo mais simples e que o indivíduo simplesmente continua durante a noite e em sonhos o que andou remoendo durante o dia, o sonho da morte de pessoas caras é desvinculado de qualquer ligação com nossa explicação do sonho, e assim ficamos inutilmente apegados a um problema de fácil solução.

É também instrutivo traçar a relação desses sonhos com os sonhos de ansiedade. No sonho da morte de pessoas caras, o desejo reprimido encontrou uma maneira de evitar a censura e a distorção que ela causa. Nesse caso, a inevitável manifestação concomitante é que se experimentam sensações desagradáveis no sonho. Do mesmo modo, o sonho do medo só se realiza quando a censura é total ou parcialmente subjugada e, por outro lado, a subjugação da censura é facilitada quando o medo já foi produzido por fontes somáticas. Assim, torna-se óbvio para que finalidade a censura exerce sua função e promove a distorção dos sonhos; ela faz isso *para impedir o desenvolvimento de medo ou de outras formas de emoção desagradável*.

Falei anteriormente do egoísmo da mente das crianças e posso agora retomar esse assunto para sugerir que os sonhos preservam essa característica – mostrando assim sua ligação com a vida infantil. Todo sonho é inteiramente egoísta; em cada sonho aparece o ego amado, mesmo que seja de forma disfarçada. Os desejos que se realizam nos sonhos são invariavelmente os desejos desse ego; é apenas uma aparência enganosa se acaso se acredita que o interesse por outra pessoa tenha causado o sonho. Vou submeter à análise vários exemplos que parecem contradizer essa afirmação.

I – Um menino com menos de 4 anos relata o seguinte: *Ele viu uma grande bandeja guarnecida e sobre ela um belo pedaço de carne assada, e a carne foi subitamente – não cortada em pedaços – mas comida. Ele não viu a pessoa que a comeu.*[83]

Quem pode ser essa pessoa estranha cuja apetitosa refeição constitui o cerne do sonho desse menino? As experiências do dia devem nos dar a explicação. Durante alguns dias, o menino vivia com uma dieta de leite, seguindo a prescrição do médico; mas, na noite do dia anterior ao sonho, ele havia feito algumas travessuras e, como punição, foi privado do jantar. Ele já havia passado por uma dessas curas de fome e havia se comportado com muita bravura. Sabia que não conseguiria nada para comer, mas não se atreveu a indicar por palavras que estava com fome. A educação começava a surtir efeito nele; isso é expresso até mesmo no sonho que mostra o início da distorção onírica. Não há dúvida de que ele mesmo é a pessoa cujos desejos são direcionados para essa abundante refeição, ainda mais uma refeição de carne assada! Mas como sabe que isso é proibido, não ousa, como as crianças fazem no sonho (cf. o sonho sobre morangos de minha pequena Anna), sentar-se à mesa para a refeição. A pessoa que desfrutou da refeição permanece anônima.

II – Certa vez, sonhei que vejo na vitrine de uma livraria um novo número da Coleção dos Amantes de Livros – coleção que tenho o hábito de comprar (monografias de arte, monografias sobre a história do mundo, sobre famosos centros de arte etc.). *A nova coleção se intitula Famosos Oradores (ou Discursos), e o primeiro número traz o nome do Doutor Lecher.*

No decorrer da análise, parece improvável que a fama do dr. Lecher, o prolixo orador da Oposição Alemã, possa ocupar meus pensamentos enquanto estou sonhando. O fato é que, alguns dias antes, recebi para tratamento psicológico alguns novos pacientes, e agora era obrigado a falar de dez a doze horas por dia. Assim, eu mesmo é que sou o orador prolixo.

III – Em outra ocasião, sonhei que um professor conhecido meu, da universidade diz: *Meu filho, o míope*. Segue-se então um diálogo que consiste em pequenas falas e réplicas. Depois, uma terceira parte do sonho em que eu e meus filhos aparecemos e, no que diz respeito ao conteúdo latente do sonho, pai, filho e o professor M. são apenas figuras leigas para representar a mim e a meu filho mais velho. Voltarei a falar desse sonho mais adiante, por causa de outra característica peculiar dele.

IV – O sonho a seguir dá um exemplo de sentimentos egoístas realmente baixos, que se ocultam por trás de uma preocupação afetuosa:

Meu amigo Otto parece doente. Seu rosto tem uma coloração marrom e ele está de olhos esbugalhados.

Otto é o médico de minha família, a quem devo muito mais do que espero algum dia poder retribuir, pois tem cuidado da saúde de meus filhos há anos. Ele os tratou com êxito quando adoeceram e, além disso, sempre que as circunstâncias o permitiam, lhes dava presentes. Veio nos visitar no dia do sonho e minha esposa notou que ele parecia cansado, exausto. À noite, tive meu sonho que atribui a ele alguns dos sintomas da doença de Basedow. Qualquer pessoa que desconsiderasse minhas regras para a interpretação dos sonhos entenderia que esse sonho significa que estou preocupado com a saúde de meu amigo e que essa preocupação se concretiza no sonho. Seria, portanto, uma contradição não apenas da afirmação de que o sonho é uma realização de desejo, mas também da afirmação de que ele é acessível apenas a impulsos egoístas. Mas que a pessoa que interpreta o sonho dessa maneira me explique por que estou com receio de que Otto tenha a doença de Basedow, diagnóstico para o qual sua aparência não oferece a menor justificativa? Ao contrário disso, minha análise fornece o seguinte material, que remonta a uma ocorrência de seis anos atrás. Um pequeno grupo de pessoas, incluindo o professor R., estávamos seguindo de carruagem, em total escuridão, pela floresta de N., que fica a várias horas de distância de nossa casa de campo. O condutor, que não estava muito sóbrio, perdeu o controle e jogou a carroça barranco abaixo. Por muita sorte, todos nós escapamos ilesos. Mas fomos obrigados a pernoitar na pousada mais próxima, onde a notícia de nosso acidente despertou grande simpatia. Um senhor, que apresentava sinais inequívocos da doença de Basedow – nada além de uma cor acastanhada da pele do rosto e olhos esbugalhados, mas sem bócio – colocou-se inteiramente à nossa disposição e perguntou o que poderia fazer por nós. O professor R. respondeu com seu jeito decidido: "Nada; só gostaria que me emprestasse um pijama." Ao que nosso generoso amigo respondeu: "Sinto muito, mas não posso fazer isso", e foi embora.

Continuando a análise, me ocorre que Basedow é o nome não apenas de um médico, mas também de um famoso educador. (Agora que estou acordado, não tenho muita certeza disso.) Meu amigo Otto é a pessoa a quem pedi para se encarregar da educação física de meus filhos – especialmente durante a puberdade (daí o pijama) –, caso me acontecesse alguma coisa. Ao ver Otto no sonho com os sintomas mórbidos de nosso generoso benfeitor mencionado há pouco, evidentemente pretendo dizer: "Se alguma coisa me acontecer, tão pouco deveria esperar que ele fizesse por meus filhos quanto o barão L. fizera naquela ocasião, apesar de suas ofertas bem-intencionadas." O aspecto egoísta desse sonho deve ficar claro agora.[84]

Mas onde se pode encontrar a realização do desejo? Não é uma vingança contra meu amigo Otto, cujo destino parece ser o de sofrer maus-tratos em meus sonhos, mas nas seguintes circunstâncias: Ao representar Otto no sonho como o barão L., tenho me identificado, ao mesmo tempo, com outra pessoa, ou seja, com o professor R., pois pedi algo a Otto, assim como R. pediu algo ao barão L. no momento da ocorrência mencionada. E esse é o ponto, pois o professor R. seguiu seu caminho independente fora da universidade, um pouco como eu fiz, e só nos últimos anos recebeu o título que conquistara havia muito tempo. Assim, uma vez mais, portanto, estou desejando ser professor! As próprias palavras "nos últimos anos" é a realização de um desejo, pois significam que viverei tempo suficiente para guiar meu filho a atravessar a fase da puberdade.

Dei apenas um breve relato das outras formas de sonhos típicos na primeira edição deste livro, porque uma quantidade insuficiente de bom material estava à minha disposição. Minha experiência, que desde então foi aumentando, me permite agora dividir esses sonhos em duas grandes classes: primeiro, aqueles que realmente têm sempre o mesmo significado e, segundo, aqueles que devem ser submetidos a interpretações profundamente diferentes, apesar de seu conteúdo idêntico ou semelhante. Entre os sonhos típicos do primeiro tipo, considerarei mais de perto o sonho com exames escolares e o assim chamado sonho da irritação dentária.

Todo aquele que recebeu seu diploma depois de ter passado no exame final da faculdade reclama da crueldade com que é perseguido por sonhos angustiantes de ter sido reprovado, de que deve repetir seus exames, etc. Para o que obteve o diploma na universidade, esse sonho típico é substituído por outro, que o representa como tendo de se submeter aos exames de doutorado; e é em vão que ele levanta a objeção durante o sono de que já está exercendo a medicina há anos, que já é professor universitário ou que já é diretor de um escritório de advocacia. Essas são as lembranças inextirpáveis dos castigos que sofremos quando crianças por más ações que cometemos – lembranças que foram revividas em nós naquele *dies irae, dies illa* (dia da ira aquele dia) do severo exame nos dois momentos críticos de nossos estudos. A "fobia dos exames" dos neuróticos também é reforçada por esses medos infantis. Quando deixamos de ser estudantes, não são mais nossos pais e tutores, como no início, ou nossos professores, como mais tarde, que nos infligem castigos; a cadeia inexorável de causas e efeitos na vida se encarregou depois de nossa educação. Agora sonhamos com exames de graduação ou de doutorado – e quem não tremeu nessas provas, mesmo que se sentisse bem preparado? – sempre que tememos que um resultado nos castigue por não termos feito algo ou porque não realizamos algo como deveríamos – em resumo, sempre que sentimos o peso da responsabilidade.

Devo a explicação real dos sonhos com exames a uma observação feita por um colega bem informado, que certa vez afirmou num debate científico que, em sua experiência, o sonho com exames ocorre apenas para pessoas que passaram nos exames, nunca para aqueles que foram reprovados. Os sonhos de ansiedade relacionados com exames ocorrem, como foi confirmado seguidas vezes, quando o sonhador espera uma ação responsável de sua parte no dia seguinte e teme pelo fracasso; ele, portanto, procura provavelmente uma ocasião no passado em que a grande ansiedade se mostrou injustificada e foi desmentida pelo resultado. Esse seria um exemplo notável de um falso juízo do conteúdo do sonho feito pela instância de vigília. A objeção ao sonho, que é julgada como o protesto indignado "Mas eu já sou médico", etc., seria, na realidade, um consolo que os sonhos oferecem e que, portanto, teria a seguinte proposição: "Não tenha medo do amanhã. Pense no medo que você teve antes do exame final, e ainda assim, nada aconteceu. Você é um médico agora", etc. O medo, porém, que atribuímos ao sonho, tem origem nos resíduos da experiência diurna.

Os testes dessa explicação que pude fazer em meu caso e no de outros, embora não fossem suficientemente numerosos, foram totalmente bem-sucedidos. Fui reprovado, por exemplo, no exame para o doutorado, em medicina legal; esse assunto, porém, nunca foi evocado em meus sonhos, embora muitas vezes tenha sido examinado em botânica, zoologia ou química; nessas matérias, me submeti aos exames com uma ansiedade bem justificada, mas escapei da punição pela clemência do destino ou do examinador. Em meus sonhos com exames universitários, sou regularmente examinado em história, matéria em que passei brilhantemente na época, mas apenas, devo admitir, porque meu bom professor – meu benfeitor caolho em outro sonho – não deixou de perceber que, na lista de perguntas, eu havia riscado a segunda de três, para lhe indicar que não deveria insistir nela. Um de meus pacientes, que desistiu antes dos exames finais da faculdade e os fez mais tarde, mas que foi reprovado no exame de oficial do exército, não conseguindo a patente pretendida, me diz que sonha com o primeiro exame com bastante frequência, mas nunca com o segundo.

O referido colega (dr. Stekel, de Viena) chama a atenção para o duplo sentido da palavra "Matura" (*Matura* – exame para diploma universitário: maturidade) e afirma ter observado que os sonhos com exames ocorrem com muita frequência quando um teste sexual é marcado para o dia seguinte, no qual, portanto, a desgraça que se teme pode consistir na manifestação de uma reduzida potência.

Um colega alemão se opõe a isso com razão, ao que parece, apresentando como motivo que esse exame é denominado na Alemanha de *Abiturium* e, portanto, carece desse duplo significado.

Por causa de suas impressões afetivas semelhantes, os sonhos de perder o trem merecem ser colocados ao lado dos sonhos versando sobre exames. Sua explicação também justifica essa relação. São sonhos de consolo direcionados contra outro sentimento de medo percebido no sonho, o medo de morrer. "Partir" é um dos símbolos mais frequentes da morte. Assim, o sonho diz de forma consoladora: "Tranquilize-se, você não vai morrer (partir)", assim como o sonho com exames nos acalma dizendo "Não tenha medo, nada vai lhe acontecer desta vez". A dificuldade em compreender os dois tipos de sonho se deve ao fato de que o sentimento de ansiedade está diretamente ligado à expressão de consolo. Stekel trata plenamente os simbolismos da morte em seu livro recentemente publicado *Die Sprache des Traumes* (A linguagem do sonho).

O significado dos "sonhos de irritação dentária", que tive de analisar com bastante frequência com meus pacientes, me escapou por muito tempo, porque, para meu espanto, resistências muito grandes obstruíam sua interpretação.

Por fim, provas incisivas me convenceram de que, no caso dos homens, nada mais do que desejos de masturbação desde a puberdade fornecem a força motriz para esses sonhos. Analisarei dois desses sonhos, um dos quais também é "um sonho de voo". Os dois são da mesma pessoa – um jovem com forte propensão à homossexualidade que, no entanto, foi reprimida durante a vida.

Ele está assistindo a uma apresentação de Fidelio, na plateia do teatro, sentado ao lado de L., cujo modo de ser o atrai e cuja amizade gostaria de ter. De repente, ele voa diagonalmente pela plateia; coloca então a mão na boca e extrai dois dentes.

Ele mesmo descreve o voo dizendo que foi como se fosse "lançado" no ar. Como era uma apresentação de Fidelio, lembra as palavras do poeta:

"Aquele que uma esposa encantadora conquistou..."

Mas até mesmo a conquista de uma esposa encantadora não está entre os desejos do sonhador. Dois outros versos seriam mais apropriados:

"Aquele que tem sucesso no (grande) lance de sorte,
Para ser amigo de um amigo..."

O sonho contém, portanto, o "(grande) lance de sorte", que não é, no entanto, apenas a realização de um desejo. Esconde também a dolorosa reflexão de que, em sua busca pela amizade, muitas vezes teve o infortúnio de "deitar tudo a perder", como esconde o medo de que esse destino se repita no caso do jovem ao lado, com quem desfrutou a apresentação de Fidelio. Segue-se então uma confissão que chega a envergonhar esse refinado sonhador, no sentido de que certa vez, depois da rejeição por parte de um amigo, tomado por ardente desejo, ele ficou sexualmente excitado e se masturbou duas vezes seguidas.

Esse é o outro sonho: *Dois professores da universidade, conhecidos dele, o estão tratando em meu lugar. Um dos professores faz alguma coisa com o pênis dele; teme uma operação. O outro enfia uma barra de ferro em sua boca e ele perde dois dentes. Está amarrado com quatro faixas de seda.*

Dificilmente se pode duvidar do significado sexual desse sonho. As faixas de seda equivalem a uma identificação com um homossexual, conhecido seu. O sonhador, que nunca teve relações sexuais, mas que nunca procurou realmente manter relações sexuais com homens, imagina a relação sexual segundo o modelo da masturbação que lhe foi ensinado durante a puberdade.

Acredito que as frequentes modificações do sonho típico de irritação dental – aquela, por exemplo, de outra pessoa retirando o dente da boca do sonhador – se tornam inteligíveis por meio da mesma explicação. Pode ser difícil, no entanto, perceber como a "irritação dental" chegue a ter esse significado. Decido-me então a chamar a atenção para uma transferência de baixo para cima que ocorre com muita frequência. Essa transferência está a serviço da repressão sexual e, por meio dela, todos os tipos de sensações e intenções que ocorrem na histeria, que deveriam refluir nos órgãos genitais, podem ser processadas em partes menos censuráveis do corpo. É também um caso dessa transferência quando os órgãos genitais são substituídos pelo rosto, no simbolismo do pensamento inconsciente. Isso é possibilitado pela semelhança que as nádegas têm com as bochechas e também pelo uso da linguagem que chama "lábios" de ninfa, pela semelhança com aqueles que formam a boca. Em numerosas alusões, o nariz é comparado ao pênis e, tanto num lugar como no outro, a presença de cabelos completa a semelhança. Apenas uma parte da anatomia – os dentes – está isenta da possibilidade de ser comparada com qualquer coisa e é justamente essa coincidência de concordância e discordância que torna os dentes adequados para representação de repressão sexual.

Não desejo alegar que a interpretação do sonho de irritação dentária como um sonho de masturbação, de cuja justificativa não posso duvidar, tenha sido libertada de toda obscuridade.[85] Levo a explicação até onde posso e devo deixar o resto sem solução. Mas devo referir-me também a outra conexão revelada por uma expressão idiomática. Em nossa região há uma designação indelicada para o ato da masturbação, a saber: puxar para fora ou puxar para baixo.[86] Não sei dizer de onde se originam esses coloquialismos e em que simbolismos se baseiam, mas os dentes se encaixariam bem com o primeiro dos dois.[87]

Sonhos em que se está voando ou pairando, caindo, nadando ou coisa semelhante, fazem parte do segundo grupo de sonhos típicos. O que esses sonhos significam? Uma afirmação geral sobre esse ponto não pode ser feita. Eles significam algo diferente em cada caso, como veremos: apenas o material sensorial que eles contêm provém sempre da mesma fonte.

É preciso concluir, a partir do material obtido em psicanálise, que esses sonhos repetem impressões da infância, ou seja, se referem aos jogos de movimento que têm atrativos tão extraordinários para a criança. Que tio nunca fez uma criança voar, correndo pela sala com ela com braços estendidos, ou nunca brincou de fazê-la cair balançando-a nos joelhos e de repente abrindo as pernas ou levantando-a bem alto e fingindo retirar-lhe apoio. As crianças então gritam de alegria e exigem sempre mais essa brincadeira, especialmente se houver um pouco de medo e tontura associados a isso; nos anos seguintes, elas criam uma repetição disso no sonho, mas no sonho omitem as mãos que as seguravam, de modo que agora flutuam e caem livremente. A paixão de todas as crianças pequenas por brinquedos, como balanço e gangorra, é bem conhecida; e se veem truques de ginástica no circo, sua lembrança desse balanço é reavivada. Com alguns meninos, o ataque histérico consiste simplesmente na reprodução desses truques, que realizam com grande habilidade. Não raramente as sensações sexuais são estimuladas por esses jogos de movimento, inocentes como são em si.[88] Para expressar com poucas palavras a ideia que é corrente entre nós e que abrange todos esses assuntos: São as brincadeiras desenfreadas ("Hetzen") da infância que fazem sonhar em voar, cair, ter vertigens e coisas similares repetidas, e cujos sentimentos voluptuosos se transformaram agora em medo. Mas como toda mãe sabe, as brincadeiras desenfreadas das crianças muitas vezes terminam em brigas e lágrimas.

Tenho, portanto, boas razões para rejeitar a explicação de que a condição de nossas sensações dérmicas durante o sono, as sensações causadas pelos movimentos dos pulmões e coisas semelhantes, dão origem a sonhos de voo e queda. Vejo que essas mesmas sensações foram reproduzidas a partir da lembrança a que se refere o sonho – que são, portanto, parte do conteúdo do sonho e não das fontes do sonho.

Esse material, semelhante em suas características e em sua origem, consistindo de sensações de movimento, é agora utilizado para a representação dos mais variados pensamentos oníricos. Sonhos de voo, caracterizados em sua maioria por deleite, requerem as mais diferentes interpretações – interpretações totalmente especiais, no caso de algumas pessoas, e até mesmo interpretações de natureza típica, no caso de outras. Uma de minhas pacientes tinha o hábito de sonhar com muita frequência que estava suspensa acima da rua, a certa altura, sem tocar o chão. Tinha crescido pouco, era de baixa estatura, e evitava todo tipo de contaminação que acompanha as relações com seres humanos. Seu sonho de suspensão realizou seus dois desejos, levantando os pés do chão e permitindo que sua cabeça ficasse em áreas mais altas. No caso de outras sonhadoras, o sonho de voar tinha o significado de anseio: "Se eu fosse um passarinho..." Por isso é que outros se tornam anjos à noite, porque deixaram de ser chamados assim durante o dia. A íntima conexão entre voar e a ideia de um pássaro torna compreensível que o sonho de voar, no caso dos homens, tem geralmente um significado de sensualidade grosseira.[89] De igual modo, não nos surpreenderemos ao ouvir que este ou aquele sonhador se sente sempre muito orgulhoso em vista de sua capacidade de voar.

O dr. Paul Federn (Viena) propôs a fascinante teoria de que muitos sonhos de voo são sonhos de ereção, uma vez que os notáveis fenômenos de ereção, que tão constantemente ocupam a fantasia humana, devem imprimir fortemente sobre ela uma noção de suspensão da gravidade (cf. os falos alados dos antigos).

Os sonhos de queda são mais frequentemente caracterizados pelo medo. Sua interpretação, quando ocorrem em mulheres, não está sujeita a nenhuma dificuldade, porque as mulheres sempre aceitam o sentido simbólico da queda, que é uma circunlocução para a satisfação de uma tentação erótica. Não esgotamos ainda as fontes infantis do sonho de cair; quase todas as crianças caíram de vez em quando e depois foram soerguidas e acariciadas; se caíssem da cama à noite, eram recolhidas pela babá e levadas para a cama dela.

As pessoas que sonham muitas vezes em nadar, em furar as ondas, com grande prazer, etc., geralmente são pessoas que urinam na cama e agora repetem no sonho um prazer que há muito aprenderam a reprimir. Logo mais ficaremos sabendo, com alguns exemplos, a que representação os sonhos de natação se prestam facilmente.

A interpretação dos sonhos com fogo se baseia na proibição às crianças, no quarto de dormir, de riscar fósforos, a fim de que não molhem a cama à noite. Baseiam-se também na reminiscência da enurese noturna da infância. No livro *Bruchstück einer Hysterieanalyse*, 1905[90], descrevi a análise e a síntese completas desse sonho de fogo em conexão com a história infantil do sonhador e mostrei à representação de quais emoções esse material infantil foi utilizado em anos mais maduros.

Seria possível citar um considerável número de outros sonhos "típicos", se esses forem entendidos como relativos à frequente recorrência do mesmo conteúdo onírico manifesto no caso de diferentes sonhadores, por exemplo: sonhos de passar por becos estreitos, de andar por uma série de salas; sonhos com o ladrão noturno contra quem as pessoas nervosas tomam medidas de precaução antes de deitar; sonhos de ser perseguido por animais (touros, cavalos), ou de ser ameaçado com facas, punhais e lanças. Os dois últimos são característicos do conteúdo manifesto do sonho de pessoas que sofrem de ansiedade etc. Valeria a pena fazer uma pesquisa que tratasse especialmente desse material. Em vez disso, tenho duas observações a oferecer que, no entanto, não se aplicam exclusivamente aos sonhos típicos.

I. Quanto mais nos ocupamos com a solução dos sonhos, mais dispostos devemos estar para reconhecer que a maioria dos sonhos dos adultos trata de material sexual e dá expressão a desejos eróticos. Somente quem analisa realmente os sonhos, isto é, quem parte de seu conteúdo manifesto para os pensamentos oníricos latentes, pode opinar sobre esse assunto – e jamais quem se contenta em registrar o conteúdo manifesto (por exemplo, Näcke em seus trabalhos sobre sonhos sexuais). Reconheçamos imediatamente que esse fato não é de causar espécie, mas que está em completa harmonia com os pressupostos fundamentais da explicação dos sonhos. Nenhum outro impulso teve de sofrer tanta supressão desde a infância quanto o impulso sexual em seus numerosos componentes[91], de nenhum outro impulso sobreviveram tantos e tão intensos desejos inconscientes, que agora agem no estado de sono de tal maneira a produzir sonhos. Na interpretação dos sonhos, esse significado dos complexos sexuais nunca deve ser esquecido nem, é claro, exagerado, a ponto de ser considerado exclusivo.

De muitos sonhos, pode-se concluir, por meio de uma cuidadosa interpretação, que devem até mesmo ser vistos sob um aspecto bissexual, na medida em que resultam numa interpretação secundária irrefutável, na qual realizam sentimentos homossexuais – isto é, sentimentos que são comuns à atividade sexual normal da pessoa que sonha. Mas que todos os sonhos devem ser interpretados sob um aspecto bissexual, como foi defendido por W. Stekel[92] e Alf. Adler[93], parece-me uma generalização tão indemonstrável quanto improvável, que eu não gostaria de apoiar. Acima de tudo, eu não saberia como definir o fato aparente de que existem muitos sonhos que satisfazem outras necessidades que não – no sentido mais amplo – as eróticas, como sonhos de fome, sede, conveniência etc. Da mesma forma, as afirmações semelhantes "de que por trás de todo sonho se encontra a sentença de morte" (Stekel) e que todo sonho mostra "uma continuação da linha feminina para a masculina" (Adler), parecem-me ir muito além do que é admissível na interpretação dos sonhos.

Já afirmamos em outro lugar que os sonhos visivelmente inocentes incorporam invariavelmente desejos eróticos grosseiros e podemos confirmar isso por meio de numerosos exemplos. Mas muitos sonhos que parecem indiferentes, e dos quais nunca se suspeitaria de qualquer significado específico, podem ser conectados, após análise, a inconfundíveis desejos sexuais, que muitas vezes são de natureza inesperada. Por exemplo, quem suspeitaria de um desejo sexual no sonho a seguir até que a interpretação fosse elaborada? O sonhador relata: *Entre dois palácios majestosos fica uma casinha, um pouco recuada, cujas portas estão fechadas. Minha mulher me leva um pouco pela rua até a casinha, empurra a porta e então eu entro rápido e facilmente num pátio que se inclina obliquamente para cima.*

Qualquer pessoa que tenha tido experiência na tradução de sonhos perceberá, é claro, imediatamente que penetrar em espaços estreitos e abrir portas trancadas faz parte do simbolismo sexual mais comum e encontrará facilmente nesse sonho uma representação de tentativa de manter relações sexuais por trás (entre as duas imponentes nádegas do corpo feminino). A passagem estreita e inclinada é, naturalmente, a vagina; a assistência atribuída à esposa do sonhador exige a interpretação de que, na realidade, é apenas a consideração da esposa que é responsável pela detenção dessa tentativa. Além disso, a investigação mostra que no dia anterior uma jovem entrara na casa do sonhador, que o agradara e que lhe dera a impressão de que não se oporia totalmente a uma abordagem desse tipo. A casinha entre os dois palácios é tirada de uma reminiscência do *Hradschin* em Praga, e assim aponta novamente para a menina que é nativa daquela cidade.

Se com meus pacientes enfatizo a frequência do sonho de Édipo – o de manter relações sexuais com a mãe – obtenho a resposta: "Não consigo me lembrar de semelhante sonho." Imediatamente depois, porém, surge a lembrança de outro sonho disfarçado e indiferente, que o paciente o teve repetidamente, e a análise mostra que se trata de um sonho com o mesmo conteúdo, ou seja, outro sonho de Édipo. Posso assegurar ao leitor que os sonhos velados de relações sexuais com a mãe são muito mais frequentes do que os transparentes, para o mesmo efeito.[94]

Há sonhos sobre paisagens e localidades em que a ênfase é

sempre colocada na certeza: "Já estive lá antes." Nesse caso, a localidade é sempre o órgão genital da mãe; de fato, de nenhuma outra localidade se pode afirmar com tanta certeza de que alguém "já esteve lá antes".

Um grande número de sonhos, muitas vezes cheios de medo, dizendo respeito à passagem por espaços estreitos ou à permanência na água, se baseiam em fantasias sobre a vida embrionária, sobre a permanência no ventre da mãe e sobre o ato do nascimento. O seguinte é o sonho de um jovem que em sua imaginação, ainda como feto, aproveitou a oportunidade para espionar um ato sexual entre seus pais.

"Ele está num poço profundo, no qual há uma janela, como no Túnel Semmering. A princípio, vê uma paisagem vazia através dessa janela, e então compõe um quadro, que fica imediatamente à mão e que preenche o espaço vazio. O quadro representa um campo que está sendo completamente devastado por um implemento, e o ar delicioso, a ideia de trabalho árduo que acompanha e os torrões de terra preto-azulados causam uma impressão agradável. Ele continua olhando e vê uma escola primária aberta... e fica surpreso que tanta atenção seja dedicada às sensações sexuais da criança, o que o faz pensar em mim."

Aqui está um belo sonho de uma paciente que acabou sendo de extraordinária importância no decorrer do tratamento.

Em sua casa de campo perto do lago... ela se joga na água escura num lugar onde a pálida lua se reflete na água.

Sonhos desse tipo são sonhos de parto; sua interpretação é realizada pela reversão do fato relatado no conteúdo manifesto do sonho; assim, em vez de "jogar-se na água", leia-se "sair da água", isto é, "nascer". O lugar por onde se nasce é reconhecido se pensarmos no mau sentido do francês "la lune". A pálida lua se torna assim o "fundo" branco (Popo), que a criança logo reconhece como o lugar de onde veio. Agora, qual pode ser o significado do desejo da paciente de nascer em sua casa de campo? Perguntei isso à sonhadora e ela respondeu sem hesitar: "O tratamento não me fez como se eu tivesse nascido de novo?" Assim, o sonho se torna um convite para continuar a cura nessa estância de veraneio, ou seja, que eu a visite lá; talvez também contenha uma alusão muito tímida ao desejo de se tornar mãe.[95]

Tomo outro sonho de parto, com sua interpretação, do livro de E. Jones. *"Ela ficou à beira-mar observando um garotinho, que parecia ser dela, entrando na água. Fez isso até que a água o cobrisse e ela só pudesse ver sua cabeça balançando para cima e para baixo perto da superfície. A cena mudou, então, para o salão lotado de um hotel. Seu marido a deixou e ela 'começou a conversar' com um estranho."* A segunda metade do sonho foi descoberta na análise como a representação de uma fuga de seu marido e a entrada em relações íntimas com uma terceira pessoa, atrás da qual foi claramente indicado o irmão do sr. X., mencionado num sonho anterior. A primeira parte do sonho era uma fantasia de nascimento bastante evidente. Em sonhos, como na mitologia, o parto de uma criança das águas uterinas é comumente apresentado por distorção como a entrada da criança na água; entre muitos outros, os nascimentos de Adonis, Osíris, Moisés e Baco são ilustrações bem conhecidas disso. O balançar da cabeça na água lembrou imediatamente à paciente a sensação de aceleração que experimentara em sua única gravidez. Pensar no menino entrando na água induziu um devaneio no qual ela se via tirando-o da água, carregando-o para o berçário, lavando-o, vestindo-o e instalando-o em sua casa.

A segunda metade do sonho, portanto, representa pensamentos relativos à fuga, que faziam parte da primeira metade do conteúdo latente subjacente; a primeira metade do sonho correspondia à segunda metade do conteúdo latente, a fantasia do nascimento. Além dessa inversão de ordem, outras inversões ocorreram em cada metade do sonho. Na primeira metade, a criança entrou na água e, em seguida, sua cabeça balançava; nos pensamentos oníricos subjacentes, primeiro ocorreu a aceleração, e então a criança deixou a água (uma dupla inversão). Na segunda metade, o marido a deixou; nos pensamentos do sonho, ela deixou o marido.

Outro sonho de parto é relatado por Abraham: o de uma jovem

à espera de seu primeiro parto (p. 22). De um lugar no chão da casa um canal subterrâneo leva diretamente para a água (caminho do parto, líquido amniótico). Ela levanta um alçapão no assoalho e imediatamente aparece uma criatura com uma pele acastanhada, que quase se assemelha a uma foca. Essa criatura se transforma no irmão mais novo da sonhadora, com quem ela sempre manteve um relacionamento maternal.

Os sonhos de "salvar" estão ligados aos sonhos de parto. Salvar, principalmente da água, equivale a dar à luz, quando sonhado por uma mulher; esse sentido, no entanto, é modificado quando o sonhador é um homem.[96]

Assaltantes, ladrões noturnos e fantasmas, dos quais temos medo antes de ir para a cama e que às vezes até perturbam nosso sono, se originam de uma mesma reminiscência infantil. São os visitantes noturnos que acordavam a criança para colocá-la no quarto, de modo que não molhasse a cama, ou levantavam as cobertas para ver claramente como a criança mantém as mãos enquanto dorme. Consegui remontar a uma lembrança exata do visitante noturno na análise de alguns desses sonhos de ansiedade. Os ladrões eram sempre o pai, os fantasmas correspondiam mais provavelmente a mulheres com camisolões brancos.

II. Quando nos familiarizamos com o uso abundante do simbolismo para a representação do material sexual nos sonhos, naturalmente nos perguntamos se não há muitos desses símbolos que aparecem de uma vez por todas com um significado firmemente estabelecido como os signos na estenografia; e somos tentados a compilar um novo livro dos sonhos de acordo com o método criptográfico. A esse respeito, pode-se observar que esse simbolismo não faz parte especificamente do sonho, mas do pensamento inconsciente, particularmente o das massas, e encontra-se com maior perfeição no folclore, nos mitos, nas lendas, nos modos de falar, nos provérbios e nos correntes gracejos de ampla difusão do que em seus sonhos.[97]

O sonho aproveita desse simbolismo para dar uma representação disfarçada de seus pensamentos latentes. Entre os símbolos que são usados dessa maneira, há naturalmente muitos que, de modo geral ou quase, significam a mesma coisa. Só é preciso ter em mente a curiosa plasticidade do material psíquico. De vez em quando, um símbolo no conteúdo do sonho deve ser interpretado não simbolicamente, mas de acordo com seu significado real; em outro momento, o sonhador, devido a um conjunto peculiar de lembranças, pode criar para si o direito de usar qualquer coisa como símbolo sexual, embora normalmente não seja usado dessa maneira. Nem os símbolos sexuais utilizados com mais frequência são sempre inequívocos.

Após essas limitações e reservas, posso chamar a atenção para o seguinte: Imperador e Imperatriz (Rei e Rainha) representam realmente, na maioria dos casos, os pais do sonhador[98]; o próprio sonhador é o príncipe ou a princesa. Todos os objetos alongados, varas, troncos de árvore e guarda-chuvas (por causa do alongamento que pode ser comparado a uma ereção), todas as armas alongadas e afiadas, facas, punhais e lanças, destinam-se a representar o membro sexual masculino. Um símbolo frequente, não muito inteligível, para o mesmo é uma lixa de unha (por causa da fricção e raspagem?). Estojos, caixas, caixões, armários e fogões correspondem à parte sexual feminina. O simbolismo da fechadura e chave foi graciosamente empregado por Uhland em sua canção sobre o *"Grafen Eberstein"*, para fazer uma piada vulgar. O sonho de andar por uma fileira de quartos é um sonho de bordel ou de harém. Escadarias, escadas e lances de escada, ou subir e descer nelas, são representações simbólicas do ato sexual. Paredes lisas que se está escalando, fachadas de casas pelas quais se está descendo, frequentemente sob grande ansiedade, correspondem ao corpo humano ereto, e provavelmente repetem no sonho reminiscências de criancinhas subindo no colo dos pais ou de pais adotivos. Paredes "lisas" são homens. Muitas vezes, num sonho de ansiedade, a pessoa está se agarrando firmemente a alguma projeção de uma casa. Mesas, mesas postas e tábuas são mulheres, talvez pela oposição que elimina os contornos do corpo. Como "cama e mesa" (*mensa et thorus*) constituem o casamento; o primeiro elemento é muitas vezes colocado em segundo lugar no sonho e, na medida do possível, o complexo de representação sexual é transposto para o complexo de alimentação. Dos artigos de vestuário, o chapéu da mulher pode, com muita frequência, ser decididamente interpretado como o órgão genital masculino. Nos sonhos com homens, muitas vezes encontramos a gravata como símbolo do pênis; isso, de fato, não é apenas porque as gravatas pendem por muito tempo e são características do homem, mas também porque se pode escolhê-las à vontade, uma liberdade que é proibida pela natureza no original do símbolo.[99] As pessoas que fazem uso desse símbolo no sonho são muito extravagantes com gravatas e possuem coleções regulares delas.[100] Todas as máquinas e aparelhos complicados no sonho são muito provavelmente genitais, em cuja descrição o simbolismo do sonho se mostra tão incansável quanto a atividade da inteligência. Da mesma forma, muitas paisagens em sonhos, especialmente com pontes ou montanhas arborizadas, podem ser facilmente reconhecidas como descrições dos órgãos genitais. Finalmente, onde se encontram neologismos incompreensíveis, pode-se pensar em combinações compostas de elementos com um significado sexual. As crianças também significam, muitas vezes no sonho, os genitais, pois homens e mulheres têm o hábito de se referir carinhosamente a seu órgão genital como seu "pequeno". Como símbolo muito recente do órgão genital masculino podemos citar a máquina voadora, cuja utilização se justifica por sua relação com o voo, bem como ocasionalmente por sua forma. Brincar com uma criancinha ou bater numa criança é, muitas vezes, a representação do onanismo no sonho. Vários outros símbolos, em parte não suficientemente verificados, são fornecidos por Stekel, que os ilustra com exemplos. Direita e esquerda, no sonho, segundo ele, devem ser interpretadas num sentido ético. "A direita sempre significa o caminho da retidão, a esquerda, o caminho do crime. Assim, a esquerda pode significar homossexualidade, incesto e perversão, ao passo que a direita significa casamento, relações com uma prostituta etc. O significado é sempre determinado pelo ponto de vista moral individual do sonhador" (l.c., p. 466). Parentes no sonho geralmente desempenham o papel de órgãos genitais (p. 473). Não ser capaz de subir num vagão de trem é interpretado por Stekel como pesar de não poder atingir uma idade avançada (p. 479). A bagagem com que se viaja é o fardo do pecado pelo qual se é oprimido (ibid.). Também números, que ocorrem com frequência no sonho, recebem de Stekel um significado simbólico fixo; mas essas interpretações não parecem suficientemente verificadas nem de validade geral, embora a interpretação em casos isolados possa geralmente ser reconhecida como provável. Num livro publicado recentemente por W. Stekel, *Die Sprache des Traumes*, que não consegui utilizar, há uma lista (p. 72) dos símbolos sexuais mais comuns, cujo objetivo é provar que todos os símbolos sexuais podem ser utilizados em relação a ambos os sexos. Ele afirma: "Existe um símbolo que (se de alguma forma permitido pela fantasia) não pode ser usado simultaneamente no sentido masculino e feminino!" Certamente, a cláusula entre parênteses tira muito do caráter absoluto dessa assertiva, pois isso não é permitido pela fantasia. Não acho supérfluo, contudo, afirmar que, em minha experiência, a afirmação geral de Stekel deve dar lugar ao reconhecimento de uma multiplicidade maior. Além desses símbolos, que são tão frequentes para os órgãos genitais masculinos quanto para os femininos, há outros que designam preponderantemente, ou quase exclusivamente, um dos sexos; e há ainda outros dos quais apenas a significação masculina ou feminina é conhecida. De fato, a fantasia não permite usar objetos e armas longas e firmes como símbolos dos genitais femininos, ou objetos ocos (baús, caixas, bolsas etc.), como símbolos dos genitais masculinos.

É verdade que a tendência do sonho e da fantasia inconsciente de utilizar o símbolo sexual para ambos os sexos trai uma tendência arcaica, pois na infância não se conhece a diferença nos órgãos genitais e os mesmos órgãos genitais são atribuídos a ambos os sexos.

Essas sugestões bem incompletas podem ser suficientes para estimular outros a fazer uma coletânea mais cuidadosa.[101]

Vou acrescentar agora alguns exemplos da aplicação desses simbolismos nos sonhos, que deverão servir para mostrar como se torna impossível interpretar um sonho sem levar em conta o simbolismo dos sonhos, e como ele se impõe imperativamente em muitos casos.

1. O chapéu como símbolo do homem (do órgão genital masculino)[102] (um fragmento do sonho de uma jovem que sofria de agorafobia, por causa de medo da tentação).

"Estou andando na rua, num dia de verão, uso um chapéu de palha de formato especial, cuja parte do meio está dobrada para cima e as abas laterais pendem para baixo (a descrição ficou aqui obstruída), *e de tal forma que uma é mais baixa que a outra. Estou alegre e tranquila; ao passar por um regimento de jovens oficiais, penso comigo mesma: 'Nenhum de vocês pode ter qualquer desígnio a meu respeito'."*

Como ela não conseguia estabelecer associações com o chapéu, eu lhe disse: "O chapéu é realmente um órgão genital masculino, com a parte central levantada e as duas partes laterais pendendo para baixo." Abstive-me intencionalmente de interpretar esses detalhes relativos à inclinação desigual para baixo das duas abas laterais, embora justamente essas características específicas levem à interpretação. Continuei dizendo que, se ela tivesse um homem com um órgão genital tão viril, não teria de temer os oficiais – ou seja, não teria nada a desejar deles, pois é impedida principalmente de andar sem proteção e companhia por causa de suas fantasias de ser seduzida. Eu já havia tido oportunidade de lhe dar a explicação de seu medo, repetidas vezes, com base em outro material.

É realmente notável como a sonhadora se comportou depois dessa interpretação. Retirou sua descrição do chapéu e alegou não ter dito que as duas abas laterais pendiam para baixo. Eu estava, no entanto, muito seguro do que ouvira para me permitir ser enganado, e persisti nisso. Ela ficou quieta por um tempo, e então encontrou coragem para perguntar por que um dos testículos de seu marido era mais baixo que o outro e se era o mesmo em todos os homens. Com isso, o detalhe peculiar do chapéu foi explicado, e toda a interpretação foi aceita por ela. O símbolo do chapéu me era familiar muito antes de a paciente relatar esse sonho. Em outros casos, mas menos transparentes, acredito que o chapéu pode ser tomado também como um órgão genital feminino.

2. A "pequena" configurando o órgão genital – ser atropelado como símbolo de relação sexual (outro sonho da mesma paciente que sofre de agorafobia).

"Sua mãe manda embora a filhinha, a fim de que ela possa seguir sozinha. Entra então com a mãe num vagão do trem e a mãe vê depois a pequena andando sobre os trilhos, de modo que certamente vai ser atropelada. Ela ouve os ossos estalando. (A partir disso, ela experimenta uma sensação de desconforto, mas não de verdadeiro horror.) Olha então pela janela do vagão para ver se partes não aparecem atrás do trem. Ela então repreende a mãe por ter feito a pequena ir embora sozinha."

Análise – Não é fácil dar aqui uma interpretação completa do sonho. Faz parte de um ciclo de sonhos e só pode ser plenamente compreendido em conexão com outros, pois não é fácil obter o material necessário suficientemente isolado para provar o simbolismo. A paciente, de início, descobre que a viagem de trem deve ser interpretada historicamente como uma alusão a uma saída de um sanatório para doenças nervosas, por cujo diretor, é desnecessário dizer, ela havia se apaixonado. A mãe a levou embora dali, e o médico foi até a estação ferroviária e lhe entregou um buquê de flores como despedida; ela se sentiu desconfortável porque a mãe presenciou essa homenagem. Aqui a mãe, portanto, aparece como uma perturbadora de seus amores, que é o papel efetivamente desempenhado por essa mulher rígida durante a infância da filha. O pensamento seguinte referiu-se à frase: "Ela então olha para ver se as partes aparecem atrás do trem." Na fachada do sonho seríamos naturalmente compelidos a pensar nas partes da filhinha atropelada e triturada. O pensamento, no entanto, aponta numa direção bem diferente. Ela lembra que uma vez viu seu pai nu por trás, no banheiro; ela então começa a falar sobre a diferenciação sexual e afirma que no homem os órgãos genitais podem ser vistos por trás, mas na mulher não. A esse respeito, ela mesma agora oferece a interpretação de que a pequena é o órgão genital, sua pequena (ela tem uma filha de 4 anos), a própria genitália. Recrimina a mãe por querer que ela viva como se não tivesse genitália, e reconhece essa censura na frase introdutória do sonho; a mãe manda embora sua pequena para que ela possa seguir sozinha. Em sua fantasia ir sozinha na rua significa não ter homem e não ter relações sexuais (em latim, *coire* = andar junto, de onde deriva coito), e disso ela não gosta. De acordo com todas as suas declarações, ela realmente sofreu quando menina, por causa do ciúme de sua mãe, pois demonstrava preferência pelo pai.

A "pequena" foi apontada[103] como um símbolo para os órgãos genitais masculinos ou femininos por Stekel, que pode se referir a um uso muito difundido da linguagem.

A interpretação mais profunda desse sonho depende de outro sonho da mesma noite em que a sonhadora se identifica com seu irmão. Ela era uma "menina travessa" e sempre diziam que ela deveria ter nascido menino. Essa identificação com o irmão mostra com especial clareza que "a pequena" significa o órgão genital. A mãe o(a) ameaçou com castração, o que só poderia ser entendido como uma punição por brincar com as partes, e a identificação, portanto, mostra que ela mesma havia se masturbado quando criança, embora ela agora retivesse esse fato apenas como uma lembrança relativa a seu irmão. Ela deve ter tomado conhecimento do órgão genital masculino bem cedo, naquela época, que mais tarde esqueceu, de acordo com as afirmações desse segundo sonho. Além disso, o segundo sonho aponta para a teoria sexual infantil de que as meninas se originam dos meninos por meio da castração. Depois que lhe falei dessa crença infantil, ela logo a confirmou com uma anedota em que o menino pergunta à menina: "Foi cortada?" Ao que a menina respondeu: "Não, foi sempre assim".

O ato de mandar embora a pequena (o órgão genital), no primeiro sonho, portanto, também se refere à ameaça de castração. Finalmente, ela culpa a mãe por não ter nascido menino.

Que "ser atropelada" simbolize a relação sexual, não seria evidente nesse sonho, se não tivéssemos certeza disso a partir de muitas outras fontes.

3. Representação dos órgãos genitais por estruturas, escadas e poços. (Sonho de um jovem inibido por um complexo paterno.)

"Ele está passeando com o pai num lugar que certamente é o Prater, pois a *Rotunda* pode ser vista; na frente dela, há uma pequena estrutura frontal, em que está preso um balão cativo; o balão, no entanto, parece bastante estragado. O pai lhe pergunta para que serve tudo isso; ele fica surpreso, mas explica ao pai. Chegam a um pátio, onde se vê uma grande folha de estanho. O pai quer retirar um bom pedaço dela, mas primeiro olha em volta para ver se alguém está observando. Ele diz ao pai que tudo o que precisa fazer é falar com o vigia, e então pode retirar sem maior dificuldade o quanto quiser dessa folha. Desse pátio, uma escada leva a um poço, cujas paredes são levemente forradas, algo como um livro de bolso com capa de couro. No final desse poço, há uma plataforma mais ampla e então começa um novo poço..."

Análise – Esse sonho se relaciona com um tipo de paciente que não mostra disposição, do ponto de vista terapêutico. Segue na análise sem oferecer resistência alguma até certo ponto, mas a partir daí permanece quase inacessível. Ele próprio analisou praticamente esse sonho. "A Rotunda", disse ele, "é meu órgão genital, o balão cativo na frente é meu pênis, cujo estado me preocupava". Devemos, no entanto, interpretar com mais detalhes; a Rotunda é a nádega que é regularmente associada pela criança com o órgão genital, a estrutura frontal menor é o escroto. No sonho, o pai lhe pergunta para que serve tudo isso – isto é, lhe pergunta sobre o propósito e a disposição dos órgãos genitais. É bastante evidente que esse estado de coisas deve ser invertido e que ele deve ser o questionador. Como tal questionamento por parte do pai nunca ocorreu na realidade, devemos imaginar o pensamento do sonho como um desejo, ou tomá-lo condicionalmente, como segue: "Se eu tivesse pedido a meu pai esclarecimento sexual." Logo encontraremos a continuação desse pensamento em outra parte do sonho.

O pátio em que a folha de estanho está estirada não deve ser imaginado simbolicamente à primeira vista, mas se origina do local de negócios do pai. Por razões de discrição, inseri estanho para outro material com que o pai lida, sem, contudo, alterar nada na expressão verbal do sonho. O sonhador havia entrado na empresa do pai e tinha uma aversão terrível às práticas questionáveis das quais depende principalmente o lucro. A continuação do pensamento onírico ("se eu tivesse perguntado a ele") seria, portanto: "Ele teria me enganado assim como faz com seus clientes." Para "levar uma parte", que serve para representar a desonestidade comercial, o próprio sonhador dá uma segunda explicação – a saber, o onanismo. Isso não só nos é inteiramente familiar, mas concorda muito bem com o fato de que o sigilo do onanismo é expresso por seu oposto ("Porque se pode fazê-lo abertamente"). Além disso, concorda inteiramente com nossas expectativas de que a atividade onanística é novamente transferida para o pai, assim como foi o questionamento na primeira cena do sonho. Ele interpreta imediatamente o poço como a vagina, referindo-se ao estofamento macio das paredes. Que o ato sexual na vagina seja descrito como descer em vez de subir, da maneira usual, encontrei a mesma coisa também em outros casos.[104]

Os detalhes de que no final do primeiro poço há uma plataforma mais ampla e depois um novo poço, ele mesmo explica biograficamente. Há algum tempo convivia sexualmente com mulheres, mas depois desistiu, por causa de inibições, e agora espera poder retomar com a ajuda do tratamento. O sonho, porém, torna-se indistinto no final, e para o intérprete experiente torna-se evidente que, na segunda cena do sonho, a influência de outro assunto começou a se afirmar; nesse, os negócios do pai e suas práticas desonestas significam a primeira vagina, representada como um poço, de modo que se possa pensar numa referência à mãe.

4. O órgão genital masculino simbolizado por pessoas e o feminino por uma paisagem.

(Sonho de uma mulher de classe inferior, cujo marido é policial, relatado por B. Dattner.)

... Então alguém irrompeu na casa e ela ansiosamente mandou chamar um policial. Mas ele foi com dois vagabundos, por mútuo consentimento, para uma igreja[105]; para chegar nela, havia imensas escadarias;[106] atrás da igreja, havia uma montanha[107], encimada por uma densa floresta.[108] O policial recebeu um capacete, um gorjal e uma capa.[109] Os dois vagabundos, que acompanhavam o policial de forma bastante pacífica, vestiam aventais em forma de saco.[110] Uma estrada levava da igreja à montanha. Essa estrada estava coberta de capim e mato de cada lado, que se tornava cada vez mais espesso à medida que atingia o topo da montanha, onde se estendia numa bela floresta.

5. Um sonho de escada.

(Relatado e interpretado por Otto Rank.)

Pelo seguinte e transparente sonho de poluição noturna, sinto-me devedor ao mesmo colega que nos forneceu o sonho de irritação dentária, relatado anteriormente.

"Estou descendo a escada de casa, correndo atrás de uma garotinha, a quem desejo punir porque fez algo comigo. No pé da escada, alguém segurou a menina para mim. (Uma mulher adulta?) Agarro-a, mas não sei se a machuquei, pois de repente me encontro no meio da escada onde pratico o ato sexual com a menina (no ar, por assim dizer). Na verdade, não é ato sexual, apenas esfrego meu genital em seu órgão genital externo e, ao fazer isso, eu o vejo muito nitidamente, tão claramente como vejo sua cabeça que está pendendo para o lado. Durante o ato sexual, vejo dependurados, à esquerda e acima de mim (também como se estivessem no ar), dois pequenos quadros, paisagens, representando uma casa sobre um relvado. No menor, meu sobrenome estava no lugar onde deveria estar a assinatura do pintor; parecia destinado a meu presente de aniversário. Uma pequena placa presa na frente dos quadros indicava que quadros mais baratos também poderiam ser adquiridos. Vejo-me então bem confusamente deitado na cama, tal como me tinha visto ao pé da escada, e sou despertado por uma sensação de umidade que vinha da polução."

Interpretação – O sonhador estava numa livraria na noite do dia do sonho, onde, enquanto esperava, examinou alguns quadros que estavam expostos, representando motivos semelhantes aos quadros do sonho. Aproximou-se de um pequeno quadro que particularmente lhe interessava para ver o nome do artista que, no entanto, lhe era totalmente desconhecido.

Mais tarde, na mesma noite, em companhia de amigos, ouviu falar de uma serva boêmia que se gabava de que seu filho ilegítimo "foi feito na escada".

O sonhador perguntou sobre os detalhes dessa ocorrência incomum e soube que a serva foi com seu amante à casa dos pais dela, onde não havia oportunidade para relações sexuais, e que o homem excitado realizou o ato nas escadas. Em alusão espirituosa à expressão maliciosa usada sobre os adulteradores de vinho, o sonhador observou: "A criança realmente cresceu nos degraus do porão".

Essas experiências do dia, que são bastante proeminentes no conteúdo do sonho, foram prontamente reproduzidas pelo sonhador. Mas ele reproduziu com igual facilidade um antigo fragmento de lembrança infantil que também foi utilizado pelo sonho. A casa da escada era a casa em que passara a maior parte de sua infância e na qual conhecera pela primeira vez os problemas sexuais. Nessa casa, ele costumava, entre outras coisas, deslizar montado pelo corrimão abaixo, o que o fazia ficar sexualmente excitado. No sonho, ele também desce as escadas com muita rapidez – tão rapidamente que, de acordo com suas próprias afirmações bem claras, mal tocava os degraus, mas "voava" ou "deslizava", como costumamos dizer. Com referência a essa experiência infantil, o início do sonho parece representar o fator da excitação sexual. Na mesma casa e na residência adjacente, o sonhador costumava brincar com jogos de luta com as crianças vizinhas, nos quais se satisfazia exatamente como no sonho.

Se alguém se lembrar das pesquisas de Freud sobre o simbolismo sexual[111] que, no sonho, escadas ou subir escadas quase sempre simboliza o ato sexual, o sonho se torna claro. Sua força motriz, bem como seu efeito, como é demonstrado pela polução, é de natureza puramente libidinosa. A excitação sexual foi despertada durante o estado de sono (no sonho, isso é representado pela corrida rápida ou deslizando pelas escadas) e o fio sádico nisso é, com base no jogo de luta, indicado na perseguição e dominação da menina. A excitação libidinosa torna-se intensificada e incita à ação sexual (representada no sonho pelo ato de agarrar a menina e de transportá-la para o meio da escada). Até esse ponto, o sonho seria de puro simbolismo sexual e obscuro para o intérprete inexperiente de sonhos. Mas essa satisfação simbólica, que teria assegurado um sono tranquilo, não foi suficiente para a poderosa excitação libidinosa. A excitação leva ao orgasmo, e assim todo o simbolismo da escada é desmascarado como substituto do ato sexual. Freud enfatiza o caráter rítmico de ambas as ações como uma das razões para a utilização sexual do simbolismo da escada, e esse sonho parece corroborar isso de modo especial, pois, segundo a afirmação expressa do sonhador, o ritmo de um ato sexual foi a característica mais pronunciada em todo o sonho.

Ainda outra observação sobre os dois quadros que, além de seu significado real, também têm o valor de "*Weibsbilder*" (literalmente, *retratos de mulheres*, mas idiomaticamente *mulheres*). Isso é imediatamente demonstrado pelo fato de que o sonho lida com uma imagem grande e uma pequena, assim como o conteúdo do sonho apresenta uma moça (adulta) e uma menininha. Que quadros baratos também pudessem ser adquiridos aponta para o complexo de prostituição, assim como o sobrenome do sonhador no quadro menor e a ideia de que era para seu aniversário apontam para os pais (nascer na escada – ser concebido em ato sexual).

A cena final confusa, em que o sonhador se vê no patamar da escada deitado na cama e sentindo-se molhado, parece remontar à infância, até mesmo além do onanismo infantil, e manifestamente tem seu protótipo em cenas igualmente prazerosas de urinar na cama.

6. Um sonho de escada modificado.

Para um de meus pacientes muito nervosos, que era um abstêmio sexual, cuja fantasia estava fixada em sua mãe e que repetidamente sonhava em subir escadas acompanhado por ela, uma vez observei que a masturbação moderada seria menos prejudicial para ele do que a abstinência forçada. Tudo isso provocou o seguinte sonho:

"Seu professor de piano o repreende por negligenciar sua forma de tocar piano e por não praticar os *Études* de Moscheles e o *Gradus ad Parnassum* de Clementi." Em relação a isso, ele observou que o *Gradus* é apenas uma escada e que o próprio piano é apenas uma escada, pois tem uma escala.

É correto dizer que não há séries de associações que não possam ser adaptadas à representação de fatos sexuais. Concluo com o sonho de um químico, um jovem, que vem tentando abandonar seu hábito de masturbação, substituindo-o por relações sexuais com mulheres.

Proposição preliminar – No dia anterior ao sonho, ele havia dado a um aluno instruções sobre a reação de Grignard, na qual o magnésio deve ser dissolvido em éter totalmente puro sob a influência catalisadora do iodo. Dois dias antes, houve uma explosão no decorrer da mesma reação, na qual o pesquisador queimou a mão.

Sonho I – *Ele deve fazer brometo de fenilmagnésio; vê o aparelho com particular clareza, mas substituiu-se a ele próprio pelo magnésio. Ele está agora numa curiosa atitude vacilante. Continua repetindo para si mesmo: "Essa é a coisa certa, está funcionando, meus pés estão começando a se dissolver e meus joelhos estão ficando moles". Então ele se abaixa e procura seus pés e enquanto isso (ele não sabe como) tira as pernas do cadinho, e então novamente diz para si mesmo: "Isso não pode ser... Sim pode ser assim, foi feito corretamente."* Então acorda parcialmente e repete o sonho para si mesmo, porque quer me contar. Está claramente com medo da análise do sonho. Fica muito excitado durante esse estado de semissono e repete continuamente: *"Fenil, fenil".*

II – *Ele está em casa... com toda a sua família; às onze e meia, deve estar no Schottenthor para um encontro com certa dama, mas não acorda antes das onze e meia. Diz a si mesmo: "É tarde demais agora; quando você chegar lá, será meio-dia e meia."* No instante seguinte, *vê toda a família reunida em torno da mesa – sua mãe e a criada com a sopeira*, com particular clareza. Então ele diz para si mesmo: *"Bem, se já estamos comendo, certamente não posso sair agora".*

Análise – Ele tem certeza de que mesmo o primeiro sonho contém uma referência à senhora que ele vai encontrar (teve o sonho na noite anterior do esperado encontro). O aluno a quem ele deu a instrução é um sujeito particularmente desagradável; havia dito ao químico: "Isso não está certo", porque o magnésio ainda não foi afetado, e este respondeu como se não se importasse com isso: "Claro que não está certo". Ele próprio deve ser esse aluno; ele é tão indiferente à sua análise quanto o estudante à sua síntese; o *Ele* no sonho, no entanto, que realiza a operação, sou eu. Quão desagradável ele deve me parecer com sua indiferença pelo sucesso alcançado!

Além disso, ele é o material com o qual a análise (síntese) é feita; pois é uma questão de sucesso do tratamento. As pernas do sonho lembram uma impressão da noite anterior. Ele conheceu, numa aula de dança, uma senhora a qual desejava conquistar; apertou-a junto a si de modo tão forte que ela chegou a gritar. Depois que ele parou de pressionar as pernas dela, ele sentiu a pressão firme de resposta dela contra suas coxas até um pouco acima dos joelhos, no local mencionado no sonho. Nessa situação, então, a mulher é o magnésio na retorta, que finalmente está funcionando. O magnésio é feminino para mim, assim como é masculino para a mulher. Se funcionar com a mulher, o tratamento também funcionará. Sentir-se e tomar consciência de si mesmo na região dos joelhos remete à masturbação e corresponde ao cansaço do dia anterior... Na verdade, o encontro estava marcado para às 11h30. Seu desejo de dormir demais e permanecer com seus objetos sexuais usuais (isto é, com a masturbação) corresponde à sua resistência.

Com relação à repetição do nome fenil, ele faz as seguintes reflexões: Todos esses radicais terminados em –*il* sempre lhe agradaram; são muito práticos para usar: benzil, azetil etc. Isso, porém, não explicava nada. Mas quando propus o termo *Schlemihl*[112], ele riu com vontade e relatou que, durante o verão, havia lido um livro de Prévost que continha um capítulo intitulado "*Les exclus de l'amour*" (Os excluídos do amor), cuja descrição o fez pensar nos *Schlemihl*, e acrescentou: "Esse é meu caso". Ele teria novamente agido como *Schlemihl*, se tivesse perdido o encontro.

CAPÍTULO VI

O TRABALHO DOS SONHOS

Todas as tentativas anteriores de resolver os problemas do sonho se basearam diretamente no conteúdo manifesto do sonho, tal como é retido na memória, e se esforçaram em obter uma interpretação do sonho a partir desse conteúdo ou, quando não havia interpretação, em formar um juízo do sonho a partir das evidências fornecidas por esse conteúdo. Só nós temos novos dados; para nós, um novo material psíquico intervém entre o conteúdo do sonho e os resultados de nossas investigações: e esse é o conteúdo onírico latente ou os pensamentos oníricos que são obtidos por meio de nosso método. Desenvolvemos uma solução do sonho a partir deste último, e não do conteúdo manifesto do sonho. Estamos também, pela primeira vez, diante de um problema que não existia antes, o de examinar e traçar as relações entre os pensamentos oníricos latentes e o conteúdo onírico manifesto, e os processos pelos quais os primeiros se transformaram no segundo.

Consideramos os pensamentos oníricos e o conteúdo onírico como duas representações do mesmo significado em duas línguas diferentes; ou para expressá-lo melhor, o conteúdo do sonho nos aparece como uma tradução dos pensamentos do sonho em outra forma de expressão, cujos sinais e leis de composição devemos aprender, comparando o original com a tradução. Os pensamentos oníricos são imediatamente inteligíveis para nós assim que os determinamos. O conteúdo do sonho é, por assim dizer, apresentado numa escrita pictórica, cujos signos devem ser traduzidos um a um para a linguagem dos pensamentos oníricos. É claro que seria incorreto tentar ler esses signos de acordo com seus valores como imagens, em vez de lê-los de acordo com seu significado como signos. Por exemplo, tenho diante de mim um quebra-cabeça (rebus): uma casa, em cujo telhado há um barco; em seguida, um homem correndo, desprovido de cabeça, e coisas do gênero. Ora, eu poderia ser tentado a considerar, na veste de crítico, essa composição e seus elementos como algo sem sentido. Um barco não poderia estar no telhado de uma casa e uma pessoa sem cabeça não pode correr; além disso, a pessoa é maior que a casa e, se a coisa toda é para representar uma paisagem, as letras do alfabeto estão completamente fora de lugar, pois é claro que elas não ocorrem na natureza pura. Um juízo adequado do quebra-cabeça de imagens só pode ser feito, se eu não fizer tais objeções ao todo e suas partes, mas se, ao contrário, tentar substituir cada imagem pela sílaba ou palavra que possa ser representada por meio de qualquer tipo de referência; as palavras assim reunidas já não ficarão mais sem sentido, mas podem formar uma das mais belas e sensatas frases. Ora, o sonho é um quebra-cabeça desse tipo, e nossos predecessores no campo da interpretação dos sonhos cometeram o erro de julgar esse quebra-cabeça como uma composição artística. Como tal, parece sem sentido e sem valor.

(A) O TRABALHO DE CONDENSAÇÃO

A primeira coisa que se torna clara para o investigador na comparação do conteúdo do sonho com os pensamentos oníricos é que ocorreu um enorme trabalho de condensação. O sonho é reservado, insignificante e lacônico quando comparado com a gama e a abundância dos pensamentos oníricos. O sonho, quando escrito, ocupa meia página; a análise, na qual estão contidos os pensamentos oníricos, requer seis, oito, doze vezes mais espaço. A proporção varia com os diferentes sonhos; nunca muda seu significado essencial, até onde pude observar. Em geral, subestima-se a amplitude da compressão ocorrida, em virtude do fato de considerar como material completo o volume dos pensamentos oníricos que são trazidos à luz, ao passo que o trabalho mais aprofundado de interpretação pode revelar novos pensamentos que estão ocultos por trás do sonho. Já assinalei que nunca se tem certeza de ter interpretado completamente um sonho; mesmo que a solução pareça satisfatória e sem falhas, resta sempre a possibilidade de que o mesmo sonho tenha ainda outro sentido. Assim, estritamente falando, é impossível determinar a *quantidade de condensação*. Uma objeção que, à primeira vista, parece muito plausível, pode ser levantada contra a afirmação de que a desproporção entre o conteúdo do sonho e o pensamento do sonho justifica a conclusão de que uma condensação abundante de material psíquico ocorreu na formação dos sonhos. Isso porque, muitas vezes, temos a impressão de que sonhamos muito durante a noite e depois esquecemos a maior parte dos sonhos. O sonho que recordamos ao despertar seria, portanto, apenas um resquício do trabalho total do sonho e que este, se pudéssemos recordá-lo em sua totalidade, provavelmente equivaleria, em extensão, aos pensamentos oníricos. Em parte, isso é certamente verdade; não pode haver engano quanto à observação de que o sonho é reproduzido com mais precisão se alguém tentar lembrá-lo imediatamente após o despertar, e que a lembrança dele se torna cada vez mais incompleta, ao anoitecer. Por outro lado, deve-se admitir que a impressão de que sonhamos muito mais do que somos capazes de reproduzir é, muitas vezes, baseada numa ilusão, cuja causa será explicada mais adiante. Além disso, a suposição de condensação na atividade onírica não é afetada pela possibilidade de esquecimento dos sonhos, pois essa suposição é comprovada por grupos de representações que se relacionam com cada fragmento isolado que permaneceu na memória. Se uma grande parte do sonho foi realmente perdida na memória, provavelmente ficamos privados de acesso a uma nova série de pensamentos oníricos. É totalmente injustificável esperar que as partes do sonho que foram perdidas também se relacionem com os pensamentos que já conhecemos, pela análise das partes que foram preservadas.

Em vista do grande número de ideias que a análise fornece para cada elemento individual do conteúdo do sonho, a principal dúvida para muitos leitores será, em princípio, se é justificável considerar como parte dos pensamentos do sonho tudo o que vem à mente durante a análise subsequente – em outras palavras, supor que todos esses pensamentos estiveram ativos durante o estado de sono e participaram da formação do sonho. Não é mais provável que, no decorrer da análise, se desenvolvam associações de ideias que não participaram da formação do sonho? Posso responder a essa dúvida apenas de forma condicional. É verdade, com certeza, que associações específicas de ideias surgem primeiro somente durante a análise; mas pode-se sempre ter certeza de que essas novas associações foram estabelecidas apenas entre pensamentos que já estavam ligados nos pensamentos oníricos por outros meios; as novas ligações são, por assim dizer, corolários, curtos-circuitos, que são possibilitados pela existência de outros meios de conexão mais profundos. Deve-se admitir que o grande número de linhas de pensamento reveladas pela análise já estava ativo na formação do sonho, pois se uma cadeia de pensamentos foi elaborada, o que parece não ter relação com a formação do sonho, encontra-se subitamente um pensamento que, representado no sonho, é indispensável à sua interpretação – que, no entanto, é inacessível a não ser por essa linha de pensamentos. O leitor pode, nesse ponto, voltar-se para o sonho da monografia botânica, que é obviamente o resultado de uma espantosa atividade de condensação, ainda que eu não tenha dado a análise completa desse sonho.

Mas como, então, se pode imaginar a condição psíquica durante o sono que precede o sonho? Todos os pensamentos oníricos existem lado a lado, ou eles ocorrem um após outro, ou são muitas sequências simultâneas de pensamentos construídas a partir de diferentes centros, que se encontram mais tarde? A meu ver, não é necessário, por ora, formar uma ideia plástica das condições psíquicas no decorrer da formação do sonho. Só não podemos esquecer, contudo, que estamos lidando com um processo do pensamento inconsciente e que esse processo pode facilmente ser diferente daquele que percebemos em nós mesmos durante a reflexão intencional acompanhada pela consciência.

O fato, porém, de que a formação do sonho se baseia num processo de condensação é indubitável. Como se produz então essa condensação?

Se considerarmos que somente pequena parte dos pensamentos oníricos revelados é reproduzida no sonho por meio de um de seus elementos de representação, poderíamos concluir que a condensação é realizada por meio de omissões, pois o sonho não é uma tradução exata ou uma projeção ponto a ponto dos pensamentos oníricos, mas uma reprodução muito incompleta e imperfeita deles. Essa visão, como veremos em breve, é deveras inadequada. Mas tomemos isso como um ponto de partida provisório e perguntemos: Se apenas alguns dos elementos dos pensamentos oníricos entram no conteúdo do sonho, que condições determinam sua escolha?

A fim de obter algum esclarecimento sobre esse assunto, voltemos nossa atenção para aqueles elementos do conteúdo do sonho que devem ter preenchido as condições que estamos procurando. Um sonho para cuja formação contribuiu uma condensação especialmente intensa será o material mais adequado para essa investigação. Seleciono, para tanto, o sonho que já comentei anteriormente, o da monografia de botânica.

I – Monografia de botânica

Conteúdo do sonho – *Escrevi uma monografia sobre uma determinada planta (obscura). O livro está diante de mim, estou apenas desdobrando uma ilustração colorida. Um espécime seco da planta está encadernado em cada exemplar como se proviesse de um herbário.*

O elemento que mais se destaca nesse sonho é a monografia de botânica. Isso provém das impressões recebidas no dia do sonho. Na verdade, eu tinha *visto uma monografia sobre o gênero "ciclâmen"* na vitrine de uma livraria. A menção a esse gênero está faltando no conteúdo onírico, no qual restaram apenas a monografia e sua relação com a botânica. A "monografia de botânica" mostra imediatamente sua relação com o trabalho sobre cocaína que eu havia escrito. Associações de ideias me levam da "cocaína", por um lado, para um *"Festschrift"* e, por outro, para meu amigo, o oftalmologista dr. Koenigstein, que teve participação na introdução do uso da cocaína. Além disso, com a pessoa desse dr. Koenigstein está ligada a lembrança da conversa interrompida que tive com ele na noite anterior e dos múltiplos pensamentos sobre remuneração por serviços médicos entre colegas. Essa conversa, então, é propriamente o verdadeiro estímulo do sonho; a monografia sobre o ciclâmen é igualmente uma realidade, mas de natureza irrelevante. Logo posso perceber que a "monografia de botânica" do sonho acaba por ser um elo intermediário comum entre as duas experiências do dia, e tinha sido prelevada sem alteração de uma impressão irrelevante e ligada à experiência psicologicamente significativa, por meio das mais abundantes associações de ideias.

Não somente a ideia composta, "monografia de botânica", no entanto, mas também cada um de seus elementos em separado, "botânica" e "monografia", penetra cada vez mais fundo no emaranhado confuso dos pensamentos oníricos. A "botânica", se relacionam as lembranças da pessoa do Professor *Gartner* (em alemão, Gärtner = jardineiro), de sua esposa *florescente*, de minha paciente chamada *Flora* e de uma senhora sobre quem contei a história das *flores* esquecidas. *Gartner*, por sua vez, leva a uma ligação com o laboratório e com a conversa que tive com *Koenigstein*; a menção das duas pacientes também faz parte dessa mesma conversa. Um encadeamento de ideias em que uma extremidade, que é formada pelo título da monografia vista às pressas, leva à outra, na direção da senhora com as flores e daí para as *flores prediletas* de minha esposa. Além disso, "botânica" lembra não somente um episódio no colégio, mas também um exame feito quando eu estava na universidade; e um novo tópico – meus passatempos – que foi abordado na conversa já mencionada, está conectado, por meio de minha assim chamada *flor favorita*, a alcachofra, com a associação de ideias proveniente das flores esquecidas; por trás da "alcachofra" esconde-se, por um lado, uma lembrança da Itália e, por outro, uma reminiscência de uma cena de infância, na qual estabeleci pela primeira vez minha relação com livros, que desde então se tornaram tão íntimos. Assim, "botânica" é um verdadeiro núcleo, o centro para o sonho de muitas correntes de pensamento que, posso assegurar ao leitor, foram justa e corretamente postas em relação umas com as outras na referida conversa. Aqui nos encontramos numa fábrica de pensamentos, onde, como na "Obra-prima do tecelão":

"Um movimento seco do pé (pisão) move milhares de fios,
As pequenas lançadeiras voam para frente e para trás,
Os fios fluem no invisível,
Um golpe amarra milhares de nós."

"*Monografia*" no sonho, de igual modo, tem relação com dois assuntos: a unilateralidade de meus estudos e o custo de meus passatempos.

A impressão que se tem dessa primeira investigação é que os elementos "botânica" e "monografia" penetraram no conteúdo do sonho porque mostraram amplas conexões com os pensamentos oníricos e, assim, representar núcleos, para os quais grande número de pensamentos oníricos convergem, e porque têm vários significados ligados à interpretação dos sonhos. A base para a explicação desse fato pode ser formulada de outro modo: cada elemento do conteúdo do sonho acaba sendo *superdeterminado* – ou seja, desfruta de uma representação múltipla nos pensamentos do sonho.

Descobriremos ainda mais, ao examinar as partes restantes que compõem o sonho, em relação à sua ocorrência nos pensamentos oníricos. A *ilustração colorida* refere-se (cf. a análise) a um novo tema, a crítica feita a meu trabalho por meus colegas e a um assunto já representado no sonho – meus passatempos – e também a uma lembrança infantil em que eu despedaço o livro com as ilustrações coloridas. O espécime seco da planta se refere a uma experiência no colégio, ocorrida no herbário e ressaltando em particular esse local. Vejo, assim, que tipo de relação existe entre o conteúdo do sonho e os pensamentos oníricos: não só os elementos do sonho têm uma determinação múltipla nos pensamentos oníricos, mas também cada pensamento onírico é representado no sonho por muitos elementos. A partir de um elemento do sonho, o caminho das associações leva a vários pensamentos oníricos; e de um pensamento onírico a vários elementos do sonho. A formação do sonho não se dá, portanto, de tal maneira que um único pensamento onírico ou um grupo deles forneça ao conteúdo do sonho um resumo como seu representante dentro dele, e que então outro pensamento onírico forneça outro resumo como seu representante – como os representantes de um parlamento são eleitos entre o povo –, mas toda a massa de pensamentos oníricos é submetida a certa elaboração, no decorrer da qual os elementos que recebem o maior e mais completo apoio se destacam em relevo, análogos, talvez, à eleição por *scrutins des listes* (escrutínios das listas). Qualquer que seja o sonho que eu possa submeter a semelhante desmembramento, sempre encontro o mesmo princípio fundamental confirmado – que os elementos do sonho são construídos a partir de toda a massa de pensamentos oníricos e que cada um deles aparece com uma determinação múltipla em relação aos pensamentos do sonho.

Certamente, não é descabido demonstrar essa relação do

conteúdo do sonho com os pensamentos do sonho por meio de um novo exemplo, que se distingue por um entrelaçamento particularmente engenhoso de relações recíprocas. O sonho é o de um paciente que estou tratando de claustrofobia (medo em espaços fechados). Logo se tornará evidente por que me sinto chamado a intitular essa atividade excepcionalmente intelectual da atividade onírica da seguinte maneira:

II. "Um lindo sonho"

O sonhador está se dirigindo com um grande grupo para a rua X, onde há uma modesta estalagem (o que não é o caso). Uma peça teatral está sendo apresentada nessa pousada. Ele primeiramente é parte da plateia, depois vira ator. Finalmente, o grupo é convidado a trocar de roupa para voltar à cidade. Alguns deles são acomodados nos quartos do térreo, outros no primeiro andar. Então surge uma discussão. Os do andar de cima ficam zangados porque os do andar térreo ainda não estavam prontos, de modo que não podem descer. O irmão dele está em cima e ele, embaixo, e está aborrecido com o irmão porque há muita confusão. (Essa parte é obscura.) Além disso, já tinha sido decidido na chegada quem ficaria no andar de cima e quem no andar debaixo. Então ele vai subindo sozinho a ladeira da rua X que leva em direção à cidade; e anda com tanta dificuldade e tamanho esforço que não pode se mover do lugar. Um senhor idoso se junta a ele e passa a insultar o rei da Itália. Finalmente, no topo da ladeira, consegue andar com mais facilidade.

A dificuldade que teve ao caminhar era tão evidente que, depois de acordar, ficou por algum tempo em dúvida se aquilo era sonho ou realidade.

De acordo com o conteúdo manifesto, esse sonho dificilmente pode ser tomado em alta consideração. Contrariamente às regras, vou começar com a parte em que o sonhador se referiu a ela como a mais nítida.

As dificuldades sonhadas e que provavelmente foram experimentadas durante o sonho – dificuldade de subida da ladeira acompanhada de dispneia – é um dos sintomas que o paciente realmente havia apresentado anos antes e que, junto com outros sintomas, foi então atribuído à tuberculose (talvez histericamente simulada). Essa sensação de impedimento, peculiar ao sonho, já nos é familiar nos sonhos de exibição e aqui, uma vez mais, a vemos utilizada para qualquer tipo de representação, como um material sempre disponível. A parte do conteúdo do sonho, que descreve a subida da colina começa com dificuldade e vai se tornando mais fácil à medida que chega perto do topo, me fez pensar, enquanto estava sendo contada, na conhecida e magistral introdução a *Safo*, de A. Daudet. Nesse texto, um jovem carrega sua namorada para o andar de cima – no início, ela é leve como uma pena; mas quanto mais ele sobe, mais pesada se torna em seus braços. Essa cena simboliza um curso de eventos que vão se sucedendo e que, ao relatá-los, Daudet tenta alertar os jovens a não desperdiçar afeto sério com moças de origem humilde ou de passado duvidoso.[113] Embora eu soubesse que meu paciente tivera recentemente um caso amoroso com uma dama do teatro e que tinha rompido com ele, não esperava descobrir que a interpretação que me ocorrera estava correta. Além disso, a situação em *Safo* era o *inverso* daquela no sonho; nesse último, a subida foi difícil no início e fácil mais adiante; no romance, o simbolismo serve somente se o que foi considerado fácil no início se tornar um fardo pesado. Para meu espanto, o paciente observou que a interpretação correspondia muito bem ao enredo de uma peça que havia visto no teatro, na noite anterior. A peça se chamava *Rund um Wien* (Perambulando por Viena) e tratava da carreira de uma moça, de início respeitável, mas depois passa a ser mundana, tendo casos com homens da alta sociedade, "subindo, assim, na vida", mas finalmente "decaindo" cada vez mais depressa. Essa peça o lembrou de outra intitulada *Passo a Passo*, em cujo anúncio aparecia uma *escada* de vários degraus.

Continuando a interpretação. – A atriz com quem ele tivera esse caso mais recente e complicado, morava na rua X. Não há estalagem nessa rua. Mas enquanto passava parte do verão em Viena por causa da dama, ele se havia hospedado (em alemão *abgestiegen* = parou; literalmente, *desceu os degraus*) num pequeno hotel dos arredores. Ao sair do hotel, disse ao condutor da carruagem: "Ainda bem que não peguei nenhum verme" (o que, aliás, é uma de suas fobias). Ao que o cocheiro respondeu: "Como pode alguém se hospedar aí! Não é um hotel, não é nada mais que uma *estalagem*!"

A estalagem lhe traz imediatamente à lembrança uma citação:
"Daquele anfitrião maravilhoso
Eu já fui um hóspede."
Mas o hospedeiro no poema de Uhland é uma macieira. Uma segunda citação dá continuação à associação de ideias:

Faust (*dançando com a jovem bruxa*).
"Um lindo sonho tive uma vez;
Vi então uma macieira,
E ali brilhavam duas das mais belas maçãs:
Elas me atraíram tanto, que subi até elas."
A bela
"Maçãs tinham sido desejadas por você,
Desde logo que no Paraíso cresceram;
E me comovo de alegria por saber
Que essas dentro de meu jardim cresçam."
(*Traduzido por* Bayard Taylor)

Não resta a menor dúvida do que se entende por macieira e maçãs. Belos seios se destacavam entre os encantos com que a atriz havia enfeitiçado nosso sonhador.

De acordo com as ligações levantadas na análise, tínhamos todos os motivos para supor que o sonho remontava a uma impressão da infância. Nesse caso, deve referir-se à babá do paciente, que agora é um homem de quase 50 anos de idade. Os seios da babá são, na realidade, uma estalagem para a criança. A babá, assim como *Safo*, de Daudet, aparece como uma alusão à namorada que o paciente deixou.

O irmão (mais velho) do paciente também aparece no conteúdo do sonho; está no andar de cima, o sonhador está embaixo. Isso, mais uma vez, é uma *inversão*, pois o irmão, como eu sabia, perdeu sua posição social e meu paciente manteve a dele. Ao relatar o conteúdo do sonho, o paciente evitou dizer que seu irmão estava no andar de cima e que ele próprio estava *embaixo*. Teria sido uma expressão muito franca, pois se diz que uma pessoa está "por baixo" quando perde sua fortuna e posição. O fato de que nesse ponto do sonho algo seja representado como invertido deve ter um significado. A inversão deve se aplicar a alguma outra relação entre os pensamentos do sonho e o conteúdo do sonho. Há uma indicação que sugere como essa inversão deve ser feita. Obviamente, isso se aplica ao final do sonho, onde as circunstâncias da subida são o inverso daquelas presentes em *Safo*. Então se pode ver facilmente a que se refere a inversão; em *Safo*, o homem carrega a mulher que mantém uma relação sexual com ele; nos pensamentos do sonho, de modo inverso, uma mulher carrega um homem e, como esse estado de coisas só pode ocorrer durante a infância, a referência é mais uma vez a babá que carrega a criança nos braços. Assim, a parte final do sonho é uma alusão simultânea a *Safo* e à babá.

Assim como o nome *Safo* foi escolhido pelo poeta como referência a práticas lésbicas, assim também os elementos do sonho em que as pessoas atuam *em cima* e *embaixo* apontam para fantasias de natureza sexual que ocupam a mente do paciente e que, como ardentes desejos suprimidos, não deixam de ter relação com sua neurose. A própria interpretação do sonho não mostra que sejam fantasias e não lembranças de acontecimentos reais; apenas nos fornece uma série de ideias e nos deixa determinar sua validade como realidades. Acontecimentos reais e imaginários aparecem, à primeira vista, como se tivessem igual validade – e não apenas nesse sonho, mas também na produção de estruturas psíquicas mais importantes que os sonhos. Um grande grupo, como já sabemos, significa um segredo. O irmão não é outro senão um representante, introduzido na cena da infância por "fantasias retroativas", de todos os rivais posteriores com relação à mulher. Por meio de uma experiência irrelevante em si mesma, o episódio com o

cavalheiro que insulta o rei da Itália se refere, mais uma vez, à intrusão de pessoas de baixo nível na sociedade aristocrática. É como se a advertência que Daudet dirige aos jovens tivesse de ser complementada por uma similar, aplicável à criança de peito.[114]
Para que tenhamos à nossa disposição um terceiro exemplo para o estudo da condensação na formação dos sonhos, vou transcrever a análise parcial de outro sonho, que devo a uma senhora idosa em tratamento psicanalítico. Como que respondendo ao estado de severa angústia de que a paciente sofria, seus sonhos continham uma grande abundância de material de fundo sexual, cuja descoberta a surpreendeu e amedrontou. Como não posso levar a interpretação do sonho até o fim, o material parece desmembrar-se em vários grupos sem aparente ligação.

III – Conteúdo desse sonho

Ela lembra que tem dois besouros numa caixa, que deve libertar, caso contrário vão se sufocar. Abre a caixa e os insetos estão exaustos; um deles voa pela janela, mas o outro é esmagado no batente enquanto ela fecha a janela, a pedido de alguém (expressões de desgosto).

Análise – Seu marido está viajando e sua filha de 14 anos está dormindo na cama ao lado dela. À noite, a pequena chama sua atenção para o fato de que uma mariposa caiu em seu copo de água; mas ela não a retira do copo e sente pena do pobre inseto pela manhã. Uma história que havia lido à noite falava de meninos jogando um gato em água fervente e descrevia os espasmos do animal. Essas são as causas do sonho, ambas irrelevantes em si mesmas. Ela seguiu preocupada com o tema da *crueldade para com os animais*. Anos antes, enquanto passavam o verão em determinado lugar, a filha era muito cruel com os animais. Começou uma coleção de borboletas e pediu arsênico para matá-las. Certa vez, uma mariposa voou pela sala por um longo tempo com um alfinete espetado no corpo; em outra ocasião, descobriu que algumas lagartas, que haviam sido mantidas para se transformarem em crisálidas, haviam morrido de fome. A mesma criança, ainda em tenra idade, tinha o hábito de arrancar as asas de besouros e borboletas; mas agora fica horrorizada com essas ações cruéis, pois ela se tornou muito afável.

A paciente vive preocupada com esse visível contraste. Isso a leva a recordar outro contraste, aquele entre aparência e disposição, como George Eliot o descreve em *Adam Bede*: uma moça bonita, mas fútil e tola, é colocada lado a lado com uma feia, mas de ótimo caráter. O aristocrata que seduz a moça tola se opõe ao trabalhador que se sente *aristocrático* e se comporta como tal. É impossível reconhecer o caráter pela *aparência* das pessoas. Quem poderia dizer, olhando para a aparência de minha paciente, que ela é atormentada por desejos sensuais?

No mesmo ano em que a menina começou sua coleção de borboletas, a região em que estavam morando foi atingida por uma praga de besouros. As crianças partiram para o massacre e *esmagavam* cruelmente os insetos. Naquela época, ela viu uma pessoa que arrancou as asas dos besouros e os comeu. Ela mesma nasceu em junho e também se casou em junho (esse tipo de insetos são chamados *June-bugs*, besouros de junho). Três dias depois do casamento, ela escreveu uma carta aos pais, contando como estava feliz. Mas ela não estava nada feliz.

Na noite anterior ao sonho, ela andara vasculhando suas cartas antigas e havia lido várias, algumas cômicas e outras sérias, para sua família, Entre essas cartas, havia uma extremamente divertida de um professor de piano que a havia cortejado quando ela era menina e outra de um admirador aristocrático.[115]

Ela se recrimina porque deixou cair nas mãos de uma de suas filhas um livro nada edificante de Guy de Maupassant.[116] O arsênico que sua filhinha pede relembra as pílulas de arsênico que devolveram o poder da juventude ao duque de Mora em *O Nababo* (de Alphonse Daudet).

"Pôr em liberdade" relembra-lhe uma passagem da *Flauta Mágica*:

"Não posso obrigá-la a amar,

Mas não lhe darei sua liberdade."
"Besouros" a leva pensar nas palavras de Katie:[117]
"Eu o amo como um pequeno besouro."
Entrementes, relembra a fala de *Tannhauser*:
"Pois você é forjado com uma paixão maligna."
Ela anda vivendo com medo e ansiedade por causa da ausência do marido. O temor de que algo possa acontecer com ele na viagem é expresso em inúmeras fantasias durante o dia. Um pouco antes, durante a análise, ela havia se deparado, entre seus pensamentos inconscientes, com uma reclamação sobre a "senilidade" dele. A ideia de desejo que esse sonho esconde talvez seja mais fácil de conjeturar se eu disser que, vários dias antes do sonho, ela foi surpreendida de repente por uma ordem que dirigiu, no meio de seus afazeres, ao marido, dizendo: "Vá se enforcar!" Descobriu-se que algumas horas antes ela havia lido em algum lugar que um homem, ao ser enforcado, tem uma vigorosa ereção. Era o anseio por uma ereção, que se livrou da repressão nessa forma velada de terror. "Vá se enforcar" é o mesmo que dizer: "Tenha uma ereção, a qualquer custo." As pílulas de arsênico do dr. Jenkin, em *O Nababo*, se ligam a isso, pois a paciente sabia que o afrodisíaco mais poderoso, as cantáridas, é preparado com besouros esmagados (as assim chamadas moscas espanholas). A parte mais importante do conteúdo do sonho tem esse significado.

Abrir e fechar a *janela* é a motivação de contínuas discussões com o marido. Ela gosta de dormir com boa corrente de ar e o marido, não. *Esgotamento* é a principal doença de que ela se queixa atualmente.

Nos três sonhos que acabo de citar, ressaltei em itálico aquelas frases ou palavras em que um dos elementos do sonho se repete nos pensamentos oníricos, a fim de tornar óbvias as múltiplas referências aos primeiros. Como, no entanto, a análise de nenhum desses sonhos foi concluída, valerá a pena considerar um sonho com uma análise totalmente detalhada, a fim de demonstrar a múltipla determinação de seu conteúdo. Para esse fim, escolho o sonho da injeção de Irma. Veremos sem esforço, nesse exemplo, que o trabalho de condensação utilizou mais de um meio para a formação do sonho.

A figura principal no conteúdo do sonho é minha paciente Irma, que é vista com as características de sua vida de vigília e que, portanto, em primeira instância, representa a si mesma. Mas sua atitude, ao examiná-la perto da janela, deriva da lembrança de outra pessoa, da senhora por quem eu gostaria de trocar minha paciente, como mostram os pensamentos do sonho. Na medida em que Irma mostra uma membrana diftérica, que lembra minha ansiedade em relação à minha filha mais velha, ela passa a representar minha própria filha, atrás da qual se esconde, por ter o mesmo nome de minha filha, a pessoa da paciente que morreu de intoxicação. No decorrer do sonho, o significado da personalidade de Irma muda (sem a alteração de sua imagem como é vista no sonho); ela se torna uma das crianças que examinamos nos hospitais públicos para doenças infantis, onde meus amigos mostram a diferença de capacidades mentais delas. A transferência foi obviamente provocada pela ideia de minha filha recém-nascida. Por sua falta de vontade de abrir a boca, a própria Irma se transforma numa alusão a outra senhora que uma vez examinei e, além disso, à minha esposa, por meio da mesma conexão. Além disso, nas alterações patológicas que descubro na garganta dela, reuni alusões a um grande número de outras pessoas.

Todas essas pessoas que encontro, ao seguir as associações sugeridas por "Irma", não aparecem pessoalmente no sonho; estão escondidas atrás da pessoa onírica "Irma", que assim é transformada numa imagem coletiva, como seria de esperar, com características contraditórias. Irma representa todas essas outras pessoas, que são descartadas no trabalho de condensação, na medida em que faço acontecer a ela todas as coisas que lembram essas pessoas, detalhe por detalhe.

Posso construir de outro modo também uma pessoa coletiva

para a condensação do sonho, unindo os traços reais de duas ou mais pessoas numa única imagem onírica. É assim que o dr. M. foi construído em meu sonho; ele leva o nome de dr. M., fala e age como o dr. M., mas suas características físicas e suas doenças pertencem a outra pessoa, ou seja, a meu irmão mais velho; uma única característica, a palidez, é duplamente determinada, pelo fato de ser comum a ambas as pessoas. O dr. R., em meu sonho com meu tio, é uma figura composta similar. Mas, nesse caso, a imagem do sonho é preparada ainda de outra maneira. Eu não unifiquei características peculiares de um com as do outro, e assim combinei a imagem lembrada de cada um por certas feições; na realidade, adotei o método empregado por Galton na produção de retratos de família, projetando ambas as imagens uma sobre a outra, de modo que os traços comuns se destacam com marcante realce, enquanto os que não coincidem se neutralizam e se tornam obscuros no retrato ou na fotografia. No sonho com meu tio, a *barba loura* se destaca de forma marcante, como traço acentuado da fisionomia que pertence a duas pessoas e que, portanto, é desfocada; além disso, a barba contém uma alusão a meu pai e a mim, o que se torna possível por sua referência ao fato de ficar grisalho.

A construção de figuras coletivas e compostas é um dos principais recursos da atividade de condensação onírica. Logo mais terei ocasião de tratar disso em outro contexto.

A ideia de "disenteria" no sonho da injeção aplicada a Irma também tem uma determinação múltipla; por um lado, por causa de sua assonância com difteria e, por outro, por sua referência ao paciente, que enviei ao Oriente, e cuja histeria foi erroneamente reconhecida.

A menção de "propilos" no sonho também se mostra um caso interessante de condensação. Não eram "propilos", mas "amilos" que estavam contidos nos pensamentos do sonho. Poder-se-ia pensar que ocorreu aí um simples deslocamento na formação do sonho. E esse é o caso, mas o deslocamento serve aos propósitos de condensação, como mostra a análise complementar a seguir. Se eu me detiver por um momento na palavra "propilos", sua assonância me sugere a palavra "Propileu". Mas o propileu pode ser encontrado não só em Atenas, mas também em Munique. Nessa última cidade, fui visitar, no ano anterior, um amigo que estava gravemente doente, e a referência a ele se torna inequívoca por causa da *trimetilamina*, que segue logo depois de *propilos*.

Omito a notável circunstância de que, nesse caso, como em outras partes na análise dos sonhos, as associações dos valores mais amplamente diferentes são empregadas para o estabelecimento de conexões de ideias como se fossem equivalentes, e cedemos à tentação de considerar o processo pelo qual *amilos* nos pensamentos do sonho são substituídos por *propilos*, como se fosse uma imagem plástica no conteúdo do sonho.

De um lado está a corrente de ideias ligada a meu amigo Otto, que não me entende, que pensa que estou errado e que me dá o licor que cheira a amilo; por outro, a corrente de ideias – conectada à primeira, por contraste – mas favorável a meu amigo William, que me entende, que sempre haveria de pensar que eu estava certo e a quem devo tantas informações valiosas sobre a química dos processos sexuais.

Aquelas características defendidas pelo grupo de Otto, que devem particularmente atrair minha atenção, são determinadas pelas ocasiões recentes que são responsáveis pelo sonho; amilos fazem parte desses elementos determinantes que estão destinados a entrar no conteúdo do sonho. O numeroso grupo de "William" é diversamente vivificado pelo contraste com Otto, e nele são destacados os elementos que correspondem aos já incitados no grupo de "Otto". Em todo esse sonho estou continuamente me referindo a uma pessoa que excita meu desagrado e a outra pessoa a quem posso, de bom grado, opor a ela; ponto por ponto, confronto um amigo contra um adversário. Assim, amilos no grupo Otto produz no outro grupo lembranças relacionadas à química; a trimetilamina, que recebe apoio de vários setores, encontra guarida no conteúdo do sonho. "Amilos" também pode ter entrado no conteúdo do sonho sem sofrer alterações, mas cede à influência do grupo de "William", devido ao fato de que um elemento capaz de fornecer uma dupla determinação para amilos é rastreado em toda a gama de lembranças que o nome "William" cobre. "Propilos" está intimamente associado com *amilos;* e Munique com o Propileu vem ao encontro de amilos da série de associações do grupo "William". Os dois grupos de ideias convergem em propilos-propileu. Como se fosse por um ato de acordo, esse elemento intermediário entra no conteúdo do sonho. Aqui foi criada uma *média comum* que permite uma determinação múltipla. Torna-se assim perfeitamente óbvio que a determinação múltipla deve facilitar a penetração no conteúdo do sonho. Um deslocamento da atenção do que é realmente pretendido para algo próximo nas associações ocorreu impensadamente, por causa da formação desse elo comum.

O estudo do sonho da injeção já nos permitiu adquirir certa compreensão dos processos de condensação que se desenrolam na formação dos sonhos. Pudemos reconhecer como detalhes do processo de condensação a seleção daqueles elementos que ocorrem no conteúdo do sonho mais de uma vez, a formação de novas unidades (figuras coletivas, imagens compostas) e a construção da média comum. A finalidade da condensação e os meios pelos quais é produzida serão investigados quando estudarmos os processos psíquicos na formação dos sonhos como um todo. Por ora, vamos nos contentar em estabelecer a *condensação* onírica como uma relação importante entre os pensamentos oníricos e o conteúdo onírico.

A atividade de condensação do sonho torna-se mais tangível quando ela seleciona palavras e nomes como seu objeto. Em geral, as palavras são muitas vezes tratadas como coisas pelo sonho; por isso sofrem as mesmas combinações, deslocamentos e substituições e, portanto, também condensações, como ocorre com representações de coisas.

Os resultados desses sonhos apresentam formações de palavras realmente cômicas e até bizarras.

I – Certa ocasião, quando um colega me enviou um de seus ensaios, no qual, a meu ver, superestimava o valor de uma descoberta fisiológica recente e se expressava em termos extravagantes, sonhei na noite seguinte com uma frase que obviamente se referia a esse tratado:

"*Isso está no verdadeiro estilo norekdal.*" A solução desse neologismo me criou, de início, alguma dificuldade, embora fosse inquestionavelmente formado como uma paródia, segundo o padrão dos adjetivos "colossal", "piramidal"; mas dizer de onde vinha não foi fácil. Por fim, o monstro se desfez nos dois nomes Nora e Ekdal de duas peças conhecidas de Ibsen. Eu já havia lido um artigo de jornal sobre Ibsen, escrito pelo mesmo autor, cuja última obra eu estava criticando no sonho.

II[118] – Uma de minhas pacientes sonha que *um homem com uma barba clara e um cintilante olho peculiar está apontando para uma placa presa a uma árvore que diz: uclamparia – molhada.*

Análise – O homem tinha uma aparência bastante autoritária e seu peculiar olho brilhante lhe lembrou imediatamente a catedral de São Paulo, perto de Roma, onde ela viu em mosaicos os papas que governaram a Igreja até hoje. Um dos primeiros Papas tinha um olho dourado (isso era realmente uma ilusão ótica, para a qual os guias geralmente costumam chamar a atenção). Outras associações mostraram que a fisionomia geral correspondia a seu clérigo (Papa), e a forma da barba clara lembrava seu médico (eu mesmo), enquanto a estatura do homem no sonho lembrava seu pai. Todas essas pessoas estão na mesma relação com ela; todas elas estão guiando e dirigindo sua vida. Depois de mais perguntas, o olho dourado lembrou ouro – dinheiro –, o tratamento psicanalítico bastante caro que a preocupa muito. Ouro, além disso, lembra a cura específica para o alcoolismo – o sr. D., com quem ela teria se casado, se não fosse por ele se apegar ao desgostoso hábito do álcool; ela não se opõe a uma pessoa que bebe ocasionalmente; ela mesma, às vezes, toma cerveja e licores; e isso a traz, mais uma vez, de volta à sua visita à catedral de São

Paulo, sem as paredes e seus arredores. Ela se lembra de que no mosteiro vizinho de Tre Fontane (Três Fontes) bebeu um licor feito de eucalipto pelos monges trapistas, que residem nesse mosteiro. Conta, então, como os monges transformaram essa região pantanosa e malárica numa área seca e saudável, plantando ali muitos eucaliptos. A palavra "uclamparia" encontra então solução em eucalipto e malária, e a palavra "molhada" se refere à antiga natureza pantanosa do lugar. Molhado sugere também seco. *Dry* (que significa seco) é, na verdade, o sobrenome do homem com quem ela teria se casado, se não fosse pela demasiada propensão dele ao álcool. O peculiar sobrenome Dry (Seco) é de origem germânica (*drei* = três) e, portanto, alude à Abadia das Três (*drei*) Fontes, mencionada há pouco. Ao falar sobre o hábito do sr. Dry, ela usou essas impactantes palavras: "Ele poderia beber uma fonte". O sr. Dry se refere jocosamente a seu hábito dizendo: "Você sabe que devo beber porque estou sempre seco" (referindo-se ao próprio sobrenome). O eucalipto também se refere à neurose dela, que inicialmente foi diagnosticada como malária. Ela foi para a Itália, porque seus ataques de ansiedade, acompanhados de tremores e calafrios acentuados, foram considerados de origem malárica. Ela comprou um pouco de óleo de eucalipto dos monges e afirma que isso lhe fez muito bem.

A condensação *uclamparia – molhada* é, portanto, o ponto de junção tanto para o sonho quanto para a neurose.[119]

III – Num sonho meu, um tanto longo e confuso, cujo ponto principal é aparentemente uma viagem marítima, acontece que o desembarque mais próximo se dá em *Hearsing,* e o mais distante, em *Fliess*. Este último designativo é também o sobrenome de meu amigo que mora em B., que muitas vezes foi o objetivo de minhas viagens.

Mas Hearsing é uma palavra composta que, em parte, relembra nomes de lugares dos arredores de Viena, que muitas vezes terminam em *ing*: *Hietzing, Liesing, Moedling* (Medelitz, "*meae deliciae*" [minhas delícias], relembra meu o sobrenome, "minha alegria") (alegria = *Freude*, em alemão); e o inglês *hearsay* (boato), que aponta para difamação e estabelece a relação do sonho com a irrelevante incitação do dia anterior – um poema no periódico *Fliegende Blaetter* sobre um anão caluniador, chamado "*Sagter Hatergesagt* (Disse-que-disse).

Ao acrescentar a sílaba final "*ing*" ao nome *Fliess*, tem-se "*Vlissingen*", que é um verdadeiro porto pelo qual meu irmão passa, em sua viagem marítima, quando vem da Inglaterra para nos visitar. Mas o nome inglês para *Vlissingen* é *Flushing*, que significa rubor e lembra ereutofobia (medo de corar), que eu trato, e também me relembra uma recente publicação de Bechterew sobre essa neurose, que me deixou bastante contrariado.

IV – Em outra ocasião, tive um sonho que consistiu em duas partes. A primeira era a palavra nitidamente lembrada "Autodidasker"; a segunda estava verdadeiramente encoberta por uma curta e inocente fantasia, que eu havia arquitetado alguns dias antes e que se referia ao que eu deveria dizer ao professor N. quando o encontrasse, ou seja: "O paciente sobre cujo estado eu o consultei recentemente está, na realidade, sofrendo de uma neurose, exatamente como o senhor suspeitava." A estranha palavra "Autodidasker" deve, então, não só satisfazer o requisito de que deve conter ou representar um significado composto, mas também que esse significado deve ter uma conexão real com meu propósito, que se repete desde a vida de vigília, de dar ao professor N. o devido crédito.

Ora, *Autodidasker* é facilmente separada em *autor* (*Autor*, em alemão), *autodidata* (*Autodidakt*, em alemão) e *Lasker*, a que está associado o nome Lasalle. A primeira dessas palavras leva à causa do sonho – que dessa vez é significativa. Eu havia trazido para minha esposa vários volumes de um autor conhecido, J. J. David, que é amigo de meu irmão e que, segundo soube, é natural da mesma cidade que eu. Uma noite, ela me falou sobre a profunda impressão que havia causado nela a comovedora tristeza de uma história de um dos romances de David, a respeito de uma pessoa talentosa que se arruinou; e nossa conversa girou então em torno dos indícios de talento que percebemos em nossos filhos. Sob a influência do que acabara de ler, minha esposa expressou preocupação em relação a nossos filhos, e eu a confortei com a observação de que são exatamente esses perigos que podem ser evitados pela educação. Durante a noite, minha linha de pensamentos prosseguiu, tomou para si a preocupação de minha esposa e relacionou com ela todo tipo de outras coisas. Um comentário, que o autor havia feito a meu irmão sobre o casamento, mostrou a meus pensamentos um atalho que poderia levar a uma representação no sonho. Esse caminho conduzia a Breslau, cidade em que se casara uma senhora muito amiga nossa. Ao perceber nossa preocupação de sermos arruinados pelas mãos de uma mulher, em Breslau encontrei Lasker e Lasalle como exemplos que me permitiram conferir uma imagem simultânea às duas manifestações dessa influência para o mal.[120] O *"cherchez la femme"**, em que esses pensamentos podem ser resumidos, quando tomados em outro sentido, me reconduz a meu irmão, que ainda é solteiro e cujo nome é Alexander. Percebo, enfim, que Alex, forma abreviada do nome com que o chamamos, soa quase como uma inversão de Lasker e que esse fator deve ter contribuído para que meus pensamentos se reconduzissem a Breslau.

Mas esse jogo com nomes e sílabas em que estou envolvido contém ainda outro significado. O desejo de que meu irmão tenha uma vida familiar feliz é representado por ele da seguinte maneira. No romance *L'Oeuvre*, de Zola, que trata da vida de um artista, o escritor fez um relato episódico de si mesmo e da própria felicidade familiar; ele aparece sob o nome de Sandoz. Provavelmente ele seguiu esse percurso na transformação do próprio sobrenome: *Zola* escrito de forma invertida (como as crianças gostam tanto de fazer) resulta em *Aloz*. Mas esse não era um bom disfarce

---

* Em francês, no original, "cherchez la femme", literalmente, "procure a mulher"; como expressão usual significa que, em qualquer problema que surja ou caso que ocorra, há sempre uma mulher por trás; individuada esta, resolve-se o problema ou o caso. (N.T.)

para ele; substituiu, portanto, a sílaba *Al*, que está no início do nome *Alexander*, pela terceira sílaba do mesmo nome, *Sand*, e assim obteve a resultante final *Sandoz*. Meu *autodidasker* surgiu de maneira semelhante.

Cumpre explicar agora como foi que minha imaginação fantasiou que estou dizendo ao professor N. que o paciente que ambos havíamos examinado sofre de neurose e como esse fato se insinuou no sonho. Pouco antes do fim de meu ano de trabalho, recebi um paciente para tratamento e meu diagnóstico falhou por completo. Uma séria afecção orgânica – talvez algum problema na coluna – podia ser presumida, mas não podia ser comprovada. Teria sido tentador diagnosticar o problema como uma neurose e isso teria posto fim a todas as dificuldades, não fosse o fato de o paciente se recusar terminantemente a prestar informações sobre sua história sexual, sem a qual não me disponho a prognosticar uma neurose. Em meu embaraço, chamei em meu auxílio o médico que respeito mais do que todos os homens (como muitos outros também o fazem) e a cuja autoridade me rendo completamente. Ele ouviu minhas dúvidas, me disse que as achava justificadas e concluiu: "Continue observando o homem, provavelmente é uma neurose." Como sei que ele não compartilha de minhas opiniões sobre a etiologia das neuroses, não expressei minha discordância, mas não escondi meu ceticismo. Alguns dias depois, informei ao paciente que não sabia o que fazer com ele e o aconselhei a procurar outro médico. Então, para meu grande espanto, ele começou a se desculpar por ter mentido para mim, dizendo que se sentira muito envergonhado; e então me revelou exatamente aquela parte da etiologia sexual que eu esperava e que julgava necessária para supor a existência de uma neurose. Fiquei realmente aliviado, mas ao mesmo tempo humilhado, pois tive de admitir que meu consultor, que não se desconcertou com a ausência da anamnese, havia feito uma observação correta. Resolvi contar a ele a respeito quando o visse novamente e lhe dizer que ele estava certo e eu, errado.

Isso é precisamente o que faço no sonho. Mas que tipo de

desejo deve ser realizado, se eu reconhecer que estou errado? Esse é exatamente o meu desejo. Desejo estar errado com minhas apreensões – isto é, desejo que minha esposa, de cujos temores eu me apropriei nos pensamentos do sonho, esteja enganada. O assunto em torno do qual gira a questão de estar certo ou errado no sonho não está muito distante do que é realmente interessante para os pensamentos oníricos. É o mesmo par de alternativas de comprometimento orgânico ou funcional por uma mulher, mais apropriadamente pela vida sexual – paralisia tabética ou neurose – com a qual está mais ou menos displicentemente ligada a forma da ruína de Lasalle.

Nesse sonho bem articulado (que, no entanto, é bastante transparente com a ajuda de uma análise cuidadosa), o professor N. desempenha um papel não só por causa dessa analogia e de meu desejo de permanecer no erro, ou por causa de referências associadas a Breslau e à família de nossa amiga que ali se casou, mas também por causa do pequeno episódio seguinte que estava relacionado com nossa consulta. Depois de opinar sobre a questão médica discutida, dando a mencionada sugestão, o interesse dele se voltou para assuntos pessoais. "Quantos filhos você tem agora?" – "Seis." – Fez um gesto de respeito e reflexão. – "Meninas, meninos?" – "Três de cada. Eles são meu orgulho e meu tesouro." – "Bem, não há dificuldade com as meninas, mas os meninos dão problemas mais tarde, na educação." Respondi que até agora tinham se comportado muito bem. Esse segundo diagnóstico sobre o futuro de meus filhos, é claro, me agradou tão pouco quanto o que ele havia feito antes, a saber, que meu paciente tinha somente uma neurose. Essas duas impressões, portanto, estão ligadas por contiguidade, sendo recebidas sucessivamente, e se incorporo ao sonho a história da neurose, substituo-a pela conversa sobre educação, que se mostra ainda mais intimamente ligada aos pensamentos do sonho, visto que tinha uma relação muito íntima com as preocupações subsequentemente expressas por minha esposa. Assim, mesmo meu medo de que N. possa estar certo em suas observações sobre as dificuldades educacionais, no caso dos meninos, é admitido no conteúdo do sonho, na medida em que se esconde atrás da representação de meu desejo de que eu possa estar errado no tocante a essas apreensões. A mesma fantasia serve, sem alterações, para representar as duas alternativas conflitantes.

As novas palavras criadas nos sonhos são muito semelhantes às que ocorrem na paranoia, mas que também são encontradas na histeria e nas ideias obsessivas. Os hábitos linguísticos das crianças que, em certas fases da vida, tratam as palavras como objetos e inventam novas línguas e formas sintáticas artificiais, são, nesse caso, a fonte comum dos sonhos e das psiconeuroses.

Quando ocorrem falas no sonho, que se distinguem expressamente dos pensamentos como tais, é uma regra invariável que a fala do sonho se originou de um discurso lembrado no material do sonho. Ou o texto foi preservado em sua integridade ou foi levemente alterado no ato de ser expresso. Com frequência, a fala do sonho é composta de várias falas relembradas, enquanto a redação permaneceu a mesma e o sentido possivelmente foi alterado, de modo que passa a ter dois ou mais significados. Não raramente a fala do sonho serve apenas como uma alusão a um incidente, no qual ocorreu a fala lembrada.[121]

(B) O TRABALHO DE DESLOCAMENTO

Outro tipo de relação, que não é menos significativo, deve ter chegado a nosso conhecimento enquanto coletávamos exemplos de condensação de sonhos. Vimos que aqueles elementos que se intrometem no conteúdo do sonho como seus componentes essenciais desempenham nos pensamentos oníricos um papel que não é, de forma alguma, o mesmo. Como corolário, a recíproca dessa tese também é verdadeira. Aquilo que é claramente a essência dos pensamentos oníricos não precisa ser representado no sonho. O sonho, por assim dizer, é excêntrico; seus conteúdos são agrupados em torno de outros elementos que não os pensamentos oníricos como ponto central. Assim, por exemplo, no sonho sobre a monografia de botânica, o ponto central do conteúdo do sonho é obviamente o elemento "botânica"; ao passo que nos pensamentos do sonho estamos preocupados com as complicações e conflitos que resultam de serviços prestados entre colegas por suas obrigações profissionais, posteriormente com a recriminação de que eu tenho o hábito de sacrificar tempo demais a meus passatempos; o elemento "botânica" não teria lugar nesse núcleo dos pensamentos do sonho, se não estivesse vagamente ligado a ele por uma antítese, pois a botânica nunca esteve entre meus estudos favoritos. No sonho de minha paciente sobre Safo, o ponto central é constituído por subir e descer, estar em cima e embaixo; o sonho, no entanto, está preocupado com o perigo das relações sexuais com pessoas de classe social inferior, de modo que apenas um dos elementos dos pensamentos do sonho parece ter sido incorporado ao conteúdo do sonho, embora com elaboração inapropriada. Da mesma forma, no sonho dos besouros, cujo tema é a relação da sexualidade com a crueldade, o fator crueldade reapareceu, mas numa conexão diferente e sem qualquer menção à sexualidade, ou seja, fora de seu contexto e transformado em algo estranho. Mais uma vez, no sonho com meu tio, a barba loura, que forma seu ponto central, parece não ter nenhuma conexão racional com os desejos de grandeza que reconhecemos como o núcleo dos pensamentos do sonho. Esses sonhos dão simplesmente uma impressão de deslocamento.

Em completo contraste com esses exemplos, o sonho da injeção de Irma mostra que diferentes elementos podem reivindicar o mesmo lugar na formação de sonhos que ocupam nos pensamentos do sonho. O reconhecimento dessas relações novas e inteiramente variáveis entre os pensamentos do sonho e o conteúdo do sonho pode, a princípio, causar espanto. Se num processo psíquico da vida normal constatamos que uma ideia foi selecionada entre várias outras e adquiriu especial nitidez em nossa consciência, costumamos considerar esse resultado como uma prova de que a ideia vitoriosa é dotada de um grau peculiarmente elevado de valor psíquico – um grau particular de interesse. Agora descobrimos que esse valor dos diferentes elementos dos pensamentos do sonho não é preservado na formação do sonho, ou não é levado em consideração, pois não subsiste dúvida quanto a quais dos elementos dos pensamentos do sonho têm o mais alto valor; nosso julgamento nos diz imediatamente. Na formação de sonhos, aqueles elementos que são enfatizados com intenso interesse podem ser tratados como se fossem inferiores, e outros elementos são dispostos em seu lugar, os quais certamente eram inferiores nos pensamentos do sonho. A princípio, temos a impressão de que a intensidade psíquica[122] das diferentes ideias não entra em consideração na seleção feita pelo sonho, mas somente sua maior ou menor multiplicidade de determinação. Pode-se estar inclinado a pensar que não é o que é importante nos pensamentos do sonho que realmente entra no sonho, mas sim o que ocorre nele repetidas vezes; mas essa suposição não ajuda muito em nossa compreensão da formação dos sonhos, pois, em princípio, será impossível acreditar que os dois fatores de determinação múltipla e de valor integral não tendam na mesma direção, na influência que exercem sobre a escolha feita pelo sonho. As representações mais importantes nos pensamentos do sonho são provavelmente também as que se repetem com mais frequência, pois os diferentes pensamentos do sonho irradiam deles como de pontos centrais. E ainda, o sonho pode rejeitar aqueles elementos que são especialmente enfatizados e que recebem apoio múltiplo, e pode incorporar em seu conteúdo elementos que são dotados apenas desse último atributo.

Essa dificuldade pode ser resolvida tomando em consideração outra impressão decorrente da investigação da múltipla determinação do conteúdo do sonho. Talvez muitos leitores já tenham feito o próprio julgamento sobre essa investigação, dizendo que a múltipla determinação dos elementos do sonho não é uma descoberta significativa, visto que é evidente em si mesma. Na análise, parte-se dos elementos do sonho e registram-se todas as noções que a eles se relacionam; não é de admirar, então, que esses elementos ocorram com peculiar frequência no material ideativo que se obtém dessa maneira. Não posso reconhecer a validade dessa objeção, mas devo dizer algo que soa como isso. Entre os pensamentos que a análise traz à tona, há muitos que estão relativamente distantes da ideia central do sonho e que parecem distintos do resto como interpolações artificiais para um propósito específico. Seu propósito pode ser facilmente descoberto; são precisamente elas que estabelecem uma conexão, muitas vezes forçada e exagerada, entre o conteúdo do sonho e os pensamentos do sonho, e se esses elementos fossem eliminados, haveria de faltar para o conteúdo do sonho não somente a sobredeterminação, mas também uma determinação satisfatória obtida por meio dos pensamentos do sonho. Somos, portanto, levados a concluir que a determinação múltipla, que decide o que deve ser incluído no sonho, talvez nem sempre seja um fator primordial na formação do sonho, mas muitas vezes é a manifestação secundária de uma força psíquica que ainda nos é desconhecida. Mas, apesar de tudo isso, a determinação múltipla deve controlar a entrada de diferentes elementos no sonho, pois é possível observar que ela se estabelece com considerável esforço nos casos em que não provém sem ajuda do material do sonho.

Não é improvável a suposição de que uma força psíquica entra em ação na atividade onírica que, por um lado, despoja elementos de alto valor psíquico de sua intensidade e, por outro lado, cria novos valores, *por meio de sobredeterminação*, dos elementos de baixo valor; e esses novos valores entram posteriormente no conteúdo do sonho. Se esse é o método de procedimento, ocorreu na formação do sonho uma transferência e um deslocamento das intensidades psíquicas dos diferentes elementos e, em decorrência desses, aparece como resultado a diferença textual entre o conteúdo do sonho e o conteúdo dos pensamentos do sonho. O processo, que aqui presumimos, é nada menos que a parte essencial da atividade onírica; merece a designação de *deslocamento do sonho*. *Deslocamento do sonho* e *condensação do sonho* são os dois artífices, a quem podemos atribuir principalmente a moldagem do sonho.

Creio também que não há maior dificuldade em reconhecer a força psíquica que se faz sentir nas circunstâncias do deslocamento do sonho. O resultado desse deslocamento é que o conteúdo do sonho não se assemelha mais ao núcleo dos pensamentos do sonho, e o sonho reproduz apenas uma forma distorcida do desejo onírico que subsiste no inconsciente. Mas já estamos familiarizados com a distorção dos sonhos; remontamos à censura que uma instância psíquica exerce sobre outra na vida psíquica. O deslocamento do sonho é um dos principais meios para obter essa distorção. *Is fecit, cui profuit* (Fez isso para aqueles que se beneficiaram). Podemos supor que o deslocamento do sonho é causado pela influência dessa censura, da repulsa endopsíquica.[123]

A maneira pela qual os fatores de deslocamento, condensação e sobredeterminação interagem na formação do sonho, e a questão de qual deles é o fator dominante e qual o subordinado, tudo isso será reservado como objeto de investigações posteriores. Por ora, podemos afirmar, como segunda condição, que os elementos devem satisfazer para entrar no sonho, a de que *devem ser subtraídos da censura imposta pela resistência*. A partir de agora, levaremos em conta o deslocamento do sonho como um fato inquestionável na interpretação dos sonhos.

(C) MEIOS DE REPRESENTAÇÃO NO SONHO

Além dos dois fatores de condensação e de deslocamento do sonho, que descobrimos serem ativos na transformação do material onírico latente em conteúdo manifesto, no decorrer dessa investigação, abordaremos duas outras condições que exercem uma influência inquestionável sobre a seleção do material que entra no sonho. Mesmo correndo o risco de parecer deter nosso progresso, gostaria de dar uma olhada nos processos pelos quais a interpretação dos sonhos é realizada. Não nego que seria melhor torná-los claros e mostrar que são suficientemente confiáveis para protegê-los contra ataques, tomando um único sonho como paradigma e desenvolvendo sua interpretação, como fiz no capítulo II, no sonho da "injeção de Irma", e depois reunindo os pensamentos oníricos descobertos e reconstruindo a formação do sonho a partir deles – isto é, complementando a análise do sonho por uma síntese dele. Consegui isso com várias amostras para o meu aprendizado a respeito; mas não posso me comprometer a fazê-lo aqui, visto que estou impedido por considerações, que toda pessoa sensata haveria de aprovar, referentes ao material psíquico necessário para essa demonstração. Na análise dos sonhos, essas considerações apresentam menos dificuldade, pois uma análise pode ser incompleta e, apesar disso, manter seu valor, mesmo que penetre muito pouco no labirinto de pensamentos do sonho. Não vejo como uma síntese pode ser convincente, se não for completa. Eu poderia dar uma síntese completa somente dos sonhos de pessoas desconhecidas do público leitor. Como, no entanto, apenas os pacientes neuróticos me fornecem os meios para fazer isso, essa parte da descrição do sonho deve ser adiada até que eu possa levar – em outro estudo – a explicação psicológica das neuroses até um ponto em que possa mostrar sua conexão com o tema em questão.[124]

De minhas tentativas de construir sinteticamente sonhos a partir dos pensamentos oníricos, sei que o material obtido da interpretação varia em valor. Parte dele é composta dos pensamentos oníricos essenciais, que, portanto, substituiriam completamente o sonho e que seriam em si mesmos suficientes para essa substituição, se não houvesse censura para o sonho. A outra parte pode ser resumida no termo "colaterais"; tomados como um todo, eles representam o meio pelo qual o verdadeiro desejo que emerge dos pensamentos oníricos é transformado no desejo do sonho. Uma primeira parte desses "colaterais" consiste em alusões aos pensamentos oníricos reais, que, considerados esquematicamente, correspondem a deslocamentos do essencial para o não essencial. Uma segunda parte compreende os pensamentos que conectam esses elementos não essenciais, que se tornaram significativos pelo deslocamento uns dos outros, e que a partir deles penetram no conteúdo do sonho. Finalmente, uma terceira parte contém as ideias e conexões de pensamento que (no trabalho de interpretação) nos conduzem do conteúdo do sonho para os colaterais intermediários que, *todos eles*, não precisam necessariamente participar da formação do sonho.

Nesse ponto, estamos interessados exclusivamente nos pensamentos oníricos essenciais. Esses emergem geralmente como um complexo de ideias e lembranças da mais intrincada construção possível e possuem todas as propriedades das associações de ideias que nos são familiares na vida de vigília. Não raro, são linhas de pensamento que procedem de mais de um centro, mas que não lhes faltam pontos de conexão; quase regularmente, uma corrente de ideias está ao lado de sua correlativa contraditória, ligada a ela por associações de contraste.

As diferentes partes dessa complicada estrutura se mantêm naturalmente nas mais variadas relações lógicas entre si. Constituem um primeiro plano ou pano de fundo, digressões, ilustrações, condições, sequências de argumentos e objeções. Quando toda a massa desses pensamentos do sonho é submetida à pressão da atividade onírica, durante a qual as partes são revolvidas, rompidas e aglutinadas, algo como gelo à deriva, surge a questão do que acontece com os elos lógicos que até agora tinham dado forma à estrutura. Que representação recebem no sonho "se", "por que", "como se", "embora", "ou... ou" e todas as outras conjunções, sem as quais não podemos entender uma frase ou um enunciado?

Em primeiro lugar, devemos responder que o sonho não dispõe de meios para representar essas relações lógicas entre os pensamentos do próprio sonho. Na maioria dos casos, ele desconsidera todas essas conjunções e empreende a elaboração apenas do conteúdo objetivo dos pensamentos oníricos. Cabe à interpretação do sonho restaurar a coerência que a atividade do sonho destruiu.

Se o sonho não tem capacidade de expressar essas relações, o material psíquico do qual o sonho é feito deve ser responsável. As artes descritivas são limitadas da mesma maneira, como a pintura e as artes plásticas, se comparadas com a poesia, que pode se valer da fala; e aqui também a razão dessa incapacidade se encontra no material que essas duas artes manipulam no esforço de dar expressão a alguma coisa. Antes que a arte da pintura chegasse à compreensão das leis de expressão pelas quais se rege, ela tentou superar essa desvantagem. Em pinturas antigas, pequenas etiquetas eram penduradas na boca das pessoas representadas contendo a informação por escrito daquilo que o pintor não esperava poder representar na pintura.

Talvez aqui se levante uma objeção contra a afirmação de que o sonho dispensa a representação de relações lógicas. Há sonhos em que ocorrem as mais complicadas operações intelectuais, em que se oferecem provas e refutações, trocadilhos e comparações, como nos pensamentos de vigília. Mas aqui também as aparências são enganosas; se a interpretação desses sonhos for aprofundada, verifica-se que tudo isso é *material do sonho, e não a representação da atividade intelectual no sonho*. O *conteúdo* dos pensamentos oníricos é reproduzido pelo pensamento aparente do sonho, *não as relações dos pensamentos oníricos entre si*, na determinação de que relações o pensamento consiste. Vou dar alguns exemplos a respeito. Mas a tese mais fácil de estabelecer é que todas as falas que ocorrem no sonho, e que são expressamente designadas como tais, são reproduções inalteradas ou ligeiramente modificadas de falas que também podem ser encontradas nas lembranças do material onírico. Muitas vezes a fala é apenas uma alusão a um evento contido nos pensamentos do sonho; o significado do sonho pode ser bem diferente.

Na verdade, não vou negar que há também atividade de pensamento crítico que não é simples repetição de material dos pensamentos do sonho e que participa da formação dos sonhos. Terei de explicar a influência desse fator no final dessa discussão. Ficará então claro que essa atividade de pensamento é evocada não pelos pensamentos do sonho, mas pelo próprio sonho depois de, em certo sentido, já ter sido concluído.

Devemos, portanto, considerar estabelecido por ora que as relações lógicas entre os pensamentos oníricos não gozam de nenhuma representação específica no sonho. Por exemplo, quando há uma contradição no sonho, é uma contradição dirigida contra o próprio sonho ou uma contradição derivada do conteúdo de um dos pensamentos oníricos; uma contradição no sonho corresponde a uma contradição entre os pensamentos do sonho apenas de maneira extremamente indireta.

Mas, assim como a arte da pintura finalmente conseguiu retratar nas pessoas representadas, pelo menos, sua intenção de falar – sua ternura, sua atitude ameaçadora, seu semblante de advertência e similares – por outros meios que não a etiqueta dependurada, assim também o sonho descobriu que é possível explicar algumas das relações lógicas entre seus pensamentos oníricos por meio de uma modificação apropriada do método específico de representação dos sonhos. Ver-se-á pela experiência que diferentes sonhos variam muito em seu aspecto, ao levar isso em consideração; enquanto um sonho desconsidera inteiramente a coerência lógica de seu material, outro tenta indicá-la da maneira mais completa possível. Ao fazê-lo, o sonho se afasta mais ou menos amplamente do assunto que se dispõe a elaborar. O sonho também assume uma atitude similarmente variada em relação à coerência temporal dos pensamentos oníricos, se essa coerência tiver sido estabelecida no inconsciente (como exemplo, no sonho da injeção de Irma).

Mas quais são os meios pelos quais a atividade do sonho pode indicar essas relações no material onírico que são tão difíceis de representar? Tentarei enumerá-las separadamente.

Em primeiro lugar, o sonho leva em conta a ligação que inegavelmente existe entre todas as partes dos pensamentos do sonho, reunindo esse material numa única composição como situação ou processo. Reproduz a *ligação lógica na forma de simultaneidade*; nesse caso, age como o pintor que agrupa todos os filósofos ou poetas num quadro da Escola de Atenas ou do Parnaso, embora esses nunca tivessem se reunido num único salão ou em qualquer cume de montanha – mas é evidente que formam uma unidade do ponto de vista conceitual.

O sonho realiza esse método de representação em detalhes. Sempre que mostra dois elementos próximos um do outro, atesta uma conexão particularmente íntima entre os elementos que lhes correspondem nos pensamentos oníricos. É como ocorre em nosso método de escrita: *ma* significa que as duas letras devem ser pronunciadas como uma sílaba; quando se deixa um espaço entre *m* e *a* mostra que *m* é a última letra de uma palavra e *a* é a primeira letra de outra. De igual modo, as combinações nos sonhos não são feitas de elementos arbitrários e completamente desconexos do material onírico, mas de elementos que também têm uma relação mais ou menos estreita uns com os outros nos pensamentos do sonho.

Para representar a relação causal, o sonho tem dois métodos que, em essência, podem ser reduzidos a um só. O método mais frequente em casos, por exemplo, em que os pensamentos do sonho são desse tipo: "Visto que isso foi assim e, assim, tal e tal coisa devia acontecer". Nesse caso, a representação faz da premissa um sonho introdutório e acrescenta uma conclusão como sonho principal. Se minha interpretação estiver correta, a sequência também pode ser invertida. A parte do sonho mais amplamente elaborada corresponde sempre à conclusão.

Uma paciente, cujo sonho relatarei mais adiante na íntegra, certa vez me forneceu um belo exemplo dessa representação de relação causal. O sonho consistia de um pequeno prólogo e de uma composição onírica muito elaborada, mas bem organizada, que poderia ser intitulada: "Uma flor de linguagem". O prólogo do sonho é o seguinte: *Ela entra na cozinha, onde estão as duas empregadas, e as repreende pela demora em preparar "um pouco de comida". Vê também muita louça comum, emborcada para escorrer a água, amontoada em pilhas. As duas empregadas vão buscar água e têm de entrar, por assim dizer, em um rio que chega até a casa ou até o quintal.*

Segue-se então o sonho principal, que começa assim: *Ela está descendo de um lugar alto, sobre balaustradas curiosamente modeladas, e está contente porque seu vestido não fica preso em lugar algum etc.* O sonho introdutório se refere à casa dos pais dessa mulher. Provavelmente, ela ouviu muitas vezes de sua mãe as palavras proferidas na cozinha. As pilhas de louça comum são retiradas de uma despretensiosa loja de cerâmica que ficava na mesma casa. A segunda parte desse sonho contém uma alusão ao pai da sonhadora, que sempre teve muitos problemas com as criadas e que mais tarde contraiu uma doença fatal durante uma enchente – a casa ficava perto da margem de um rio. O pensamento oculto por trás do sonho introdutório é, então, o seguinte: "Por que nasci nessa casa, em condições tão limitadas e desagradáveis?" O sonho principal retoma o mesmo pensamento e o apresenta de forma alterada pela tendência à realização de desejo: "Sou de alta linhagem." De forma mais transparente, seria: "Porque nasci em condições tão desfavorecidas, minha vida transcorreu assim e assim."

Tanto quanto posso ver, a divisão de um sonho em duas partes desiguais nem sempre significa uma relação causal entre os pensamentos das duas partes. Muitas vezes, é como se o mesmo material fosse apresentado nos dois sonhos a partir de diferentes pontos de vista; ou como se os dois sonhos tivessem procedido de dois centros separados no material do sonho e seus conteúdos se sobrepusessem, de modo que o objeto, que é o centro de um sonho, serviu no outro como alusão e *vice-versa*. Mas, em certo número de casos, uma divisão em sonhos prévios mais curtos e sonhos subsequentes mais longos significa, na verdade, uma relação causal entre as duas partes. O outro método de representação da relação causal é usado com material menos abundante e consiste na mudança de uma imagem do sonho, seja uma pessoa ou uma coisa, em outra. A existência de uma relação causal só deve ser levada a sério quando verificamos que essa mudança ocorre realmente no sonho e não quando simplesmente notamos que uma coisa tomou o lugar de outra. Afirmei que os dois métodos de representação da relação causal podem ser reduzidos a um só; em ambos os casos a *causação* é representada por uma sucessão, ora pela sequência dos sonhos, ora pela transformação imediata de uma imagem em outra. Na maioria dos casos, é claro, a relação causal não é expressa de forma alguma, mas é obliterada pela sequência de elementos que é inevitável no processo do sonho.

O sonho é totalmente incapaz de expressar a alternativa "ou... ou"; costuma-se colocar os dois membros dessa alternativa num contexto, como se fossem igualmente privilegiados. Um exemplo clássico disso está contido no sonho da injeção de Irma. Seus pensamentos latentes obviamente significam: sou inocente pela presença contínua de dores em Irma; a culpa está na resistência dela em aceitar a solução, ou no fato de estar vivendo em condições sexuais desfavoráveis, que não consigo mudar, ou suas dores não são de natureza histérica, mas orgânica. O sonho, no entanto, preenche todas essas possibilidades, que são quase exclusivas, e está pronto para extrair do desejo do sonho uma quarta solução adicional desse tipo. Depois de interpretar o sonho, inseri o "ou... ou", na sequência dos pensamentos do sonho.

No caso em que o sonhador, ao narrar o sonho, se sente inclinado a usar "*ou... ou*": "Era um jardim ou uma sala de estar", etc., não é realmente uma alternativa que ocorre nos pensamentos do sonho, mas um "e", uma simples adição. Quando usamos "*ou... ou*", estamos geralmente descrevendo uma característica de indistinção pertencente a um elemento do sonho que ainda pode ser esclarecido. A regra de interpretação para esse caso é a seguinte: Os membros separados da alternativa devem ser tratados como iguais e conectados por "e". Por exemplo, depois de esperar muito tempo em vão pelo endereço de meu amigo que mora na Itália, sonho que recebo um telegrama que me informa o endereço. Na tira de papel do telégrafo, vejo impresso em azul o seguinte:

A primeira palavra está borrada:

talvez *via*,

ou *villa*;

a segunda é nitidamente: *Sezerno* ou talvez (*Casa*).

A segunda palavra, que soa como um nome italiano e que me lembra nossas discussões etimológicas, expressa também meu descontentamento pelo fato de meu amigo ter mantido sua residência em segredo por tanto tempo; cada membro da tríplice sugestão para a primeira palavra pode ser reconhecido no decorrer da análise como um ponto de partida independente e igualmente bem justificado na concatenação de ideias.

Durante a noite anterior ao funeral de meu pai, sonhei com um cartaz impresso, um cartaz ou pôster – talvez algo como avisos nas salas de espera das estações de trem que anunciam a proibição de fumar – em que se lia:

Pede-se para fechar os olhos
ou
Pede-se para fechar um olho.

Costumo representar isso da seguinte forma:

$$\text{Pede-se para fechar} \quad \genfrac{}{}{0pt}{}{o(s)}{um} \quad \text{olho(s).}$$

Cada uma das duas variações tem seu significado e nos conduz por caminhos específicos na interpretação do sonho. Eu tinha providenciado os arranjos mais simples para o funeral, pois sabia como o falecido pensava sobre essas cerimônias. Outros membros da família, porém, não aprovavam essa simplicidade puritana; pensaram que iríamos nos envergonhar diante daqueles que comparecessem ao sepultamento. Daí uma das versões do sonho, "Pede-se para fechar um olho", ou seja, que as pessoas mostrem consideração. O significado da palavra borrada, que descrevemos com um "ou... ou", pode ser deduzido com particular facilidade. A atividade onírica não conseguiu elaborar uma formulação unificada, mas ao mesmo tempo ambígua, para os pensamentos do sonho. Assim, as duas principais linhas de pensamento divergem até mesmo no conteúdo do sonho.

Em alguns casos, a divisão do sonho em duas partes iguais expressa a dificuldade que o sonho tem de representar uma única alternativa.

A atitude do sonho em relação à categoria de antítese e contradição é bem mais marcante. Essa categoria é desconsiderada sem cerimônia; a palavra "não" parece não existir para o sonho. Com peculiar preferência, os sonhos reduzem as antíteses à unidade ou as representam como uma só. O sonho também toma a liberdade de representar qualquer elemento por seu oposto desejado, de modo que, a princípio, é impossível dizer se qualquer elemento, que possa ter um contrário, está presente nos pensamentos do sonho de forma negativa ou positiva.[125] Num dos sonhos mencionados há pouco, cuja parte introdutória já interpretamos ("porque minha ascendência é tal"), a sonhadora vai descendo rente a uma balaustrada, segurando um ramo florido nas mãos. Uma vez que essa imagem sugere a ela o anjo em pinturas da Anunciação (seu nome é Maria), com um lírio na mão, e as meninas vestidas de branco andando em procissão no dia de Corpus Christi quando as ruas são decoradas com arcos verdes, o ramo florido do sonho é certamente uma alusão à inocência sexual. Mas o ramo é densamente cravejado de flores vermelhas, cada uma delas semelhante a uma camélia. No fim de sua caminhada (assim é que o sonho continua), as flores já estavam bastante murchas; seguem-se então alusões inconfundíveis à menstruação. Mas esse mesmo ramo, que é carregado como um lírio e como que por uma menina inocente, é também uma alusão à *Dama das camélias*, que, como se sabe, sempre usava uma camélia branca, mas vermelha nos dias da menstruação. O mesmo ramo em flor ("a flor da virgindade", no poema de Goethe sobre a filha do moleiro) representa ao mesmo tempo a inocência sexual e seu oposto. O mesmo sonho, que expressa a alegria da sonhadora por ter conseguido passar imaculada pela vida, sugere em vários lugares (como no murchar da flor), na linha de pensamento oposta – a saber, que ela havia sido culpada de vários pecados contra a pureza sexual (isto é, em sua infância). Na análise do sonho, podemos distinguir claramente as duas linhas de pensamento, das quais a reconfortante parece ser superficial e a reprovadora, mais profunda. As duas são diametralmente opostas uma à outra, e seus elementos semelhantes, embora contrastantes, foram representados pelos mesmos elementos do sonho.

Apenas uma das relações lógicas é profundamente favorecida pelo mecanismo de formação do sonho. Essa relação é a de semelhança, correspondência, contiguidade, "como se", que pode ser representada no sonho como nenhuma outra por meio dos mais variados expedientes. As correspondências que ocorrem no sonho, ou casos de "como se", são os principais pontos de apoio para a formação dos sonhos, e uma parte nada desprezível da atividade onírica consiste em criar novas correspondências desse tipo, nos casos em que aquelas que já estão à mão são impedidas de penetrar no sonho, por causa da censura imposta pela resistência. O esforço no trabalho de condensação demonstrado pela atividade onírica auxilia na representação da relação de semelhança.

Semelhança, concordância, comunhão de atributos são geralmente representadas no sonho pela concentração numa unidade, que já pode estar presente no material do sonho ou é criada novamente. A primeira dessas possibilidades pode ser chamada de *identificação* e a segunda, de *composição*. O termo identificação é empregado quando o sonho diz respeito a pessoas e composição quando as coisas são o objeto de unificação; mas composição pode se aplicar também a pessoas. As localidades são frequentemente tratadas como pessoas.

A identificação consiste em dar representação no conteúdo do sonho a apenas uma dentre várias pessoas que estão ligadas por um elemento comum, enquanto a segunda ou as demais pessoas parecem ser suprimidas no tocante ao sonho. Essa pessoa representativa no sonho entra em todas as relações e situações que se aplicam a ela mesma ou às pessoas por ela envolvidas. Nos casos de composição, porém, quando se trata de pessoas, já estão presentes na imagem onírica traços característicos, mas não comuns, às pessoas em questão, de modo que surge uma nova unidade, uma figura composta, como resultado da união dessas características. A própria composição pode ser realizada de várias maneiras. Ou a pessoa do sonho leva o nome de uma das pessoas a quem se refere – e então sabemos, de maneira bastante análoga ao conhecimento na vida de vigília, que esta ou aquela pessoa é visada – enquanto seus traços visuais pertencem a outra pessoa; ou a própria imagem do sonho é composta de características visuais que, na realidade, são compartilhadas por ambas. Em vez de características visuais, também o papel desempenhado pela segunda pessoa pode ser representado pelos maneirismos que geralmente lhe são atribuídos, pelas palavras que costuma proferir ou pelas situações em que, em geral, é imaginada. No último método de caracterização, a nítida distinção entre identificação e composição de pessoas começa a desaparecer. Mas pode acontecer também que a formação dessa personalidade mista não seja bem-sucedida. A situação do sonho é então atribuída a uma pessoa, e a outra – via de regra, a mais importante – é apresentada como espectadora inativa e despreocupada. O sonhador pode relatar essa situação com uma frase como "Minha mãe também estava lá" (Stekel).

O traço comum que justifica a união das duas pessoas – isto é, qual é a razão para tanto – pode ser representado no sonho ou estar ausente. Via de regra, a identificação ou composição de pessoas serve simplesmente ao propósito de dispensar a representação desse traço comum. Em vez de repetir "A está indisposto para comigo e B também", formo uma figura composta por A e B no sonho, ou imagino A fazendo uma ação inusitada, que geralmente é característica de B. A figura onírica assim obtida aparece no sonho em novo contexto e o fato de representar tanto A quanto B justifica a inserção no lugar apropriado, na interpretação do sonho, daquilo que é comum a ambas – a hostilidade para comigo. Dessa maneira, muitas vezes consigo um grau extraordinário de condensação do conteúdo do sonho; eu me poupo da necessidade de fornecer a representação direta de relações muito complicadas relativas a uma pessoa, se puder encontrar uma segunda pessoa que tenha igual direito a uma parte dessas relações. Também é fácil ver até que ponto essa representação por meio da identificação pode burlar a censura causada pela resistência, que faz com que a atividade onírica se ajuste a condições tão severas. Aquilo que ofende a censura pode estar nas próprias representações que, no material do sonho, estão conectadas com uma pessoa; procuro então uma segunda pessoa, que também tem relação com o material censurável, mas apenas com uma parte dele. O contato nesse ponto que ofende a censura justificava então a construção de uma figura composta, que se caracteriza por traços irrelevantes provenientes das duas. Essa figura resultante da composição ou da identificação, que é irrepreensível para a censura, está agora apta para incorporação no conteúdo do sonho e, pela aplicação da condensação do sonho, atende às exigências da censura onírica.

Nos sonhos em que uma característica comum entre duas pessoas é representada, isso geralmente é uma sugestão para procurar outra característica comum oculta, cuja representação é impossibilitada pela censura. Um deslocamento da característica comum ocorreu aí, em parte para facilitar a representação. Pelo fato de a figura composta aparecer no sonho com uma característica comum irrelevante, devo inferir que outra característica comum, de modo algum indiferente, subsiste nos pensamentos do sonho.

De acordo com o que foi dito, a identificação ou composição de pessoas serve a vários propósitos no sonho; em primeiro lugar, para representar um elemento comum às duas pessoas; em segundo lugar, para representar um traço comum deslocado; e, em terceiro lugar, até mesmo para dar expressão a uma comunhão de características meramente *desejada*. Como o desejo de uma comunhão entre duas pessoas frequentemente coincide com a troca de uma pela outra, essa relação no sonho também se expressa por meio da identificação. No sonho da injeção de Irma, desejo trocar essa paciente por outra, isto é, desejo que essa última seja minha paciente em lugar da primeira; o sonho leva em conta esse desejo, mostrando-me uma pessoa que se chama Irma, mas que é examinada numa posição como a que tive a oportunidade de ver apenas quando ocupada pela outra mulher em questão. No sonho com meu tio, essa substituição se torna parte central do sonho; eu me identifico com o ministro, julgando e tratando meu colega tão mal como ele o faz. Tem sido minha experiência – para a qual não encontrei exceção – que todo sonho trata da própria pessoa do sonhador. Os sonhos são inteiramente egoístas. Nos casos em que não ocorre meu ego, mas somente uma pessoa estranha, no conteúdo do sonho, posso presumir com segurança que meu ego está escondido atrás dessa pessoa por meio de identificação; e assim posso inserir meu ego. Em outras ocasiões em que meu ego aparece no sonho, a situação em que isso ocorre pode me dar a entender que outra pessoa está se escondendo por trás de meu ego. Nesse caso, o sonho pretende me fazer notar que, na interpretação, devo transferir para mim algo que está relacionado com essa pessoa – a característica comum oculta. Há também sonhos em que meu ego aparece junto com outras pessoas que, desvendada a identificação, revelam-se uma vez mais como meu ego. Por meio dessa identificação, consigo unir em meu ego certas representações, cuja aceitação era vetada pela censura. Também posso dar a meu ego uma representação múltipla no sonho, ora diretamente, ora por meio da identificação com estranhos. Uma quantidade extraordinária de material do pensamento pode ser condensada por meio de algumas dessas identificações.[126]

A solução da identificação de localidades designadas com os próprios nomes é ainda mais fácil do que a de pessoas, porque aqui falta a influência perturbadora do ego, que é predominante no sonho. Num de meus sonhos sobre Roma, o nome do lugar em que me encontro é Roma; fico surpreso, no entanto, com o grande número de cartazes em alemão afixados numa esquina. Esse segundo ponto reflete uma realização de desejo, que imediatamente me leva a pensar em Praga; o próprio desejo provavelmente remontava a um período de minha juventude em que eu estava imbuído de um espírito nacionalista alemão, hoje superado. Na época de meu sonho, eu estava ansioso para encontrar um amigo em Praga; a identificação de Roma e Praga pode ser assim explicada por meio de uma característica comum desejada; prefiro encontrar meu amigo em Roma do que em Praga, gostaria de trocar Praga por Roma para fins desse encontro.

A possibilidade de criar composições é uma das principais causas do caráter fantástico tão comum nos sonhos, na medida em que introduz no sonho elementos que jamais poderiam ter sido objetos de percepção. O processo psíquico que ocorre na formação das composições é obviamente o mesmo que empregamos para imaginar ou retratar um centauro ou um dragão na vida de vigília. A única diferença é que nas criações fantásticas, que ocorrem na vida de vigília, a impressão que a nova criação pretende é em si própria o fator decisivo, ao passo que a composição do sonho é determinada por uma influência – a característica comum nos pensamentos do sonho – que é independente da forma da imagem. A composição do sonho pode ser realizada de muitas maneiras diferentes. No método de execução mais simples, as propriedades de uma coisa são representadas, e essa representação é acompanhada pelo conhecimento de que elas também pertencem a outro objeto. Uma técnica mais cuidadosa une as características de um objeto com as do outro numa nova imagem, ao mesmo tempo em que usa com habilidade a semelhança entre os dois objetos que existem na realidade. A nova criação pode se tornar totalmente absurda ou apenas fantasticamente engenhosa, de acordo com o assunto e a inteligência operante no trabalho de composição. Se os objetos a serem condensados numa unidade são por demais incongruentes, a atividade onírica se contenta em criar uma composição com um núcleo relativamente distinto, ao qual são anexadas modificações menos distintas. A unificação numa imagem, nesse caso, foi malsucedida, por assim dizer; as duas representações se sobrepõem e dão origem a algo como uma disputa entre imagens visuais. Imagens semelhantes poderiam ser obtidas num desenho, caso se tentasse construir uma ideia a partir de imagens de percepção isoladas.

Os sonhos com semelhantes composições são naturalmente muito numerosos. Já dei vários exemplos deles nos sonhos analisados e vou acrescentar mais alguns. No sonho que descreve a trajetória da vida de minha paciente "na linguagem das flores", o ego do sonho leva nas mãos um ramo florido, que, como vimos, significa ao mesmo tempo inocência e transgressão sexual. Além disso, o ramo lembra as flores de cerejeira, por causa da maneira como essas flores são agrupadas; as próprias flores, consideradas individualmente, são camélias e, finalmente, a coisa toda também dá a impressão de uma planta *exótica*. A característica comum nos elementos dessa composição é mostrada pelos pensamentos do sonho. O ramo florido é composto de alusões a presentes pelos quais ela foi ou deveria ter sido induzida a mostrar-se complacente. Assim ocorreu com as cerejas em sua infância e com o ramo de camélias em seus anos mais recentes; a característica exótica é uma alusão a um naturalista muito viajado, que tentou conquistar suas graças por meio do desenho de uma flor.

Outra paciente cria um elemento intermediário a partir de casas de banho numa estância balneária, banheiros rurais externos e os sótãos de nossas residências urbanas. A referência à nudez e exposição humana é comum aos dois primeiros elementos; e podemos inferir de sua conexão com o terceiro elemento que (na infância dela) o sótão foi também o cenário de exposição. Um sonhador monta, no sonho, uma localidade composta de dois lugares diferentes em que há "tratamentos": um corresponde a meu consultório e o outro, a um salão público, no qual conheceu a esposa dele. Outra paciente, depois que seu irmão mais velho prometeu presenteá-la com caviar, sonha que suas pernas estão inteiramente cobertas de ovas negras de caviar. Os dois elementos, "contágio" no sentido moral e a lembrança de uma erupção cutânea na infância, que fez suas pernas parecer cravejadas de pontos vermelhos em vez de pretos, foram aqui combinados com as ovas de caviar para formar uma nova ideia – a ideia de "o que ela recebeu de seu irmão". Nesse sonho, partes do corpo humano são tratadas como objetos, como geralmente acontece nos sonhos. Num dos sonhos relatados por Ferenczi, ocorreu uma imagem composta pela pessoa de um médico e um cavalo, sobre o qual estava estendido um roupão. O traço comum a esses três componentes foi mostrado na análise, depois que a paciente reconheceu o roupão como uma alusão a seu pai, numa cena da infância. Em cada um dos três casos, havia algum objeto de curiosidade sexual dela. Quando criança, havia sido levada muitas vezes, pela babá, a um local de criação de cavalos, onde teve ampla oportunidade de satisfazer sua curiosidade, que naquela época não era ainda inibida.

Já afirmei que o sonho não tem meios para expressar a relação de contradição, de contraste, de negação. Estou prestes a contradizer essa afirmação pela primeira vez. Uma parte dos casos, que podem ser reunidos sob a palavra "contraste", encontra representação, como vimos, simplesmente por meio de identificação – isto é, quando uma troca ou substituição pode estar ligada com o contraste. Demos repetidos exemplos disso. Outra parte dos contrastes nos pensamentos do sonho, que talvez se enquadre na categoria "justamente o oposto", é representada no sonho da seguinte maneira notável, que quase pode ser designada como engraçada. A *"inversão"* não penetra, de *per si*, no conteúdo do sonho, mas manifesta sua presença ali pelo fato de que uma parte do conteúdo do sonho já formada, que está disponível por outras razões, é – por assim dizer, posteriormente – invertida. É mais fácil ilustrar esse processo do que descrevê-lo. No belo sonho "em cima e embaixo", a representação da subida no sonho é uma inversão de um protótipo nos pensamentos do sonho, ou seja, da cena introdutória de *Safo*, de Daudet; no sonho, a subida é difícil no início e fácil mais tarde, enquanto na cena real é fácil no início e depois se torna cada vez mais difícil. Da mesma forma, "em cima" e "embaixo", em relação ao irmão do sonhador, são invertidos no sonho. Isso aponta para uma relação de contrários ou contrastes existentes entre duas partes do material dos pensamentos do sonho e a relação que encontramos no fato de que, na fantasia infantil do sonhador, ele é carregado por sua babá, enquanto no romance, pelo contrário, o herói carrega sua amada. Meu sonho sobre o ataque de Goethe ao sr. M. também contém uma "inversão" desse tipo, que deve primeiro ser ajustada antes que a interpretação do sonho possa ser realizada. No sonho, Goethe ataca um jovem, sr. M.; na realidade, de acordo com os pensamentos do sonho, um homem eminente, amigo meu, foi atacado por um jovem escritor desconhecido. No sonho, conto o tempo a partir da data da morte de Goethe; na realidade, o cálculo foi feito a partir do ano em que o paciente paralítico nasceu. O pensamento que determina o material do sonho se revela uma clara objeção à ideia de que Goethe fosse tratado como um lunático. "Pelo contrário", diz o sonho, "se você não consegue entender o livro, é você que é débil mental, não o autor." Além disso, todos esses sonhos de inversão parecem conter uma referência à frase desdenhosa, "virar as costas a alguém" (em alemão: "*einen die Kehrseite zeigen*"; cf. a inversão em relação ao irmão do sonhador, no sonho de Safo). Também é notável como muitas vezes a inversão se torna necessária em sonhos inspirados por sentimentos homossexuais reprimidos.

Além disso, a inversão ou transformação em oposto é um dos métodos favoritos de representação e um dos métodos mais capazes de diversificada aplicação que a atividade onírica possui. Sua primeira função é criar a realização de um desejo com referência a um elemento específico dos pensamentos do sonho. "Se fosse ao contrário!" é muitas vezes a melhor expressão da reação do ego a uma lembrança desagradável. Mas a inversão se torna extraordinariamente útil para os propósitos da censura, pois provoca no material representado um grau de distorção que quase paralisa nossa compreensão do sonho. Por isso sempre vale a pena, nos casos em que o sonho se recusa obstinadamente a revelar seu significado, tentar a inversão de partes específicas de seu conteúdo manifesto, depois do que, não raro, tudo se torna transparente.

Além dessa inversão, a inversão do material numa relação temporal não deve ser negligenciada. Um recurso frequente de distorção do sonho consiste em apresentar o resultado final de uma ocorrência ou a conclusão de um argumento no início do sonho, ou em fornecer as premissas de uma conclusão ou as causas de um efeito no final dele. Qualquer um que não tenha levado em consideração esse método técnico de distorção de sonhos fica incapacitado de levar adiante a interpretação de um sonho.[127]

De fato, em alguns casos, só podemos obter o sentido do sonho submetendo seu conteúdo a múltiplas inversões em diferentes direções. Por exemplo, no sonho de um jovem paciente, que sofre de uma neurose compulsiva, a lembrança de um desejo de morte, que remontava à infância, contra um pai, de quem tinha medo, estava escondida atrás das seguintes palavras: *O pai o repreende, porque ele chega tão tarde*. Mas o contexto no tratamento psicanalítico e os pensamentos do sonhador mostram que a frase deve ser lida da seguinte forma: *Ele está com raiva do pai* e, além disso, o pai está sempre voltando para casa *muito cedo* (ou seja, bem antes do tempo). Ele teria preferido que o pai não voltasse para casa, o que é idêntico ao desejo de que seu pai morresse. Quando menino, o sonhador era culpado de agressão sexual contra outra pessoa, enquanto o pai estava ausente, e foi ameaçado de punição com as palavras: "Espere até seu pai chegar em casa!"

Se tentarmos traçar as relações entre o conteúdo do sonho e os pensamentos oníricos, faremos isso melhor tomando o próprio sonho como nosso ponto de partida e perguntando-nos: O que certas características formais da representação do sonho significam com relação aos pensamentos do sonho? As características formais que devem atrair nossa atenção no sonho incluem principalmente variações na distinção de partes específicas do sonho ou de sonhos inteiros quando comparados entre si. As variações na intensidade das imagens oníricas específicas incluem toda uma escala de gradação que se estende desde uma nitidez de representação que nos inclinamos a classificar como maior – certamente sem qualquer garantia – do que a da realidade, até uma irritante indistinção que declaramos como característica do sonho, porque não pode ser totalmente comparada a qualquer grau de indistinção que já vimos em objetos reais. Além disso, geralmente designamos a impressão que obtemos de um objeto indistinto no sonho como "fugaz", enquanto pensamos nas imagens oníricas mais nítidas como se permanecessem intactas por um período mais longo de percepção. Devemos agora nos perguntar, quais condições, no material onírico, determinam essas diferenças na nitidez das partes específicas do conteúdo de um sonho.

Existem certas expectativas que inevitavelmente surgirão nesse momento e que devem ser consideradas. Como sensações reais durante o sono podem fazer parte do material do sonho, é provável que se presuma que essas sensações ou os elementos oníricos resultantes delas sejam destacados por uma intensidade especial, ou, inversamente, que o que vem a ser especialmente nítido no sonho possa ser atribuído a essas sensações reais durante o sono. Minha experiência nunca confirmou isso. É incorreto dizer que aqueles elementos do sonho derivados de impressões que ocorrem no sono (estímulos nervosos) se distinguem por sua nitidez de outros, baseados em lembranças. O fator da realidade não tem importância na determinação da intensidade das imagens oníricas.

Além disso, será acalentada a expectativa de que a intensidade sensorial (nitidez) das imagens oníricas específicas tenha relação com a intensidade psíquica dos elementos correspondentes a elas nos pensamentos oníricos. Nesses últimos, a intensidade é idêntica ao valor psíquico; os elementos mais intensos são, de fato, os mais significativos, e são esses o ponto central do sonho. Sabemos, no entanto, que são precisamente esses elementos que geralmente não são aceitos, por causa da censura, no conteúdo do sonho. Mas ainda assim pode ser possível que os elementos imediatamente seguintes a esses, e que os representam no sonho, apresentem um grau mais elevado de intensidade, sem, no entanto, constituir o centro da representação do sonho. Essa expectativa também é frustrada por uma comparação entre o sonho e o material do sonho. A intensidade dos elementos de um não tem nada a ver com a intensidade dos elementos do outro; ocorre uma completa "transposição de todos os valores psíquicos" entre o material onírico e o sonho. O próprio elemento que é transitório e nebuloso e que é empurrado para segundo plano por imagens mais vigorosas é, muitas vezes, o único e exclusivo elemento em que pode ser rastreado algum derivado direto do assunto que dominou inteiramente os pensamentos do sonho.

A intensidade dos elementos do sonho mostra ter uma determinação diferente, isto é, por dois fatores independentes. É fácil ver, logo de início, que aqueles elementos, por meio dos quais a realização do desejo se expressa, são representados com maior nitidez. Mas, então, a análise também nos mostra que os elementos mais nítidos do sonho são o ponto de partida do maior número de linhas de pensamento, e que os elementos mais nítidos são ao mesmo tempo aqueles mais bem determinados. Nenhuma mudança de sentido vai ocorrer, se expressarmos a última tese empírica da seguinte forma: a maior intensidade é mostrada por aqueles elementos do sonho em cuja formação foi necessário maior e mais expressiva atividade de condensação. Podemos, portanto, esperar que essa condição e as demais impostas pela realização do desejo possam ser expressas numa única fórmula.

O problema que acabo de tratar – as causas da maior ou da menor intensidade ou nitidez de elementos específicos do sonho – é um problema que eu gostaria que fosse confundido com outro, que tem a ver com a variada clareza de sonhos inteiros ou de seções de sonhos. No primeiro caso, o oposto de clareza é obscuridade; no segundo, confusão. É claro que é inconfundível que as intensidades sobem e descem paralelamente nas duas escalas. Uma parte do sonho que nos parece clara geralmente contém elementos intensos; um sonho obscuro é composto de elementos menos intensos. Mas o problema com o qual somos confrontados pela escala, que vai do aparentemente claro ao obscuro ou confuso, é muito mais complicado do que aquele formado por variações na nitidez dos elementos do sonho; na verdade, o primeiro será retirado da discussão por razões que serão apresentadas mais adiante. Em casos isolados, ficamos surpresos ao descobrir que a impressão de clareza ou de indistinção produzida pelo sonho não tem qualquer significado para sua estrutura e se origina no material do sonho como um de seus componentes. Assim, lembro-me de um sonho que parecia particularmente bem construído, impecável e claro, de modo que decidi, ainda no estado de sonolência, reconhecer nele uma nova categoria de sonhos – daqueles que não haviam sido submetidos ao mecanismo de condensação e deslocamento, e que poderiam ser designados como "fantasias durante o sono". Um exame mais atento provou que esse sonho raro tinha as mesmas lacunas e falhas em sua construção como todos os outros; por isso abandonei a categoria de fantasias oníricas. O conteúdo do sonho, reduzido a seus termos mais simples, era que eu estava expondo a um amigo uma teoria difícil e há muito pesquisada sobre a bissexualidade, e o poder de realização de desejos do sonho era responsável por chegarmos a considerar essa teoria (que, a propósito, não foi aventada no sonho) tão clara e impecável. O que eu considerava um julgamento sobre o sonho concluído era, na verdade, parte do conteúdo do sonho, e a essencial. A atividade do sonho tinha estendido suas operações, por assim dizer, ao pensamento de vigília, e me apresentou, sob a forma de um julgamento, aquela parte do material onírico que não conseguiu reproduzir com exatidão. O exato oposto disso me chamou a atenção, certa vez, no caso de uma paciente que, a princípio, estava totalmente relutante em contar um sonho que era necessário para a análise, "porque era muito obscuro e confuso". Finalmente, depois de afirmar repetidas vezes que não tinha certeza da exatidão de sua descrição, me informou que várias pessoas, ela mesma, seu marido e seu pai, tinham entrado no sonho, e que ela própria não sabia se seu marido era seu pai, ou quem era seu pai, ou algo desse tipo. Ao considerar esse sonho em conexão com suas ideias no decorrer da sessão, verificou-se, sem sombra de dúvida, que se tratava da história de uma criada que teve de confessar que estava esperando um filho, mas estava diante da incerteza de "quem era realmente o pai."[128] A falta de clareza mostrada pelo sonho é, portanto, mais uma vez, nesse caso, parte do material que a estimulou; em outras palavras, parte desse material estava representada na forma do sonho. A forma do sonho ou do sonhar é usada com surpreendente frequência para representar o conteúdo oculto.

Comentários sobre o sonho e observações aparentemente inofensivas sobre ele servem, muitas vezes, para disfarçar da maneira mais sutil – embora geralmente traiam – parte do que é sonhado. Assim, por exemplo, quando o sonhador diz: *Aqui o sonho é vago*, e a análise leva a uma lembrança infantil de escutar alguém se limpando depois de defecar. Outro exemplo merece ser registrado em detalhes. Um jovem tem um sonho muito nítido que lhe recorda fantasias de sua infância que permaneceram conscientes: ele estava num hotel, veraneando. Certa noite, errou o número de seu quarto e entrou em outro, onde uma senhora idosa e duas filhas estavam se despindo para se deitar. Ele continua: *"Há algumas lacunas no sonho; então algo está faltando*; e no final, havia um homem no quarto, que tentou me expulsar e com quem tive de lutar. O jovem se esforçou em vão para lembrar o conteúdo e o propósito da fantasia juvenil a que o sonho obviamente alude. Mas finalmente nos damos conta de que o conteúdo exigido já havia sido dado em suas palavras sobre a parte obscura do sonho. As "lacunas" eram as aberturas nos genitais das mulheres que estavam se preparando para dormir: *"Aqui está faltando alguma coisa"* descrevia a característica principal dos órgãos genitais femininos. Naqueles primeiros anos da adolescência, ele ardia de curiosidade de ver um órgão genital feminino, e ainda estava inclinado a sustentar a teoria sexual infantil que atribui um órgão genital masculino às mulheres.

Todos os sonhos que ocorrem na mesma noite fazem parte do mesmo todo quando considerados em seu conteúdo; sua divisão em várias partes, o agrupamento e o número dessas partes, todos esses detalhes têm pleno sentido e podem ser considerados como informações provenientes do conteúdo latente do sonho. Na interpretação de sonhos que consistem em muitas seções principais, ou de sonhos ocorridos na mesma noite, não se deve deixar de pensar na possibilidade de que esses sonhos diferentes e sucessivos exprimam os mesmos sentimentos em material diferente. O primeiro desses sonhos homólogos a ocorrer é geralmente o mais distorcido e o mais tímido, enquanto o subsequente é mais ousado e nítido.

Até mesmo o sonho do Faraó na Bíblia sobre as espigas e as vacas, interpretado por José, era desse tipo. É relatado por Josefo (*Antiguidades Judaicas*, livro II, cap. III) com mais detalhes do que na Bíblia. Depois de contar seu primeiro sonho, o rei disse: "Depois de ter essa visão, acordei de meu sono e, estando em desordem e pensando comigo mesmo o que deveria ser essa aparição, adormeci novamente e vi outro sonho, mais maravilhoso que o primeiro, mas que me assustou ainda mais e me perturbou." Depois de ouvir o relato do sonho, José disse: "Esse sonho, ó rei, embora visto sob duas formas, significa somente uma e mesma coisa."

Jung, em *Beitrag zur Psychologie des Gerüchtes*, conta como o sonho erótico velado de uma estudante foi entendido por suas amigas sem interpretação e reelaborado por elas com variações, observações em conexão com relatos desse sonho, de modo que "a última de uma longa série de imagens oníricas continha precisamente o mesmo pensamento cuja representação havia sido tentada na primeira imagem da série. A censura afastou o complexo a distância o maior tempo possível, por meio de ocultações simbólicas constantemente renovadas, deslocamentos, disfarces inocentes, etc." (p. 87). Scherner estava bem familiarizado com as peculiaridades da distorção do sonho e as descreve no final de sua teoria da estimulação orgânica como uma lei especial (p. 166): "Mas, finalmente, a fantasia observa a lei geral em todos os estímulos nervosos que emanam das formações simbólicas do sonho, representando no início do sonho apenas as alusões mais remotas e livres ao objeto estimulante; mas no final, quando o poder de representação se esgota, ela apresenta o estímulo ou seu órgão envolvido ou sua função de forma não oculta, e da maneira como esse sonho designa sua causa orgânica e chega a seu objetivo."

Uma nova confirmação da lei de Scherner foi dada por Otto Rank, em seu trabalho intitulado *A Self Interpretation Dream*. Um sonho de uma menina, relatado por ele, consistia de dois sonhos, separados por um intervalo, mas ocorridos na mesma noite; o segundo terminava num orgasmo. Esse sonho de orgasmo podia ser interpretado em todos os seus detalhes, desconsiderando muitas das ideias fornecidas pela sonhadora, e as relações profusas entre os dois conteúdos do sonho indicavam que o primeiro sonho expressava em linguagem tímida a mesma coisa que o segundo, de modo que o último – o sonho do orgasmo – contribuiu para a completa explicação do primeiro. Desse exemplo, Rank, com perfeita justiça, tira conclusões sobre o significado dos sonhos com orgasmo ou polução, em geral.

Mas, em minha experiência, só em casos raros se fica em condições de interpretar a clareza ou a confusão no sonho pela presença de plena certeza ou dúvida no material do sonho. Mais adiante tentarei revelar o fator na formação dos sonhos, de cuja influência depende essencialmente essa escala de qualidades para qualquer sonho.

Em alguns sonhos, que persistem, por algum tempo, numa determinada situação e cenário, ocorrem interrupções descritas com as seguintes palavras: "Mas então parecia que era, ao mesmo tempo, outro lugar, e ali acontecia tal e tal coisa." O que interrompe dessa forma a tendência principal do sonho, que depois de um tempo pode continuar novamente, acaba sendo uma ideia subordinada, um pensamento interpolado no material do sonho. Uma relação condicional nos pensamentos oníricos é representada pela simultaneidade no sonho (*wenn – wann*; se – quando).

O que significa a sensação de movimento impedido, que ocorre com tanta frequência no sonho e que está tão intimamente ligada à ansiedade? A pessoa quer se mover e não consegue se mexer do lugar; ou alguém quer realizar algo e encontra um obstáculo após outro. O trem está prestes a partir e não se consegue alcançá-lo; a mão é levantada para revidar um insulto, e sua força falha etc. Já encontramos essa sensação em sonhos de exibição, mas ainda não fizemos nenhuma tentativa séria de interpretá-la. É conveniente, mas inadequado, responder que há paralisia motora no sono, que se manifesta pela sensação aludida. Podemos perguntar: "Por que, então, não sonhamos continuamente com esses movimentos inibidos?" E temos razão em supor que essa sensação, aparecendo constantemente no sono, serve a um propósito ou outro na representação, sendo despertada por uma necessidade que o material onírico tem de ser representado dessa maneira.

O fracasso em realizar nem sempre aparece no sonho como uma sensação, mas é simplesmente parte do conteúdo do sonho. Acredito que um caso desse tipo seja particularmente adequado para esclarecer o sentido dessa característica do sonho. Vou fazer um relato abreviado de um sonho em que, aparentemente, sou acusado de desonestidade. *A cena é uma mistura, composta de um sanatório privado e vários outros edifícios. Um criado veio me chamar para um exame.* No sonho, sei que algo foi perdido e que o exame está ocorrendo porque sou suspeito de ter me apropriado do artigo desaparecido. A análise mostra que o exame deve ser entendido em dois sentidos, e também significa exame médico. *Consciente de minha inocência e do fato de ter sido chamado para uma consulta, sigo calmamente o criado. Somos recebidos na porta por outro criado, que diz, apontando para mim: "É a pessoa que você trouxe? Ora, ele é um homem respeitável." Então, sem ser acompanhado, entro num grande salão onde estão as máquinas e que me lembra um Inferno com seus modos diabólicos de punição. Vejo um colega preso a um aparelho e que tem todos os motivos para se preocupar comigo; mas ele nem toma conhecimento de minha presença. Então me dão a entender que posso ir. Mas não consigo encontrar meu chapéu e, afinal, não posso ir.*

O desejo que o sonho realiza é obviamente que eu seja reconhecido como um homem honesto e que possa ir; todos os tipos de material contendo uma contradição dessa ideia devem, portanto, estar presentes nos pensamentos do sonho. O fato de eu poder ir embora é o sinal de minha absolvição; se, então, o sonho fornece ao final um evento que me impede de ir, podemos concluir prontamente que o material suprimido da contradição se faz sentir nesse ponto. A circunstância de não encontrar meu chapéu significa, portanto: "Você não é, afinal, um homem honesto." O fracasso em realizar algo no sonho é a expressão de uma contradição, um "não"; e, portanto, a afirmação anterior, no sentido de que o sonho não pode expressar uma negação, deve ser revisada.[129]

Em outros sonhos, que envolvem o fracasso em realizar uma coisa não apenas como situação, mas também como sensação, a mesma contradição é expressa mais enfaticamente na forma de uma volição, à qual se opõe uma contravolição. Assim, a sensação de movimento impedido representa um *conflito de vontade*. Veremos mais adiante que essa mesma paralisia motora faz parte das condições fundamentais do processo psíquico ao sonhar. Ora, o impulso que se transfere para os canais motores nada mais é do que a vontade, e o fato de que temos certeza de encontrar esse impulso impedido no sonho torna todo o processo extraordinariamente adequado para representar a volição e o "não" que se opõe a ela. Com base em minha explicação da ansiedade, é fácil entender por que a sensação de vontade frustrada está tão intimamente ligada à ansiedade e por que está tão frequentemente ligada a ela no sonho. A ansiedade é um impulso libidinoso que emana do inconsciente e é inibido pelo pré-consciente. Quando, portanto, uma sensação de inibição no sonho é acompanhada de ansiedade, deve estar presente também uma volição que já foi capaz de despertar libido; deve haver ali um impulso sexual.

Discutirei em outro local o significado e a força psíquica que devem ser atribuídas a manifestações de julgamento como "afinal, isso é apenas um sonho", que frequentemente vem à tona nos sonhos. Por ora, direi apenas que servem para depreciar o valor da coisa sonhada. Um problema interessante aliado a isso, a saber, o significado do fato de, às vezes, certo conteúdo ser designado no próprio sonho como "sonhado" – o enigma do "sonho dentro do sonho" – foi resolvido em sentido semelhante por W. Stekel, por meio da análise de alguns exemplos convincentes. A parte do sonho "sonhada" será novamente depreciada em valor e despojada de sua realidade; aquilo que o sonhador continua a sonhar depois de despertar do sonho dentro do sonho é o que o desejo onírico deseja colocar no lugar da realidade extinta. Pode-se, portanto, supor que a parte "sonhada" contém a representação da realidade e a verdadeira reminiscência, enquanto, por outro lado, o sonho continuado contém a representação do que o sonhador desejou. A inclusão de determinado conteúdo num "sonho dentro do sonho" equivale, portanto, ao desejo de que aquilo que acaba de ser designado como sonho não ocorresse. A elaboração do sonho utiliza o próprio sonho como uma forma de deflexão.

(D) CONSIDERAÇÃO À REPRESENTABILIDADE

Até agora tentamos verificar como o sonho representa as relações entre os pensamentos oníricos, mas várias vezes estendemos nossa consideração para a questão adicional de que alterações o material onírico sofre para fins de formação do sonho. Sabemos agora que o material onírico, depois de despojado da maior parte de suas relações, é submetido a compressão, ao mesmo tempo em que deslocamentos de intensidade entre seus elementos forçam uma reavaliação psíquica desse material. Os deslocamentos que examinamos mostraram substituições de uma representação por outra estreitamente ligada à original em algum aspecto, e os deslocamentos foram postos a serviço da condensação, em virtude do fato de que, dessa maneira, um meio comum entre dois elementos tomou o lugar desses dois elementos na formação do sonho. Ainda não mencionamos nenhum outro tipo de deslocamento. Mas aprendemos com as análises que existe outro e que ele se manifesta numa mudança da expressão verbal empregada para o pensamento em questão. Em ambos os casos, temos deslocamento seguindo uma cadeia de associações, mas o mesmo processo ocorre em diferentes esferas psíquicas, e o resultado desse deslocamento num caso é que um elemento é substituído por outro, enquanto em outro, um elemento troca sua expressão verbal por outra.

Esse segundo tipo de deslocamento que ocorre na formação do sonho não só possui grande interesse teórico, mas também é particularmente adequado para explicar a aparência de fantástico absurdo em que o próprio sonho se disfarça. O deslocamento geralmente ocorre de tal maneira que uma expressão insípida e abstrata no pensamento onírico é trocada por uma visual e concreta. A vantagem e, consequentemente, a finalidade dessa substituição é óbvia. O que quer que seja visual é *capaz de representação* no sonho e pode ser trabalhado em situações em que a expressão abstrata confrontaria a representação onírica com dificuldades semelhantes às que surgiriam se um editorial político fosse representado num jornal ilustrado. Não apenas a possibilidade de representação, mas também os interesses da condensação e da censura, podem se beneficiar por essa troca. Se o pensamento onírico expressado abstrata e desajeitadamente é reformulado em linguagem figurativa, essa nova expressão e o resto do material onírico são mais facilmente fornecidos com aquelas identidades e referências cruzadas, que são essenciais para a atividade onírica e que ela cria sempre que não estão à mão, porque em todas as línguas os termos concretos, devido à sua evolução, são mais abundantes em associações do que os conceituais. Pode-se imaginar que, na formação do sonho, boa parte da atividade intermediária, que tenta reduzir os pensamentos oníricos dispersos à expressão mais concisa e simples possível no sonho, ocorre da maneira descrita anteriormente – isto é, procurando modificações verbais apropriadas para os pensamentos isolados. Um pensamento cuja expressão já foi determinada por outros motivos exercerá, assim, uma influência real e seletiva sobre os meios disponíveis para expressar outros pensamentos, e talvez o faça constantemente desde o início, um pouco à maneira do poeta. Se um poema em rima deve ser composto, a segunda linha da rima está vinculada a duas condições; deve expressar o significado apropriado e deve expressá-lo de forma a assegurar a rima. Os melhores poemas são provavelmente aqueles em que o esforço do poeta para encontrar uma rima é inconsciente e em que ambos os pensamentos exercem desde o início uma influência mútua na seleção de suas expressões verbais, que podem então ser rimadas por meio de ligeira reformulação.

Em alguns casos, a mudança de expressão serve mais diretamente aos propósitos da condensação do sonho, tornando possível a invenção de uma construção verbal ambígua e, portanto, adequada à expressão de mais de um dos pensamentos do sonho. Toda a gama de jogos de palavras é assim colocada a serviço da atividade onírica. O papel desempenhado pelas palavras na formação dos sonhos não deve nos surpreender. Uma palavra, por ser um ponto de junção para uma série de representações, possui, por assim dizer, uma ambiguidade predestinada, e as neuroses (obsessões, fobias) aproveitam as conveniências que as palavras oferecem para fins de condensação e disfarce tão prontamente quanto o sonho.

[130] É fácil demonstrar que a concepção do sonho também se beneficia com esse deslocamento de expressão. Quando uma palavra ambígua é empregada em lugar de duas ambíguas, o resultado é naturalmente confuso; e o emprego de uma expressão figurativa em vez da sóbria expressão cotidiana frustra nossa compreensão, especialmente porque o sonho nunca nos diz se os elementos que ele mostra devem ser interpretados literalmente ou num sentido figurado, ou se eles se referem ao material onírico diretamente ou apenas por meio de formas interpoladas de fala.[131] Já foram citados vários exemplos de representações no sonho que se mantêm unidas apenas pela ambiguidade ("ela abre a boca sem dificuldade", no sonho da injeção de Irma; "afinal, não posso ir", no último sonho relatado) etc. Citarei agora um sonho em cuja análise a expressão figurativa do pensamento abstrato desempenha um papel maior. A diferença entre tal interpretação dos sonhos e interpretação pelo simbolismo pode ser mais uma vez claramente distinguida; na interpretação simbólica dos sonhos, a chave do simbolismo é

escolhida de forma arbitrária pelo intérprete, enquanto em nossos casos de disfarce verbal, todas essas chaves são universalmente conhecidas e extraídas de costumes consagrados de fala. Se a ideia correta ocorrer no momento certo, é possível resolver sonhos desse tipo total ou parcialmente, de forma independente de quaisquer declarações feitas pelo sonhador.

Uma senhora, amiga minha, teve o seguinte sonho: *Ela está no teatro. Assiste a uma ópera de Wagner que durou até as 7h45 da manhã. Nas primeiras filas e na plateia, há mesas postas, em torno das quais as pessoas se reúnem para comer e beber. Seu primo e esposa, que acabaram de voltar de lua de mel, sentam-se ao lado dela numa dessas mesas, e ao lado deles está um aristocrata. Este, ao que parece, foi a jovem esposa que o trouxe consigo da viagem nupcial com tal naturalidade, como se tivesse trazido de volta um chapéu dessa sua viagem. No meio da plateia, há uma torre alta, no topo da qual há uma plataforma cercada por uma grade de ferro. Lá no alto está o maestro com as feições de Hans Richter; está continuamente correndo à beira da grade, suando terrivelmente, e dessa posição rege a orquestra, que está disposta ao redor da base da torre. Ela mesma se senta num camarote com uma amiga (conhecida minha). Sua irmã mais nova tenta entregar-lhe, da plateia, um grande pedaço de carvão sob a alegação de que não sabia que duraria tanto e que, a essa altura, ela deveria estar terrivelmente fria. (Era um pouco como se os camarotes tivessem de ser aquecidos durante a longa apresentação.)*

O sonho em si é bastante absurdo, embora a situação esteja bem composta – a torre no meio da plateia, de onde o maestro rege a orquestra; mas, sobretudo, o carvão que a irmã lhe entrega! Deliberadamente, optei por não pedir nenhuma análise desse sonho! Com o conhecimento que tenho das relações pessoais da sonhadora, pude interpretar partes dele de forma independente. Eu sabia que ela havia sentido forte queda por um músico, cuja carreira fora prematuramente interrompida pela insanidade. Decidi, portanto, tomar a torre no meio da plateia em sentido literal. Era evidente, então, que o homem que ela desejava ver no lugar de Hans Richter estava acima de todos os outros membros da orquestra. Essa torre deve, pois, ser designada como uma imagem composta, formada por aposição; com seu pedestal representa a grandeza do homem, mas com suas grades no alto, atrás das quais ele corre como um prisioneiro ou um animal numa jaula (uma alusão ao nome do infeliz), representa seu destino final. "*Narrenturm*" (torre lunática) é talvez a palavra em que as duas ideias podem ter se reunido.

Agora que descobrimos o método de representação do sonho, podemos tentar com a mesma chave desvendar o segundo aparente absurdo, o do carvão que a irmã lhe entrega. "Carvão" deve significar "amor secreto".

"Sem *carvão*, nenhum *fogo* brilha tão ardentemente
Como o *amor secreto* que ninguém conhece."

Ela e a amiga permanecem sentadas enquanto sua irmã mais nova, que ainda tem oportunidades de se casar, lhe entrega o carvão "porque não sabia que duraria tanto". O que duraria tanto tempo não é contado no sonho. Ao relatá-lo, poderíamos acrescentar "a encenação"; mas no sonho devemos tomar a frase como ela é, declará-la ambígua e acrescentar "até que ela se case". A interpretação "amor secreto" é então confirmada pela menção do primo que está sentado com a esposa na plateia e pelo caso amoroso ostensivo atribuído a essa última. Os contrastes entre amor secreto e amor ostensivo, entre o fogo dela e a frieza da jovem esposa, dominam o sonho. Além disso, aqui novamente há uma pessoa "de elevada posição" como um meio-termo entre o aristocrata e o músico, no qual grandes esperanças haviam sido depositadas.

Por meio da precedente discussão, finalmente trouxemos à luz um terceiro fator, cuja participação na transformação dos pensamentos do sonho em conteúdo onírico não deve ser subestimada; *é a consideração pela representabilidade* (em alemão: *Darstellbarkeit*) *no material psíquico peculiar que o sonho utiliza* – que é a adequação à representação, em sua maior parte, por meio de imagens visuais. Entre as várias ideias subordinadas, associadas aos pensamentos oníricos essenciais, será preferida aquela que permite uma representação visual, e a atividade onírica não hesita em reformular prontamente o pensamento inflexível em outra forma verbal, mesmo que seja a mais incomum, desde que essa forma torne possível a dramatização e, assim, ponha fim ao sofrimento psíquico causado pelo pensamento limitado. Esse despejar do conteúdo do pensamento em outro molde pode ser, ao mesmo tempo, colocado a serviço do trabalho de condensação e estabelecer relações com outro pensamento que, de outra forma, não estaria presente. Esse segundo pensamento talvez tenha mudado anteriormente sua expressão original com o objetivo de atender, a meio caminho, essas relações.

Em vista do papel desempenhado por jogos de palavras, citações, canções e provérbios na vida intelectual das pessoas instruídas, estaria inteiramente de acordo com nossa expectativa encontrar disfarces desse tipo usados com extrema frequência. Para alguns tipos de material, um simbolismo onírico universalmente aplicável foi estabelecido com base em alusões e equivalentes geralmente conhecidos. Boa parte desse simbolismo, aliás, é possuída pelo sonho em comum com as psiconeuroses, e com lendas e usos populares.

De fato, se olharmos mais de perto, devemos reconhecer que, ao empregar esse método de substituição, o sonho geralmente não está fazendo nada de original. Para atingir seu objetivo, que nesse caso é a possibilidade de dramatização sem interferência da censura, ele simplesmente segue os caminhos que já encontra demarcados no pensamento inconsciente, e dá preferência às transformações do material suprimido que podem se tornar conscientes também na forma de humor e alusão, e de que se acham tão repletas todas as fantasias dos neuróticos. Nesse ponto, passamos de repente a entender o método de interpretação dos sonhos de Scherner, cuja verdade essencial defendi em outro lugar. A ocupação da imaginação com o próprio corpo não é de forma alguma peculiar ou característica apenas do sonho. Minhas análises me mostraram que isso é uma ocorrência regular no pensamento inconsciente dos neuróticos, e remonta à curiosidade sexual, cujo objeto para o jovem ou a jovem adolescente se encontra nos órgãos genitais do sexo oposto, ou até do mesmo sexo. Mas, como Scherner e Volkelt declaram muito apropriadamente, a casa não é o único centro de representações utilizado para simbolizar o corpo – seja no sonho ou nas fantasias inconscientes da neurose. Conheço alguns pacientes, com certeza, que preservaram firmemente um simbolismo arquitetônico para o corpo e os genitais (o interesse sexual certamente se estende muito além da região dos órgãos genitais externos), para os quais postes e pilares significam pernas (como no "Cântico dos Cânticos"), para quem cada portão sugere uma abertura corporal ("buraco, orifício"), e cada adutora um aparelho urinário, e assim por diante. Mas o grupo de associações que gira em torno da vida vegetal e da cozinha é escolhido com a mesma avidez para ocultar imagens sexuais; no primeiro caso, o caminho foi bem preparado pelo uso da fala, fruto de fantásticas comparações que datam dos tempos mais remotos (por exemplo, a "vinha" do Senhor, as "sementes", o "jardim" da moça do "Cântico dos Cânticos"). Os detalhes mais repulsivos e mais íntimos da vida sexual podem ser sonhados em alusões aparentemente inocentes a operações culinárias, e os sintomas da histeria tornam-se praticamente ininteligíveis, se esquecermos que o simbolismo sexual pode se esconder por trás dos assuntos mais comuns e imperceptíveis, como se fosse seu melhor esconderijo. O fato de algumas crianças neuróticas não poderem ver sangue e carne crua, que vomitam ao ver ovos e macarrão, que se apavoram ao ver cobras, o que é natural a todos, seja monstruosamente exagerado nos neuróticos, tudo isso tem um claro significado sexual. Onde quer que a neurose empregue um disfarce desse tipo, ela trilha os caminhos outrora percorridos por toda a humanidade nos primeiros tempos da civilização – caminhos de cuja existência os costumes de fala, superstições e moral dão testemunho até hoje.

Insiro aqui o prometido sonho florido de uma paciente, no qual coloquei em itálico tudo o que deve ser interpretado sexualmente. Esse belo sonho, depois de interpretado, parece que perdeu todo o seu encanto para a sonhadora.

(a) Sonho preliminar: *Ela entra na cozinha, onde estão as duas empregadas e as repreende por demorarem tanto para preparar "um pouco de comida". Vê também muita louça comum, emborcada para que a água escorra e amontoada em pilhas.* Acréscimo posterior: *As duas empregadas vão buscar água e devem, por assim dizer, entrar num rio que chega até a casa ou até o quintal.*[132]

(b) Sonho principal[133]: *Ela está descendo de um lugar alto*[134] *sobre balaustradas curiosamente modeladas ou cercas que são unidas em grandes quadrados e constituem um conglomerado de pequenos quadrados.*[135] *Na verdade, não eram feitos para subir; ela tem dificuldade em encontrar um lugar onde pôr os pés e está feliz porque seu vestido não fica preso em nenhum lugar e porque permanece ilesa enquanto está avançando.* [136] *Ela também carrega um grande ramo na mão,*[137] *realmente um ramo de uma árvore, densamente cravejado de flores vermelhas; desse ramo maior saem pequenos ramos que se espalham em leque.*[138] *Com isso está ligada a ideia de flores de cerejeira, mas elas parecem camélias em plena floração, que obviamente não crescem em árvores. Enquanto ela está descendo, primeiro tem uma, depois de repente duas, e mais tarde novamente apenas uma.*[139] *Ao chegar embaixo, as flores da parte inferior já estavam bem murchas. Agora que está embaixo, vê um porteiro que está penteando – como gostaria de expressar isso – exatamente uma árvore semelhante – isto é, está arrancando espessas mechas de cabelo, que pendem dela como musgo. Outros trabalhadores cortaram esses galhos num jardim e os jogaram na estrada, onde estão espalhados, de modo que muitas pessoas recolhem alguns deles. Mas ela pergunta se isso está certo, se qualquer um pode apanhar um também.*[140] *No jardim, está um jovem* (com uma fisionomia que lhe é conhecida, mas não é um membro da família dela) *a quem pergunta de que modo pode transplantar esses galhos em seu jardim.*[141] *Ele a abraça, mas ela resiste e pergunta o que está pensando e como se permite abraçá-la dessa maneira. Ele lhe responde que não há nada de mal nisso e que é permitido.*[142] *Ele então se declara disposto a ir com ela ao outro jardim, para lhe mostrar como se transplanta, e lhe diz algo que ela não consegue entender direito: "Preciso de três metros* (mais tarde ela diz: metros quadrados) *ou três braças de terra." Parece que o homem estava tentando lhe pedir algo em troca de sua afabilidade, como se tivesse a intenção de ter uma compensação no jardim dela, como se quisesse burlar uma lei ou outra, para tirar alguma vantagem sem causar a ela qualquer dano. Ela não sabe se ele realmente lhe mostra ou não alguma coisa.*[143]

Devo mencionar ainda outra série de associações que muitas vezes servem ao propósito de ocultar o significado sexual tanto nos sonhos quanto na neurose – refiro-me à série de mudança de residência. Mudar de residência é prontamente substituído por "remover", uma expressão ambígua que pode se referir a roupas. Se o sonho também contém um "elevador", pode-se pensar no verbo "levantar", portanto, levantar a roupa.

Tenho naturalmente uma abundância desse material, mas um relato dele nos levaria muito longe na discussão das condições neuróticas. Tudo leva à mesma conclusão, que nenhuma atividade simbolizante especial da mente na formação dos sonhos precisa ser admitida; que, ao contrário, o sonho faz uso de simbolizações que podem ser encontradas prontas no pensamento inconsciente, porque elas satisfazem melhor as exigências da formação do sonho, por causa de sua adequação dramática e, de modo particular, por estar isenta de censura.

(E) EXEMPLOS – NÚMEROS, CÁLCULOS, FALAS NOS SONHOS

Antes de prosseguir para colocar em seu lugar adequado o quarto dos fatores que controlam a formação do sonho, vou citar vários exemplos de minha coleção de sonhos com o propósito, em parte, de ilustrar a cooperação dos três fatores que já nos são conhecidos e, em parte, de fornecer provas para assertivas feitas sem demonstração ou de tirar delas inferências irrefutáveis. Pois foi muito difícil para mim, no relato anterior da atividade onírica, demonstrar minhas conclusões por meio de exemplos. Exemplos para a tese específica são convincentes somente quando tratados no contexto da interpretação de um sonho; quando são arrancados de seu contexto, perdem seu significado e, além disso, uma interpretação de sonho, embora nada profunda, logo se torna tão extensa que obscurece o fio da discussão que se destina a ilustrar. Esse motivo técnico pode me servir de desculpa por misturar, no que se segue, todo tipo de coisas que não têm nada em comum, além de sua relação com o texto do capítulo anterior.

Vamos examinar primeiramente alguns exemplos de modos muito peculiares ou inusitados de representação no sonho. Uma senhora teve o seguinte sonho: *Uma criada está de pé numa escada como se estivesse limpando as janelas e tem com ela um chimpanzé e um gato-gorila* (mais tarde ela corrigiu: *um gato angorá*). *A criada atira os animais na sonhadora; o chimpanzé se aconchega a ela, o que é algo repulsivo para a própria.*

Esse sonho atingiu seu propósito pelo meio mais simples possível, ou seja, tomando literalmente um mero modo de falar e conferindo-lhe uma representação de acordo com o significado de suas palavras. "Macaco", como os nomes dos animais em geral, é empregado como insulto, e a situação do sonho não significa nada além de "lançar injúrias". Essa mesma série de sonhos nos fornecerá em breve mais exemplos do uso desse artifício simples.

Outro sonho mostra um procedimento muito semelhante: *Uma mulher com uma criança que tem um crânio visivelmente deformado; a sonhadora ouviu dizer que a criança ficou assim por causa de sua posição no ventre da mãe. O médico diz que o crânio poderia ficar com uma conformação melhor por meio de compressão, mas isso poderia danificar o cérebro. Ela acha que, por ser menino, não vai sofrer tanto com a deformidade.* Esse sonho contém uma representação plástica do conceito "impressões infantis", de que a sonhadora ouviu falar no decorrer das explicações que lhe deram durante o tratamento.

No exemplo a seguir, a atividade do sonho entra num caminho diferente. O sonho contém uma lembrança de uma excursão ao Hilmteich, perto de Graz: *Há uma terrível tempestade lá fora; um hotel miserável – a água goteja das paredes e as camas estão úmidas.* (A última parte do conteúdo é expressa de forma menos direta do que a apresento.) O sonho significa *"supérfluo"*. A ideia abstrata que ocorre nos pensamentos do sonho é primeiramente tornada equívoca por certo esforço da linguagem; foi, talvez, substituída por "transbordamento" ou por "fluido" e "super-fluido (*supérfluo*)" e foi então representada por uma acumulação de impressões semelhantes: água do lado de dentro, água do lado de fora, água nas camas, na forma de umidade – tudo fluido e "super" fluido. Não deve nos surpreender o fato de que, para os propósitos da representação onírica, a grafia seja muito menos importante do que o som das palavras, especialmente se nos lembrarmos de que a rima ressalta esses privilégios do som.

O fato de a linguagem ter à sua disposição um grande número de palavras originalmente destinadas a um sentido pitoresco e concreto, mas atualmente usadas num sentido abstrato desbotado, tornou muito fácil para o sonho, em certos casos, representar seus pensamentos. O sonho precisa apenas devolver a essas palavras seu significado pleno, ou seguir a evolução de seu significado recuando um pouco no tempo. Por exemplo, um homem sonha que seu amigo, que está lutando para sair de uma situação muito difícil, e o chama para ajudá-lo. A análise mostra que o lugar apertado é um buraco, e que o sonho usa simbolicamente suas palavras para o amigo: "Cuidado, ou você vai cair num buraco. [144] Outro homem sonhou que está subindo até o topo de uma montanha, de onde tem uma visão ampla e extraordinária. Ele se identifica com o irmão que está editando uma "resenha" que trata das relações com o Extremo Oriente.

Seria uma tarefa por si só coletar esses modos de representação e organizá-los de acordo com os princípios em que se baseiam. Algumas das representações são bastante espirituosas. Dão a impressão de que nunca teriam sido compreendidas, se o próprio sonhador não as tivesse relatado.

1. Um homem sonha que lhe perguntam pelo nome de alguém, mas não consegue se lembrar. Ele mesmo explica o que significa: *Isso não me ocorre no sonho.*

2. Uma paciente relata um sonho em que todas as pessoas envolvidas eram especialmente grandes. "Isso significa", acrescenta ela, "que deve ter relação com um episódio de minha infância, pois naquela época todas as pessoas adultas me pareciam imensamente grandes."

A transferência para a infância também se expressa de forma diferente em outros sonhos, traduzindo tempo em espaço. Veem-se as pessoas e as cenas em questão como se estivessem a uma grande distância, no final de uma longa estrada, ou como se fossem vistas pelo lado errado do binóculo.

3. Um homem, que na vida mostra uma inclinação para expressões abstratas e vagas, mas que, no entanto, é dotado de arguta inteligência, sonha de certa forma que está numa estação ferroviária no momento em que o trem vem chegando. Mas então a plataforma se aproxima do trem, que fica parado; essa é uma inversão absurda do estado real das coisas. Mais uma vez, esse detalhe nada mais é do que um indício para lembrar que algo mais no sonho deve estar invertido. A análise do mesmo sonho traz de volta a lembrança de um livro ilustrado em que os homens são representados de cabeça para baixo e andando apoiados nas mãos.

4. O mesmo sonhador, em outra ocasião, relata um breve sonho que lembra praticamente a técnica de um quebra-cabeça. Seu tio lhe dá um beijo num automóvel. Ele me dá de imediato a interpretação, que eu nunca teria sequer adivinhado: o sonho significa *autoerotismo*. Esse sonho poderia ser contado como piada no estado de vigília.

O trabalho do sonho consegue, muitas vezes, representar material muito estranho, como nomes próprios, por meio da utilização forçada de referências muito rebuscadas. Num de meus sonhos, o velho Bruecke me deu uma tarefa de dissecação; preparo-me e retiro algo que parece papel alumínio amassado. (Voltarei a isso mais adiante.) A noção correspondente, que não foi fácil de encontrar, é "stanniol" (do latim *stannum*, estanho), e agora sei que tenho em mente o nome Stannius, autor de um tratado sobre o sistema nervoso dos peixes, por quem eu tinha grande admiração em meus anos de juventude. A primeira tarefa científica que meu professor me deu estava relacionada, de fato, com o sistema nervoso de um peixe – o *ammocoetes*. O nome desse peixe, obviamente, nunca poderia ter sido usado num quebra-cabeça.

Não deixarei aqui de inserir um sonho de conteúdo curioso, que também é notável como sonho de criança, e que é facilmente explicado pela análise. Uma senhora relata: "Lembro-me de que, quando criança, sonhei repetidamente que *Nosso Senhor usava um chapéu de papel pontudo na cabeça*. Costumavam colocar, com muita frequência, um chapéu desses em minha cabeça, na hora das refeições, a fim de que eu não pudesse olhar para os pratos das outras crianças e ver quanto haviam recebido de determinada iguaria. Como aprendi que Deus é onisciente, o sonho significa que sei tudo, apesar do chapéu que me obrigam a usar."

Em que consiste o trabalho do sonho e como ele administra seu material, os pensamentos oníricos, pode ser demonstrado de maneira muito instrutiva a partir dos números e cálculos que ocorrem nos sonhos. Além disso, os números nos sonhos são considerados de especial importância pela superstição. Darei, portanto, mais alguns exemplos desse tipo, retirados de minha própria coleção.

I. O relato seguinte é extraído do sonho de uma senhora pouco antes do término de seu tratamento:

Ela quer pagar alguma coisa; sua filha tira 3 florins e 65 *kreuzers* de sua carteira; mas a mãe diz: "O que está fazendo? Custa apenas 21 *kreuzers*." Entendi imediatamente esse fragmento do sonho, sem mais explicações, que já eram de meu conhecimento, sobre a situação da sonhadora. A senhora era uma estrangeira que havia colocado a filha numa instituição de ensino em Viena e que poderia continuar o tratamento comigo, desde que a filha permanecesse na cidade. Em três semanas terminaria o ano letivo da filha e com isso terminava também o tratamento da senhora. No dia anterior ao sonho, a diretora do instituto insistiu para que ela se decidisse a permitir que a filha ficasse mais um ano nesse educandário. Ela passou obviamente a refletir sobre essa sugestão, concluindo que, nesse caso, ela também poderia continuar o tratamento por mais um ano. Ora, é a isso que o sonho se refere, pois um ano é igual a 365 dias; as três semanas que faltam para o encerramento do ano letivo e do tratamento equivalem a 21 dias (embora as horas de tratamento não sejam tantas). Os numerais, que nos pensamentos oníricos se referem a período de tempo, recebem valores monetários no sonho, não sem também dar expressão a um significado mais profundo de "tempo é dinheiro". *365 kreuzers, com certeza, são 3 florins e 65 kreuzers.* A insignificância das somas que aparecem no sonho é uma evidente realização de desejo; o desejo reduziu o custo tanto do tratamento quanto do ano de instrução na instituição.

II. Os números em outro sonho envolvem relações mais complicadas. Uma jovem senhora que, no entanto, está casada há vários anos, recebe a notícia de que uma conhecida, da mesma idade dela, Elsie L., acaba de ficar noiva. Ela teve então esse sonho: *Ela está sentada no teatro com o marido, e um lado da orquestra está bastante desocupado. Seu marido lhe diz que Elsie L. e o marido também queriam ir, mas que não conseguiram nada além de lugares ruins, três por 1 florim e 50 kreuzers, e é claro que não aceitaram essas poltronas. Ela acha que eles também não perderam grande coisa.*

De onde vêm 1 florim e 50 *kreuzers*? De uma ocorrência do dia anterior que é realmente irrelevante. A cunhada da sonhadora tinha recebido 150 florins de presente do marido e rapidamente se livrou deles comprando algumas joias. Observemos que 150 florins são 100 vezes mais que 1 florim e 50 *kreuzers*. De onde vem o 3 que indica o número de poltronas vazias no teatro? Há uma única associação possível, ou seja, que a noiva é o mesmo número de meses – três – mais jovem do que ela. A informação sobre o significado da característica de que um lado da orquestra permanece vazio leva à solução do sonho. Esse aspecto é uma alusão indisfarçável a um pequeno incidente que deu ao marido bons motivos para provocá-la. Ela havia decidido ir ao teatro durante a semana e teve o cuidado de conseguir ingressos alguns dias antes, pelos quais teve de pagar a taxa de reserva. Quando chegaram ao teatro, descobriram que um lado da casa estava quase vazio; ela certamente não precisava *ter se apressado tanto*.

Agora vou substituir os pensamentos oníricos pelo sonho: "Certamente foi um absurdo casar tão cedo; *não havia necessidade alguma de me apressar tanto*. Pelo exemplo de Elsie L., vejo que eu teria arranjado um marido da mesma forma – e um que é cem vezes melhor (marido, namorado, tesouro) – se eu pelo menos tivesse esperado (em antítese à pressa da cunhada). Eu poderia ter comprado três desses homens pelo dinheiro (o dote!)." Chama-nos a atenção o fato de que os números nesse sonho mudaram seus significados e suas relações em escala muito maior do que sonho anterior. A atividade de transformação e de distorção do sonho foi maior nesse caso, fato que interpretamos como indicativo de que esses pensamentos oníricos tiveram de superar uma resistência psíquica interna particularmente grande para poder obter representação. Não devemos tampouco ignorar a circunstância de que o sonho contém um elemento absurdo, a saber, que *duas* pessoas tomam *três* assentos. Fazendo uma digressão sobre a interpretação do absurdo nos sonhos, permito-me observar que esse detalhe absurdo do conteúdo do sonho pretende representar o detalhe mais intensamente enfatizado dos pensamentos oníricos: "Era absurdo casar-se tão cedo". A figura 3, como parte de uma relação bastante subordinada das duas pessoas comparadas (três meses de diferença de idade), foi assim habilmente usada para produzir o absurdo exigido pelo sonho. A redução dos 150 florins reais para 1 florim e 50 *kreuzers* corresponde ao desdém atribuído pela sonhadora ao marido em seus pensamentos suprimidos.

III. Outro exemplo mostra os métodos de cálculo aritmético do sonho, que o levaram a tamanho descrédito. Um homem teve o seguinte sonho: *Está sentado na casa de B...* (uma velha família conhecida) *e diz: "Foi tolice sua não me conceder Amy em casamento." Então ele pergunta à garota: "Quantos anos você tem?" Resposta: "Nasci em 1882." "Ah, então você tem 28 anos."*

Como o sonho ocorre no ano de 1898, trata-se obviamente de um cálculo aritmético mais que pobre, e a incapacidade do sonhador de calcular pode ser comparada à do paralítico, se não houver outra maneira de explicá-la. Meu paciente era uma daquelas pessoas que, ao pôr os olhos numa mulher, não conseguia mais afastar seus pensamentos dela. A pessoa que, havia alguns meses, costumava chegar regularmente a meu escritório depois dele, era uma jovem com quem ele obrigatoriamente se encontrava; além disso, não deixava de fazer frequentes perguntas a respeito dela e se esmerava ao máximo para não lhe causar má impressão. E essa era a senhora que teria 28 anos, segundo os cálculos dele. Bastaria isso para explicar o resultado do estranho cálculo. Mas 1882 era o ano em que ele havia se casado. Ele não conseguia resistir a entabular conversa com as duas mulheres que encontrou em minha casa – duas moças, nada jovens, que alternadamente lhe abriam a porta; e, como não as achava muito receptivas, ele deu a si mesmo a explicação de que provavelmente elas o consideravam um senhor idoso "acomodado".

IV. Devo a B. Dattner o seguinte sonho com a respectiva interpretação – sonho que trata de números e que se distingue por sua óbvia determinação, ou melhor, sobredeterminação.

O dono da casa, um policial, sonhou que estava parado em seu posto na rua, o que era a realização de um desejo. O inspetor, que tinha na gola o número 22, seguido de 62 ou 26, se aproximou dele; de qualquer modo, havia vários números 2 nela. A divisão do número 2262 na reprodução do sonho aponta imediatamente para o fato de que os componentes têm significados isolados. Ocorre-lhe que no dia anterior, em serviço, passaram a discutir sobre a duração do tempo de serviço. O motivo para essa discussão decorreu da figura de um inspetor que havia se aposentado aos 62 anos. O sonhador havia completado somente 22 anos de serviço e precisava ainda de 2 anos e 2 meses para obter uma aposentaria de 90%. O sonho lhe mostra, em primeiro lugar, a realização de um desejo há muito acalentado, o posto de inspetor. O oficial superior, com o número 2262 na gola, é ele próprio; empenha-se em cumprir seu dever na rua, que é outro de seus desejos preferidos; já completou seus 2 anos e 2 meses de serviço e agora pode pedir a aposentadoria com a pensão integral, como o inspetor de 62 anos.

Se tivermos em mente esses exemplos e outros semelhantes (a seguir), podemos dizer: A atividade onírica não calcula de forma alguma, nem correta nem incorretamente; ela reúne, na forma de um cálculo, números que ocorrem nos pensamentos oníricos e que podem servir como alusões ao material que não pode ser representado de outro modo. Assim, a atividade ou trabalho do sonho utiliza números como material para a expressão de seus propósitos da mesma maneira que trata nomes e falas que reconhecidamente ocorrem como representações de palavras.

É que a atividade onírica não pode compor um novo discurso. Não importa quantas falas e respostas possam ocorrer em sonhos, que podem ser sensatas ou absurdas em si, a análise sempre mostra, em tais casos, que o sonho só retirou dos pensamentos oníricos fragmentos de falas que foram proferidas ou ouvidas, e tratou delas de maneira extremamente arbitrária. Não somente as arrancou de seu contexto e as mutilou, apanhou um pedaço e rejeitou outro, mas também as reuniu em nova ordem, de modo que a fala que parece coerente no sonho se divide em três ou quatro seções, no decorrer da análise. Nessa nova utilização das palavras, o sonho muitas vezes deixou de lado o significado que tinham nos pensamentos oníricos e lhes conferiu um significado inteiramente novo.
[145] Ao examinar mais de perto, as partes constitutivas mais claras e compactas da fala onírica podem ser distinguidas de outras que servem como conectivos e provavelmente foram inseridas assim, como inserimos letras e sílabas porventura omitidas na leitura. A fala dos sonhos, portanto, tem a estrutura similar à de brechas, nas quais pedaços maiores de material diferente são mantidos coesos por meio de uma massa de ligação.

Num sentido muito mais estrito, essa descrição é correta, com certeza, apenas para aquelas falas no sonho que têm algo do caráter sensorial de uma fala e que são descritas por quem sonha como sendo "falas". Outros tipos de fala que, por assim dizer, não foram sentidos pelo sonhador como se fossem ouvidos ou proferidos (que não têm ênfase acústica ou motora no sonho) são simplesmente pensamentos como os que ocorrem em nossa atividade de pensamento de vigília e são transferidos sem alteração para muitos sonhos. Nossa leitura, também, parece fornecer uma fonte abundante e não facilmente rastreável de material para falas, uma vez que esse material é de natureza indiferente. Tudo, no entanto, que aparece visivelmente no sonho como uma fala pode se referir a falas reais, proferidas ou ouvidas pelo próprio sonhador.

Já encontramos exemplos para a explicação dessas falas nos sonhos, na análise dos sonhos citados para outros propósitos. Segue um exemplo, no lugar de muitos que levariam à mesma conclusão.

Um grande pátio, onde cadáveres são cremados. O sonhador diz: "Vou embora daqui, não posso olhar para isso". (Não é uma fala clara.) *Então encontra dois açougueiros e pergunta: "Bem, o gosto era bom?" Um deles responde: "Não, não era bom." Como se fosse carne humana.*

O inocente pretexto para esse sonho é o seguinte: Depois de jantar com a esposa, o sonhador faz uma visita a sua condigna vizinha, mas de modo algum "apetitosa". A idosa senhora hospitaleira está precisamente fazendo sua refeição da noite e o *incita* (em vez dessa palavra, uma palavra composta de significado sexual é usada jocosamente entre os homens) a provar um pouco. Ele recusa, dizendo que não tem apetite. "*Vamos lá*, você pode provar um pouco", replica ela, ou algo desse tipo. O sonhador é assim forçado a provar e elogiar o que lhe é oferecido. "Mas isso é bom!" Depois de ficar a sós novamente com a esposa, ele critica a importunação da vizinha e a qualidade da comida que provou. "Não suporto ver isso", uma frase que não aparece nem mesmo no sonho como uma fala real, é um pensamento que se refere aos encantos físicos da senhora que o convida, e que poderia ser traduzido com o significando de que ele não quer nem sequer olhar para ela.

A análise de outro sonho, que cito nesse ponto por causa da fala muito clara que forma seu núcleo, mas que explicarei somente quando examinar os afetos no sonho, será mais esclarecedora. Tive um sonho muito claro: *Fui ao laboratório de Bruecke à noite e, ao ouvir uma leve batida na porta, abro-a para (o falecido) Professor Fleischl, que entra acompanhado de vários estranhos e, depois de dizer algumas palavras, senta-se à sua mesa.* Segue-se então um segundo sonho: *Meu amigo Fl. chegou a Viena em julho sem dar muito na vista; eu o encontro na rua enquanto está conversando com meu* (falecido) *amigo P., e vou a um lugar com os dois, e eles se sentam um frente ao outro como se estivessem numa mesinha, enquanto eu me sento na estreita cabeceira da mesa, voltado para eles. Fl. fala sobre sua irmã e diz: "Em três quartos de hora ela estava morta", e acrescenta algo como: "Esse é o limiar". Como P. não o compreende, Fl. se volta para mim e me pergunta quanto eu tinha falado sobre seus negócios. Então, tomado por estranhas emoções, tento explicar a Fl. que P.* (não pode saber de nada porque ele) *não está vivo. Mas, percebendo eu mesmo o erro, digo: "Non vixit"* (Ele não viveu). *Então dirigi um olhar inquisitivo a P. e, diante de meu olhar, ele empalidece e se retrai, seus olhos adquirem um tom azul doentio – e finalmente ele se dissolve. Alegro-me sobremaneira com isso; então compreendo que Ernst Fleischl também foi apenas uma aparição, um fantasma, e acho que é bem possível que tal pessoa exista apenas enquanto se quiser, e que pode desaparecer pelo desejo de outra pessoa.*

Esse belo sonho reúne muitas das características do conteúdo dos sonhos que são problemáticas – a crítica feita no próprio sonho, em que eu mesmo noto meu erro ao ter dito *"Non vixit"* (Ele não viveu) em vez de *"Non vivit"* (Ele não está vivo); o colóquio desembaraçado com pessoas mortas, que o próprio sonho declara mortas; o absurdo da inferência e a intensa satisfação que a inferência me propicia – que "por minha vida" eu gostaria de dar uma solução completa a esses problemas. Mas, na realidade, sinto-me incapaz de fazer isso – a saber, o que faço no sonho –, de sacrificar à minha ambição pessoas tão caras. A cada revelação do verdadeiro significado do sonho, que conheço bem, eu deveria ter ficado envergonhado. Por isso vou me contentar em selecionar alguns dos elementos do sonho, para interpretação, alguns aqui e outros mais adiante, em outro local.

A cena em que aniquilo P. com um olhar constitui o centro do sonho. Seus olhos ficam estranhos e misteriosamente azuis, e então ele se dissolve. Essa cena é uma cópia inconfundível de uma realmente vivenciada. Eu era instrutor no Instituto de Fisiologia e começava a trabalhar de manhã bem cedo e *Bruecke* ficou sabendo que eu havia chegado várias vezes atrasado ao laboratório da escola. Então, certa manhã, ele chegou pontualmente na hora em que a sala abria e ficou esperando por mim. O que ele me disse foi breve e direto; mas o importante não foram as palavras. O que me impressionou foram os terríveis olhos azuis com que me fitava e diante dos quais eu me derretia – como aconteceu com P. no sonho, onde, para meu alívio, os papéis se inverteram. Quem se lembra dos olhos desse grande mestre, que permaneceram maravilhosamente belos até a velhice, e que algum dia o viu muito irritado, pode facilmente imaginar as emoções do jovem transgressor naquela ocasião.

Mas durante muito tempo não consegui explicar o "Ele não viveu", com que proferi minha sentença no sonho, até que me lembrei de que essas palavras possuíam tão elevado grau de clareza no sonho, não porque fossem ouvidas ou faladas, mas porque foram *vistas*. Percebi então e imediatamente de onde provinham. No pedestal da estátua do imperador Joseph, em Hofburg, Viena, podem ser lidas essas belas palavras:

"Saluti patriae *vixit*
non diu sed totus."*

Eu havia extraído dessa inscrição algo que se adequava à única linha de pensamento hostil nos pensamentos do sonho e que agora pretendia significar: "Esse sujeito não tem nada a dizer, ele nem sequer está vivo". E agora me lembrei de que tive o sonho alguns

---

* Frase em latim, no original: Ele *viveu* para a segurança de sua pátria, *não* por muito tempo, mas integralmente.

dias depois da inauguração do monumento em homenagem a Fleischl nas galerias da universidade, ocasião em que eu tinha visto novamente a estátua de Bruecke e devo ter pensado com profundo pesar (no inconsciente) no fato de que meu talentoso amigo P., com uma vida inteiramente devotada à ciência, havia sido privado, por sua morte prematura, do merecido direito de ter uma estátua nesse recinto. Assim, eu lhe ergui esse monumento no sonho; por outra, o primeiro nome de meu amigo P. é Joseph.[146]

De acordo com as regras da interpretação dos sonhos, não deveria haver justificativa para substituir *"non vivit"*, que era o correto, por *"non vixit"*, que está à minha disposição pela lembrança do monumento de Joseph. Então, algo me chama a atenção para o fato de que, na cena do sonho, duas correntes de pensamento sobre meu amigo P. se cruzam, uma hostil, a outra amigável – a primeira é superficial, a segunda é velada, e ambas estão representadas nas mesmas palavras "ele não viveu". Como meu amigo P. era digno de reconhecimento pela ciência, eu lhe ergo uma estátua; mas como era culpado de um desejo maldoso (que é expresso no final do sonho), eu o aniquilo. Construí aqui uma frase de ressonância peculiar e devo ter sido influenciado por algum modelo. Mas onde posso encontrar antítese semelhante, tal paralelo entre duas atitudes opostas em relação à mesma pessoa, ambas alegando ser inteiramente válidas, mas tentando não se sobrepor uma à outra? Tal paralelo pode ser encontrado num único lugar, onde, no entanto, uma profunda impressão é deixada no leitor – no discurso de justificação de Brutus em *Júlio César*, de Shakespeare: *"Como César me amou, choro por ele; como ele foi afortunado, regozijo-me com isso; como foi valente, eu o honro; mas, como ele era ambicioso, eu o matei."* Não é isso que descobri, a mesma estrutura da frase e contraste de pensamento como no pensamento do sonho? Assim, desempenho o papel de Brutus no sonho. Se eu pudesse encontrar, nos pensamentos do sonho, mais um traço que confirmasse essa surpreendente conexão colateral! Acho que o traço de união pode ser este: Meu amigo vem a Viena em *julho*. Esse detalhe não encontra nenhuma base de apoio na realidade. Que eu saiba, meu amigo nunca esteve em Viena durante o mês de *julho*. Mas o mês de *julho* assim é chamado em honra de *Júlio César* e, portanto, pode muito bem representar a alusão necessária ao pensamento intermediário de que estou fazendo o papel de Brutus.[147]

Por mais estranho que pareça, eu desempenhei realmente o papel de Brutus um dia. Atuei na cena entre Brutus e César, extraída dos poemas de Schiller, para uma plateia de crianças quando eu era um menino de 14 anos. Representei a cena com meu sobrinho, um ano mais velho que eu e que tinha vindo da Inglaterra – também um arrivista – pois nele reconheci o companheiro de brincadeiras de meus primeiros anos de vida. Até o final de meu terceiro ano, éramos inseparáveis, gostávamos demais um do outro, apesar das brigas, e, como já insinuei, essa relação exerceu uma influência determinante em meus sentimentos para com os outros amigos de minha idade. Desde então, meu sobrinho John teve muitas reencarnações, que reviveram ora um aspecto ora outro dessa personalidade inalteravelmente fixada em minha memória inconsciente. Vez por outra, ele deve ter me tratado muito mal e eu devo ter demonstrado coragem diante de meu tirano, pois, anos mais tarde, me contaram muitas vezes sobre o breve discurso que proferi em minha defesa quando meu pai – que era avô de John – me chamou para prestar contas: "Bati nele porque ele me bateu." Deve ter sido essa cena infantil que fez com que *"Non vivit"* se alterasse em *"Non vixit"*, pois na linguagem das crianças um pouco mais velhas, o termo usado para bater é *wichsen* (em alemão, *wichsen* = esfregar com graxa de sapato, bronzear, isto é, açoitar); a atividade onírica não hesita em tirar proveito dessas conexões. Minha hostilidade para com meu amigo P., que tem tão pouco fundamento na realidade – ele era muito superior a mim e poderia, portanto, ter sido uma nova edição do companheiro de brincadeiras de minha infância – certamente pode ser atribuída às minhas complicadas relações com John durante nossa infância. Voltarei, porém, a esse sonho mais adiante.

(F) SONHOS ABSURDOS - ATIVIDADE INTELECTUAL NO SONHO

Em nossa interpretação dos sonhos até agora, encontramos o elemento do *absurdo* no conteúdo do sonho com tanta frequência que não devemos mais adiar uma investigação de sua causa e de seu significado. Lembramos, é claro, que o caráter absurdo dos sonhos forneceu aos oponentes da investigação onírica seu principal argumento para considerar o sonho nada mais que o produto sem sentido de uma atividade reduzida e fragmentada da mente.

Começo com exemplos em que o absurdo do conteúdo do sonho é apenas aparente e desaparece imediatamente quando o sonho é examinado mais detalhadamente. Há alguns sonhos que – por acaso, a princípio estamos inclinados a pensar – dizem respeito ao pai morto do sonhador.

I. Esse é o sonho de um paciente que havia perdido o pai seis anos antes:

Um terrível acidente ocorreu com o pai. Estava viajando no trem noturno quando ocorreu um descarrilamento, os assentos se chocaram e a cabeça dele foi esmagada de lado a lado. O sonhador o vê deitado na cama com um ferimento na sobrancelha esquerda, ferimento que se estendia verticalmente para baixo. O sonhador fica surpreso que o pai tenha sofrido um desastre (visto que já estava morto, como o sonhador acrescenta ao contar o sonho). Os olhos do pai estão tão claros!

De acordo com os padrões predominantes na crítica dos sonhos, esse conteúdo do sonho teria de ser explicado da seguinte maneira: a princípio, quando o sonhador está imaginando o infortúnio do pai, esqueceu que seu pai já estava no túmulo havia anos; no decorrer do sonho, essa lembrança ganha vida e faz com que ele se surpreenda com o próprio sonho, mesmo enquanto ainda está sonhando. A análise, no entanto, nos ensina que é inteiramente inútil tentar explicações para isso. O sonhador havia encomendado a um escultor um busto de seu pai, busto que ele havia inspecionado dois dias antes do sonho. Essa é a coisa que lhe parece ter sofrido um *acidente*. O escultor nunca viu o pai do sonhador e está trabalhando com base em fotografias que lhe foram entregues. No dia anterior ao sonho, o devotado filho havia enviado um velho criado da família ao estúdio para ver se ele emitiria a mesma opinião sobre a cabeça de mármore, a saber, que tinha ficado muito estreita de lado a outro, de têmpora a têmpora. Segue-se então a série de lembranças que contribuiu para a formação desse sonho.

O pai do sonhador tinha o hábito, sempre que era atormentado por preocupações de negócios ou por dificuldades familiares, de pressionar as têmporas com as duas mãos, como se estivesse tentando comprimir a cabeça, que lhe parecia estar ficando inchada demais. Na idade de 4 anos, nosso sonhador estava presente quando o disparo acidental de uma pistola escureceu os olhos de seu pai (seus olhos estão tão claros). Em vida, sempre que o pai estava pensativo e triste, aparecia-lhe um sulco profundo na testa, justamente no local onde o sonho mostra o ferimento. O fato de no sonho esse sulco ser substituído por um ferimento aponta para uma segunda rememoração do sonho. O sonhador havia tirado uma fotografia da filhinha; a chapa havia caído de suas mãos e, ao recolhê-la, apresentava uma rachadura que se estendia como um sulco vertical na testa e chegava até a curva orbital. Ele não conseguiu superar seus pressentimentos supersticiosos, pois, no dia anterior à morte de sua mãe, uma chapa fotográfica com a imagem dela havia rachado enquanto ele a manuseava.

Assim, o absurdo do sonho é apenas o resultado de uma imprecisão da expressão verbal, que não se dá ao trabalho de distinguir o busto e a fotografia do original. Estamos todos acostumados a dizer de uma fotografia: "Acha que o pai está bem?" É claro que a aparência de absurdo nesse sonho poderia ter sido facilmente evitada. Se fosse permitido julgar por esse único exemplo, poderíamos ser tentados a dizer que esse aparente absurdo é permitido ou até desejado.

II. Segue outro exemplo, muito semelhante, de meus sonhos (perdi meu pai no ano de 1896):

Depois de sua morte, meu pai atuou ativamente na política entre os húngaros e os uniu numa representação política. Vejo então uma pequena imagem indistinta: uma multidão de pessoas como se estivessem no Reichstag; uma delas, de pé sobre um ou dois bancos, e outras a seu redor. Lembro-me de que ele se parecia com Garibaldi em seu leito de morte, e fico contente de que essa promessa tenha realmente se tornado realidade.

Isso é algo realmente absurdo. Foi um sonho ocorrido na época em que os húngaros passaram a viver, por obstrução parlamentar, numa situação de ilegalidade, mergulhando numa crise, da qual foram libertados por Koloman Szell. A circunstância trivial de que a cena vista no sonho consiste em imagem tão diminuta não deixa de ter significado para a explicação desse elemento. A representação visual usual de nossos pensamentos resulta em imagens que nos impressionam como sendo de tamanho natural; a imagem de meu sonho, no entanto, é a reprodução de uma xilogravura inserida no texto de uma história ilustrada da Áustria, representando Maria Teresa no Reichstag de Pressburg – a famosa cena de *"Moriamur pro rege nostro"* (Morramos por nosso rei).[148] Como Maria Teresa, meu pai, no sonho, está cercado pela multidão; mas ele está de pé sobre um ou dois bancos e, portanto, como um juiz no tribunal. (Ele os *uniu* – aqui o elo é a frase: "Não precisaremos de *juiz*".) Aqueles dentre nós que estavam em torno do leito de morte de meu pai realmente notaram que ele se parecia muito com Garibaldi. Ele teve uma elevação de temperatura *post-mortem*, e suas faces foram ficando cada vez mais vermelhas... involuntariamente prossegui pensando: "E atrás dele estava, num esplendor etéreo, aquilo que subjuga a todos nós – a coisa comum."

Essa elevação de nossos pensamentos nos prepara para lidar com essa "coisa comum". A característica *post-mortem* da elevação da temperatura corresponde às palavras "após sua morte", no conteúdo do sonho. Seu sofrimento mais agudo foi causado por uma completa paralisia (*obstrução*) dos intestinos, durante suas últimas semanas. Todos os tipos de pensamentos desrespeitosos estão ligados a isso. Um amigo de minha idade, que perdera o pai enquanto ainda estava no colégio, ocasião em que fiquei profundamente comovido e me prestei a lhe dar apoio, me contou certa vez, com desdém, a angústia que tomou conta de uma parenta; o pai dela havia caído morto na rua e fora levado para casa, onde descobriram, ao despir o cadáver, que no momento da morte, ou *post-mortem*, ele tinha defecado. A filha do morto estava profundamente desconcertada pelo fato de esse desagradável detalhe ter manchado a memória de seu pai. Chegamos agora ao desejo que está incorporado nesse sonho. *Estar diante dos próprios filhos imaculado e grande após a morte*, quem não desejaria isso? O que aconteceu com o absurdo do sonho? O aparente absurdo foi causado apenas pelo fato de que um modo de falar perfeitamente legítimo – no caso em que estamos acostumados a ignorar o absurdo que existe entre suas partes – foi fielmente representado no sonho. Aqui, também, não podemos negar que o aparente absurdo é desejado e foi deliberadamente produzido.[149]

III. No exemplo que passo a apresentar, posso detectar a atividade do sonho no ato de fabricar propositadamente um absurdo para o qual não há margem alguma no material. É extraído do sonho que tive como resultado de meu encontro com o conde Thun, antes de minha viagem de férias. *"Estou numa carruagem puxada por um cavalo e dou ordens ao condutor para me levar a uma estação ferroviária. Claro que não posso ir com você ao longo da linha férrea' – digo eu, depois que o cocheiro levantou uma objeção, como se eu o tivesse cansado; ao mesmo tempo, parece que eu já tinha percorrido com ele uma distância que se costuma percorrer acomodado no trem."* Para essa história confusa e sem sentido, a análise dá a seguinte explicação: Durante o dia eu aluguei uma carruagem de um cavalo que me levaria a uma rua remota de Dornbach. O cocheiro, porém, não conhecia o caminho e, como geralmente fazem essas boas pessoas, ficou dando voltas até que percebi o fato e lhe mostrei a direção certa, sem lhe poupar alguns comentários irônicos. Uma associação de ideias me levou desse condutor ao aristocrático personagem que eu estava destinado a conhecer mais tarde. Por ora, observarei somente que o que nos impressiona, plebeus de classe média, sobre os aristocratas é que eles gostam de se instalar no banco do condutor. O conde Thun não conduz o carro do Estado na Áustria? A frase seguinte do sonho, porém, se refere a meu irmão, que identifico com o cocheiro da carruagem de um cavalo. Nesse ano, eu havia recusado fazer uma viagem com ele pela Itália ("é claro que não posso ir com você ao longo da linha férrea"), e essa recusa foi uma espécie de punição por sua queixa habitual de que eu geralmente o cansava nessas viagens (isso aparece no sonho sem alteração), levando-o a fazer viagens apressadas e ver muitas coisas boas num único dia. Naquela noite, meu irmão me acompanhou até a estação ferroviária, mas desceu pouco antes de chegarmos lá, nas proximidades da linha ferroviária estadual da Estação Oeste, para tomar um trem para Purkersdorf. Comentei que ele poderia ficar um pouco mais comigo, visto que não ia para Purkersdorf pela estrada de ferro estatal, mas pela ferrovia do Oeste. Por isso é que aparece no sonho que viajei de carruagem uma distância *que normalmente se percorre no trem*. Na realidade, porém, foi exatamente o oposto; eu disse a meu irmão: A distância que você percorre na ferrovia estadual pode percorrê-la em minha companhia na Ferrovia Ocidental. Toda a confusão do sonho é, portanto, produzida pela minha inserção no sonho da palavra "carruagem" em vez de "ferrovia estatal", o que, com certeza, se prestou para reunir as figuras do condutor e de meu irmão. Disso resulta algo sem sentido no sonho, algo que parece difícil de esclarecer e que constitui quase uma contradição de minha fala anterior ("É claro que não posso ir com você ao longo da própria linha férrea"). Mas como não há possibilidade alguma de confundir a ferrovia estatal com a carruagem puxada por um cavalo, devo ter arquitetado intencionalmente toda essa intrigante história do sonho.

Mas com que intenção? Vamos tentar descobrir o que significa o absurdo do sonho e os motivos que o possibilitaram ou que o criaram. A solução do mistério no caso em questão é a seguinte:

No sonho eu precisava de algo absurdo e incompreensível em relação à palavra "viagem" (*Fahren*), porque nos pensamentos oníricos eu tinha certo modo de ajuizar que exigia representação. Uma noite, na casa da hospitaleira e simpática senhora que aparece em outra cena do mesmo sonho como a "dona", ouvi duas charadas que não consegui resolver. Como os demais membros do grupo conheciam essas charadas, fiz um papel um tanto ridículo em minhas frustradas tentativas de encontrar uma solução. Eram dois equívocos girando em torno das palavras "*Nachkommen*" (vir depois – descendência) e "*vorfahren*" (ir adiante, seguir viagem – ancestrais). Eram compostas dessa forma:

O cocheiro faz isso
A pedido do patrão;
Todo mundo tem,
Na sepultura descansa.
(Ancestralidade).

Causava confusão encontrar metade da segunda charada, idêntica à primeira.

O cocheiro faz isso
A pedido do patrão;
Nem todo mundo tem,
No berço descansa.
(Descendência).

Como eu tinha visto o conde Thun seguir viagem (*vorfahren*) com tanta dignidade e imponência e tinha entrado no estado de espírito de Fígaro que vislumbra mérito nos cavalheiros aristocráticos pelo fato de terem se dado ao trabalho de nascer (*Nachkommen* – tornar-se prole), as duas charadas foram tomadas como pensamentos intermediários na elaboração do sonho. Como os aristocratas podem ser facilmente confundidos com cocheiros, e como os cocheiros, em épocas passadas, eram chamados de cunhados em nossa região, o trabalho de condensação poderia empregar meu irmão na mesma representação. Mas o pensamento do sonho em ação, no fundo, era o seguinte: *É um absurdo orgulhar-se dos próprios ancestrais (Vorfahren). Preferiria ser eu mesmo um ancestral (Vorfahr).* Por causa desse julgamento de que algo "é absurdo", temos o absurdo no sonho. Podemos então resolver também o último enigma nessa passagem obscura do sonho, a saber, que já viajei antes (*vorher gefahren, vorgefahren*) com o cocheiro.

Assim, o sonho se torna absurdo se ocorrer como um dos elementos nos pensamentos oníricos o julgamento "Isso é um absurdo", e em geral se o desdém e a crítica forem os motivos de uma das cadeias do pensamento inconsciente. Por conseguinte, o absurdo se torna um dos meios pelos quais a atividade do sonho expressa a contradição, pois inverte a relação material entre os pensamentos oníricos e o conteúdo do sonho, além de utilizar as sensações de impedimento motor. Mas o absurdo no sonho não deve ser traduzido por um simples "não"; destina-se antes a reproduzir a disposição dos pensamentos oníricos, que combina escárnio e ridículo com a contradição. É somente com esse propósito que a atividade onírica produz algo ridículo. Aqui, novamente, transforma *uma parte do conteúdo latente numa forma manifesta.*[150]

Na verdade, já nos deparamos com um exemplo convincente de um sonho absurdo com esse sentido. O sonho, interpretado sem análise, da encenação de uma ópera de Wagner, que dura até as 7h45 da manhã, na qual a orquestra é regida de cima de uma torre, etc., está evidentemente tentando dizer: Esse é um mundo *tresloucado* e uma sociedade *insana*. Aquele que merece algo não o consegue e aquele que não se importa com nada o consegue – e com isso a sonhadora pretende comparar seu destino com o de sua prima. O fato de que os sonhos sobre um pai morto tenham sido os primeiros a nos fornecer exemplos de absurdos nos sonhos não é de modo algum obra do acaso. As condições necessárias para a criação de sonhos absurdos são aqui agrupadas de maneira típica. A autoridade exercida pelo pai provoca a crítica dos filhos, desde a tenra idade, e as exigências estritas que ele faz leva-os, para a própria desculpa, a prestar atenção especial a cada fraqueza do pai; mas a devoção filial com que a figura do pai é evocada em nossos pensamentos, especialmente depois de sua morte, aumenta a censura que impede que as expressões dessa crítica se tornem conscientes.

IV. Esse é outro sonho absurdo sobre um pai morto:

Recebo uma notificação da Câmara municipal de minha cidade natal sobre os custos de uma internação no hospital, no ano de 1851, que foi necessária por causa de um ataque que sofri. Achei isso engraçado, pois, em primeiro lugar, eu ainda não tinha nascido, no ano de 1851 e, em segundo lugar, meu pai, a quem a notificação poderia ser dirigida, já está morto. Vou vê-lo no quarto ao lado, onde está deitado na cama, e lhe falo sobre isso. Para minha surpresa, ele se lembra de que, naquele ano de 1851, ficou bêbado certa vez e teve de ser trancafiado ou confinado. Foi quando ele estava trabalhando para a empresa T... "Então você costumava beber também?", pergunto. "Você se casou logo depois?" *Imagino que nasci em 1856, que me parece como se fosse o ano imediatamente seguinte.*

Em vista da discussão anterior, traduziremos a insistência com que esse sonho exibe seus absurdos como o sinal seguro de uma controvérsia particularmente exasperada e apaixonada nos pensamentos oníricos. Com maior espanto ainda, porém, notamos que nesse sonho a controvérsia é travada abertamente e o pai é designado como a pessoa contra quem a sátira é dirigida. Essa franqueza parece contradizer nossa suposição de que uma censura atua na atividade onírica. Podemos dizer, no entanto, que aqui o pai é apenas uma pessoa interposta, enquanto o conflito é travado com outra, que aparece no sonho por meio de uma única alusão. Enquanto o sonho geralmente trata de revolta contra outra pessoa, atrás da qual se oculta o pai do sonhador, aqui ocorre o inverso; o pai serve de espantalho para encobrir outros e, por conseguinte, o sonho ousa tratar assim abertamente uma pessoa que geralmente é tida como sagrada, porque tem absoluta certeza de que, na realidade, não alude diretamente a essa pessoa. Ficamos sabendo que era esse o estado de coisas, ao examinar o estímulo do sonho. É que ocorreu depois que eu soube que um colega mais velho, cuja opinião é considerada infalível, havia expressado sua desaprovação e surpresa pelo fato de um de meus pacientes continuar o tratamento psicanalítico comigo pelo quinto ano consecutivo. As frases introdutórias do sonho apontam com transparente disfarce para o fato de que esse colega, havia algum tempo, assumiu as funções que meu pai não podia mais desempenhar (*despesas, honorários no hospital*); e quando nossas relações amistosas foram rompidas, fui lançado no mesmo conflito de sentimentos que surge no caso de mal-entendido entre pai e filho, em vista do papel desempenhado pelo pai e suas funções anteriores. Os pensamentos oníricos agora se ressentem amargamente da censura de *que não estou progredindo melhor*, recriminação que se estende do tratamento desse paciente a outras coisas. Esse colega conhece alguém que consiga se desempenhar com mais desenvoltura? Ele não sabe que condições desse tipo são geralmente incuráveis e duram por toda a vida? O que são quatro ou cinco anos em comparação com uma vida inteira, especialmente quando a vida ficou muito mais fácil para o paciente durante o tratamento?

A impressão de absurdo nesse sonho é provocada em grande parte pelo fato de que frases de diferentes divisões dos pensamentos oníricos são encadeadas sem qualquer transição reconciliadora. Assim, a frase *"Vou vê-lo no quarto ao lado"*, etc., deixa o assunto tratado nas frases anteriores e reproduz fielmente as circunstâncias em que contei a meu pai sobre meu noivado. Assim, o sonho está tentando me lembrar do nobre desinteresse que o velho mostrou naquele momento, contrastando-o com a conduta de outro, uma nova pessoa. Percebo agora que o sonho pode zombar de meu pai porque, no pensamento onírico, ele é reconhecido, com pleno mérito, como modelo para outros. É da natureza de toda censura permitir a inverdade sobre coisas proibidas, em vez de dizer a pura verdade. A frase seguinte, na qual meu pai se lembra de ter ficado *bêbado uma vez* e de ter sido *preso por isso*, também não contém nada que seja realmente verdade sobre meu pai. A pessoa que ele encobre aqui não é nada mais nada menos do que o grande Meynert, cujos passos segui com tanta veneração e cuja atitude em relação a mim se transformou em indisfarçada hostilidade após um breve período de grande amizade. O sonho me lembra de sua declaração de que, em sua juventude, ele era viciado em *clorofórmio* e que, por causa disso, teve de ser internado num sanatório. Recorda-me também uma segunda experiência com ele, pouco antes de sua morte. Travei com ele uma acirrada controvérsia, por escrito, sobre a histeria nas pessoas do sexo masculino, cuja existência ele negava; e quando o visitei em sua enfermidade, que o levaria à morte, e lhe perguntei como se sentia, ele me falou um pouco sobre seu estado e concluiu com essas palavras: "Sabe, eu sempre fui um dos casos mais claros de histeria masculina". Assim, para minha satisfação e para *meu espanto*, ele admitiu o que por tanto tempo e com tanta obstinação havia contestado. Mas o fato de que nessa cena eu posso usar meu pai para encobrir Meynert não se baseia na analogia que se descobriu existir entre as duas pessoas, mas na representação concisa, mas bem apropriada de uma frase condicional que ocorre nos pensamentos oníricos e que na íntegra diz o seguinte: "É claro que se eu fosse da segunda geração, filho de um professor ou de um conselheiro da corte, deveria ter progredido mais depressa." No sonho, transformo meu pai em conselheiro da corte e em professor. O absurdo mais óbvio e mais irritante do sonho está em seu tratamento datado de 1851, que me parece dificilmente diferir de 1856, como se uma diferença de cinco anos não significasse absolutamente nada. Mas é justamente essa ideia que os pensamentos oníricos pretendem expressar. Quatro ou cinco anos, esse é o tempo que contei com o apoio do colega mencionado no início; mas é também o tempo durante o qual deixei minha noiva esperando antes de me casar com ela; e, por uma coincidência avidamente aproveitada pelos pensamentos oníricos, é também o tempo em que agora mantenho um de meus melhores pacientes aguardando sua completa recuperação. "*O que são cinco anos?*", perguntam os pensamentos oníricos. "*No que me diz respeito, nada... isso nem é levado em conta.* Tenho bastante tempo à minha frente e, assim como se tornou finalmente realidade aquilo em que vocês não queriam acreditar, assim também haverei de realizar isso." Além disso, o número 51, quando isolado do número do século, é determinado ainda de outra maneira e em sentido oposto; por isso ocorre no sonho mais de uma vez. Cinquenta e um é a idade em que um homem parece particularmente exposto ao perigo; vi muitos de meus colegas morrer subitamente nessa idade e, entre eles, um que havia sido nomeado professor alguns dias antes, depois de ter esperado por muito tempo.

V. Segue outro sonho absurdo que brinca com números:

Um de meus conhecidos, o sr. M., foi atacado num ensaio por ninguém menos que Goethe; e com justificável veemência, pensamos todos. O sr. M., é claro, foi esmagado por esse ataque. Ele se queixa amargamente num jantar; mas diz que sua veneração por Goethe não foi abalada por essa experiência pessoal. Tento encontrar alguma explicação para as relações cronológicas, que me parecem improváveis. Goethe morreu em 1832; uma vez que seu ataque a M. deve ter ocorrido mais cedo, o sr. M. era na época um homem muito jovem. Parece plausível, para mim, que ele tinha então 18 anos. Mas não sei exatamente em que ano estamos no momento, e assim todo o cálculo cai na obscuridade. O ataque, aliás, está contido no conhecido ensaio de Goethe intitulado "Natureza".

Logo encontraremos meios de justificar o absurdo desse sonho. O sr. M., que conheci num *jantar*, recentemente me havia pedido para examinar seu irmão, que mostrava sinais de *paralisia com insanidade*. A suspeita correspondia à realidade; o embaraçoso nessa consulta foi que o paciente expôs seu irmão, aludindo às suas travessuras juvenis quando não havia ocasião na conversa para fazê-lo. Eu tinha pedido ao paciente que me dissesse o ano de seu nascimento e fiz com que ele fizesse vários pequenos cálculos, a fim de testar a fraqueza de sua memória – passou muito bem em todos os testes. Logo vejo que estou me comportando como um paralítico no sonho (*não sei exatamente em que ano estamos*). Outro material do sonho é extraído de outra fonte recente. O editor de uma revista médica, amigo meu, havia publicado em seu periódico uma crítica muito desfavorável, *"arrasadora"*, do último livro de meu amigo Fl., de Berlim; a crítica era de autoria de um profissional muito *jovem*, que não era muito competente para julgar. Achei que tinha o direito de interferir e chamei o editor para prestar contas; ele lamentou profundamente a publicação da crítica, mas não prometeu retificação. Em decorrência disso, rompi relações com a revista e, em minha carta de demissão, expressei a esperança de que *nossas relações pessoais não sofressem com o incidente*. A terceira fonte desse sonho é um relato feito por uma paciente – estava bem vivo em minha memória na época – sobre a doença mental de seu irmão que havia caído num delírio frenético, gritando "Natureza, Natureza". Os médicos presentes pensaram que o choro era derivado de uma leitura do belo ensaio de Goethe e que apontava para o excesso de trabalho do paciente no estudo da filosofia natural. Eu preferi pensar no sentido sexual em que a palavra "natureza" é usada, até mesmo pelas pessoas menos instruídas, e o fato de que o infeliz mais tarde mutilou seus genitais parecia mostrar que eu não estava totalmente errado. Dezoito anos era a idade desse paciente no momento em que teve esse surto.

Se eu acrescentar ainda que o livro de meu amigo tão severamente criticado ("É uma questão de saber se o autor é louco ou se nós o somos", foi a opinião de outro crítico) trata das *relações temporais da vida* e mostra que a duração da vida de Goethe é um múltiplo de um número significativo do ponto de vista da biologia; logo, deve-se admitir que eu estou me colocando no lugar de meu amigo, no sonho. (*Tento encontrar alguma explicação para as relações cronológicas*.) Mas me comporto como um paralítico, e o sonho se revela absurdo. Em vista disso, os pensamentos oníricos dizem ironicamente: "Claro que ele é o tolo, o lunático, e você é o homem genial, que sabe tudo. Talvez, no entanto, não seria o contrário?" Ora, essa inversão é explicitamente representada no sonho, tanto no fato de que Goethe atacou o jovem, o que é absurdo, ao passo que é perfeitamente possível, mesmo hoje, para um jovem atacar o imortal Goethe, quanto no fato de que eu faço os cálculos a partir do ano da morte de Goethe, ao passo que fiz o paralítico calcular a partir do ano de seu nascimento.

Mas já prometi mostrar que todo sonho é resultado de motivos egoístas. Assim, devo explicar o fato de que, nesse sonho, faço minha a causa de meu amigo e me coloco em seu lugar. Minha convicção racional no pensamento em estado de vigília não se presta para explicar isso. Ora, a história do paciente de 18 anos e das várias interpretações de seu grito "Natureza", alude à oposição em que eu me encontrava perante a maioria dos médicos, porque eu defendia a etiologia sexual das psiconeuroses. Posso dizer a mim mesmo: "O mesmo tipo de crítica que seu amigo recebeu de você também lhe será feito e, em certa medida, já foi feito." Posso, portanto, substituir o "ele" nos pensamentos do sonho por "nós". "Sim, vocês têm razão; nós dois é que somos os tolos." Essa *mea res agitur** é claramente demonstrada pela menção do pequeno e incomparavelmente belo ensaio de Goethe, pois foi uma leitura pública desse ensaio que me induziu a estudar ciências naturais quando ainda estava indeciso na turma de formandos do colégio.

VI. Também sou obrigado a mostrar que outro sonho, em que meu ego não aparece, é egoísta. Anteriormente, mencionei um pequeno sonho em que o professor M. diz: "Meu filho, o míope..." e afirmei que esse era apenas um sonho preliminar a outro, no qual desempenho um papel. Aqui está o sonho principal, omitido antes, que nos desafia a explicar sua forma verbal absurda e ininteligível.

Por causa de certos acontecimentos em Roma, é necessário retirar as crianças da cidade, e isso foi feito. A cena transcorre depois, diante de um portão, um portão de duas folhas, no estilo antigo (a Porta Romana, de Siena, como me dou conta, enquanto ainda sonho). Estou sentado, muito triste, à beira de uma fonte; estou quase chorando. Uma figura feminina – uma criada ou uma freira – traz os dois meninos e os entrega ao pai, que não sou eu. O mais velho dos dois é claramente meu filho, mas não vejo o rosto do outro; a mulher que traz o menino pede-lhe um beijo de despedida. Ela se caracteriza por ter um nariz vermelho. O menino nega-lhe o beijo, mas lhe diz, estendendo a mão ao se despedir, "Auf Geseres", e para nós dois (ou para um de nós) "Auf Ungeseres". Tenho a impressão que essa última forma indica preferência.

---

* Expressão latina que significa "trata-se de coisa minha" ou "é de minha conta".

Esse sonho é construído com base num emaranhado de pensamentos provocados por uma peça que vi no teatro, chamada *Das neue Ghetto* ("O Novo Gueto"). A questão judaica, a ansiedade sobre o futuro de meus filhos, que não podem ter uma pátria realmente própria deles, a ansiedade de criá-los para que tenham o direito de viver como cidadãos livres nessa pátria – tudo isso pode ser facilmente reconhecível nos pensamentos oníricos correspondentes.

"Nós nos sentamos junto às águas de Babilônia e choramos." Siena, como Roma, é famosa por suas belas fontes. No sonho, devo encontrar algum tipo de substituto para Roma em alguma das localidades que conheço. Perto da Porta Romana, em Siena, vimos um edifício grande e extremamente iluminado; descobrimos que era o *Manicomio*, o manicômio. Pouco antes do sonho, eu ouvira dizer que um homem, da mesma crença religiosa que a minha, havia sido obrigado a renunciar a um cargo, que havia conseguido com grande esforço, num manicômio estatal.

Nosso interesse é despertado pela expressão *"Auf Geseres"* – onde poderíamos esperar, pela situação do sonho, *"Auf Wiedersehen"* (Até logo ou até a vista) – e por seu oposto completamente sem sentido, *"Auf Ungeseres"*.

De acordo com informações que recebi de estudiosos hebreus, *Geseres* é uma palavra hebraica genuína, derivada do verbo *goiser*, e pode ser mais bem traduzida por "sofrimentos impostos, fatalidade". A partir de seu uso na gíria judaica, pode-se pensar que significava "pranto e lamentação". *Ungeseres* é uma cunhagem minha e de início atrai minha atenção; mas agora me confunde. A pequena observação no final do sonho, que *Ungeseres* indica uma preferência em relação a *Geseres*, abre caminho para associações de ideias e para uma explicação do termo. Uma relação análoga ocorre no caso do caviar; o caviar sem sal[151] é mais apreciado do que o salgado. Caviar para o general, "paixões aristocráticas"; aqui se esconde uma alusão jocosa a um membro de minha casa, de quem espero – pois ela é mais nova que eu – que zele pelo futuro de meus filhos; isso também concorda com o fato de que outro membro de minha casa, nossa digna babá, é claramente retratada na criada (ou freira) do sonho. Mas falta uma ligação entre o par *salgado e sem sal*, e entre *Geseres – Ungeseres*. Isso pode ser encontrado em *fermentado e não fermentado*. Em sua fuga ou êxodo do Egito, os filhos de Israel não tiveram tempo de deixar o pão fermentar e, em memória do evento, até hoje comem pão sem fermento na época da Páscoa. Nesse ponto, posso encontrar espaço para a súbita ideia que me ocorreu nessa parte da análise. Lembrei-me de como passeamos, meu amigo de Berlim e eu, pela cidade de Breslau, o que nos era estranho, no final das férias da Páscoa. Uma menina me pediu que lhe indicasse o caminho de determinada rua; tive de lhe dizer que não sabia e então comentei com minha amiga: "Espero que mais tarde na vida a pequena mostre mais perspicácia na escolha das pessoas pelas quais se deixa guiar". Pouco depois, uma placa me chamou a atenção: "Dr. *Herodes*, horário de expediente..." Disse a mim mesmo: "Espero que esse colega não seja especialista em crianças". Enquanto isso, meu amigo estava expondo seus pontos de vista sobre o significado biológico da simetria bilateral e começou uma frase da seguinte forma: "Se tivéssemos apenas um olho no meio da testa como Ciclope..." Isso nos leva à fala do professor no sonho introdutório: "Meu filho, o *míope*". E então fui levado à fonte principal de *Geseres*. Há muitos anos, quando esse filho do professor M., que hoje é um pensador independente, ainda estava sentado nos bancos da escola, contraiu uma doença num dos olhos que, declarou o médico, era de causar preocupação. Ele era da opinião de que, enquanto a doença ficasse restrita a um só dos olhos, não teria importância; se, no entanto, afetasse também o outro olho, seria caso grave. A doença desapareceu no olho afetado, sem deixar sequelas; pouco depois, porém, seus sintomas apareceram também no outro olho. A mãe do menino, aterrorizada, mandou chamar imediatamente o médico para que fosse até a casa de campo onde estava. Mas ele tinha *outra visão* do assunto. "*Que tipo de 'Geseres' é esse que a senhora está fazendo?*", perguntou ele à mãe com impaciência. "Se um lado ficou bom, o outro também ficará." E assim aconteceu.

E agora devemos considerar a ligação de tudo isso comigo e com os meus caros. O banco da escola em que o filho do professor M. aprendeu suas primeiras lições passou para meu filho mais velho – foi dado à mãe dele – em cujos lábios pus as palavras de despedida no sonho. Um dos desejos que podem estar ligados a essa transferência pode ser facilmente adivinhado agora. Esse banco escolar se destina, por seu formato, a proteger a criança de ficar míope e com um distúrbio unilateral. Daí a miopia, no sonho (e por isso, o Ciclope), e a referência à *bilateralidade*. A preocupação com a unilateralidade é de dupla significação; juntamente com a unilateralidade física, se refere também à unilateralidade do desenvolvimento intelectual. Não parece que a cena do sonho, com toda a sua loucura, estava contradizendo justamente essa preocupação? Depois que a criança disse sua palavra de despedida *de um lado*, ela se volta para *o outro lado*, como se quisesse estabelecer um equilíbrio. *Está agindo, por assim dizer, em obediência à simetria bilateral!*

Assim, o sonho frequentemente tem o mais profundo significado em lugares onde parece mais absurdo. Em todas as épocas, aqueles que tinham algo a dizer, mas não podiam dizê-lo sem correr perigo, de bom grado enfiavam a carapuça de bobo da corte. O ouvinte, a quem o dito proibido se destinava, era mais propenso a tolerá-lo, se fosse capaz de rir dele e de se gabar com o comentário de que aquilo que detestava era obviamente algo absurdo. O sonho procede na realidade exatamente como o príncipe que, na peça, teve de se disfarçar de louco e, portanto, o mesmo pode ser dito do sonho o que Hamlet diz de si próprio, substituindo as condições verdadeiras por um gracejo ininteligível: "Eu sou louco apenas com o norte-noroeste; quando sopra o vento sul, sei distinguir um falcão de um serrote."[152]

Assim, minha solução para o problema do absurdo dos sonhos é que os pensamentos oníricos nunca são absurdos – pelo menos não aqueles nos sonhos das pessoas sadias – e que a atividade onírica produz sonhos absurdos e sonhos com elementos absurdos isolados quando se depara com a necessidade de representar crítica, ridicularização e escárnio que possam se fazer presentes nos pensamentos oníricos. Meu propósito em sequência é mostrar que a atividade onírica é produzida principalmente pela cooperação dos três fatores que foram mencionados – e de um quarto que ainda vou abordar – que ela não realiza nada menos que uma transposição dos pensamentos oníricos, observando as três condições que lhe são prescritas, e que a questão de saber se a mente opera no sonho com todas as suas faculdades ou apenas com uma parte delas está mal colocada e é inaplicável às circunstâncias reais. Mas como há muitos sonhos nos quais juízos são formulados, críticas são feitas e fatos são reconhecidos, nos quais aparece o espanto por algum único elemento do sonho, e argumentos e explicações são tentados, devo responder às objeções que podem ser inferidas a partir dessas ocorrências pela citação de exemplos escolhidos.

Minha resposta é a seguinte: *Tudo o que ocorre no sonho como um aparente exercício da faculdade crítica deve ser considerado, não como uma realização intelectual da atividade onírica, mas como pertencente ao material dos pensamentos oníricos, e deles tendo sido retirada como uma estrutura acabada para o conteúdo manifesto do sonho.* Posso ir ainda mais longe. Mesmo os juízos que são feitos sobre o sonho tal como é lembrado após despertar e os sentimentos que são despertados pela reprodução do sonho fazem parte, em razoável medida, do conteúdo latente do sonho e devem ser encaixados em seu lugar na interpretação do sonho.

I. Já dei um exemplo notável disso. Uma paciente não deseja relatar seu sonho porque é muito vago. Ela viu uma pessoa no sonho e não sabe se é seu marido ou seu pai. Segue-se então um segundo fragmento de sonho em que aparece uma "lata de adubo", que dá origem à seguinte recordação. Como uma jovem dona de casa, certa vez ela declarou, brincando, na presença de um jovem parente que frequentava a casa, que seu próximo objetivo seria obter uma nova lata de adubo. Na manhã seguinte, recebeu uma dessas latas, mas estava cheia de lírios do vale. Essa parte do sonho serviu para representar o ditado: "Não cresceu no próprio adubo."[153] Quando completamos a análise, descobrimos que os pensamentos do sonho estavam relacionados com os efeitos posteriores de uma história ouvida pela sonhadora, quando jovem, a respeito de uma moça que tinha dado à luz uma criança e *não se sabia claramente quem era o verdadeiro pai*. A representação onírica aqui passa pelos pensamentos de vigília e permite que um elemento dos pensamentos oníricos seja representado por um julgamento expresso no estado de vigília sobre todo o sonho.

II. Um caso semelhante: Um de meus pacientes tem um sonho que lhe parece interessante, pois diz a si mesmo logo depois de acordar: "Preciso contar isso ao médico." O sonho é analisado e mostra a mais clara alusão a um caso em que ele se envolveu durante o tratamento e do qual decidiu "não me contar nada"[154].

III. Aqui está um terceiro exemplo, de minha experiência: *Estou indo para o hospital com P., atravessando uma área em que há casas e jardins. Com isso me vem a ideia de que já vi essa região em sonhos, várias vezes. Não conheço muito bem o caminho; P. me mostra um atalho que leva, dobrando a esquina, a um restaurante (um espaço, não um jardim); ali pergunto pela senhora Doni e me informam que ela mora nos fundos, num quartinho com três filhos. Vou até lá e, no caminho, encontro uma pessoa indistinta com minhas duas filhas, que levo comigo depois de ter ficado ali um tempo com elas. Uma espécie de recriminação à minha mulher por tê-las deixado ali.*

Ao acordar, sinto grande *satisfação*; e a causa disso é o fato de que agora vou descobrir, por meio da análise, o que significa essa ideia de "Já sonhei com isso antes."[155] Mas a análise do sonho não me ensina nada sobre isso; só me mostra que a satisfação pertence ao conteúdo latente do sonho e não ao juízo que pudesse emitir sobre ele. *É satisfação pelo fato de ter tido filhos de meu casamento.* P. é uma pessoa em cuja companhia percorri o caminho da vida durante algum espaço de tempo, mas que depois se distanciou de mim social e materialmente; mas em seu casamento não teve filhos. As duas ocasiões que provocaram o sonho, conferindo-lhe um sentido real, podem ser encontradas por meio de uma análise completa. No dia anterior, eu havia lido no jornal o anúncio da morte de certa Dona A...y (que, no sonho, mudei para Doni), que havia morrido de parto; minha esposa me disse que a falecida havia sido atendida pela mesma parteira dela, por ocasião do nascimento de nossos dois filhos mais novos. O nome Dona me havia chamado a atenção, pois recentemente o havia encontrado pela primeira vez num romance inglês. A segunda ocasião para o sonho pode ser encontrada na data em que o mesmo sonho ocorreu; foi na véspera do aniversário de meu filho mais velho que, ao que parece, tem alguns dotes poéticos.

IV. A mesma satisfação persistia depois de acordar do sonho absurdo de que meu pai, após sua morte, havia desempenhado um papel político entre os húngaros, e é motivada pela continuidade do sentimento que acompanhava a última frase do sonho: *"Lembro-me de como ele se parecia com Garibaldi em seu leito de morte e estou contente que isso tenha realmente se tornado realidade. (Há uma continuação que tinha esquecido.)"* Agora a análise me permite preencher essa lacuna do sonho. É a menção a meu segundo filho, a quem dei o primeiro nome de uma grande personagem histórica, que me atraía intensamente na juventude, especialmente durante minha estada na Inglaterra. Tive de esperar um ano depois de decidir usar esse nome, caso o filho esperado fosse um menino, e com ele o saudei logo que nasceu, com um sentimento de imensa satisfação. É fácil ver como o desejo de grandeza do pai se transfere, em seus pensamentos, para os filhos; acreditar-se-á desde logo que essa é uma das maneiras pelas quais se realiza a supressão desse sentimento, supressão que se faz necessária na vida real. O menino ganhou um lugar no conteúdo desse sonho pelo fato de ter acontecido com ele o mesmo acidente – perfeitamente perdoável numa criança ou num moribundo – de sujar suas roupas. Com isso pode ser comparada a alusão a *"Stuhlrichter"* (juiz-presidente; literalmente, juiz de cadeira) e o desejo do sonho: Estar diante dos filhos, sobranceiro e imaculado.

V. Passo agora a considerar expressões de julgamento que permanecem no próprio sonho, e não são retidas ou transferidas para nossos pensamentos de vigília; será um grande alívio se puder encontrar exemplos em sonhos que já foram citados para outros propósitos. O sonho sobre o ataque de Goethe ao sr. M. parece conter um número considerável de atos de julgamento. *Vou tentar encontrar alguma explicação para os dados cronológicos, que me parecem improváveis.* Isso não parece um impulso crítico dirigido contra a ideia absurda de que Goethe se prestara a desferir um ataque literário a um jovem conhecido meu? *"Parece plausível para mim que ele tinha 18 anos."* Isso soa como o resultado de um cálculo idiota; e *"não sei exatamente em que ano estamos"* seria um exemplo de incerteza ou dúvida no sonho.

Mas sei por análise que esses atos de julgamento, que parecem ter sido realizados pela primeira vez no sonho, admitem uma construção diferente, à luz da qual se tornam indispensáveis para interpretar o sonho e, ao mesmo tempo, todo absurdo é evitado. Com a frase *"eu tento encontrar alguma explicação para os dados cronológicos"*, me coloco no lugar de meu amigo que está realmente tentando explicar os dados cronológicos da vida. A frase então perde seu significado como um julgamento que se opõe ao absurdo das frases anteriores. A intercalação, *"que me parece improvável"*, é do mesmo teor que a subsequente *"me parece plausível"*. Com as mesmas palavras, respondi à senhora que me contou a história da doença de seu irmão: *"Parece-me improvável que o grito de 'Natureza, Natureza' tenha algo a ver com Goethe; parece muito mais plausível que tenha o significado sexual que a senhora conhece."* Com toda a certeza, um julgamento aqui foi feito, mas não no sonho, mas na realidade, numa ocasião que é lembrada e utilizada pelos pensamentos oníricos. O conteúdo do sonho se apropria desse julgamento como de qualquer outro fragmento dos pensamentos do sonho.

O número 18, com o qual o julgamento no sonho está absurdamente ligado, ainda preserva um vestígio do contexto do qual o julgamento real foi extraído. Por fim, *"não tenho certeza de que ano é"* destina-se apenas a realizar minha identificação com o paralítico, em cujo exame esse ponto de confirmação foi realmente levantado.

Na solução desses aparentes atos de julgamento, no sonho, pode ser útil chamar a atenção para a regra de interpretação que diz que a aparente coerência entre os componentes do sonho deve ser desconsiderada como ilusória e não essencial, e que cada elemento do sonho deve ser tomado isoladamente e rastreado até sua fonte. O sonho é um conglomerado que deve ser desmembrado em seus elementos para fins de investigação. Mas outras circunstâncias chamam nossa atenção para o fato de que nos sonhos se expressa uma força psíquica que estabelece essa aparente coerência, ou seja, que submete o material obtido pela atividade onírica a uma *elaboração secundária*. Estamos aqui diante de manifestações dessa força, sobre as quais fixaremos mais adiante nossa atenção, como o quarto dos fatores que participam da formação do sonho.

VI. Seleciono outros exemplos de atividade crítica nos sonhos que já foram mencionados. No sonho absurdo sobre a comunicação proveniente da Câmara municipal, pergunto: *"Você se casou pouco depois? Calculei que nasci em 1856, o que me parece ser o ano imediatamente seguinte."* Isso assume a forma de uma *inferência*. Meu pai se casou logo após seu ataque, no ano de 1851; sou o filho mais velho, nascido em 1856; isso concorda perfeitamente. Sabemos que essa inferência foi intercalada pela realização do desejo, e que a frase que domina os pensamentos do sonho tem o seguinte efeito: *Quatro ou cinco anos não são nada; não precisam entrar nos cálculos.* Mas cada parte dessa cadeia de inferências deve ser determinada a partir dos pensamentos oníricos de maneira diferente, tanto com relação a seu conteúdo quanto à sua forma. É o paciente – cuja prolongada análise meu colega critica – que decide se casar imediatamente após o término do tratamento. A maneira como lido com meu pai no sonho lembra um *interrogatório* ou um *exame*, e me fez recordar também um professor universitário que costumava pedir todo tipo de informações aos estudantes que se matriculavam para suas aulas: "Quando nasceu?" Em 1856. "Nome do pai?" Em seguida, o estudante dava o primeiro nome do pai com uma terminação latina, e nós, alunos, presumimos que o ilustre professor tirava conclusões do primeiro nome do pai que nem sempre podiam ser tiradas do nome do aluno inscrito. De acordo com isso, *tirar conclusões* no sonho seria meramente uma repetição do *tirar conclusões* que aparece como parte do material nos pensamentos oníricos. Com isso aprendemos algo novo. Quando uma conclusão aparece no conteúdo do sonho, ela decorre invariavelmente dos pensamentos do sonho; pode estar contida neles como um fragmento de material relembrado ou pode servir como um conectivo lógico numa série de pensamentos oníricos. De qualquer forma, uma conclusão no sonho representa uma conclusão nos pensamentos do sonho.[156]

Nesse ponto, a análise desse sonho pode ser retomada. Ao interrogatório do professor está ligada a elaboração de uma lista (redigida em latim, no meu tempo) dos estudantes universitários; também de meu curso de estudos. Os *cinco anos* exigidos para o estudo de medicina não foram suficientes para mim. Continuei despreocupadamente meu trabalho nos anos seguintes; no círculo de meus conhecidos, eu era considerado um desleixado e havia dúvidas de que eu "haveria de concluir o curso". Então, de repente, decidi prestar meus exames; e consegui "passar", *apesar do adiamento*. Essa é uma nova confirmação dos pensamentos oníricos, que eu desafiadoramente apresento a meus críticos: "Mesmo que vocês não queiram acreditar, porque dei tempo ao tempo, chegarei a uma conclusão (em alemão, *Schluss*, que significa fim ou conclusão, *inferência*). Muitas vezes, é desse jeito que as coisas acontecem."

Em sua parte introdutória, esse sonho contém várias frases, das quais não se pode negar seu caráter de argumentação. E essa argumentação não é nada absurda; poderia muito bem fazer parte do pensamento em estado de vigília. *No sonho, brinco com a comunicação da Câmara municipal, pois, em primeiro lugar, eu ainda não estava no mundo em 1851 e, em segundo lugar, meu pai, a quem poderia se referir, já está morto.* Ambas as afirmações não são apenas corretas em si, mas coincidem inteiramente com os argumentos que devo usar, caso receba uma comunicação desse tipo. Sabemos por nossa análise anterior que esse sonho surgiu de pensamentos oníricos profundamente amargurados e desdenhosos; se pudermos presumir ainda que a motivação da censura é muito forte, entenderemos que a atividade onírica tem todos os motivos para criar uma *refutação perfeita de uma insinuação sem fundamento*, de acordo com o modelo contido nos pensamentos oníricos. Mas a análise mostra que, nesse caso, a atividade onírica não teve a liberdade de ação para estabelecer esse paralelo, mas foi obrigada a usar o material dos pensamentos oníricos para seu propósito. É como se, numa equação algébrica, ocorressem sinais de mais e de menos, sinais de potência e de raízes, além dos números, e como se alguém, copiando essa equação sem entendê-la, transpusesse para sua cópia os sinais de operação bem como os números e não conseguisse mais distinguir uns dos outros. Os dois argumentos podem ser atribuídos ao seguinte material: é doloroso para mim pensar que muitas das suposições sobre as quais baseio minha solução das psiconeuroses, assim que se tornarem conhecidas, haverão de despertar ceticismo e riso. Assim, sou levado a sustentar que as impressões do segundo ano de vida, ou até mesmo do primeiro, deixam um traço duradouro no temperamento de pessoas que mais tarde adoecem e que essas impressões – muito distorcidas, é verdade, e exageradas pela memória – podem constituir a base original e fundamental dos sintomas histéricos. Os pacientes, a quem explico isso em momento adequado, costumam fazer uma paródia dessa explicação, declarando-se dispostos a procurar reminiscências do período em que *ainda não haviam nascido*. Estaria de acordo com minha expectativa, se o esclarecimento sobre o insuspeitado papel desempenhado pelo pai nos primeiros impulsos sexuais das pacientes obtivesse uma receptividade semelhante. E, no entanto, ambas as posições estão corretas de acordo com minha bem fundamentada convicção. Para confirmar, lembro-me de alguns exemplos em que a morte do pai aconteceu quando a criança era ainda de tenra idade, e eventos posteriores, de outra forma inexplicáveis, provaram que a criança havia preservado inconscientemente lembranças das pessoas que tão cedo desapareceram de sua vida. Eu sei que essas minhas afirmações são baseadas em inferências cuja validade será contestada. Se o material dessas inferências, que temo que vão ser contestadas, for usado pela atividade onírica para estabelecer *inferências ou conclusões incontestáveis*, isso é uma vitória da realização do desejo.

VII. Num sonho que até agora apenas toquei, o espanto pelo assunto a ser abordado é claramente expresso no início.

"O velho Bruecke deve ter me dado alguma tarefa; estranhamente, relaciona-se com a preparação de minha parte inferior do corpo, pélvis e pernas, que vejo diante de mim como se estivesse na sala de dissecação, mas sem sentir a ausência de meu corpo e sem nenhuma expressão de horror. Louise N. está por perto, de pé, fazendo seu trabalho. A pélvis é eviscerada; ora a parte superior, ora a parte inferior da mesma é vista, e as duas partes se misturam. Espessos caroços vermelhos e carnudos (que mesmo no sonho me fazem pensar em hemorroidas) podem ser vistos. Além disso, algo tinha de ser cuidadosamente retirado, algo que estava em cima deles e que parecia papel alumínio amassado.[157] *Depois voltei a ter minhas pernas e fiz uma viagem pela cidade, mas tomei uma carruagem (por causa do cansaço). Para minha surpresa, a carroça entrou porta adentro de uma casa, que se abriu e permitiu que passasse por um corredor que dobrava uma esquina e, finalmente, me levou de novo ao ar livre.*[158] *Por fim, perambulei por paisagens cambiantes com um guia alpino, que carregava meus pertences. Ele me carregou por algum tempo, por conta de minhas pernas cansadas. O terreno estava enlameado e seguimos pela beirada; havia pessoas sentadas no chão, como índios ou ciganos; havia uma menina entre elas. Antes disso, eu avançava no chão escorregadio, sempre surpreso por ser capaz de fazê-lo após a dissecação. Finalmente, chegamos a uma pequena casa de madeira, no fundo da qual havia uma janela aberta. Aqui o guia me colocou no chão e pôs duas tábuas de madeira, que estavam preparadas, no peitoril da janela, para que assim pudesse ser transposto o abismo que tinha de ser cruzado a*

partir dessa janela. Fiquei então realmente assustado por causa de minhas pernas. Em vez da esperada travessia, vi dois homens adultos deitados em bancos de madeira, que estavam encostados nas paredes da cabana, e algo como duas crianças adormecidas ao lado deles. Parece que não são as tábuas que vão possibilitar a travessia, mas as crianças. Acordei com pensamentos apavorantes."

Quem quer que tenha uma ideia apropriada da extensão da condensação onírica poderá facilmente imaginar o número de páginas que a análise detalhada desse sonho deveria preencher. Felizmente, no presente contexto, tomarei dele apenas o único exemplo de espanto nos sonhos, que aparece na observação intercalada *"estranhamente"*. Vamos relembrar a ocasião do sonho. É uma visita dessa senhora, Louise N., que assiste ao trabalho no sonho. E diz: "Empreste-me algo para ler". Eu lhe ofereço o livro *She* (Ela), de Rider Haggard. "Um livro *estranho*, mas repleto de sentido oculto", tento lhe explicar; "o eterno feminino, a imortalidade de nossas emoções..." Nesse ponto, ela me interrompe: "Já conheço esse livro. Não tem algo de sua autoria?" "Não, minhas obras imortais ainda não foram escritas." "Bem, quando vai publicar suas assim chamadas últimas revelações, que nos prometeu que seriam uma boa leitura?", pergunta ela, um tanto sarcasticamente. Percebo então que ela é porta-voz de outra pessoa e fico em silêncio. Penso no esforço que me custa publicar até mesmo meu trabalho sobre o Sonho, no qual tenho de revelar tanto de meu próprio caráter. "Não pode contar às crianças o melhor que você sabe." A preparação de *meu corpo*, que me mandam fazer no sonho, é, portanto, a *autoanálise* necessária na comunicação de meus sonhos. É bem apropriado que o velho Bruecke entre aqui; nesses primeiros anos de meu trabalho científico, aconteceu que acabei negligenciando uma descoberta minha, até que as enérgicas ordens dele me obrigaram a publicá-la. Mas as outras linhas de pensamento que começam com minha conversa com Louise N. são profundas demais para se tornarem conscientes; são desviadas na direção do referido material que foi evocado em mim pela menção de *She*, de

Rider Haggard. O comentário "estranhamente" acompanha esse livro e outro do mesmo autor, *The Heart of the World* (O Coração do Mundo); e vários elementos do sonho são extraídos desses dois romances imaginativos. O terreno lamacento sobre o qual o sonhador é carregado, o abismo que deve ser cruzado por meio de tábuas adrede preparadas, são retirados de *She*; os índios, a moça e a casa de madeira, são extraídos de *O Coração do Mundo*. Em ambos os romances, uma mulher é a líder, ambos tratam de viagens perigosas; *She* tem a ver com uma jornada de aventura ao país desconhecido, um lugar quase intocado pelo pé do homem. De acordo com uma nota que encontro em meu registro do sonho, o cansaço nas pernas era uma sensação real daqueles dias. Sem dúvida, isso combinava com um estado de espírito abatido e com a pergunta duvidosa: "Até onde minhas pernas me levarão?" A aventura em *She* termina com a mulher-líder encontrando a morte no misterioso fogo no centro da terra, em vez de alcançar a imortalidade para si mesma e para os outros. Um temor desse tipo surgiu inconfundivelmente nos pensamentos oníricos. A "casa de madeira" também é, certamente, o caixão – isto é, a sepultura. Mas a atividade onírica realizou sua obra-prima ao representar o mais indesejado de todos os pensamentos por meio de uma realização de desejo. Já estive numa sepultura uma vez, mas era uma sepultura etrusca vazia, perto de Orvieto – uma câmara estreita com dois bancos de pedra nas paredes, onde haviam sido depositados os esqueletos de duas pessoas adultas. O interior da casa de madeira no sonho é exatamente igual, só que a pedra foi substituída pela madeira. O sonho parece dizer: "Se deve descansar tão cedo em sua sepultura, que seja uma sepultura etrusca" e, por meio dessa interpolação, transforma a mais triste expectativa numa realmente desejável. Infelizmente, como veremos, é apenas a ideia que acompanha uma emoção que o sonho pode transformar em seu oposto, geralmente não a emoção em si. Por isso acordo com "pensamentos apavorantes", mesmo depois que o sonho foi forçado a representar minha ideia – que talvez os filhos alcancem o que foi negado ao pai – uma nova alusão ao estranho romance em que a identidade de uma pessoa é preservada através de uma série de gerações por mais de dois mil anos.

VIII. No contexto de outro sonho, há uma expressão semelhante de espanto diante do que é experimentado no sonho. Isso, no entanto, está relacionado com uma notável e habilmente elaborada tentativa de explicação, que poderia muito bem ser chamada de um golpe de gênio – de modo que eu deveria analisar todo o sonho apenas por causa dele, mesmo que o sonho não possuísse duas outras características de interesse. Estou viajando durante a noite entre os dias 18 e 19 de julho na Ferrovia Sul e, durante o sono, ouço alguém gritar: "*Hollthurn, dez minutos.*" *Imediatamente penso em holotúrias (pepinos do mar) – de um museu de história natural; mas aqui se trata de um lugar onde homens valentes resistiram em vão à dominação de seu chefe supremo. Sim, a contrarreforma na Áustria! Como se fosse um lugar na Estíria ou no Tirol. Então vejo claramente um pequeno museu em que os restos mortais ou os bens desses homens são preservados. Desejo sair, mas hesito em fazê-lo. Mulheres com frutas estão na plataforma; estão agachadas no chão e, nessa posição, estendem suas cestas de maneira convidativa. Hesito, na dúvida se ainda temos tempo, mas estamos ainda parados. De repente, estou em outro compartimento em que o estofamento e os assentos são tão estreitos que as costas tocam diretamente o espaldar.*[159] *Fico surpreso com isso, mas posso ter trocado de vagão enquanto dormia. Há várias pessoas, inclusive um irmão e uma irmã ingleses; vê-se claramente uma fileira de livros numa prateleira na parede. Vejo* The Wealth of Nations *(A Riqueza das Nações), depois* Matter and Motion *(Matéria e Movimento, de Maxwell) – os livros são grossos e encadernados em tecido marrom. O homem pergunta à irmã por um livro de Schiller e se o havia esquecido. São livros que primeiro parecem meus, depois parecem pertencer ao irmão e à irmã. Nesse ponto, desejo participar da conversa para confirmar e apoiar o que está sendo dito...* Acordo suando por todo o corpo, porque todas as janelas estão fechadas. O trem para em Marburg.

Ao transcrever o sonho, ocorre-me uma parte dele, que minha

memória desejava omitir. *Digo ao irmão e à irmã, a respeito de certa obra: "É de...", mas me corrijo: "É escrita por..." O homem comenta com a irmã: "Ele disse isso, certamente."*

O sonho começa com o nome de uma estação, que provavelmente deve ter me despertado em parte. Substituí esse nome, que era Marburg, por Hollthurn. O fato de ter ouvido Marburg quando foi anunciado pela primeira vez, ou talvez quando anunciado pela segunda vez, é comprovado pela menção, no sonho, de Schiller, que nasceu em Marburg, embora não em Marburg da Estíria.[160] Dessa vez, embora eu estivesse viajando na primeira classe, estava viajando em circunstâncias muito desconfortáveis. O trem estava superlotado; eu havia conhecido, em meu compartimento, um cavalheiro e uma dama que pareciam pessoas de qualidade, mas que não tinham boa educação ou que achavam que não valia a pena disfarçar seu descontentamento com minha intrusão. Minha polida saudação não obteve resposta e, embora o homem e a mulher estivessem sentados um ao lado do outro (de costas para a direção em que estávamos viajando), a mulher apressou-se a ocupar o lugar oposto a ela e ao lado da janela, colocando nele um guarda-chuva; a porta foi imediatamente fechada e foram trocados entre eles comentários ostensivos sobre o caso de abrir as janelas. Provavelmente, perceberam rapidamente que eu era uma pessoa ávida por ar fresco. Era uma noite quente e a atmosfera no compartimento, totalmente fechado, era quase sufocante. Minha experiência como viajante me leva a acreditar que essa conduta imprudente e intrusiva marca as pessoas que pagaram apenas parcialmente por suas passagens ou não pagaram nada. Quando o condutor chegou e lhe apresentei minha passagem comprada por alto preço, a senhora gritou de modo indelicado e quase ameaçador: "Meu marido tem passe livre." Ela era uma figura imponente, de feições acabrunhadas, de idade não muito distante da fase que marca a decadência da beleza feminina; o homem não teve chance de dizer uma palavra sequer e ficou sentado, imóvel. Tentei dormir. No sonho, vingo-me terrivelmente de meus desagradáveis companheiros de viagem; ninguém poderia suspeitar dos insultos e humilhações que se ocultam por trás dos fragmentos desconexos da primeira metade do sonho. Satisfeito esse desejo, torna-se evidente o segundo desejo, o de trocar meu compartimento por outro. O cenário do sonho se modifica com tanta frequência, e sem que a menor objeção a essas mudanças seja levantada, que não teria sido nada surpreendente se eu tivesse substituído imediatamente meus companheiros de viagem por outros mais agradáveis. Mas esse foi um dos casos em que uma coisa ou outra se opôs à mudança de cenário e considerou necessária a explicação da mudança. Como é que eu, de repente, entrei em outro compartimento? Eu realmente não conseguia me lembrar de ter trocado de vagão. Havia, portanto, uma única explicação: *devo ter saído do vagão enquanto dormia*, uma ocorrência rara, mas da qual se encontram exemplos na experiência de um neuropatologista. Sabemos de pessoas que empreendem viagens de trem num estado crepuscular, sem trair sua condição anormal por nenhum sinal, até que em algum ponto da viagem recobrem completamente a consciência e então se surpreendem com a lacuna em sua memória. Por isso, enquanto ainda estou sonhando, declaro que o meu caso é um dos de *"automatisme ambulatoire"* (automatismo ambulatório).

A análise permite outra solução. A tentativa de explicação, que tanto me espanta se devo atribuí-la à atividade onírica, não é original, mas copiada da neurose de um de meus pacientes. Já falei em outra página de um homem muito instruído e, na conduta, de bom coração, que começou, logo após a morte de seus pais, a se acusar de inclinações homicidas, e que sofreu por causa das medidas cautelares que teve de tomar para se proteger contra essas inclinações. A princípio, andar pela rua lhe era penoso, devido à compulsão que o impelia a exigir uma prestação de contas de como haviam desaparecido todas as pessoas com que se encontrava; se alguém, de repente, escapasse de seu olhar perseguidor, lhe ficavam uma sensação dolorosa e uma ideia de que talvez o tivesse eliminado. Essa ideia compulsiva escondia, entre outras coisas, uma fantasia de Caim, pois "todos os homens são irmãos". Devido à impossibilidade de realizar a tarefa, ele desistiu das caminhadas e passava a vida trancado entre quatro paredes. Mas as notícias de assassinatos cometidos lá fora chegavam constantemente a seu quarto pelos jornais, e sua consciência, imersa em dúvidas, continuava a lhe sugerir que talvez fosse ele um assassino. A certeza de não ter saído de sua casa por semanas protegeu-o contra essas acusações por algum tempo, até que um dia lhe ocorreu a possibilidade de que ele poderia ter deixado *sua casa inconsciente* e, assim, ter cometido o assassinato sem saber nada a respeito. Daquele momento em diante, trancou a porta de sua casa e entregou a chave para sua velha governanta, proibindo-a terminantemente de devolvê-la a ele, mesmo que o exigisse.

Essa, portanto, é a origem da tentativa de explicação, no sentido de que posso ter mudado de vagão enquanto estava inconsciente – foi transferida do material dos pensamentos oníricos para o sonho, em forma bem elaborada, e obviamente com a finalidade de me identificar com a pessoa desse paciente. Minha lembrança dele foi despertada por uma associação fácil. Eu tinha feito minha última viagem noturna com esse homem algumas semanas antes. Ele estava curado e viajava comigo para o interior, onde eu ia visitar seus parentes, que haviam mandado me chamar; como tínhamos um compartimento só para nós, deixamos todas as janelas abertas durante a noite e, enquanto fiquei acordado, tivemos uma conversa deliciosa. Eu sabia que os impulsos hostis em relação ao pai desde a infância, em conexão com um fundo sexual, estavam na raiz de sua doença. Ao me identificar com ele, eu pretendia confessar a mim mesmo alguma coisa análoga. A segunda cena do sonho realmente se transforma numa fantasia extravagante no sentido de que meus dois velhos companheiros de viagem agiram tão incivilmente comigo porque minha chegada os impediu de se entregar a demonstrações de afeto durante a noite, como tinham planejado. Essa fantasia, no entanto, remonta a uma cena da primeira infância em que, provavelmente impulsionado pela curiosidade sexual, invadi o quarto de meus pais e fui expulso pelo comando enfático de meu pai.

Creio que seja supérfluo multiplicar os exemplos. Todos eles confirmariam o que aprendemos com aqueles já citados, a saber, que um ato de julgamento no sonho nada mais é do que a repetição de um protótipo que ele tem nos pensamentos oníricos. Na maioria dos casos, é uma repetição inadequada e intercalada num contexto inapropriado; ocasionalmente, no entanto, como em nosso último exemplo, é tão habilmente disposto que pode dar a impressão de ser uma atividade de pensamento independente no sonho. Nesse ponto, podemos voltar nossa atenção para aquela atividade psíquica que, de fato, não parece cooperar regularmente na formação dos sonhos, mas se empenha, sempre que o faz, em fundir esses elementos oníricos que são incongruentes, por causa de suas origens, num todo que seja inteligível e sem contradições. Achamos melhor, no entanto, retomar primeiramente as expressões de afeto que ocorrem nos sonhos e compará-las com os afetos que a análise nos revela nos pensamentos oníricos.

(G) OS AFETOS NO SONHO

Uma observação profunda de Stricker chamou nossa atenção para o fato de que as expressões de afeto no sonho não podem ser tratadas de forma depreciativa com que estamos acostumados a descartá-las do próprio sonho, depois de acordar. "Se tenho medo de ladrões no sonho, os ladrões, com certeza, são imaginários, mas o medo deles é real", e o mesmo acontece se estou feliz no sonho. De acordo com o testemunho de nossos sentimentos, o afeto experimentado no sonho não é de modo algum inferior do que um de intensidade semelhante experimentado na vida de vigília; e o sonho insiste em ser aceito como parte de nossas experiências mentais reais com maior energia, mais por causa de seu conteúdo afetivo do que por causa de seu conteúdo de representações. Não conseguimos realizar essa separação na vida de vigília, porque não sabemos avaliar psiquicamente um afeto, a menos que esteja ligado a um conteúdo de representações. Se, em qualidade ou em intensidade, um afeto e uma ideia são incongruentes, nosso julgamento de vigília se torna confuso.

O fato de que, nos sonhos, o conteúdo da representação não comporta a influência afetiva, que deveríamos esperar como necessária no pensamento de vigília, sempre causou surpresa. Strümpell era da opinião de que as representações no sonho ficam despojadas de seus valores psíquicos. Mas tampouco faltam nos sonhos exemplos de natureza contrária, em que a expressão de intenso afeto aparece num conteúdo que parece não dar oportunidade para seu desenvolvimento. Posso estar numa situação horrível, perigosa ou repugnante no sonho, mas não sinto nenhum medo ou aversão; por outro lado, às vezes fico aterrorizado com coisas inofensivas e feliz com as pueris.

Esse enigma do sonho desaparece mais repentina e completamente do que talvez qualquer outro dos problemas do sonho, se passarmos do conteúdo manifesto ao latente. Não nos preocuparemos mais em explicá-lo, uma vez que não existirá mais. A análise nos mostra *que os conteúdos de representação sofreram deslocamentos e substituições, ao passo que os afetos permaneceram inalterados.* Não é de admirar, então, que o conteúdo da representação, que foi alterado pela distorção do sonho, não mais se ajuste ao afeto que permaneceu intacto; mas tampouco haverá motivo para admirar, depois que a análise recolocou o conteúdo correto em sua posição anterior.

Num complexo psíquico submetido à influência da censura resistente, os afetos são o componente inflexível, o único capaz de nos guiar para uma correta suplementação. Esse estado de coisas se revela ainda mais claramente nas psiconeuroses do que nos sonhos. Aqui o afeto é sempre apropriado, pelo menos no que diz respeito à sua qualidade; sua intensidade pode até ser aumentada por meio de um deslocamento da atenção neurótica. Se um histérico fica surpreso por ter tanto medo de uma ninharia, ou se o paciente com ideias compulsivas fica surpreso por desenvolver uma autocensura tão dolorosa a partir de uma nulidade, ambos erram no que diz respeito ao conteúdo da representação – a ninharia ou a nulidade – como sendo o essencial, e se defendem em vão porque fazem desse conteúdo de representação o ponto de partida de seu pensamento. A psicanálise, porém, lhes mostra o caminho certo ao reconhecer que, ao contrário, o afeto se justifica, ao procurar a representação que corresponde a ele e que foi suprimida por meio de substituição. Presume-se aqui que o desenvolvimento do afeto e o conteúdo da representação não constituem uma unidade orgânica indissolúvel como estamos acostumados a pensar, mas que as duas partes podem ser, por assim dizer, soldadas entre si de tal maneira que podem ser separadas uma da outra por meio de análise. A interpretação dos sonhos mostra que esse é realmente o caso.

Apresento primeiramente um exemplo em que a análise explica a aparente ausência de afeto num conteúdo de representação que deveria ter forçado o desenvolvimento do afeto.

I. *A sonhadora vê três leões num deserto, um dos quais está rindo, mas ela não tem medo deles. Depois, porém, deve ter fugido deles, pois está tentando subir numa árvore, mas descobre que sua prima, que é professora de francês, já está em cima da árvore etc.*

A análise nos apresenta o seguinte material para esse sonho: Uma frase na aula de inglês da sonhadora tornou-se a causa indiferente para isso: "A maior beleza do *leão* é sua juba". Seu pai usava uma barba que rodeava seu rosto como uma juba. O nome de sua professora de inglês era srta. *Lyons*. Um conhecido dela lhe enviou as baladas de Loewe (em alemão, *Loewe* = leão). Esses, portanto, são os três leões; por que deveria ter medo deles? Ela leu uma história em que um negro que incitou seus companheiros à revolta é caçado por cães de caça e sobe numa árvore para se salvar. Depois ela passa a apresentar, em tom de brincadeira, fragmentos como os que se seguem. Instruções para capturar leões do periódico *Die Fliegende Blaetter*: "Tome um deserto e peneire-o; o que sobrar serão os leões." E uma anedota muito divertida, mas não muito conveniente, do funcionário a quem perguntam por que não se esforça mais para conquistar as graças de seu chefe, e que responde que esteve tentando se insinuar, mas que o homem à frente dele *já está em cima*. Todo o material se torna inteligível assim que se sabe que, no dia do sonho, a senhora havia recebido a visita do superior de seu marido. Ele foi muito educado com ela, beijou-lhe a mão e *ela não teve medo dele*, embora seja um "figurão" (em alemão: *Grosses Tier* = grande animal) e desempenhe o papel de um "leão social" na capital de seu país. Esse leão é, portanto, como o leão no *Sonho de uma Noite de Verão*, que se desmascara como Snug, o marceneiro; e do mesmo tipo são todos os leões dos sonhos quando não se tem medo deles.

II. Como meu segundo exemplo, cito o sonho da menina que viu o filho pequeno de sua irmã morto num caixão, mas que, devo acrescentar, não sentiu dor ou pesar por isso. Sabemos pela análise por que não. O sonho só disfarçava o desejo dela de ver novamente o homem que amava; o afeto deve estar em sintonia com o desejo, e não com seu disfarce. Não havia razão alguma para o pesar.

Em não poucos sonhos, o afeto pelo menos permanece conectado àquele conteúdo de representação que substituiu aquele a que está realmente ligado. Em outros, o desmembramento do complexo é levado mais longe. O afeto parece estar inteiramente separado da ideia a que corresponde e encontra guarida em outro lugar do sonho, onde se encaixa no novo arranjo dos elementos oníricos. A situação é similar ao que percebemos nos atos de julgamento do sonho. Se houver uma inferência significativa nos pensamentos oníricos, o sonho também contém uma; mas, no sonho, a inferência pode ser deslocada para um material inteiramente diferente. Não raras vezes esse deslocamento ocorre de acordo com o princípio da antítese.

Ilustro essa última possibilidade com o seguinte sonho, que submeti a uma análise mais exaustiva.

III. *Um castelo à beira-mar; depois, não fica diretamente junto ao mar, mas num canal estreito que leva ao mar. Certo sr. P. é o governador.*

Estou com ele num grande salão com três janelas, em frente às quais se erguem as projeções de uma parede, como ameias de uma fortaleza. Eu faço parte da guarnição, talvez como oficial voluntário da marinha. Tememos a chegada de navios de guerra inimigos, pois estamos em guerra. O sr. P. pretende sair e me dá instruções sobre o que deve ser feito caso o temido evento se concretize. Sua esposa doente está com os filhos no castelo ameaçado. Assim que o bombardeio começar, o grande salão deve ser evacuado. Ele respira pesadamente e se prepara para sair; eu o seguro e pergunto de que maneira devo enviar-lhe notícias em caso de necessidade. Ele diz algo mais e, de repente, cai morto. Provavelmente o sobrecarreguei desnecessariamente com minhas perguntas. Depois de sua morte, que não me causa maior impressão, fico pensando se a viúva deve permanecer no castelo, se devo comunicar a morte ao comandante-em-chefe e se devo assumir a direção do castelo como o próximo no comando. Fico parado junto da janela e passo em revista os navios que vão avançando; são navios mercantes que seguem rapidamente sobre as águas escuras, vários deles com mais de uma chaminé, outros com o convés abaulado (bastante semelhantes às estações ferroviárias do sonho introdutório, que não foi relatado). Então meu irmão fica a meu lado e nós dois olhamos da janela para o canal. Ao ver um navio, ficamos assustados e gritamos: "Aí vem o navio de guerra!" Acontece, no entanto, que são apenas os mesmos navios, que eu já conhecia, retornando. Então vem vindo um pequeno navio, cortado de forma estranha ao meio, de modo que termina na metade de seu comprimento; no convés, coisas curiosas podem ser vistas, como xícaras ou saleiros. Exclamamos a uma só voz: "Esse é o navio do café da manhã."

O movimento rápido dos navios, o azul profundo da água, a fumaça marrom das chaminés, tudo isso causa uma impressão extremamente tensa e sombria.

As localidades desse sonho são reunidas a partir de várias viagens ao mar Adriático (Miramare, Duino, Veneza, Aquileia). Uma curta mas agradável viagem de Páscoa a Aquileia com meu irmão, algumas semanas antes do sonho, ainda estava viva em minha memória. Além disso, a guerra naval entre os Estados Unidos e a Espanha e a decorrente preocupação com meus parentes nos Estados Unidos não deixam de exercer sua influência. Manifestações de afeto aparecem em dois pontos nesse sonho. Num deles, um afeto que, seria de se esperar, está ausente – é expressamente destacado que a morte do governador não me causa impressão; em outro ponto, quando vejo os navios de guerra, fico com medo e experimento todas as sensações de medo enquanto durmo. A distribuição dos afetos nesse sonho bem construído foi feita de tal maneira que toda contradição óbvia é evitada. Não há razão para me assustar com a morte do governador, e é justo que, como comandante do castelo, eu fique alarmado com a visão do navio de guerra. Ora, a análise mostra que o sr. P. nada mais é do que um substituto para o meu Ego (no sonho, sou seu substituto). Sou eu o governador que morre subitamente. Os pensamentos oníricos tratam do futuro daqueles que me são caros depois de minha morte prematura. Nenhum outro pensamento desagradável pode ser encontrado entre os pensamentos oníricos. O susto associado à visão do navio de guerra deve ser transferido dele para esse pensamento desagradável. Inversamente, a análise mostra que a região dos pensamentos oníricos, de onde vem o navio de guerra, está repleta das mais alegres reminiscências. Foi em Veneza, um ano antes, num dia encantadoramente belo, que paramos junto da janela de nosso quarto, que dava para Riva Schiavoni, e contemplamos a laguna azul, na qual se via mais atividade do que de costume naquele dia. Esperavam-se navios ingleses, deviam ser recebidos festivamente; e de repente minha esposa gritou, feliz como uma criança: *"Lá vêm os navios de guerra ingleses!"* No sonho, fico assustado com essas mesmas palavras; vemos, mais uma vez, que as falas no sonho se originam das falas da vida real. Mostrarei em breve que até mesmo o elemento "inglês" nessa fala não escapou da atividade do sonho. Transformo assim a alegria em medo no caminho percorrido dos pensamentos oníricos para o conteúdo do sonho e preciso apenas dizer que, por meio dessa mesma transformação, dou expressão a uma parte do conteúdo onírico latente. O exemplo mostra, no entanto, que a atividade onírica tem a liberdade de desligar um afeto de seu contexto nos pensamentos oníricos e inseri-lo em qualquer outro lugar que escolher no conteúdo do sonho.

Aproveito a oportunidade, que me é oferecida incidentalmente, para submeter a uma análise mais detalhada o "navio do café da manhã", cuja aparição no sonho conclui tão absurdamente uma situação que foi racionalmente aceita. Se observar mais de perto esse objeto no sonho, fico impressionado com o fato de que ele era preto e que, por ter sido cortado em sua parte mais larga, se assemelhava muito, na extremidade onde foi cortado, a um objeto que despertou nosso interesse nos museus das cidades etruscas. Esse objeto era uma bandeja retangular de cerâmica preta com duas alças, sobre a qual havia coisas parecidas com xícaras de café ou xícaras de chá, muito semelhantes a nosso moderno serviço de mesa, no *café da manhã*. Ao indagar, soubemos que se tratava do conjunto de toalete de uma senhora etrusca, com caixinhas para cosméticos e pó-de-arroz; e, brincando, dissemos um ao outro que não seria má ideia levar uma coisa dessas para a dona da casa. O objeto do sonho, portanto, significa "toalete preta" (em alemão, *toilette* = vestido, portanto, traje de luto), referência direta a uma morte. A outra extremidade do objeto do sonho nos lembra "barco" (em alemão, *Nachen* – da raiz grega νέχυς, como me disse um amigo filólogo), ou seja, os barcos fúnebres, em que os cadáveres eram depositados, em tempos pré-históricos, e deixados para serem enterrados à beira-mar. A essa circunstância está ligada a razão do retorno dos navios no sonho.

"Silenciosamente, o velho em seu barco resgatado entra no porto."

É a viagem de volta após o naufrágio (em alemão, *schiffbruch*; *quebra* do navio, ou seja, naufrágio), o navio do café da manhã parece ter sido *partido* ao meio. Mas de onde vem o nome "navio de café da manhã"? É aqui que entra o "inglês", que sobrou dos navios de guerra. *Breakfast* = café da manhã, literalmente, quebra do *jejum*. Quebra se relaciona, mais uma vez, ao naufrágio (*Schiffbruch*), e *jejum* está relacionado com o vestido de luto.

A única coisa criada recentemente pelo sonho foi a denominação "navio do café da manhã". A coisa já existia na realidade e me recorda as horas mais alegres de minha última viagem. Desconfiando do preço da comida em Aquileia, levamos provisões da cidade de Gorizia e compramos uma garrafa de excelente vinho da Ístria, em Aquileia; e, enquanto o pequeno navio-correio singrava lentamente pelo Canal delle Mee e pelo trecho solitário da lagoa em direção à cidade de Grado, tomamos nosso café da manhã no convés – éramos os únicos passageiros – e para nós foi um dos mais saborosos cafés da manhã que já tomamos. Esse, portanto, era o "navio do café da manhã", e é por trás dessa lembrança de grande prazer que o sonho esconde os pensamentos mais tristes sobre um futuro desconhecido e agourento.

A separação entre as emoções e os grupos de representações que foram responsáveis por seu surgimento é a coisa mais impressionante que lhes ocorre no decorrer da formação do sonho, mas não é a única nem mesmo a mais essencial alteração que sofrem no percurso dos pensamentos oníricos ao sonho manifesto. Se os afetos nos pensamentos oníricos são comparados com os do sonho, torna-se imediatamente claro que sempre que há um afeto no sonho, ele também pode ser encontrado nos pensamentos oníricos; a recíproca, porém, não é verdadeira. Em geral, o sonho é menos rico em afetos do que o material psíquico, a partir do qual é elaborado. Assim que reconstruí os pensamentos oníricos, vejo que os impulsos psíquicos mais intensos estão neles, lutando regularmente por autoafirmação, geralmente em conflito com outros nitidamente opostos. Se volto ao sonho, muitas vezes o encontro incolor e sem nenhuma das tensões mais intensas de sentimento. Não apenas o conteúdo, mas também o tom afetivo de meus pensamentos foi reduzido pela atividade onírica ao nível do indiferente. Posso dizer que ocorreu uma *supressão dos afetos*. Tomemos, por exemplo, o sonho da monografia de botânica. Ela responde a um apelo apaixonado por minha liberdade de agir da maneira que estou fazendo e de organizar minha vida como a mim, e apenas para mim, parece certo. O sonho que dele resulta soa indiferente; Eu escrevi uma monografia; está diante de mim; está entremeada com ilustrações coloridas e plantas secas acompanham cada exemplar. É como a tranquilidade de um campo de batalha; não há vestígios da luta que nele foi travada.

Também pode ser bem diferente – intensas expressões de afeto podem aparecer no sonho; mas antes nos deteremos no fato inquestionável de que muitos sonhos parecem indiferentes, ao passo que nunca é possível mergulhar inteiramente nos pensamentos oníricos sem profunda emoção.

Não há como fornecer aqui uma explicação teórica completa dessa supressão de afeto no decorrer da atividade onírica; exigiria uma investigação muito cuidadosa da teoria das emoções e do mecanismo de supressão. Permito-me aqui abrir espaço para apenas dois pensamentos. Sou forçado – por outros motivos – a imaginar o surgimento de afetos como um processo centrífugo dirigido para o interior do corpo, análogo aos processos de inervação motora e secretora. Assim como no estado de sono o envio de impulsos motores em direção do mundo externo parece ficar suspenso, também a excitação centrífuga de afetos através do pensamento inconsciente pode se tornar mais difícil durante o sono. Nesse caso, os impulsos afetivos despertados durante a descarga dos pensamentos oníricos seriam estímulos fracos e, portanto, aqueles que penetram no sonho não seriam mais fortes. De acordo com essa linha de argumentação, a "supressão dos afetos" não seria resultado da atividade onírica, mas do estado de sono. Isso pode ser verdade, mas não pode ser tudo. Devemos lembrar também que todos os sonhos mais complexos têm se mostrado ser uma solução de compromisso ante o conflito de forças psíquicas. Por um lado, os pensamentos que constituem o desejo devem lutar contra a oposição de uma censura; por outro lado, muitas vezes vimos como, mesmo no pensamento inconsciente, cada linha de pensamento é atrelada a seu oposto contraditório. Uma vez que todas essas linhas de pensamento são passíveis de afeto, dificilmente cometeremos um erro, em termos gerais, se considerarmos a supressão do afeto como resultado da restrição que os contrastes exercem uns sobre os outros e que a censura impõe às tendências que ela suprimiu. *A inibição do afeto seria, portanto, o segundo resultado da censura do sonho, assim como a distorção onírica foi a primeira.*

Vou inserir um exemplo de sonho em que o tom afetivo indiferente do conteúdo do sonho pode ser explicado por um contraste nos pensamentos oníricos. Apresento esse breve sonho, que todo leitor lerá com repugnância:

IV. *Um pequeno local em terreno ascendente, e sobre ele há algo como um banheiro a céu aberto; um banco muito comprido, em cuja extremidade há uma grande abertura em forma de vaso sanitário. Toda a borda de trás está densamente coberta de pequenos montes de excremento de todos os tamanhos e graus de frescor. Atrás do banco há um arbusto. Urino sobre o banco; um longo filete de urina limpa tudo, as manchas de excremento se desprendem facilmente e caem na abertura. Parece, no entanto, que algo ainda permanecia no final.*

Por que eu não senti repugnância nesse sonho?

Porque, como mostra a análise, os pensamentos mais agradáveis e gratificantes contribuíram para a formação desse sonho. Ao analisá-lo, penso imediatamente nos estábulos de Áugias, limpados por Hércules. Esse Hércules sou eu. O terreno ascendente e o arbusto se referem à localidade de Aussee, onde meus filhos estão hospedados agora. Descobri a etiologia infantil das neuroses e assim protegi os meus filhos contra essa doença. O banco (sem a abertura, é claro) é a cópia fiel de um móvel que uma afeiçoada paciente me deu de presente. Isso me lembra como meus pacientes me respeitam. Até mesmo o museu de excremento humano é suscetível de interpretação menos desagradável. Por mais que me repugne, é uma lembrança das belas terras da Itália, onde, nas pequenas cidades, como todos sabem, os sanitários são equipados precisamente dessa maneira. O jato de urina que limpa tudo é uma alusão inconfundível à grandeza. É assim que Gulliver extingue o grande incêndio em Lilliput; com certeza, ele granjeia dessa forma a antipatia da minúscula rainha. Assim também Gargântua, o super-homem do mestre Rabelais se vinga dos parisienses, galgando Notre-Dame e, lá de cima, de pé, dirige seu jato de urina sobre a cidade. Ainda ontem eu estava folheando as ilustrações de Garnier para a obra de Rabelais antes de me deitar. E, estranhamente, essa é mais uma prova de que eu sou o super-homem! A plataforma de Notre-Dame era meu recanto favorito em Paris; todas as tardes livres, eu costumava subir nas torres da igreja e andar por entre os monstros e as máscaras do diabo. As circunstâncias em que todo o excremento desaparece tão rapidamente sob o jato de urina me recordam o lema: *Afflavit et dissipati sunt* (Soprou e se dispersaram), que um dia hei de dar como título de um capítulo sobre a terapia da histeria.

E agora, quanto à ocasião que deu origem ao sonho. Fora uma tarde quente de verão; à noite, eu dera uma palestra sobre a relação entre a histeria e as perversões, e tudo o que eu tinha a dizer me desagradava inteiramente; parecia-me desprovido de qualquer valor. Estava cansado, não encontrava nenhum vestígio de prazer em minha difícil tarefa e ansiava por ficar longe desse remexer da sujeira humana, para rever meus filhos e depois visitar as belezas da Itália. Nesse estado de espírito, fui do auditório a um café, para tomar um modesto refresco ao ar livre, pois o apetite me havia abandonado. Mas um de meus ouvintes foi comigo; pediu licença para sentar-se a meu lado enquanto eu tomava meu café e saboreava um bolinho; e começou a me dizer coisas lisonjeiras. Falou sobre quanto havia aprendido comigo, disse que agora via tudo com outros olhos, que eu havia limpado os estábulos de Áugias, ou seja, a teoria das neuroses, de seus erros e preconceitos – em resumo, disse que eu era um grande homem. Meu humor não combinava com sua cantilena de elogios; lutei com desgosto e fui para casa mais cedo para me livrar dele. Antes de dormir, folheei as páginas de Rabelais e li um conto de C. F. Meyer, intitulado *Die Leiden eines Knaben* (As dificuldades de um menino).

O sonho foi extraído desses materiais, e o conto de Meyer acrescentou a lembrança de cenas infantis (cf. o sonho sobre o conde Thun, última parte). O estado de espírito do dia, caracterizado por desgosto e aborrecimento, continuou no sonho, na medida em que forneceu praticamente todo o material para o conteúdo do sonho. Mas durante a noite, foi despertado o estado de espírito contrário de vigorosa e até exagerada autoafirmação e dissipou o estado de espírito anterior. O sonho tinha de tomar uma forma que acomodasse a expressão de autodepreciação e de autoafirmação exagerada no mesmo material. Essa formação de compromisso resultou num conteúdo onírico ambíguo, mas também numa tensão indiferente de afeto, por causa da inibição mútua dos estímulos contrários.

De acordo com a teoria da realização de desejo, esse sonho não poderia ter acontecido, se a linha de pensamento supressa, mas ao mesmo tempo prazerosa, sobre o engrandecimento pessoal não tivesse sido associada aos pensamentos opostos de desgosto. Isso porque as coisas desagradáveis não pretendem ser representadas pelo sonho; pensamentos dolorosos que ocorreram durante o dia podem forçar sua entrada no sonho apenas se emprestarem um disfarce para a realização do desejo. A atividade do sonho pode dispor os afetos nos pensamentos oníricos ainda de outra maneira, além de admiti-los ou reduzi-los a nada. *Pode transformá-los em seu oposto*. Já nos familiarizamos com a regra de interpretação, segundo a qual cada elemento do sonho pode ser interpretado por seu oposto, bem como por si próprio. Nunca se pode dizer antecipadamente se representa um ou outro; somente o contexto pode decidir esse ponto. Uma suspeita desse estado de coisas evidentemente penetrou na consciência popular; os livros dos sonhos muitas vezes procedem de acordo com o princípio dos contrários, na interpretação dos sonhos. Essa transformação em opostos é possibilitada pela íntima concatenação de associações que, em nossos pensamentos, vincula a representação de uma coisa naquela de seu oposto. Como qualquer outro deslocamento, isso serve aos propósitos da censura, mas muitas vezes também é obra da realização do desejo, pois a realização do desejo consiste precisamente nessa substituição de uma coisa indesejada por seu oposto. Os afetos ligados aos pensamentos oníricos podem aparecer no sonho, transformados em seus opostos, assim como as representações, e é provável que essa inversão de afetos seja geralmente provocada pela censura do sonho.

A *supressão* e a *inversão de afetos* são úteis na vida social, como nos mostrou a costumeira analogia com a censura dos sonhos – acima de tudo, para fins de dissimulação. Se estou conversando com alguém, a quem devo tratar com consideração enquanto lhe digo coisas desagradáveis, é quase mais importante que eu esconda dele a expressão de meu afeto do que modificar a formulação de meus pensamentos. Se lhe falo com palavras polidas, mas acompanho com olhares ou gestos de ódio e desdém, o efeito que produzo nele não é muito diferente do que teria sido se eu imprudentemente lançasse meu desprezo em seu rosto. Acima de tudo, portanto, a censura me ordena a suprimir minhas emoções e, se sou mestre na arte da dissimulação, posso mostrar hipocritamente a emoção oposta – sorrir quando gostaria de me mostrar zangado e fingir afeição onde gostaria de destruir.

Já conhecemos um excelente exemplo dessa inversão de afeto em benefício da censura onírica. No sonho da barba de meu tio, sinto grande afeição por meu amigo R., ao mesmo tempo em que, e porque, os pensamentos oníricos o repreendem como um simplório. Extraímos nossa primeira prova da existência da censura desse exemplo de inversão de afetos. Tampouco é necessário supor, nesses casos, que a atividade onírica cria esse tipo de afeto contrário do nada; em geral, ela já o encontra pronto no material dos pensamentos oníricos e simplesmente o intensifica com a força psíquica dos impulsos de resistência até chegar a um ponto em que o afeto possa predominar para fins de formação do sonho.

No sonho com meu tio, que acabamos de mencionar, o carinhoso afeto contrário se originou provavelmente de uma fonte infantil (como sugeriria a última parte do sonho), pois a relação entre tio e sobrinho se tornou a fonte de todas as minhas amizades e ódios, devido à natureza peculiar de minhas experiências infantis.

Há uma classe de sonhos que merece a designação de "sonhos hipócritas", que põe a dura prova a teoria da realização de desejos. Minha atenção foi despertada para esses sonhos quando a sra. dra. M. Hilferding apresentou para debate na Sociedade Psicanalítica de Viena o sonho relatado por Rosegger, que reproduzo a seguir.

Em *Waldheimat*, vol. XI, Rosegger escreve o seguinte em sua história intitulada *Fremd gemacht*, p. 303:

"De modo geral, tenho desfrutado de um sono saudável, mas foram muitas as noites em que perdi o repouso. Com minha modesta existência de estudante e homem de letras, durante longos anos arrastei comigo a sombra de uma verdadeira vida de alfaiate, como um fantasma do qual não conseguia me separar. Não posso dizer que me ocupava com frequência e intensamente com pensamentos de meu passado durante o dia. Alguém que queria conquistar o céu e a terra, despojando-se de vez da pele de filisteu, tem outras coisas em que pensar. Tampouco pensava, como jovem arrojado, no que me diziam meus sonhos noturnos; só mais tarde, quando me habituei a refletir sobre tudo ou quando o filisteu dentro de mim voltou a afirmar-se, ocorreu-me que toda vez que sonhava eu era sempre o aprendiz de alfaiate, trabalhando continuamente na alfaiataria de meu patrão, por longas horas a fio, sem qualquer remuneração. Enquanto permanecia sentado, costurando e passando, eu tinha plena consciência de que meu lugar não era ali e que, como cidadão, tinha outras coisas com que me ocupar. Mas me sentia sempre em férias, sempre gozando de saídas para o campo, e era por isso que ficava sentado ao lado de meu patrão e o ajudava. Muitas vezes me sentia mal e lamentava a perda do tempo que poderia aproveitar para coisas melhores e mais úteis. Se algo não saísse na medida certa ou não fosse cortado com exatidão, tinha de me submeter a uma repreensão do meu patrão. Muitas vezes, sentado com as costas curvadas na loja suja, decidia avisar que ia desistir. Certo dia cheguei a fazê-lo, mas o patrão reagiu como se não tivesse tomado conhecimento, e logo lá estava eu sentado novamente perto dele, costurando.

"Como fiquei feliz quando acordei depois de horas tão cansativas! E então resolvi que, se esse sonho voltasse a aparecer, eu o afastaria à força e gritaria em voz alta: 'É só uma ilusão, estou na cama e quero dormir...' E na noite seguinte, lá estava eu sentado de novo na alfaiataria.

"Assim, passaram-se anos com uma regularidade sinistra. Enquanto o patrão e eu trabalhávamos na casa de Alpelhofer, casa do camponês onde iniciei como aprendiz, aconteceu que ele ficou particularmente insatisfeito com meu trabalho. 'Gostaria de saber onde é que está com a cabeça', exclamou ele, e me fitou com olhar sombrio. Pensei que o mais sensato a fazer seria me levantar e explicar ao patrão que eu estava com ele apenas por favor, e depois ir embora. Mas não o fiz. Submeti-me, porém, quando o patrão contratou um aprendiz e me mandou dar lugar a ele no banco. Eu me mudei para o canto e continuei costurando. No mesmo dia, outro alfaiate foi contratado; era um intolerante, um tcheco que havia trabalhado conosco 19 anos antes e que um dia caiu no lago quando voltava da taberna para casa. Quando tentou se sentar, não havia espaço para ele. Olhei para o patrão interrogativamente e ele me disse: 'Você não tem talento para ser alfaiate; pode ir; está livre.'" Meu susto foi tão avassalador, que acordei.

"A luz da manhã cinzenta brilhava através da janela de minha amada casa. Objetos de arte me cercavam; na estante de bom gosto, estavam o eterno Homero, o gigantesco Dante, o incomparável Shakespeare, o glorioso Goethe – todos brilhantes e imortais. Do quarto contíguo vinham as vozes claras das crianças, que estavam acordando e tagarelando com a mãe. Senti como se tivesse reencontrado aquela idilicamente doce, aquela vida pacífica, poética e espiritual que tantas vezes e tão profundamente imaginei como a felicidade contemplativa da humanidade. E ainda estava irritado por não ter avisado previamente meu patrão que iria me afastar, em vez de lhe dar a chance de me dispensar.

"E como isso me marcou! Desde a noite em que o patrão me 'despediu', tive paz; já não sonhava com meu trabalho de alfaiate – essa experiência, que estava relegada no passado remoto, que em sua simplicidade eu era realmente feliz e que, no entanto, lançou uma longa sombra sobre os últimos anos de minha vida."

I. Nessa série de sonhos do escritor que, em sua juventude, tinha sido aprendiz de alfaiate, é difícil reconhecer o predomínio da realização de desejo. Todas as coisas deliciosas ocorriam durante o estado de vigília, ao passo que o sonho parecia arrastar a sombra fantasmagórica de uma existência infeliz, há muito esquecida. Meus sonhos de natureza semelhante me puseram em condições de propor alguma explicação para esses sonhos. Como jovem médico, trabalhei muito tempo no Instituto de Química sem conseguir realizar nada nessa ciência exata e, portanto, nunca penso, em meu estado de vigília, nesse episódio infrutífero de minha vida, do qual realmente me envergonho. Por outro lado, tenho um sonho recorrente de que estou trabalhando no laboratório, fazendo análises, experiências etc.; como os sonhos com exames, esses sonhos são desagradáveis e nunca são muito nítidos. Durante a interpretação de um desses sonhos, minha atenção foi atraída pela palavra "análise", que me deu a chave para a compreensão deles. Desde então me tornei um "analista". Faço análises muito elogiadas – na realidade, são psicanálises. Compreendi então que, ao me orgulhar dessas análises feitas em estado de vigília e ao querer me gabar do sucesso alcançado com elas, o sonho haveria de me trazer à noite aquelas outras análises malsucedidas, das quais não teria motivos para me orgulhar; são os sonhos punitivos do arrivista, como os do alfaiate que se tornou um célebre escritor. Mas como é possível que um sonho se ponha a serviço da autocrítica em seu conflito com o orgulho de um arrivista e tome como conteúdo uma advertência sensata, em vez da realização de um desejo proibitivo? Já mencionei que a resposta a essa pergunta envolve muitas dificuldades. Podemos concluir que a base do sonho foi inicialmente formada por uma fantasia de exagerada ambição, mas que apenas sua supressão e sua consternação alcançaram o conteúdo do sonho em lugar dela. Cumpre lembrar que há tendências masoquistas na vida psíquica e a elas pode ser atribuída tal inversão. Mas uma investigação mais completa desses sonhos permite reconhecer outro elemento. Numa parte indistinta e subordinada de um de meus sonhos com o laboratório, eu estava exatamente na idade em que me colocava no ano mais sombrio e malsucedido de minha carreira profissional; não tinha emprego ainda nem meios de sustento, quando de repente descobri que tinha diante de mim a opção de escolher uma, entre muitas mulheres, com quem poderia me casar! Eu era, portanto, jovem de novo e, mais que isso, ela era jovem de novo – a mulher que compartilhou comigo todos esses anos difíceis. Dessa forma, um dos desejos que constantemente atormentam o coração do homem idoso se revela como o incitador do sonho inconsciente. A luta travada nas outras camadas psíquicas entre a vaidade e a autocrítica certamente determinou o conteúdo do sonho, mas só o desejo mais profundamente arraigado da juventude o tornou possível como sonho. Mesmo quando acordados, todos podem dizer a si mesmos: Certamente, tudo está muito bem agora e, nos velhos tempos, tudo era muito difícil; mas, mesmo assim, foi muito bom, pois éramos tão jovens ainda!

Ao considerar os sonhos relatados por um escritor, pode-se muitas vezes supor que ele excluiu do relato aqueles detalhes que percebeu como perturbadores e que considerou dispensáveis. Seus sonhos, em tal caso, nos criarão um problema que poderia ser prontamente resolvido, se tivéssemos uma reprodução exata do conteúdo do sonho.

O. Rank chamou minha atenção para o fato de que, no conto de fadas de Grimm sobre "O pequeno alfaiate valente", ou "Sete de um golpe só", contém um sonho muito semelhante de um arrivista. O alfaiate, que se tornou herói e se casou com a filha do rei, sonhou uma noite com seu ofício, deitado ao lado da princesa, sua esposa; esta, desconfiada, põe guardas armados, na noite seguinte, para escutar o que sonhador falava e dar um fim a ele. Mas o pequeno alfaiate foi avisado e sabia muito bem como corrigir seu sonho.

O complexo de processos – de suspensão, subtração, e inversão – por meio do qual os afetos dos pensamentos oníricos finalmente acabam por se tornar aqueles dos sonhos, pode muito bem ser observado na síntese adequada de sonhos completamente analisados. Tratarei aqui de casos de estímulo afetivo nos sonhos, trazendo exemplos de alguns dos sonhos já examinados.

No sonho sobre a estranha tarefa que o velho Bruecke me dá para realizar – fazer a dissecação da minha pélvis – *o apropriado horror está ausente no próprio sonho*. Ora, isso é uma realização de desejo em vários sentidos. Dissecação significa autoanálise, que realizo, por assim dizer, publicando meu livro sobre sonhos, e que me foi tão desagradável que adiei a impressão do manuscrito já concluído por mais de um ano. Surge então o desejo para que eu possa desconsiderar esse sentimento de aversão; e, por essa razão, não sinto horror (*Grauen*, significa também tornar-se grisalho, em alemão) no sonho. Eu também gostaria de escapar do horror de ficar grisalho (no outro sentido alemão do termo); pois já estou ficando grisalho rapidamente e o grisalho em meu cabelo me avisa, além disso, de não me deter mais, porquanto sabemos que, no final do sonho, a representação enfatiza a ideia de que eu deveria ter de deixar que meus filhos se empenhem em chegar ao objetivo de sua difícil jornada.

Nos dois sonhos que deslocam a expressão de satisfação para os momentos imediatamente após o despertar, essa satisfação é, num caso, motivada pela expectativa de que agora vou descobrir o que significa "já sonhei isso antes", e se refere, na realidade, ao nascimento de meu primeiro filho; no segundo caso, é motivada pela convicção de que "aquilo que foi anunciado por um sinal" vai acontecer agora, e essa última satisfação é a mesma que senti na chegada de meu segundo filho. Aqui, os mesmos afetos que dominaram os pensamentos oníricos permaneceram no sonho, mas o processo provavelmente não é tão simples assim em todos os sonhos. Se examinarmos um pouco as duas análises, veremos que essa satisfação, que não sucumbe à censura, recebe um acréscimo de uma fonte que deve temer a censura; e o afeto produzido por essa fonte certamente suscitaria oposição, se não se revestisse de um afeto similar de satisfação, que é acatada de bom grado, se não se esgueirasse, por assim dizer, por trás da outra. Infelizmente, não posso mostrar isso no caso real desse sonho, mas um exemplo de outra esfera tornará meu significado inteligível.

Suponho o seguinte caso: Há uma pessoa conhecida que detesto, de modo que sinto em mim um vivo pendor a ficar contente quando algo de ruim lhe acontece. Mas o lado moral de minha natureza não cede a esse sentimento; não me atrevo a expressar esse mau desejo, e quando acontece algo com ela que não merece, suprimo minha satisfação e me imponho expressões e pensamentos de pesar. Todos já devem ter passado por uma situação dessas. Mas se a pessoa detestada, por alguma falta, atrai sobre si um merecido infortúnio, então posso dar rédea solta à minha satisfação, pois recebeu uma justa punição pelo que fez; e nisso minha opinião coincide com a de muitas outras pessoas que são imparciais. Mas percebo que minha satisfação acaba sendo mais intensa do que a dos outros, pois recebeu um acréscimo de outra fonte – de meu ódio, até então impedida pela censura interior de demonstrar afeto, mas que, alteradas as circunstâncias, não é mais impedida de fazê-lo. Esse caso é bem típico da vida em sociedade, onde pessoas que despertaram antipatia ou que fazem parte de uma minoria impopular incorrem em culpa. Sua punição não corresponde à sua transgressão, mas à sua transgressão *mais* a má vontade dirigida contra elas, má vontade até então sem consequências. Aqueles que executam a punição cometem, sem dúvida, uma injustiça, mas são impedidos de se dar conta disso pela satisfação que surge da liberação dentro de si de uma repressão de longa data. Nesses casos, o afeto é justificado por sua qualidade, mas não por sua quantidade; e a autocrítica que foi apaziguada quanto a um aspecto tende, com muita facilidade, a negligenciar o exame do segundo aspecto. Depois de abrir as portas, mais pessoas passam do que originalmente se pretendia deixar entrar.

A característica marcante do caráter neurótico, que estímulos capazes de produzir afeto trazem sobre um resultado que é qualitativamente justificado, mas quantitativamente excessivo, deve ser explicada dessa maneira, na medida em que admita uma explicação psicológica. O excesso se deve a fontes de afeto que permaneceram inconscientes e até esse momento foram suprimidas. Essas fontes podem estabelecer nas associações um elo com o estímulo real e podem, assim, encontrar liberação para seus afetos através da abertura que outra fonte inquestionável e legítima de afeto propicia. Nossa atenção é assim atraída para o fato de que não podemos considerar a relação de repressão mútua como se ocorresse exclusivamente entre o julgamento psíquico suprimido e o supressor. Os casos em que os dois julgamentos provocam um afeto patológico, por cooperação e fortalecimento mútuo, merecem igualmente atenção. Solicita-se ao leitor que aplique essas indicações sobre o mecanismo psíquico com o propósito de compreender as expressões de afeto no sonho. Uma satisfação que aparece no sonho e que pode ser facilmente encontrada em seu devido lugar nos pensamentos oníricos nem sempre pode ser totalmente explicada por meio dessa referência. Via de regra, será necessário procurar uma segunda fonte nos pensamentos oníricos, sobre a qual se exerce a pressão da censura e que, sob essa pressão, teria resultado não em satisfação, mas no afeto oposto – que, no entanto, é possibilitado pela presença da primeira fonte para libertar seu afeto de satisfação da supressão e para reforçar a satisfação que brota da outra fonte. Assim, os afetos nos sonhos aparecem como se fossem formados pela confluência de vários tributários, e como se fossem sobredeterminados em relação ao material dos pensamentos oníricos; *as fontes de afeto que podem fornecer o mesmo afeto se unem na atividade onírica para produzi-lo.*[161]

Podemos obter algum discernimento sobre essas emaranhadas relações a partir da análise do admirável sonho em que "*Non vixit*" (Não viveu) constitui o ponto central. As expressões de afeto nesse sonho, que são de qualidades diferentes, são forçadas a se unir em dois pontos do conteúdo manifesto. Sentimentos hostis e dolorosos (no próprio sonho temos a frase "dominado por emoções estranhas") se sobrepõem no ponto em que destruo meu amigo antagônico com as duas palavras. No fim do sonho, estou muito satisfeito e pronto para acreditar numa possibilidade que reconheço como absurda quando estou acordado, a saber, que existem arrivistas que podem ser afastados por um mero desejo.

Ainda não mencionei a causa desse sonho. É essencial, e não é tão simples explicá-lo a contento. Eu tinha recebido a notícia de meu amigo de Berlim (que designei como F.) de que ele está prestes a ser operado e que parentes dele em Viena me dariam mais informações sobre seu estado. As primeiras mensagens depois da operação não eram tranquilizadoras e me causaram inquietação. Teria gostado de visitá-lo pessoalmente, mas nessa ocasião eu estava acometido de uma doença dolorosa que tornava cada movimento uma tortura para mim. Os pensamentos oníricos me informam então que eu temia pela vida de meu caro amigo. Eu sabia que sua única irmã, que eu não chegara a conhecer, havia morrido jovem, após brevíssima enfermidade. (No sonho, F. fala sobre sua irmã e diz: "*Em três quartos de hora ela estava morta.*") Devo ter imaginado que a própria constituição dele não era muito mais forte que a da irmã e que em breve eu deveria estar viajando, apesar de minha saúde, depois de receber notícias muito piores – e que deveria chegar tarde demais, pelo que jamais haveria de me perdoar.[162] Essa recriminação por chegar tarde demais tornou-se o ponto central do sonho, mas foi representada numa cena em que o estimado professor de meus anos de estudante – Bruecke – me recrimina pela mesma coisa com uma terrível expressão em seus olhos azuis. A causa desse desvio da cena logo ficará clara; o sonho não pode reproduzir a cena em si da maneira que ocorreu comigo. Com certeza, deixa os olhos azuis para o outro homem, mas me atribui o papel de aniquilador, uma inversão que é obviamente o resultado da realização de desejo. Minha preocupação com a vida de meu amigo, minha autocensura por não ter ido visitá-lo, minha vergonha (ele me havia visitado repetidas vezes em Viena), meu desejo de me considerar desculpado por causa de minha doença – tudo isso contribui para formar uma tempestade de sentimentos que é nitidamente sentida durante o sono e que se alastrou em todas as partes dos pensamentos oníricos.

Mas havia outra coisa na causa do sonho que teve efeito totalmente oposto. Com as notícias desfavoráveis nos primeiros dias depois da operação, recebi também a advertência para não falar a ninguém sobre o assunto, o que feriu meus sentimentos, pois revelava uma desconfiança desnecessária em minha discrição. Eu sabia, é claro, que essa exigência não partia de meu amigo, mas refletia falta de tato ou timidez excessiva da parte do mensageiro, mas a censura velada me deixou muito mal, porque não era totalmente injustificada. Como todos sabem, só as censuras que "têm algo em si" têm o poder de perturbar. Muito antes, causei problemas entre dois amigos (e ambos estavam dispostos a me honrar com sua amizade), pois eu havia comentado, sem necessidade alguma, o que um havia dito sobre o outro; é certo que esse incidente não teve nada a ver com o que diz respeito a meu amigo F. Tampouco esqueci as recriminações que tive de ouvir naquela ocasião. Um dos dois amigos era o professor Fleischl; o outro posso chamá-lo de Joseph, que era também o nome de meu amigo e oponente P., que aparece no sonho.

Dois elementos do sonho, primeiro *de forma discreta* e depois a questão de *Fl., relativa a quanto falei de suas coisas pessoais a P.*, reforçam a recriminação de que sou incapaz de guardar segredo. Mas é a mistura dessas lembranças que transfere, do presente para a época em que eu trabalhava no laboratório de Bruecke, a recriminação por chegar tarde demais; ao substituir a segunda pessoa na cena de aniquilamento do sonho por um Joseph, consigo fazer com que essa cena não represente só a primeira recriminação por chegar tarde demais, mas também uma segunda recriminação, que é mais rigorosamente reprimida, de que não guardo segredos. São transparentes agora, portanto, tanto a atividade de condensação e substituição desse sonho como os motivos para tanto.

Minha raiva pela advertência recebida de não dizer nada a ninguém, de início bastante insignificante, recebe confirmação de fontes que fluem das profundezas de minha mente, e assim se tornam uma volumosa torrente de sentimentos hostis em relação às pessoas que, na realidade, me são caras. A fonte que fornece a confirmação remonta à minha infância. Já disse que minhas amizades, assim como minhas inimizades com pessoas de minha idade, remontam às minhas relações infantis com meu sobrinho, que era um ano mais velho que eu. Como ele era superior a mim, muito cedo aprendi como me defender; éramos inseparáveis, gostávamos um do outro e, ao mesmo tempo, como o comprovam depoimentos dos mais velhos, brigávamos e acusávamos um ao outro. Em certo sentido, todos os meus amigos são reencarnações dessa primeira figura, "que cedo apareceu à minha visão turbada"; são todos arrivistas. O meu sobrinho reapareceu nos anos da adolescência e, nessa ocasião, representamos os papéis de César e Brutus. Um amigo íntimo e um inimigo detestado sempre foram requisitos indispensáveis para minha vida emocional; sempre fui capaz de criá-los de novo e, não raras vezes, meu ideal infantil foi tão próximo que amigo e inimigo coincidiam na mesma pessoa, não simultaneamente, é claro, nem em repetidas alterações, como havia acontecido em minha tenra infância.

Não desejo aqui esmiuçar a maneira pela qual uma situação recente de afeto pode remontar a uma da infância – por meio de ligações como essas que acabei de descrever – e ser substituída por essa situação anterior, por causa de um aumento do efeito emocional. Essa investigação faria parte da psicologia do inconsciente e encontraria lugar apropriado na explicação psicológica das neuroses. Suponhamos, para fins de interpretação dos sonhos, que uma lembrança da infância surja ou seja formada pela fantasia, mais ou menos com o seguinte conteúdo: Duas crianças brigam por causa de um objeto – o que, exatamente, vamos deixar em aberto, embora a lembrança ou a alusão à mente tenha presente um objeto bastante definido – e cada uma delas afirma que o apanhou primeiro e, portanto, tem mais direito a ele. Chegam a brigar de fato, pois a força prevalece sobre o direito. De acordo com a insinuação do sonho, devia saber que eu estava errado (*percebendo eu mesmo o erro*), mas dessa vez me mostro mais forte e tomo posse do campo de batalha; o combatente derrotado corre para meu pai, seu avô, e me acusa, e eu me defendo com as palavras que sei pelo relato de meu pai: "*Eu bati nele porque ele me bateu*". Assim, essa lembrança, ou mais provavelmente fantasia, que se impõe à minha atenção no decorrer da análise – pelo conhecimento atual, eu mesmo não sei como – torna-se um intermediário dos pensamentos oníricos que reúne os estímulos emocionais que desembocam nos pensamentos do sonho, como a concavidade de uma fonte recolhe as correntes de água que fluem para ela. A partir desse ponto, os pensamentos oníricos fluem pelos seguintes caminhos: "Bem feito para você, se teve de deixar seu lugar para mim; por que tentou tirar meu lugar? Eu não preciso de você; posso muito bem encontrar outro para brincar comigo", etc. Então se abrem os caminhos que levam esses pensamentos novamente à representação no sonho. Uma vez tive de recriminar meu falecido amigo Joseph, dizendo-lhe: "*Ôte-toi que je m'y mette.*"* Ele estava a meu lado na linha de promoção no laboratório de Bruecke, coisa que se arrastava muito lentamente. Nenhum dos dois assistentes se moveu de seu lugar, e o jovem ficou impaciente.

Meu amigo, que sabia que seu tempo de vida era limitado e que não estava ligado por nenhum vínculo a seu superior, era um homem gravemente doente; o desejo da remoção do outro permitia uma interpretação censurável – ele poderia estar movido por

---

* Em francês, no original: "Saia daí, que esse lugar é meu!"

algo mais do que a simples esperança de promoção. Vários anos antes, o mesmo desejo de liberdade tinha sido naturalmente mais intenso em meu caso; onde quer que haja hierarquia e promoção, as portas estão abertas para desejos que precisam de supressão. O príncipe Hal, de Shakespeare, não consegue se livrar da tentação de ver como a coroa se encaixa até mesmo na cama de seu pai doente. Mas, como pode ser facilmente entendido, o sonho pune esse desejo implacável não a mim, mas a ele.[163]

"Como ele era ambicioso, eu o matei." Como não podia esperar que o outro homem fosse afastado, ele próprio foi afastado. Guardo esses pensamentos imediatamente depois de assistir à inauguração da estátua a outro homem na universidade. Parte da satisfação que sinto no sonho pode, portanto, ser assim interpretada assim: Justa punição; serviu direitinho.

No funeral desse amigo, um jovem fez a seguinte observação, que parecia inoportuna: "O orador falou como se o mundo não pudesse existir sem esse ser humano". O pesar do homem sincero, cuja tristeza foi maculada pelo exagero, começa a se revelar nele. Mas a esse comentário se ligam os pensamentos do sonho: "Ninguém é realmente insubstituível; quantos homens eu já acompanhei até o túmulo, mas ainda estou vivo, sobrevivi a todos eles, sou dono do terreno". Esse pensamento, ocorrendo-me no momento em que, receio, ao viajar para ver meu amigo, não o encontre mais entre os vivos, permite a ulterior interpretação de que eu esteja contente por sobreviver a alguém, por não ser eu que morri, mas ele – por eu ter ficado dono do terreno, como fiz uma vez na cena imaginada na infância. Essa satisfação, vinda de fontes da infância, pelo fato de ficar dono do terreno, constitui a maior parte do afeto que aparece no sonho. Estou contente por ser o sobrevivente – expresso esse sentimento com o ingênuo egoísmo de um dos cônjuges que diz ao outro: "Se um de nós morrer, vou me mudar para Paris." É tão óbvio para minha expectativa que não sou eu a morrer primeiro.

Não se pode negar que um grande autocontrole é necessário para interpretar os sonhos e relatá-los. É necessário que você se revele como o único vilão entre todas as almas nobres com quem compartilha o sopro de vida. Assim, considero bastante natural que haja arrivistas apenas enquanto forem desejados e que possam ser eliminados por meio de um desejo. Essa é a coisa pela qual meu amigo Joseph foi punido. Mas os arrivistas são as sucessivas reencarnações de meu amigo de infância; e estou satisfeito também pelo fato de ter substituído essa pessoa repetidamente e um substituto, sem dúvida, em breve será encontrado até mesmo para o amigo que estou prestes a perder. Ninguém é insubstituível.

Mas o que a censura dos sonhos tem feito enquanto isso? Por que não levanta a objeção mais enérgica contra uma linha de pensamento caracterizada por um egoísmo tão brutal e transforma a satisfação ligada a ela em profunda repugnância? Acho que é porque outras linhas de pensamento inquestionáveis também resultam em satisfação e encobrem, com seu afeto, o afeto proveniente de fontes infantis proibidas. Em outra camada de meus pensamentos, disse a mim mesmo, naquela festiva inauguração do memorial: "Perdi tantos amigos íntimos, alguns pela morte, outros pelo rompimento da amizade – não é bonito que eu tenha encontrado substitutos para eles, que ganhei um que significa mais para mim do que os outros, que devo zelar para não perder jamais a amizade dele, mormente na idade em que não é fácil fazer novas amizades?" A satisfação por ter encontrado esse substituto para amigos perdidos pode ser incorporada ao sonho sem interferência, mas por trás dela se esconde a satisfação hostil da fonte infantil. A afeição infantil, sem dúvida, ajuda a fortalecer a afeição justificada de hoje; mas o ódio infantil também encontrou seu lugar na representação.

Mas, além disso, há referência clara no sonho a outra corrente de pensamentos, que pode se manifestar na forma de satisfação. Meu amigo, pouco antes, vira nascer uma filhinha, depois de longa espera. Eu sabia quanto ele havia sofrido pela irmã que perdera em tenra idade e lhe escrevi dizendo que ele haveria de transferir para essa criança o amor que sentira pela irmã. Essa menina o faria, finalmente, esquecer a irreparável perda.

Assim, essa cadeia de pensamentos também se liga com os pensamentos intermediários do conteúdo onírico latente, a partir dos quais as vias se ramificam em direções opostas: Ninguém é insubstituível. Veja, não há nada além de arrivistas; tudo o que se perdeu, retorna. E então os vínculos de associação entre os elementos contraditórios dos pensamentos oníricos são mais estreitos devido à circunstância acidental de que a filhinha de meu amigo tem o mesmo nome da garota com quem eu brincava quando menino, que tinha exatamente minha idade e era irmã de meu primeiro amigo e oponente. Foi com *satisfação* que fiquei sabendo que o nome da menina seria "Pauline". E, para aludir a essa coincidência, substituí um Joseph no sonho por outro Joseph, e não me passou despercebida a semelhança do som entre as letras iniciais dos nomes Fleischl e F. A partir desse ponto, uma linha de pensamento concorre para a questão dos nomes a dar a meus filhos. Insisti para que os nomes não fossem escolhidos de acordo com a moda do momento, mas deveriam ser determinados pelo respeito à memória de pessoas amadas. Os nomes das crianças as tornam "arrivistas". E, afinal, ter filhos não é o único acesso à imortalidade para todos nós?

Acrescentarei apenas algumas observações sobre a questão do afeto nos sonhos, de outro ponto de vista. Uma inclinação emocional – que chamamos de disposição de ânimo – pode ocorrer na mente de uma pessoa adormecida como seu elemento dominante e pode induzir a uma disposição correspondente nos sonhos. Essa disposição pode ser resultado das experiências e pensamentos do dia, ou pode ser de origem somática; em ambos os casos, será acompanhada pelas correntes de pensamento que lhe correspondem. O fato de que, num caso, esse conteúdo de representações condiciona principalmente a inclinação emocional e que, em outro caso, é provocada secundariamente por uma disposição de sentimento de origem somática, permanece sem influência sobre a formação do sonho. Essa formação está sempre sujeita à condição de só poder representar uma realização de desejo e de só poder colocar sua força motriz psíquica a serviço do desejo. A disposição de ânimo que está realmente presente receberá o mesmo tratamento que a sensação que realmente vem à tona durante o sono, que é negligenciada ou reinterpretada para significar uma realização de desejo. Disposições de ânimo desagradáveis durante o sono se tornam uma força motriz do sonho, ativando desejos enérgicos, que o sonho deve satisfazer. O material ao qual eles estão ligados é trabalhado até que finalmente se torne adequado para a expressão do desejo realizado. Quanto mais intenso e mais dominante for o elemento da disposição de ânimo desagradável no pensamento onírico, com maior certeza os impulsos de desejo que foram mais rigorosamente suprimidos aproveitarão a oportunidade de garantir a representação, pois acham que a parte difícil do trabalho necessário para garantir a representação já foi realizada, uma vez que a repugnância já existe de fato – trabalho que, de outro modo, teriam de produzir pelo próprio esforço. Com essa discussão, voltamos a tocar no problema dos sonhos de ansiedade ou angústia, que podemos considerar como sonhos à margem da esfera da atividade onírica.

(H) ELABORAÇÃO SECUNDÁRIA

Podemos finalmente proceder a uma exposição do quarto fator que participa da formação do sonho.

Se continuarmos o exame do conteúdo do sonho, da maneira já delineada – isto é, testando ocorrências marcantes quanto à sua origem nos pensamentos oníricos – encontraremos elementos que só podem ser explicados com um pressuposto inteiramente novo. Tenho em mente casos em que se mostra espanto, raiva ou resistência num sonho e isso também contra parte do próprio conteúdo do sonho. A maioria desses sentimentos críticos nos sonhos não é dirigida contra o conteúdo do sonho, mas prova ser parte de material onírico que foi tomada e apropriadamente utilizada, como demonstrei em diversos exemplos. Algumas coisas desse tipo, no entanto, não podem ser tomadas dessa maneira; seu correlato não pode ser encontrado no material onírico. O que significa, por exemplo, a crítica não rara em sonhos: "Bem, é apenas um sonho"? Essa é uma crítica genuína ao sonho, precisamente como eu poderia fazer, se estivesse acordado. Não raramente é o precursor do despertar; com maior frequência ainda é precedido por uma sensação dolorosa, que desaparece quando a certeza de que se trata de um estado de sonho. O pensamento: "Mas é apenas um sonho", ocorrendo durante o sonho, tem o mesmo propósito que deve ser transmitido no palco pela boca da bela Helena, na ópera de Offenbach; ela quer minimizar o que acabou de ocorrer e garantir tolerância pelo que está por vir. Seu objetivo é tranquilizar e, por assim dizer, adormecer determinada instância que, nesse momento, tem todas as razões para estar ativa e proibir a continuação do sonho – ou da cena. É mais agradável continuar dormindo e tolerar o sonho, "porque, afinal, é apenas um sonho". Imagino que a crítica depreciativa "Mas é só um sonho", entra no sonho no momento em que a censura, que nunca está totalmente adormecida, sente que foi surpreendida pelo sonho já admitido. É tarde demais para suprimir o sonho e o caso, portanto, traz consigo aquela nota de medo ou de sentimento doloroso que se apresenta no sonho. É uma expressão do *esprit d'escalier** por parte da censura psíquica.

Nesse exemplo, temos uma prova perfeita de que nem tudo que o sonho contém vem dos pensamentos oníricos, mas que uma função psíquica que não pode ser diferenciada de nossos pensamentos de vigília pode contribuir para o conteúdo do sonho. A questão agora é: isso ocorre apenas em casos totalmente excepcionais, ou a instância psíquica, que geralmente atua apenas como censura, participa regularmente na formação dos sonhos?

---

* *Esprit d'escalier*: expressão francesa que significa "tarde demais para replicar, tarde demais para dar uma resposta adequada. (N.T.)

Devemos decidir, sem hesitação, pela última alternativa. É indiscutível que a instância censora, cuja influência até agora reconhecemos apenas nas limitações e omissões no conteúdo onírico, é também responsável por intercalações e acréscimos nesse conteúdo. Muitas vezes, essas intercalações são facilmente reconhecidas; são relatadas com hesitação, precedidas por um "como se", não são em si particularmente vívidas e são regularmente inseridas em pontos onde podem servir de ligação entre duas partes do conteúdo do sonho ou melhorar a sequência entre duas seções do sonho. São menos fáceis de guardar na memória do que produtos genuínos do material do sonho; se o sonho está sujeito ao esquecimento, elas são as primeiras a desaparecer, e estou fortemente inclinado a acreditar que nossa queixa frequente de que sonhamos tanto, que esquecemos a maior parte do sonho e nos lembramos apenas de fragmentos dele, se baseia na queda imediata apenas desses pensamentos agregadores. Numa análise completa, essas intercalações são frequentemente traídas pelo fato de que nenhum material pode ser encontrado para elas nos pensamentos oníricos. Mas, depois de um exame cuidadoso, devo designar esse caso como raro; os pensamentos geralmente intercalados podem ser atribuídos a um elemento dos pensamentos oníricos que, no entanto, não pode reivindicar um lugar no sonho, em razão do próprio mérito ou da sobredeterminação. A função psíquica na formação do sonho, que estamos examinando agora, aspira às criações originais apenas nos casos mais extremos; sempre que possível, faz uso de qualquer coisa disponível que possa encontrar no material do sonho.

O que distingue e revela essa parte da atividade onírica é sua tendência. Essa função procede de maneira semelhante àquela que o poeta atribui maldosamente ao filósofo; com seus remendos e trapos, tapa as brechas na estrutura do sonho. O resultado de seu esforço é que o sonho perde a aparência de absurdo e de incoerência, e se aproxima do padrão de uma experiência inteligível. Mas o esforço nem sempre é coroado de total êxito. Assim, ocorrem sonhos que podem parecer perfeitamente lógicos e corretos após um exame superficial; partem de uma situação possível, continuam por meio de mudanças consistentes e terminam – embora isso seja muito raro – com uma conclusão natural. Esses sonhos foram submetidos à mais completa elaboração pelas mãos de uma função psíquica semelhante a nosso pensamento de vigília; eles parecem ter um significado, mas esse significado está muito distante do significado real do sonho. Se analisados, ficamos convencidos de que a elaboração secundária distorceu o material livremente e preservou o mínimo possível de suas relações existentes no material. Esses são os sonhos que, por assim dizer, já foram interpretados antes de submetê-los à interpretação de vigília. Em outros sonhos, essa elaboração intencional foi bem-sucedida apenas até certo ponto; até esse ponto a consistência parece ser dominante, então o sonho se torna absurdo ou confuso, e talvez se eleve finalmente pela segunda vez em seu curso a uma aparência de racionalidade. Em outros sonhos, ainda, a elaboração falhou completamente; vemo-nos então impotentes na presença de uma massa sem sentido de conteúdos fragmentados.

Não desejo negar a esse quarto poder de moldar o sonho, que em breve nos parecerá familiar – é na realidade o único entre os quatro moldadores de sonho que conhecemos –, não desejo negar a esse quarto fator a capacidade de fornecer, de modo criativo, novas contribuições ao sonho. Mas certamente sua influência, como a dos outros, manifesta-se preponderantemente na preferência e na escolha do material psíquico já criado nos pensamentos oníricos. Ora, há um caso em que se poupa o trabalho, na maioria das vezes, de construir, por assim dizer, uma fachada para o sonho, pelo fato de que essa estrutura, pronta para ser utilizada, já se encontra completa no material dos pensamentos oníricos. Tenho o hábito de designar como "fantasia" o elemento dos pensamentos oníricos que tenho em mente; talvez eu evite mal-entendidos se apresentar imediatamente o devaneio da vida de vigília como algo análogo a essa fantasia.[164] O papel desempenhado por esse elemento em nossa vida psíquica ainda não foi plenamente reconhecido e investigado pelos psiquiatras; nesse estudo, M. Benedikt, parece-me, teve um início altamente promissor. O significado do devaneio não escapou da visão infalível dos literatos; a descrição dos devaneios de um de seus personagens secundários, que A. Daudet nos apresenta em *O Nababo*, é universalmente conhecida. Um estudo das psiconeuroses revela o surpreendente fato de que essas fantasias ou devaneios são os predecessores imediatos dos sintomas histéricos – pelo menos de muitos deles. Os sintomas histéricos dependem diretamente não das lembranças em si, mas das fantasias construídas com base em lembranças. A frequente ocorrência de fantasias diurnas conscientes traz essas estruturas para o âmbito de nosso conhecimento; mas assim como existem essas fantasias conscientes, existem também muitas inconscientes, que devem permanecer inconscientes por causa de seu conteúdo e por causa de sua origem do material reprimido. Um exame mais completo do caráter dessas fantasias diurnas mostra com que boa razão o mesmo nome foi dado a essas formações como aos produtos de nosso pensamento durante a noite – isto é, o sonho. Elas possuem uma parte essencial de suas propriedades em comum com os sonhos noturnos; um exame deles teria realmente proporcionado a melhor e mais curta abordagem para a compreensão dos sonhos noturnos.

Como os sonhos, essas fantasias são realizações de desejos; como os sonhos, boa parte delas se baseia nas impressões de experiências infantis; como os sonhos, suas criações se beneficiam de certa indulgência da censura. Se examinarmos sua formação, veremos como o motivo do desejo, ativo em sua produção, tomou o material de que são construídas, misturou-o, reorganizou-o e o compôs numa nova unidade. Elas têm a mesma relação com as lembranças infantis, às quais remontam, como alguns dos palácios pitorescos de Roma têm com as ruínas antigas, cujas pedras e pilares forneceram o material para a estrutura construída em forma moderna.

Na "elaboração secundária" do conteúdo onírico que atribuímos a nosso quarto fator de formação do sonho, encontramos novamente a mesma atividade, que na criação dos devaneios ou sonhos diurnos, pode se manifestar desimpedida por outras influências. Podemos dizer sem mais preliminares que esse nosso quarto fator busca formar algo *como um sonho diurno* com base no material que tem a seu alcance. Se, no entanto, esse sonho diurno já tiver sido formado em conexão com o pensamento onírico, esse fator da elaboração do sonho irá de preferência controlá-lo e se esforçar para introduzi-lo no conteúdo do sonho. Há sonhos que consistem apenas na repetição dessa fantasia diurna, uma fantasia que talvez tenha permanecido inconsciente – como o sonho do menino que está andando com os heróis da guerra de Troia numa biga de guerra. Em meu sonho do "Autodidasker", pelo menos a segunda parte do sonho é a repetição fiel de uma fantasia diurna – inocente em si – sobre minha conversa com o professor N. O fato de que a fantasia já pronta forme somente uma parte do sonho, ou que apenas uma parte da fantasia chegue ao conteúdo do sonho tem sua origem na complexidade das condições que o sonho deve satisfazer em sua gênese. De modo geral, a fantasia é tratada como qualquer outro componente do material latente; ainda assim, é muitas vezes reconhecível no sonho de modo geral. Em meus sonhos ocorrem frequentemente partes que são destacadas por uma impressão diferente da do resto. Parecem-me estar em estado de fluxo, mais coerentes e ao mesmo tempo mais transitórias do que outros fragmentos do mesmo sonho. Sei que são fantasias inconscientes que entram no sonho em razão de sua associação, mas nunca consegui registrar semelhante fantasia. De resto, essas fantasias, como todas as outras partes componentes dos pensamentos oníricos, são misturadas e condensadas, uma encoberta pela outra e assim por diante; mas há de todos os graus, desde o caso em que podem constituir o conteúdo onírico ou pelo menos a fachada onírica inalterada até o caso contrário, onde são representadas no conteúdo onírico por apenas um de seus elementos ou por uma remota alusão a esse elemento. Na medida em que as fantasias são capazes de resistir às exigências da censura e à tendência à condensação são também, é claro, decisivas com relação a seu destino entre os pensamentos oníricos.

Em minha escolha de exemplos para a análise de sonhos, evitei, sempre que possível, aqueles sonhos em que as fantasias inconscientes desempenham um papel bastante importante, porque a introdução desse elemento psíquico exigiria uma extensa discussão sobre a psicologia do pensamento inconsciente. Mas não posso omitir inteiramente a "fantasia", mesmo nesse conjunto de exemplos, porque muitas vezes ela entra completamente no sonho e ainda mais o permeia claramente. Posso mencionar mais um sonho, que parece ser composto de duas fantasias diferentes e opostas, que se sobrepõem em certos lugares, e das quais a primeira é superficial, ao passo que a segunda se torna, por assim dizer, a intérprete da primeira.[165]

O sonho – o único de que não tenho anotações cuidadosas – é mais ou menos o seguinte: O sonhador – um jovem solteiro – está sentado à mesa numa estalagem, onde é visto com frequência; várias pessoas vêm buscá-lo e, entre elas, uma que quer prendê-lo. Ele diz a seus companheiros de mesa: "Vou pagar depois, vou voltar". Mas eles o chamam, rindo desdenhosamente: "Sabemos de tudo sobre essa história; é o que todo mundo fala". Um convidado lhe grita: "Lá se vai mais um". Ele é levado, então, a um cômodo estreito, onde encontra uma mulher com uma criança nos braços. Um dos acompanhantes do jovem diz: "Esse é o sr. Müller". Um comissário ou outro funcionário parecido está examinando um maço de cartões ou papéis, repetindo Müller, Müller, Müller. Por fim, o comissário lhe faz uma pergunta, à qual ele responde com um "sim". Então dá uma olhada na mulher e percebe que ela tem agora uma longa barba.

As duas partes componentes são aqui facilmente separadas. O que é superficial é a fantasia de ser preso; parece ser recém-criada pelo trabalho do sonho. Mas por trás disso aparece a fantasia do casamento, e esse material, ao contrário, sofreu apenas uma ligeira mudança nas mãos da atividade onírica. Os traços comuns a ambas as fantasias ganham claro destaque como na fotografia composta de Galton. A promessa do rapaz de voltar a seu lugar na mesa da estalagem, o ceticismo dos companheiros, já bem escolados pelas experiências, o grito posterior: "Lá se vai (se casar) mais um" – todas essas características podem facilmente se enquadrar na interpretação alternativa. Da mesma forma, a resposta afirmativa dada ao funcionário. Percorrendo o maço de papéis com a repetição do nome, corresponde a uma característica secundária, mas bem conhecida, das cerimônias de casamento – a leitura em voz alta dos telegramas de congratulações que chegaram irregularmente e que, é claro, são todos endereçados ao mesmo nome. No que diz respeito à aparência pessoal da noiva nesse sonho, a fantasia de casamento levou a melhor sobre a fantasia da prisão, que a oculta. O fato de essa noiva, no final, exibir uma barba, posso explicar a partir de uma investigação posterior – não tinha ainda submetido o sonho a uma análise. No dia anterior, o sonhador tinha andado pela rua com um amigo que era tão hostil ao casamento quanto ele e chamou a atenção do amigo para uma bela morena que vinha em sua direção. O amigo comentou: "Sim, se essas mulheres não ficassem com barba, à medida que envelhecem, como ocorre com os pais delas".

É claro que não faltam elementos nesse sonho, em que a distorção do sonho fez um trabalho mais completo. Assim, a fala: "Depois vou pagar" pode referir-se à conduta do sogro na questão do dote – o que é incerto. Obviamente, todos os tipos de escrúpulos impedem o sonhador de se entregar com prazer à fantasia do casamento. Uma dessas apreensões – para que não se perca a liberdade ao se casar – se concretizou na transformação em cena de prisão.

Voltemos à tese de que a atividade onírica gosta de utilizar uma fantasia acabada e à mão, em vez de criá-la de novo com base no material dos pensamentos oníricos; talvez possamos resolver um dos enigmas mais interessantes do sonho, se tivermos esse fato em mente. No primeiro capítulo, relatei o sonho de Maury, que é atingido na nuca com uma vara e que acorda depois de um longo sonho – um romance completo da época da Revolução Francesa. Uma vez que o sonho é representado como coerente e explicável apenas por referência ao estímulo perturbador, sobre cuja ocorrência o adormecido nada poderia suspeitar, parece restar apenas uma suposição, a saber, que todo o sonho ricamente elaborado deve ter sido composto e deve ter ocorrido no curto espaço de tempo entre a queda do bastão na vértebra cervical de Maury e o despertar induzido pelo golpe. Não devemos nos sentir justificados em atribuir tal rapidez à atividade mental de vigília e, portanto, estamos inclinados a creditar à atividade onírica uma notável aceleração do pensamento como uma de suas características.

Contra essa inferência, que rapidamente se torna popular, autores mais recentes (Le Lorrain, Egger e outros) fizeram objeções enfáticas. Eles duvidam em parte da exatidão com que o sonho foi relatado por Maury e em parte tentam mostrar que a rapidez de nossa capacidade mental de vigília é tão grande quanto aquela que podemos conceder sem reservas à atividade onírica. A discussão levanta questões fundamentais, cuja solução não parece me interessar de perto. Mas devo admitir que o argumento, por exemplo, de Egger não me convence, particularmente contra o sonho de Maury com a guilhotina. Sugiro a seguinte explicação para esse sonho: Seria muito improvável que o sonho de Maury exiba uma fantasia que havia sido preservada em sua memória em estado acabado por anos, e que foi despertada – deveria antes dizer, aludida – no momento em que tomou consciência do estímulo perturbador? A dificuldade de compor uma história tão longa com todos os seus detalhes no espaço de tempo extremamente curto que está aqui à disposição do sonhador desaparece então; a história já está composta. Se a vara tivesse atingido o pescoço de Maury quando ele estava acordado, talvez houvesse tempo para o pensamento: "Ora, é como ser guilhotinado." Mas quando ele é atingido pelo bastão enquanto dorme, a atividade do sonho rapidamente encontra ocasião no estímulo que chega para construir uma realização de desejo, como se pensasse (isso deve ser tomado inteiramente em sentido figurado): "Aqui está uma boa oportunidade para realizar a fantasia de desejo que formei em tal e tal momento enquanto estava lendo." Não me parece questionável que esse romance de sonho seja exatamente o que um jovem provavelmente criaria sob a influência de impressões poderosas. Quem não se deixaria levar – sobretudo um francês e um estudioso da história da civilização – pelas descrições do Reino do Terror, em que a aristocracia, homens e mulheres, a flor da nação, mostravam que era possível morrer com um coração leve, e preservaram seu raciocínio rápido e refinamento de vida até a convocação fatal? Como é tentador imaginar-se no meio de tudo isso como um dos jovens que se separa de sua dama com um beijo na mão para subir sem medo ao cadafalso! Ou talvez a ambição seja o motivo dominante da fantasia – a ambição de se colocar no lugar de um desses indivíduos poderosos que meramente, pela força de seu pensamento e de sua eloquência ardente, governam a cidade em que o coração da humanidade está localizado, batendo tão convulsivamente, que são impelidos pela convicção a mandar milhares de seres humanos para a morte, e que abrem o caminho para a transformação da Europa; que, entretanto, não estão seguros das próprias cabeças, e podem um dia colocá-las sob a lâmina da guilhotina, talvez no papel de um dos girondinos ou do herói Danton? O recurso, "acompanhado de inumerável multidão", que se conserva na memória, parece mostrar que a fantasia de Maury é desse tipo ambicioso.

Mas essa fantasia, que há muito está pronta, não precisa ser vivida novamente durante o sono; basta que seja, por assim dizer, "tocada". O que quero dizer é o seguinte: se algumas notas forem tocadas e alguém disser, como em *Don Juan*: "Isso é tirado da ópera *Bodas de Fígaro*, de Mozart", surgem repentinamente lembranças dentro de mim, nenhuma das quais posso, no primeiro momento, chamar de volta à consciência. A frase característica serve como uma porta de entrada, através da qual uma rede completa é simultaneamente posta em movimento. E é bem possível que ocorra o mesmo no caso do pensamento inconsciente. A porta de entrada psíquica, que abre o caminho para toda a fantasia da guilhotina, é posta em movimento pelo estímulo da vigília. Essa fantasia, no entanto, não é passada em revisão durante o sono, mas somente depois na lembrança, ao acordar. Nesse momento, lembra-se dos detalhes da fantasia, que no sonho era considerada como um todo. Além disso, não há como garantir que alguém realmente se lembre de qualquer coisa que tenha sido sonhada. A mesma explicação, a saber, de que se trata de fantasias acabadas que foram postas em movimento todas juntas pelo estímulo despertador, pode ser aplicada ainda a outros sonhos que procedem de um estímulo despertador – por exemplo, ao sonho de batalha de Napoleão na explosão da bomba. Não pretendo afirmar que todos os sonhos desse tipo admitem essa explicação, ou que o problema da descarga acelerada de ideias nos sonhos deva ser totalmente resolvido dessa maneira.

Não devemos negligenciar a relação dessa elaboração secundária do conteúdo do sonho com os outros fatores da atividade onírica. O procedimento poderia ser o seguinte: os fatores de criação do sonho, o impulso de condensar, a necessidade de fugir da censura e a consideração pela adequação dramática dos recursos psíquicos do sonho – esses criam, em primeiro lugar, um conteúdo onírico provisório, e isso seria então posteriormente modificado até que satisfaça as exigências de uma segunda instância? É pouco provável. Antes, é preciso supor que as exigências dessa instância se alojam desde o início numa das condições que o sonho deve satisfazer, e que essa condição, assim como as da condensação, da censura e da adequação dramática, afeta simultaneamente toda a massa de material nos pensamentos oníricos de maneira indutiva e seletiva. Mas, das quatro condições necessárias para a formação do sonho, a última reconhecida é aquela cujas exigências parecem ser menos obrigatórias para o sonho. Que essa função psíquica, que empreende a chamada elaboração secundária do conteúdo do sonho, é idêntica ao trabalho de nosso pensamento de vigília, pode-se inferir com grande probabilidade da seguinte consideração: Nosso pensamento desperto (pré-consciente) se comporta para com determinado objeto de percepção exatamente como a função em questão se comporta em relação ao conteúdo do sonho. É natural que nosso pensamento desperto ponha ordem no material da percepção, construa relações e o submeta às exigências de uma coerência inteligível. Na verdade, vamos longe demais ao fazer isso; as artimanhas dos prestidigitadores nos enganam aproveitando-se desse hábito intelectual. Em nosso esforço para reunir de maneira compreensível as impressões sensoriais que nos são oferecidas, muitas vezes cometemos os erros mais bizarros e até distorcemos a verdade do material que temos diante de nós. Provas para isso são geralmente familiares demais para precisar de uma consideração mais extensa aqui. Deixamos de ver erros numa página impressa porque nossa imaginação retrata as palavras corretas. Diz-se que o editor de um jornal francês amplamente lido arriscou a aposta de que poderia imprimir as palavras "de frente" ou a partir "de trás" em cada frase de um longo artigo sem que nenhum de seus leitores percebesse. Ele ganhou a aposta. Um curioso exemplo de associações incorretas chamou minha atenção, anos atrás, num jornal. Depois da sessão da Câmara francesa, na qual Dupuy reprimiu o pânico causado pela explosão de uma bomba, lançada no salão por um anarquista, dizendo calmamente: "*La séance continue*" (a sessão continua), os visitantes da galeria foram convidados a dar sua impressão como testemunhas da tentativa de assassinato. Entre eles, havia dois homens do interior. Um deles disse que imediatamente após a conclusão de um discurso ouviu uma detonação, mas pensou que era costume no parlamento disparar um tiro sempre que um orador terminava. O outro, que aparentemente já ouvira vários oradores, tivera a mesma ideia, com a variação, porém, de que supunha que esse disparo fosse um sinal de apreço após um discurso especialmente bem-sucedido.

Assim, a instância psíquica que se aproxima do conteúdo do sonho com a exigência de que seja inteligível, que o submete a uma interpretação preliminar e, ao fazê-lo, provoca um completo mal-entendido dele, nada mais é do que nosso pensamento normal. Em nossa interpretação, a regra será, em todos os casos, desconsiderar a aparente coerência do sonho como sendo de origem suspeita e, sejam os elementos claros ou confusos, seguir o mesmo caminho de volta ao material onírico.

Percebemos agora do que é que depende essencialmente a escala de qualidade nos sonhos, da confusão à clareza – mencionada anteriormente. As partes do sonho com as quais a elaboração secundária conseguiu realizar algo parecem-nos claras; aquelas onde o poder dessa atividade falhou parecem confusas. Uma vez que as partes confusas do sonho são muitas vezes também aquelas que são impressas de forma menos vívida, podemos concluir que a elaboração secundária do sonho também é responsável por uma contribuição para a intensidade plástica das estruturas individuais do sonho.

Se eu fosse buscar um objeto de comparação para a formação definitiva do sonho tal como ele se manifesta sob a influência do pensamento normal, nada se oferece melhor do que aquelas misteriosas inscrições com as quais o periódico *Die Fliegende Blaetter* há tanto tempo diverte seus leitores. O leitor deve encontrar uma inscrição latina escondida em determinada frase que, para efeito de contraste, está em dialeto e tão grosseira quanto possível em significado. Para isso, as letras são retiradas de seus agrupamentos em sílabas e são reordenadas. De vez em quando, resulta uma palavra latina genuína, em outros lugares pensamos que temos abreviações dessas palavras diante de nós, e em outros lugares ainda na inscrição nos deixamos levar pela falta de sentido das letras desconexas pela aparência de porções desintegradas ou por quebras na inscrição. Se não quisermos responder à brincadeira, devemos desistir de procurar uma inscrição, devemos tomar as letras como as vemos e compô-las em palavras de nossa língua materna, ignorando o arranjo que é oferecido.

Farei agora um resumo dessa extensa discussão sobre a atividade onírica. Fomos confrontados com a questão de saber se a mente exerce todas as suas capacidades até o máximo desenvolvimento na formação dos sonhos, ou apenas um fragmento de suas capacidades, e estas, restritas em sua atividade. Nossa investigação nos leva a rejeitar tal formulação da questão como inteiramente inadequada às nossas circunstâncias. Mas se quisermos permanecer no mesmo terreno quando respondemos àquilo sobre o qual a questão nos é colocada, devemos aquiescer em duas concepções que são aparentemente opostas e mutuamente exclusivas. A atividade psíquica na formação do sonho se decompõe em duas funções – a provisão dos pensamentos oníricos e a transformação desses no conteúdo do sonho. Os pensamentos oníricos são inteiramente corretos e são formados com todo o dispêndio psíquico de que somos capazes; eles fazem parte de nossos pensamentos que não se tornaram conscientes, dos quais nossos pensamentos, que se tornaram conscientes, também resultam por meio de certa transposição. Por mais que possa haver a respeito deles que valha a pena conhecer e que seja misterioso, esses problemas não têm nenhuma relação particular com o sonho, e não têm a pretensão de ser tratados em conexão com os problemas do sonho. Por outro lado, há aquela segunda parte da atividade, que transforma os pensamentos inconscientes no conteúdo do sonho, uma atividade peculiar à vida onírica e característica dela. Ora, esse trabalho onírico peculiar está muito mais distante do modelo do pensamento de vigília do que pensaram até mesmo os mais decididos depreciadores da atividade psíquica na formação do sonho. Não é, pode-se dizer, mais negligente, mais incorreto, mais facilmente esquecido, mais incompleto do que o pensamento de vigília; é algo qualitativamente bem diferente do pensamento de vigília e, portanto, de forma alguma comparável a ele. Em geral, não pensa, calcula ou julga, mas limita-se a transformar. Pode ser descrito exaustivamente se forem mantidas em mente as condições que devem ser satisfeitas em sua criação. Esse produto, o sonho, deve a qualquer custo ser retirado da censura, e para isso a atividade onírica faz uso do deslocamento de intensidades psíquicas até a transvaloração de todos os valores psíquicos; os pensamentos devem ser reproduzidos exclusiva ou predominantemente no material dos traços visuais e acústicos da memória, e esse requisito garante à elaboração onírica a consideração da representabilidade, que atende ao requisito, ao fornecer novos deslocamentos. Maiores intensidades devem (provavelmente) ser fornecidas do que as disponíveis aos pensamentos oníricos durante a noite, e para esse propósito serve a prolífica *condensação* que é realizada com as partes componentes dos pensamentos oníricos. Pouca atenção é dada às relações lógicas do material do pensamento; elas finalmente encontram uma representação velada nas peculiaridades formais do sonho. Os afetos dos pensamentos oníricos sofrem mudanças menores do que seu conteúdo de representação. Como regra, eles são suprimidos; onde são preservados, são liberados das representações e agrupados de acordo com sua semelhança. Apenas uma parte da elaboração do sonho – a revisão variando em quantidade, feita pelo pensamento consciente parcialmente despertado – concorda com a concepção que os autores tentaram aplicar a toda a atividade de formação do sonho.

CAPÍTULO VII

A PSICOLOGIA DAS ATIVIDADES ONÍRICAS

Entre os sonhos que ouvi de outros, há um que, nesse ponto, merece especialmente nossa atenção. Foi-me contado por uma paciente que, por sua vez, o ouvira numa palestra sobre sonhos. Sua fonte original me é desconhecida. Esse sonho, evidentemente, causou uma profunda impressão na senhora, pois ela chegou a imitá-lo, isto é, a repetir os elementos desse sonho em um sonho próprio, a fim de expressar, por essa transferência, sua concordância com ele em determinado ponto.

Os fatos essenciais desse sonho ilustrativo são os seguintes: Durante dias e noites, um pai havia vigiado o leito do filho doente. Depois que o menino morreu, retirou-se a um quarto contíguo para descansar, deixando a porta entreaberta, no entanto, para poder olhar de seu quarto para o outro, onde o corpo inerte jazia, cercado de velas acesas. Um velho, que foi deixado para velá-lo, sentou-se perto do cadáver, murmurando orações. Depois de dormir algumas horas, o pai sonhou que *o filho estava perto de sua cama, apertando-lhe os braços e gritando em tom de reprovação: "Pai, não vê que estou queimando?"* O pai acordou e notou uma luz intensa que vinha do quarto ao lado. Correu até lá, encontrou o velho adormecido e viu a mortalha e um dos braços do cadáver do filho amado queimados por uma vela que havia caído.

O significado desse sonho comovente é bastante simples, e a explicação dada pelo palestrante, como minha paciente relatou, estava correta. A luz intensa que entrava pela porta aberta até os olhos do homem adormecido produziu nele a mesma impressão como se estivesse acordado; ou seja, que uma vela tombada havia ateado fogo em alguma coisa perto do cadáver. É bem possível que, ao se deitar para descansar, temesse que o velho não conseguisse cumprir a contento a tarefa que lhe fora confiada.

Não podemos encontrar nada para mudar nessa interpretação. Podemos acrescentar apenas que o conteúdo do sonho deve ser sobredeterminado e que as palavras do menino consistiam de frases que ele havia proferido em vida, palavras que lembravam ao pai eventos importantes. Talvez a queixa "Estou queimando" lembrasse a febre que levou o menino à morte, e as palavras "Pai, não vê?" recordavam uma ocorrência, marcada por grande afeto, desconhecida para nós.

Mas depois que reconhecemos o sonho como uma ocorrência repleta de sentido, que pode ser correlacionada com nossa existência psíquica, pode nos parecer surpreendente que um sonho tenha ocorrido em circunstâncias que exigiam esse despertar imediato. Notamos também que ao sonho não falta a realização do desejo. O filho age como se estivesse vivo; adverte o próprio pai; chega até a cama dele e lhe aperta os braços, como provavelmente fez na ocasião que deu origem à primeira parte das palavras que proferiu no sonho. Foi por causa dessa realização de desejo que o pai dormiu por mais um momento. O sonho triunfava sobre a reflexão consciente, porque podia mostrar o menino vivo outra vez. Se o pai tivesse despertado primeiro e tivesse tirado a conclusão que o levou ao quarto ao lado, teria abreviado a vida do filho por esse breve momento.

A característica peculiar desse breve sonho, que atrai nosso interesse, é bastante clara. Até agora, nos esforçamos principalmente para determinar em que consiste o significado secreto do sonho, de que maneira deve ser descoberto e que meios a elaboração do sonho usa para ocultá-lo. Em outras palavras, nosso maior interesse até aqui se concentrou nos problemas de interpretação. Encontramos agora um sonho, no entanto, que pode ser facilmente explicado, cujo sentido é de todo transparente; e notamos que, apesar desse fato, o sonho ainda preserva as características essenciais que diferenciam claramente nosso sonhar de nosso pensamento consciente e, portanto, exige de *per si* uma explicação. Depois de esclarecer todos os problemas de interpretação, ainda podemos sentir como nossa psicologia do sonho é imperfeita.

Antes de entrar, porém, nesse novo território, convém parar e refletir para ver se, em nosso percurso até aqui, não perdemos algo importante, pois cumpre admitir, com toda a franqueza, que estamos atravessando a parte fácil e confortável de nossa viagem. Até aqui, todos os caminhos que seguimos conduziram, se não me engano, à luz, à explicação e à plena compreensão, mas a partir do momento em que desejamos penetrar mais profundamente nos processos psíquicos do sonho, todos os caminhos levam à escuridão. É totalmente impossível explicar o sonho como um processo psíquico, pois explicar significa remontar ao conhecido, e ainda não possuímos nenhum conhecimento psicológico a que possamos subordinar o que pode ser inferido de nossa investigação psicológica dos sonhos como sua explicação fundamental. Pelo contrário, seremos obrigados a arquitetar uma série de novos pressupostos sobre a estrutura do aparelho psíquico e das forças que nele atuam; e devemos ter o cuidado de não levar isso para além da mais simples concatenação lógica, pois seu valor pode, de outra forma, se perder em incertezas. E, mesmo que não erremos em nossas conclusões e levemos em conta todas as possibilidades lógicas envolvidas, seríamos ainda ameaçados de completo fracasso em nossa solução pela provável incompletude ou imperfeição de nossos dados elementares. Tampouco será possível obter ou, pelo menos, estabelecer, uma explicação para a construção e para o funcionamento do instrumento psíquico, partindo de uma investigação mais cuidadosa do sonho ou de qualquer outra atividade psíquica *isolada*. Para chegar a esse resultado, será necessário, pelo contrário, reunir tudo o que parece decisivamente constante, após um estudo comparativo de toda uma série de atividades psíquicas. Assim, as hipóteses psicológicas que obtivermos de uma análise do processo onírico terão de aguardar, por assim dizer, no ponto de junção, até que possam ser relacionadas com os resultados de outras investigações que possam ter avançado para o núcleo do mesmo problema, a partir de outro ponto de partida.

(A) O ESQUECIMENTO DOS SONHOS

Proponho, então, em primeiro lugar, recorrer a um assunto que suscitou uma objeção até agora despercebida, ameaçando solapar os fundamentos de nosso trabalho na interpretação dos sonhos. Tem sido contestado, em mais de uma ocasião, que o sonho que desejamos interpretar nos é realmente desconhecido ou, para ser mais preciso, que não temos nenhuma garantia de conhecê-lo tal como realmente ocorreu. Em primeiro lugar, o que lembramos do sonho e o que submetemos a nossos métodos de interpretação é distorcido por nossa traiçoeira memória, que parece particularmente incapaz de reter o sonho e que pode ter omitido precisamente a parte mais importante do conteúdo do próprio sonho. De fato, quando prestamos atenção a nossos sonhos, com muita frequência encontramos motivos para reclamar que sonhamos muito mais do que lembramos; que, infelizmente, nada mais recordamos que esse único fragmento e que, mesmo esse, nos parece peculiarmente incerto. Por outro lado, tudo nos assegura que nossa memória reproduz o sonho não apenas de forma fragmentada, mas também de forma ilusória e falsa. Assim como, por um lado, podemos duvidar se o material sonhado era realmente tão desconexo e confuso quanto o lembramos, por outro lado, podemos também duvidar se um sonho era tão coerente quanto o relatamos; se, na tentativa de reprodução, não preenchemos as lacunas existentes ou causadas pelo esquecimento com novos materiais escolhidos arbitrariamente; se não embelezamos, arredondamos e preparamos o sonho para que todo julgamento quanto a seu conteúdo real se torne impossível. De fato, um autor (Spitta) expressou sua crença de que tudo o que é ordenado e coerente é a primeira coisa que é introduzida no sonho durante nossa tentativa de recordá-lo. Assim, corremos o risco de deixar escapar de nossas mãos a própria coisa, cujo valor nos propusemos determinar.

Em nossas interpretações de sonhos, até agora ignoramos esses avisos. De fato, a exigência de interpretação foi, ao contrário, considerada não menos perceptível nos ingredientes menores, mais insignificantes e mais incertos do conteúdo do sonho do que naqueles que contêm as partes claras e definidas. No sonho da injeção de Irma, lemos: "Chamei rapidamente o dr. M.", e presumimos que mesmo esse pequeno adendo não teria entrado no sonho se não tivesse uma origem específica. Assim chegamos à história daquela infeliz paciente a cuja cabeceira chamei "rapidamente" meu colega mais experiente. No sonho aparentemente absurdo que tratou a diferença entre 51 e 56 como valor desprezível, o número 51 foi mencionado várias vezes. Em vez de achar isso evidente ou indiferente, inferimos dele uma segunda linha de pensamento no conteúdo latente do sonho que levou ao número 51. Seguindo essa pista, chegamos aos temores que colocavam os 51 anos como limite da vida, sendo esse o contraste mais marcante com uma linha de pensamento dominante, que presumidamente não conhecia limites para a vida. No sonho *"Non vixit"*, encontrei, como uma insignificante interposição, que a princípio ignorei, a frase: "Como P. não consegue entendê-lo, Fl. me pergunta" etc. Quando a interpretação parou, voltei a essas palavras e foram elas que me levaram à fantasia infantil, que aparecia nos pensamentos

oníricos como um ponto intermediário de junção. Chegou-se a isso por meio dos versos do poeta:
Raramente você me entendeu,
Raramente te entendi,
Mas quando entramos no atoleiro,
Imediatamente nos entendemos.

Toda análise demonstrará por meio de exemplos como as características mais insignificantes do sonho são indispensáveis para a interpretação e como o trabalho de análise é retardado quando não se dá a devida atenção a elas, desde o início. Da mesma forma, na interpretação dos sonhos, respeitamos todas as nuances da expressão linguística neles encontradas; de fato, se nos deparamos com um texto sem sentido ou insuficiente, denunciando um esforço malsucedido de traduzir o sonho no estilo adequado, respeitamos até mesmo esses defeitos de expressão. Em resumo, tratamos como um texto sagrado o que outros autores consideraram improvisação arbitrária, forjada às pressas na dificuldade do momento. Essa contradição requer uma explicação.

A explicação nos é favorável, sem menosprezar os outros autores. Do ponto de vista de nossa compreensão recém-adquirida sobre a origem do sonho, as contradições entram em perfeita concordância. É verdade que distorcemos o sonho em nossa tentativa de reproduzi-lo; e aqui encontramos outro exemplo do que designamos como a elaboração secundária muitas vezes incompreendida do sonho pela influência do pensamento normal. Mas essa mesma distorção é apenas uma parte da elaboração a que os pensamentos oníricos são regularmente submetidos em razão da censura do sonho. Os outros autores adivinharam ou observaram aqui aquela parte da distorção do sonho que atua de forma mais transparente; para nós, isso é de pouca importância, pois sabemos que um trabalho mais prolífico de distorção, embora menos facilmente compreensível, já escolheu o sonho entre os pensamentos ocultos como seu objeto. Alguns dos demais autores erram apenas ao considerar as modificações do sonho, enquanto está sendo lembrado e posto em palavras, como arbitrárias e insolúveis; e, portanto, levando-nos provavelmente a nos enganarmos na interpretação do sonho. Nós superestimamos a determinação do psíquico. Não há nada de arbitrário nesse campo. Em geral, pode-se mostrar que uma segunda linha de pensamento empreende imediatamente a determinação dos elementos que foram deixados indeterminados pela primeira. Desejo, por exemplo, pensar voluntariamente em certo número. Isso, porém, é impossível. O número que me ocorre é definitiva e necessariamente determinado por pensamentos dentro de mim que podem estar distantes de minha intenção momentânea.[166] Muito longe de se configurarem arbitrárias são as modificações que o sonho experimenta por meio da revisão do estado de vigília. Permanecem em conexão associativa com o conteúdo, que ora substituem, e servem para nos indicar o caminho para esse conteúdo, que pode ser ele próprio o substituto de outro.

Na análise de sonhos com pacientes, costumo instituir a seguinte prova dessa afirmação, que nunca falhou. Se o relato de um sonho me parece de início difícil de entender, peço ao sonhador que o repita. Raramente ele o faz com as mesmas palavras. As passagens em que a expressão é alterada tornaram-se conhecidas para mim como os pontos fracos do disfarce do sonho, que me são tão úteis quanto a marca bordada nas roupas de Siegfried foi para Hagen. A análise pode partir desses pontos. O narrador foi advertido por minha solicitação de que pretendo fazer um esforço especial para desvendar o sentido do sonho e, imediatamente, sob a pressão da resistência, ele protege os pontos fracos do disfarce do sonho, substituindo as expressões que podem traí-lo por outras mais vagas. Desse modo, ele chama minha atenção para as expressões que abandonou. Dos esforços feitos para evitar a solução do sonho, também posso tirar conclusões sobre o cuidado com que a roupagem do sonho foi tecida.

Menos justificativa têm, no entanto, os autores precedentes em dar tanta importância à dúvida que nosso julgamento encontra ao relatar o sonho. É verdade que essa dúvida denuncia a falta de segurança intelectual, mas nossa memória realmente não conhece garantias e, no entanto, com muito mais frequência do que é objetivamente justificado, cedemos à pressão de dar crédito a seus dados. A dúvida relativa à representação correta do sonho ou de seus dados individuais, é novamente apenas um desdobramento da censura do sonho, isto é, da resistência contra a penetração na consciência dos pensamentos oníricos. Essa resistência não se esgotou inteiramente nos deslocamentos e nas substituições e, portanto, persiste como dúvida com relação ao que se deixou passar. Podemos reconhecer essa dúvida com mais facilidade pelo fato de ela ter o cuidado de não atacar os elementos intensivos do sonho, mas apenas os fracos e indistintos. Já sabemos que ocorreu uma transmutação de todos os valores psíquicos entre os pensamentos oníricos e o sonho. A distorção só foi possível pela alteração de valores; manifesta-se regularmente dessa maneira e ocasionalmente se contenta com isso. Se a dúvida se liga a um elemento indistinto do conteúdo do sonho, podemos, seguindo a sugestão, reconhecer nesse elemento um desdobramento direto de um dos pensamentos oníricos proscritos. A situação nesse caso equivale ao que se instaurava depois de uma grande revolução numa das repúblicas da Antiguidade ou do Renascimento. As antigas famílias nobres e poderosas que dominavam são então banidas; todos os altos postos são preenchidos por arrivistas; na própria cidade, são tolerados somente os cidadãos muito pobres e impotentes ou os seguidores distantes do partido vencido. Mesmo eles não gozam dos plenos direitos de cidadania. E são vistos com desconfiança. Nessa analogia, em vez da suspeita, temos em nosso caso a dúvida. Insisto, portanto, que, na análise dos sonhos, se deve abandonar toda a ideia de se predispor à confiabilidade e, quando houver a menor possibilidade de que tal ou qual coisa tenha ocorrido no sonho, isso deve ser tratado como uma certeza plena. Até que se decida rejeitar essas considerações ao traçar os elementos do sonho, a análise permanecerá paralisada. A antipatia em relação ao elemento em questão mostra seu efeito psíquico na pessoa analisada pelo fato de que a ideia indesejável não evocará nenhum pensamento em sua mente. Esse resultado não é, na realidade, evidente por si só. Não seria inconsistente se alguém dissesse: "Se isso ou aquilo estava contido no sonho, eu não sei, mas os seguintes pensamentos me ocorrem nessa direção". Mas ele nunca se expressa assim; e é justamente essa perturbadora influência da dúvida na análise que a marca como desdobramento e instrumento da resistência psíquica. A psicanálise é justificadamente desconfiada. Uma de suas regras diz: *O que perturba a continuação do trabalho é uma resistência.*

O esquecimento dos sonhos também permanece insondável enquanto não considerarmos a força da censura psíquica em sua explicação. A sensação, de fato, de que se sonhou muito durante a noite e se reteve apenas um pouco pode ter, em vários casos, outro significado. Talvez possa significar que o trabalho do sonho continuou perceptivelmente durante toda a noite e deixou para trás apenas esse breve sonho. No entanto, não há dúvida de que o sonho é progressivamente esquecido ao acordar. Muitas vezes esquecemos, apesar do doloroso esforço para recordar. Acredito, no entanto, que assim como geralmente superestimamos a extensão de nosso esquecimento, assim também superestimamos as deficiências do conhecimento, julgando-as pelas lacunas que ocorrem no sonho. Tudo o que foi perdido pelo esquecimento no conteúdo de um sonho muitas vezes pode ser recuperado por meio da análise. Pelo menos, em toda uma série de casos, é possível descobrir, de um único fragmento remanescente, não o sonho, com certeza, que é de pouca importância, mas todos os pensamentos oníricos. Para tanto, exige-se um maior dispêndio de atenção e autocontrole na análise; isso é tudo. Mas, ao mesmo tempo, isso sugere que o esquecimento do sonho não carece de uma intenção hostil.

Uma prova convincente da natureza intencional do esquecimento dos sonhos, a serviço da resistência, é obtida na análise, por meio da investigação de um estágio preliminar do esquecimento. [167] Muitas vezes acontece de, no meio do trabalho de interpretação, um fragmento omitido do sonho subitamente vem à tona. Essa parte do sonho arrancada do esquecimento é sempre a parte mais importante. Encontra-se no caminho mais curto para a solução do sonho e, por isso mesmo, foi mais exposta à resistência. Entre os exemplos de sonhos que coletei em conexão com esse tratado, aconteceu uma vez que tive de intercalar posteriormente esse fragmento de conteúdo onírico. Foi um sonho de viagem, em que se registrou vingança contra uma detestável companheira de viagem; deixei-o quase inteiramente sem interpretação, por ser em parte grosseiro e vexatório. A parte omitida dizia: "Eu disse a respeito de um livro de Schiller: 'É de...', mas me corrigi, pois eu mesmo notei o erro: 'É escrito por'. E o homem comentou com a irmã: 'Ele disse isso corretamente.'"

A autocorreção nos sonhos, que parece tão maravilhosa para alguns autores, não merece nossa consideração. Antes, mostrarei, tirando de minha memória, o modelo para o erro gramatical no sonho. Eu tinha 19 anos quando visitei a Inglaterra pela primeira vez e passei um dia na costa do mar da Irlanda. Eu naturalmente me diverti apanhando os animais marinhos deixados pelas ondas, e me ocupei em particular com uma estrela do mar (o sonho começa com Hollthurn – holotúria), quando uma linda garotinha veio até mim e me perguntou: "É uma estrela do mar? Está viva?" Respondi "Sim, 'ele' está vivo", mas fiquei envergonhado com meu erro e repeti a frase corretamente. Para o erro gramatical que então cometi, o sonho substitui outro que é bastante comum entre os alemães. "*Das Buch ist von Schiller*" não deve ser traduzido por *o livro é de (from)*, mas *o livro é (escrito) por (by) Schiller*. Que o trabalho do sonho efetue essa substituição, porque a palavra *from* torna possível, por consonância, uma notável condensação com o adjetivo alemão *fromm* (piedoso, devoto), não nos surpreende mais depois de tudo o que aprendemos sobre os objetivos do trabalho do sonho e sobre sua escolha imprudente de métodos para alcançá-los. Mas qual é o significado da inocente lembrança da praia em relação ao sonho? Explica por meio de um exemplo muito inocente que usei o gênero errado – ou seja, que coloquei "ele", a palavra que denota o sexo, onde *ele* não é cabível. Essa é certamente uma das chaves para a solução dos sonhos. Quem já ouviu falar da origem do título da obra *Matter and Motion* (Matéria e movimento) não terá qualquer dificuldade em suprir as partes que faltam, recorrendo a Molière em *Malade Imaginaire* (*La matière est-elle laudable?** – Movimento dos intestinos).

Além disso, posso provar conclusivamente por uma *demonstratio ad óculos* (demonstração ocular) que o esquecimento nos sonhos é, em grande parte, produto da resistência. Um paciente me conta que sonhou, mas que o sonho desapareceu sem deixar rastro, como se nada tivesse acontecido. Continuamos em nosso trabalho, no entanto; deparo-me com uma resistência e deixo isso claro ao paciente; encorajando e incitando, eu o ajudo a se reconciliar com algum pensamento desagradável; e assim que consegui, ele exclama: "Agora, posso me lembrar do que sonhei". A mesma resistência que, naquele dia, o perturbou no trabalho fez que ele também esquecesse o sonho. Superando essa resistência, trouxe o sonho de volta à memória.

Da mesma forma, o paciente pode, ao chegar a certa parte do trabalho, recordar um sonho ocorrido três, quatro ou mais dias antes, e que permaneceu no esquecimento durante todo esse tempo.

A experiência psicanalítica nos forneceu outra prova de que o esquecimento dos sonhos depende mais da resistência do que da estranheza existente entre os estados de vigília e o sono, como acreditavam outros autores. Muitas vezes acontece comigo, assim como a outros analistas e pacientes em tratamento, que somos despertados do sono por um sonho, como diríamos, e logo em seguida, em plena posse de nossa atividade mental, começamos a interpretar o sonho. Nesses casos, muitas vezes não descansava até obter uma compreensão completa do sonho, e ainda assim

---

* Em francês, no original: "Doente imaginário (A matéria é louvável?)". (N.T.)

acontecia de, depois de despertar, acabar esquecendo completamente o trabalho de interpretação quanto o próprio conteúdo do sonho, embora estivesse ciente de que havia sonhado e que havia interpretado o sonho. Com muito mais frequência o sonho leva consigo o esquecimento do resultado do trabalho de interpretação do que a atividade mental consegue reter o sonho na memória. Mas entre esse trabalho de interpretação e os pensamentos de vigília não há aquela brecha psíquica pela qual somente os autores, que tratam do assunto, supõem para explicar o esquecimento dos sonhos. Morton Prince se opõe à minha explicação do esquecimento dos sonhos, alegando que é apenas um exemplo particular de amnésia para estados dissociados, e que a impossibilidade de harmonizar minha teoria com outros tipos de amnésia também a torna inútil para outros propósitos. Desse modo, leva o leitor a suspeitar que, em toda a sua descrição desses estados dissociados, ele nunca tentou encontrar a explicação dinâmica para esses fenômenos. Se o tivesse feito, certamente teria descoberto que a repressão e a resistência por ela produzidas "é tanto a causa dessa dissociação quanto da amnésia de seu conteúdo psíquico".

Um experimento que pude realizar, ao compilar esse manuscrito, me mostrou que os sonhos são tão pouco esquecidos quanto os outros atos psíquicos, e que se apegam à memória com a mesma firmeza que as outras atividades psíquicas. Guardei em minhas anotações muitos sonhos meus que, por alguma razão na época, só pude analisar de forma imperfeita ou simplesmente não os analisei. A fim de obter material para ilustrar minhas afirmações, tentei, um ou dois anos mais tarde, submeter alguns deles à análise. Tive sucesso nessa tentativa em todos os casos, sem exceção. De fato, posso até afirmar que a interpretação foi mais fácil depois desse período do que na época em que os sonhos eram ocorrências recentes. Como possível explicação para esse fato, eu diria que havia superado algumas das resistências que me perturbavam no momento de sonhar. Nessas subsequentes interpretações, comparei os resultados passados em pensamentos oníricos com os presentes, que geralmente têm sido mais abundantes, e invariavelmente descobri que os resultados passados se enquadram no presente sem mudança. Logo, porém, pus fim à minha surpresa, lembrando que há muito me acostumei a interpretar sonhos de anos anteriores, que ocasionalmente me foram relatados por pacientes, como se fossem sonhos da noite anterior, com o mesmo método e o mesmo sucesso. Vou relatar dois exemplos de semelhantes interpretações tardias de sonhos, quando chegar à discussão dos sonhos de ansiedade ou de angústia. Quando instituí esse experimento pela primeira vez, esperava justamente que o sonho se comportasse a esse respeito como um sintoma neurótico. Quando trato um neurótico, talvez um histérico, pela psicanálise, sou compelido a encontrar explicações para os primeiros sintomas da doença há muito esquecidos, assim como para aqueles ainda existentes, que trouxeram o paciente a mim; e acho o primeiro problema mais fácil de resolver do que o mais exigente de hoje. No livro *Studien über Hysterie*, publicado já em 1895, pude relatar a explicação de um primeiro ataque histérico de ansiedade que a paciente, uma mulher com mais de 40 anos, havia experimentado quando tinha 15 anos.[168]

Posso agora proceder de maneira informal a algumas observações adicionais sobre a interpretação dos sonhos, que talvez possam ser úteis ao leitor que deseja testar minhas afirmações mediante uma análise dos próprios sonhos.

Ninguém deve esperar que as interpretações de seus sonhos lhe apresentem uma solução da noite para o dia, sem qualquer esforço. A prática é necessária até mesmo para a percepção de fenômenos entópticos e de outras sensações geralmente afastadas da atenção, embora esse grupo de percepções não se oponha a nenhum motivo psíquico. É consideravelmente mais difícil captar as "representações indesejáveis". Quem quiser fazer isso terá de seguir fielmente os requisitos estabelecidos nesse tratado. Obedecendo às regras aqui estabelecidas, terá de se esforçar, durante o trabalho, para reprimir em si toda crítica, todo preconceito e toda parcialidade afetiva ou intelectual. Deverá ter sempre em mente o preceito de Claude Bernard para o experimentador no laboratório de fisiologia: "Travailler comme une bête"* – ou seja, ser persistente, mas também despreocupado com os resultados. Aquele que seguir esse conselho, com certeza nunca mais achará difícil a tarefa.

A interpretação de um sonho nem sempre pode ser realizada de uma só vez; sente-se, muitas vezes, depois de seguir uma concatenação de pensamentos, que a capacidade de trabalho está esgotada; o sonho não lhe dirá mais nada naquele dia; então é melhor interromper e retornar ao trabalho no dia seguinte. Outra parte do conteúdo do sonho poderá então chamar a atenção, e assim se encontra uma abertura para um novo estrato dos pensamentos oníricos. Pode-se denominar isso de interpretação "fracionada" dos sonhos.

É muito difícil induzir o iniciante na interpretação dos sonhos a reconhecer o fato de que sua tarefa não está terminada, embora ele se sinta possuidor de uma interpretação completa do sonho, interpretação que faz sentido, que é coerente e que explica todos os elementos do sonho. Além disso, pode ser possível que outra interpretação sobreposta do mesmo sonho lhe tenha escapado. Não é realmente simples formar uma ideia das abundantes correntes inconscientes de pensamento que lutam para se expressar em nossas mentes e acreditar na habilidade demonstrada pelo trabalho do sonho em acertar, por assim dizer, com sua maneira ambígua de expressão, sete moscas com um só golpe, como o alfaiate do conto de fadas. O leitor estará constantemente inclinado a repreender o presente autor por desperdiçar inutilmente sua engenhosidade, mas quem já teve a própria experiência deverá saber que não é tão simples assim.

Se alguém me perguntar se todos os sonhos podem ser interpretados, minha resposta será negativa. Não se deve esquecer que, no trabalho de interpretação, é preciso lidar com as forças

---

* Em francês, no original: "Trabalhar como um animal". (N.T.)

psíquicas responsáveis pela distorção do sonho. Trata-se de uma relação de preponderância de forças, se alguém conseguir dominar as resistências internas por meio de seu interesse intelectual, de sua capacidade de autocontrole, de seu conhecimento psicológico e de sua prática na interpretação dos sonhos. É sempre possível fazer algum progresso. Pode-se pelo menos ir bastante longe para se convencer de que o sonho é uma construção engenhosa, de modo geral suficientemente longe para ter uma ideia de seu significado. Acontece com muita frequência que um segundo sonho confirma e continua a interpretação atribuída ao primeiro. Uma série de sonhos que perdura semanas ou meses repousa sobre uma base comum e, portanto, deve ser interpretada como um conjunto interligado. Nos sonhos que se sucedem, pode-se observar muitas vezes como um deles toma como ponto central o que é indicado apenas como periferia de outro, e vice-versa, de modo que os dois se complementam na interpretação. Já demonstrei por meio de vários exemplos que diferentes sonhos de uma mesma noite devem ser tratados, de modo geral, como um bloco único na interpretação.

Nos sonhos mais bem interpretados, muitas vezes devemos deixar uma parte na obscuridade, porque observamos que ela representa, na interpretação, o início de um emaranhado de pensamentos oníricos que não pode ser desvendado, mas que não fornecia nenhuma contribuição nova ao conteúdo do sonho. Essa, então, é a pedra angular do sonho, o lugar em que ele mergulha no desconhecido, pois os pensamentos oníricos, que afloram na interpretação, devem geralmente permanecer sem um fim definido e imergir em todas as direções no emaranhado, semelhante a uma rede, de nosso mundo de pensamentos. É de alguma porção mais densa dessa trama que o desejo onírico surge, então como o cogumelo de seu micélio.

Voltemos agora aos fatos do esquecimento dos sonhos, pois deixamos realmente de tirar deles uma importante conclusão. Se a vida de vigília mostra uma intenção inequívoca de esquecer o sonho formado à noite, seja como um todo, imediatamente após o despertar, seja em fragmentos ao longo do dia, e se reconhecemos como o principal responsável desse esquecimento a resistência psíquica contra o sonho, que já cumpriu seu papel em se opor ao sonho noturno – então surge a pergunta: Como é que o sonho conseguiu se formar diante dessa resistência? Tomemos o caso mais marcante, em que a vida desperta eliminou o sonho como se ele nunca tivesse acontecido. Se levarmos em conta o jogo das forças psíquicas, somos obrigados a afirmar que o sonho nunca teria existido, se a resistência tivesse predominado durante a noite como durante o dia. Concluímos, então, que a resistência perde parte de sua força durante a noite; sabemos que não se extinguiu, pois demonstramos seu interesse na produção da distorção, durante a formação do sonho. Somos, assim, levados a supor a possibilidade de que ela diminua à noite, que a formação do sonho tenha se tornado possível com essa diminuição da resistência, e assim compreendemos facilmente que, tendo recuperado seu pleno poder com o despertar, põe imediatamente de lado o que foi levada a admitir enquanto estava enfraquecida. A psicologia descritiva nos ensina que o principal determinante na formação dos sonhos é o estado adormecido da mente. Podemos agora acrescentar a seguinte elucidação: *O estado de sono possibilita a formação de sonhos ao diminuir a censura endopsíquica.*

Certamente, somos tentados a considerar essa conclusão como a única possível a partir dos fatos do esquecimento dos sonhos e a inferir, a partir dela, outras deduções sobre as proporções de energia nos estados de sono e de vigília. Mas vamos parar por aqui, por enquanto. Quando tivermos penetrado um pouco mais a fundo na psicologia dos sonhos, descobriremos que a origem da formação dos sonhos pode ser concebida de maneira diferente. A resistência, que atua para impedir que os pensamentos oníricos cheguem à consciência, talvez possa ser evitada sem que tenha sofrido diminuição em seu poder. É igualmente plausível que tanto os fatores favoráveis à formação do sonho (a diminuição e a evasão da resistência), possam ser simultaneamente ocasionados pelo estado de sono. Mas vamos fazer uma pausa aqui, para retomar essa linha de pensamento mais adiante.

Há outra série de objeções contra nosso procedimento na interpretação dos sonhos que devemos ainda tratar. Nessa interpretação, procedemos deixando de lado todas as representações finais que, de outra forma, controlam a reflexão, direcionamos nossa atenção para um elemento isolado do sonho e, em seguida, notamos os pensamentos indesejados que nos ocorrem a esse respeito. Em seguida, tomamos o componente seguinte do conteúdo do sonho e repetimos o processo com ele; e, sem nos importarmos para que direção os pensamentos nos levam, nos deixamos conduzir por eles até terminarmos vagando entre uma e outra. Ao mesmo tempo, nutrimos a confiante esperança de que podemos, no final, sem esforço, encontrar os pensamentos oníricos de que se originou nosso sonho. Contra isso, os críticos fazem a seguinte objeção: Que se possa chegar a algum lugar a partir de um único elemento do sonho não é nada maravilhoso; toda representação pode ser associada a alguma coisa. É algo de notável que se consiga atingir os pensamentos oníricos nessa cadeia de pensamentos sem objetivo e arbitrária. A probabilidade é que seja puro engano ou ilusão; o investigador segue a corrente de associação de um elemento até que, por algum motivo, ela se rompe, quando um segundo elemento é retomado; é, portanto, natural que a associação, originalmente ilimitada, agora experimente um estreitamento. Ele guarda na mente a antiga corrente de associações e, portanto, na análise, encontrará mais facilmente certos pensamentos que têm algo em comum com os pensamentos da primeira corrente. Então imagina que encontrou um pensamento que representa um ponto de junção entre dois elementos do sonho. Como, além disso, ele se permite toda a liberdade para ligar os pensamentos como bem entende, exceto apenas as transições de uma ideia para outra que são feitas no pensamento normal, não é difícil para ele inventar, finalmente, algo, que chama de pensamento onírico, a partir de uma série de "pensamentos intermediários"; e sem qualquer garantia, uma vez que eles, por outro lado, são desconhecidos, ele os define como o equivalente psíquico do sonho. Mas tudo isso é acompanhado por um procedimento arbitrário e uma exploração excessivamente engenhosa da coincidência. Qualquer um que se dê a esse trabalho inútil pode elaborar qualquer interpretação, que mais lhe aprouver, para qualquer sonho.

Se essas objeções são realmente dirigidas contra nós, podemos nos referir, em nossa defesa, à concordância de nossas interpretações dos sonhos, às surpreendentes conexões com outros elementos oníricos que aparecem ao seguir as diferentes representações isoladas, e à improbabilidade de que qualquer coisa que tão perfeitamente abrange e explica o sonho, como fazem nossas interpretações dos sonhos, pudesse ser obtida de outra forma que não seguindo ligações psíquicas previamente estabelecidas. Podemos também assinalar, em nossa defesa, o fato de que o método de análise dos sonhos é idêntico ao método usado na solução dos sintomas histéricos, onde a correção do método é atestada pelo surgimento e desaparecimento dos sintomas – isto é, onde as afirmações feitas no texto são reforçadas pelas ilustrações que as acompanham. Mas não temos nenhum motivo para fugir desse problema – como se fosse possível alcançar um objetivo pré-estabelecido seguindo uma cadeia de pensamentos de forma arbitrária e sem sentido – pois, embora talvez sejamos incapazes de resolver o problema, podemos muito bem nos livrar dele por completo.

Na verdade, é comprovadamente incorreto afirmar que nos abandonamos a uma corrente de pensamentos sem objetivo quando, no processo de interpretação dos sonhos, renunciamos à reflexão e permitimos que a representação indesejada venha à tona. Pode-se mostrar que só conseguimos rejeitar aquelas representações-meta que nos são familiares e que, assim que estas detêm as desconhecidas ou, como dizemos mais precisamente, as representações-meta inconscientes, imediatamente entram em jogo e passam a determinar o curso das representações indesejadas.

Um modo de pensar sem representação-meta certamente não pode ser produzido por qualquer influência que possamos exercer em nossa própria vida mental; tampouco conheço qualquer estado de perturbação psíquica em que esse modo de pensar encontre guarida. Os psiquiatras rejeitaram muito depressa, nesse campo, a solidez da estrutura psíquica. Verifiquei que um fluxo desregulado de pensamentos, desprovido de representação-meta, ocorre tão pouco no reino da histeria e da paranoia quanto na formação ou na solução dos sonhos. Talvez não apareça de forma alguma nas afecções psíquicas endógenas, mas mesmo os delírios dos estados confusos têm sentido, segundo a engenhosa teoria de Leuret, e se tornam incompreensíveis para nós apenas por omissões. Cheguei à mesma convicção sempre que tive oportunidade de observá-los. Os delírios são obra de uma censura que já não faz nenhum esforço para ocultar sua influência, que, em vez de apoiar uma revisão que já não lhe é desagradável, anula sem consideração alguma aquilo contra o qual levanta objeções, fazendo assim aparecer o remanescente como desconexo. Essa censura se comporta de forma análoga à censura russa de jornais na fronteira, que só permite que caiam nas mãos de seus leitores os jornais estrangeiros que passaram sob o lápis preto.

O jogo livre das representações, seguindo qualquer concatenação associativa, talvez apareça em lesões cerebrais orgânicas destrutivas. O que, no entanto, é tomado como tal nas psiconeuroses pode sempre ser explicado como um efeito da influência da censura sobre uma série de pensamentos que foi empurrada para o primeiro plano pela representação-meta oculta.[169] Tem sido considerado um sinal inequívoco de associação livre das representações-meta quando as representações emergentes (ou imagens) estavam conectadas umas às outras por meio das chamadas associações superficiais – isto é, por assonância, ambiguidade de palavras e conexão causal, sem relação interna de sentido; em outras palavras, quando estavam conectadas por meio de todas aquelas associações que nos permitimos usar em gracejos e jogos de palavras. Essa marca distintiva é verdadeira para as conexões de pensamento que nos conduzem dos elementos do conteúdo do sonho aos colaterais, e desses aos pensamentos do sonho propriamente dito; já vimos muitos exemplos surpreendentes disso em nossa análise de sonhos. Nenhuma conexão era ali frouxa demais e nenhum gracejo era repreensível demais para servir de ponte entre um pensamento e outro. Mas a correta compreensão dessa tolerância está bem próxima. *Sempre que um elemento psíquico está vinculado a outro por meio de uma associação detestável ou superficial, também existe, entre os dois, um vínculo correto e mais profundo, que sucumbe à resistência da censura.*

A explicação correta para a predominância das associações superficiais é a pressão da censura, e não a supressão das representações-meta. As associações superficiais suplantam as profundas na representação sempre que a censura torna intransitáveis as vias normais de ligação. É como se, numa região montanhosa, uma interrupção geral do tráfego, por exemplo, uma inundação, tornasse intransitáveis as vias longas e largas; o tráfego teria então de ser mantido através de caminhos inapropriados e íngremes, normalmente usados somente pelos caçadores.

Podemos distinguir aqui dois casos que, no entanto, são, em sua essência, um só. No primeiro caso, a censura é dirigida apenas contra a ligação entre dois pensamentos que, separados um do outro, não refletem oposição. Os dois pensamentos então penetram sucessivamente na consciência; a ligação entre ambos permanece oculta; mas, em seu lugar, ocorre-nos uma ligação superficial entre os dois, que, de outra forma, não teríamos pensado e que, via de regra, se conecta com outro ângulo do complexo de representações, em vez daquele que dá origem à ligação suprimida, mas essencial. Ou, no segundo caso, ambos os pensamentos, por causa de seu conteúdo, sucumbem à censura; ambos, então, não aparecem em sua forma correta, mas numa forma substituída e modificada; e os dois pensamentos substituídos são escolhidos de tal maneira que representam, por meio de uma associação superficial, a relação essencial que existia entre aqueles que foram substituídos por eles. Em ambos os casos, ocorreu, sob pressão da censura, o deslocamento de uma associação normal e vital para uma superficial e aparentemente absurda.

Por sabermos da ocorrência desse deslocamento, confiamos sem hesitação até mesmo em associações superficiais, na análise do sonho.[170]

A psicanálise dos neuróticos faz amplo uso desses dois axiomas: primeiro, que, com o abandono da representação-meta consciente, o controle do fluxo de representações é transferido para as representações-meta ocultas; em segundo lugar, que as associações superficiais são apenas um deslocamento substitutivo das associações suprimidas e mais profundas; de fato, a psicanálise eleva esses dois axiomas a pilares de sua técnica. Quando peço a um paciente que abandone toda reflexão e me relate o que lhe vier à mente, agarro-me firmemente ao pressuposto de que ele não será capaz de abandonar as representações-meta ao tratamento, e sinto-me justificado para concluir que o que ele relata, embora aparentemente mais inocente e arbitrário, tem ligação com sua enfermidade. Minha personalidade é outra representação-meta, sobre a qual o paciente não tem a menor ideia. A apreciação plena, bem como a comprovação detalhada de ambas as explicações, faz parte, consequentemente, da descrição da técnica psicanalítica como método terapêutico. Chegamos aqui a um dos temas afins, com os quais nos propomos deixar o assunto da interpretação dos sonhos.[171]

De todas as objeções, apenas uma está correta, e ainda permanece, a saber, que não devemos atribuir todas as ocorrências mentais do trabalho de interpretação ao trabalho do sonho durante a noite. Na interpretação no estado de vigília, estamos fazendo um caminho que vai dos elementos do sonho de volta aos pensamentos do sonho. A elaboração do sonho fez seu caminho na direção oposta, e não é nada provável que essas estradas sejam igualmente transitáveis nas direções opostas. Ao contrário, foi demonstrado que durante o dia, por meio de novas conexões de pensamento, traçamos caminhos que atingem os pensamentos intermediários e os pensamentos oníricos em diferentes lugares. Podemos ver como o material de pensamento recente do dia toma seu lugar nos grupos da interpretação, e provavelmente também força a resistência adicional que aparece durante a noite a fazer novos e maiores desvios. Mas o número e a natureza dos fios colaterais, que assim tecemos durante o dia, são, sob o ponto de vista da psicologia, perfeitamente desprezíveis, se nos conduzirem somente aos pensamentos oníricos que desejamos.

(B) REGRESSÃO

Agora que nos precavemos contra objeções, ou pelo menos indicamos onde repousam nossas armas de defesa, não precisamos mais demorar para entrar nas investigações psicológicas para as quais nos preparamos há tanto tempo. Vamos reunir os principais resultados de nossas investigações até aqui. O sonho é um ato psíquico importante; sua força motriz é sempre a de realizar um desejo; sua indiscernibilidade como desejo e suas muitas peculiaridades e absurdos se devem à influência da censura psíquica, à qual foi submetido durante sua formação. Além da pressão para se livrar dessa censura, outros fatores desempenharam um papel em sua formação: uma forte tendência à condensação do material psíquico, uma consideração pela dramatização em imagens mentais e (embora não invariavelmente) uma exigência de uma estrutura externa racional e inteligível no sonho. A partir de cada uma dessas proposições, o caminho leva a postulados e suposições psicológicos. Assim, a relação recíproca entre os motivos do desejo e as quatro condições, bem como as relações dessas condições entre si, terão de ser investigadas; e o sonho terá de ser associado à vida psíquica.

No início deste capítulo, relatei um sonho para nos relembrar os problemas que ainda não foram resolvidos. A interpretação desse sonho da criança em chamas não nos trouxe dificuldades, embora não fosse dada perfeitamente de acordo com nosso sentido atual. Perguntamo-nos por que era necessário, afinal, que o pai sonhasse em vez de acordar, e reconhecemos o desejo de representar a criança viva como o único motivo do sonho. Em discussões posteriores, poderemos mostrar que havia ainda outro desejo desempenhando um papel nesse sonho. Por ora, portanto, podemos dizer que, por causa da realização do desejo, o processo mental do sono foi transformado em sonho.

Se a realização do desejo for eliminada, resta apenas uma qualidade que separa as duas formas de ocorrências psíquicas entre si. O pensamento onírico poderia ter sido: "Vejo um clarão vindo do quarto em que jaz o cadáver. Talvez uma vela tenha caído e o menino está ardendo em chamas!" O sonho relata o resultado dessa reflexão inalterada, mas o representa numa situação que ocorre no presente e que pode ser percebida pelos sentidos como uma experiência no estado de vigília. Essa, porém, é a característica psicológica mais comum e mais marcante do sonho; um pensamento, geralmente o pensamento sobre algo desejado, é tornado objetivo no sonho e é representado como uma cena ou, de acordo com nossa crença, como algo vivenciado.

Mas como explicar agora essa peculiaridade característica da elaboração do sonho ou, para falar mais modestamente, como colocá-la em relação com os processos psíquicos?

Examinando mais de perto, vê-se claramente que há dois aspectos específicos nas manifestações do sonho, que são quase independentes um do outro. Um deles é a representação como situação presente com a omissão do "talvez"; o outro, é a transformação do pensamento em imagens visuais e em fala.

A transformação nos pensamentos oníricos, que transfere para o presente a expectativa neles expressa, talvez não seja particularmente tão marcante nesse sonho. Isso provavelmente está em consonância com o papel especial ou subsidiário da realização de desejos nesse sonho. Tomemos outro sonho em que o desejo onírico não se separa, no sono, de uma continuação dos pensamentos de vigília; por exemplo, o sonho da injeção de Irma. Nesse, o pensamento onírico que alcança a representação está no optativo: "Quem sabe se Otto não é o responsável pela doença de Irma!" O sonho suprime o optativo e o substitui por um simples presente: "Sim, Otto é responsável pela doença de Irma". Essa é, portanto, a primeira das mudanças promovidas nos pensamentos oníricos até mesmo por um sonho não distorcido. Mas não nos deteremos muito nessa primeira peculiaridade do sonho. Vamos elucidá-lo com uma referência à fantasia consciente, o devaneio, que se comporta de forma semelhante com seu conteúdo de representação. Quando o sr. Joyeuse, de Daudet, vaga desempregado pelas ruas de Paris, enquanto sua filha é levada a acreditar que ele tem um emprego e está em seu escritório, ele também sonha no presente com circunstâncias que podem ajudá-lo a obter proteção e um emprego. O sonho, portanto, emprega o presente da mesma maneira e com o mesmo direito que o devaneio. O presente é o tempo em que o desejo é representado como realizado.

A segunda qualidade, no entanto, é peculiar ao sonho, distinta do devaneio, a saber, que o conteúdo da representação não é pensado, mas transformado em imagens perceptíveis, às quais damos crédito e que acreditamos vivenciar. Convém acrescentar, no entanto, que nem todos os sonhos mostram essa transformação da representação em imagens perceptíveis. Há sonhos que consistem apenas em pensamentos, aos quais não podemos, contudo, negar a natureza essencial de sonhos. Meu sonho do "Autodidasker – a fantasia em estado desperto com o Professor N." – é dessa natureza; contém elementos pouco mais perceptíveis do que se eu tivesse pensado seu conteúdo durante o dia. Além disso, todo sonho longo contém elementos que não experimentaram a transformação em perceptível e que são simplesmente pensados ou conhecidos como costumamos pensar ou conhecer as coisas em nosso estado de vigília. Também podemos lembrar aqui que essa transformação de ideias em imagens perceptíveis não ocorre apenas em sonhos, mas também em alucinações e visões que podem aparecer espontaneamente num estado de saúde perfeita ou como sintomas nas psiconeuroses. Em resumo, a relação que estamos examinando agora não é de forma alguma exclusiva; persiste o fato, porém, de que essa característica do sonho, quando ocorre, nos parece a mais notável, de modo que não conseguiríamos imaginar a vida onírica sem ela. Sua explicação, no entanto, requer uma discussão muito detalhada.

Entre todas as observações sobre a teoria dos sonhos que podem ser encontradas em autores que tratam do assunto, gostaria de destacar uma, que merece ser mencionada. O grande G. T. Fechner expressa sua crença (*Psychophysik*, parte II, p. 520), em conexão com alguma discussão dedicada ao sonho, de que a sede do sonho está em outro lugar que não na representação em estado de vigília. Nenhuma outra teoria nos permite conceber as qualidades especiais da vida onírica.

A ideia que se coloca à nossa disposição é a de localização psíquica. Ignoraremos inteiramente o fato de que o aparelho psíquico com o qual estamos lidando também nos é familiar como espécime anatômico e evitaremos cuidadosamente a tentação de determinar a localização psíquica, de forma alguma, como se fosse anatômica. Vamos permanecer no terreno psicológico e vamos pensar que somos chamados apenas a conceber o instrumento que serve às atividades psíquicas, um pouco à maneira de um microscópio composto, um aparelho fotográfico ou outro similar. A localização psíquica corresponde, então, a um lugar dentro desse aparelho em que um dos elementos primários da imagem passa a existir. Como é bem conhecido, existem no microscópio e no telescópio locais ou regiões parcialmente fantasiosas, nas quais não se situa nenhuma parte tangível do aparelho. Acho supérfluo pedir desculpas pelas imperfeições dessa e de todas as figuras semelhantes. Essas comparações se destinam apenas a nos auxiliar em nossa tentativa de esclarecer a complicação da atividade psíquica, desmembrando essa atividade e atribuindo as atividades isoladas às partes componentes isoladas do aparelho. Ninguém, que eu saiba, jamais se aventurou a tentar descobrir a composição do instrumento psíquico por meio de semelhante análise. Não vejo nenhum mal nessa tentativa. Acredito que podemos dar rédea solta a nossas suposições desde que, ao mesmo tempo, preservemos nosso julgamento frio e não tomemos os andaimes pelo edifício. Como não precisamos de nada além de ideias auxiliares para a primeira abordagem de qualquer assunto desconhecido, preferiremos a hipótese mais tosca e tangível a todas as outras.

Concebemos, portanto, o aparelho psíquico como um instrumento composto, cujas partes componentes chamaremos de instâncias ou, para maior clareza, de sistemas. Acalentamos então a expectativa de que esses sistemas talvez mantenham uma relação espacial constante entre si, como os diferentes sistemas de lentes do telescópio, uma atrás da outra. A rigor, não há necessidade de supor uma verdadeira disposição espacial do sistema psíquico. Bastaria, para nosso propósito, que uma sequência firme fosse estabelecida pelo fato de que, em certas ocorrências psicológicas, o sistema será atravessado pela excitação, numa ordem cronológica definida. Essa sequência pode sofrer alteração em outros processos; tal possibilidade pode ser deixada em aberto. Por uma questão de brevidade, falaremos daqui em diante das partes componentes do aparelho como "sistemas Ψ".

A primeira coisa que nos impressiona é o fato de que o aparelho composto de sistemas Ψ tem uma direção. Todas as nossas atividades psíquicas procedem de estímulos (internos ou externos) e terminam em inervações. Atribuímos assim ao aparelho uma extremidade sensível e uma extremidade motora; na extremidade sensorial encontramos um sistema que recebe as percepções e, na extremidade motora, outro que abre as comportas da motilidade. O processo psíquico geralmente segue seu curso desde o final da percepção até o final da motilidade. O esquema mais comum do aparelho psíquico tem, portanto, a seguinte aparência:

```
        W                               M
        |   |   |   |   |   |
       ↗    |   |   |   |   |    ↘
            |   |   |   |   |
            └───────────────┘
                   →
```

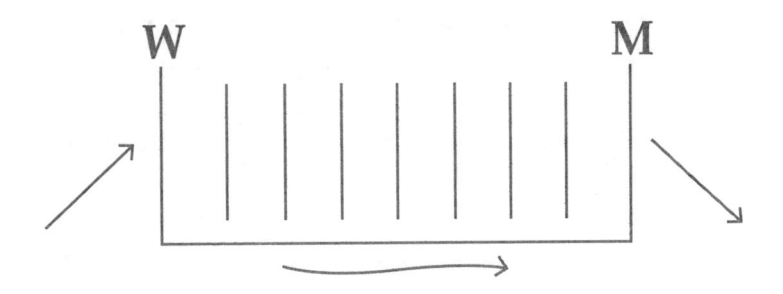

Figura 1
Legenda: **P** (Percepção); **M** (Motilidade)

Mas isso está apenas em conformidade com a exigência, há muito familiar para nós, de que o aparelho psíquico deve ser construído como um aparelho reflexo. O ato reflexo continua sendo o modelo de toda atividade psíquica.

Temos razões agora para admitir uma primeira diferenciação na extremidade sensorial. As percepções que nos chegam deixam um vestígio em nosso aparelho psíquico que podemos chamar de "vestígio de memória". A função, que se relaciona com esse vestígio de memória, chamamos de memória. Se mantivermos seriamente nossa resolução de ligar os processos psíquicos a sistemas, o vestígio de memória pode consistir apenas em modificações duradouras nos elementos dos sistemas. Mas, como já foi mostrado em outros lugares, surgem óbvias dificuldades se um mesmo sistema preserva fielmente as modificações em seus elementos e, além disso, permanece aberto a receber novos motivos de modificação. Seguindo o princípio que norteia nossa tarefa, distribuiremos essas duas atividades entre dois diferentes sistemas. Supomos que um primeiro sistema do aparelho recebe os estímulos da percepção, mas não retém nada deles, isto é, não tem memória; e que, por trás desse, existe um segundo sistema que transforma a excitação momentânea do primeiro em traços duradouros. Esse seria então um diagrama de nosso aparelho psíquico:

W   *Er Er' Er"*   M

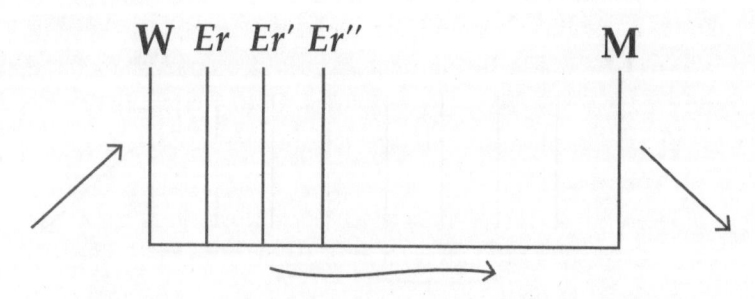

Figura 2
Legenda: **P**; **Mem** (Memória); **Mem'**; **Mem"**; **M** (Motilidade)

Sabe-se que, das percepções que atuam no sistema *P*, retemos algo mais tão duradouro quanto o próprio conteúdo. Nossas percepções provam estar ligadas umas às outras na memória, e esse é especialmente o caso quando elas ocorrem em simultaneidade. Chamamos isso de fato de associação. Agora está claro que, se o sistema *P* está totalmente desprovido de memória, ele certamente não pode preservar traços para as associações; os elementos *P* isolados seriam intoleravelmente impedidos em sua função, se um remanescente da ligação anterior exercesse sua influência numa nova percepção. Devemos, portanto e ao contrário, presumir que o sistema de memória é a base da associação. O fato de associação consiste então nisso – que, em consequência da diminuição da resistência e da facilitação dos caminhos, a partir de um dos elementos *Mem*, a excitação se transmite a um segundo e não a um terceiro sistema *Mem*.

Em investigações posteriores, achamos necessário supor não um, mas muitos desses sistemas *Mem*, nos quais a mesma excitação propagada pelos elementos *P* pode ter uma fixação variegada. O primeiro desses sistemas *Mem* conterá, naturalmente, a fixação da associação por simultaneidade, ao passo que nos que estiverem mais distantes o mesmo material excitante será disposto de acordo com outras formas de concorrência; de modo que as relações de similaridade, etc., talvez possam ser representadas por meio desses sistemas posteriores. Seria naturalmente inútil tentar relatar em palavras o significado psíquico desse sistema. Sua característica estaria na intimidade de suas relações com elementos do material bruto da memória – isto é, se quisermos apontar para uma teoria mais profunda nas gradações das resistências à condução para esses elementos.

Podemos inserir aqui uma observação de natureza geral que aponta talvez para algo importante. O sistema P, que não possui a capacidade de preservar modificações e, portanto, nenhuma memória, fornece à nossa consciência toda a multiplicidade das qualidades sensoriais. Nossas lembranças, por outro lado, são inconscientes em si mesmas; aquelas que estão mais profundamente gravadas não são exceção. Elas podem se tornar conscientes, mas não há dúvida de que produzem todos os seus efeitos no estado inconsciente. O que chamamos de nosso caráter se baseia, com certeza, nos traços de memória de nossas impressões e, de fato, nessas impressões que nos afetaram mais fortemente, as de nossa primeira infância – são aquelas que quase nunca se tornam conscientes. Mas, quando as lembranças voltam a ser conscientes, não mostram nenhuma qualidade sensorial, ou muito tênue em comparação com as percepções. Se, agora, puder ser confirmado *que memória e qualidade se excluem, no que diz respeito à consciência nos sistemas* Ψ, um discernimento extremamente promissor se revela a nós nas determinações da excitação dos neurônios.

O que até agora presumimos a respeito da composição do aparelho psíquico na extremidade sensorial segue sem referência ao sonho e às informações psicológicas dele derivadas. O sonho, contudo, serve como fonte de prova para o conhecimento de outra parte do aparelho. Vimos que se tornou impossível explicar a formação do sonho, a menos que ousássemos supor duas instâncias psíquicas, uma das quais submeteu a atividade da outra a uma crítica, que teve como consequência sua exclusão da consciência.

Vimos que a instância crítica mantém relações mais estreitas com a consciência do que a instância criticada. A primeira se situa como uma tela entre a segunda e a consciência. Além disso, encontramos razões essenciais para identificar a instância crítica com a instância que dirige nossa vida de vigília e determina nossas ações conscientes e voluntárias. Se substituirmos essas instâncias no desenvolvimento de nossa teoria por sistemas, o sistema crítico será então atribuído à extremidade motora do aparelho, por causa do fato mencionado. Vamos introduzir agora os dois sistemas em nosso esquema e lhes conferiremos nomes para expressar sua relação com a consciência.

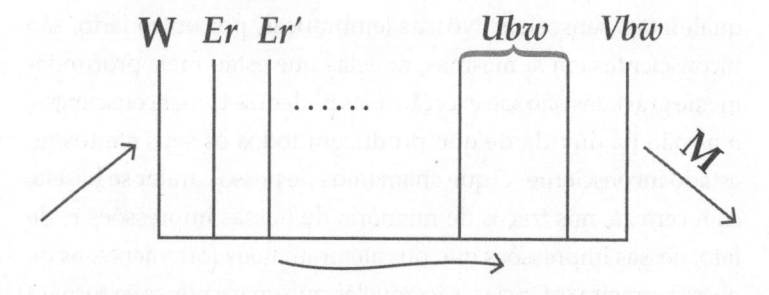

$$W \quad Er \quad Er' \quad \underbrace{Ubw \quad Vbw}$$

Figura 3
Legenda: **P**; **Mem**; **Mem'**; **Incs** (inconsciente); **Precs** (pré-consciente); **M** (motilidade)

Denominamos o último dos sistemas na extremidade motora de pré-consciente, para indicar que processos excitantes nesse sistema podem atingir a consciência sem qualquer outro empecilho, desde que outras condições sejam satisfeitas; por exemplo, a obtenção de certa intensidade, certa distribuição daquela função que deve ser chamada de atenção, e assim por diante. Esse é, ao mesmo tempo, o sistema que possui as chaves para a motilidade voluntária. Chamamos o sistema, que está por trás dele, de inconsciente, porque não tem acesso à consciência, a não ser pelo pré-consciente; na passagem por este último, sua excitação deve se submeter a certas modificações.

Em qual desses sistemas, pois, localizamos o impulso para a formação do sonho? Para simplificar, digamos que no sistema

Ics certamente, veremos em discussões posteriores que isso não é totalmente correto, que a formação do sonho é forçada a se conectar com pensamentos oníricos pertencentes ao sistema do pré-consciente. Mas aprenderemos mais tarde, quando tratarmos do desejo onírico, que a força motriz do sonho é fornecida pelo *Ics* e, devido a esse último movimento, tomaremos o sistema inconsciente como ponto de partida da formação dos sonhos. Esse incitador dos sonhos, como todas as outras estruturas de pensamento, se esforçará para continuar no pré-consciente e, a partir daí, obter acesso à consciência.

A experiência nos ensina que o caminho que leva do pré-consciente à consciência está fechado para os pensamentos oníricos durante o dia, por meio da resistência imposta pela censura. À noite, os pensamentos do sonho conseguem acesso à consciência, mas surge a questão, de que maneira e por que se modificam. Se esse acesso se tornou possível aos pensamentos oníricos pelo fato de que a resistência que vigia na fronteira entre o inconsciente e o pré-consciente naufraga à noite, então teríamos sonhos no material de nossas representações que não mostravam o caráter alucinatório que precisamente nos interessa agora.

O naufrágio da censura entre os dois sistemas, *Ics* e *Precs*, podem nos explicar apenas sonhos como o do "Autodidasker", mas não sonhos como o do menino em chamas, que tomamos como um problema no início das presentes investigações.

Só podemos descrever o que acontece nos sonhos alucinatórios, dizendo que sua excitação segue em direção retrocedente. Toma sua posição, não na extremidade motora do aparelho, mas na extremidade sensorial e, finalmente, atinge o sistema das percepções. Se chamarmos de progressiva a direção para a qual o processo psíquico continua do inconsciente para o estado de vigília, podemos então falar que os sonhos têm um caráter regressivo.

Essa regressão é, certamente, uma das peculiaridades mais importantes do processo onírico; mas não devemos esquecer que ela não se faz presente apenas nos sonhos. A lembrança intencional e outros processos de nosso pensamento normal também envolvem um retrocesso no aparelho psíquico de qualquer ato complexo de representação para a matéria-prima dos traços de memória que estão em sua base. Mas durante o estado de vigília, esse retrocesso não vai além das imagens da memória; é incapaz de produzir a vivacidade alucinatória das imagens de percepção. Por que isso é diferente nos sonhos? Quando falamos do trabalho de condensação dos sonhos, fomos levados a supor que as intensidades ligadas às representações são totalmente transferidas, por meio do trabalho do sonho, de uma representação para outra. É provavelmente essa modificação do processo psíquico anterior que torna possível a ocupação do sistema *P* na direção oposta, partindo do pensamento até atingir a plena vivacidade sensorial.

Espero que estejamos longe de nos iludir sobre a importância da presente discussão. Não fizemos nada além de dar um nome a um fenômeno inexplicável. Decidimos chamá-lo de regressão, se a representação no sonho for transformada na imagem perceptível da qual se originou. Mas mesmo esse passo exige justificação. Por que essa denominação, se não nos ensina nada de novo? Acredito, porém, que o designativo "regressão" nos é útil na medida em que liga um fato que nos é familiar a um esquema do aparelho psíquico, que é provido de uma direção. Nesse ponto, pela primeira vez, vale a pena construir esse esquema, pois, com o auxílio desse esquema, qualquer outra peculiaridade da formação dos sonhos se tornará clara para nós, sem ulteriores reflexões. Se considerarmos o sonho como um processo de regressão no suposto aparelho psíquico, podemos facilmente compreender o fato empiricamente comprovado de que toda relação mental dos pensamentos oníricos se perde na elaboração do sonho ou só pode se expressar com dificuldade. De acordo com nosso esquema, essas relações mentais estão contidas não nos primeiros sistemas *Mem*, mas naqueles situados mais à frente, e na regressão devem perder sua expressão em favor das imagens de percepção. *Na regressão, a estrutura dos pensamentos oníricos se decompõe em sua matéria-prima.*

Mas que modificação torna possível essa regressão que é impossível de ocorrer durante o dia? Nesse ponto, temos de nos contentar com suposições. Deve haver, evidentemente, algumas alterações na carga de energia para cada um dos diferentes sistemas, fazendo com que essas alterações se tornem acessíveis ou inacessíveis à descarga da excitação; mas em qualquer desses aparelhos, o mesmo efeito sobre o curso da excitação pode ser produzido por meio de mais de uma forma dessas modificações. Isso naturalmente nos relembra o estado de sono e as muitas mudanças de energia que esse estado produz na extremidade sensorial do aparelho. Durante o dia, há um fluxo contínuo do sistema Ψ do P em direção à motilidade; essa corrente cessa à noite e não impede mais o fluxo da corrente de excitação na direção oposta. Essa pareceria ser aquela "reclusão do mundo exterior" que, segundo a teoria de alguns autores, deveria explicar a característica psicológica dos sonhos. Na explicação da regressão nos sonhos, devemos, no entanto, considerar aquelas outras regressões que ocorrem durante os estados patológicos de vigília. Nessas outras formas, a explicação que acabamos de dar nos deixa claramente em apuros. A regressão ocorre, apesar da corrente sensorial ininterrupta, numa direção progressiva.

A explicação que posso dar a respeito das alucinações de histeria e paranoia, bem como das visões de pessoas mentalmente normais, é que de fato elas constituem regressões, na verdade, são pensamentos transformados em imagens; mas são submetidos a essa transformação somente os pensamentos que estão em íntima ligação com lembranças reprimidas ou inconscientes. Como exemplo, citarei um de meus pacientes histéricos mais jovens – um menino de 12 anos que não conseguia adormecer por causa de *"rostos verdes com olhos vermelhos"*, que o aterrorizavam. A fonte dessa manifestação era a memória suprimida, embora consciente em certa época, de um menino que ele havia visto muitas vezes durante quatro anos; esse lhe apresentava um quadro assustador das consequências de muitos maus hábitos infantis, incluindo o da masturbação, que agora constituía o tema de sua reprovação.

Sua mãe lhe havia feito notar, na época, que a pele do menino mal-educado era esverdeada e que ele tinha *olhos vermelhos* (isto é, *com bordas vermelhas*). Daí a terrível visão que constantemente servia para lembrá-lo da advertência da mãe de que esses meninos se tornam dementes, que são incapazes de progredir na escola e que estão condenados a uma morte prematura. Uma parte dessa previsão se concretizou no caso do pequeno paciente; ele não conseguia prosseguir com sucesso seus estudos do ensino médio e, como aparecia no exame de suas fantasias involuntárias, ficou com grande pavor do restante da profecia. Depois de um breve período de tratamento bem-sucedido, no entanto, seu sono foi restaurado, ele perdeu seus medos e terminou seu ano escolar com um excelente histórico.

Posso acrescentar ainda a interpretação de uma visão que me foi relatada por uma histérica de 40 anos, como se tivesse ocorrido em sua vida normal. Certa manhã, ao abrir os olhos, viu no quarto seu irmão, que ela sabia que estava internado num manicômio. O filho pequeno estava dormindo ao lado dela. Para que a criança não se assustasse ao ver o tio e tivesse convulsões, ela puxou o lençol sobre o pequeno; feito isso, o fantasma desapareceu. Essa visão é a reformulação de uma de suas reminiscências infantis que, embora consciente, está intimamente ligada a todo o material inconsciente em sua mente. A babá lhe contou que sua mãe, que havia morrido jovem (a paciente tinha então apenas 1 ano e meio de idade), sofria de convulsões epilépticas ou histéricas, que remontavam a um susto causado pelo irmão (tio da paciente), que lhe apareceu disfarçado de fantasma, com um lençol sobre a cabeça. A visão contém os mesmos elementos que a reminiscência, ou seja, a aparição do irmão, o lençol, o susto e seu efeito. Esses elementos, no entanto, estão dispostos em diferentes relações e são transferidos para outras pessoas. O motivo óbvio da visão, que substitui o pensamento, é sua preocupação de que seu filho pequeno, que tinha uma notável semelhança com o tio, compartilhasse do mesmo destino. Os dois exemplos aqui citados não são totalmente alheios ao sono e podem, portanto, ser inadequados para comprovar o que almejo. Em decorrência disso, posso me referir à minha análise de uma paranoia alucinatória[172] e aos resultados de meus estudos ainda inéditos sobre a psicologia das psiconeuroses para ressaltar o fato de que, nesses casos de transformação regressiva dos pensamentos, não se deve menosprezar a influência de uma reminiscência reprimida ou inconsciente, sendo esta, na maioria dos casos, de caráter infantil. Essa lembrança, por assim dizer, arrasta para a regressão o pensamento com o qual está ligada, que é impedida de se expressar pela censura, ou seja, naquela forma de representação em que a própria lembrança existe psiquicamente. Posso mencionar aqui, como resultado de meus estudos sobre a histeria que, se conseguirmos devolver à consciência cenas infantis (sejam lembranças ou fantasias), elas são vistas como alucinações e só são despojadas dessa característica depois de serem comunicadas. Sabe-se também que as mais remotas lembranças infantis retêm o caráter de vivacidade perceptível até idade avançada, mesmo em pessoas cuja memória não é de tipo visual.

Se, agora, tivermos em mente que papel desempenha nos pensamentos oníricos as reminiscências infantis ou as fantasias baseadas neles, quantas vezes fragmentos dessas reminiscências emergem no conteúdo do sonho, e quantas vezes eles dão origem a desejos oníricos, não podemos negar a probabilidade de que também no sonho a transformação de pensamentos em imagens visuais possa ser o resultado da atração exercida pelas reminiscências visualmente representadas, lutando por reanimação, sobre os pensamentos separados da consciência e lutando por expressão. Seguindo esse ponto de vista, podemos ainda descrever o sonho como um substituto modificado da cena infantil produzida pela transferência para material recente. A cena infantil não pode forçar sua renovação e, portanto, deve se contentar em retornar como um sonho.

Essa referência ao significado das cenas infantis (ou de suas repetições como fantasias), funciona de certa forma como padrão para o conteúdo do sonho e torna supérflua a suposição feita por Scherner e seus alunos de uma fonte interna de estimulação. Scherner supõe um estado de "estímulo visual", isto é, de excitação interna no órgão da visão quando os sonhos manifestam uma vivacidade particular ou uma abundância específica de elementos visuais. Não precisamos contestar essa suposição, mas podemos nos contentar em presumir esse estado de excitação apenas para o sistema perceptivo psíquico dos órgãos da visão; devemos, no entanto, afirmar que esse estado de excitação é criado por uma lembrança e é meramente uma renovação da real excitação visual anterior. Não posso, por experiência própria, dar um bom exemplo que demonstre essa influência da reminiscência infantil; meus sonhos são certamente menos ricos em elementos perceptíveis do que devo imaginar os dos outros; mas em meu sonho mais belo e mais vívido dos últimos anos, posso facilmente traçar a clareza alucinatória do conteúdo do sonho até a natureza sensorial das impressões recentemente recebidas. Mencionei anteriormente um sonho em que a cor azul-escuro da água, a cor marrom da fumaça que saía das chaminés do navio e o marrom e vermelho escuros dos prédios que eu tinha visto causaram uma impressão profunda e duradoura em minha mente. Esse sonho, pelo menos, deve ser atribuído a estímulo visual. Mas o que levou meu órgão visual a esse estado de estimulação? Foi uma impressão recente que se une a uma série de anteriores. As cores que vi eram as dos tijolos de brinquedo com que meus filhos ergueram, no dia anterior ao sonho, uma bela estrutura para minha admiração. A mesma cor vermelho escuro cobria os tijolos grandes e o mesmo azul e marrom, os pequenos. Ligadas a eles estavam as impressões coloridas de minha última viagem pela Itália, o encantador azul do rio Isonzo e da Lagoa, o tom marrom da região alpina. As belas cores vistas no sonho eram apenas uma repetição do visto em minha lembrança.

Vamos rever o que aprendemos sobre essa peculiaridade que o sonho tem de transformar seu conteúdo de representações em imagens plásticas. Não explicamos esse aspecto da elaboração do sonho nem o relacionamos a leis conhecidas da psicologia, mas o destacamos como algo que sugere ligações desconhecidas e o designamos pelo nome de característica "regressiva". Onde quer que essa regressão tenha ocorrido, nós a consideramos um efeito da resistência que se opõe ao progresso do pensamento em seu caminho normal para a consciência, bem como um resultado da atração simultânea exercida sobre ele pelas vívidas lembranças presentes. A regressão talvez seja facilitada no sonho pela cessação do fluxo progressivo que emana dos órgãos dos sentidos durante o dia. Para esse fator auxiliar, deve haver compensação nas outras formas de regressão, por meio de um fortalecimento dos outros motivos de regressão. Devemos ter em mente também que nos casos patológicos de regressão, como no sonho, o processo de transferência de energia deve ser diferente daquele das regressões da vida psíquica normal, pois possibilita uma ocupação alucinatória plena dos sistemas de percepção. O que descrevemos na análise da elaboração do sonho como "consideração à representabilidade" pode referir-se à atração seletiva de cenas visualmente rememoradas, tocadas pelos pensamentos oníricos.

É bem possível que essa primeira parte de nossa utilização psicológica do sonho não nos satisfaça inteiramente. Devemos, no entanto, nos consolar com o fato de que somos obrigados a construir no escuro. Se não nos desviarmos totalmente do caminho certo, chegaremos, sem dúvida, ao mesmo lugar, a partir de outro ponto de partida e, daí em diante, talvez possamos ver melhor nosso caminho.

(C) REALIZAÇÃO DE DESEJOS

O sonho do menino em chamas, citado anteriormente, nos oferece uma bela oportunidade para apreciar as dificuldades enfrentadas pela teoria da realização de desejos. Certamente parecia estranho para todos nós que os sonhos não fossem nada além de realização de desejos – e isso não só por causa das contradições oferecidas pelos sonhos de ansiedade ou de angústia.

Depois de aprender com as primeiras explicações analíticas que o sonho esconde sentido e valor psíquico, dificilmente poderíamos esperar uma determinação tão simples desse sentido. De acordo com a definição correta, mas concisa de Aristóteles, o sonho é uma continuação do pensamento durante o sono (desde que estejamos realmente adormecidos). Considerando que durante o dia nossos pensamentos produzem uma diversidade tão grande de atos psíquicos – juízos, conclusões, contradições, expectativas, intenções etc. –, por que nossos pensamentos adormecidos deveriam ser forçados a se limitar à produção de desejos? Não há, ao contrário, muitos sonhos que apresentam um ato psíquico diferente em forma de sonho, por exemplo, uma preocupação, e não é o transparente sonho do pai do menino (mencionado há pouco), exatamente dessa natureza? Do clarão de luz que incide em seus olhos enquanto dorme, o pai tira a preocupada conclusão de que uma vela caiu e pode ter incendiado o cadáver; ele transforma essa conclusão num sonho, revestindo-a de uma situação sensorial encenada no tempo presente. Que papel desempenha nesse sonho a realização do desejo? E de que devemos suspeitar – da predominância do pensamento que persiste do estado de vigília ou do pensamento estimulado pela nova impressão sensorial?

Todas essas considerações são justas e nos forçam a entrar mais profundamente no papel desempenhado pela realização do desejo no sonho e no significado dos pensamentos de vigília que persistem no sono.

Na verdade, é a realização do desejo que já nos induziu a separar os sonhos em dois grupos. Encontramos alguns sonhos que eram simplesmente a realização de desejos; e outros em que a realização de desejos não podia ser reconhecida e era frequentemente ocultada por todos os meios disponíveis. Nessa última classe de sonhos, reconhecemos a influência da censura onírica. Os sonhos de desejo não distorcidos foram encontrados principalmente em crianças, mas sonhos fugazes, francamente de desejo, pareciam (enfatizo propositadamente essa palavra) ocorrer também em adultos.

Podemos agora perguntar de onde se origina o desejo que se realiza no sonho. Mas a que oposição ou a que diversidade nos referimos com esse "de onde"? Creio que é a oposição entre a vida cotidiana consciente e uma atividade psíquica que permanece inconsciente e que só pode se tornar perceptível durante a noite. Encontro assim uma tripla possibilidade para a origem de um desejo. Em primeiro lugar, pode ter sido despertado durante o dia e, devido a circunstâncias externas, não foi satisfeito; desse modo, é deixado para a noite um desejo reconhecido, mas não realizado. Em segundo lugar, pode vir à tona durante o dia, mas ser rejeitado, deixando um desejo não realizado, mas reprimido. Ou, em terceiro lugar, pode não ter relação alguma com a vida diurna e fazer parte daqueles desejos que se originam durante a noite, emergindo da repressão. Se seguirmos agora nosso esquema do aparelho psíquico, podemos localizar um desejo de primeira ordem no sistema *Precs*. Podemos presumir que um desejo de segunda ordem foi rechaçado pelo sistema *Precs* para o sistema *Incs*, onde, sozinho, ele pode subsistir, se é o que faz; ao passo que consideramos uma noção de desejo da terceira ordem totalmente incapaz de deixar o sistema *Incs*. Isso levanta a questão de saber se os desejos oriundos dessas diferentes fontes possuem o mesmo valor para o sonho e se têm o mesmo poder de incitar um sonho.

Ao rever os sonhos que temos à nossa disposição para responder a essa questão, somos imediatamente levados a acrescentar como quarta fonte do desejo onírico os reais estímulos de desejo que surgem durante a noite, como a sede e o desejo sexual. Torna-se então evidente que a fonte do desejo onírico não afeta sua capacidade de incitar um sonho. Essa visão é corroborada pelo sonho da menina que continuou a viagem pelo lago, interrompida durante o dia, e pelos sonhos de outras crianças que mencionei; eles são explicados por um desejo não realizado, mas não suprimido, do dia anterior. Que um desejo suprimido durante o dia se manifeste no sonho pode ser demonstrado por muitos exemplos. Mencionarei um muito simples dessa classe. Uma jovem um tanto sarcástica, cuja amiga mais nova ficou noiva, acabou sendo interrogada, ao longo do dia, por seus conhecidos, se ela conhece e o que pensa do noivo. Ela responde com elogios irrestritos, silenciando assim seu julgamento, pois ela prefere dizer a verdade, ou seja, que ele é uma pessoa comum (Dutzendmensch).[173] Na noite seguinte, ela sonha que a mesma pergunta é feita a ela, e que responde com a fórmula: "No caso de ulteriores pedidos, bastará mencionar o número". Finalmente, aprendemos com várias análises que o desejo, em todos os sonhos que foram submetidos à distorção, emergiu do inconsciente e não foi capaz de chegar à percepção, no estado de vigília. Assim, parece que todos os desejos têm o mesmo valor e força para a formação do sonho.

No momento, não posso provar que o estado de coisas é realmente diferente, mas estou fortemente inclinado a supor uma determinação mais rigorosa do desejo onírico. Os sonhos das crianças não deixam dúvidas de que um desejo não realizado durante o dia pode ser o instigador do sonho. Mas não devemos esquecer que é, afinal, o desejo de uma criança, que é apenas um sentimento de desejo de força infantil. Tenho uma forte dúvida se um desejo não realizado durante o dia seria suficiente para criar um sonho num adulto. Pareceria antes que, à medida que aprendemos a controlar nossos impulsos pela atividade intelectual, rejeitamos cada vez mais como vã a formação ou a retenção de desejos tão intensos como são naturais na infância. Nisso, de fato, pode haver variações individuais; alguns retêm o tipo infantil de processos psíquicos por mais tempo do que outros. As diferenças são aqui as mesmas encontradas no declínio gradual da representação visual, originalmente bem nítida.

Em geral, porém, sou da opinião de que os desejos não realizados durante o dia são insuficientes para produzir um sonho em adultos. Admito prontamente que os instigadores do desejo originados na vida consciente contribuem para a incitação dos sonhos, mas provavelmente isso é tudo. O sonho não se originaria, se o desejo pré-consciente não fosse reforçado por outra fonte.

Essa fonte é o inconsciente. Acredito que *o desejo consciente é um incitador de sonhos apenas se conseguir despertar um desejo inconsciente semelhante que o reforça*. Seguindo as sugestões obtidas por meio da psicanálise das neuroses, acredito que esses desejos inconscientes estão sempre ativos e prontos para se expressar, sempre que encontram uma oportunidade de se unir a uma emoção da vida consciente, e que transferem sua maior intensidade para a intensidade menor dessa última.[174] Pode, portanto, parecer que apenas o desejo consciente foi realizado num sonho; mas uma pequena peculiaridade na formação desse sonho nos colocará no rastro do poderoso auxiliar oriundo do inconsciente. Esses desejos do inconsciente, sempre ativos e, por assim dizer, imortais lembram os lendários Titãs que desde tempos imemoriais têm carregado as pesadas montanhas que um dia foram roladas sobre eles pelos deuses vitoriosos e que ainda hoje estremecem de tempos em tempos por causa das convulsões de seus poderosos membros. Digo que esses desejos encontrados na repressão são eles próprios de origem infantil, como aprendemos com a investigação psicológica das neuroses. Gostaria, portanto, de retirar a opinião anteriormente expressa de que a procedência do desejo onírico não é importante e substituí-la por outra, como segue: *O desejo manifestado no sonho tem de ser um desejo infantil*. No adulto, ele se origina no *Incs*, ao passo que na criança, onde ainda não existe separação e censura entre *Precs* e *Incs*, ou onde esses estão apenas em processo de formação, trata-se de um desejo não realizado e não reprimido do estado de vigília. Estou ciente de que essa concepção não pode ser demonstrada como se fosse revestida de validade universal, mas sustento, no entanto, que pode ser frequentemente demonstrada, mesmo quando não se suspeitasse, e que não pode ser refutada como proposição geral.

As noções de desejo que permanecem do estado de vigília consciente são, portanto, relegadas a segundo plano na formação do sonho. No conteúdo do sonho, atribuirei a elas apenas a parte atribuída ao material das sensações reais durante o sono. Se agora levar em conta aquelas outras instigações psíquicas remanescentes do estado de vigília, que não são desejos, devo apenas seguir a linha traçada para mim por essa linha de raciocínio. Podemos conseguir concluir provisoriamente a soma de energia de nossos pensamentos de vigília, resolvendo dormir. Quem conseguir fazer isso, dorme com facilidade. Napoleão I é considerado um modelo desse tipo. Mas nem sempre conseguimos fazê-lo ou fazê-lo perfeitamente. Problemas não resolvidos, preocupações perturbadoras, impressões em excesso continuam a atividade do pensamento mesmo durante o sono, mantendo os processos psíquicos no sistema que denominamos pré-consciente. Esses processos mentais que continuam durante o sono podem ser divididos nos seguintes grupos: (1) aquilo que não foi interrompido durante o dia por causa de um obstáculo casual; (2) o que foi deixado inacabado por paralisia temporária de nossa força mental, ou seja, o não resolvido; (3) o que foi rejeitado e suprimido durante o dia. Isso se une a um poderoso grupo (4) formado por aquilo que foi animado em nosso *Incs* durante o dia, pelo trabalho do pré-consciente. Finalmente, podemos acrescentar o grupo (5) que consiste nas impressões indiferentes do dia e que, por essa razão, não foram tratadas.

Não devemos subestimar as intensidades psíquicas introduzidas no sono por esses resíduos da vida desperta, especialmente aqueles emanados do grupo dos não resolvidos. Essas excitações certamente continuam a se expressar durante a noite, e podemos supor com igual certeza que o estado de sono impossibilita a continuação usual da excitação no pré-consciente e o término da excitação ao tornar-se consciente. Na medida em que normalmente podemos nos tornar conscientes de nossos processos mentais, mesmo durante a noite, simplesmente não estamos dormindo. Não me atrevo dizer que modificação é produzida no *Precs* pelo estado de sono, mas não há dúvida de que a característica psicológica do sono se deve essencialmente à modificação da energia nesse mesmo sistema, que também controla o acesso à motilidade, que fica paralisada durante o sono. Em contraste com isso, parece não haver nada na psicologia do sonho que justifique a suposição de que o sono produz apenas modificações secundárias nas condições do sistema *Incs*. Assim, para a excitação noturna no *Precs* não resta outro caminho além daquele seguido pelas excitações de desejo do sistema *Incs*. Essa excitação deve buscar reforço oriundo do sistema *Incs* e seguir os desvios das excitações inconscientes. Mas qual é a relação dos restos pré-conscientes do dia com o sonho? Não há dúvida de que eles penetram em profusão no sonho, que utilizam o conteúdo do sonho para se impor à consciência mesmo durante a noite; na verdade, eles ocasionalmente dominam o conteúdo do sonho e o impelem a continuar o trabalho do dia; também é certo que os restos diurnos podem ter qualquer outro caráter além do de desejos; mas é altamente instrutivo e mesmo decisivo para a teoria da realização do desejo ver a que condições devem se submeter para serem acolhidos no sonho.

Tomemos um dos sonhos já citados anteriormente, por exemplo, o sonho em que meu amigo Otto parece apresentar os sintomas da doença de Basedow. A aparência de meu amigo Otto me causou certa preocupação durante o dia e essa preocupação, como tudo o que se referia a essa pessoa, me afetou. Também posso supor que esses sentimentos me seguiram até o sono. Eu provavelmente estava determinado a descobrir qual era o problema com ele. À noite, minha preocupação encontrou expressão no sonho que relatei, cujo conteúdo não era apenas sem sentido, mas também não demonstrava qualquer realização de desejo. Mas comecei a investigar a origem dessa expressão incongruente da preocupação sentida durante o dia, e a análise revelou a conexão. Identifiquei meu amigo Otto com certo barão L., e eu, com um professor R. Só havia uma explicação para eu ser impelido a escolher apenas essa substituição para o pensamento diurno. Eu devo ter estado sempre disposto no *Incs* a me identificar com o professor R., pois significava a realização de um dos desejos imortais da infância, ou seja, o de me tornar grande. Pensamentos repulsivos em relação a meu amigo, que certamente seriam repudiados em estado de vigília, aproveitaram a oportunidade para se infiltrar no sonho, mas a preocupação do dia também encontrou alguma forma de expressão por meio de uma substituição no conteúdo do sonho. O pensamento diurno, que não era em si um desejo, mas sim uma preocupação, tinha de encontrar, de alguma forma, uma conexão com o desejo infantil agora inconsciente e suprimido, que então lhe permitisse, embora já devidamente preparado, "originar-se" na consciência. Quanto mais dominante essa preocupação, mais forte deve ser a conexão a ser estabelecida; não precisa haver conexão entre o conteúdo do desejo e o da preocupação, nem houve em nenhum de nossos exemplos.

Podemos agora definir com precisão o significado do desejo inconsciente para o sonho. Pode-se admitir que há toda uma classe de sonhos em que a incitação se origina preponderantemente ou mesmo exclusivamente dos resíduos da vida cotidiana; e acredito que mesmo meu desejo acalentado de me tornar em algum momento futuro um "professor extraordinário" teria me permitido dormir sem ser perturbado naquela noite, se minha preocupação com a saúde de meu amigo ainda estivesse ativa. Mas essa preocupação por si só não teria produzido um sonho; a força motriz necessária ao sonho tinha de ser contribuída por um desejo, e cabia à preocupação obter para si esse desejo como força motriz do sonho. Para falar figurativamente, é bem possível que um pensamento diurno desempenhe o papel do contratante (*empresário*) no sonho. Mas sabe-se que não importa a ideia que o contratante tenha em mente e como deverá estar desejoso para pô-la em prática, pois ele não pode fazer nada sem capital; deverá depender de um capitalista para custear as despesas necessárias, e esse capitalista, que fornece o gasto psíquico para o sonho, é invariável e indiscutivelmente *um desejo oriundo do inconsciente*, não importa qual possa ser a natureza do pensamento no estado de vigília.

Em outros casos, o próprio capitalista é o contratante do sonho; este, de fato, parece ser o caso mais comum. Um desejo inconsciente é produzido pelo trabalho do dia, que, por sua vez, cria o sonho. Os processos oníricos, aliás, correm em paralelo com todas as outras possibilidades da relação econômica aqui utilizada como ilustração. Assim, o próprio empresário pode contribuir com algum capital ou vários empresários podem buscar a ajuda junto ao mesmo capitalista, ou vários capitalistas podem fornecer conjuntamente o capital requerido pelo empresário. Assim, há sonhos produzidos por mais de um desejo onírico, e muitas variações semelhantes que podem ser facilmente ignoradas e não têm mais interesse para nós. Poderemos desenvolver mais tarde o que deixamos inacabado nessa discussão.

O "*tertium comparationis*" (o terceiro elemento da comparação) na analogia recém-empregada – ou seja, a soma posta à nossa livre disposição na quantidade apropriada – admite aplicação ainda mais sutil para a ilustração da estrutura do sonho. Como foi mostrado anteriormente, podemos identificar, na maioria dos sonhos, um centro especialmente provido de intensidade perceptível. Esse centro é geralmente a representação direta da realização de desejo; pois, se desfizermos os deslocamentos da elaboração do sonho por um processo de retrocesso, descobriremos que a intensidade psíquica dos elementos nos pensamentos oníricos é substituída pela intensidade perceptível dos elementos no conteúdo do sonho. Os elementos adjacentes à realização do desejo, com frequência, nada têm a ver com seu sentido, mas revelam ser derivados de pensamentos dolorosos que se opõem ao desejo. Mas, devido à sua conexão frequentemente artificial com o elemento central, eles adquiriram intensidade suficiente para permitir que venham a se expressar no sonho. Assim, a força de expressão da realização de desejo se difunde por determinada esfera de associação, dentro da qual eleva à expressão todos os elementos, inclusive aqueles que são em si impotentes. Em sonhos com vários desejos fortes, podemos facilmente separar umas das outras as esferas das diferentes realizações de desejos; as lacunas no sonho também podem, muitas vezes, ser explicadas como zonas limítrofes.

Embora as observações anteriores tenham limitado consideravelmente o significado dos restos diurnos para o sonho, valerá a pena dar-lhes alguma atenção. Eles devem ser um ingrediente necessário na formação dos sonhos, na medida em que a experiência revela o fato surpreendente de que todo sonho mostra em seu conteúdo uma conexão com alguma impressão de um dia recente, muitas vezes do tipo mais insignificante. Até agora não vimos nenhuma necessidade para essa adição à mistura que constitui o sonho. Essa necessidade só aparece quando acompanhamos de perto o papel desempenhado pelo desejo inconsciente e depois buscamos informações na psicologia das neuroses. Aprendemos assim que a representação inconsciente, como tal, é inteiramente incapaz de entrar no pré-consciente, e que só pode exercer uma influência ali, unindo-se a uma representação inocente que já pertence ao pré-consciente, para a qual transfere sua intensidade e sob a qual ela se deixa ocultar. Esse é o fato de transferência que explica tantos acontecimentos surpreendentes na vida psíquica dos neuróticos.

A representação oriunda do pré-consciente, que assim obtém uma abundância imerecida de intensidade, pode ser deixada inalterada pela transferência ou ver-se forçada a uma modificação do conteúdo da representação que executa a transferência. Espero que o leitor perdoe meu gosto pelas comparações da vida cotidiana, mas sinto-me tentado a dizer que as relações existentes para a representação reprimida são semelhantes às situações existentes na Áustria para o dentista americano, que é proibido de exercer a profissão, a menos que obtenha permissão de um médico qualificado para usar seu nome na placa exposta ao público e, assim, cumprir os requisitos legais. Além disso, assim como naturalmente não são os médicos mais ocupados que formam tais alianças com os dentistas, também na vida psíquica, para servir de cobertura a uma representação reprimida, são escolhidos apenas as representações pré-conscientes ou conscientes que não atraíram sobre si parcela suficiente da atenção que atua no pré-consciente. O inconsciente tece, de modo preferencial, suas conexões com aquelas impressões e representações do pré-consciente que foram deixadas de lado como indiferentes ou com aquelas que logo foram privadas dessa atenção por rejeição. É um fato familiar dos estudos de associação confirmados inteiramente pela experiência que as representações, que criaram conexões íntimas numa direção, assumem uma atitude quase negativa em relação a grupos inteiros de novas conexões. Uma vez tentei, a partir desse princípio, desenvolver uma teoria para a paralisia histérica.

Se supusermos que a mesma necessidade de transferência das representações reprimidas, que descobrimos pela análise das neuroses, exerce sua influência também no sonho, podemos explicar imediatamente dois enigmas do sonho, a saber, que toda análise dos sonhos mostra um entrelaçamento de uma impressão recente, e que esse elemento recente é frequentemente do tipo mais insignificante. Podemos acrescentar o que já aprendemos em outro lugar, que esses elementos recentes e indiferentes aparecem com tanta frequência no conteúdo do sonho como um substituto para os pensamentos oníricos mais profundos, pela razão adicional de que eles têm menos a temer da resistência imposta pela censura. Mas enquanto essa isenção de censura explica apenas a preferência por elementos triviais, a presença constante de elementos recentes aponta para o fato de que há uma necessidade de transferência. Os dois grupos de impressões atendem à demanda da repressão para material ainda livre de associações; as indiferentes, porque não ofereceram espaço para a formação de múltiplas associações, e as recentes, porque não tiveram tempo suficiente para formar semelhantes associações.

Vemos assim que os restos diurnos, entre os quais podemos agora incluir as impressões indiferentes quando participam da formação do sonho, não apenas tomam emprestado do sistema *Incs* a força motriz à disposição do desejo reprimido, mas também oferecem ao inconsciente algo indispensável, a saber, o apego necessário para a transferência. Se tentássemos aqui penetrar mais profundamente nos processos psíquicos, deveríamos primeiro esclarecer melhor o papel das emoções entre o pré-consciente e o inconsciente, assunto para o qual, de fato, somos impelidos pelo estudo das psiconeuroses, ao passo que o próprio sonho não oferece assistência a esse respeito.

Apenas mais uma observação sobre os restos diurnos. Não há dúvida de que eles são os verdadeiros perturbadores do sono, e não o sonho que, ao contrário, se esforça para resguardar o sono. Mas voltaremos a esse ponto mais adiante.

Discutimos até agora o desejo onírico, nós o incluímos na esfera do *Incs* e analisamos suas relações com os restos diurnos, que, por sua vez, podem ser desejos, emoções psíquicas de qualquer outro tipo ou simplesmente impressões recentes. Abrimos assim espaço para quaisquer alegações que possam ser feitas sobre a importância da atividade de pensamento consciente nas formações de sonhos em todas as suas variações. Com base em nossa série de pensamentos, não nos seria de todo impossível explicar mesmo aqueles casos extremos em que o sonho, como continuador do trabalho diurno, leva a uma conclusão feliz de um problema não resolvido do estado de vigília. Não possuímos, entretanto, um exemplo cuja análise possa revelar a fonte do desejo infantil ou reprimido que forneça semelhante aliança e fortalecimento bem-sucedido dos esforços da atividade pré-consciente. Mas não chegamos nem perto da solução do enigma: por que o inconsciente pode fornecer a força motriz para a realização do desejo apenas durante o sono? A resposta a essa pergunta deve esclarecer a natureza psíquica dos desejos; e será dada com o auxílio do diagrama do aparelho psíquico.

Não temos dúvida de que esse aparelho só atingiu sua perfeição atual depois de longo período de desenvolvimento. Tentemos restaurá-lo tal como existia numa fase inicial de sua atividade. De suposições, a serem confirmadas em outro lugar, sabemos que, de início, o aparelho se esforçou para se manter tão livre quanto possível de estímulos e, em sua primeira estrutura, portanto, o esquema assumiu a forma de um aparelho reflexo, o que lhe permitiu descarregar prontamente, por meio de tratos motores, qualquer estímulo sensorial que nele incidisse, oriundo de fora. Mas essa simples função foi perturbada pelas necessidades da vida, que também fornecem o impulso para o desenvolvimento posterior do aparelho. As exigências da vida se manifestaram, primeiramente, sob a forma das grandes necessidades físicas. A excitação despertada pelo desejo interior busca uma saída na motilidade, que pode ser designada como "modificações internas" ou como uma "expressão das emoções". A criança faminta chora ou se agita impotente, mas sua situação permanece inalterada; pois a excitação procedente de uma necessidade interior requer, não uma explosão momentânea, mas uma força trabalhando continuamente. Uma mudança só pode ocorrer se, de alguma forma, for experimentado um sentimento de satisfação – que, no caso da criança, se resolve por meio de ajuda externa – para remover o estímulo interior. Um componente essencial dessa experiência é o aparecimento de certa percepção (de alimento, em nosso exemplo), cuja imagem mnemônica permanece associada ao traço mnemônico da excitação produzida pela necessidade.

Graças à conexão estabelecida, na próxima aparição dessa necessidade, resulta uma sensação psíquica que revive a imagem da memória da percepção anterior e, assim, lembra a própria percepção anterior, ou seja, ela realmente restabelece a situação da primeira satisfação. Chamamos semelhante noção de desejo; o reaparecimento da percepção constitui a realização do desejo, e o pleno renascimento da percepção pela excitação do desejo constitui o caminho mais curto para a realização do desejo. Podemos supor uma condição primitiva do aparelho psíquico em que esse caminho é realmente seguido, ou seja, onde o desejo termina numa alucinação. Essa primeira atividade psíquica visa, portanto, a uma identidade de percepção, ou seja, visa a uma repetição daquela percepção que está ligada à satisfação da necessidade.

Essa atividade mental primitiva deve ter sido modificada pela amarga experiência prática numa atividade secundária mais conveniente. O estabelecimento da identidade perceptiva no curto caminho regressivo dentro do aparelho não traz consigo, sob outro aspecto, o resultado que inevitavelmente segue o reavivamento da mesma percepção desde o exterior. A satisfação não ocorre e a necessidade perdura. Para igualar a soma de energia interna com a externa, a primeira deve ser mantida continuamente, assim como realmente acontece nas psicoses alucinatórias e nos delírios de fome, que esgotam sua capacidade psíquica de se apegar ao objeto desejado. Para fazer um uso mais apropriado da força psíquica, torna-se necessário inibir a regressão total, a fim de evitar que ela se estenda além da imagem da memória, de onde pode selecionar outros caminhos que conduzam, em última instância, ao estabelecimento da identidade desejada, a partir do mundo exterior. Essa inibição da regressão e o consequente desvio da excitação torna-se tarefa de um segundo sistema, que domina a motilidade voluntária, isto é, por meio de cuja atividade o dispêndio de motilidade é agora dedicado a propósitos anteriormente lembrados. Mas toda essa complexa atividade mental que vai da imagem da memória ao estabelecimento da identidade de percepção do mundo exterior representa apenas um desvio que foi imposto à realização do desejo pela experiência.[175] Pensar é, de fato, nada mais que o equivalente do desejo alucinatório; e se o sonho é chamado de realização de desejo, isso se torna evidente de *per si*, pois nada além de um desejo pode impelir nosso aparelho psíquico à atividade. O sonho, que na realização de seus desejos segue o curto caminho regressivo, conserva-nos assim apenas um exemplo da forma primária do aparelho psíquico, que foi abandonada como inconveniente. O que antes reinava no estado de vigília, quando a vida psíquica ainda era jovem e inadequada, parece ter sido banido para o estado de sono, assim como vemos novamente no berçário o arco e a flecha, armas primitivas descartadas pela humanidade adulta. *O sonho é um fragmento da vida psíquica abandonada da criança.* Nas psicoses, esses modos de operação do aparelho psíquico, que normalmente são suprimidos no estado de vigília, se reafirmam e depois revelam sua incapacidade de satisfazer nossas necessidades no mundo exterior.

É evidente que as noções de desejos inconscientes se esforçam para se afirmar também durante o dia, e o fato da transferência, assim como as psicoses, nos ensinam que elas tentam penetrar na consciência e dominar a motilidade, por meio do caminho que conduz ao sistema do pré-consciente. É, portanto, a censura que fica entre o *Incs* e o *Precs*, cuja presença os sonhos nos obrigam a supor, que devemos reconhecer e honrar como a guardiã de nossa saúde psíquica. Mas não é descuido por parte dessa guardiã diminuir sua vigilância durante a noite e permitir que as emoções reprimidas do *Incs* se expressem, tornando possível, novamente, a regressão alucinatória? Acho que não, pois quando o guardião crítico vai descansar – e temos provas de que seu sono não é profundo – ele também fecha a porta da motilidade. Não importa quais são as noções do *Incs*, normalmente inibido, a perambular em cena; não há razão para impedi-las; elas permanecem inofensivas, porque são incapazes de pôr em movimento o aparelho motor, o único com o qual poderiam exercer uma influência modificadora no mundo exterior. O sono garante a segurança da fortaleza que está sob guarda. As condições são menos inofensivas quando se produz um deslocamento de forças, não por uma diminuição noturna da atuação da censura crítica, mas pelo enfraquecimento patológico dessa força ou pela intensificação patológica das excitações inconscientes, e isso enquanto o pré-consciente é carregado de energia e os caminhos para a motilidade estão abertos. O guardião é então dominado, as excitações inconscientes subjugam o *Precs*; a partir daí, controlam nossa fala e nossas ações ou forçam a regressão alucinatória, dirigindo assim um aparelho, que não lhes é destinado, em virtude da atração exercida pelas percepções sobre a distribuição de nossa energia psíquica. Chamamos essa condição de psicose.

Estamos agora no melhor momento para completar a construção da estrutura psicológica, que foi interrompida pela introdução dos dois sistemas, *Incs* e *Precs*. Temos ainda, no entanto, amplas razões para dar mais atenção ao desejo, como a única força motriz psíquica do sonho. Explicamos que a razão pela qual o sonho é, em todos os casos, uma realização de desejo; e isso porque ele é um produto do *Incs*, que não conhece outro objetivo em sua atividade senão a realização de desejos e que não tem outras forças à sua disposição a não ser noções de desejo. Se nos valermos por mais um momento do direito de elaborar a partir da interpretação do sonho semelhantes especulações psicológicas de longo alcance, temos o dever de demonstrar que estamos trazendo o sonho para uma relação que também pode incluir outras estruturas psíquicas. Se existe um sistema do *Incs* – ou algo suficientemente análogo a ele para o propósito de nossa discussão – o sonho não pode ser sua única manifestação; todo sonho pode ser uma realização de desejo, mas deve haver outras formas anormais de realização de desejo, além dessa dos sonhos. De fato, a teoria de todos os sintomas psiconeuróticos culmina na proposição *de que eles também devem ser tomados como realizações de desejo do inconsciente*. Nossa explicação faz do sonho apenas o primeiro membro de um grupo mais importante para o psiquiatra, cuja compreensão significa a solução da parte puramente psicológica do problema psiquiátrico. Mas outros membros desse grupo de realizações de desejos, por exemplo, os sintomas histéricos, evidenciam uma qualidade essencial que até agora não consegui encontrar no sonho. Assim, pelas investigações frequentemente referidas nesse tratado, sei que a formação de um sintoma histérico requer a combinação de ambas as correntes de nossa vida psíquica. O sintoma não é meramente a expressão de um desejo inconsciente realizado, mas deve ser acompanhado por outro desejo do pré-consciente, que é realizado pelo mesmo sintoma; de modo que o sintoma seja pelo menos duplamente determinado, uma vez por cada um dos sistemas conflitantes. Assim como no sonho, não há limite para mais sobredeterminação. A determinação não derivada do *Incs* é, até onde posso ver, invariavelmente uma corrente de pensamento em reação contra o desejo inconsciente, por exemplo, uma autopunição. Posso afirmar, portanto, de maneira bastante genérica, que *um sintoma histérico se desenvolve apenas onde duas realizações de desejo contrastantes, tendo sua origem em sistemas psíquicos diferentes, conseguem convergir numa única expressão.* (Compare minha última formulação da origem dos sintomas histéricos num tratado publicado pela *Zeitschrift für Sexualwissenschaft*, por Hirschfeld e outros, 1908).

Exemplos nesse ponto seriam de pouca serventia, pois nada além de uma elucidação completa das complicações envolvidas seria convincente. Contento-me, portanto, com a mera afirmação e citarei um exemplo, não para convencer, mas para explicar esse ponto. Os seguidos vômitos histéricos de uma paciente provaram ser, por um lado, a realização de uma fantasia inconsciente que datava de sua puberdade, ou seja, de que ela poderia estar continuamente grávida e ter muitos filhos; e isso foi acrescido posteriormente ao desejo de que ela poderia tê-los de tantos homens quanto possível. Contra esse desejo imoderado surgiu um poderoso impulso defensivo. Mas, como os vômitos poderiam estragar as feições e a beleza da paciente, deixando assim de ser atraente, o sintoma estava, portanto, de acordo com sua tendência punitiva imaginária e, sendo assim admitida por ambos os lados, pôde tornar-se realidade. Essa é a mesma maneira de consentir a uma realização de desejo, que a rainha dos partas adotou para com o triúnviro Crasso. Acreditando que ele havia empreendido a campanha por ganância por ouro, ela ordenou que despejassem ouro derretido na garganta do cadáver. "Agora tens o que tanto desejavas." Até agora, tudo o que sabemos do sonho é que ele expressa uma realização de desejo do inconsciente; e aparentemente o pré-consciente dominante só permite isso depois de ter submetido o desejo a algumas distorções. Na verdade, não estamos em condições de demonstrar, de modo geral, uma corrente de pensamento antagônica ao desejo onírico que se realiza no sonho como em sua contrapartida. Só de vez em quando encontramos no sonho traços de criações reativas, como exemplo, a ternura pelo amigo R. no "sonho do tio". Mas a contribuição do pré-consciente, que está faltando aqui, pode ser encontrada em outro lugar. Enquanto o sistema dominante se retirou do desejo de dormir, o sonho pode expressar com múltiplas distorções um desejo do *Incs* e realizar esse desejo, produzindo as necessárias modificações de energia no aparelho psíquico, e pode, finalmente, persistir nesse desejo, durante toda a duração do sono.[176]

Esse desejo persistente de dormir por parte do pré-consciente em geral facilita a formação do sonho. Vamos nos referir ao sonho do pai que, pelo clarão da luz da câmara mortuária, chegou à conclusão de que o corpo do filho estava envolto em fogo. Mostramos que uma das forças psíquicas decisivas para que o pai chegasse a essa conclusão, em vez de ser despertado pelo clarão da luz, foi o desejo de prolongar por um momento a vida do filho, visto no sonho. Outros desejos provenientes da repressão provavelmente nos escapam, porque não pudemos analisar esse sonho. Mas como segunda força motriz do sonho podemos mencionar o desejo do pai de dormir, pois, como a vida do filho, o sono do pai é prolongado por um momento pelo sonho. O motivo subjacente é: "Deixe o sonho continuar, caso contrário, devo acordar". Como nesse sonho, também em todos os outros sonhos, o desejo de dormir apoia o desejo inconsciente. Em outro local, anteriormente, relatamos sonhos que aparentemente eram sonhos de conveniência. Mas, propriamente falando, todos os sonhos podem reivindicar essa designação. A eficácia do desejo de continuar dormindo é a mais facilmente reconhecida nos sonhos de vigília, que transformam o estímulo sensorial objetivo de modo a torná-lo compatível com a continuidade do sono; eles entrelaçam esse estímulo com o sonho, a fim de privá-lo de quaisquer afirmações que ele possa fazer como um aviso ao mundo exterior. Mas esse desejo de continuar dormindo deve também participar da formação de todos os outros sonhos, que podem perturbar o estado de sono apenas a partir de dentro. "Agora, pois, continue dormindo; ora, é apenas um sonho"; essa é, em muitos casos, a sugestão do *Precs* à consciência quando o sonho vai longe demais; e isso também descreve, de maneira geral, a atitude de nossa atividade psíquica dominante em relação ao sonho, embora o pensamento permaneça tácito. Devo tirar a conclusão de que, *durante todo o nosso estado de sono, temos tanta certeza de que estamos sonhando quanto de que estamos dormindo.* Somos compelidos a desconsiderar a objeção formulada contra essa conclusão de que nossa consciência nunca é direcionada para o conhecimento da primeira, e que ela é direcionada para o conhecimento da segunda dessas certezas, apenas em ocasiões especiais, quando a censura é inesperadamente surpreendida. Contra essa objeção, podemos dizer que existem pessoas inteiramente conscientes de estar dormindo e de estar sonhando, e que aparentemente são dotadas da faculdade consciente de dirigir sua vida onírica. Semelhante sonhador, insatisfeito com o curso tomado pelo sonho, interrompe-o sem despertar e o recomeça para continuá-lo com um rumo diferente, como o autor popular que, a pedido, dá um final mais feliz à sua peça. Ou, em outro momento, se levado pelo sonho a uma situação sexualmente excitante, ele pensa durante o sono: "Não me interessa continuar esse sonho e me esgotar com uma polução; prefiro adiá-lo em favor de uma situação real."

(D) O DESPERTAR CAUSADO PELO SONHO – A FUNÇÃO DOS SONHOS – SONHO DE ANSIEDADE OU DE ANGÚSTIA

Agora que sabemos que o pré-consciente está suspenso durante a noite pelo desejo de dormir, podemos proceder a uma investigação inteligente do processo do sonho. Mas vamos primeiro resumir o conhecimento desse processo que aprendemos até aqui.

Mostramos que a atividade de vigília deixa restos diurnos, cuja soma de energia não pode ser inteiramente removida deles; ou a atividade de vigília revive durante o dia um dos desejos inconscientes; ou ambas as condições ocorrem simultaneamente; já descobrimos as muitas variações que podem ocorrer. O desejo inconsciente já se ligou aos restos diurnos, seja durante o dia ou pelo menos com o início do sono, e efetuou uma transferência para ele. Isso produz um desejo transferido para o material recente, ou o desejo recente suprimido volta à vida por meio de um reforço do inconsciente. Esse desejo se esforça agora para chegar à consciência pelo caminho normal dos processos mentais, através do pré-consciente, ao qual, de fato, pertence por meio de um de seus elementos constitutivos. Ele é confrontado, no entanto, pela censura, que ainda está ativa, e a cuja influência então se submete. Agora assume a distorção, cujo caminho já tinha sido pavimentado por sua transferência para o material recente. Nesse ponto, está prestes a se tornar algo parecido com uma obsessão, delírio ou algo parecido, ou seja, um pensamento intensificado por uma transferência e distorcido em sua expressão pela censura. Mas seu progresso subsequente é então detido pelo estado de sono do pré-consciente; esse sistema aparentemente se protegeu contra a invasão, diminuindo suas excitações. O processo onírico, portanto, segue o curso regressivo, que acaba de ser aberto pela peculiaridade do estado de sono, e assim segue a atração exercida sobre ele pelos grupos de lembranças, que existem em parte apenas como energia visual, ainda não traduzida para a terminologia dos sistemas posteriores. Em seu trajeto de regressão, o sonho assume a forma de dramatização. A questão da compressão será discutida mais adiante. O processo do sonho terminou agora a segunda parte de seu percurso repetidamente impedido. A primeira parte se expandiu progressivamente das cenas ou fantasias inconscientes para o pré-consciente, enquanto a segunda parte retrocedeu da fronteira da censura até as percepções. Mas quando o processo do sonho se torna um conteúdo da percepção, ele se esquivou, por assim dizer, do obstáculo erguido no *Precs* pela censura e pelo estado de sono. Consegue chamar a atenção para si mesmo e ser notado pela consciência. Pois a consciência, que significa para nós um órgão sensorial para a recepção de qualidades psíquicas, pode receber estímulos de duas fontes – primeiro, da periferia de todo o aparelho, isto é, do sistema de percepção e, em segundo lugar, dos estímulos de prazer e de dor, que constituem a única qualidade psíquica produzida na transformação de energia dentro do aparelho. Todos os outros processos no sistema Ψ, inclusive aqueles no pré-consciente, são desprovidos de qualquer qualidade psíquica e, portanto, não são objetos da consciência, na medida em que não fornecem prazer ou dor à percepção. Teremos de supor que essas liberações de prazer e de dor regulam automaticamente a saída dos processos de ocupação. Mas para possibilitar funções mais delicadas, mais tarde foi necessário tornar o curso das representações mais independente das manifestações de dor. Para fazer isso, o sistema *Precs* precisava de algumas qualidades próprias que pudessem atrair a consciência, e muito provavelmente as recebeu através da conexão dos processos pré-conscientes com o sistema de memória dos signos da fala, que não é desprovido de qualidades. Através das qualidades desse sistema, a consciência, que até então era um órgão sensorial apenas para as percepções, agora se torna também um órgão sensorial para uma parte de nossos processos mentais. Assim, temos agora, por assim dizer, duas superfícies sensoriais, uma dirigida às percepções e a outra aos processos mentais pré-conscientes.

Tenho de presumir que a superfície sensorial da consciência voltada ao *Precs* se torna menos excitável pelo sono do que aquela voltada aos sistemas *P*. A renúncia ao interesse pelos processos mentais durante a noite tem, de fato, uma finalidade. Nada deve perturbar a mente; o *Precs* quer dormir. Mas uma vez que o sonho se torna uma percepção, é então capaz de excitar a consciência por meio das qualidades que agora adquiriu. O estímulo sensorial desempenha aquilo a que realmente foi destinado, ou seja, direciona uma parte da energia disponível no *Precs*, na forma de atenção a ser dada ao causador do estímulo. Devemos admitir, portanto, que o sonho invariavelmente nos desperta, ou seja, põe em atividade uma parte da força adormecida do *Precs*. O sonho então é submetido por essa força àquela influência que designamos como elaboração secundária para fins de conexão e de compreensibilidade. Isso significa que o sonho é tratado por ele como qualquer outro conteúdo de percepção; está sujeito às mesmas representações de expectativa, pelo menos até onde o material permite. No que diz respeito à direção nessa terceira parte do sonho, pode-se dizer que também nessa parte o movimento é progressivo.

Para evitar mal-entendidos, não deixará de ser oportuno dizer algumas palavras sobre as peculiaridades temporais desses processos oníricos. Numa discussão muito interessante, aparentemente sugerida pelo intrigante sonho da guilhotina de Maury, Goblot tenta demonstrar que o sonho não requer outro tempo além do período de transição entre o sono e o despertar. O despertar requer tempo, pois o sonho ocorre nesse período. Inclinamo-nos a acreditar que a imagem onírica final é tão forte que força o sonhador a despertar; mas, na verdade, essa imagem só é forte porque o sonhador, quando ela aparece, já está muito próximo do despertar. *"Un rêve c'est un réveil qui commence."* *

Já foi salientado por Dugas que Goblot foi obrigado a menosprezar muitos fatos para generalizar sua teoria. Além disso, há sonhos dos quais não despertamos; por exemplo, alguns sonhos em que sonhamos que estamos sonhando. Por nosso conhecimento do trabalho do sonho, não podemos de modo algum admitir que ele se estenda apenas durante o período do despertar. Pelo contrário, devemos considerar provável que a primeira parte do trabalho do sonho comece durante o dia, quando ainda estamos sob o domínio do pré-consciente. A segunda fase do trabalho do sonho, isto é, a modificação imposta pela censura, a atração pelas cenas inconscientes e a penetração na percepção devem continuar durante toda a noite. E provavelmente estamos sempre certos quando afirmamos que nos sentimos como se tivéssemos sonhado a noite inteira, embora não possamos dizer o quê. Não creio, entretanto, que seja necessário supor que, até o momento da tomada

---

* Em francês, no original: "Um sonho é um despertar que começa". (N.T.)

de consciência, os processos oníricos realmente sigam a sequência temporal que descrevemos, ou seja, que há primeiro o desejo onírico transferido, depois a distorção da censura e, consequentemente, a mudança de direção para a regressão, e assim por diante. Fomos obrigados a formar semelhante sucessão para fins de *descrição*; na realidade, porém, é muito mais uma questão de tentar simultaneamente esse e aquele caminho, e de reunir emoções oscilando para cá e para lá, até que finalmente, em razão da distribuição mais conveniente, se verifica determinado agrupamento, que se torna permanente. Com base em certas experiências pessoais, estou inclinado a acreditar que o trabalho do sonho muitas vezes requer mais de um dia e uma noite para produzir seu resultado; se isso for verdade, a extraordinária arte que se manifesta na construção do sonho não causa mais nenhum assombro. Em minha opinião, mesmo a consideração pela compreensibilidade como ocorrência da percepção pode ter efeito antes que o sonho atraia a consciência para si. Certamente, a partir de agora o processo é acelerado, pois o sonho passa a ser submetido ao mesmo tratamento de qualquer outra percepção. É como fogos de artifício, que exigem horas de preparação e apenas um momento para a ignição.

Por meio do trabalho do sonho, o processo onírico ganha agora intensidade suficiente para atrair a consciência para si e para despertar o pré-consciente, que é totalmente independente da duração ou da profundidade do sono; ou então, caso sua intensidade seja insuficiente, deve esperar até encontrar a atenção que é posta em movimento imediatamente antes de acordar. A maioria dos sonhos parece operar com intensidades psíquicas relativamente leves, pois aguardam o despertar. Isso, no entanto, explica o fato de que geralmente percebemos algo sonhado, ao sermos subitamente despertados de um sono profundo. Nesses casos, assim como no despertar espontâneo, a primeira coisa que captamos é o conteúdo perceptivo, criado pelo trabalho do sonho, e logo depois, o conteúdo perceptivo produzido do lado de fora.

Mas de maior interesse teórico são aqueles sonhos que são

capazes de nos acordar no meio do sono. Devemos ter em mente a conveniência que em tudo e em todos os lugares é regra geral e nos perguntar por que o sonho ou o desejo inconsciente tem o poder de perturbar o sono, ou seja, a realização do desejo pré-consciente. Isso se deve, sem dúvida, a certas relações de energia sobre as quais não temos conhecimento. Se tivéssemos essa percepção, provavelmente descobriríamos que a liberdade dada ao sonho e o dispêndio de certa quantidade de atenção mais ou menos desinteressada representam para o sonho uma economia de energia, tendo em vista o fato de que o inconsciente deve ser controlado à noite assim como durante o dia. Sabemos por experiência que o sonho, mesmo que interrompa o sono, repetidamente durante a mesma noite, ainda permanece compatível com o sono. Acordamos por um instante e imediatamente retomamos nosso sono. É como espantar uma mosca durante o sono, acordamos para isso e, removido o distúrbio, retomamos o sono. Conforme demonstrado por exemplos familiares do sono de amas de leite, etc., a realização do desejo de dormir é bastante compatível com a retenção de certa quantidade de atenção numa determinada direção.

Mas devemos aqui tomar conhecimento de uma objeção que se baseia num conhecimento mais profundo dos processos inconscientes. Embora eu mesmo tenha escrito que os desejos inconscientes são sempre ativos, afirmo, no entanto, que eles não são suficientemente fortes durante o dia para se tornarem perceptíveis. Mas quando dormimos, e o desejo inconsciente mostrou seu poder de formar um sonho e, com ele, de despertar o pré-consciente, por que, então, esse poder se esgota depois que o sonho é conhecido? Não pareceria mais provável que o sonho se renovasse continuamente, como a mosca incômoda que, sempre que afastada, tem o prazer de voltar continuamente? O que justifica nossa afirmação de que o sonho remove a perturbação do sono?

É bem verdade que os desejos inconscientes permanecem sempre ativos. Representam caminhos transitáveis sempre que uma quantidade de excitação se serve deles. Além disso, uma notável peculiaridade dos processos inconscientes é o fato de serem indestrutíveis. Nada pode acabar no inconsciente; nada pode cessar ou ser esquecido. Essa impressão é mais fortemente adquirida no estudo das neuroses, especialmente da histeria. O fluxo inconsciente de pensamento, que leva à descarga por meio de um ataque, torna-se transitável novamente assim que haja um acúmulo de quantidade suficiente de excitação. A humilhação sofrida trinta anos antes, depois de ter acesso à fonte afetiva inconsciente, atua ao longo de todos esses trinta anos como uma humilhação recente. Sempre que sua lembrança aflora, ela é revivida e se mostra suprida da excitação que é descarregada num ataque motor. É justamente nesse ponto que começa o trabalho da psicoterapia, cuja tarefa é provocar o ajuste e o esquecimento dos processos inconscientes. De fato, o desvanecimento das lembranças e a debilitação dos afetos, que tendemos a tomar como evidentes e a explicar como uma influência primária do tempo na memória da psique, são, na realidade, modificações secundárias provocadas por um trabalho meticuloso. É o pré-consciente que realiza esse trabalho; e o único caminho a ser seguido pela psicoterapia é subjugar o *Incs* à dominação do *Precs*.

Existem, portanto, duas saídas para o processo emocional inconsciente individual. Ou é deixado por sua conta e, nesse caso, acaba irrompendo em algum lugar e assegura de uma vez uma descarga para sua excitação na motilidade; ou sucumbe à influência do pré-consciente, e sua excitação fica confinada por essa influência em vez de ser descarregada. É essa última alternativa que ocorre no processo do sonho. Por ser dirigida pela excitação consciente, a energia do *Precs*, que confronta o sonho quando chega à percepção, restringe a excitação inconsciente do sonho e a torna inofensiva como fator perturbador. Quando o sonhador acorda por um momento, ele realmente afugentou a mosca que ameaçava perturbar seu sono. Agora podemos entender que é realmente mais conveniente e econômico dar total domínio ao desejo inconsciente e abrir caminho para a regressão, para que ele possa formar um sonho, e então restringir e ajustar esse sonho por meio de um pequeno dispêndio de trabalho do pré-consciente do que refrear o inconsciente durante todo o período de sono. Deveríamos, de fato, esperar que o sonho, mesmo que não fosse originalmente um processo conveniente, tivesse adquirido alguma função na interação de forças da vida psíquica. Agora podemos ver o que é essa função. O sonho se encarregou de trazer a excitação liberada do *Incs* de volta ao domínio do pré-consciente; assim, proporciona alívio para a excitação do *Incs* e atua como uma válvula de segurança para o último; ao mesmo tempo, assegura o sono do pré-consciente com um leve dispêndio de atividade do estado de vigília. Como as outras formações psíquicas de seu grupo, o sonho se oferece como um compromisso que serve simultaneamente a ambos os sistemas, realizando ambos os desejos na medida em que forem compatíveis entre si. Uma olhada na "teoria da eliminação" de Robert, mencionada anteriormente, mostrará que devemos concordar com esse autor em seu ponto principal, ou seja, na determinação da função do sonho, embora possamos divergir dele em nossas hipóteses e em nosso tratamento do processo onírico.

A qualificação posta há pouco – na medida em que os dois desejos forem compatíveis entre si – contém uma alusão de que pode haver casos em que a função do sonho naufraga. O processo onírico é, em primeira instância, admitido como uma realização de desejo do inconsciente, mas se essa tentativa de realização de desejo perturba o pré-consciente a tal ponto que esse não pode mais manter seu repouso, o sonho então rompe o compromisso e deixa de cumprir a segunda parte de sua tarefa. Ele é então imediatamente interrompido e substituído pelo estado de completa vigília. Aqui, também, não é realmente culpa do sonho, se, embora ordinariamente guardião do sono, é compelido a aparecer como o perturbador do sono, nem esse fato deve nos causar dúvidas quanto à sua eficácia. Esse não é o único caso no organismo, em que um arranjo, de outra forma eficaz, se torna ineficaz e perturbador, assim que algum elemento é alterado nas condições de sua origem; a perturbação serve então, pelo menos, ao novo propósito de anunciar a modificação e de acionar contra ela os meios de ajustamento do organismo. A esse respeito, tenho naturalmente em mente o caso do sonho de ansiedade e, para não parecer tentar excluir esse testemunho contra a teoria da realização do desejo onde quer que o encontre, tentarei explicar o sonho de ansiedade ou de angústia, apresentando, pelo menos, algumas sugestões.

Há muito deixou de nos impressionar como uma contradição de que um processo psíquico que desenvolve a ansiedade ainda possa ser uma realização de desejo. Podemos explicar essa ocorrência pelo fato de que o desejo pertence a um sistema (o *Incs*), enquanto, pelo outro sistema (o *Precs*), esse desejo foi rejeitado e suprimido. A subjugação do *Incs* pelo *Precs* não é completa, mesmo no caso de saúde psíquica perfeita; a quantidade dessa supressão mostra o grau de nossa normalidade psíquica. Os sintomas neuróticos mostram que há um conflito entre os dois sistemas; os sintomas são o resultado de um compromisso a respeito desse conflito e o suspendem temporariamente. Por um lado, dão ao *Incs* uma saída para a descarga de sua excitação, e servem como uma porta de escape, enquanto, por outro lado, eles dão ao *Precs* a possibilidade de dominar o *Incs* até certo ponto. É altamente instrutivo considerar, por exemplo, o significado de qualquer fobia histérica ou de uma agorafobia. Suponhamos um neurótico incapaz de atravessar a rua sozinho, o que com justiça chamaríamos de "sintoma". Tentamos remover esse sintoma incitando-o à ação, de que ele se considera incapaz. O resultado será um ataque de ansiedade, assim como um ataque de ansiedade na rua muitas vezes foi a causa do desencadeamento de uma agorafobia. Aprendemos, assim, que o sintoma foi constituído para prevenir a eclosão da angústia. A fobia se ergue diante da ansiedade como uma fortaleza na fronteira.

A menos que entremos no papel desempenhado pelos afetos nesses processos, o que pode ser feito aqui apenas imperfeitamente, não podemos continuar nossa discussão. Vamos, portanto, presumir que a razão pela qual a supressão do inconsciente se torna absolutamente necessária seja porque, se a descarga da representação for deixada por conta própria, ela haveria de desenvolver um afeto no *Incs*, que originalmente era de natureza prazerosa, mas que, desde o surgimento da repressão, apresenta a característica de sofrimento. O objetivo, assim como o resultado, da supressão é impedir o desenvolvimento desse sofrimento. A supressão se estende sobre a representação inconsciente, pois a liberação do sofrimento pode emanar da representação. As bases são aqui lançadas para uma suposição muito específica sobre a natureza do desenvolvimento afetivo. Ela é considerada uma atividade motora ou secundária, cuja chave para a inervação está localizada nas representações do *Incs*. Graças à dominação do *Precs*, essas representações são, por assim dizer, estranguladas e inibidas de enviar os impulsos que geram o afeto. O perigo, que se deve ao fato de o *Precs* deixar de ocupar a energia, consiste, portanto, em que as excitações inconscientes liberem esse afeto que – em decorrência da repressão que ocorreu anteriormente – só pode ser percebido como sofrimento ou ansiedade.

Esse perigo é liberado por meio do pleno domínio do processo onírico. As condições que determinam sua realização consistem no fato de que tenham ocorrido as repressões e que os desejos emocionais reprimidos possam se tornar suficientemente fortes. Assim, eles ficam inteiramente fora do domínio psicológico da estrutura do sonho. Não fosse o fato de nosso assunto estar conectado por apenas um fator, a saber, a liberação do *Incs* durante o sono, com o tema do desenvolvimento da ansiedade, eu poderia dispensar a discussão do sonho de ansiedade e, assim, evitar todos os aspectos obscuros que o envolvem.

Como tenho repetido muitas vezes, a teoria da angústia pertence à psicologia das neuroses. Eu diria que a ansiedade no sonho é um problema de ansiedade e não um problema de sonho. Não temos mais nada a ver com isso depois de ter demonstrado seu ponto de contato com o tema do processo onírico. Só me resta uma coisa a fazer. Como afirmei que a ansiedade neurótica se origina de fontes sexuais, posso submeter os sonhos de ansiedade à análise para demonstrar o material sexual em seus pensamentos oníricos.

Por boas razões, abstenho-me de citar aqui qualquer um dos numerosos exemplos colocados à minha disposição pelos pacientes neuróticos, mas prefiro citar sonhos de ansiedade em pessoas jovens.

Pessoalmente, não tenho um sonho de ansiedade real há décadas, mas me lembro de um de meu sétimo ou oitavo ano que submeti à interpretação, cerca de trinta anos depois. O sonho foi muito vívido e me mostrou *minha amada mãe, com um semblante adormecido peculiarmente calmo, levada para o quarto e deitada na cama por duas (ou três) pessoas com bicos de pássaro*. Acordei chorando e gritando, e perturbei meus pais. As figuras muito altas – vestidas de maneira peculiar – com bicos, eu havia tirado das ilustrações da Bíblia de Philippson; acredito que elas representavam divindades com cabeças de gaviões de uma tumba egípcia. A análise também introduziu a reminiscência de um menino travesso, que costumava brincar conosco, crianças, no prado em frente à casa; acrescentaria que seu nome era Philip. Acho que foi desse menino que ouvi pela primeira vez a palavra vulgar que designa a relação sexual, que é substituída entre os educados pelo vocábulo latino "*coitus*", mas a ela o sonho alude claramente pela escolha das cabeças do pássaro.[177] Devo ter suspeitado do significado sexual da palavra pela expressão facial de meu professor, afeito às coisas da vida. As feições de minha mãe no sonho foram copiadas do semblante de meu avô, que eu tinha visto alguns dias antes de sua morte, roncando em estado de coma. A interpretação da elaboração secundária do sonho deve ter sido, portanto, que minha mãe estava morrendo; o relevo do túmulo também concorda com isso. Nessa ansiedade, acordei e não consegui me acalmar até que acordei meus pais. Lembro-me de que me acalmei de repente, ao ficar frente a frente com minha mãe, como se precisasse da certeza de que ela não estava morta. Mas essa interpretação secundária do sonho só foi efetuada sob a influência da ansiedade desenvolvida.

Não me assustei porque sonhei que minha mãe estava morrendo, mas interpretei o sonho dessa maneira na elaboração pré-consciente, porque já estava sob o domínio da angústia. Esse último, no entanto, pode ser atribuído por meio da repressão a um desejo obscuro e obviamente sexual, que encontrou sua expressão apropriada no conteúdo visual do sonho.

Um homem de 27 anos, que estava gravemente doente havia um ano, teve muitos sonhos aterrorizantes entre as idades de 11 e 13 anos. Sonhou que um homem com um machado estava correndo atrás dele; ele queria correr, mas se sentia paralisado e não conseguia sair do lugar. Esse pode ser considerado um bom exemplo de um sonho de ansiedade muito comum e aparentemente não tem qualquer relação com sexo. Na análise, o sonhador pensou primeiro numa história, posterior ao sonho, contada a ele por seu tio, isto é, que ele foi atacado à noite por um indivíduo de aparência suspeita. Essa ocorrência o levou a acreditar que ele mesmo já poderia ter ouvido falar de um episódio semelhante no momento do sonho. Em relação ao machado, lembrou que, durante esse período de sua vida, machucou a mão com um machado enquanto cortava lenha. Isso imediatamente levou a suas relações com seu irmão mais novo, a quem ele maltratava e derrubava. Em particular, lembrou-se de uma ocasião em que bateu na cabeça de seu irmão com a bota até sangrar, ao que sua mãe comentou: "Tenho medo de que um dia ele o mate." Enquanto ele estava aparentemente pensando no assunto da violência, ocorreu-lhe subitamente uma lembrança de seus 9 anos. Seus pais chegaram tarde em casa e foram para a cama, enquanto ele fingia dormir. Logo ouviu respiração ofegante e outros ruídos que lhe pareciam estranhos, e também pôde entrever a posição de seus pais na cama. Suas outras associações mostraram que ele havia estabelecido uma analogia entre essa relação de seus pais e sua própria relação com seu irmão mais novo. Ele classificou o que ocorria entre seus pais sob o conceito de "violência e luta", e assim chegou a uma concepção sádica do ato sexual, como acontece com frequência entre as crianças. O fato de muitas vezes notar sangue na cama de sua mãe corroborava sua concepção.

A experiência cotidiana confirma, ouso dizer, que as relações sexuais entre adultos parecem estranhas às crianças que as observam, e lhes despertam medo. Expliquei esse medo pelo fato de que a excitação sexual é uma realidade que ainda foge da compreensão das crianças e, provavelmente, também é inaceitável para elas, porque veem seus pais envolvidos nisso. Pela mesma razão, essa excitação se converte em medo. Num período ainda anterior da vida, a excitação sexual dirigida ao genitor do sexo oposto não encontra repressão, mas encontra livre expressão, como vimos anteriormente.

Para os terrores noturnos com alucinações (*pavor nocturnus*), frequentemente encontrados em crianças, eu daria, sem hesitar, a mesma explicação. Nesse caso também, certamente estamos lidando com os impulsos sexuais não compreendidos e rejeitados; a observação atenta provavelmente mostraria uma periodicidade temporal desses ataques, pois um aumento da *libido* sexual pode muito bem ser causado acidentalmente por impressões emocionais, mas também por espontâneos e graduais processos de desenvolvimento.

Falta-me o material necessário para sustentar essas explicações a partir da observação. Por outro lado, os pediatras parecem carecer do ponto de vista que torna compreensível toda a série de fenômenos, tanto do lado somático como do psíquico. Para ilustrar com um exemplo divertido, como alguém, usando os antolhos da mitologia médica, pode perder a compreensão desses casos, vou relatar um exemplo que encontrei numa tese sobre *pavor noctunus*, de Debacker (1881, p. 66). Um menino de 13 anos, de saúde delicada, começou a ficar ansioso e sonhador; seu sono tornou-se inquieto e cerca de uma vez por semana era interrompido por um ataque agudo de ansiedade com alucinações. A lembrança desses sonhos era invariavelmente muito clara. Contou que o diabo gritava para ele: "Agora temos você, agora estamos com você", e isso era seguido por um odor de enxofre; o fogo queimava sua pele. Esse sonho o despertava, aterrorizado. Ele era incapaz de gritar no início; então sua voz voltava e era ouvido dizer distintamente: "Não, não, não eu; ora, eu não fiz nada" ou "Por favor, não, nunca mais farei isso". Ocasionalmente, dizia também: "Albert nunca fez isso". Mais tarde evitava se despir, porque, como disse, o fogo só atacava quando ele estava despido. Em meio a esses pesadelos que ameaçavam sua saúde, ele foi enviado para o campo, onde se recuperou no prazo de um ano e meio; mas, aos 15 anos, certa vez confessou: "*Je n'osais pas l'avouer, mais j'éprouvais continuellement des picotements et des surexcitations aux parties;*[178] *à la fin, cela m'énervait tant que plusieurs fois, j'ai pensé me jeter par la fenêtre au dortoir.*"*

Certamente não é difícil suspeitar: 1) que o menino havia praticado masturbação em anos anteriores, que ele provavelmente negou e foi ameaçado de punição severa por seu delito (sua confissão: *Eu não vou mais fazer isso*; sua negação: *Albert nunca fez isso*); 2) que, sob a pressão da puberdade, a tentação de se masturbar, por meio de cócegas nos órgãos genitais, tinha reaparecido; 3) que agora, no entanto, surgiu nele uma luta pela repressão, suprimindo a *libido* e transformando-a em medo, que posteriormente tomou a forma das punições com que era então ameaçado.

Citemos, no entanto, as conclusões do nosso autor (p. 69). Essa observação mostra:

1. que a influência da puberdade pode produzir num menino de saúde delicada uma condição de extrema fraqueza e que pode levar a uma *anemia cerebral muito acentuada*.[179]

2. Essa anemia cerebral produz uma transformação do caráter, alucinações demonomaníacas e estados de ansiedade noturnos, talvez também diurnos, muito violentos.

3. A demonomania e as autorrecriminações da época podem ser atribuídas às influências da educação religiosa que o indivíduo teve quando criança.

---

* Em francês, no original: "Eu não ousava confessá-lo, mas sentia continuamente arrepios e superexcitações nas *partes*; no fim, isso me irritava tanto, que várias vezes pensei em me jogar pela janela do dormitório". (N.T.)

4. Todas as manifestações desapareceram como resultado de uma longa permanência no campo, em decorrência do exercício físico e da recuperação da força física, com o fim da puberdade.

5. Uma influência predisponente para a origem da condição cerebral do menino pode ser atribuída à hereditariedade e ao estado sifilítico crônico do pai.

As considerações finais do autor diziam: "*Nous avons fait entrer cette observation dans le cadre des délires apyrétiques d'inanition, car c'est à l'ischémie cérébrale que nous rattachons cet état particulier.*"*

(E) OS PROCESSOS PRIMÁRIO E SECUNDÁRIO – REGRESSÃO

Ao me aventurar na tentativa de penetrar mais profundamente na psicologia dos processos oníricos, empreendi uma árdua tarefa, para a qual, na verdade, meu poder de descrição dificilmente chega a corresponder totalmente. Reproduzir na descrição por uma sucessão de palavras a simultaneidade de uma cadeia de eventos tão complexa e, ao fazê-lo, parecer imparcial ao longo da exposição, vai muito além de minhas forças. Tenho agora de reparar o fato de que, em minha descrição da psicologia do sonho, não pude acompanhar o desenvolvimento histórico de minhas concepções. Os pontos de vista para minha concepção do sonho foram alcançados por meio de investigações anteriores na psicologia das neuroses, às quais não devo me referir aqui, mas às quais sou repetidamente forçado a me referir, ao passo que preferiria prosseguir na direção oposta e, a partir do sonho, estabelecer uma ligação com a psicologia das neuroses. Estou bem ciente de todos os inconvenientes que surgem para o leitor a partir dessa dificuldade, mas não vejo meio de evitá-los.

Como estou insatisfeito com esse estado de coisas, fico feliz em me deter em outro ponto de vista que parece aumentar o

---

* Em francês, no original: "Incluímos essa observação no contexto dos delírios de inanição apirética, porque é à isquemia cerebral que ligamos esse estado particular". (N.T.)

valor de meus esforços. Como foi mostrado na introdução do primeiro capítulo, deparei-me com um tema marcado pelas mais agudas contradições, por parte dos outros autores que tratam desse assunto. Depois de minha abordagem relativa aos problemas dos sonhos, encontrei espaço para a maioria dessas contradições. Fui obrigado, no entanto, a fazer uma exceção categórica a duas das opiniões defendidas, isto é, que o sonho é um processo sem sentido e que o sonho é um processo somático; além desses casos, tive de aceitar todas as visões contraditórias num lugar ou em outro do complicado argumento, e consegui demonstrar que eles descobriram algo que estava correto.

A teoria de que o sonho continua os impulsos e os interesses do estado de vigília foi geralmente confirmada pela descoberta dos pensamentos oníricos latentes. Esses pensamentos se preocupam apenas com coisas que parecem importantes e de grande interesse para nós. Os sonhos nunca se ocupam de ninharias. Mas também concordamos com a opinião contrária, ou seja, que o sonho reúne os restos irrelevantes do dia anterior e que, só depois de se retirar até certo ponto da atividade de vigília, um evento importante do dia pode ser retomado pelo sonho. Achamos isso válido para o conteúdo do sonho, que dá ao pensamento onírico sua expressão alterada por meio da distorção. Dissemos que, pela natureza do mecanismo de associação, o processo onírico se apodera mais facilmente de material recente ou indiferente, que ainda não foi apreendido pela atividade mental desperta; e por causa da censura, transfere a intensidade psíquica do material importante, mas também desagradável, para o indiferente. A hipermnésia do sonho e o recurso ao material infantil tornaram-se os principais pilares de nossa teoria. Em nossa teoria do sonho atribuímos ao desejo originário do infantil a parte de uma força motora indispensável para a formação do sonho. Naturalmente, não poderíamos pensar em duvidar da importância, demonstrada experimentalmente, dos estímulos sensoriais objetivos durante o sono; mas colocamos esse material na mesma relação com o desejo onírico que os restos de pensamento da atividade de vigília. Não havia necessidade de contestar o fato de que o sonho interpreta os estímulos sensoriais objetivos à maneira de uma ilusão; mas fornecemos o motivo para essa interpretação, que foi deixada em suspenso pelos autores que tratam do assunto. A interpretação segue de tal maneira que o objeto percebido se torna inofensivo como perturbador do sono e fica disponível para a realização do desejo. Embora não admitamos como fontes especiais do sonho o estado subjetivo de excitação dos órgãos sensoriais durante o sono, que parece ter sido demonstrado por Trumbull Ladd, podemos explicar essa excitação por meio do reavivamento regressivo de lembranças por trás do sonho. Uma parte modesta em nossa concepção também foi atribuída às sensações orgânicas internas que costumam ser tomadas como ponto cardeal na explicação do sonho. Essas – a sensação de queda, de voo ou de inibição – permanecem como um material sempre pronto para ser usado pelo trabalho do sonho, de que se vale para expressar o pensamento onírico sempre que necessário.

A opinião de que o processo do sonho é rápido e instantâneo parece ser verdade para a percepção, por meio da consciência, do conteúdo onírico já preparado; as partes precedentes do processo onírico seguem provavelmente um curso lento e oscilante. Resolvemos o enigma do conteúdo onírico superabundante, comprimido num lapso de tempo extremamente breve, explicando que isso se deve à apropriação de estruturas quase inteiramente formadas da vida psíquica. Achamos correto, mas não problemático, que o sonho seja desfigurado e distorcido pela memória, pois esta é apenas a última operação manifesta no trabalho de desfiguração que esteve ativa desde o início do trabalho do sonho. Na amarga e aparentemente irreconciliável controvérsia sobre se a vida psíquica dorme à noite ou se pode fazer o mesmo uso de todas as suas capacidades como durante o dia, acabamos concordando com ambos os lados, embora não totalmente com qualquer um dos dois. Encontramos provas de que os pensamentos oníricos representam uma atividade intelectual muito complexa, empregando quase todos os meios fornecidos pelo aparelho psíquico; mas não se pode negar que esses pensamentos oníricos se originaram durante o dia e é indispensável supor que há um estado de sono da vida psíquica. Assim, até mesmo a teoria do sono parcial entrou em jogo; mas as características do estado de sono foram encontradas não na dilapidação das conexões psíquicas, mas na cessação do sistema psíquico que detém o comando durante o dia, decorrente de seu desejo de dormir. O afastamento do mundo externo mantém sua importância também para nossa concepção; embora não seja o único fator, ainda assim ajuda a regressão para tornar possível a representação do sonho. Que devemos rejeitar a orientação voluntária do fluxo de representações no sonho é incontestável; mas a vida psíquica não fica, dessa forma, sem objetivo, pois vimos que, após o abandono das representações-meta desejadas, as indesejadas assumem o comando. Reconhecemos não apenas a conexão associativa frouxa nos sonhos, mas colocamos sob seu controle um território muito maior do que se poderia supor; descobrimos, no entanto, apenas o substituto simulado para outro correto e sensato. Com toda a certeza, nós também chamamos o sonho de absurdo; mas pudemos aprender com exemplos como o sonho realmente é sensato quando simula o absurdo.

Não negamos nenhuma das funções atribuídas ao sonho. Que o sonho alivia a mente como uma válvula e que, de acordo com a afirmação de Robert, todos os tipos de material prejudicial são tornados inofensivos por meio da representação no sonho, não apenas coincide exatamente com nossa teoria da dupla realização de desejo no sonho, mas também, pela maneira como é enunciada, torna-se ainda mais compreensível para nós do que para o próprio Robert. A plena liberdade da vida psíquica no desempenho de suas faculdades encontra expressão conosco na ausência de interferência da atividade pré-consciente no sonho. O "retorno ao estado embrionário da vida psíquica no sonho" e a observação de Havelock Ellis, "um mundo arcaico de vastas emoções e pensamentos imperfeitos", nos parecem antecipações felizes de nossas deduções, no sentido de quais modos de trabalho suprimidos durante o dia participam da formação do sonho; e conosco, como com Delage, o material suprimido se torna a mola mestra do sonho.

Reconhecemos plenamente o papel que Scherner atribui à fantasia onírica, e mesmo sua interpretação; mas fomos obrigados, por assim dizer, a conduzi-las a outro departamento do problema. Não é o sonho que produz a fantasia, mas a fantasia inconsciente, que tem a maior participação na formação dos pensamentos oníricos. Somos gratos a Scherner por sua indicação da fonte dos pensamentos oníricos, mas quase tudo o que ele atribui à elaboração do sonho é atribuível à atividade do inconsciente, que trabalha durante o dia e fornece estímulos não apenas para sonhos, mas também para sintomas neuróticos. Tivemos de separar a elaboração do sonho dessa atividade como algo inteiramente diferente e muito mais restrito. Finalmente, não abandonamos de modo algum a relação do sonho com os distúrbios mentais, mas, ao contrário, demos-lhe uma base mais sólida em novo patamar.

Assim, mantidos coesos pelo novo material de nossa teoria como por uma unidade superior, encontramos as mais variadas e contraditórias conclusões dos autores precedentes que se encaixam em nossa estrutura; algumas delas foram dispostas de forma diferente e apenas algumas delas foram totalmente rejeitadas. Mas nossa estrutura ainda está inacabada, pois, desconsiderando as muitas áreas obscuras que necessariamente encontramos em nosso avanço nas trevas da psicologia, estamos agora aparentemente embaraçados por uma nova contradição. Por um lado, supusemos que os pensamentos oníricos procedem de operações mentais perfeitamente normais, enquanto, por outro lado, encontramos entre os pensamentos oníricos uma série de processos mentais inteiramente anormais, que se estendem igualmente ao conteúdo do sonho e que depois repetimos no decorrer da interpretação do sonho. Tudo o que denominamos "trabalho do sonho" parece tão distante dos processos psíquicos por nós reconhecidos como corretos, que os julgamentos mais severos dos autores quanto à baixa atividade psíquica do sonho nos parecem bem fundamentados.

Talvez somente por meio de um avanço ainda maior, a elucidação e a melhoria possam ser alcançadas. Escolherei uma das conjunturas que levam à formação dos sonhos.

Vimos que o sonho substitui não poucos pensamentos derivados da vida cotidiana, que formam uma sequência perfeitamente lógica. Não podemos, portanto, duvidar de que esses pensamentos se originam de nossa vida mental normal. Todas as qualidades que valorizamos em nossas operações mentais, caracterizadas como complexas atividades de ordem superior, são encontradas repetidas nos pensamentos oníricos. Não há, porém, necessidade de supor que esse trabalho mental seja realizado durante o sono, pois isso prejudicaria materialmente a concepção do estado psíquico de sono, que até aqui supusemos. Esses pensamentos podem muito bem ter se originado no dia anterior e, despercebidos por nossa consciência desde o início, podem ter continuado a se desenvolver até que se tenham completado no início do sono. Se devemos concluir alguma coisa desse estado de coisas, no máximo provará *que as operações mentais mais complexas são possíveis sem a cooperação da consciência*, de que já estamos cientes, independente de toda psicanálise que trata pessoas que sofrem de histeria ou de obsessões. Esses pensamentos oníricos certamente não são em si inadmissíveis à consciência; se eles não se tornaram conscientes para nós durante o dia, isso pode ser atribuído a várias razões. O ato de tornar-se consciente depende do exercício de determinada função psíquica, isto é, da atenção, que parece estar disponível apenas em quantidade específica, e que pode ter sido retirada da corrente de pensamentos em questão para outras finalidades. Outra maneira pela qual esses fluxos mentais são mantidos fora da consciência é a seguinte: Nossa reflexão consciente nos ensina que, ao exercer a atenção, seguimos um curso definido. Mas se esse curso nos leva a uma ideia que não resiste à crítica, nós o interrompemos e deixamos de aplicar nossa atenção. Ora, parece que o fluxo de pensamentos assim iniciado e abandonado pode continuar sem recuperar a atenção, a menos que atinja um ponto de intensidade especialmente elevada que force o retorno da atenção. Uma rejeição inicial, talvez provocada conscientemente pelo julgamento em razão de incorreção ou inadequação ao propósito real do ato mental, pode, portanto, explicar o fato de um processo mental continuar, até o início do sono, despercebido pela consciência.

Vamos recapitular, dizendo que chamamos esse fluxo de pensamento de pré-consciente, que acreditamos ser perfeitamente correto, e que pode ser um fluxo mais negligenciado ou interrompido e suprimido. Digamos também com franqueza de que maneira concebemos essa corrente de representações. Acreditamos que certa soma de excitação, que denominamos energia de ocupação, é deslocada de uma representação-meta ao longo dos caminhos de associação selecionados por essa representação-meta. Uma corrente de pensamento "negligenciada" não recebeu essa ocupação, e de uma corrente "suprimida" ou "rejeitada" essa ocupação foi retirada; em ambos os casos, elas ficaram entregues às próprias excitações. A corrente-meta de pensamentos abastecida com energia é, sob certas condições, capaz de atrair para si a atenção da consciência, por meio da qual recebe um "excedente de energia". Seremos obrigados, um pouco mais adiante, a elucidar nossa suposição sobre a natureza e a atividade da consciência.

Uma linha de pensamento assim incitada no *Precs* pode desaparecer espontaneamente ou continuar. O primeiro resultado, nós o concebemos da seguinte forma: ela difunde sua energia por todos os caminhos de associação que dela emanam e põe toda a cadeia de pensamentos num estado de excitação que, depois de durar por um tempo, diminui pela transformação da excitação que exige uma descarga de energia aquiescente.[180] Se esse primeiro resultado for provocado, o processo não terá mais importância para a formação do sonho. Mas outras representações-meta estão à espreita em nosso pré-consciente e que se originam das fontes de nosso inconsciente e dos desejos sempre ativos. Esses podem se apossar das excitações do grupo de pensamentos deixado à própria sorte, estabelecer uma conexão entre ele e o desejo inconsciente e transferir para ele a energia inerente ao desejo inconsciente. Doravante, a linha de pensamentos negligenciada ou suprimida está em condições de se manter, embora esse reforço não a ajude a ter acesso à consciência. Podemos dizer que a corrente de pensamentos, até então pré-consciente, foi arrastada para o inconsciente.

Outras conjunturas para a formação do sonho poderiam resultar, se a linha de pensamentos pré-consciente estivesse desde o início ligada ao desejo inconsciente e, por essa razão, fosse rejeitada pela ocupação-meta dominante; ou se um desejo inconsciente fosse acionado por outras razões – possivelmente somáticas – e por sua vontade buscasse uma transferência para os restos psíquicos não ocupados pelo *Precs*. Mas todos esses três casos, finalmente, atingem o mesmo resultado, de modo que se estabelece no pré-consciente uma corrente de pensamentos que, tendo sido abandonada pela ocupação pré-consciente, recebe ocupação do desejo inconsciente.

A corrente de pensamentos é doravante submetida, a partir daí, a uma série de transformações que já não reconhecemos como processos psíquicos normais e que nos dão um resultado surpreendente, ou seja, a formação psicopatológica. Vamos ressaltar e agrupar esses processos.

1. As intensidades das representações individuais se tornam passíveis de descarregar em sua totalidade e, procedendo de uma concepção a outra, formam assim representações únicas dotadas de acentuada intensidade. Por meio da repetida recorrência desse processo, a intensidade de toda uma série de pensamentos pode, em última análise, ser reunida num único elemento de representação. Esse é o princípio de *compressão ou condensação*, com o qual nos familiarizamos no capítulo "O trabalho dos sonhos". A condensação é a principal responsável pela desconcertante impressão do sonho, pois não conhecemos nada análogo a ela na vida psíquica normal, acessível à consciência. Encontramos

também, na vida psíquica normal, representações que possuem grande significado psíquico como junções ou como resultados-meta de cadeias inteiras de pensamento; mas essa significação não se manifesta em nenhum aspecto suficientemente conspícuo para a percepção interna; portanto, o que foi representado nele não se torna, de forma alguma, mais intenso. No processo de condensação, toda a conexão psíquica se transforma numa intensificação do conteúdo da representação. É o mesmo que acontece quando, num livro, espaçamos ou imprimimos em negrito qualquer palavra que queremos lhe atribuir especial ênfase para a compreensão do texto. Na fala, a mesma palavra seria pronunciada em voz alta, deliberadamente e de forma enfática. A primeira comparação nos leva imediatamente a um exemplo tirado do capítulo "O trabalho do sonho" (trimetilamina, no sonho da injeção de Irma). Os historiadores da arte chamam nossa atenção para o fato de que as esculturas históricas mais antigas seguem um princípio semelhante, ao expressar a posição das pessoas representadas pelo tamanho da estátua. O rei é representado em tamanho duas ou três vezes maior que seu séquito ou que o inimigo vencido. Uma obra de arte do período romano utiliza, no entanto, meios mais sutis para atingir o mesmo objetivo. A figura do imperador é colocada no centro, numa postura firmemente ereta; cuidado especial é dado à modelagem adequada de suas feições; seus inimigos são vistos prostrados a seus pés; mas ele não é mais representado como um gigante entre anões. A reverência do subordinado a seu superior, em nossos dias, é apenas um eco desse antigo princípio de representação.

A direção tomada pelas condensações do sonho é prescrita, por um lado, pelas verdadeiras relações pré-conscientes dos pensamentos oníricos; por outro, pela atração das lembranças visuais do inconsciente. O sucesso do trabalho de condensação produz aquelas intensidades que são necessárias para a penetração nos sistemas de percepção.

2. Além disso, por meio dessa livre transferibilidade das intensidades e a serviço da condensação, formam-se *representações*

intermediárias – compromissos, por assim dizer (cf. os numerosos exemplos). Isso, também, é algo inédito no curso normal de representações, onde se trata sobretudo de uma questão de seleção e de retenção do elemento de representação "apropriado". Por outro lado, as formações compostas e de compromisso ocorrem com extraordinária frequência quando tentamos encontrar a expressão linguística para pensamentos pré-conscientes; esses são considerados "deslizes da língua".

3. As representações que transferem suas intensidades umas às outras são conectadas por elos muito frouxos e são unidas por tais formas de associação que são desprezadas em nosso pensamento sério e são utilizadas apenas em gracejos. Entre essas associações encontramos especialmente aquelas que refletem tipos de som e de consonância.

4. Os pensamentos contraditórios não se esforçam para eliminar uns aos outros, mas permanecem lado a lado. Geralmente se unem para produzir condensação como *se não existisse contradição alguma* ou formam compromissos, que nossos pensamentos nunca haveriam de tolerar, mas que frequentemente os aprovamos em nossas ações.

Esses são alguns dos processos anormais mais evidentes a que os pensamentos oníricos, antes formados racionalmente, são submetidos no decorrer do trabalho do sonho. Como característica principal desses processos, reconhecemos a grande importância atribuída ao fato de tornar a energia de ocupação móvel e suscetível de descarga; o conteúdo e o significado real dos elementos psíquicos, a que se conectam essas energias, são tratados como de importância secundária. Poder-se-ia pensar que a condensação e a formação do compromisso só se efetuam a serviço da regressão, quando surge a ocasião de transformar pensamentos em imagens. Mas a análise e – ainda mais claramente – a síntese de sonhos que carecem de regressão a imagens, por exemplo, o sonho do "Autodidasker – Conversa com o conselheiro N.", apresentam os mesmos processos de deslocamento e condensação que os demais.

Por isso não podemos deixar de reconhecer que os dois tipos de processos psíquicos essencialmente diferentes participam da formação do sonho; um deles forma pensamentos oníricos perfeitamente corretos, que são equivalentes a pensamentos normais, enquanto o outro trata esses pensamentos de maneira altamente surpreendente e incorreta. Já no capítulo VI distinguimos esse último processo como o trabalho do sonho propriamente dito. O que temos agora a dizer ainda em relação a esse processo psíquico?

Não seria possível responder a essa pergunta, se não tivéssemos penetrado consideravelmente na psicologia das neuroses e, de modo particular, da histeria. Dela deduzimos que os mesmos processos psíquicos incorretos – assim como outros que não foram mencionados – controlam a formação dos sintomas histéricos. Na histeria, igualmente, nos deparamos de imediato com uma série de pensamentos perfeitamente corretos, equivalentes a nossos pensamentos conscientes, de cuja existência, porém, nessa forma, nada sabemos e que só podemos reconstruir posteriormente. Se eles forçaram seu caminho até nossa percepção, em determinado ponto, descobrimos pela análise do sintoma produzido que esses pensamentos normais foram submetidos a um tratamento anormal e *se transformaram no sintoma por meio de condensação e de formação de compromisso, valendo-se de associações superficiais, ao abrigo de contradições e, eventualmente, pelo caminho da regressão*. Em vista da completa identidade entre as peculiaridades do trabalho do sonho e da atividade psíquica que forma os sintomas psiconeuróticos, nos sentiremos justificados em transferir para o sonho as conclusões que a histeria nos impõe.

Da teoria da histeria tomamos emprestada a proposição de que *essa elaboração psíquica anormal de uma linha normal de pensamento só ocorre quando essa última foi usada para a transferência de um desejo inconsciente que data da vida infantil e está em estado de repressão*. De acordo com essa proposição, construímos a teoria do sonho na suposição de que o desejo onírico atuante se origina invariavelmente no inconsciente, o que, como nós mesmos admitimos, não pode ser universalmente demonstrado, embora não possa ser refutado. Mas, para explicar o real significado do termo *repressão*, que empregamos tão livremente, seremos obrigados a fazer mais alguns acréscimos à nossa construção psicológica.

Elaboramos anteriormente a ficção de um aparelho psíquico primitivo, cujo trabalho é regulado pelos esforços de evitar o acúmulo de excitação e, na medida do possível, manter-se livre de excitação. Por isso foi construído segundo o plano de um aparelho reflexo; a motilidade, originalmente o caminho para a alteração interna no corpo, formava uma via de descarga à sua disposição. Discutimos depois os resultados psíquicos de uma sensação de satisfação e poderíamos, ao mesmo tempo, ter introduzido a segunda suposição, ou seja, esse acúmulo de excitação – seguindo certas modalidades que não nos dizem respeito – é percebido como sofrimento e põe o aparelho em movimento para reproduzir uma sensação de satisfação, em que a diminuição da excitação é percebida como prazer. Essa corrente no aparelho que emana do sofrimento e que busca o prazer, chamamos de desejo. Dissemos que nada além de um desejo é capaz de colocar o aparelho em movimento, e que a descarga de excitação no aparelho é regulada automaticamente pela percepção de prazer e de sofrimento. O primeiro desejo deve ter sido uma ocupação alucinatória da lembrança da satisfação. Mas essa alucinação, a menos que fosse mantida até a exaustão, mostrou-se incapaz de fazer cessar o desejo e, consequentemente, de assegurar o prazer ligado à satisfação.

Assim, exigia-se uma segunda atividade – em nossa terminologia a atividade de um segundo sistema – que não deveria permitir que a ocupação da memória avançasse para a percepção e daí restringir as forças psíquicas, mas deveria conduzir a excitação emanada do estímulo do desejo por um caminho através da motilidade espontânea que, em última análise, deveria alterar o mundo exterior, de modo a permitir que ocorresse a percepção real do objeto de satisfação. Até esse ponto, já elaboramos o quadro do aparelho psíquico; esses dois sistemas são o germe do *Incs* e do *Precs*, que incluímos no aparelho totalmente desenvolvido. Para estar em condições de alterar com sucesso o mundo externo por meio da motilidade, é necessário o acúmulo de uma grande quantidade de experiências nos sistemas de memória, bem como uma fixação múltipla das relações que são evocadas nesse material de memória por diferentes representações-meta. Prosseguimos agora com nossa proposição. A atividade múltipla do segundo sistema, enviando e retraindo energia de forma experimental, deve, por um lado, ter total comando sobre todo o material da memória, mas, por outro lado, seria um dispêndio supérfluo enviar grandes quantidades de energia pelos diversos caminhos mentais, e assim as fizesse escoar sem qualquer finalidade, diminuindo a quantidade disponível para a transformação do mundo exterior. No interesse da conveniência, postulo, portanto, que o segundo sistema consiga manter a maior parte da energia de ocupação em estado de aquiescência e usar apenas uma pequena parte para fins de deslocamento. O mecanismo desses processos me é inteiramente desconhecido; quem quiser seguir essas ideias deve tentar encontrar as analogias físicas e preparar o caminho para uma demonstração do processo de movimento na estimulação do neurônio. Eu só sustento a ideia de que a atividade do primeiro sistema Ψ está direcionada para *a livre descarga das quantidades de excitação*, e que o segundo sistema produz uma inibição dessa descarga por meio das energias que emanam dele, ou seja, produz *uma transformação em energia aquiescente*, provavelmente por meio da elevação do nível. Suponho, portanto, que sob o controle do segundo sistema, em comparação com o primeiro, a descarga de excitação esteja vinculada a condições mecânicas inteiramente diferentes. Depois que o segundo sistema termina seu trabalho mental experimental, remove a inibição e o represamento das excitações e permite que essas excitações fluam para a motilidade.

Uma linha de pensamento interessante se apresenta agora, se considerarmos as relações dessa inibição da descarga pelo segundo sistema com a regulação pelo princípio do sofrimento. Procuremos agora a contrapartida da sensação primária de satisfação, a saber, a sensação objetiva de medo. Um estímulo perceptivo atua sobre o aparelho primitivo, tornando-se a fonte de uma sensação dolorosa. Seguem-se então manifestações motoras irregulares, até que uma delas retire o aparelho da percepção e, ao mesmo tempo, da dor; mas, no reaparecimento da percepção, essa manifestação se repetirá imediatamente (talvez como um movimento de fuga), até que a percepção volte a desaparecer. Nesse caso, não restará nenhuma tendência a ocupar a percepção da fonte da dor, na forma de uma alucinação ou de qualquer outra forma. Ao contrário, haverá uma tendência no aparelho primário a abandonar o quadro de memória dolorosa, assim que for de algum modo despertado, pois o transbordamento de sua excitação certamente produziria (mais precisamente, começaria a produzir) dor ou sofrimento. O ato de evitar a lembrança, que é apenas uma repetição da fuga anterior da percepção, é facilitado também pelo fato de que, diferentemente da percepção, a lembrança não possui qualidade suficiente para excitar a consciência e, assim, atrair para si uma nova energia. Esse ato fácil e regular do processo psíquico de evitar a lembrança dolorosa anterior nos apresenta o modelo e o primeiro exemplo de *repressão psíquica*. Como é do conhecimento geral, boa parte desse ato de evitar o doloroso, bem parecido com o comportamento da avestruz, pode ser facilmente demonstrado, mesmo na vida psíquica normal dos adultos.

Em razão do princípio da dor ou do sofrimento, o primeiro sistema é, portanto, totalmente incapaz de introduzir qualquer coisa desagradável nas associações mentais. O sistema não pode fazer nada além de desejar. Se assim permanecesse, a atividade mental do segundo sistema, que deveria dispor de todas as lembranças acumuladas pelas experiências, seria prejudicada. Mas abrem-se agora dois caminhos: o trabalho do segundo sistema ou se liberta completamente do princípio da dor e continua seu curso, sem prestar atenção à lembrança dolorosa, ou consegue ocupar a lembrança dolorosa de modo a impedir a liberação da dor. Podemos rejeitar a primeira possibilidade, pois o princípio da dor também se manifesta como regulador da descarga da excitação do segundo sistema; estamos, portanto, direcionados para a segunda possibilidade, a saber, que esse sistema ocupa uma lembrança, de modo a inibir sua descarga e, portanto, também a inibir a descarga comparável a uma inervação motora para o desenvolvimento da dor. Assim, a partir de dois pontos de partida, somos levados à hipótese de que a ocupação pelo segundo sistema é, ao mesmo tempo, uma inibição para a descarga da excitação, ou seja, da consideração do princípio da dor e do princípio do menor dispêndio de inervação. Atenhamo-nos, porém, ao fato – essa é a chave da teoria do recalque – de que o segundo sistema só é capaz de ocupar uma representação quando está em condições de verificar o desenvolvimento da dor que dela emana. Qualquer coisa que possa fugir dessa inibição permanece também inacessível para o segundo sistema e logo seria abandonada, em razão do princípio da dor. A inibição da dor, no entanto, não precisa ser completa; deve ser permitido que inicie, pois indica ao segundo sistema a natureza da lembrança e possivelmente sua inadequação para a finalidade visada pela mente.

Vou denominar o processo psíquico que é admitido somente pelo primeiro sistema como *processo primário*; e aquele resultante da inibição do segundo sistema vou chamá-lo de *processo secundário*. Mostro, por outro ponto, com que finalidade o segundo sistema é obrigado a corrigir o processo primário. O processo primário se esforça para descarregar a excitação, a fim de estabelecer uma identidade *perceptiva* com a quantidade de excitação assim acumulada; o processo secundário abandonou essa intenção e assumiu, em vez disso, a tarefa de produzir uma *identidade de pensamento*. Todo o pensar é somente um caminho tortuoso da lembrança da satisfação, tomada como representação-meta, para a ocupação idêntica da mesma lembrança, que deve ser alcançada novamente por meio das experiências motoras. O ato de pensar deve se interessar pelos caminhos entre as representações, sem se deixar enganar pelas intensidades dessas representações. Mas é óbvio que condensações e formações intermediárias ou de compromisso, que ocorrem nas representações, impedem a obtenção dessa identidade final; substituindo uma representação por outra, elas se desviam do caminho que, de outra forma, teria continuado a partir da representação original. Esses processos são, portanto, cuidadosamente evitados no pensamento secundário. Tampouco é difícil entender que o princípio da dor também impede o progresso do fluxo mental em sua busca da identidade de pensamento, embora, de fato, ofereça ao fluxo mental os pontos de partida mais importantes. Por conseguinte, a tendência do processo de pensamento deve ser libertar-se cada vez mais do ajuste exclusivo pelo princípio da dor e, por meio do trabalho da mente, restringir o desenvolvimento afetivo ao mínimo necessário para que atue como sinal. Esse refinamento da atividade deve ter sido alcançado por meio de uma recente superocupação de energia provocada pela consciência. Mas estamos cientes de que esse refinamento raramente é bem-sucedido em sua totalidade, mesmo na vida psíquica mais normal, e que nossos pensamentos permanecem sempre acessíveis à falsificação pela interferência do princípio da dor.

Essa, contudo, não é a brecha na eficiência funcional de nosso aparelho psíquico, através da qual os pensamentos, que constituem o material do trabalho mental secundário, têm a possibilidade de entrar no processo psíquico primário – pois essa é a fórmula com que podemos agora descrever o trabalho que conduz ao sonho e aos sintomas histéricos. Esse caso de insuficiência resulta da convergência dos dois fatores derivados da história de nossa evolução; um deles faz parte exclusivamente do aparelho psíquico e exerceu uma influência determinante na relação dos dois sistemas, ao passo que o outro opera de forma flutuante e introduz na vida psíquica forças motrizes de origem orgânica. Ambos se originam na infância e resultam da transformação que nosso organismo psíquico e somático sofreu desde o período infantil.

Quando designei como primário um dos processos psíquicos do

aparelho psíquico, não o fiz somente em consideração à ordem de precedência e de capacidade, mas também pensei em escolher um designativo que indicasse uma participação nas relações temporais. Até onde sabemos, não há aparelho psíquico que possua apenas o processo primário e, nessa medida, esse aparelho é uma ficção teórica; mas pelo menos se baseia no fato de que os processos primários estão presentes no aparelho desde o início, ao passo que os processos secundários se desenvolvem gradualmente no decorrer da vida, inibindo e sobrepondo-se aos primários, e talvez conquistando completo domínio sobre eles somente no auge da vida. Em decorrência desse aparecimento tardio dos processos secundários, a essência de nosso ser, consistindo em noções de desejo inconscientes, não pode ser apreendida nem inibida pelo pré-consciente, cujo papel se restringe de uma vez por todas à indicação dos caminhos mais adequados para as noções de desejo provenientes do inconsciente. Esses desejos inconscientes exercem sobre todas as tendências psíquicas subsequentes uma compulsão a que elas devem se submeter e que, se possível, devem envidar esforços para se desviar de seu curso e direcionar-se para objetivos mais elevados. Em consequência desse atraso da ocupação pré-consciente, uma grande esfera do material da memória permanece inacessível.

Entre essas noções de desejo indestrutíveis e desimpedidas, provenientes da infância, há também algumas, cuja realização entrou em relação de contradição com a representação-meta do pensamento secundário. A realização desses desejos não produziria mais um afeto de prazer, mas de dor; *e é justamente essa transformação do afeto que constitui a natureza do que designamos como "repressão", em que reconhecemos o primeiro passo infantil de proferir frases inamistosas ou de rejeitar pela razão.* Investigar de que maneira e por meio de quais forças motrizes essa transformação pode ser produzida constitui o problema da repressão, que aqui precisamos tão somente tocar por alto. Basta observar que essa transformação do afeto ocorre no decorrer do desenvolvimento (pode-se pensar no aparecimento, na infância, de desgosto, que estava originalmente ausente) e que está ligada à atividade do sistema secundário. As lembranças, com base nas quais o desejo inconsciente provoca a liberação de afeto, nunca foram acessíveis ao *Precs*, e por isso sua liberação de afeto não pode ser inibida. É justamente por causa desse desenvolvimento afetivo que essas representações nem mesmo agora são acessíveis aos pensamentos pré-conscientes, para os quais transferiram sua força de desejo. Pelo contrário, o princípio da dor entra em jogo e faz com que o *Precs* se desvie desses pensamentos de transferência. Esses, entregues a si próprios, são "reprimidos", e assim a existência de uma reserva de lembranças infantis, desde o início subtraídas ao *Precs*, torna-se a condição preliminar da repressão ou recalque.

No caso mais favorável, o desenvolvimento da dor termina tão logo a energia tenha sido retirada dos pensamentos de transferência situados no *Precs*, e esse efeito caracteriza a intervenção do princípio da dor como expediente. É bem diferente, porém, se o desejo inconsciente reprimido recebe um reforço orgânico que pode passar para seus pensamentos de transferência e, dessa forma, pode pô-los em condições de fazer uma tentativa de penetrar com sua excitação, mesmo depois de terem sido abandonados pela ocupação do *Precs*. Segue-se então uma luta defensiva, na medida em que o *Precs* reforça o antagonismo contra os pensamentos reprimidos e, a partir de então, ocorre a penetração dos pensamentos de transferência (que são portadores do desejo inconsciente) em algum tipo de compromisso pela formação de sintomas. Mas a partir do momento em que os pensamentos reprimidos são poderosamente ocupados pelo desejo inconsciente e abandonados pela ocupação pré-consciente, eles sucumbem ao processo psíquico primário e lutam apenas pela descarga motora; ou, se o caminho estiver livre, pelo reavivamento alucinatório da identidade de percepção desejada. Já descobrimos empiricamente que os processos incorretos descritos se dão apenas com pensamentos que existem na repressão. Agora vamos avançar um pouco mais em outra parte da conexão. Esses processos incorretos são aqueles que aparecem como primários no aparelho psíquico; *eles aparecem sempre que pensamentos abandonados pela ocupação pré-consciente são deixados por contra própria e podem ser carregados com a energia desinibida do inconsciente, que luta por liberação.* Podemos acrescentar algumas observações adicionais para apoiar a visão de que esses processos designados "incorretos" não são realmente falsificações do pensamento normal defeituoso, mas os modos de atividade do aparelho psíquico quando libertado da inibição. Vemos assim que a transferência da excitação pré-consciente para a motilidade ocorre segundo os mesmos processos, e que a conexão das representações pré-conscientes com as palavras manifesta prontamente os mesmos deslocamentos e mesclas, que são descritos para a desatenção. Finalmente, gostaria de apresentar a prova de que um aumento de trabalho resulta necessariamente da inibição desses modos primários pelo fato de ganharmos um *efeito cômico*, um excedente a ser descarregado pelo riso, *se permitirmos que essas correntes de pensamento irrompam na consciência.*

A teoria das psiconeuroses afirma com total certeza que apenas os desejos sexuais da infância sofrem repressão (transformação emocional) durante o período de desenvolvimento infantil. Esses são passíveis de retornar à atividade num período posterior de desenvolvimento e então podem ser revividos, seja como consequência da constituição sexual, que é realmente formada a partir da bissexualidade original, seja em consequência de influências desfavoráveis que atuam no decorrer de sua vida sexual; e, dessa forma, fornecem o poder motivador para toda espécie de formações de sintomas psiconeuróticos. É somente pela introdução dessas forças sexuais que as lacunas ainda demonstráveis na teoria da repressão podem ser preenchidas. Deixarei em aberto se o postulado do fator sexual e infantil também pode ser exigido na teoria dos sonhos; deixo esse ponto inacabado, porque já dei um passo além do demonstrável, ao supor que o desejo onírico provém invariavelmente do inconsciente.[181] Tampouco vou investigar a diferença entre a interação das forças psíquicas na formação dos sonhos e na formação dos sintomas histéricos, pois para isso devemos possuir um conhecimento mais preciso de um dos dois termos de comparação.

Mas considero importante outro ponto, e aqui confesso que foi justamente por causa dele que acabo de empreender toda essa discussão sobre os dois sistemas psíquicos, seus modos de funcionamento e o recalque. É irrelevante agora saber se eu concebi as relações psicológicas em questão com exatidão aproximada ou, como é facilmente possível num assunto tão difícil, de maneira errônea e fragmentária. Quaisquer que sejam as mudanças que possam ser feitas na interpretação da censura psíquica e da elaboração correta e da anormal do conteúdo do sonho, permanece, no entanto, o fato de que esses processos são ativos na formação do sonho e que, em sua essência, mostram a analogia mais próxima com os processos observada na formação dos sintomas histéricos. O sonho não é um fenômeno patológico e não deixa um enfraquecimento das faculdades mentais. A objeção de que nenhuma dedução pode ser feita a respeito dos sonhos de pessoas saudáveis a partir dos meus sonhos e dos de pacientes neuróticos pode ser rejeitada sem comentários. Assim, quando tiramos conclusões dos fenômenos quanto às suas forças motrizes, reconhecemos que o mecanismo psíquico utilizado pelas neuroses não é criado por uma perturbação patológica da vida psíquica, mas já está presente na estrutura normal do aparelho psíquico. Os dois sistemas psíquicos, a censura passando entre eles, a inibição e o encobrimento de uma atividade pela outra, as relações de ambos com a consciência – ou o que quer que possa oferecer uma interpretação mais correta das condições reais em seu lugar – tudo isso faz parte da estrutura normal de nosso instrumento psíquico, e o sonho nos indica um dos caminhos que levam ao conhecimento dessa estrutura. Se, além de nosso conhecimento, desejamos nos contentar com um mínimo perfeitamente estabelecido, diremos que o sonho nos dá a prova de que *o material suprimido continua a existir mesmo na pessoa normal e permanece capaz de atividade psíquica*. O próprio sonho é uma das manifestações desse material reprimido; teoricamente, isso é verdade em todos os casos; de acordo com a experiência substancial, é verdade em pelo menos num grande número dos que exibem mais conspicuamente as características proeminentes da vida onírica. O material psíquico suprimido, que no estado de vigília foi impedido de se expressar e cortado da percepção interna *pelo ajuste antagônico das contradições*, encontra maneiras e meios de se impor à consciência durante a noite, sob o domínio das formações de compromisso.

"*Flectere si nequeo superos, Acheronta movebo.*"*

De qualquer forma, a interpretação dos sonhos é a *via régia* para um conhecimento do inconsciente na vida psíquica.

Ao seguir a análise do sonho, fizemos alguns progressos no sentido de compreender a composição desse maravilhoso e misterioso instrumento; com certeza, não fomos muito longe, mas já é um começo, e suficiente para nos permitir avançar, pela análise do inconsciente, em relação a outras estruturas, ditas patológicas. A doença – pelo menos a que é justamente chamada de funcional – não implica destruição desse aparelho e no estabelecimento de novas rachaduras em seu interior; deve ser explicada dinamicamente pelo fortalecimento e pelo enfraquecimento dos componentes do jogo de forças, pelos quais tantas atividades são ocultadas durante a função normal. Pudemos mostrar em outro lugar como a composição do aparelho, a partir dos dois sistemas, permite um refinamento até mesmo da atividade normal, que seria impossível para um único sistema.[182]

(F) O INCONSCIENTE E A CONSCIÊNCIA – REALIDADE

Examinando mais de perto, descobrimos que não é a existência de dois sistemas próximos à extremidade motora do aparelho,

---

* Em latim, no original: "Se não posso dobrar os (deuses) supremos, moverei o Aqueronte." Ver comentário a respeito, na primeira nota deste livro, relativa a essa frase que aparece na página de rosto. (N.T.)

mas a existência de dois tipos de processos ou modos de descarga de excitação, cuja suposição foi explicada nas discussões psicológicas do capítulo anterior. Isso, para nós, não faz diferença, pois devemos estar sempre prontos para abandonar nossas ideias auxiliares sempre que nos julgarmos em condições de substituí-las por outra coisa que se aproxime mais da realidade desconhecida. Tentemos agora corrigir algumas concepções que podem ser erroneamente formadas, desde que considerássemos os dois sistemas, no sentido mais grosseiro e óbvio, como duas localizações dentro do aparelho psíquico, concepções que deixaram seus vestígios nos termos "repressão" e "penetração". Assim, quando dizemos que um pensamento inconsciente se esforça para se transferir para o pré-consciente, para depois penetrar na consciência, não queremos dizer que um segundo pensamento deve ser formado, situado em outro lugar, como uma entrelinha perto da qual o original continua existindo; também, quando falamos de penetração na consciência, desejamos cuidadosamente evitar qualquer ideia de mudança de localização. Quando dizemos que um pensamento pré-consciente é reprimido e posteriormente retomado pelo inconsciente, podemos ser tentados, por essas figuras, tomadas de empréstimo da ideia de uma luta por um território, a supor que um arranjo é realmente rompido numa localização psíquica e substituído por um novo em outro lugar. Substituímos essas comparações pelo que parece corresponder melhor ao verdadeiro estado das coisas, dizendo que uma ocupação de energia é deslocada ou retirada de determinado arranjo, de modo que a formação psíquica cai sob o domínio de um sistema ou é retirada do mesmo. O que fazemos aqui, novamente, é substituir um modo tópico de representação por um modo dinâmico; não é a estrutura psíquica que nos aparece como o fator motor, mas a inervação da mesma.

Considero apropriado e justificável, no entanto, aplicar-nos ainda mais à concepção ilustrativa dos dois sistemas. Evitaremos qualquer aplicação errônea dessa forma de representação, se lembrarmos que as representações, os pensamentos e as estruturas psíquicas não devem, em geral, ser localizadas nos elementos orgânicos do sistema nervoso, mas, por assim dizer, entre eles, onde as resistências e os caminhos formam os correlatos correspondentes. Tudo o que pode se tornar objeto de nossa percepção interna é virtual, como a imagem no telescópio produzida pela passagem dos raios de luz. Mas temos razão em presumir a existência dos sistemas, que nada têm de psíquico em si e que nunca se tornam acessíveis à nossa percepção psíquica, correspondentes às lentes do telescópio que projetam a imagem. Se continuarmos essa comparação, podemos dizer que a censura entre os dois sistemas corresponde à refração dos raios durante sua passagem para um novo meio.

Até agora fizemos psicologia por nossa conta; agora é hora de examinar as opiniões teóricas que dominam a psicologia atual e testar sua relação com nossas teorias. A questão do inconsciente na psicologia é, de acordo com as palavras autorizadas de Lipps[183], menos um problema psicológico do que o problema da psicologia. Enquanto a psicologia resolveu essa questão com a explicação verbal de que o "psíquico" é o "consciente" e que as "ocorrências psíquicas inconscientes" são uma contradição óbvia, uma avaliação psicológica das observações feitas pelos médicos, a partir de estados mentais anormais, estava fora de cogitação. Médico e filósofo só podem estar de pleno acordo quando ambos reconhecem que os processos psíquicos inconscientes são "a expressão adequada e bem justificada de um fato estabelecido". O médico não pode deixar de rejeitar, dando de ombros, a afirmação de que "a consciência é a qualidade indispensável do psíquico"; pode supor, se seu respeito pelas declarações dos filósofos ainda for suficientemente forte, que ele e os filósofos não estão tratando do mesmo assunto e não atuam na mesma ciência. Uma única observação inteligente da vida psíquica de um neurótico, uma única análise de um sonho terá de deixá-lo com a inabalável convicção de que os processos mentais mais complexos e racionais, aos quais ninguém poderá negar o designativo de processos psíquicos, podem ocorrer sem excitar a consciência do indivíduo. É verdade que o médico não toma conhecimento desses processos inconscientes até que tenham exercido um efeito sobre a consciência, que permita a comunicação ou a observação. Mas esse efeito da consciência pode apresentar um caráter psíquico muito diferente do processo inconsciente, de modo que a percepção interna não pode reconhecer um como substituto do outro. O médico deve reservar-se o direito de penetrar, por um processo de dedução, desde o efeito sobre a consciência até o processo psíquico inconsciente; ele aprende assim que o efeito sobre a consciência é apenas um produto psíquico remoto do processo inconsciente e que este não se tornou consciente como tal; além disso, que já tinha existência própria e era atuante, sem se trair, de forma alguma, à consciência.

Uma reação à supervalorização da qualidade da consciência se torna a condição preliminar indispensável para qualquer opinião correta sobre o comportamento do psíquico. Nas palavras de Lipps, o inconsciente deve ser aceito como a base geral da vida psíquica. O inconsciente é o círculo maior que inclui em si o círculo menor do consciente; tudo o que é consciente tem sua fase preliminar no inconsciente, ao passo que o inconsciente pode parar nessa fase e ainda reivindicar para si pleno valor como atividade psíquica. Propriamente falando, o inconsciente é a verdadeira realidade psíquica; *sua natureza mais íntima nos é tão desconhecida quanto a realidade do mundo externo, e nos é relatada tão imperfeitamente pelos dados da consciência quanto o mundo externo o é pelas indicações de nossos órgãos sensoriais.*

Uma série de problemas oníricos que têm ocupado intensamente os autores mais antigos será deixada de lado quando a velha oposição entre vida consciente e vida onírica for abandonada e quando for atribuído ao psíquico inconsciente seu devido lugar. Assim, muitas das atividades, cujas performances no sonho despertaram nossa admiração, não devem mais ser atribuídas ao sonho, mas ao pensamento inconsciente, que também está ativo durante o dia. Se, de acordo com Scherner, o sonho parece jogar com representações simbólicas do corpo, sabemos que isso é obra de certas fantasias inconscientes, que provavelmente cederam às excitações sexuais, e que essas fantasias se expressam não apenas nos sonhos, mas também nas fobias histéricas e em outros sintomas. Se o sonho continua as atividades diurnas e as conclui, chegando até a trazer à luz inspirações valiosas, o que temos a fazer é somente despojá-lo do disfarce onírico, que é o produto do trabalho do sonho e um vestígio do auxílio de forças obscuras das profundezas da mente (cf. o diabo no sonho da sonata de Tartini); esse trabalho intelectual deve ser atribuído às mesmas forças psíquicas que realizam todas essas tarefas durante o dia. Provavelmente estamos mais que inclinados a superestimar o caráter consciente até mesmo das produções intelectuais e artísticas. Pelas comunicações de algumas das pessoas mais produtivas, como Goethe e Helmholtz, aprendemos, de fato, que as partes mais essenciais e originais de suas criações chegaram a eles na forma de inspirações e chegaram a suas percepções quase prontas. Não há nada de estranho na assistência prestada pela atividade consciente em outros casos, em que houve um esforço concertado de todas as forças psíquicas. Mas é um privilégio muito abusado da atividade consciente o fato de ela se permitir esconder de nós todas as outras atividades em que tem alguma participação.

Dificilmente valeria a pena retomar o significado histórico dos sonhos como um tema especial. Se, por exemplo, um comandante foi instado, por meio de um sonho, a se aventurar num empreendimento ousado, cujo êxito teve o efeito de mudar a história, isso só cria um novo problema, desde que o sonho, visto como um poder estranho, entre em contraste com outras forças psíquicas mais familiares; o problema, no entanto, desaparece quando o sonho é reconhecido como uma forma de expressão de noções que estão sob a pressão da resistência durante o dia e que podem receber reforços à noite de fontes de excitação mais profundas.[184] Mas o grande respeito demonstrado pelos antigos pelo sonho é baseado numa suposição psicológica correta. É uma homenagem prestada ao indomável e indestrutível na mente humana, e ao demoníaco que produz o desejo onírico e que reencontramos em nosso inconsciente.

Não é por acaso que uso a expressão "em nosso inconsciente", pois o que assim designamos não coincide com o inconsciente dos filósofos, nem com o inconsciente de Lipps. Nos últimos usos, pretende-se designar apenas o oposto de consciente. Que também existam processos psíquicos inconscientes ao lado dos conscientes é a questão fortemente contestada e energicamente defendida. Lipps nos dá a teoria mais abrangente de que tudo o que é psíquico existe como inconsciente, mas que parte disso também pode existir como consciente. Mas não foi para provar essa teoria que abordamos os fenômenos do sonho e da formação de sintomas histéricos; a observação da vida normal por si só é suficiente para estabelecer sua correção para além de qualquer dúvida. O fato novo que aprendemos da análise das formações psicopatológicas e, na verdade, de seu primeiro membro, isto é, o sonho, é que o inconsciente – e, portanto, o psíquico – ocorre em consequência de dois sistemas separados e que ocorre como tal, mesmo na vida psíquica normal. Consequentemente, há dois tipos de inconsciente, que ainda não foram distinguidos pelos psicólogos. Ambos são inconscientes, no sentido psicológico; mas, em nosso sentido, o primeiro, que chamamos de *Incs*, é igualmente inadmissível na consciência, ao passo que chamamos o segundo de *Precs* porque suas excitações, após a observância de certas regras, podem atingir a consciência, talvez não antes de serem novamente censuradas, mas ainda independentemente do sistema *Incs*. O fato de que, para atingir a consciência, as excitações devem atravessar uma série inalterável de eventos ou uma sucessão de instâncias, como é revelado por suas alterações efetuadas pela censura, nos ajudou a formular uma analogia a partir da espacialidade. Descrevemos as relações dos dois sistemas entre si e com a consciência, dizendo que o sistema *Precs* é como uma tela entre o sistema *Incs* e a consciência. O sistema *Precs* não apenas impede o acesso à consciência, mas também controla a entrada da motilidade voluntária e é capaz de distribuir uma quantidade de energia móvel, parte da qual nos é familiar sob a forma de atenção.

Devemos também evitar a distinção entre supraconsciente e subconsciente, que foi tão aceita e difundida na literatura mais recente sobre as psiconeuroses, pois essa distinção parece enfatizar precisamente a equivalência entre o psíquico e o consciente.

Que papel resta agora em nossa descrição para a consciência, outrora todo-poderosa e que tudo ofuscava? Nada mais que o de um órgão sensorial para a percepção de qualidades psíquicas. De acordo com a ideia fundamental de um quadro esquemático, podemos conceber a percepção consciente apenas como a atividade especial de um sistema independente, para o qual a designação abreviada "*Cons.*" parece adequada. Concebemos esse sistema como sendo semelhante, em suas características mecânicas, ao sistema de percepção *P*, portanto, excitável por qualidades e incapaz de reter vestígios de modificações, ou seja, é desprovido de memória. O aparelho psíquico que, com os órgãos sensoriais dos sistemas *P*, está voltado para o mundo exterior, é ele próprio o mundo exterior para o órgão sensorial do *Cons.*, cuja justificação teleológica repousa nessa relação. Estamos aqui mais uma vez diante do princípio da sucessão de instâncias, que parece reger a estrutura do aparelho. O material sob excitação flui para o órgão sensorial *Cons.*, vindo de dois lados: primeiro, do sistema *P*, cuja excitação, determinada por qualidades, provavelmente experimenta nova elaboração até chegar à percepção consciente; e, em segundo lugar, do interior do próprio aparelho, cujos processos quantitativos são percebidos como uma série qualitativa de prazer e de dor, assim que tiverem sofrido certas modificações.

Os filósofos, que aprenderam que estruturas de pensamento corretas e altamente complicadas são possíveis mesmo sem a cooperação da consciência, acharam difícil atribuir qualquer função à consciência; pareceu-lhes um reflexo supérfluo do processo psíquico aperfeiçoado. A analogia de nosso sistema *Cons.* com os sistemas de percepção nos alivia desse embaraço. Vemos que a percepção, por meio de nossos órgãos sensoriais, tem como resultado direcionar a ocupação da atenção para aqueles caminhos em que se difunde a excitação sensorial que vem chegando; a excitação qualitativa do sistema *P* atua como um regulador da descarga da quantidade móvel do aparelho psíquico. Podemos reivindicar a mesma função para o órgão sensorial sobreposto do sistema *Cons*. Ao assumir novas qualidades, fornece uma nova contribuição para a orientação e distribuição adequada das quantidades de ocupação móvel. Por meio das percepções de prazer e de dor, influencia o curso das ocupações dentro do aparelho psíquico, que normalmente opera de forma inconsciente e pelo deslocamento de quantidades. É provável que o princípio da dor regule primeiro, automaticamente, os deslocamentos da ocupação, mas é bem possível que a consciência dessas qualidades acrescente uma segunda e mais sutil regulação que pode até se opor à primeira e aperfeiçoar a capacidade de trabalho do aparelho, colocando-o numa posição contrária a seu projeto original, para ocupar e desenvolver até mesmo aquilo que está relacionado com a liberação da dor. A neuropsicologia nos ensina que uma parte importante da atividade funcional do aparelho é atribuída a essas regulações, por meio da excitação qualitativa dos órgãos sensoriais. O controle automático do princípio primário da dor e a restrição da capacidade mental ligada a ele são interrompidos pelas regulações sensoriais que, por sua vez, são também automatismos. Aprendemos que a repressão que, embora originalmente conveniente, termina, no entanto, numa rejeição prejudicial à inibição e ao controle psíquico, é realizada muito mais facilmente com lembranças do que com percepções, porque nas primeiras não há aumento da ocupação pela excitação dos órgãos sensoriais psíquicos. Quando um pensamento a ser rejeitado falhou uma vez em tornar-se consciente, porque sucumbiu à repressão, em outras ocasiões pode ser reprimido apenas porque foi subtraído da percepção consciente, em razão de outros motivos. Essas são indicações empregadas pela terapia, a fim de desfazer repressões ou recalques em estado consumado.

O valor da superocupação, que é produzida pela influência reguladora do órgão sensorial *Cons*. na quantidade móvel, é demonstrado na conexão teleológica mais claramente do que na criação de uma nova série de qualidades e, consequentemente, de uma nova regulação que constitui a superioridade do homem sobre os animais. Pois os processos mentais são em si desprovidos de qualidade, exceto pelas excitações de prazer e de dor que os acompanham, que, como sabemos, devem ser controladas como possíveis distúrbios do pensamento. Para dotar os processos de pensamento de uma qualidade, eles são associados no homem a lembranças verbais, cujos resíduos qualitativos são suficientes para atrair sobre eles a atenção da consciência que, por sua vez, dota o pensamento de uma nova energia móvel.

Os múltiplos problemas de consciência só podem ser examinados, em sua totalidade, por meio de uma análise do processo mental histérico. Dessa análise temos a impressão de que a passagem do pré-consciente para a ocupação da consciência também está ligada a uma censura semelhante à do *Incs* e do *Precs*. Essa censura, também, começa a atuar acima de certo limite quantitativo, de modo que poucas formações de pensamento intenso lhe escapam. Todo caso possível de afastamento da consciência, bem como de penetração na consciência, sob restrição, encontra-se incluído no quadro dos fenômenos psiconeuróticos; cada caso aponta para a conexão íntima e dupla entre a censura e a consciência. Concluirei essas discussões psicológicas com o relato de duas dessas ocorrências.

Por ocasião de uma consulta, há alguns anos, o assunto era uma moça inteligente e de aparência inocente. Seu modo de vestir-se era estranho; enquanto a vestimenta de uma mulher geralmente é aprumada até a última dobra, ela tinha uma de suas meias abaixada e dois botões da blusa abertos. Ela se queixava de dores numa das pernas e a expôs, sem ser solicitada. Sua principal queixa, no entanto, era, segundo suas palavras, o seguinte: Tinha uma sensação no corpo, como se algo estivesse enfiado nele, que se movia para cá e para lá e a fazia tremer dos pés à cabeça. Às vezes, deixava todo o seu corpo rígido. Ao ouvir isso, meu colega presente na consulta, olhou para mim; a queixa era bastante clara para ele. Para nós dois, parecia estranho que a mãe da paciente não se importasse; é claro que ela mesma devia ter estado repetidamente na situação descrita por sua filha. Quanto à moça, não fazia ideia da importância de suas palavras, caso contrário, nunca teria permitido que sua boca as proferisse. Nesse caso, a censura foi ludibriada com tanto sucesso que, sob a máscara de uma queixa inocente, foi admitida à consciência uma fantasia que, de outra forma, teria permanecido no pré-consciente.

Segue-se outro exemplo. Iniciei o tratamento psicanalítico de um menino de 14 anos que sofria de tique convulsivo, vômito histérico, dor de cabeça etc., assegurando-lhe que, depois de fechar os olhos, veria imagens ou teria ideias, que então deveria me comunicar. Respondeu descrevendo imagens. A última impressão que recebera antes de me procurar foi visualmente revivida em sua memória. Ele havia jogado uma partida de damas com seu tio e agora via o tabuleiro diante dele. Comentou sobre várias posições favoráveis ou desfavoráveis, sobre movimentos no jogo que não deveriam ser feitos. Então viu um punhal sobre o tabuleiro, objeto pertencente a seu pai, mas transferido para o tabuleiro por sua fantasia. Então uma foice estava sobre o tabuleiro; em seguida, uma gadanha; e, finalmente, viu a imagem de um velho camponês ceifando a grama na frente da distante casa dos pais dele (o menino). Alguns dias depois descobri o significado dessa série de imagens. Relações familiares desagradáveis haviam deixado o menino nervoso. Era o caso de um pai severo e ranzinza, que vivia infeliz com a mãe, e cujos métodos educativos consistiam em ameaças; o pai se havia separado da mãe do menino, mulher terna e delicada, e se havia casado outra vez; um dia trouxe para casa uma jovem, que deveria ser a nova mãe do menino. A doença do rapaz de 14 anos eclodiu alguns dias depois. Foi a raiva reprimida contra seu pai que compôs essas imagens em alusões inteligíveis. O material foi fornecido por uma lembrança relacionada com a mitologia. A foice era aquela com que Zeus castrou o pai; a gadanha e a imagem do camponês representavam Cronos, o velho violento que devora seus filhos e contra quem Zeus se vinga de maneira tão pouco filial. O casamento do pai deu ao menino a oportunidade de retribuir as censuras e ameaças do pai – que haviam sido feitas anteriormente, porque a criança brincava com seus órgãos genitais (o tabuleiro de damas; os movimentos proibitivos; o punhal com o qual uma pessoa pode ser morta). Temos, nesse caso, lembranças recalcadas por muito tempo e seus remanescentes inconscientes que, sob o disfarce de imagens sem sentido, se infiltraram na consciência por um caminho indireto, deixado aberto para elas.

Eu deveria, então, esperar encontrar o valor teórico do estudo dos sonhos no tocante à sua contribuição para o conhecimento psicológico e ao esclarecimento basilar para a compreensão das neuroses. Quem poderá prever a importância de um conhecimento completo da estrutura e das atividades do aparelho psíquico quando até mesmo nosso estado atual de conhecimento produz uma feliz influência terapêutica nas formas curáveis das psiconeuroses? Qual o valor prático desse estudo, alguém pode perguntar, para o conhecimento psíquico e para a descoberta das peculiaridades secretas do caráter de cada um? Por acaso, as noções inconscientes não revelaram pelos sonhos o valor das verdadeiras forças na vida psíquica? Devemos menosprezar o significado ético dos desejos reprimidos que, como agora criam sonhos, podem um dia criar outras coisas?

Não me sinto inclinado a responder a essas perguntas. Não pensei mais a fundo nesse aspecto do problema dos sonhos. Acredito, no entanto, que em todo caso o imperador romano estava errado ao ordenar a execução de um de seus súditos, porque esse sonhou que havia matado o imperador. Deveria, antes de mais nada, ter se empenhado em descobrir o significado do sonho; muito provavelmente, seu sentido não era o que parecia ser. E mesmo que um sonho de conteúdo diferente tivesse o significado desse ato de lesa-majestade, ainda assim seria o caso de lembrar as palavras de Platão, de que o homem virtuoso se contenta em sonhar o que o homem mau faz na vida real. Sou, portanto, da opinião de que é melhor conceder liberdade aos sonhos. Se alguma realidade deve ser atribuída aos desejos inconscientes, e em que sentido, não estou preparado para dizer algo a respeito, de improviso. A realidade deve ser naturalmente negada a todos os pensamentos de transição – e intermediários. Se tivéssemos diante de nós os desejos inconscientes, levados à sua última e mais verdadeira expressão, ainda faríamos bem em lembrar que mais de uma única forma de existência deve ser atribuída à realidade psíquica. A ação e a expressão conscientes do pensamento são suficientes principalmente para a necessidade prática de julgar o caráter de um homem. A ação, acima de tudo, merece ser colocada em primeiro lugar; pois muitos dos impulsos que penetram na consciência são neutralizados por forças reais da vida psíquica antes de serem convertidos em ação; na verdade, a razão pela qual esses impulsos não encontram, muitas vezes, nenhum obstáculo psíquico em seu caminho é porque o inconsciente está certo de que encontrarão resistências mais tarde. Em todo caso, é instrutivo familiarizar-se com o terreno tão revolvido, do qual brotam orgulhosamente nossas virtudes. Isso porque a complexidade do caráter humano, movendo-se dinamicamente em todas as direções, muito raramente se acomoda a um ajuste por meio de uma alternativa simples, como levaria a crer nossa antiquada filosofia moral.

E o que dizer do valor do sonho para o conhecimento do futuro? Isso, naturalmente, é algo que está fora de cogitação.[185] Sentimo-nos inclinados a substituir essa pergunta pela afirmação de que o sonho nos dá "um conhecimento do passado", pois o sonho se origina do passado em todos os sentidos. Certamente, a antiga crença de que o sonho revela o futuro não é totalmente desprovida de verdade. Ao nos representar um desejo como realizado, o sonho certamente nos conduz ao futuro; mas esse futuro, tomado pelo sonhador como presente, foi moldado pelo desejo indestrutível à semelhança desse passado.

NOTAS

[1] Traduzidos (para o inglês) por A. A. Brill (*Journal of Nervous and Mental Disease* Publishing Company).

[2] Cf. as obras de Ernest Jones, James J. Putnam, do presente escritor e de outros.

[3] Para exemplos que demonstram esses fatos, cf. meu trabalho, *Psychoanalysis; its Theories and Practical Application*, W. B. Saunders' Publishing Company, Filadélfia e Londres.

[4] Para a primeira edição deste livro, 1900.

[5] E. Compare, por outro lado, O. Gruppe, *Griechische Mythologie und Religionsgeschichte*, p. 390: "Os sonhos eram divididos em duas classes; os primeiros eram influenciados apenas pelo presente (ou passado) e eram pouco importantes para o futuro: abraçavam a ἐνύπνια, a insônia, que produz imediatamente a ideia dada ou seu oposto, por exemplo, fome ou saciedade, e a φαντάσματα, que elabora a ideia dada de forma fantástica, por exemplo, pesadelo, íncubo. A segunda classe era, por outro lado, determinante para o futuro. A essa pertencem: (1) profecias diretas recebidas no sonho (χρηματισμός, oráculo); (2) a previsão de um evento futuro (ὅραμα, visão); (3) o simbólico ou o sonho que requer interpretação (ὄνειρος, sonho). Essa teoria foi preservada durante muitos séculos."

[6] Pela experiência subsequente, posso afirmar que não é raro encontrar nos sonhos repetições de ocupações inofensivas ou sem importância do estado de vigília, como fazer as malas, preparar comida, trabalhar na cozinha, etc., mas em tais sonhos, o próprio sonhador enfatiza não a característica, mas a realidade da memória: "Eu realmente fiz tudo isso durante o dia".

[7] *Chauffeurs* eram bandos de ladrões na Vendeia, França, que recorriam a essa forma de tortura.

[8] Pessoas gigantescas num sonho justificam a suposição de que se trata de uma cena da infância do sonhador.

[9] O primeiro volume desse autor norueguês, contendo uma descrição completa dos sonhos, foi recentemente publicado em alemão. Ver Índice bibliográfico, 74a.

[10] Sonhos periodicamente recorrentes foram observados repetidamente. Cf. a série de exemplos de Chabaneix (Índice bibliográfico, 11).

[11] Silberer mostrou com bons exemplos como, no estado de sonolência, até os pensamentos abstratos podem ser transformados em figuras plásticas ilustrativas que expressam a mesma coisa (*Jahrbuch* von Bleuler-Freud, vol. I. 1900).

[12] Haffner fez uma tentativa semelhante à de Delbœuf para explicar a atividade do sonho com base numa alteração que deve resultar na introdução de uma condição anormal no funcionamento correto do aparelho psíquico intacto, mas ele descreveu essa condição em palavras um pouco diferentes. Ele afirma que a primeira marca distintiva do sonho é a ausência de tempo e espaço, ou seja, a emancipação da representação da posição na ordem do tempo e do espaço que é comum ao indivíduo. Aliado a isso está o segundo caráter fundamental do sonho, a confusão das alucinações, imaginações e combinações de fantasia para percepções objetivas. A soma total das forças psíquicas superiores, especialmente formação de ideias, julgamento e argumentação, por um lado, e a livre autodeterminação, por outro, se conectam com as imagens da fantasia sensorial e as têm sempre como substrato. Essas atividades também, portanto, participam da irregularidade da representação do sonho. Dizemos que participam, pois nossas faculdades de julgamento e força de vontade não se alteram de modo algum durante o sono. Em relação à atividade, somos tão perspicazes e tão livres quanto no estado de vigília. Um homem não pode agir contrariamente às leis do pensamento, mesmo no sonho, ou seja, é incapaz de se harmonizar com aquilo que se apresenta como contrário a ele, etc.; só pode desejar no sonho aquilo que se apresenta como bom (*sub ratione boni*). Mas nessa aplicação das leis do pensamento e da vontade, a mente humana é desviada no sonho por confundir uma representação com outra. Acontece que formamos e cometemos no sonho as maiores contradições, enquanto, por outro lado, exibimos os julgamentos mais aguçados e as cadeias de raciocínio mais consequentes, e podemos tomar as resoluções mais virtuosas e sagradas. A falta de orientação é todo o segredo do voo pelo qual nossa fantasia se move no sonho, e a falta de reflexão crítica e compreensão mútua com os outros é a principal fonte das extravagâncias imprudentes de nossos julgamentos, esperanças e desejos no sonho (p. 18).

[13] Cf. Haffner e Spitta.

[14] *Grundzüge des Systems der Anthropologie*. Erlangen, 1850 (citado por Spitta).

[15] *Das Traumleben und seine Deutung*, 1868 (citado por Spitta, p. 192).

[16] H. Swoboda, *Die Perioden des Menschlichen Organismus*, 1904.

[17] Num romance, *Gradiva*, do poeta W. Jensen, descobri acidentalmente vários sonhos artificiais que foram formados com perfeita exatidão e que poderiam ser interpretados como se não tivessem sido inventados,

mas tivessem sido sonhados por pessoas reais. O poeta declarou, a meu pedido, que desconhecia minha teoria dos sonhos. Usei essa correspondência entre minha investigação e o trabalho criativo do poeta como prova da correção de meu método de análise dos sonhos ("*Der Wahn und die Träume*", em *Gradiva*, de W. Jensen, n° 1 de *Schriften zur angewandten Seelenkunde*, 1906, editado por mim). Desde então, o dr. Alfred Robitsek mostrou que o sonho do herói no *Egmont*, de Goethe, pode ser interpretado tão corretamente quanto um sonho realmente vivenciado ("*Die Analyse von Egmont's Träume*", *Jahrbuch*, editado por Bleuler-Freud, vol. II, 1910.).

[18] Depois da conclusão de meu manuscrito, um artigo de Stumpf chegou a meu conhecimento; ele concorda com meu trabalho na tentativa de provar que o sonho tem um significado e é suscetível de interpretação. Mas a interpretação é feita por meio de um simbolismo alegórico, sem garantia de aplicabilidade universal do procedimento.

[19] O dr. Alfred Robitsek chama minha atenção para o fato de que os livros de sonhos orientais, dos quais os nossos são plágios lamentáveis, realizam a interpretação dos elementos dos sonhos, principalmente de acordo com a assonância e semelhança das palavras. Como essas relações devem ser perdidas pela tradução para nossa língua, a incompreensibilidade das substituições em nossos populares "livros dos sonhos" pode ter origem nesse fato. Informações sobre o extraordinário significado de trocadilhos e jogos de palavras nos antigos sistemas orientais de cultura podem ser encontradas nos escritos de Hugo Winckler. O mais belo exemplo de interpretação de sonhos que chegou até nós desde a antiguidade é baseado num jogo de palavras. Artemidoro relata o seguinte (p. 225): "Parece-me que Aristandro dá uma boa interpretação a Alexandre da Macedônia. Quando este manteve Tyros cercada e em estado de sítio, e estava zangado e deprimido com a grande perda de tempo, sonhou que viu um *Satyros* (Sátiro) dançando sobre seu escudo. Aconteceu que Aristandro estava perto de Tyros e no séquito do rei, que movia guerra contra os sírios. Ao separar a palavra *Satyros* em σα e τύρος, ele induziu o rei a ser mais agressivo no cerco, e assim se tornou o dono da cidade (Σα τύρος = Tyros é sua). O sonho, de fato, está tão intimamente ligado à expressão verbal que Ferenczi pode justamente comentar que cada língua tem a própria linguagem onírica. Os sonhos não são, via de regra, traduzíveis para outras línguas."

[20] Breuer e Freud, *Studien über Hysterie*, Viena, 1895; 2ª edição 1909.

[21] A queixa, ainda inexplicada, de dores no abdômen, pode também se referir a essa terceira pessoa. É minha esposa, é claro, que está em questão; as dores abdominais me lembram uma das ocasiões em que sua timidez se tornou evidente para mim. Devo admitir que não trato Irma e minha esposa com muita cortesia nesse sonho, mas diga-se como desculpa que estou julgando as duas pelo padrão da paciente corajosa e dócil.

[22] Suspeito que a interpretação dessa parte não foi levada bastante longe para seguir todos os significados ocultos. Se eu continuasse a comparar as três mulheres, iria longe demais. Todo sonho tem pelo menos um ponto em que é insondável, um ponto central, por assim dizer, ligando-o ao desconhecido.

[23] "Ananás", além disso, tem uma notável assonância com o sobrenome de minha paciente Irma.

[24] Nisso o sonho não se revelou profético. Mas em outro sentido, provou ser correto, pois as dores de estômago "não resolvidas", pelas quais eu não queria ser culpado, eram as precursoras de uma doença grave causada por cálculos biliares.

[25] Mesmo que, como pode ser entendido, eu não tenha dado conta de tudo o que me ocorreu em relação ao trabalho de interpretação.

[26] Os fatos sobre os sonhos de sede eram conhecidos também por Weygandt, que fala deles (p. 11) da seguinte forma: "É justamente a sensação de sede que é registrada com mais precisão; sempre causa uma representação de saciar a sede. A maneira pela qual o sonho retrata o ato de saciar a sede é variada, e é especialmente suscetível de ser formada de acordo com uma reminiscência recente. Aqui também se verifica um fenômeno universal, isto é, a decepção com a pouca eficácia dos supostos refrescos, que se instala imediatamente após a ideia de que a sede foi saciada". Mas ele ignora o fato de que a reação do sonho ao estímulo é universal. Se outras pessoas que sofrem de sede à noite acordam sem sonhar antes, isso não constitui uma objeção a meu experimento, mas caracteriza essas outras como pessoas que dormem mal.

[27] O sonho se repetiu, mais tarde, com a mesma finalidade para a avó, que é cerca de setenta anos mais velha que a neta. Depois de ter sido forçada a passar fome por vários dias por causa de uma indisposição renal, ela sonhou, vendo-se transportada para os felizes tempos de sua florescente virgindade, que havia sido "convidada para sair", convidada como hóspede em duas importantes refeições e, em cada uma delas, haviam sido servidos os mais deliciosos petiscos.

[28] Uma investigação mais profunda da vida psíquica da criança nos ensina, com certeza, que as forças motrizes sexuais nas formas infantis, que foram negligenciadas por muito tempo, desempenham um papel suficientemente grande na atividade psíquica da criança. Isso levanta algumas dúvidas quanto à felicidade da criança, como imaginada posteriormente pelos adultos. Cf. as *"Três Contribuições para a Teoria Sexual"* do autor, traduzidas por A. A. Brill, *Journal of Nervous and Mental Diseases*, Publishing Company.

[29] Não se deve deixar de mencionar que as crianças às vezes apresentam sonhos complexos e mais obscuros, enquanto, por outro lado, os adultos muitas vezes, sob certas condições, apresentam sonhos de caráter infantil. Quão ricos em material insuspeito podem ser os sonhos de crianças de 4 a 5 anos é demonstrado por exemplos em minha *"Analyse der Phobie eines fünfjährigen Knaben"* (*Jahrbuch*, editado por Bleuler & Freud, 1909) e em "Über Konflikten der kindlichen Seele", de Jung (ibid. vol. II, 1910). Por outro lado, parece que os sonhos de tipo infantil reaparecem especialmente em adultos se forem transferidos para condições de vida incomuns. Assim, Otto Nordenskjold, em seu livro *Antarctic* (1904), escreve o seguinte sobre a tripulação que passou o inverno com ele. "Muitas características da

tendência de nossos pensamentos mais íntimos eram nossos sonhos, que nunca foram mais vívidos e numerosos do que agora. Mesmo aqueles de nossos camaradas, para quem sonhar, antes, era uma exceção, tinham longas histórias para contar de manhã, quando trocávamos nossas experiências no mundo das fantasias. Todos eles se referiam àquele mundo exterior que agora estava tão longe de nós, mas muitas vezes se enquadrava em nossas relações atuais. Um sonho especialmente característico foi aquele em que um de nossos camaradas acreditava estar no banco da escola, onde lhe foi atribuída a tarefa de esfolar focas em miniatura, feitas especialmente para fins de instrução. Comer e beber constituíam o ponto central em torno do qual se agrupava a maioria de nossos sonhos. Um de nós, que gostava de ir a grandes jantares à noite, ficava extremamente feliz se pudesse relatar pela manhã 'que havia participado de um jantar em que foram servidos três diferentes pratos'. Outro sonhou com tabaco – com montanhas inteiras de tabaco; outro sonhou com um navio que se aproximava em mar aberto a toda vela. Outro sonho ainda merece ser relatado. O carteiro trouxe a correspondência e deu uma longa explicação do porquê tivera de esperar tanto por ela; ele a havia entregado no lugar errado e só depois de muito esforço conseguiu recuperá-la. É certo que nos ocupamos no sono com coisas ainda mais impossíveis, mas a falta de imaginação em quase todos os sonhos que eu mesmo sonhei, ou que ouvi outros relatar, era realmente impressionante. Com toda a certeza, teria sido de grande interesse psicológico se todos os sonhos pudessem ser anotados. Mas pode-se facilmente entender como sempre ansiamos por um bom sono. Só ele podia nos proporcionar tudo o que todos nós mais ardentemente desejávamos."

[30] Um provérbio húngaro, mencionado por Ferenczi, afirma mais explicitamente que "o porco sonha com bolotas, o ganso com milho".

[31] É realmente incrível a teimosia com que leitores e críticos excluem essa consideração e deixam passar despercebida a diferenciação fundamental entre o conteúdo manifesto e o conteúdo latente do sonho.

[32] É notável como minha memória se estreita aqui para fins de análise – enquanto estou acordado. Conheci cinco de meus tios e amei e honrei um deles. Mas no momento em que superei minha resistência à interpretação do sonho, disse a mim mesmo: "Tenho apenas um tio, aquele presente no sonho".

[33] A palavra é usada aqui no sentido latino original *instantia*, significando energia, continuidade ou persistência em fazer. (Nota do tradutor do original alemão para o inglês)

[34] Esses sonhos hipócritas não são ocorrências incomuns comigo ou com os outros. Enquanto estou trabalhando em certo problema científico, sou visitado por muitas noites em rápida sucessão por um sonho um tanto confuso que tem como conteúdo a reconciliação com um amigo há muito deixado de lado. Depois de três ou quatro tentativas, finalmente consegui entender o significado desse sonho. Era da natureza de um incentivo abrir mão da pouca consideração que ainda restava para a pessoa em questão, deixá-la completamente de lado, mas que se disfarçava vergonhosamente no sentimento oposto. Relatei um "sonho de Édipo hipócrita" de uma pessoa, no qual os

sentimentos hostis e os desejos de morte dos pensamentos oníricos foram substituídos por ternura manifesta. ("Typisches Beispiel eines verkappten Oedipustraumes," *Zentralblatt für Psychoanalyse*, vol. 1, fascículo 1–11, 1910.) Outra categoria de sonhos hipócritas será relatada em outro lugar.

[35] Sentar para ser retratado pelo pintor. Goethe: "E se não tem traseiro, como pode o nobre sentar?"

[36] Eu mesmo lamento a introdução dessas passagens da psicopatologia da histeria que, por sua representação fragmentária e por estarem desvinculadas de qualquer conexão com o assunto, não podem ter uma influência muito esclarecedora. Se essas passagens são capazes de lançar alguma luz sobre as relações íntimas entre o sonho e as psiconeuroses, serviram ao propósito para o qual as abordei.

[37] Algo semelhante ao salmão defumado, no sonho do jantar adiado.

[38] Muitas vezes acontece que um sonho é contado de forma incompleta e que uma lembrança das partes omitidas só aparece no decorrer da análise. Essas partes posteriormente encaixadas fornecem regularmente a chave para a interpretação. Cf. mais adiante, a abordagem sobre o esquecimento nos sonhos.

[39] Semelhantes "contra-sonhos de desejo" me foram repetidamente relatados, nesses últimos anos, por meus alunos que assim reagiam a seu primeiro encontro com a "teoria do sonho do desejo".

[40] Podemos mencionar aqui a simplificação e modificação dessa fórmula fundamental, proposta por Otto Rank: "Com base e com a ajuda de material sexual infantil reprimido, o sonho representa regularmente desejos reais realizados e, via de regra, também desejos eróticos, numa forma disfarçada e simbólica". (*"Ein Traum, der sich selbst deutet,"* Jahrbuch, V, Bleuler-Freud, II B, p. 519, 1910.).

[41] Veja *Selected Papers on Hysteria and other Psychoneuroses*, p. 133, traduzidos por A. A. Brill, *Journal of Nervous and Mental Diseases*, Monograph Series.

[42] É claro que a concepção de Robert, de que o sonho se destina a livrar nossa memória das impressões inúteis, que recebeu durante o dia, não é mais sustentável, se lembranças irrelevantes da infância aparecem no sonho com certa frequência. Deve-se chegar à conclusão de que o sonho normalmente cumpre de maneira muito inadequada a tarefa que lhe é prescrita.

[43] Como foi mencionado no primeiro capítulo, H. Swoboda se aplica amplamente à atividade psíquica, aos intervalos biológicos de 23 e 28 dias, descobertos por W. Fliess, e dá ênfase especial ao fato de que esses períodos são determinantes para o surgimento dos elementos do sonho em sonhos. Não haveria mudança material na interpretação dos sonhos, se isso pudesse ser comprovado, mas resultaria numa nova fonte para a origem do material onírico. Recentemente, realizei alguns exames de meus sonhos a fim de testar a aplicabilidade da "Teoria do Período" ao material onírico, e selecionei para esse propósito elementos especialmente marcantes do conteúdo do sonho, cuja origem pode ser definitivamente determinada:

I – Sonho de 1 a 2 de outubro de 1910.

(Fragmento).... Em algum lugar na Itália. Três filhas me mostram pequenos objetos caros, como se estivessem numa loja de antiguidades. Ao mesmo tempo, elas se sentam em meu colo. De uma das peças, observo: "Ora, você recebeu isso de mim." Vejo também, nitidamente, uma pequena máscara de perfil com os feições angulares de Savonarola. Quando foi a última vez que vi uma foto de Savonarola? De acordo com meu diário de viagem, estive em Florença nos dias quatro e cinco de setembro, e enquanto ali pensava em mostrar a meu companheiro de viagem o medalhão de gesso com as feições do fanático monge na Piazza Signoria, lugar onde encontrou a morte, queimado vivo. Acredito que chamei a atenção dele às 3h da manhã. Certamente, dessa impressão até o retorno dela no sonho, houve um intervalo de 27 dias – um "período feminino", segundo Fliess. Mas, infelizmente, para a força demonstrativa desse exemplo, devo acrescentar que, no mesmo dia do sonho, recebi a visita (pela primeira vez após meu retorno) do competente colega, mas de aparência melancólica, que eu anos antes já havia apelidado de "Rabino Savonarola." Ele me trouxe um paciente que sofrera um acidente na estrada de ferro Pottebba, na qual eu havia viajado oito dias antes, e meus pensamentos se voltaram assim para minha última viagem à Itália. A aparição no conteúdo onírico do elemento marcante de Savonarola é explicada pela visita de meu colega no dia do sonho; o intervalo de 28 dias não tinha qualquer significado em sua origem.

II – Sonho de 10 a 11 de outubro.

Estou novamente estudando química no laboratório da Universidade. O Conselheiro da Corte L. me convida para ir a outro lugar e caminha na frente, no corredor, carregando diante dele, com a mão erguida, uma lâmpada ou qualquer outro instrumento e, assumindo uma atitude peculiar, sua cabeça se esticava para frente. Chegamos então a um espaço aberto... (o resto foi esquecido).

Nesse conteúdo onírico, o que mais chama a atenção é a maneira como o Conselheiro de Corte L. carrega a lâmpada (ou lupa) à sua frente, com o olhar voltado para longe. Faz muitos anos que não vejo L., mas agora sei que ele é apenas um substituto de outra pessoa mais importante – pois Arquimedes, perto da fonte de Aretusa em Siracusa, está lá exatamente como L. no sonho, segurando o espelho em chamas e olhando para o exército sitiante dos romanos. Quando eu tinha visto pela primeira (e pela última vez) esse monumento? De acordo com minhas anotações, foi no dia 17 de setembro, à noite, e dessa data até o sonho passaram-se realmente 13 e 10, igual a 23 dias, segundo Fliess, um "período masculino".

Mas lamento dizer que também aqui essa conexão parece um pouco menos inevitável quando entramos na interpretação desse sonho. O sonho foi ocasionado pela informação, recebida no dia do sonho, de que a sala da clínica em que fui convidado para dar minhas palestras havia sido mudada para outro local. Achei que a nova sala estava inconvenientemente situada e disse a mim mesmo: é tão ruim quanto não ter nenhuma sala de aula à minha disposição. Meus pensamentos devem ter me levado de volta ao tempo em que me tornei docente, quando realmente não tinha sala de aula e quando, em meus esforços para conseguir uma, encontrei pouco incentivo dos influentes senhores conselheiros e professores. Em minha angústia, naquele momento apelei para L., que então tinha o título de reitor, e a quem considerei afavelmente disposto. Ele prometeu me ajudar, mas isso foi tudo o que ouvi dele. No sonho, ele é Arquimedes, que me dá o πήστω e me leva para a outra sala. Que nem o desejo de vingança nem a consciência da própria importância estão ausentes nesse sonho será logo percebido por aqueles familiarizados com a interpretação dos sonhos. Devo concluir, no entanto, que sem esse motivo para o sonho, Arquimedes dificilmente teria entrado no sonho naquela noite. Não tenho certeza se a impressão forte e ainda recente da estátua em Siracusa não veio à tona também num intervalo de tempo diferente.

III – Sonho de 2 a 3 de outubro de 1910.

(Fragmento) ... Algo sobre o professor Öser, que ele próprio preparou o cardápio para mim, o que serviu para me devolver uma grande paz de espírito (o resto foi esquecido).

O sonho foi uma reação aos distúrbios digestivos desse dia, o que me fez pensar em pedir a um de meus colegas que providenciasse uma dieta para mim. Que no sonho que selecionei para esse fim, o professor Öser, que havia morrido no verão, se baseia na morte recente (1º de outubro) de outro professor universitário, a quem eu reverenciava sobremaneira. Mas quando Öser morreu e quando eu soube de sua morte? De acordo com a notícia do jornal, ele morreu no dia 22 de agosto, mas como eu estava na época na Holanda, para onde meus jornais de Viena me eram enviados regularmente, devo ter lido o obituário no dia 24 ou 25 de agosto. Esse intervalo não corresponde mais a nenhum período. Leva 7 e 30 e 2, igual a 39 dias, ou talvez 38 dias. Não me lembro de ter falado ou pensado em Öser durante esse intervalo.

Esses intervalos, como não estavam disponíveis para a "teoria do período" sem maior elaboração, eram mostrados em meus sonhos muito mais frequentes do que os regulares. Como se depreende do texto, a única coisa constantemente encontrada é a relação com uma impressão do próprio dia do sonho.

[44] Cf. meu ensaio, "Ueber Deckerinnerungen," em *Monatsschrift für Psychiatrie und Neurologie*, 1899.

[45] Em alemão, *blühend*, florescendo (observação do tradutor do alemão para o inglês).

[46] A tendência da função do sonho de fundir todas as coisas de interesse, que estão presentes no tratamento simultâneo, já foi notada por vários autores, por exemplo, por Delage, p. 41, por Delbœuf, *Rapprochement Forcé*, p. 236.

[47] O sonho da injeção de Irma; o sonho do amigo, que é meu tio.

[48] O sonho da oração fúnebre do jovem médico.

[49] O sonho da monografia de botânica.

[50] Os sonhos de meus pacientes durante a análise são em sua maioria desse tipo.

[51] Cf. Capítulo VII, sobre "Transferência".

[52] Substituição do oposto, como ficará claro para nós, após a interpretação.

[53] Prater é o principal parque de Viena. (Nota do tradutor do alemão para o inglês)

[54] Há muito tempo aprendi que é preciso apenas um pouco de coragem para realizar desejos tão inatingíveis.

[55] Na primeira edição foi impresso aqui o nome Asdrúbal, um erro confuso, cuja explicação eu dei em minha *Psicopathologie des Alltagslebens*.

[56] Uma rua da cidade de Viena.

[57] *Fensterln* é a prática, ora caindo em desuso, encontrada nos distritos rurais da região de Schwarzwald, Alemanha, em que os pretendentes fazem a corte nas janelas de suas namoradas, trazendo escadas para tanto e tornando-se tão íntimos que praticamente celebram uma espécie de casamento antecipado. A reputação da jovem nunca sofre por causa do *fensterln*, a menos que ela se torne íntima de muitos pretendentes. (Nota do tradutor do original alemão para o inglês)

[58] Ambas as emoções próprias dessas cenas infantis – espanto e resignação ao inevitável – tinham aparecido em sonho pouco antes, o que foi a primeira coisa que trouxe de volta essa experiência infantil à memória.

[59] Eu não menciono *plagióstomos* propositadamente; eles lembram uma ocasião de triste desgraça diante do mesmo professor.

[60] Cf. o sonho de Maury sobre a sequência assonântica *Gilolo, lobélia, Lopez, loteria*.

[61] *Popo* = traseiro, bumbum, na linguagem infantil alemã.

[62] Essa repetição se insinuou no texto do sonho aparentemente por distração minha, e permito que permaneça porque a análise mostra que ela tem seu significado.

[63] Não em *Germinal*, mas em *La Terre* – um erro do qual percebi apenas na análise. Posso chamar a atenção também para a identidade das letras em *Huflattich* e *Flatus*.

[64] Parte da explicação posta entre parêntesis é nota do tradutor do alemão para o inglês.

[65] Em sua obra significativa ("Phantasie und Mythos," *Jahrbuch für Psychoanalyse*, vol. II, 1910), H. Silberer se esforçou para mostrar, a partir dessa parte do sonho, que o trabalho onírico é capaz de reproduzir não apenas os pensamentos latentes do sonho, mas também os processos psíquicos na formação do sonho ("Das functionale Phänomen").

[66] Outra interpretação: Ele é caolho como Odin, o pai dos deuses... O consolo de Odin. O consolo na cena infantil é que vou comprar para ele uma cama nova.

[67] Adiciono aqui algum material para interpretação. Segurar o urinol lembra a história de um camponês que experimenta uma lente atrás da outra na ótica, mas ainda assim não consegue ler (pega-camponês como pega-moças, numa parte do sonho). O tratamento entre os camponeses do pai

que se tornou fraco em *La Terre*, de Zola. A expiação patética que em seus últimos dias o pai suja a cama como uma criança; por isso eu sou também seu assistente (de doente) no sonho. Pensar e experimentar são aqui, por assim dizer, a mesma coisa; lembra um drama altamente revolucionário de Oscar Panizza, no qual a Divindade é tratada com bastante desprezo, como se fosse um velho paralítico. Há nele uma passagem que diz: "Vontade e ação são a mesma coisa para ele, e ele deve ser impedido por seu arcanjo, uma espécie de Ganimedes, de xingar e amaldiçoar, porque essas maldições teriam efeito imediato". Fazer planos é uma censura a meu pai, que data de um período posterior no desenvolvimento de minha faculdade crítica; assim como todo o sonho rebelde e ofensivo ao soberano, com seu menosprezo pela autoridade, se origina de uma revolta contra meu pai. O soberano é chamado de pai da terra (*Landesvater*), e o pai é a autoridade mais antiga, primeira e única para a criança, de cujo absolutismo as demais autoridades sociais se desenvolveram ao longo da história da civilização humana (na medida em que o "direito da mãe" não obriga a uma qualificação dessa tese). A ideia no sonho, "pensar e experimentar são a mesma coisa", refere-se à explicação dos sintomas histéricos, aos quais o urinol masculino também tem relação. Não preciso explicar o princípio dos "Gschnas" a um vienense; consiste em construir objetos de aparência rara e cara com ninharias e, de preferência, com material cômico e sem valor – por exemplo, fazer armaduras com utensílios de cozinha, varas e "*salzstangeln*" (rolos alongados), como nossos artistas gostam de fazer em suas alegres festas. Eu já tinha aprendido que os histéricos fazem a mesma coisa; além do que realmente lhes ocorreu, concebem inconscientemente imagens fantásticas horríveis ou extravagantes, que constroem a partir das coisas mais inofensivas e banais que já vivenciaram. Os sintomas dependem unicamente dessas fantasias, não da memória de suas experiências reais, sejam elas graves ou inofensivas. Essa explicação me ajudou a superar muitas dificuldades e me deu muito prazer. Pude aludir a ele no elemento onírico "urinol masculino", porque me disseram que na última noite de "Gschnas" havia sido exibido um cálice de veneno de Lucrécia Borgia, cujo principal componente consistia de um urinol para homens, como o usado em hospitais.

[68] Cf. a passagem em Griesinger e as observações em meu segundo ensaio sobre as "neuropsicoses de defesa" – *Selected Papers on Hysteria*, traduzido por A. A. Brill.

[69] Nas duas fontes em que tomei conhecimento desse sonho, o relato de seu conteúdo não concorda.

[70] Uma exceção é fornecida pelos casos em que o sonhador utiliza, na expressão de seus pensamentos oníricos latentes, os símbolos que nos são familiares.

[71] "As novas roupas do imperador."

[72] A criança também aparece no conto de fadas, pois ali uma criança grita de repente: "Ora, ele não tem nada".

[73] Ferenczi relatou vários sonhos interessantes de nudez em mulheres, que podem ser atribuídos a um desejo infantil de se exibir, mas que diferem

em algumas características do sonho "típico" de nudez, discutido há pouco.

[74] Por razões óbvias, a presença de "toda a família" no sonho tem o mesmo significado.

[75] Uma interpretação complementar desse sonho: Cuspir na escada me levou ao *"esprit d'escalier"* (pensar em replicar, quando já é tarde demais), por uma tradução livre, devido ao fato de que *"Spucken"* (em inglês, *spit*, cuspir, e também agir como um fantasma, assombrar) é uma ocupação de fantasmas. *"Stair-wit"* é equivalente à falta de rapidez na réplica (alemão: *Schlagfertigkeit* – prontidão para revidar, para atacar), com a qual devo realmente me recriminar. É uma questão, no entanto, no sentido de que a enfermeira não tinha "prontidão para bater"?

[76] *Cf.* "Analyse der Phobie eines fünfjährigen Knaben" em *Jahrbuch für psychoanalytische und psychopathologische Forschungen*, vol. I, 1909, e "Über infantile Sexualtheorien," em *Sexualprobleme*, vol. I, 1908.

[77] Hans, de 3 anos e meio, cuja fobia é objeto de análise na publicação supracitada, chora durante a febre logo depois do nascimento da irmã: "Não quero irmãzinha!" Em sua neurose, um ano e meio depois, confessa francamente o desejo de que a mãe deixe a pequena afundar na banheira enquanto lhe dá banho, para que ela morra. Com tudo isso, Hans é uma criança bondosa e afetuosa, que logo se afeiçoa à irmã e gosta especialmente de tê-la sob sua proteção.

[78] Hans, de 3 anos e meio, encarna sua crítica contundente à irmã mais nova com as mesmas palavras (veja as notas anteriores). Ele admite que ela é incapaz de falar por causa da falta de dentes.

[79] Ouvi a seguinte ideia expressa por um menino talentoso de 10 anos, depois da morte repentina do pai dele: "Sei que o pai está morto, mas não vejo por que ele não vem jantar em casa".

[80] Pelo menos certo número de representações mitológicas. Segundo outros, a emasculação só é praticada por Cronos em seu pai. Com relação ao significado mitológico desse motivo, cf. "Der Mythus von der Geburt des Helden", de Otto Rank, quinto número de *Schriften zur angew. Seelenkunde*, 1909.

[81] Ato I, cena 2. Tradução de George Somers Clark.

[82] Outra das grandes criações da poesia trágica, *Hamlet*, de Shakespeare, recorre ao mesmo fundamento de *Édipo*. Mas toda a diferença na vida psíquica dos dois períodos de civilização amplamente separados – o progresso milenar da repressão na vida emocional da espécie humana – se manifesta no tratamento modificado do idêntico material. Em *Édipo*, a fantasia básica de desejo infantil é trazida à luz e realizada como é no sonho; em *Hamlet*, ela permanece reprimida, e ficamos sabendo de sua existência – um pouco como no caso de uma neurose – apenas pela inibição que dela resulta. O fato de que é possível permanecer em completa escuridão em relação ao caráter do herói, curiosamente, mostrou-se consistente com o efeito avassalador do drama moderno. A peça se baseia na hesitação de Hamlet em cumprir a tarefa de vingança que lhe foi atribuída; o texto não oferece as razões

ou motivos dessa hesitação, nem as numerosas tentativas de interpretação conseguiram fornecê-las. De acordo com a visão ainda corrente hoje em dia, e que remonta a Goethe, Hamlet representa o tipo de homem cuja energia primordial é paralisada pelo desenvolvimento excessivo da atividade do pensamento. ("Empalidecido com a palidez do pensamento.") Segundo outros, o dramaturgo tentou retratar um personagem mórbido, indeciso, sujeito à neurastenia. O enredo da história, no entanto, nos ensina que Hamlet não pretende, de forma alguma, parecer uma pessoa totalmente incapaz de ação. Duas vezes o vemos afirmando-se ativamente; uma vez num rompante de raiva incontida, traspassa com a espada o bisbilhoteiro postado atrás da tapeçaria e, em outra ocasião, quando manda dois cortesãos para a morte, que lhe fora destinada – fazendo isso de forma deliberada, até astuta, e com toda a falta de escrúpulos de um príncipe do Renascimento. O que é, então, que o impede de cumprir a tarefa que o fantasma de seu pai impôs a ele? Aqui a própria explicação destaca qual é a natureza peculiar dessa tarefa. Hamlet pode fazer tudo, menos vingar-se do homem que tirou o pai do caminho e tomou o lugar deste junto a sua mãe – do homem que lhe mostra a realização de seus desejos reprimidos de infância. O ódio que deveria levá-lo à vingança é assim substituído nele por autocensuras, por escrúpulos de consciência, que lhe mostram que ele mesmo não é melhor do que o assassino a quem deve punir. Traduzi assim em termos conscientes o que deveria permanecer inconsciente na mente do herói; se alguém quiser chamar Hamlet de sujeito histérico, não posso deixar de reconhecê-lo como uma inferência de minha interpretação. A aversão sexual que Hamlet expressa em sua conversa com Ofélia coincide muito bem com essa visão – é a mesma aversão sexual que se apoderaria do poeta cada vez mais durante os anos seguintes de sua vida, e que atingiu seu clímax em *Timon de Atenas*. Naturalmente, só pode ser a própria mente do poeta com que somos confrontados em *Hamlet*; de um trabalho sobre Shakespeare, de George Brandes (1896), tomo o fato de que o drama foi composto imediatamente depois da morte do pai de Shakespeare – ou seja, no meio do recente luto por ele – durante o reavivamento, podemos supor, de seus sentimentos infantis com relação ao pai. Sabe-se também que um filho de Shakespeare, que morreu cedo, tinha o nome de Hamnet (parecido com Hamlet). Assim como *Hamlet* trata da relação do filho com seus pais, *Macbeth*, que aparece posteriormente, baseia-se no tema da falta de filhos. Assim como todo sintoma neurótico, assim como o próprio sonho, é passível de reinterpretação, e até mesmo a requer para ser perfeitamente inteligível, assim também toda criação poética genuína deve ter procedido de mais de um motivo, de mais de um impulso na mente do poeta, e deve admitir mais de uma interpretação. Tentei interpretar aqui apenas o grupo mais profundo de impulsos na mente do criativo escritor. A ideia do problema de *Hamlet* contida nessas observações foi posteriormente confirmada num trabalho detalhado baseado em muitos novos argumentos, escrito pelo dr. Ernest Jones, de Toronto (Canadá). A ligação do material de *Hamlet* com o "Mythus von der Geburt des Helden" também foi demonstrada por O. Rank – "The *Oedipus* Complex as an Explanation of *Hamlet*'s Mystery: a Study in Motive" (*American Journal of Psychology*, janeiro de 1910, vol. XXI).

[83] Da mesma forma, qualquer coisa grande, superabundante, enorme e exagerada pode ser uma característica infantil. A criança não conhece desejo mais intenso do que tornar-se grande e receber tanto quanto os adultos recebem; a criança é difícil de satisfazer; não sabe o *suficiente* e exige insaciavelmente a repetição de tudo o que a agradou ou de que gostou. Aprende a praticar a moderação, a ser modesta e resignada, somente por meio da cultura e da educação. Como se sabe, o neurótico também é inclinado à imoderação e ao excesso.

[84] Enquanto o dr. Jones dava uma palestra diante de uma sociedade científica americana, e falava de egoísmo em sonhos, uma senhora culta se opôs a essa generalização não científica. Ela achava que o palestrante só poderia pronunciar semelhante julgamento sobre os sonhos dos austríacos e não tinha o direito de incluir os sonhos dos americanos. Quanto a ela própria, tinha certeza de que todos os seus sonhos eram estritamente altruístas.

[85] De acordo com C. G. Jung, os sonhos de irritação dentária, no caso das mulheres, têm o significado de sonhos de parto.

[86] Cf. o sonho "biográfico".

[87] Como os sonhos de arrancar dentes e de dentes caindo são interpretados, na crença popular, como indicativos da morte de um amigo próximo, e como a psicanálise só pode admitir esse significado no sentido paródico anteriormente apontado, insiro aqui um sonho de irritação dental colocado à minha disposição por Otto Rank.

Sobre o assunto dos sonhos de irritação dentária, recebi o seguinte relato de um colega que há algum tempo se interessa vivamente pelos problemas da interpretação dos sonhos:

"Recentemente, sonhei que fui ao dentista, que perfurou um de meus dentes de trás, no maxilar inferior. Trabalhou nele tanto tempo que o dente se tornou inútil. Então o agarrou com o fórceps e o puxou com tanta facilidade que me surpreendeu.

Ele disse que eu não deveria me importar com isso, pois esse não era realmente o dente que havia sido tratado; e colocou-o sobre a mesa, onde o dente (ao que me parece agora, um incisivo superior) se desfez em muitos pedaços. Levantei-me da cadeira, aproximei-me curiosamente e, cheio de interesse, fiz uma pergunta médica. Enquanto o dentista separava os pedaços do dente surpreendentemente branco e os triturava (pulverizava) com um instrumento, me explicou que isso tinha alguma conexão com a puberdade, e que os dentes só saem facilmente antes da puberdade; o momento decisivo para isso, nas mulheres, é o nascimento de um filho. Percebi então (acredito que já meio acordado) que esse sonho era acompanhado por uma polução que, no entanto, não posso situar definitivamente num ponto específico do sonho; estou inclinado a pensar que começou com a extração do dente.

Continuei então a sonhar com algo de que já não me lembro, que terminou com o fato de eu ter deixado meu chapéu e meu casaco em algum lugar (talvez no consultório do dentista), esperando que me fossem entregues; e, vestido apenas com meu sobretudo, apressei-me para tomar o trem que partia. Consegui, no último instante, pular para dentro do último vagão, onde já havia alguém parado na porta. Não consegui, no entanto, entrar no vagão, e fui obrigado a fazer a viagem numa posição desconfortável, da qual tentei me livrar, e finalmente tive êxito. Viajamos por um longo túnel, no qual dois trens em direção oposta passavam através de nosso trem, como se fosse um túnel. Olhava para dentro, como se estivesse do lado de fora, através de uma janela do vagão.

Como material para a interpretação desse sonho, obtivemos as seguintes experiências e ideias do sonhador:

I. Por um curto período de tempo eu estava realmente sob tratamento odontológico, e no momento do sonho eu estava sofrendo de dores contínuas no dente de meu maxilar inferior, que foi perfurado no sonho, e no qual o dentista tinha trabalhado mais tempo do que eu gostaria. Na manhã do dia do sonho, fui novamente ao dentista por causa da dor; ele me pediu para que o deixasse extrair outro dente que não o tratado no mesmo maxilar, do qual provavelmente provinha a dor. Era um "dente do siso", que estava apenas aflorando. Nessa ocasião e a esse respeito, decidi questionar seriamente o dentista.

II. Na tarde do mesmo dia, fui obrigado a me desculpar com uma senhora por minha disposição irritadiça, por causa da dor de dente, ao que ela me disse que estava com medo de arrancar um dos dentes, embora a coroa estivesse quase completamente estragada. Ela achava que a extração dos dentes caninos era muito dolorosa e perigosa, embora algum conhecido lhe tivesse dito que isso era muito mais fácil quando se tratava de um dente do maxilar inferior. Era um desses dentes, no caso dela. O mesmo conhecido lhe dissera também que, com anestesia, um de seus dentes havia sido arrancado – uma declaração que aumentou o medo dela de se submeter a tal operação. Ela então me perguntou se por dentes superiores se devia entender molares ou caninos, e o que se sabia sobre eles. Chamei-lhe então a atenção para as superstições difundidas a respeito, sem, no entanto, ressaltar o verdadeiro significado de algumas das visões populares. Ela conhecia por experiência própria, uma crença popular muito antiga e generalizada, segundo a qual, *se uma mulher grávida tiver dor de dente, dará à luz um menino.*

III. Esse dito me interessou por sua relação com o significado típico dos sonhos de irritação dentária como substituto do onanismo, segundo sustenta Freud em seu *Traumdeutung* (2ª edição, p. 193), pois os dentes e o genital masculino são comparados entre si até no ditado popular. Na noite do mesmo dia, portanto, li a passagem em questão no *Traumdeutung* e encontrei ali, entre outras coisas, as declarações que serão citadas logo mais, cuja influência em meu sonho é tão claramente reconhecível quanto a influência das duas experiências mencionadas há pouco. Freud escreve a respeito dos sonhos de irritação dentária que "no caso dos homens, nada mais do que desejos de masturbação desde a puberdade fornece a força motriz para esses sonhos" (p. 193). Mais adiante: "Sou da opinião de que as modificações frequentes do sonho típico de irritação dentária – por exemplo, de outra pessoa tirando o dente da boca do sonhador – se tornam inteligíveis por meio da mesma explicação. Pode parecer problemático, no entanto, como a "irritação dentária" pode chegar a esse significado. Chamo aqui a atenção para a transferência de baixo para cima (no sonho em questão, do maxilar inferior para o superior), que ocorre com tanta frequência, que está a serviço da repressão sexual e, por meio da qual, todos os tipos de sensações e intenções que ocorrem na histeria, que deveriam se concentrar nos genitais, podem ser realizadas em partes do corpo menos censuráveis" (p. 194). "Mas devo me referir também a outra conexão contida numa expressão idiomática. Em nossa região, usa-se uma designação indelicada para o ato de masturbação, a saber: puxar para fora ou puxar para baixo" (p. 195, 2ª edição). Essa expressão me era familiar na juventude como designação para o onanismo, e daqui em diante não será difícil para o experiente intérprete de sonhos ter acesso ao material infantil que pode estar na base desse sonho. Gostaria apenas de acrescentar que a facilidade com que o dente do sonho saiu, e o fato de que ele se transformou depois de sair num incisivo superior, me lembra uma experiência da infância quando eu mesmo puxei com facilidade e sem dor um de meus dentes frouxos da frente. Esse episódio, do qual ainda hoje me lembro claramente com todos os seus detalhes, aconteceu no mesmo período inicial em que começaram minhas primeiras tentativas conscientes de onanismo... A referência de Freud a uma afirmação de C. G. Jung de que sonhar com irritação dentária, em mulheres, significa parto (nota de rodapé, p. 194), juntamente com a crença popular no significado da dor de dente em mulheres grávidas, estabeleceu uma oposição entre o significado feminino e o masculino (puberdade). A esse respeito, lembro-me de um sonho anterior que tive logo depois que o dentista me dispensou, no final do tratamento dentário, que as coroas de ouro recém-colocadas caíam; no sonho, fiquei muito desgostoso, por causa das consideráveis despesas, com as quais eu ainda continuava me preocupando. Em vista de certa experiência, esse sonho agora se torna compreensível como um elogio às vantagens materiais da masturbação quando contrastada com todas as formas de amor do objeto, economicamente menos vantajosas (coroas de ouro também são moedas de ouro austríacas).

Teoricamente, esse caso parece mostrar um duplo interesse. Primeiro, verifica a conexão revelada por Freud, visto que a ejaculação no sonho ocorre durante o ato de arrancar os dentes, pois, não importando em que forma uma polução possa aparecer, somos obrigados a considerá-la como uma satisfação proveniente da masturbação que ocorre sem a ajuda da excitação mecânica. Além disso, a gratificação pela polução, nesse caso, não ocorre, como geralmente acontece, por meio de um objeto imaginário, mas sem objeto; e, se nos é permitido dizê-lo, é puramente autoerótico ou, no máximo, talvez apresente um leve traço homossexual (o dentista).

O segundo ponto que parece valer a pena mencionar é o seguinte: é bastante óbvia a objeção de que estamos procurando validar a concepção freudiana de maneira bastante supérflua, pois as experiências da própria leitura são perfeitamente suficientes para nos explicar o conteúdo do sonho. A visita ao dentista, a conversa com a senhora e a leitura do livro *Traumdeutung* são suficientes para explicar por que o indivíduo pregado no sonho, que também foi perturbado durante a noite pela dor de dente, deveria ter esse sonho; isso pode até explicar a eliminação da dor que perturbava o sono (por meio da representação da remoção do dente dolorido e simultânea e exagerada ênfase da temida sensação dolorosa por meio da libido). Mas, por mais que admitamos essa suposição, não podemos afirmar com seriedade que as leituras das explicações de Freud produziram no sonhador a conexão do arrancar os dentes com o ato da masturbação; ela não poderia sequer ter sido efetivada, se não fosse pelo fato, como o próprio sonhador admitiu ('arrancar um'), que essa associação já havia sido formada há muito tempo. O que pode ter estimulado ainda mais essa associação em conexão com a conversa com a senhora é mostrado por uma afirmação posterior do sonhador de que, ao ler o livro *Traumdeutung*, não podia, por razões óbvias, acreditar nesse significado típico de sonhos de irritação dentária, e alimentava o desejo de saber se era verdade para todos os sonhos dessa natureza. O sonho agora confirma isso, pelo menos para a própria pessoa, e mostra por que ele teve de duvidar disso. O sonho é, portanto, também nesse aspecto a realização de um desejo; ou seja, estar convencido da importância e da consistência dessa ideia de Freud."

[88] Um jovem colega, totalmente livre de nervosismo, me diz a esse respeito: "Sei por experiência própria que, enquanto me divertia no balanço e no momento em que o movimento descendente tinha o maior impulso, costumava ter uma sensação curiosa em meus genitais, que devo designar, embora não fosse realmente agradável para mim, como uma sensação voluptuosa". Muitas vezes ouvi de pacientes que suas primeiras ereções acompanhadas de sensações voluptuosas ocorreram na infância enquanto escalavam. A psicanálise estabelece com total certeza que os primeiros impulsos sexuais muitas vezes se originaram nas brigas e rixas da infância.

[89] Isso, naturalmente, é verdade apenas para sonhadores de língua alemã, que estão familiarizados com o vulgarismo *"vögeln"*.

[90] *Sammlung kl. Schriften zur Neurosenlehre*, segunda série, 1909.

[91] Cf. *Three Contributions to the Sexual Theory*, desse autor, livro traduzido por A. A. Brill.

[92] W. Stekel, *Die Sprache des Traumes*, 1911.

[93] Alf. Adler, "Der Psychische Hermaphroditismus im Leben und in der Neurose," *Fortschritte der Medizin*, 1910, número 16, e mais tarde, trabalhos no *Zentralblatt für Psychoanalyse*, 1, 1910-1911.

[94] Publiquei um exemplo típico desse sonho velado de Édipo no número 1 da revista *Zentralblatt für Psychoanalyse*; outro com uma análise detalhada foi relatado na mesma revista, número IV, por Otto Rank. De fato, os antigos não estavam familiarizados com a interpretação simbólica do sonho de Édipo aberto (ver O. Rank, p. 534); assim, um sonho de relações sexuais com a mãe nos foi transmitido por Júlio César, que os oneiroscopistas interpretaram como um presságio favorável para a posse da terra (Mãe-terra). Sabe-se também que o oráculo declarou aos Tarquínios que se tornaria soberano de Roma aquele que, dentre eles, por primeiro beijasse a mãe (*osculum, matri tulerit*); Bruto julgou que o oráculo se referia à mãe--terra (*terram osculo contigit, scilicet quod ea communia mater omnium mortalium esset*, Tito Lívio, I, 41). Esses mitos e interpretações apontam

para um conhecimento psicológico correto. Descobri que as pessoas que se consideram preferidas ou favorecidas por suas mães manifestam na vida essa confiança em si mesmas e esse firme otimismo que muitas vezes parece heroico e traz o verdadeiro sucesso pela força.

[95] Só ultimamente aprendi a valorizar o significado das fantasias e pensamentos inconscientes sobre a vida no útero. Eles contêm a explicação do curioso medo sentido por tantas pessoas de serem enterradas vivas, bem como a razão inconsciente mais profunda para a crença numa vida após a morte que não representa nada além de uma projeção no futuro dessa misteriosa vida antes do nascimento. *Além disso, o ato do nascimento é a primeira experiência com o medo e, portanto, a fonte e o modelo da emoção do medo.*

[96] Para esse sonho, veja Pfister: "Ein Fall von Psychoanalytischer Seelensorge und Seelenheilung," *Evangelische Freiheit*, 1909. Sobre o símbolo de "salvar", veja minha palestra, "Die Zukünftigen Chancen der psychoanalytischen Therapie," *Zentralblatt für Psychoanalyse*, No. I., 1910. Também, "Beiträge zur Psychologie des Liebeslebens, I. Über einen besonderen Typus der objektwahl beim Manne," *Jahrbuch*, Bleuler-Freud, vol. II, 1910.

[97] Cf. as obras de Bleuler e de seus alunos Maeder, Abraham e outros da escola de Zurique, sobre simbolismo; e ainda daqueles autores que não são médicos (Kleinpaul e outros), aos quais eles se referem.

[98] Nesse país, o presidente, o governador e o prefeito muitas vezes representam o pai no sonho. (Nota do tradutor do original alemão para o inglês)

[99] Posso repetir aqui o que disse em outro lugar ("Die Zukünftigen Chancen der psychoanalytischen Therapie", *Zentralblatt für Psychoanalyse*, I, No. 1 e 2, 1910): "Há algum tempo, soube que um psicólogo, que não está familiarizado com nosso trabalho, observou a um de meus amigos que certamente estamos superestimando o significado sexual secreto dos sonhos. Afirmou que seu sonho mais frequente era subir uma escada e que certamente não havia nada sexual por trás disso. Chamada nossa atenção para essa objeção, dirigimos nossas investigações para a ocorrência de escadarias, escadas variadas e escadas portáteis, no sonho, e logo verificamos que as escadas (ou qualquer coisa análoga a elas) representam um símbolo preciso do ato sexual. A base para essa comparação não é difícil de encontrar; sob intervalos rítmicos e com dificuldade crescente de respirar, alcança-se uma altura e pode descer novamente em saltos rápidos. Assim, o ritmo do coito é reconhecível ao subir escadas. Não nos esqueçamos de considerar o uso da linguagem. Ele nos mostra que "trepar" ou "montar" são, sem mais, termos usados como designação substitutiva do ato sexual. Em francês, o degrau da escada é chamado de "la marche"; "*un vieux marcheur*" corresponde exatamente ao nosso "um velho escalador".

[100] Nesse país, onde a palavra "gravata" é usada quase exclusivamente, o tradutor também descobriu que é um símbolo de uma mulher pesada de quem o sonhador deseja se livrar – "gravata – algo amarrado a meu pescoço como um fardo pesado – minha noiva", são as associações do sonho de um homem que acabou rompendo o noivado.

[101] Apesar de todas as diferenças entre a concepção de simbolismo dos sonhos de Scherner e aquela desenvolvida aqui, ainda devo afirmar que Scherner deve ser reconhecido como o verdadeiro descobridor do simbolismo nos sonhos, e que a experiência da psicanálise conferiu a seu livro honrosa reputação, depois de ter sido considerado fantasioso por cerca de cinquenta anos.

[102] Fonte: "Nachträge zur Traumdeutung," *Zentralblatt für Psychoanalyse*, I, No. 5 e 6, 1911.

[103] "Beiträge zur Traumdeutung," *Jahrbuch für Psychoanalyt. und psychop. Forsch*, Bd. I., 1909, p. 473. Aqui também (p. 475) é relatado um sonho em que um chapéu com uma pena, posta obliquamente no meio, simboliza o homem (impotente).

[104] *Cf. Zentralblatt für Psychoanalyse*, I.

[105] Ou capela – vagina.

[106] Símbolo do ato sexual.

[107] *Mons Veneris* – Monte de Vênus.

[108] Pelos pubianos.

[109] Demônios em capas e capuzes são, segundo a explicação de um homem versado no assunto, de natureza fálica.

[110] As duas metades do escroto.

[111] Veja *Zentralblatt für Psychoanalyse*, vol. I, p. 2.

[112] Essa palavra hebraica é bem conhecida nos países de língua alemã, mesmo entre os não-judeus, e significa uma pessoa desafortunada e desajeitada. (Nota do tradutor do original alemão para o inglês)

[113] Ao avaliar essa descrição do autor, pode-se lembrar o significado dos sonhos de escada, mencionados anteriormente.

[114] A natureza fantasiosa da situação relativa à babá do sonhador é demonstrada pela circunstância objetivamente verificada de que a babá, nesse caso, era sua mãe. Além disso, posso chamar a atenção para o arrependimento do jovem da anedota, por não ter aproveitado melhor a oportunidade com a babá, como provavelmente a fonte do presente sonho.

[115] Esse é o verdadeiro incitador do sonho.

[116] A título de suplemento. Esses livros são veneno para uma jovem. Ela mesma na juventude havia tirado muitas informações de livros proibidos.

[117] Outra linha de pensamento leva a *Penthesileia*, do mesmo autor: crueldade com seu amante.

[118] Dado pelo tradutor, como exemplo do autor, não pôde ser traduzido.

[119] A mesma análise e síntese de sílabas – uma verdadeira química de sílabas – nos serve para muitas brincadeiras na vida de vigília. "Qual é o método mais barato para obter prata? Você vai a um campo onde crescem *silverberries* (bagas de prata ou amoras prateadas) e as colhe; então as bagas são eliminadas e a prata permanece em estado livre." A primeira pessoa que leu e criticou esse livro me fez a objeção – que outros leitores

provavelmente repetirão – "que o sonhador muitas vezes parece espirituoso demais". Isso é verdade, desde que se aplique ao sonhador; envolve uma condenação apenas quando sua aplicação é estendida ao intérprete do sonho. Na realidade desperta, posso reivindicar muito pouco o predicado "espirituoso"; se meus sonhos parecem espirituosos, isso não é culpa de minha individualidade, mas das condições psicológicas peculiares sob as quais o sonho é fabricado, e está intimamente ligado à teoria do chiste e do cômico. O sonho se torna espirituoso porque o caminho mais curto e direto para a expressão de seus pensamentos está barrado para ele: o sonho está sob coação. Meus leitores podem se convencer de que os sonhos de meus pacientes dão a impressão de ser espirituosos (tentando ser espirituosos), no mesmo grau e em maior grau que os meus. Essa recriminação me levou, no entanto, a comparar a técnica do gracejo com a atividade do sonho, o que fiz num livro publicado em 1905, sobre *Wit and its Relation to the Unconscious*.

[120] Lasker morreu de paralisia progressiva, isto é, das consequências de uma infecção contraída de uma mulher (sífilis); Lasalle, como bem se sabe, foi morto em duelo por causa de uma dama.

[121] No caso de um jovem que sofria de obsessões, mas cujas funções intelectuais estavam intactas e altamente desenvolvidas, encontrei recentemente a única exceção a essa regra. Os discursos que ocorreram em seus sonhos não se originaram em discursos que ele mesmo tinha ouvido ou feito, mas correspondiam à formulação não distorcida de seus pensamentos obsessivos, que só emergiram à consciência num estado alterado enquanto ele estava acordado.

[122] A intensidade psíquica, o valor e a ênfase devido ao interesse de uma ideia devem, é claro, ser mantidos distintos da intensidade sensorial e da intensidade daquilo que é imaginado.

[123] Como considero essa referência da distorção do sonho para a censura como a essência de minha teoria dos sonhos, insiro aqui a última parte de uma história "Traumen wie Wachen" de *Phantasien eines Realisten*, de Lynkus, Viena, (segunda edição, 1900), em que encontro essa característica principal de minha teoria reproduzida:

"A respeito de um homem que possui a notável qualidade de nunca sonhar bobagens..."

"Sua maravilhosa característica de sonhar ao acordar é baseada em suas virtudes, em sua bondade, em sua justiça e em seu amor pela verdade; é a clareza moral de sua natureza que torna tudo inteligível".

"Mas se você pensar bem no assunto", respondeu o outro, "quase acredito que todas as pessoas são criadas como eu, e que nenhum ser humano jamais sonha com bobagens! Um sonho que é tão nitidamente lembrado que pode ser reproduzido, que, portanto, não é sonho de delírio, *sempre* tem um significado; ora, não pode ser de outra forma! Pois aquilo que está em contradição consigo mesmo nunca pode ser agrupado como um todo. O fato de tempo e espaço serem muitas vezes completamente abalados não diminui em nada o verdadeiro significado do sonho, porque nenhum deles teve qualquer significado para seu conteúdo essencial. Muitas vezes fazemos a mesma coisa na vida de vigília; pense no conto de fadas, em muitas fantásticas criações, ousadas e profundas, sobre as quais apenas um ignorante diria: 'Isso é um absurdo! Pois é impossível.'." "Se fosse sempre possível interpretar os sonhos corretamente, como você acabou de fazer com os meus!", disse o amigo.

"Isso certamente não é uma tarefa fácil, mas o próprio sonhador deve sempre conseguir fazê-lo com um pouco de concentração de sua atenção... E pergunta por que geralmente é impossível? Seus sonhos parecem esconder algo secreto, algo impuro de natureza peculiar e superior, certo mistério em sua natureza que não pode ser facilmente revelado pelo pensamento; e é por isso que seu sonho parece muitas vezes sem sentido, ou mesmo uma contradição. Mas, no sentido mais profundo, isso não é verdade; de fato, não pode ser verdade, pois é sempre a mesma pessoa, esteja ela dormindo ou acordada."

[124] Desde então, dei a análise completa e a síntese de dois sonhos em *Bruchstueck einer Hysterieanalyse*, 1905.

[125] De uma obra de K. Abel, *Der Gegensinn der Urworte*, 1884 (veja minha resenha dela no Anuário Bleuler-Freud, II, 1910), aprendi com surpresa um fato confirmado por outros filólogos, que as línguas mais antigas se comportavam, a esse respeito, praticamente como o sonho. Elas tinham originalmente uma palavra apenas para os dois extremos numa série de qualidades ou de atividades (forte-fraco, velho-jovem, longe-perto, amarrar-separar), e formavam designações separadas para os dois extremos apenas secundariamente, por meio de pequenas modificações da palavra primitiva comum. Abel demonstrou essas relações com raras exceções no antigo Egito e foi capaz de mostrar claros resquícios do mesmo desenvolvimento nas línguas semíticas e indo-germânicas.

[126] Se não sei por trás de qual das pessoas que ocorrem no sonho devo procurar meu ego, observo a seguinte regra: aquela pessoa no sonho que está sujeita a uma emoção, que experimento durante o sono, é aquela que esconde meu ego.

[127] O ataque histérico usa, às vezes, o mesmo artifício – a inversão das relações de tempo – com o propósito de ocultar seu significado ao espectador.

O ataque de uma garota histérica, por exemplo, consiste em encenar um pequeno romance, que ela inconscientemente imaginou em relação a um encontro no bonde. Um homem, atraído pela beleza de seu pé, dirige-se a ela enquanto ela está lendo; então vai com ele e vivencia uma tempestuosa cena de amor. Seu ataque começa com a representação dessa cena em movimentos de contorção do corpo (acompanhados de movimentos dos lábios para significar beijos, entrelaçamento dos braços para abraços), então ela corre para outro quarto, senta-se numa cadeira, levanta a saia para mostrar o pé, age como se fosse ler um livro e fala comigo (responde-me).

[128] Sintomas histéricos que acompanham: falta de menstruação e depressão profunda, que era a principal doença da paciente.

[129] Uma referência a uma experiência infantil é, após uma análise completa, demonstrada pelos seguintes intermediários: "O mouro cumpriu seu

dever, o mouro *pode ir*". E segue-se a pergunta jocosa: "Quantos anos tem o mouro quando cumpriu o seu dever? Um ano. Então ele pode ir." (Dizem que vim ao mundo com tanto cabelo preto e encaracolado que minha jovem mãe me declarou mouro.) A circunstância de eu não encontrar meu chapéu é uma experiência do dia, que foi explicada com vários significados. Nosso criado, que é um gênio em guardar coisas, tinha escondido o chapéu. Uma supressão de pensamentos tristes sobre a morte também está escondida por trás da conclusão do sonho: "Ainda não cheguei a cumprir meu dever; talvez eu não possa ir ainda." Nascimento e morte, como no sonho ocorrido pouco antes sobre Goethe e o paralítico.

[130] Cf. *Der Witz und seine Beziehung zum Unbewussten*, 2ª edição, 1912, e "pontes de palavras", nas soluções de sintomas neuróticos.

[131] Na interpretação de cada elemento do sonho, em geral é duvidoso:

(a) se ele deve ser considerado como tendo um sentido negativo ou positivo (relação de oposição);

(b) se deve ser interpretado historicamente (como uma reminiscência);

(c) se é simbólico; ou

(d) se sua avaliação deve ser baseada no som de sua expressão verbal.

Apesar dessa multiplicidade de significados, pode-se dizer que a representação da atividade onírica não impõe ao tradutor maiores dificuldades do que os antigos escritores de hieróglifos impunham a seus leitores.

[132] Para a interpretação desse sonho preliminar, que deve ser considerado "casual", ver também o que já foi dito a respeito dele anteriormente.

[133] A carreira dela.

[134] De nobre nascença, o desejo contrasta com o sonho preliminar.

[135] Uma imagem composta, que une duas localidades, o assim chamado sótão (em alemão, *Boden* = chão, sótão) da casa do pai dela, no qual brincava com seu irmão, objeto de suas fantasias posteriores, e o jardim de um tio malicioso, que costumava provocá-la.

[136] Desejo contrário a uma lembrança real do jardim de seu tio, no sentido de que ela costumava se expor enquanto dormia.

[137] Assim como o anjo carrega um caule de lírio na Anunciação.

[138] Para a explicação dessa imagem composta, veja o que foi dito anteriormente: inocência, menstruação, Camille.

[139] Referindo-se à pluralidade das pessoas que servem ao propósito de sua fantasia.

[140] Se é permitido "tirar uma", ou seja, masturbar-se.

[141] O ramo há muito é usado para representar o órgão genital masculino e, além disso, contém uma alusão muito clara ao nome de família do sonhador.

[142] Refere-se às precauções matrimoniais, assim como o que segue.

[143] Um sonho "biográfico" análogo foi relatado anteriormente, como o terceiro dos exemplos de simbolismo onírico; um segundo exemplo é aquele

totalmente relatado por Rank sob o título "Traum der sich selbst deutet"; para outro que deve ser lido na "direção oposta", ver Stekel, p. 486.

[144] Dado pelo tradutor, como exemplo do autor, não pôde ser traduzido.

[145] A neurose também procede da mesma maneira. Conheço uma paciente que involuntariamente – contrariamente à sua vontade – ouve canções (alucinatórias) ou fragmentos de canções sem ser capaz de compreender seu significado para sua vida psíquica. Ela certamente não é paranoica. A análise mostrou que ela utilizou indevidamente o texto dessas músicas por meio de certa licença. "Oh tu felizardo, Oh tu feliz," é o começo de uma canção de Natal. Ao não continuar com as palavras "tempo de Natal", faz dela uma canção nupcial etc. O mesmo mecanismo de desfiguração pode ocorrer também sem alucinações, como mera ocorrência mental.

[146] Como contribuição para o excesso de determinação: Minha desculpa para chegar tarde foi que, depois de trabalhar até tarde da noite, eu tinha de fazer a longa viagem da rua Kaiser Josef até a rua Waehringer.

[147] Além do mais, César = Kaiser.

[148] Esqueci em que autor encontrei um sonho mencionado que estava repleto de figuras extraordinariamente pequenas, cuja fonte acabou sendo uma das gravuras de Jacques Callot, que o sonhador havia visto durante o dia. Essas gravuras continham um imenso número de figuras muito pequenas; uma série deles trata dos horrores da Guerra dos Trinta Anos.

[149] A frequência com que, no sonho, os mortos aparecem como vivos, agem e lidam conosco, provocou espanto indevido e deu origem a estranhas explicações, das quais nossa ignorância sobre o sonho se torna notavelmente evidente. E, no entanto, a explicação para esses sonhos é mais que evidente. Com que frequência temos ocasião de pensar: "Se o pai ainda estivesse vivo, o que ele diria sobre isso?" O sonho pode expressar esse *se* de nenhuma outra maneira, a não ser no momento presente em alguma situação bem específica. Assim, por exemplo, um jovem, cujo avô lhe deixou uma grande herança, sonha que seu avô está vivo e exige uma prestação de contas dele, numa ocasião em que o jovem foi recriminado por gastar muito dinheiro. O que consideramos uma resistência ao sonho – a objeção feita por nosso conhecimento total do caso, de que afinal o homem já está morto – é na verdade um consolo, porque o morto não teve essa ou aquela experiência ou a satisfação ante a consciência de que ele já não tem mais nada a dizer.

Outra forma de absurdo encontrada em sonhos de parentes falecidos não expressa loucura e absurdo, mas serve para representar a rejeição mais extrema; como a representação de um pensamento reprimido que de bom grado apareceria como algo menos pensado. Sonhos desse tipo só são solucionáveis se lembrarmos que o sonho não faz distinção entre coisas desejadas e coisas reais. Assim, por exemplo, um homem que cuidou de seu pai durante sua doença e que sentiu sua morte muito profundamente, algum tempo depois teve o seguinte sonho sem sentido: *O pai estava novamente vivo e conversou com ele como de costume, mas (o notável nisso) mesmo assim ele morreu, embora não o soubesse.* Esse sonho pode ser entendido se depois de "ele mesmo assim morreu", se insere *em consequência do desejo do sonhador*, e se depois de "embora ele não o soubesse" se acrescenta *que o sonhador alimentou esse desejo*. Enquanto cuida do pai, o filho muitas vezes deseja a morte do próprio pai; ou seja, ele alimentou o desejo realmente compassivo de que a morte finalmente pusesse um fim ao sofrimento do pai. Enquanto lamentava sua morte, esse mesmo desejo de compaixão tornou-se uma recriminação inconsciente, como se realmente tivesse contribuído para encurtar a vida do doente. Através do despertar dos primeiros sentimentos infantis contra o pai, tornou-se possível expressar essa recriminação como um sonho; e foi apenas por causa do imenso contraste entre o incitador do sonho e o pensamento diurno que fez com que esse sonho resultasse tão absurdo (Cf. "Formulierungen über die zwei Prinzipien des seelischen Geschehens", *Jahrbuch*, Bleuler-Freud, III, 1, 1911).

[150] Aqui a atividade onírica parodia o pensamento que designa como ridículo, na medida em que cria algo de ridículo em relação a ele. Heine faz algo semelhante quando tenta zombar das péssimas rimas do rei da Baviera. Ele faz isso em rimas ainda piores:

"O senhor Ludwig é um grande poeta.

E se ele canta, Apolo cai

Ajoelhe-se diante dele e implore e suplique,

'Espere, eu logo vou ficar bravo, oh!'"

[151] Observe a semelhança de *Geseres* e *Ungeseres* com as palavras alemãs para salgados e sem sal – *gesalzen* e *ungesalzen*; também com as palavras alemãs para azedo e não azedo – *gesauert* e *ungesauert*. (Nota do tradutor do original alemão para o inglês)

[152] Esse sonho também fornece um bom exemplo para a tese geral de que os sonhos da mesma noite, embora separados na memória, brotam do mesmo material de pensamento. A situação onírica em que estou resgatando meus filhos da cidade de Roma, além disso, é desfigurada pela referência a um episódio de minha infância. O significado é que invejo certos parentes que, anos atrás, tiveram a oportunidade de transplantar seus filhos em outro solo.

[153] Essa expressão alemã é equivalente a dizer "Você não é responsável por isso" ou "Isso não foi adquirido por seus esforços". (Nota do tradutor do original alemão para o inglês)

[154] A injunção ou propósito contido no sonho "devo dizer isso ao médico", que ocorre em sonhos que ocorrem durante o período de tratamento psicanalítico, corresponde regularmente a uma grande resistência à confissão envolvida no sonho, e não raramente é seguido pelo esquecimento do sonho.

[155] Um assunto sobre o qual uma extensa discussão ocorreu nos volumes da *Revue Philosophique* (Paramnésia no sonho).

[156] Esses resultados corrigem em vários aspectos minhas afirmações anteriores sobre a representação de relações lógicas. Essa última descrevia as condições gerais da atividade onírica, mas não levava em consideração seus desempenhos mais refinados e cuidadosos.

[157] *Stanniol*, alusão a *stannius*, o sistema nervoso dos peixes; conforme explicitado anteriormente, em outro local.

[158] O lugar no corredor do meu prédio, onde ficam os carrinhos de bebê dos outros inquilinos; é também, de outra forma, várias vezes sobredeterminado.

[159] Essa descrição não é inteligível nem para mim mesmo, mas sigo o princípio de reproduzir o sonho nas palavras que me ocorrem enquanto o anoto. A própria formulação é uma parte da representação do sonho.

[160] Schiller não nasceu numa das duas Marburg, mas em Marbach, como todo estudante de Ginásio sabe e como eu também sabia. Este novamente é um daqueles erros que estão incluídos como substitutos para um pretenso engano em outro lugar – uma explicação que tentei dar no livro *Psicopathologie des Alltagslebens*.

[161] Como analogia a isso, expliquei assim o efeito extraordinário do prazer produzido pela "tendência" perspicaz.

[162] É essa fantasia dos pensamentos inconscientes do sonho que exige peremptoriamente *non vivit* em vez de *non vixit*. "Você chegou tarde demais, ele não está mais vivo." O fato de a situação manifesta também tender para o "non vivit" foi mencionado anteriormente, em outra parte deste livro.

[163] É impressionante que o nome Joseph tenha um papel tão importante em meus sonhos (veja o sonho sobre meu tio). Posso esconder meu ego no sonho atrás de pessoas com esse nome com particular facilidade, pois José era o nome do *intérprete dos sonhos na Bíblia*.

[164] *Rêve, petit roman* – sonho, devaneio, história.

[165] Analisei um bom exemplo de um sonho desse tipo tendo sua origem na estratificação de várias fantasias, em *Bruchstück einer Hysterie Analyse*, 1905. Além disso, subestimava a importância de tais fantasias para a formação dos sonhos, enquanto trabalhava principalmente com os meus sonhos, que raramente se baseavam em devaneios, mais frequentemente em discussões e conflitos mentais. Com outras pessoas, muitas vezes é muito mais fácil provar *a analogia completa entre o sonho noturno e o sonho diurno ou devaneio*. Muitas vezes é possível substituir, num paciente histérico, um ataque por um sonho; é óbvio então que a fantasia dos sonhos diurnos é o primeiro passo para ambas as formações psíquicas.

[166] Veja *Psychopathology of Everyday Life*, 4ª edição, 1912. (Tradução para o inglês em preparação)

[167] Sobre o objeto do esquecimento em geral, veja a obra *Psychopathology of Everyday Life*.

[168] Traduzido por A. A. Brill, sob o título Selected Papers on Hysteria.

[169] Jung corroborou brilhantemente essa afirmação por meio de análises da *Dementia Praecox*. (The Psychology of Dementia Praecox, traduzido por F. Peterson e A. A. Brill.)

[170] As mesmas considerações são naturalmente verdadeiras também para o caso em que associações superficiais são expostas no sonho; por exemplo, em ambos os sonhos relatados por Maury (p. 50, pélerinage – pelletier – pelle; *quilômetro – quilograma – gilolo, Lobelia – Lopez – Loto*). Eu sei,

por meu trabalho com neuróticos que tipo de reminiscência se representa preferencialmente dessa maneira. É a consulta de enciclopédias, pela qual a maioria das pessoas satisfaz seu desejo por explicação do enigma sexual durante o período de curiosidade na puberdade.

[171] Essas últimas frases, ao serem escritas, pareciam muito improváveis, mas foram justificadas experimentalmente por Jung e seus alunos em *Diagnotische Assoziationsstudien*.

[172] *Selected Papers on Hysteria and Other Psychoneuroses*, p. 165, traduzido por A. A. Brill (*Journal Mental and Nervous Disease* Publishing Co.).

[173] A palavra alemã "*Dutzendmensch*" (um homem às dúzias), que a jovem desejava usar para expressar sua verdadeira opinião sobre o noivo de sua amiga, denota uma pessoa para quem os números são tudo. (Nota do tradutor do original alemão para o inglês.)

[174] Eles compartilham esse caráter de indestrutibilidade com todos os atos psíquicos que são realmente inconscientes, isto é, com atos psíquicos pertencentes apenas ao sistema do inconsciente. Esses caminhos estão constantemente abertos e nunca caem em desuso; eles conduzem à descarga do processo estimulante com a mesma frequência que se torna dotado de estímulo inconsciente. Para falar metaforicamente, eles sofrem a mesma forma de aniquilação que as sombras da região inferior da *Odisseia*, que despertaram para uma nova vida no momento em que beberam sangue. Os processos que dependem do sistema pré-consciente são destrutíveis de maneira diferente. A psicoterapia das neuroses se baseia nessa diferença.

[175] Le Lorrain enaltece com justiça a realização de desejo do sonho: "*Sans fatigue sérieuse, sans être obligé de recourir à cette lutte opiniâtre et longue qui use et corrode les jouissances poursuivies*" (Sem fadiga séria, sem ter de recorrer a essa luta obstinada e longa que desgasta e corrói os prazeres perseguidos).

[176] Essa ideia foi tomada emprestada da *Theory of Sleep*, de Liébault, que reviveu a investigação hipnótica em nossos dias. (*Du Sommeil provoqué* etc.; Paris, 1889.)

[177] O vocábulo alemão para designar pássaro é "Vogel", que dá origem à expressão vulgar "vöglen", indicando relação sexual. (Nota do tradutor do original alemão para o inglês)

[178] Os caracteres itálicos são meus, embora o significado seja bastante claro sem eles.

[179] Os caracteres itálicos são meus.

[180] Cf. as significativas observações de J. Breuer em nossos *Studies on Hysteria*, 1895 e 2ª ed. 1909.

[181] Aqui, como em outros lugares, há lacunas no tratamento do assunto, que deixei intencionalmente, pois preenchê-las exigiria, por um lado, um esforço muito grande e, por outro, uma extensa referência a material que é estranho ao sonho. Assim, evitei afirmar se ligo à palavra "suprimido" outro sentido que não o da palavra "recalcado". Ficou claro apenas que esse

último enfatiza mais do que o primeiro a relação com o inconsciente. Não entrei no problema cognato por que os pensamentos oníricos também sofrem distorção pela censura quando abandonam a progressiva continuação da consciência e escolhem o caminho da regressão. Tenho estado, acima de tudo, ansioso por despertar o interesse pelos problemas a que conduz a análise ulterior do trabalho do sonho e por indicar os outros temas que encontram pelo caminho. Nem sempre foi fácil decidir exatamente onde o prosseguimento deveria ser interrompido. Que eu não tenha tratado exaustivamente o papel desempenhado no sonho pela vida psicossexual e tenha evitado a interpretação de sonhos de conteúdo sexual óbvio se deve a uma razão especial que pode não corresponder à expectativa do leitor. Certamente, está muito longe de minhas ideias e dos princípios expressos por mim na neuropatologia considerar a vida sexual como um "pudendo" que deve ser deixado de lado pelo médico e pelo investigador científico. Também considero ridícula a indignação moral que levou o tradutor do livro *Simbolismo dos Sonhos,* de Artemidoro de Daldis, a ocultar do conhecimento do leitor o capítulo sobre sonhos sexuais. Quanto a mim, fui movido apenas pela convicção de que, na explicação dos sonhos sexuais, eu deveria estar fadado a me enredar profundamente nos problemas ainda inexplicáveis da perversão e da bissexualidade; e por isso reservei esse material para outra ocasião.

[182] O sonho não é o único fenômeno que tende a fundamentar a psicopatologia na psicologia. Numa pequena série de artigos inacabados ("Monatsschrift für Psychiatrie und Neurologie" intitulado *Über den psychischen Mechanismus der Vergesslichkeit*, 1898, e *Über Deckerinnerungen*, 1899) tento interpretar uma série de manifestações psíquicas da vida cotidiana em apoio à mesma opinião. Esses e outros artigos sobre "Forgetting", "Lapse of Speech", etc., foram publicados coletivamente sob o título de *Psychopathology of Everyday Life*, 1904 e 1907.

[183] "The Conception of the Unconscious in Psychology", palestra proferida no Terceiro Congresso Internacional de Psicologia, em Munique, 1897.

[184] Cf. aqui o sonho (Σα-τυρος) de Alexandre, o Grande, no cerco de Tiro.

[185] O professor Ernst Oppenheim (Viena) me mostrou, a partir de material folclórico, que existe uma classe de sonhos para os quais até mesmo as pessoas abandonam a expectativa de interpretação futura e que elas se predispõem de maneira perfeitamente correta para desejar emoções e desejos que surgem durante o sono. Num futuro próximo, ele apresentará um relato completo desses sonhos, que na maioria das vezes são elaborados na forma de "histórias engraçadas".

ÍNDICE BIBLIOGRÁFICO

1. Aristoteles. *Über Träume und Traumdeutungen.* Translated by Bender.
2. Artemidoros aus Daldis. *Symbolik der Träume.* Translated by Friedrich. S. Krauss. Wien, 1881.
3. Benini, V. "La Memoria e la Durata dei Sogni." *Rivista Italiana de Filosofia,* Marz-April 1898.
4. Binz, C. *Über den Traum.* Bonn, 1878.
5. Borner, J. *Das Alpdrücken, seine Begründung und Verhütung.* Würzburg, 1855.
6. Bradley, J. H. "On the Failure of Movement in Dream." *Mind,* July 1894.
7. Brander, R. *Der Schlaf und das Traumleben.* 1884.
8. Burdach. *Die Physiologie als Erfahrungswissenschaft,* 3 Bd. 1830.
9. Büchsenschütz, B. *Traum und Traumdeutung in Altertum.* Berlin, 1868.
10. Chaslin, Ph. *Du Rôle du Rêve dans l'Evolution du Délire.* Thèse de Paris. 1887.
11. Chabaneix. *Le Subconscient chez les Artistes, les Savants et les Ecrivains.* Paris, 1897.
12. Calkins, Mary Whiton. "Statistics of Dreams." *Amer. J. of Psychology,* V., 1893.
13. Clavière. "La Rapidité de la Pensée dans le Rêve." *Revue philosophique,* XLIII., 1897.
14. Dandolo, G. *La Coscienza nel Sonno.* Padova, 1889.
15. Delage, Yves. "Une Théorie de Rêve." *Revue scientifique,* II, Juli 1891.
16. Delbœuf, J. *Le Sommeil et les Rêves.* Paris, 1885.
17. Debacker. *Terreurs nocturnes des Enfants.* Thèses de Paris. 1881.
18. Dugas. "Le Souvenir du Rêve." *Revue philosophique,* XLIV., 1897.

19. Dugas. "Le Sommeil et la Cérébration inconsciente durant le Sommeil." *Revue philosophique*, XLIII., 1897.

20. Egger, V. "La Durée apparente des Rêves." *Revue philosophique*, Juli 1895.

21. Egger. "Le Souvenir dans le Rêve." *Revue philosophique*, XLVI., 1898.

22. Ellis Havelock. "On Dreaming of the Dead." *The Psychological Review*, II., Nr. 5, September 1895.

23. Ellis Havelock. "The Stuff that Dreams are made of." *Appleton's Popular Science Monthly*, April 1899.

24. Ellis Havelock. "A Note on Hypnogogic Paramnesia." *Mind*, April 1897.

25. Fechner, G. Th. *Elemente der Psychophysik.* 2 Aufl., 1889.

26. Fichte, J. H. "Psychologie." *Die Lehre vom bewussten Geiste des Menschen.* I. Teil. Leipzig, 1864.

27. Giessler, M. *Aus den Tiefen des Traumlebens.* Halle, 1890.

28. Giessler, M. *Die physiologischen Beziehungen der Traumvorgänge.* Halle, 1896.

29. Goblot. "Sur le Souvenir des Rêves." *Revue philosophique*, XLII., 1896.

30. Graffunder. *Traum und Traumdeutung.* 1894.

31. Griesinger. *Pathologie und Therapie der psychischen Krankheiten.* 3 Aufl. 1871.

32. Haffner, P. "Schlafen und Träumen. 1884." *Frankfurter zeitgemässe Broschüren*, 5 Bd., Heft. 10.

33. Hallam, Fl., and Sarah Weed. "A Study of the Dream Consciousness." *Amer. J. of Psychology*, VII., Nr. 3, April 1896.

34. D'Hervey. *Les Rêves et les Moyens de les Diriger.* Paris, 1867 (anonym.).

35. Hildebrandt, F. W. *Der Traum und seine Verwertung für Leben.* Leipzig, 1875.

36. Jessen. *Versuch einer Wissenschaftlichen Begründung der Psychologie.* Berlin, 1856.

37. Jodl. *Lehrbuch der Psychologie.* Stuttgart, 1896.

38. Kant, J. *Anthropologie in pragmatischer Hinsicht.* Kirchmannsche Ausgabe. Leipzig, 1880.

39. Krauss, A. "Der Sinn im Wahnsinn." *Allgemeine Zeitschrift für Psychologie*, XV. u. XVI., 1858–1859.

40. Ladd. "Contribution to the Psychology of Visual Dreams." *Mind*, April 1892.

41. Leidesdorf, M. *Das Traumleben.* Wien, 1880. Sammlung der "Alma Mater."

42. Lémoine. *Du Sommeil au Point de Vue physiologique et psychologique.* Paris, 1885.

43. Lièbeault, A. *Le Sommeil provoqué et les Etats analogues.* Paris, 1889.

44. Lipps, Th. *Grundtatsachen des Seelenlebens.* Bonn, 1883.

45. Le Lorrain. "Le Rêve." *Revue philosophique.* Juli 1895.

46. Maudsley. *The Pathology of Mind.* 1879.

47. Maury, A. "Analogies des Phénomènes du Rêve et de l'Aliènation Mentale." *Annales med. psych.*, 1854, p. 404.

48. Maury, A. *Le Sommeil et les Rêves*. Paris, 1878.

49. Moreau, J. "De l'Identité de l'Etat de Rêve et de Folie." *Annales med. psych.*, 1855, p. 361.

50. Nelson, J. "A Study of Dreams." *Amer. J. of Psychology*, I., 1888.

51. Pilcz. "Über eine gewisse Gesetzmässigkeit in den Träumen." Autorreferat in *Monatsschrift für Psychologie und Neurologie*. März 1899.

52. Pfaff, E. R. *Das Traumleben und seine Deutung nach den Prinzipien der Araber, Perser, Griechen, Indier und Ägypter.* Leipzig, 1868.

53. Purkinje. Artikel: *Wachen, Schlaf, Traum und verwandte Zustände in Wagners Handwörterbuch der Physiologie*. 1846.

54. Radestock, P. *Schlaf und Traum.* Leipzig, 1878.

55. Robert, W. *Der Traum als Naturnotwendigkeit erklärt.* 1886.

56. Sante de Sanctis. *Les Maladies mentales et les Rêves.* 1897. Extrait des *Annales de la Société de Médecine de Gand*.

57. Sante de Sanctis. "Sui rapporti d'Identità, di Somiglianza, di Analogia e di Equivalenza fra Sogno e Pazzia." *Rivista quindicinale di Psicologia, Psichiatria, Neuropatologia*. 15, Nov. 1897.

58. Scherner, R. A. *Das Leben des Traumes.* Berlin, 1861.

59. Scholz, Fr. *Schlaf und Traum.* Leipzig, 1887.

60. Schopenhauer. "Versuch über das Geistersehen und was damit zusammenhängt." *Parerga und Paralipomena*, 1. Bd., 1857.

61. Schleiermacher, Fr. *Psychologie.* Edited by L. George. Berlin, 1862.

62. Siebek, A. *Das Traumleben der Seele.* 1877. *Sammlung Virchow-Holtzendorf.* Nr. 279.

63. Simon, M. "Le Monde des Rêves." Paris, 1888. *Bibliothèque scientifique contemporaine*.

64. Spitta, W. *Die Schlaf- und Traumzustände der menschlichen Seele.* 2. Aufl. Freiburg, I. B., 1892.

65. Stumpf, E. J. G. *Der Traum und seine Deutung.* Leipzig, 1899.

66. Strümpell, L. *Die Natur und Entstehung der Träume.* Leipzig, 1877.

67. Tannery. "Sur la Mémoire dans le Rêve." *Revue philosophique*, XLV., 1898.

68. Tissié, Ph. "Les Rêves, Physiologie et Pathologie." 1898. *Bibliothèque de Philosophie contemporaine*.

69. Titchener. "Taste Dreams." *Amer. Jour. of Psychology*, VI, 1893.

70. Thomayer. "Sur la Signification de quelques Rêves." *Revue neurologique*. Nr. 4, 1897.

71. Vignoli. "Von den Träumen, Illusionen und Halluzinationen." *Internationale wissenschaftliche Bibliothek*, Bd. 47.

72. Volkelt, J. *Die Traumphantasie.* Stuttgart, 1875.

73. Vold, J. Mourly. "Expériences sur les Rêves et en particulier sur ceux d'Origine musculaire et optique." Christiania, 1896. Abstract in the *Revue philosophique*, XLII., 1896.

74. Vold, J. Mourly. "Einige Experimente über Gesichtsbilder im Träume." *Dritter internationaler Kongress für Psychologie in München*. 1897.

74a. (Vold, J. Mourly. "Über den Traum." *Experimentell-psychologische Untersuchungen*. Herausgegeben von O. Klemm. Erster Band. Leipzig, 1910.)

75. Weygandt, W. *Entstehung der Träume*. Leipzig, 1893.

76. Wundt. *Grundzüge der physiologischen Psychologie*. II. Bd., 2 Aufl. 1880.

77. Stricker. *Studien über das Bewusstsein*. Wien, 1879.

78. Stricker. *Studien über die Assoziation der Vorstellungen*. Wien, 1883.

LITERATURA PSICANALÍTICA DOS SONHOS

79. Abraham, Karl (Berlin): *Traum und Mythos: Eine Studie zur Volker-psychologie*. Schriften z. angew. Seelenkunde, Heft 4, Wien und Leipzig, 1909.

80. Abraham, Karl (Berlin): "Über hysterische Traumzustände." (*Jahrbuch f. psychoanalyt. und psychopatholog*. Forschungen, Vol. II., 1910.)

81. Adler, Alfred (Wien): "Zwei Träume einer Prostituierten." (*Zeitschrift f. Sexualwissenschaft*, 1908, Nr. 2.)

82. Adler, Alfred (Wien): "Ein erlogener Traum." (*Zentralbl. f. Psychoanalyse*, 1. Jahrg. 1910, Heft 3.)

83. Bleuler, E. (Zürich): "Die Psychoanalyse Freuds." (*Jahrb. f. psychoanalyt. u. psychopatholog*. Forschungen, Bd. II., 1910.)

84. Brill, A. A. (New York): "Dreams and their Relation to the Neuroses." (*New York Medical Journal*, April 23, 1910.)

84a. Brill. *Hysterical Dreamy States*. Ebenda, May 25, 1912.

85. Ellis, Havelock: "The Symbolism of Dreams." (*The Popular Science Monthly*, July 1910.)

86. Ellis, Havelock: *The World of Dreams*. London, 1911.

87. Ferenczi, S. (Budapest): "Die psychologische Analyse der Träume." (*Psychiatrisch-neurologische Wochenschrift*, XII., Jahrg., Nr. 11–13, Juni 1910. English translation under the title: *The Psychological Analysis of Dreams* in the *American Journal of Psychology*, April 1910.)

88. Freud, S. (Wien): "Über den Traum." (*Grenzfragen des Nerven- und Seelenlebens*. Edited by Löwenfeld und Kurella, Heft 8. Wiesbaden, Bergmann, 1901, 2. Aufl. 1911.)

89. Freud, S. (Wien): "Bruchstück einer Hysterieanalyse." (*Monatsschr. f. Psychiatrie und Neurologie*, Bd. 18, Heft 4 und 5, 1905. Reprinted in Sammlung kleiner Schriften zur Neurosenlehre, 2. Folge. Leipzig u. Wien, 1909.)

90. Freud, S. (Wien): "Der Wahn und die Träume in W. Jensen's *Gradiva*." (*Schriften zur angewandten Seelenkunde*, Heft 1, Wien und Leipzig, 1907.)

91. Freud, S. (Wien): "Über den Gegensinn der Urworte." A review of the brochure of the same name by Karl Abel, 1884. (*Jahrbuch für psychoanalyt. und psychopatholog. Forschungen*, Bd. II., 1910.)

92. "Typisches Beispiel eines verkappten Ödipustraumes." (*Zentralbl. für Psychoanalyse*, I. Jahrg. 1910, Heft 1.)

93. Freud, S. (Wien): *Nachträge zur Traumdeutung*. (Ebenda, Heft 5.)

94. Hitschmann, Ed. (Wien): *Freud's Neurosenlehre. Nach ihrem gegenwärtigen Stande zusammenfassend dargestellt*. Wien und Leipzig, 1911. (Kap. V., "Der Traum.")

95. Jones, Ernest (Toronto): "Freud's Theory of Dreams." (*American Journal of Psychology*, April 1910.)

96. Jones, Ernest (Toronto): "Some Instances of the Influence of Dreams on Waking Life." (*The Journ. of Abnormal Psychology*, April-May 1911.)

97. Jung, C. G. (Zürich): "L'Analyse des Rêves." (*L'Année psychologique*, tome XV.)

98. Jung, C. G. (Zürich): "Assoziation, Traum und hysterisches Symptom." (*Diagnostische Assoziationsstudien*. Beiträge zur experimentellen Psychopathologie, hrg. von Doz. C. G. Jung, II. Bd., Leipzig 1910. Nr. VIII., S. 31–66.)

99. Jung, C. G. (Zürich): "Ein Beitrag zur Psychologie des Gerüchtes." (*Zentralblatt für Psychoanalyse*, I. Jahrg. 1910, Heft 3.)

100. Maeder, Alphonse (Zürich): "Essai d'Interprétation de quelques Rêves." (*Archives de Psychologie*, t. VI., Nr. 24, April 1907.)

101. Maeder, Alphonse (Zürich): "Die Symbolik in den Legenden, Märchen, Gebrauchen und Träumen." (*Psychiatrisch-Neurolog. Wochenschr.* X. Jahrg.)

102. Meisl, Alfred (Wien): *Der Traum. Analytische Studien über die Elemente der Psychischen Funktion* V. (Wr. klin. Rdsch., 1907, Nr. 3–6.)

103. Onuf, B. (New York): "Dreams and their Interpretations as Diagnostic and Therapeutic Aids in Psychology." (*The Journal of Abnormal Psychology*, Feb.-Mar. 1910.)

104. Pfister, Oskar (Zürich): *Wahnvorstellung und Schülerselbstmord. Auf Grund einer Traumanalyse beleuchtet*. (Schweiz. Blätter für Schulgesundheitspflege, 1909, Nr. 1.)

105. Prince, Morton (Boston): "The Mechanism and Interpretation of Dreams." (*The Journal of Abnormal Psychology*, Oct.-Nov. 1910.)

106. Rank, Otto (Wien): "Ein Traum, der sich selbst deutet." (*Jahrbuch für psychoanalyt. und psychopatholog. Forschungen*, Bd. II., 1910.)

107. Rank, Otto (Wien): *Ein Beitrag zum Narzissismus*. (Ebenda, Bd. III., 1.).

108. Rank, Otto (Wien): "Beispiel eines verkappten Ödipustraumes." (*Zentralblatt für Psychoanalyse*, I. Jahrg., 1910.)

109. Rank, Otto (Wien): *Zum Thema der Zahnreiztraume*. (Ebenda.)

110. Rank, Otto (Wien): *Das Verlieren als Symptomhandlung. Zugleich ein Beitrag zum Verständnis der Beziehungen des Traumlebens zu den Fehlleistungen des Alltagslebens.* (Ebenda.)

111. Robitsek, Alfred (Wien): "Die Analyse von Egmonts Traum." (*Jahrb. f. psychoanalyt. u. psychopathol.* Forschungen, Bd. II. 1910.)

112. Silberer, Herbert (Wien): "Bericht über eine Methode, gewisse symbolische Halluzinationserscheinungen hervorzurufen und zu beobachten." (*Jahr. Bleuler-Freud*, Bd. I., 1909.)

113. Silberer, Herbert (Wien): *Phantasie und Mythos.* (Ebenda, Bd. II., 1910.)

114. Stekel, Wilhelm (Wien): "Beiträge zur Traumdeutung." (*Jahrbuch für psychoanalytische und psychopatholog.* Forschungen, Bd. I., 1909.)

115. Stekel, Wilhelm (Wien): *Nervöse Angstzustände und ihre Behandlung.* (Wien und Berlin, 1908.)

116. Stekel, Wilhelm (Wien): *Die Sprache des Traumes.* A description of the symbolism and interpretation of the Dream and its relation to the normal and abnormal mind for physicians and psychologists. (Wiesbaden, 1911.)

117. Swoboda, Hermann. *Die Perioden des menschlichen Organismus.* (Wien und Leipzig, 1904.)

118. Waterman, George A. (Boston): "Dreams as a Cause of Symptoms." (*The Journal of Abnormal Psychol.*, Oct.-Nov. 1910.)

Impressão e Acabamento
Gráfica Oceano

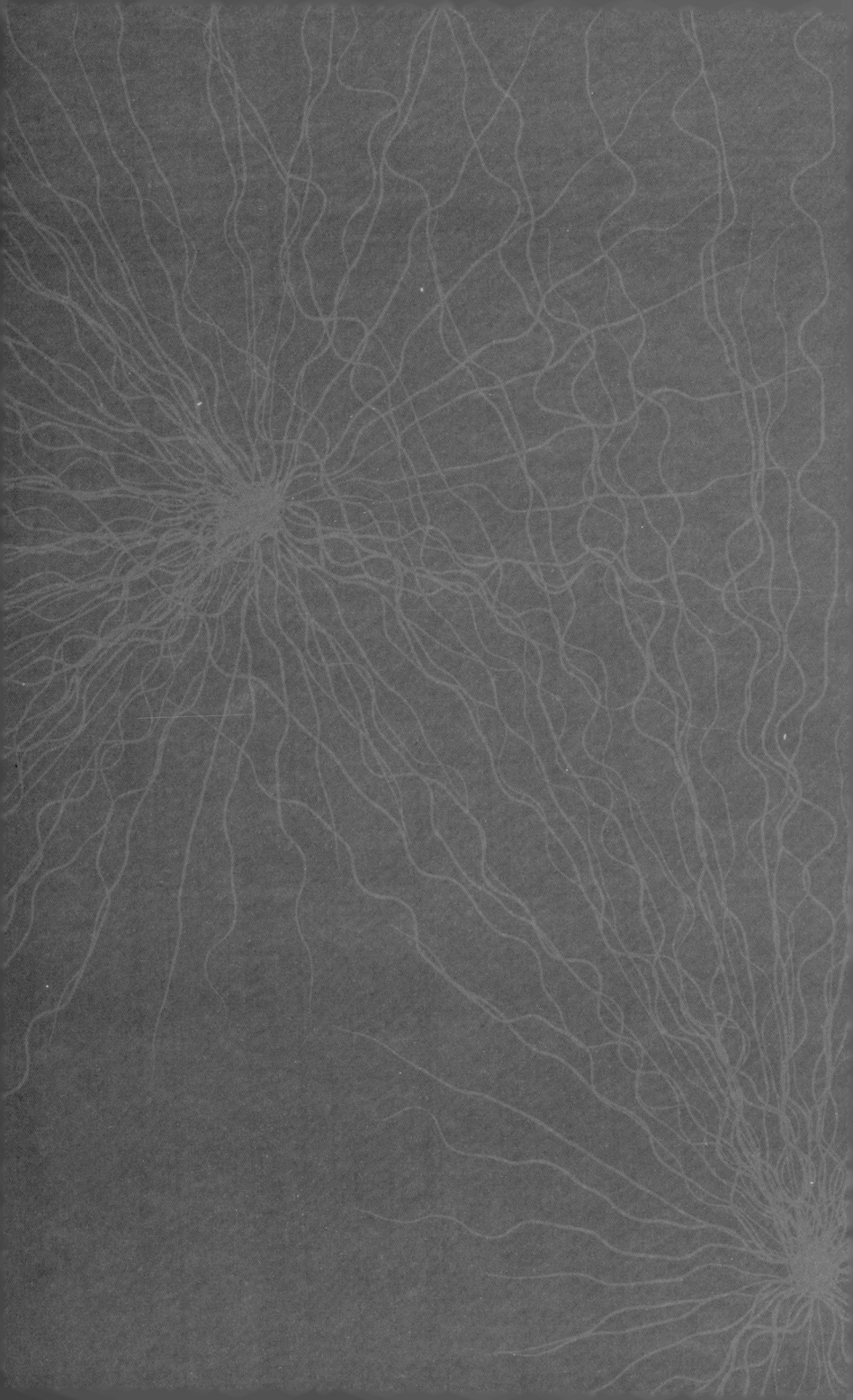